2023

DIREITO DO CONSUMIDOR APLICADO

CLAUDIA LIMA **MARQUES**

FERNANDO RODRIGUES **MARTINS**

GUILHERME MAGALHAES **MARTINS**

ROSÂNGELA LUNARDELLI **CAVALLAZZI**

COORDENADORES

JONAS **SALES**

ORGANIZADOR

GARANTIAS DO CONSUMO

Dados Internacionais de Catalogação na Publicação (CIP) de acordo com ISBD

V991

    Direito do Consumidor Aplicado: garantias de consumo / organizado por Jonas Sales ; coordenado por Claudia Lima Marques ... [et al.]. - Indaiatuba, SP : Editora Foco, 2023.

    510 p. ; 17cm x 24cm.

      Inclui bibliografia e índice.
      ISBN: 978-65-5515-647-8

        1. Direito. 2. Direito do Consumidor. I Sales, Jonas. II. Marques, Claudia Lima. III. Martins, Fernando Rodrigues. IV. Martins, Guilherme Magalhães. V. Cavallazzi, Rosângela Lunardelli. VI. Título.

2022-3201   CDD 342.5   CDU 347.451.031

Elaborado por Vagner Rodolfo da Silva - CRB-8/9410
Índices para Catálogo Sistemático:

    1. Direito do Consumidor 342.5   2. Direito do Consumidor 347.451.031

DIREITO DO CONSUMIDOR APLICADO

CLAUDIA LIMA **MARQUES**
FERNANDO RODRIGUES **MARTINS**
GUILHERME MAGALHAES **MARTINS**
ROSÂNGELA LUNARDELLI **CAVALLAZZI**
COORDENADORES

JONAS **SALES**
ORGANIZADOR

GARANTIAS DO CONSUMO

2023 © Editora Foco

Coordenadores: Claudia Lima Marques, Fernando Rodrigues Martins,
Guilherme Magalhães Martins e Rosângela Lunardelli Cavallazzi
Organizador: Jonas Sales
Autores: Adalberto Pasqualotto, Alan Sampaio Campos, Amélia Soares da Rocha, Ana Paula Atz, André de Carvalho Ramos, André Perin Schmidt Neto, Andréia Fernandes de Almeida Rangel, Anna Patrícia Barreto Novais, Antonia Espíndola Longoni Klee, Augusto Caye, Branca Alves de Miranda Pereira, Bruno Miragem, Bruno Ponich Ruzon, Carlos Edison do Rêgo Monteiro Filho, Caroline Visentini Ferreira Gonçalves, Cássius Guimarães Chai, Cecília Dantas, Cíntia Muniz de Souza Konder, Cíntia Rosa Pereira de Lima, Clarissa Costa de Lima, Claudia Lima Marques, Cristiano Heineck Schmitt, Cristiano Sobral Pinto, Daniela Corrêa Jacques Brauner, Dennis Verbicaro, Eduardo de Souza Floriano, Fabiana Prietos Peres, Fabiana Rodrigues Barletta, Fabio Schwartz, Fábio Torres de Sousa, Fabíola Mendes de Oliveira Meirelles, Felipe Guimarães de Oliveira, Fernanda Nunes Barbosa, Fernando Costa de Azevedo, Fernando Rodrigues Martins, Flávia do Canto, Flávio Henrique Caetano de Paula Maimone, Gabriel Schulman, Gisele Zaquini Lopes Faria, Guilherme Magalhães Martins, Guilherme Mucelin, Gustavo Henrico da Silva Souza, Héctor Valverde Santanna, Heloisa Carpena, Hugo Assis Passos, Janaina Vieira Homci, Jonas Sales Fernandes, Jorge Calandrini, Joseane Suzart Lopes da Silva, Júlio Moraes Oliveira, Keila Pacheco Ferreira, Laís Bergstein, Leonardo Garcia, Lindojon Gerônimo Bezerra dos Santos, Lúcia Souza d'Aquino, Luciane Klein Vieira, Luiz Fernando Baby Miranda, Marcela Joelsons, Marcelo Gomes Sodré, Marcelo Junqueira Calixto, Marcelo Tappai, Marcos Catalan, Marcos Dessaune, Marcus da Costa Ferreira, Maria Luiza Baillo Targa, Maria Stella Gregori, Mariana Vilela Curbani, Mariângela Sarrubbo Fragata, Marié Lima Alves de Miranda, Marina Weiss Gonçalves, Mário Frota, Marlus Riani, Natasha Siqueira Mendes de Nóvoa, Nelson Rosenvald, Oscar Ivan Prux, Pablo Malheiros da Cunha Frota, Paula Ramada, Paulo R. Roque A. Khouri, Paulo Roberto Binincheski, Paulo Valério Dal Pai Morais, Plínio Lacerda Martins, Renata Pozzi Kretzmann, Roberta Densa, Rosângela Lunardelli Cavallazzi, Sergio Gustavo Pauseiro, Simone Magalhães, Sophia Martini Vial, Suzana de Toledo Barros, Tatiana Cardoso Squeff, Thiago Schlottfeldt Nascimento Da Cas, Túlio Rezende Teixeira, Vanessa Brodt Martins, Vinícius Di Paula Santos Costa e Vitor Vilela Guglinski
Diretor Acadêmico: Leonardo Pereira
Editor: Roberta Densa
Assistente Editorial: Paula Morishita
Revisora Sênior: Georgia Renata Dias
Revisora: Simone Dias
Capa Criação: Leonardo Hermano
Diagramação: Ladislau Lima e Aparecida Lima
Impressão miolo e capa: DOCUPRINT

DIREITOS AUTORAIS: É proibida a reprodução parcial ou total desta publicação, por qualquer forma ou meio, sem a prévia autorização da Editora FOCO, com exceção do teor das questões de concursos públicos que, por serem atos oficiais, não são protegidas como Direitos Autorais, na forma do Artigo 8º, IV, da Lei 9.610/1998. Referida vedação se estende às características gráficas da obra e sua editoração. A punição para a violação dos Direitos Autorais é crime previsto no Artigo 184 do Código Penal e as sanções civis às violações dos Direitos Autorais estão previstas nos Artigos 101 a 110 da Lei 9.610/1998. Os comentários das questões são de responsabilidade dos autores.

NOTAS DA EDITORA:

Atualizações e erratas: A presente obra é vendida como está, atualizada até a data do seu fechamento, informação que consta na página II do livro. Havendo a publicação de legislação de suma relevância, a editora, de forma discricionária, se empenhará em disponibilizar atualização futura.

Erratas: A Editora se compromete a disponibilizar no site www.editorafoco.com.br, na seção Atualizações, eventuais erratas por razões de erros técnicos ou de conteúdo. Solicitamos, outrossim, que o leitor faça a gentileza de colaborar com a perfeição da obra, comunicando eventual erro encontrado por meio de mensagem para contato@editorafoco.com.br. O acesso será disponibilizado durante a vigência da edição da obra.

Impresso no Brasil (10.2022) – Data de Fechamento (10.2022)

2023
Todos os direitos reservados à
Editora Foco Jurídico Ltda.
Avenida Itororó, 348 – Sala 05 – Cidade Nova
CEP 13334-050 – Indaiatuba – SP

E-mail: contato@editorafoco.com.br
www.editorafoco.com.br

APRESENTAÇÃO

É com imensa satisfação que o Instituto Brasileiro de Política e Direito do Consumidor – BRASILCON traz aos leitores a obra coletiva '*Direito do consumidor aplicado: garantias do consumo*', como resultado das publicações havidas no sítio jurídico CONJUR (conjur.com.br) no período compreendido entre dezembro de 2020 a agosto de 2022.

O BRASILCON mantém na festejada e distinta estrutura digital a (*re*)conhecida coluna semanal "garantias do consumo', através da qual infindáveis temas relacionados ao direito do consumidor são desenvolvidos e divulgados contribuindo não apenas com o saber científico dirigido à dogmática consumerista, mas essencialmente com a contextualização crítica de acontecimentos, proposições legislativas, efemérides, julgamentos de tribunais, posturas do mercado de consumo, enfim, múltiplos pontos de reflexão que culminam na análise de conquistas e retrocessos que respeitam às políticas públicas de consumo.

Este livro, portanto, reproduz de modo impresso e atualizado as reiteradas produções jurídicas digitais naquele canal e que agora saem fortalecidas e padronizadas no formato em brochura.

Obra compartilhada em quase uma centena de artigos elaborados pelo método do '*direito aplicado*' que busca apresentar soluções mais rápidas, sólidas e propositivas aos imbricados problemas que surgem na sociedade de mercado e que atentam e colocam em risco os vulneráveis. Daí a constatação de que o acervo de manifestações constante do semanário é referência em citação em inúmeros documentos científicos, julgados e demais manifestações pragmáticas.

Mas não é só: o leitor mais atento poderá verificar a transversalidade dos assuntos tratados na medida em que os artigos desenvolvem problematização e aplicação jurídica devida a questões do dia a dia do consumidor brasileiro: plataformização digital humana no comércio eletrônico, regime jurídico de publicidades, superendividamento, racismo e mercado, crédito digital, direitos humanos e Mercosul, proteção de dados e direitos da personalidade, crédito consignado, assédio ao consumo etc.

Atente-se que entre os compromissos do BRASILCON com a coluna foi o democratizar o 'espaço' ali constituído há mais de seis anos incentivando e permitindo aos diversos professores e operadores a publicação das respectivas anotações científicas e críticas como modo de aprimoramento do direito do consumidor.

Ficam os agradecimentos ao canal CONJUR pela parceria existente e profícua ao longo de tantos lustros, à editora FOCO pela excelência em matéria de produção e científica, bem como ao ilustre e querido Professor Jonas Sales Fernandes da Silva pela competente organização desta obra.

Claudia Lima Marques
Fernando Rodrigues Martins
Guilherme Magalhães Martins
Rosângela Lunardelli Cavallazzi

SUMÁRIO

APRESENTAÇÃO V

GESTÃO 2020/2022 DO BRASILCON E A CONJUNÇÃO DE DOIS DIREITOS FUNDAMENTAIS
Fernando Rodrigues Martins, Clarissa Costa de Lima, Guilherme Magalhães Martins e Sophia Martini Vial.. 1

GARANTIA DE EXCELÊNCIA NA DIREÇÃO DA FACULDADE DE DIREITO DA UFRGS
Laís Bergstein 5

2020: SINDEMIA E RESISTÊNCIA DO DIREITO DO CONSUMIDOR
Fernando Rodrigues Martins, Clarissa Costa de Lima, Guilherme Magalhães Martins e Sophia Martini Vial.. 7

A INTERPRETAÇÃO TELEOLÓGICA DO DIREITO CONSUMERISTA E OS LIMITES DO MERCADO
Plínio Lacerda Martins, Sergio Gustavo Pauseiro e Paula Ramada 13

***COMPLIANCE*, UM VALIOSO INSTRUMENTO EM DEFESA DO CONSUMIDOR**
Roberta Densa e Cecília Dantas... 19

MEDIAÇÃO E ARBITRAGEM NAS RELAÇÕES DE CONSUMO
Maria Stella Gregori e Mariângela Sarrubbo Fragata.. 25

O PODER JUDICIÁRIO E O SUPERENDIVIDAMENTO DO CONSUMIDOR: A NECESSÁRIA NORMATIZAÇÃO
Fábio Torres de Sousa.. 31

REFLEXÕES SOBRE O DIREITO DO CONSUMIDOR A PARTIR DA COVID-19
Caroline Visentini Ferreira Gonçalves e Renata Pozzi Kretzmann 37

PROJETO DE LEI SOBRE SUPERENDIVIDAMENTO URGE APROVAÇÃO
Joseane Suzart 43

VAZAMENTO DE DADOS PESSOAIS: MAIS DO QUE VIGIAR E PUNIR
Laís Bergstein 49

INTELIGÊNCIAS ARTIFICIALMENTE MOLDADAS E SEGUROS: RUBRICAS INSPIRADAS NO DEUS JANUS
Marcos Catalan 53

CRISE DA COVID-19, VACINA E RISCOS DO DESENVOLVIMENTO
Marcelo Junqueira Calixto 57

O DIA INTERNACIONAL DO CONSUMIDOR: DIÁLOGO ENTRE O INTERNACIONAL E O NACIONAL
André de Carvalho Ramos 63

O DIREITO DO CONSUMIDOR PÓS-PANDEMIA
Bruno Miragem 67

CONTRATO, CONSUMO, PANDEMIA E *LOCKDOWN*
Cristiano Heineck Schmitt 73

O PROBLEMA DO CONSENTIMENTO INFORMADO NA LEI GERAL DE PROTEÇÃO DE DADOS PESSOAIS
Paulo R. Roque A. Khouri 79

PLANO DE SAÚDE COLETIVO, MORTE DO TITULAR E O DEVER DE INFORMAÇÃO
Pablo Malheiros da Cunha Frota 85

A LEI DAS VACINAS E A REPARAÇÃO DE DANOS CAUSADOS AOS CONSUMIDORES
Heloisa Carpena 89

VULNERABILIDADE ESTRUTURAL E FISSURAS NAS POLÍTICAS DE PROMOÇÃO AOS CONSUMIDORES
Fernando Rodrigues Martins, Clarissa Costa de Lima, Guilherme Magalhães Martins e Sophia Martini Vial 95

JABUTI NO TELHADO DOS CONSUMIDORES
Mariângela Sarrubbo Fragata e Marcelo Gomes Sodré 101

LIBERDADE DE EXPRESSÃO E CONSUMO: QUAIS OS LIMITES DO MERCADO?

Fernanda Nunes Barbosa.. 107

ADMINISTRAÇÃO PÚBLICA DIGITAL E DEFESA DO CONSUMIDOR

Fernando Rodrigues Martins.. 113

SUPERENDIVIDAMENTO DOS CONSUMIDORES E O FUNDAMENTO REPUBLICANO DO SENADO FEDERAL

Claudia Lima Marques e Fernando Rodrigues Martins.. 119

O DIREITO À REVISÃO DO CONTRATO DE PESSOA IDOSA EM CONDIÇÃO DE MISERABILIDADE: COMENTÁRIO AO RECURSO ESPECIAL 1.834.231 – MG (2019/0254568-0)

Fabiana Rodrigues Barletta... 125

TRANSPORTE PÚBLICO MUNICIPAL – REFLEXÕES EM TEMPOS PANDÊMICOS

Paulo Valério Dal Pai Morais 131

LIBERDADE DE EXPRESSÃO NA ERA DA INTERNET: O DILEMA DAS REDES SOCIAIS

Paulo Roberto Binincheski 137

NEUTRALIDADE DA REDE E PROTEÇÃO DO CONSUMIDOR NO CONTEXTO PANDÊMICO

Cíntia Rosa Pereira de Lima 143

O MERCADO DE CONSUMO E OS PRINCÍPIOS DA PREVENÇÃO E DA PRECAUÇÃO (CAUTELA) NA PROTEÇÃO DOS DIREITOS DA PERSONALIDADE DOS CONSUMIDORES IDOSOS E CRIANÇAS

Prof. Dr. Oscar Ivan Prux e Marina Weiss Gonçalves 149

SE É PARA REDUZIR JUDICIALIZAÇÃO, O FOCO É A MUDANÇA DA POSTURA DO FORNECEDOR

Amélia Soares da Rocha e Luiz Fernando Baby Miranda 155

DO TERMO DA OBSOLESCÊNCIA PREMATURA À OUTORGA *DE JURIS* DE UM AUTÊNTICO "DIREITO DE REPARAÇÃO"

Mário Frota... 159

FORMAS ALTERNATIVAS DE RESOLUÇÃO DE CONFLITO COMO INSTRUMENTO DE *COMPLIANCE* CONSUMERISTA

Flávia do Canto e Augusto Caye 169

DANOS DECORRENTES DE VIOLAÇÃO À LGPD POR PROFISSIONAL LIBERAL EM RELAÇÃO DE CONSUMO

Flávio Henrique Caetano de Paula Maimone e Bruno Ponich Ruzon............................ 173

O SUPERENDIVIDAMENTO DO CONSUMIDOR NA INCORPORAÇÃO IMOBILIÁRIA

Marcelo Tappai 179

É POSSÍVEL FALAR DE SOBERANIA DO CONSUMIDOR NO CAPITALISMO DE VIGILÂNCIA?

Dennis Verbicaro e Felipe Guimarães de Oliveira 185

A LEI DO SUPERENDIVIDAMENTO E OS JECS

Cristiano Sobral Pinto 191

A LEI 14.181/21 E O CARTÃO DE CRÉDITO CONSIGNADO

Marcus da Costa Ferreira 197

A NECESSÁRIA ATUALIZAÇÃO DO CÓDIGO DE DEFESA DO CONSUMIDOR NO TEMA DO COMÉRCIO ELETRÔNICO E O DIREITO DE ARREPENDIMENTO NA ERA DIGITAL

Antonia Espíndola Longoni Klee 203

O DIREITO AO CONSERTO E A EROSÃO DA PROPRIEDADE – *THE RIGHT TO REPAIR AND THE EROSION OF OWNERSHIP*

Laís Bergstein 209

REGULAÇÃO DE ALIMENTOS INTEGRAIS COMO GARANTIA DE INFORMAÇÃO AO CONSUMIDOR

Simone Magalhães... 215

A VOLTA À BAILA DOS PLANOS DE SAÚDE

Maria Stella Gregori 221

PROTEÇÃO DA CRIANÇA: COMUNICAÇÃO, ASSÉDIO DE CONSUMO E VULNERABILIDADE DA FAMÍLIA

Fernando Costa de Azevedo e Lúcia Souza d'Aquino 227

A REVISÃO DAS OBRIGAÇÕES SEGUNDO A NOVA LEI DE PROTEÇÃO DOS SUPERENDIVIDADOS

André Perin Schmidt Neto 233

O LEGÍTIMO INTERESSE NO TRATAMENTO DE DADOS PESSOAIS DO CONSUMIDOR

Renata Pozzi Kretzmann 237

O "HOME EQUITY" E A BOLHA IMOBILIÁRIA À BRASILEIRA

Fernando Rodrigues Martins, Guilherme Magalhães Martins e Claudia Lima Marques 243

OPEN BANKING E A LEI GERAL DE PROTEÇÃO DE DADOS: ANELO DE RESPEITO AO CONSUMIDOR COM MAIOR CONCORRÊNCIA E TRANSPARÊNCIA NO MERCADO DE CONSUMO FINANCEIRO

Marié Lima Alves de Miranda, Branca Alves de Miranda Pereira e Lindojon Gerônimo Bezerra dos Santos 247

PROPOSTA DE REGULAMENTAÇÃO DO CDC POR DECRETO PRESIDENCIAL – MÍNIMO EXISTENCIAL

Brasilcon 253

A DISRUPÇÃO DA LEI DO SUPERENDIVIDAMENTO E A NECESSIDADE DE NOVOS PARADIGMAS

Daniela Corrêa Jacques Brauner 259

REPETIÇÃO DO INDÉBITO NO CDC NÃO EXIGE PROVA DO DOLO OU MÁ-FÉ DO FORNECEDOR

Héctor Valverde Santanna 265

A AMPLIAÇÃO DO CONCEITO DE DANO MORAL E A CRESCENTE SUPERAÇÃO DA TESE DO "MERO ABORRECIMENTO"

Marcos Dessaune 271

A INVERSÃO DO ÔNUS DA PROVA COMO REGRA DE INSTRUÇÃO, SUA APLICABILIDADE AO ÓRGÃO DO MINISTÉRIO PÚBLICO E A NÃO CUMULATIVIDADE DOS REQUISITOS DA HIPOSSUFICIÊNCIA E DA VEROSSIMILHANÇA DAS ALEGAÇÕES EM JUÍZO: BREVES NOTAS SOBRE O RESP 1.286.273

Vitor Vilela Guglinski 277

METAVERSO E VULNERABILIDADE DIGITAL
Guilherme Mucelin 283

A PROTEÇÃO DO CONSUMIDOR DIGITAL EM FACE DAS REDES SOCIAIS
Gabriel Schulman 289

APONTAMENTOS SOBRE O DECRETO 10.887/21 E PL 2766 E O ENFRAQUECIMENTO DA TUTELA ADMINISTRATIVA DOS VULNERÁVEIS – PARTE I
Fernando Rodrigues Martins.. 295

CONCENTRAÇÃO DE PODERES EM SECRETARIA NÃO MELHORA PROTEÇÃO AO CONSUMIDOR
Adalberto Pasqualotto e Flávia do Canto 301

APONTAMENTOS SOBRE O DECRETO 10.887/21 E PL 2766 E O ENFRAQUECIMENTO DA TUTELA ADMINISTRATIVA DOS VULNERÁVEIS – PARTE 2
Fernando Rodrigues Martins e Marcelo Gomes Sodré.. 305

O ESTATUTO DA CIDADANIA DO MERCOSUL E O DIREITO DO CONSUMIDOR
Luciane Klein Vieira... 311

BRASIL CAI (MAIS) DOZE POSIÇÕES EM *RANKING* MUNDIAL NO QUE TANGE A RESPEITO AOS DIREITOS FUNDAMENTAIS: E A *DEFESA DO CONSUMIDOR* COM ISSO?
Fernando Rodrigues Martins e Jonas Sales Fernandes... 315

SMART CONTRACTS NAS RELAÇÕES DE CONSUMO
Marcela Joelsons.. 321

UM NOVO OLHAR PARA O PROBLEMA DO SUPERENDIVIDAMENTO ATRAVÉS DA PREVENÇÃO E DA *VULNERABILIDADE ACENTUADA EM RAZÃO DA NECESSIDADE DO CRÉDITO*
Leonardo Garcia 327

A BOA-FÉ E O DEVER DE INFORMAR COMO LIMITE DO SUPERENDIVIDAMENTO
Guilherme Magalhães Martins, Cíntia Muniz de Souza Konder e Andréia Fernandes de Almeida Rangel 331

A LEI DO SUPERENDIVIDAMENTO E O NOVO PARADIGMA DO MERCADO DE CRÉDITO BRASILEIRO

Júlio Moraes Oliveira 337

2022 É O ANO DO CONSUMO SUSTENTÁVEL

Ana Paula Atz 343

SOCIEDADE DIGITAL DE CRÉDITO E RESPONSABILIDADE CIVIL: NOVOS DIREITOS BÁSICOS

Claudia Lima Marques e Fernando Rodrigues Martins 347

VÍCIOS CONSTRUTIVOS E RELAÇÃO DE CONSUMO: *LIABILITY, ACCOUNTABILITY E RESPONSIBILITY*

Carlos Edison do Rêgo Monteiro Filho e Nelson Rosenvald 353

GENI, A PEDRA E A SÚMULA 385 DO STJ

Fabio Schwartz 359

DIA DO CONSUMIDOR: PLANOS DE SAÚDE, ROL DA ANS E VETO AO RETROCESSO CONSUMERISTA

André de Carvalho Ramos 363

5G E TV ABERTA NO BRASIL: IMPACTOS AOS USUÁRIOS QUE UTILIZAM ANTENA PARABÓLICA

Suzana de Toledo Barros 367

O CONSUMIDOR, O MERCADO E A GUERRA

Cristiano Heineck Schmitt 371

PROTEÇÃO DE DADOS ENTRE O FUNDAMENTAL E O CONVENCIONAL: CONSIDERAÇÕES SOBRE RELAÇÕES DE CONSUMO APÓS EC 115/22 E A CRIMINALIDADE CIBERNÉTICA APÓS 2º PROTOCOLO ADICIONAL À CONVENÇÃO DE BUDAPEST

Cássius Guimarães Chai 377

SAC E O DEVER DE ATENDER COM EFICIÊNCIA: PRIMEIRAS IMPRESSÕES SOBRE O DECRETO 11.034/22

Renata Pozzi Kretzmann 383

O CONSUMIDOR PÓS-PANDÊMICO E A ASSIMETRIA DA SOCIEDADE DE CONSUMO
Thiago Schlottfeldt Nascimento Da Cas... 389

FALSO EMPODERAMENTO DO CONSUMIDOR NO SISTEMA DE AVALIAÇÃO DE PLATAFORMA DIGITAL
Dennis Verbicaro e Natasha Siqueira Mendes de Nóvoa 393

INFLUENCIADOR DIGITAL: PODER DE PERSUASÃO *VERSUS* DEVER DE RESPONSABILIZAÇÃO
Vanessa Brodt Martins.. 397

O ATENDIMENTO À POPULAÇÃO IDOSA NAS AGÊNCIAS BANCÁRIAS
Gisele Zaquini Lopes Faria, Gustavo Henrico da Silva Souza, Mariana Vilela Curbani, Vinícius Di Paula Santos Costa, Fabíola Mendes de Oliveira Meirelles e Eduardo de Souza Floriano 401

MCPICANHA E WHOPPER COSTELA: "VERDADE OU CONSEQUÊNCIA"
Cristiano Heineck Schmitt 405

PONDERAÇÕES SOBRE A FRANQUIA DE BAGAGENS NO TRANSPORTE AÉREO
Maria Luiza Baillo Targa e Tatiana Cardoso Squeff 411

CRIPTOATIVOS, METAVERSO E DIREITO DO CONSUMIDOR
Marlus Riani 417

LEGÍTIMO INTERESSE NA PROTEÇÃO DE DADOS E VULNERABILIDADE ALGORÍTMICA
Dennis Verbicaro, Janaina Vieira Homci e Jorge Calandrini 421

DIREITO À INFORMAÇÃO NA PRESTAÇÃO JURISDICIONAL EM DEMANDAS CONSUMERISTAS
Hugo Assis Passos 427

DEMORA EXCESSIVA EM ATENDIMENTO BANCÁRIO GERA DANO MORAL *IN RE IPSA*
Marcos Dessaune 431

RACISMO E INCLUSÃO: MUTAÇÕES DO MERCADO DE CONSUMO
Cristiano Heineck Schmitt 437

O *FAST-FOOD* E A PUBLICIDADE – CASOS *MCDONALD'S* E *BURGUER KING*
Alan Sampaio Campos e Marcelo Junqueira Calixto....................................... 443

STJ ESTABELECE UMA NOVA FÓRMULA PARA O ROL DE PROCEDIMENTOS DA ANS
Cristiano Heineck Schmitt 447

PERTURBAÇÃO AUTOMATIZADA
Fabiana Prietos Peres e Anna Patrícia Barreto Novais................................... 451

TOLERÂNCIA E DIÁLOGO NO TRATAMENTO JURÍDICO DAS FAMÍLIAS SUPERENDIVIDADAS
Fernando Costa de Azevedo 457

DECRETO 11.150/22 DEFINE MÍNIMO EXISTENCIAL VALOR ABSURDAMENTE IRRISÓRIO PARA OS SUPERENDIVIDADOS
Joseane Suzart Lopes da Silva.. 461

"DIREITO À REPARAÇÃO": UNIVERSAL PANACEIA OU TORPE MISTIFICAÇÃO?
Mário Frota... 467

O RETROCESSO DESMEDIDO DA MEDIDA PROVISÓRIA 1.106, DE 17 DE MARÇO DE 2022
Clarissa Costa de Lima e Rosângela Lunardelli Cavallazzi 473

LAWTECHS E DEMANDAS CONSUMERISTAS
Keila Pacheco Ferreira e Túlio Rezende Teixeira 479

GESTÃO 2020/2022 DO BRASILCON E A CONJUNÇÃO DE DOIS DIREITOS FUNDAMENTAIS

Fernando Rodrigues Martins

Doutor e Mestre pela Pontifícia Universidade Católica de São Paulo. Promotor de Justiça em Minas Gerais e Presidente do Brasilcon.

Clarissa Costa de Lima

Doutora pela Universidade Federal do Rio Grande do Sul. Juíza de Direito em Porto Alegre. Ex-presidente e atual primeira vice-presidente do Brasilcon.

Guilherme Magalhães Martins

Doutor e Mestre pela Universidade do Estado do Rio de Janeiro. Promotor de Justiça no Rio de Janeiro e segundo vice-presidente do Brasilcon.

Sophia Martini Vial

Doutora pela Universidade Federal do Rio Grande do Sul. Assessora parlamentar no Distrito Federal e Diretora secretária-geral do Brasilcon.

No dia próximo passado transcorreu sucessão entre diretorias no Instituto Brasileiro de Política e Direito do Consumidor (Brasilcon). Despede-se a gestão 2018/2020, liderada pelos professores Diógenes de Carvalho, Leonardo Roscoe Bessa, Bruno Miragem e Vitor Hugo do Amaral, com frutífero desempenho à causa dos consumidores e com atenção voltada ao trintenário do CDC. Mesmo sendo virtual, a assembleia consolidou o perfil democrático que guia a entidade.

Trata-se de momento raro de união entre todos nós, associados, iluminados pelos valorosos esforços de juristas que não apenas fundaram esta reconhecida agremiação acadêmica, assim como foram coautores do anteprojeto do Código de Defesa Consumidor, microssistema jurídico voltado à harmonia e transparência nas relações jurídicas de consumo e pela compatibilização da proteção do consumidor com a necessidade de desenvolvimento econômico e tecnológico.[1]

---

1. Nas palavras de Claudia Lima Marques, no primeiro volume da RDC: "A Lei 8.078/90, conhecida como Código de Defesa do Consumidor ou Codecon, entrou em vigor em 11.03.1991, representando uma considerável inovação no ordenamento jurídico brasileiro, uma verdadeira mudança na ação protetora do direito. De uma visão liberal e individualista do Direito Civil, passamos a uma visão social, que valoriza a função do direito como ativo garante do equilíbrio, como protetor da confiança e das legítimas expectativas nas

Iniciando novo ciclo administrativo, a composição da diretoria executiva atual, encabeçada pelos autores deste texto, desde já parabeniza os colegas e parceiros componentes da chapa eleita, assim como agradece aos demais associados e professores de direito do consumidor.

Ao ensejo dessa oportunidade e considerando a natureza jurídica do Brasilcon, que é associação civil sem fins lucrativos, valem destacar três princípios[2] jurídicos básicos que informam a respectiva estrutura e funcionalidade. Essa abordagem é relevante, já que descortina o "vir a ser" (o devir heideggeriano) dessa útil aglutinação de professores e operadores do Direito voltados à finalidade jurídico-humanitária de promoção do direito dos vulneráveis.

Solidariedade[3] que, enquanto princípio, encontra fundamento na dignidade humana e expressa a materialização de vínculos entre a entidade e os associados. São os chamados vínculos associativos convergentes ao escopo comum que é *"a promoção do desenvolvimento da política e do direito do consumidor, levando em conta os aspectos multidisciplinares de proteção do consumidor"* (conforme artigo 2º do estatuto do Brasilcon). Via de consequência, a solidariedade projeta efeitos externos à associação, alcançando Estado, sociedade, grupos vulneráveis e outras associações, bem como assumindo função protagonista na transformação de outros sistemas (político, jurídico, econômico, social etc.). Como já dito em arguta análise: *"O indivíduo além da individualidade"*.[4]

Cooperação,[5] no mesmo modal normativo, que permite a integração de esforços entre o Estado e a sociedade, desencadeando atividades conjuntas, ininterruptas e constantes a favor do bem jurídico fundamental tutelado. Trata-se de concurso das "finalidades" perseguidas pelos órgãos públicos das esferas federativas com a coadjuvação dos "objetivos" estatutários das organizações não governamentais. Não à toa que o Decreto 2.181/97 (artigo 2º) e o próprio CDC (artigo 105), para a efetividade[6] das decisões jurídicas do Sistema Nacional de Defesa do Consumidor

---

relações de consumo no mercado". (*Novas regras sobre a proteção do consumidor nas relações contratuais.* São Paulo: Ed. RT, 1992, v. 1, p. 27-54).
2. Utilização que deve ser harmônica observadas a segurança jurídica e integridade do direito, na compreensão que, diferentemente das regras (direitos e deveres definidos), está ante realização parcial da norma (direitos e deveres '*prima facie*'). Ver neste sentido: SILVA, Virgílio Afonso da. *Direitos fundamentais*: conteúdo essencial, restrições e eficácia. 2. ed. São Paulo: Malheiros, 2010, p. 45.
3. NERY, Rosa Maria Barreto Borriello de Andrade. Apontamentos sobre o princípio da solidariedade no sistema do direito privado. *Doutrinas essenciais de Responsabilidade Civil.* São Paulo: Ed. RT, 2011, v. 1, p. 25-32. Vale a menção: "no princípio da solidariedade que devemos buscar inspiração para a vocação social do direito, para a identificação do sentido prático do que seja funcionalização dos direitos e para a compreensão do que pode ser considerado parificação e pacificação social".
4. Assim está no REsp 171927/SC, sintetizado e relatado pelo Min. Herman Benjamin e com apoio em Léon Bourgeois no clássico Essai d'une Philosophie de la Solidarité. Paris: Félix Alcan, 1902.
5. PAZZAGLINI FILHO, Marino. Princípios constitucionais e improbidade administrativa ambiental. *Doutrinas essenciais de direito ambiental.* São Paulo: Ed. RT, 2011, v. 1, p. 517-528.
6. No âmbito do processo civil a cooperação (artigo 6º CPC) atua para prestigiar a efetividade e justiça da decisão mérito, propiciando a estruturação processual e a dialeticidade entre as partes. (ver por todos CAMBI, Eduardo; Haas, Adriane; SCHMITZ, Nicole. Princípio da cooperação processual e o novo CPC.

(SNDC), designam entre os atores institucionais desse sistema as *"entidades civis de defesa do consumidor"*, o que é perfeitamente cabível ao Brasilcon.

Participação,[7] na categoria de princípio, decorre claramente da qualificação democrática de Estado de Direito (CF, artigo 1º, *caput*), bem como dos fundamentos republicanos referentes à cidadania e pluralismo político (CF, artigo 1º, incisos II e V, respectivamente). A pertinência temática desenvolve-se no processo dialógico de elaboração da decisão jurídica ou da produção normativa para, em corolário, alcançar a legitimidade esperada. Esquadrinhe-se: a condução dos temas públicos afeta real e diretamente "aqueles" justamente que detêm o poder[8] e que, no exercício da cidadania, não apenas escolhem os representantes, mas igualmente o modo de governança.[9] Não fosse isso, é essa a participação que enseja a possibilidade de "controle popular"[10] sobre as instâncias públicas.[11]

Fixadas tais premissas propedêuticas, depara-se agora com duas situações jurídicas reveladoras de intensos valores fundamentais pertencentes a dois "sujeitos constitucionais": o Brasilcon e o consumidor. Valem as notas.

O primeiro corporifica direito fundamental de abrangência coletiva. Associações civis sem fins lucrativos, muito embora tratadas pela legislação civil (CC, artigo 53), têm pertencialidade nas Constituições justamente para garantir eventual oposição (ou apoio) às atividades do Estado, dando concretude aos direitos de defesa (resistência e desobediência).[12] O exercício desse direito fundamental coletivo (CF, artigo 5º, incisos XVII a XXI), posto em prática pelo conjunto de pessoas, tem assento em três direitos básicos: direito de criação pessoa jurídica associativa, direito de associação e direito de desassociação (não continuar associado).[13]

São Paulo: *Revista dos Tribunais*, v. 984, p. 345-384. 2017. E assim evoluem: "A colaboração processual pressupõe quatro deveres aos magistrados que visam a salvaguardar a efetividade do processo: deveres de esclarecimento, prevenção, consulta e auxílio".

7. SARLET, Ingo Wolfgang; Fensterseifer, Tiago. Democracia participativa e participação pública como princípios do Estado socioambiental de Direito. *Doutrinas Essenciais de Direito Constitucional*. São Paulo: Ed. RT, 2015. v. 10, p. 709-757.
8. MÜLLER, Friedrich. *Quem é o povo? A questão fundamental da democracia*. 2. ed. São Paulo: Max Limonad, 2000. Estamos falando aqui do povo destinatário das prestações estatais (âmbito em que ninguém pode ser excluído). Diferentemente do 'povo icônico', que tudo pode significar, especialmente as hegemonias; 'povo ativo', os que votam e são votados; e 'povo como instância de atribuição', caracterizados pela nacionalidade.
9. MOREIRA NETO, Diogo de Figueiredo. *Legitimidade e discricionariedade*. 4. ed. Rio de Janeiro: Forense, 2001.
10. Entretanto foi editado o Decreto 10.051/19 cujo escopo é justamente limitar os "deveres fundamentais de proteção" do Estado aos direitos fundamentais dos consumidores. Inconfundível que no bojo do decreto dá-se a alcunha de 'controle social' quando os componentes permanentes são apenas agentes governamentais e em apenas numa remota posição se enquadram as entidades da sociedade civil na qualidade de convidadas.
11. Ver neste sentido https://www.conjur.com.br/2019-out-19/opiniao-controle-social-atividades-protetivas--consumidor. Acesso em: 11.12.2020.
12. DIMOULIS, Dimitri e MARTINS, Leonardo, *Teoria geral dos direitos fundamentais*. São Paulo: Ed. RT, 2009. p. 61.
13. SILVA, José Afonso da. *Curso de direito constitucional positivo*. 31. ed., rev. e atual. São Paulo: Malheiros, 2008.

O segundo refere-se a agente constitucionalmente identificado como vulnerável.[14] A Constituição Federal brasileira, diferentemente de outros países, não inseriu a promoção do consumidor apenas como princípio da ordem econômica. Ao contrário, valorizou e diferenciou, tratando-o diretamente como sujeito de direitos fundamentais e atribuindo ao Estado o dever fundamental de proteção. Esse *status* constitucional, transforma os direitos dos consumidores: "No mínimo, estabelecendo-os como preferenciais em relação a outros direitos de matriz infraconstitucional. No máximo, determinando providências concretas para sua realização".[15]

É justamente na conjugação destes dois direitos fundamentais a perspectiva de que a *causa subjacente* (proteção ao consumidor) é motivadora da *função social coletiva* dessa eficiente e propositiva entidade civil de defesa do bem-comum (Brasilcon).

Entretanto e a bem da verdade, há pouco tempo o denso ativo jurídico proporcionado pelo direito do consumidor vem sofrendo ataques múltiplos: leituras infraconstitucionais ou regulatórias da Constituição Federal (enquanto deveríamos ter interpretação *conforme* a Constituição); mitigação de direitos conquistados; e até a criação "da vulnerabilidade empresarial" em detrimento à sólida compreensão de que vulnerável é a pessoa humana.

A diretoria empossada tem claro objetivo em reforçar e reconquistar, nos limites associativos e comunitários, o protagonismo do "direito dos vulneráveis", ocupando espaços na pauta dos grandes debates nacionais, na incessante busca da realizabilidade das políticas públicas de defesa do consumidor, assim como perseverar na aprovação dos projetos de lei de atualização do CDC, PL 3514/15 (que versa sobre o comércio eletrônico) e 3515/15 (que dispõe sobre a prevenção e o tratamento ao superendividamento).

---

14. MARQUES, Claudia Lima. *Contratos no Código de Defesa do Consumidor*: o novo regime das relações contratuais. 8. ed. São Paulo: Ed. RT, 2016, p. 410: "O consumidor foi identificado constitucionalmente (artigo 48 do ADCT) como agente a ser necessariamente protegido de forma especial".
15. MIRAGEM, Bruno. Direito do consumidor como direito fundamental: consequências jurídicas de um conceito. *Revista de Direito do Consumidor*. v. 43, p. 111 e s. São Paulo: Ed. RT, 2002.

GARANTIA DE EXCELÊNCIA NA DIREÇÃO DA FACULDADE DE DIREITO DA UFRGS

Laís Bergstein

Doutoranda em Direito do Consumidor e Concorrencial pela Universidade Federal do Rio Grande do Sul (UFRGS). Mestre em Direito Econômico e Socioambiental pela Pontifícia Universidade Católica do Paraná (PUCPR) e Coordenadora Acadêmica da Especialização em Direito do Consumidor e Direitos Fundamentais da UFRGS. Advogada.

A comunidade acadêmica da Universidade Federal do Rio Grande do Sul (UFRGS) manifestou amplo apoio e preferência pela chapa dirigida pela professora Claudia Lima Marques e que conta com a professora Ana Paula Motta Costa como vice-diretora. A eleição ocorreu entre os dias 13 e 14 de outubro, com um lema de campanha pautado na igualdade e na competência. É a primeira vez, em 120 anos, que a Faculdade de Direito será comandada por uma mulher.

A Faculdade de Direito da Universidade Federal do Rio Grande do Sul foi fundada em 17 de fevereiro de 1900, como "Faculdade Livre de Direito", incorporada à Universidade de Porto Alegre pelo Decreto estadual 5.758/34 e, posteriormente, à Universidade do Rio Grande do Sul pela Lei federal 1.254/50. Está sediada, em Porto Alegre, na Avenida João Pessoa, n. 80, em um belíssimo prédio histórico.

As aspirações da nova direção, que será empossada no dia 21/12, são de construção de um futuro de excelência em pesquisa, extensão e em ensino dentro da universidade pública, gratuita e de qualidade. A UFRGS, que tenho orgulho de ter como minha alma mater, tem sólidas bases em pesquisa, com premiações nacionais e internacionais.

A professora Claudia Lima Marques tem experiência nas áreas de Direito Internacional Público e Privado, Direito do Consumidor, Mercosul, Direito Privado e Direitos da Criança e do Adolescente. É autora de diversas obras que tratam de temas afetos aos direitos humanos, direitos econômicos e sociais e atua como professora convidada em diversas universidades no mundo, em especial na Argentina, Uruguai, França e Alemanha. Premiada por diversas instituições da sociedade civil pela sua atuação em pesquisa jurídica e na defesa dos vulneráveis, é consultora desde 1991 no Mercosul, OEA, Banco Mundial e Ministério da Justiça brasileiro em questões de direito do consumidor e criança, assim como em questões de Direito Internacional Privado, especialmente a proteção de turistas estrangeiros. Foi a primeira professora brasileira a ministrar um curso na Academia de Direito Internacional de Haia.

Desde a sua graduação em Ciências Jurídicas e Sociais na UFRGS, em 1985, Claudia Lima Marques tem atuado intensamente na pesquisa científica, na internacionalização da Faculdade de Direito e na obtenção de recursos para financiar as pesquisas dos docentes e discentes vinculados à UFRGS. O Centro de Estudos Europeus e Alemães (CDEA) instalado em Porto Alegre com a união da UFRGS e da PUC-RS e em razão do imenso trabalho da nova diretora da faculdade é fonte de financiamento de inúmeras pesquisas no Brasil e no exterior.

A professora Ana Paula Motta Costa tem experiência nas áreas de Direito da Criança e do Adolescente e direitos humanos, em especial, a efetividade de direitos de adolescentes em conflito com a lei. Tem extensa trajetória como professora em diversas instituições de ensino superior, dedicando-se ao ensino, pesquisa e extensão na graduação e pós-graduação da Faculdade de Direito da UFRGS. É pesquisadora e integrante da coordenação do PPGDir, e autora de diversos artigos e livros, como "As Garantias Processuais e o Direito Penal Juvenil", "Os Adolescentes e seus Direitos Fundamentais" e "Medidas Socioeducativas: Gestão da Execução".

Sob nova direção, que assumiu um compromisso com a garantia da excelência na educação em direito na graduação e pós-graduação, a defesa da diversidade e das políticas de ações afirmativas, o impacto na sociedade pela inserção local, nacional e internacional a liberdade de cátedra, as perspectivas para a Faculdade de Direito da UFRGS não poderiam ser melhores. A partir de uma gestão compartilhada, que preza pela convergência de esforços e participação de docentes, técnicos-administrativos e discentes, a Faculdade de Direito será imensamente beneficiada com a vasta experiência, energia e criatividade das suas novas diretoras, que são reconhecidas e respeitadas pela comunidade jurídica. Com as nossas novas líderes, não há dúvidas que a Faculdade de Direito da Universidade Federal do Rio Grande do Sul continuará sendo um espaço de pluralidade e consciência crítica, de fomento de soluções para a melhoria das condições de vida das pessoas, de efetividade dos direitos humanos, pilar do Estado Democrático de Direito.

2020: SINDEMIA E RESISTÊNCIA DO DIREITO DO CONSUMIDOR

Fernando Rodrigues Martins
Doutor e Mestre pela Pontifícia Universidade Católica de São Paulo. Promotor de Justiça em Minas Gerais e Presidente do Brasilcon.

Clarissa Costa de Lima
Doutora pela Universidade Federal do Rio Grande do Sul. Juíza de Direito em Porto Alegre, ex-presidente e atual primeira vice-presidente do Brasilcon.

Guilherme Magalhães Martins
Doutor e Mestre pela Universidade do Estado do Rio de Janeiro. Promotor de Justiça no Rio de Janeiro e segundo vice-presidente do Brasilcon.

Sophia Martini Vial
Doutora pela Universidade Federal do Rio Grande do Sul, assessora parlamentar no Distrito Federal e diretora secretária-geral do Brasilcon.

O ano de 2020 foi extremamente peculiar aos consumidores e também para o Direito do Consumidor. Enquanto a população ainda sofre sérios abalos em decorrência da crise pandêmica instalada mundialmente a partir de fevereiro, o Direito do Consumidor consegue se projetar como disciplina resistente na promoção do vulnerável, mesmo e apesar dos 30 anos de vigência do CDC, quando concebido no início da década de 90 em anteprojeto vocacionado para sociedade bastante diferente da contemporânea.

O escopo deste texto é proceder reflexão retrospectiva do ano 2020 concentrando as observações no direito do consumidor, em *três perspectivas* que nos parecem proeminentes: 1) as reações legislativas frente à pandemia da Covid-19 utilizando como meio de apoio o direito dos consumidores; 2) as ações institucionais para a defesa dos consumidores; 3) o alargamento da dogmática consumerista.

Para a *primeira perspectiva* é propositiva a noção de sindemia, neologismo derivado junção das expressões sinergia e povo.[1] Na sindemia são levadas em deferência

---

1. SINGER, Merrill. *Introduction to syndemics*: a critical systems approach to public and community health. San Francisco: Jossey Bass, 2009.

não apenas as condições de saúde de cada pessoa (*v.g.* comorbidades), senão fatores sociais que contribuem para a expansão dos efeitos negativos de determinada diagnose (*v.g.*, ausência de acesso à água potável, serviços sanitários, moradia). Nesse sentido, desigualdades sociais representam fatores relevantes para a disseminação do SARS-CoV-2. De agregar, pois, à importância internacional de pandemia declarada pela OMS, a compreensão sindêmica sem se descurar da observação que são os vulneráveis e hipervulneráveis (desiguais) os mais expostos a este contexto caótico.[2]

A Covid-19 atingiu drasticamente a humanidade (vida, saúde e segurança das pessoas),[3] assim como as incontáveis conquistas e projeções da civilização corrente. Isso equivale a dizer que os sistemas econômicos, científicos e sociais da globalidade (produção, fabricação, tecnologia, logística, transportes, turismo, cultura, educação, esportes etc.) foram diretamente afetados. Ademais exasperou a tensão "habitante-cidade", provocando maiores complexidades (riscos e temores) e transformando costumes e hábitos que objetivam ressignificar o valor da casa e do trabalho, este último internalizado perante a família.

Ao sistema político cabia reagir obviamente através de leis (ordem), estabelecendo diretrizes para enfrentamento da superveniência do "anormal",[4] mediante comandos (direito objetivo), permissões (direitos subjetivos) e qualidades (justiça) que contribuíssem nas tomadas de decisões pelas instituições públicas e sociedade civil frente às multifárias relações humanas, comunitárias e jurídicas. Vale dizer: as leis são pontos essenciais que, entretanto, carecem de intepretação para atribuição de sentido.[5]

Destaquem as relações jurídicas que envolvam o consumidor como as mais sujeitas aos impactos da pandemia, notadamente quanto ao tema de prestação de serviços e desabastecimento de produtos essenciais. Contudo, não se viu neste ano iniciativa legislativa ou mesmo política pública que garantisse o reequilíbrio e harmonia entre direitos dos consumidores e fornecedores. O Código de Defesa do Consumidor, forte na própria doutrina e jurisprudência, cumpriu isoladamente a carga de efetividade de direitos dos consumidores.

No setor de transporte aéreo houve clara opção pela proteção das concessionárias. A edição da MP 925, posteriormente convertida na Lei 14.034/20, possibilitou às companhias aéreas a obrigação de reembolsar os valores das passagens adquiridas pelos consumidores no prazo de 12 meses contados a partir da data do voo cancela-

---

2. MENDES, Eugênio Vilaça. *O lado oculto de uma pandemia: a terceira onda da COVID-19 ou o paciente invisível*. Disponível em: https://www.resbr.net.br/o-lado-oculto-de-uma-pandemia-a-terceira-onda-da-covid-19-ou-o-paciente-invisivel/#.X-pQnNhKiy. Acesso em: 28.12.2020.
3. Ministério da Saúde aponta neste final ano de 2020 alarmante número de 18.479 para diagnósticos confirmados e 191.139 óbitos oficialmente declarados. Disponível em: https://covid.saude.gov.br. Acesso em: 28.12.2020.
4. Adotando aqui linha mais formal TELLES JUNIOR, Goffredo. *Iniciação na ciência do direito*. São Paulo: Saraiva, 2002, p. 18.
5. ATIENZA, Manuel. *El sentido del derecho*. 6. ed. Barcelona: Ariel, 2010, p. 268.

do. Para tal situação não estabeleceu qualquer multa por conta do cancelamento da prestação de serviços pela fornecedora, muito embora ao consumidor as penalidades tenham sido mantidas na hipótese de desistência. Entretanto, é na redação dada pela nova lei ao artigo 251-A do Código Brasileiro de Aeronáutica que se encontra séria atecnia, porquanto se vincula indenização por dano extrapatrimonial à efetiva demonstração de prejuízo e sua extensão, rompendo com o preceito óbvio de que para compensação de lesões à situação jurídica existencial da pessoa basta a violação de interesse jurídico tutelado, enquanto direito da personalidade.[6]

O mesmo se deu através da MP 948/20, também convertida na Lei 14.046/20, que, versando sobre reservas e eventos dos setores de turismo e cultura, vinculou a restituição dos valores pagos pelos consumidores ao não oferecimento de nova data para a prestação de serviços ou à negativa de disponibilização de crédito para uso ou abatimento em outras atividades por parte dos fornecedores. O reembolso também se dá no prazo de um ano, contado da data de encerramento do estado de calamidade pública.

A legislação deixa o leque de opções quanto à restituição ou ao cumprimento das obrigações a serem adimplidas à disponibilidade exclusiva do fornecedor, reconhecendo o cancelamento do evento indiscriminadamente como caso fortuito e força maior e, à vista disso, tornando incabíveis processos administrativos sancionatórios pelos órgãos públicos de proteção ao consumidor, bem como a reparação por danos morais, salvo na hipótese de má-fé.

À luz da Constituição Federal, esta última legislação tem pontos sérios de invalidade valorativa, pois trata de mitigar a atuação do Estado na promoção dos vulneráveis, enquanto direito fundamental (CF, artigo 5º, inciso XXXII),[7] assim como impede compensação por lesões existenciais de forma generalizada (CF, artigo 5º, inciso XXXV),[8] exigindo que o consumidor comprove má-fé do fornecedor, quando o correto seria o abuso.

O PL 1.179/20, convolado na Lei 10.014/20, tratou do regime jurídico emergencial e transitório das relações jurídicas de direito privado (RJET) e tem o mérito em estabelecer diretrizes de segurança para situações supervenientemente obstaculizadas pela pandemia. No que respeita aos consumidores, contudo, restringiu o direito de arrependimento (CDC, artigo 49) para situações de entrega domiciliar. Muito embora a regra fosse temporária, arranhou a simbologia promocional dos vulneráveis que ao adquirirem produtos sem acesso físico ao objeto comprado permanecem impossibilitados em enjeitá-lo (retorno ao princípio *caveat emptor*). Temas assim

---

6. MIRAGEM, Bruno. *Direito civil*: responsabilidade civil. São Paulo: Saraiva, 2015, p. 173.
7. SILVA, Jorge Pereira da. *Deveres do Estado de protecção de direitos fundamentais*: fundamentação e estrutura das relações jusfundamentais triangulares. Lisboa: Universidade Católica Editora, 2015.
8. DIDIER JUNIOR, Fredie. Direito à inafastabilidade do Poder Judiciário. In: LEÃO, Adroaldo; PAMPLONA FILHO, Rodolfo (Coord.). *Direitos constitucionalizados*. Rio de Janeiro: Forense, 2005, p. 172.

são melhor solvidos na experiência do dia a dia entre os próprios interessados, dada a singularidade dos negócios, não fazendo sentido a alteração do microssistema.

São essas as movimentações legislativas com maior ênfase neste ano e, pelo que se observa, desprovidas da garantia de efetividade aos direitos dos consumidores. Ao contrário, há nítida percepção de retrocessos. Cabe aqui a lembrança que desde 2012, no Senado Federal, e a partir de 2015, na Câmara dos Deputados, tramita o PL 3515/15, com disposições normativas extremamente pertinentes à situação de milhões de desempregados e superendividados, contudo entrando em pauta para votação (e ainda não votado) somente neste mês de dezembro.

Muitos outros temas poderiam ser objeto de incisiva temática legislativa. Dois registros são relevantes: o transporte coletivo urbano (e a prevenção ao contágio) e os serviços privados de saúde explorados por operadoras e cooperativas.

É essencial nos transportes coletivos urbanos, especialmente ônibus, a adoção de medidas preventivas e precautórias à propagação da pandemia, sendo imprescindível o aumento da frota como forma de evitar aglomerações. Todavia, em muitas cidades o número de veículos foi até reduzido em reverência aos pleitos das empresas. Aqui há o manifesto risco de contágio da população de usuários de serviços públicos que se vê superdimensionada ao ser transportada.

O direito fundamental de ir e vir, assegurado na legalidade constitucional, se faz em diálogo coordenado com os pressupostos tanto estabelecidos na legislação que versa sobre a concessão e permissão de serviços públicos (Lei 8.987/95), como ainda pelo Código de Defesa do Consumidor e Código Civil, restando suficientemente claro que a prestação de serviço de transporte deve ser adequada, eficiente, segura e contínua. O poder público ao insistir na referida prestação de serviços tal como está contribui acendradamente para contágios, impactando todo o sistema de saúde.

No que respeita aos serviços privados de saúde, não passou despercebido que as operadoras e cooperativas que exploram lucrativamente o setor tiveram ganhos significativos frente a outros nichos regulados. Com o advento da pandemia, logo as intervenções eletivas (bastante corriqueiras), assim compreendidas aquelas não urgentes ou não emergenciais, foram suspensas.

Em contrapartida, além do nível de inadimplência dos usuários continuar linear (sem aumento), sobejaram maiores demandas por parte de novos consumidores à procura da segurança proporcionada pela iniciativa privada,[9] mesmo que sob o modelo de contratos coletivos, opção de preferência das operadoras, já que os reajustes não são regulados pela ANS.

A adoção de práticas como a telemedicina e a liberação parcial do fundo garantidor são demonstrações claras que as exigências às operadoras foram relativizadas, enquanto as parcelas mensais devidas pelos usuários não tiveram descontos

---

9. Disponível em: https://idec.org.br/release/idec-pede-na-justica-suspensao-total-dos-reajustes-de-planos-de-saude-na-pandemia. Acesso em: 28.12.2020.

proporcionais ou mesmo seguiram medidas de mitigação às sanções contratuais pelo inadimplemento, evitando-se solução de continuidade aos consumidores sem capacidade de pagamento.[10]

A *segunda perspectiva* remonta à atuação institucional dos órgãos vinculados à promoção dos consumidores. Há nítida verificação de descompasso entre determinadas políticas adotadas pelo Ministério da Justiça com as finalidades administrativas dos demais organismos públicos. A referência a "deveres de proteção do Estado" aos direitos fundamentais dos consumidores não pode ser abandonada, já que há *status* de envergadura constitucional. Promoção dos vulneráveis é dever fundamental do Estado.[11]

Em 2020, a recriação do Conselho Nacional de Defesa dos Consumidores através do Decreto 10.417/20 foi alvo de percuciente crítica, haja vista a introdução de temas desconexos ao dever fundamental de proteção aos consumidores.[12]

Vale a lembrança que na edição do Decreto 2.181/07, que regulamenta o Código de Defesa do Consumidor, o princípio da democracia,[13] verdadeira causa subjacente do sistema federativo e cooperativo, foi concretizado como garantia de constituição do Sistema Nacional de Defesa do Consumidor. É esse o palco fundamental onde a única hierarquia constitucionalmente aceita é aquela vertida ao interesse público de defesa do consumidor.

Sem embargo disso, Procons, Defensorias Públicas, Ministérios Públicos e entidades civis de proteção ao consumidor cumpriram exitosamente as funções tocadas pelo sistema jurídico. Questões relacionadas a contratos de prestação de serviços de ensino, abastecimento em supermercados e farmácias, equipamentos de proteção individual e segurança, abuso em preços, sobre-endividamento dos consumidores e relações bancárias representaram assuntos densamente enfrentados por tais órgãos e entidades.

A *terceira perspectiva* é relacionada às novas dimensões da dogmática consumerista. Mesmo em ano abalado por fortes variações econômicas impactantes, professores de Direito do Consumidor reeditaram obras anteriores[14] e lançaram novas

---

10. Ver nesta mesma plataforma GREGORI, Maria Stella. *O impacto do novo coronavírus nos planos de saúde no Brasil*. Disponível em: https://www.conjur.com.br/2020-jul-01/garantias-consumo-impacto-coronavirus-planos-saude-brasil. Acesso em: 28.12.2020.
11. Para tanto ver NABAIS, José Casalta. *O dever fundamental de pagar impostos*: contributo para a compreensão constitucional do Estado fiscal contemporâneo. Coimbra: Almedina, 2009. Também do mesmo autor: *Por uma liberdade com responsabilidade*: estudo sobre direitos e deveres fundamentais. Coimbra: Coimbra Editora, 2007.
12. MORISHITA, Ricardo; SODRÉ, Marcelo Gomes; PFEIFFER, Roberto Augusto Castellanos. *Conselho nacional de defesa do consumidor*: uma chance perdida? Disponível em: https://www.conjur.com.br/2020-ago-12/garantias-consumo-conselho-nacional-defesa-consumidor-chance-perdida. Acesso em: 28.12.2020.
13. FILOMENO, José Geraldo Brito. Consumidor e cidadania: agente político e econômico. *Doutrinas essenciais de direito do consumidor*. São Paulo: Ed. RT, 2011, p. 237-242.
14. É o caso de Bruno Miragem; Claudia Lima Marques; Flávio Tartuce e Guilherme Magalhães Martins.

pesquisas[15] A lista não pode ser exaustiva, pois o espaço é singelo, contudo vale o destaque a três excelentes produções coletivas: "Diálogo das fontes: novos estudos sobre a coordenação e aplicação das normas no direito brasileiro" (Editora RT), "O direito do consumidor no mundo em transformação" (Editora RT) e "Direito do Consumidor – 30 anos do CDC: da consolidação como direito fundamental aos atuais desafios da sociedade" (Editora Forense).

---

15. Leonardo Roscoe Bessa; Dennis Verbicaro; Joseane Suzart Lopes da Silva e Paulo Roque A. Khouri.

A INTERPRETAÇÃO TELEOLÓGICA DO DIREITO CONSUMERISTA E OS LIMITES DO MERCADO

Plínio Lacerda Martins

Doutor em Direito pela UFF. Professor adjunto da UFF. Diretor do Brasilcon da Região Sudeste. Presidente da MPCON (2014-2016). Coordenador da Codecon-Alerj e Promotor de Justiça aposentado.

Sergio Gustavo Pauseiro

Doutor e Mestre em Direito pela UFF. Professor adjunto da Faculdade de Direito da UFF. Professor do Programa de Doutorado da UFF e Coordenador da Pós-Graduação em Direito e Tecnologia da UFF.

Paula Ramada

Doutora em Direito pela UFF. Mestre pela Unipac. Professora de Direito do Consumidor da Universo-JF e da Faculdade Lusofona-RJ. Pesquisadora CNPQ. Advogada associada ao Brasilcon.

O ano de 2021 traz inúmeros desafios, entre eles a correta interpretação do CDC em relação as inúmeras leis editadas e julgamentos de demandas consumeristas no nosso país. Sustentamos o entendimento que o CDC é um código que possui como eixo a *persona* do consumidor, a "proteção do consumidor" no mercado de consumo, presumindo o mesmo como parte vulnerável, ao contrário das outras leis de defesa do consumidor de outros países da Europa, que buscam a proteção da relação jurídica ou mesmo o foco no mercado de consumo. Carlos Maximiliano leciona que *"interpretar é explicar, dar o significado do vocábulo, mostrar o sentido verdadeiro de uma expressão"*,[1] significando afirmar que o intérprete deve extrair da norma tudo o que a mesma contém. A interpretação opera sobre ato de vontade representado na lei, podendo o intérprete utilizar de vários métodos de interpretação como gramatical, lógico, sistemático, finalístico. Em relação ao Direito do Consumidor, o legislador consignou no texto constitucional[2] a vontade do Estado de reconhecer como direito fundamental a defesa do consumidor, na expressão de Cláudia Lima Marques, como agente constitucionalmente identificado.[3] Destarte a interpretação finalística do CDC tem amparo na defesa do consumidor, e não do mercado, daí a razão do nome *juris*

---

1. MAXIMILIANO, Carlos. *Hermenêutica e aplicação do direito*. 6 ed. São Paulo: Freitas Bastos, 1957. p. 23.
2. Vide CF, artigo 5º, XXXII e artigo 170, V.
3. MARQUES, Claudia Lima. *Contratos no CDC*: o novo regime das relações contratuais. 4. ed. São Paulo: Ed. RT, 2002. p. 776.

CDC, ao contrário de outros ordenamentos jurídicos alienígenas que preferiram a terminologia "código do consumo", em atenção à proteção da relação jurídica.

Este ensaio, sem a pretensão de esgotar o assunto, busca refletir a respeito da interpretação que os nossos tribunais posicionam a respeito das demandas consumeristas, considerando a disputa entre o risco da atividade do fornecedor e as imposições a que o mercado submete o consumidor, principal protagonista da sociedade de consumo. No tocante à interpretação feita pelos tribunais no Brasil, atualmente o sistema jurídico possui elementos extraídos da *civil law* e da *common law*. Podemos dizer que ambos os sistemas adotam, hoje, a teoria dos precedentes. No estudo da hermenêutica jurídica, nos deparamos com diversos doutrinadores que buscam dar o destaque para a correta interpretação da lei. John Rawls explica que, embora a sociedade seja um empreendimento cooperativo visando a vantagens mútuas, é tipicamente marcada por conflito, bem como identidade e interesses.[4] Em Kant, duas questões são essenciais para se entender a metodologia para interpretação da norma hoje. Podem ser percebidas por intermédio das expressões de *mundus sensibilis* e *mundus intelligibilis*. Aqui reside a diferença entre o *gegenstand* e *objekt*. O *gegenstand* refere-se ao mundo sensível ao conjunto dos fenômenos, tudo que já está criado, e o *objekt* ao consenso de ideias no mundo inteligível ou entendimento.[5] Hans Kelsen afirma que pode haver discrepância, total ou parcial, entre o sentido verbal da norma e a vontade do legislador.[6] Perter Häberle explica que na interpretação teleológica, o julgador busca analisar a vontade do legislador contida na própria lei, verificando qual o objetivo ele pretendia atingir.[7] Não é objeto deste ensaio a escolha entre os diversos doutrinadores da hermenêutica jurídica, aquele que possa interpretar o Direito do Consumidor de forma autêntica, mas um fato é certo: nas demandas envolvendo relação jurídica de consumo, a interpretação teleológica do CDC deve ser feita em conformidade com a finalidade da edição da lei, sendo um código de "proteção" e "defesa" do consumidor, e não do mercado de consumo.

Fernando Martins defende que as *"fontes estão pulverizadas na teoria geral do direito do consumidor"*, concluindo que *"as fontes fazem parte da construção, interpretação e aplicação do direito do consumidor, permitindo sua renovação e a franca multidisciplinaridade com as demais instâncias dogmático-axiológicas, também fundamentadas por suas próprias fontes"*.[8]

---

4. RAWLS, John. *Uma teoria da justiça*. Trad. Almiro Pisetta e Lenita Esteves. São Paulo: Martins Fontes, 1997. p. 4-7.
5. Idem, p. 298.
6. KELSEN, Hans. *Teoria pura do direito*. 6. ed. Trad. João Batista Machado. São Paulo: Martins Fontes, 1998, p. 246-247.
7. HÄBERLE, Peter. *Hermenêutica constitucional* – a sociedade aberta dos interpretes da Constituição: Contribuição para a interpretação pluralista e "procedimental" da Constituição. Trad. Gilmar Ferreira Mendes. Porto Alegre: Sérgio Antônio Fabris Editor, 1997. p. 131.
8. MARTINS, Fernando Rodrigues e FERREIRA, Keila Pacheco. A contingente atualização do Código de Defesa do Consumidor: novas fontes, metodologia e devolução de conceitos. *Revista de Direito do Consumidor*. v. 83. p. 11-53. jul.-set. 2012.

Interpretações equivocadas, julgadas contrárias ao entendimento do Direito do Consumidor, ainda hoje são comuns nos nossos tribunais. Tomemos, por exemplo, a Súmula 381 do STJ, que, apesar das críticas dos doutrinadores consumeristas, mantém o entendimento da impossibilidade de o juiz apreciar *ex officio* cláusulas contratuais abusivas nos contratos bancários, sendo certo que o CDC possui normas de ordem pública e o artigo 51 expressa a nulidade absoluta.[9] Entretanto, destacamos interpretações dos tribunais que merecem aplausos do Direito Consumerista, como no caso da demanda envolvendo a repetição do indébito. O direito do consumidor era interpretado no sentido de que o consumidor somente teria direito a devolução em dobro em razão da má-fé do fornecedor ou mesmo culpa, em decorrência da interpretação da expressão *"salvo hipótese de engano justificável"* (artigo 42, parágrafo único *in fine*).[10] Nesse sentido, duas concepções interpretavam a expressão. A concepção subjetiva, liderada por Arruda Alvim, afirma que a repetição em dobro somente é possível se demonstrada a má-fé ou ao menos a culpa (receio de chancelar o enriquecimento sem causa do consumidor). Assim, se a cobrança indevida decorrer de um equívoco, não atribuível a má-fé ou culpa do fornecedor, não se permite a restituição em dobro, sustentando que para a imposição da sanção civil, faz-se mister a caracterização do dolo ou culpa no agir (Súmula 159 do STF, artigo 1.531 do CC/1916, artigo 940 CC/02). Assim, se ocorrer o erro escusável não será devido em dobro. Para Claudia Lima Marques, defensora da concepção objetiva, a expressão traduz o fortuito externo, considerando que os equívocos na oferta envolvem falha gerencial, o fortuito interno que deve ser suportado pelo fornecedor, sustentando que, ainda que ausente a má-fé, a repetição em dobro é devida, em atenção à teoria do risco e à responsabilidade objetiva, pois a cobrança indevida é uma violação ao dever de atendimento a teoria da qualidade, que envolve os deveres anexos (informação, cooperação e cuidado). Há ainda a interpretação da repetição do indébito, fazendo a distinção entre a cobrança judicial e a extrajudicial na relação de consumo, sendo que na cobrança judicial aplica-se o artigo 940 do CC e, na cobrança extrajudicial, o artigo 42 do CDC.[11] Os tribunais sustentavam a concepção subjetiva, demonstrando a necessidade de devolução em dobro por patente a má-fé.[12] Guilherme Martins já comentava a respeito da correta interpretação do CDC, relatando que, constatado o pagamento em duplicidade, impõe-se o dever de devolução em dobro.[13] Recentemente, o STJ mudou o entendimento, ao nosso aviso, dentro da interpretação teleológica do CDC, aprovando tese que visa a pacificar a interpretação do parágrafo único do

---

9. Súmula 318 do STJ: Nos contratos bancários, é vedado ao julgador conhecer, de ofício, da abusividade das cláusulas.
10. ALMEIDA, Luiz Claudio Carvalho de. A repetição do indébito em dobro no caso de cobrança indevida de dívida oriunda de relação de consumo como hipótese de aplicação dos *punitive damages* no direito brasileiro. *Revista de Direito do Consumidor.* v. 54, p. 161-172. abr.-jun. 2015.
11. STJ – RESP 1.645.589 – MS (2016/0186599-2).
12. TJ-RJ – 2001.001.23333 – AC- 15 CC. Des. Sérgio Lúcio Cruz – 06.02.2002.
13. MARTINS, Guilherme Magalhaes e MODENESI, Pedro. A proteção do adimplente diante da abusiva cobrança das instituições financeiras e a jurisprudência do STJ. *Revista de Direito do Consumidor.* v. 130. p. 479-487. ago. 2020.

artigo 42 do CDC ao afirmar que a restituição em dobro do indébito independe da natureza do elemento volitivo do fornecedor que cobrou valor indevido, revelando-se cabível quando a cobrança indevida consubstanciar conduta contrária à boa-fé objetiva.[14] Citamos ainda a prática abusiva da perda da propriedade do produto deixado na assistência técnica para conserto, configurando como abandono (*res derelicta*?). A correta interpretação, ao nosso juízo, incide que o abandono exige a vontade, o *animus* do proprietário em abandonar a coisa, não podendo ser aplicado o dispositivo do CC como justificativa para o fato de o consumidor deixar um produto para conserto na assistência e esquecê-lo, considerado como abandono. Nesse seguimento, sugerimos a leitura de artigo *"perda da posse/propriedade do produto pelo abandono, prática comercial abusiva"*, que permite a interpretação favorável ao consumidor, inobstante o CC estabelecer em sentido diverso para as questões entre os iguais.[15] Também, *data maxima venia* do entendimento de diversos juristas, o CDC vinha sendo aplicado aos serviços públicos da saúde, como no caso do SUS, ao entendimento da remuneração indireta feita aos profissionais da saúde. Contudo, o entendimento da aplicação do CDC aos serviços públicos na forma do artigo 6, X, e artigo 22 é que são aqueles serviços remunerados por tarifa, e não por tributos. O STJ afirma que os serviços *uti singuli* são prestados de forma divisível e singular, remunerados diretamente por quem deles se utiliza, em geral por meio de tarifa. Já os serviços *uti universi* são prestados de forma indivisível e universal, custeados por meio de impostos. "Diante desse cenário, caracterizando-se a participação complementar da iniciativa privada – seja das pessoas jurídicas, seja dos respectivos profissionais – na execução de atividades de saúde como serviço público indivisível e universal, há de ser, por conseguinte, afastada a incidência das regras do CDC".[16] Dessa forma, o STJ resolveu alinhar o entendimento, que a nosso juízo é o mais correto, diferenciando dos serviços públicos regulados pelo CDC e pela lei do usuário do serviço público.

Entre as diversas interpretações que diariamente são feitas do CDC na aplicação do direito ao caso concreto, destaca-se a questão do erro na oferta dos produtos, que, ao nosso aviso, são consequências do risco do negócio jurídico.[17] O fornecedor que expõe o seu produto no mercado, sem a devida revisão do texto que irá circular no mercado, deve arcar com ônus da sua falta de diligência, em razão de sua desídia.

---

14. STJ tratou no dia 21.10.2020 sobre o tema da repetição em dobro prevista no artigo 42 do CDC. *ConJur* – Devolução em dobro por cobrança indevida não exige má-fé, diz STJ, por Danilo Vital. 21.10.2020.
15. MARTINS, Plinio Lacerda. Conserto de produtos: perda da posse/propriedade do produto pelo abandono. Prática comercial abusiva. Publicado na *Revista MPMG Jurídico*. ano III–out/nov/dez de 2007. Belo Horizonte: CEAF. 2007, p. 29-30. Publicado no Migalhas em 2018, disponível em: https://migalhas.uol.com.br/depeso/273045/prazo-para-o-consumidor-retirar-o-produto-para-conserto--res-derelicta. Acesso em: 1º.12.2021.
16. STJ REsp 1.771.169 – SC (2018/0258615-4).
17. Leonado Roscoe orienta no sentido que toda oferta publicitária vincula o fornecedor. Vale dizer, o obriga a cumpri-la (artigo 30 do CDC). É completamente inválida a retratação. Até porque, além da possibilidade de alguns consumidores não terem tomado conhecimento dela, defeitos em publicidade constituem riscos que o fornecedor deve assumir. Se houve erro na divulgação, que o assuma quem o praticou. BESSA, Leonardo Roscoe. *Coluna direito do consumidor*. Correio Braziliense, 12.05.2014.

A teoria do erro (escusável/inescusável), aplicável no CC, deve ser interpretada com reservas no Direito do Consumidor, devendo dar destaque para o princípio da vinculação da oferta e a boa-fé objetiva com previsão no CDC em face de inúmeras demandas ocorridas no mercado. A errata deve ser a exceção, e não a regra![18]

Hodiernamente, a interpretação do Direito do Consumidor tem como desafio novas barreiras que estão sendo criadas para o exercício do direito do vulnerável, por exemplo, no aspecto processual, a exigência de somente ser possível propor uma ação após reclamação formulada perante o fornecedor, em atenção ao princípio da demanda resistida, em flagrante desrespeito ao princípio constitucional da inafastabilidade da jurisdição e o direito básico do consumidor que determina a facilitação da defesa do consumidor. Conforme apontado, a forma como os valores são ponderados pelos magistrados, comparado a interpretação feita pelos tribunais, é que recai a maior parte das preocupações, em especial em relação ao Direito do Consumidor, parecendo indicar que o método interpretativo está a cargo de cada julgador. Verificamos a necessidade de observar, na interpretação das demandas deduzidas em juízo, a teoria do risco do negócio em confronto com a teoria da defesa do consumidor. Preferimos a doutrina daqueles que alicerçam a interpretação do Direito do Consumidor, reconhecendo o desequilíbrio entre o fornecedor e consumidor e a necessidade de defender o consumidor frágil em face ilicitude lucrativa do fornecedor, consoante doutrina de Pedro Rubim.[19]

---

18. Disponível em: https://www.mpmg.mp.br/lumis/portal/file/fileDownload.jsp?fileId=8A91CFAA41C39 AD0014210800FDF7AF6. Acesso em: 02.01.2021.
19. FORTES, Pedro Rubim Borges. O fenômeno da ilicitude lucrativa. *Revista Estudos Institucionais*, v. 5, n. 1, p. 104-132, jan.-abr. 2019.

COMPLIANCE, UM VALIOSO INSTRUMENTO EM DEFESA DO CONSUMIDOR

Roberta Densa
Doutora em Direitos Difusos e Coletivos pela Pontifícia Universidade Católica de São Paulo (PUC/SP). Advogada em São Paulo.

Cecília Dantas
Advogada em São Paulo.

1. O CONCEITO DE INTEGRIDADE E OS PILARES DO *COMPLIANCE*

O termo *compliance* deriva do inglês e pode ser traduzido para o vernáculo como conformidade. Leia-se conformidade não só com o ordenamento jurídico, mas também com os anseios de boas práticas advindos da empresa, do consumidor, da autorregulação do setor e da sociedade como um todo.

De acordo com o guia elaborado pelo Cade,[1] define-se *compliance* como sendo *"um conjunto de medidas internas que permite prevenir ou minimizar os riscos de violação às leis decorrentes de atividade praticada por um agente econômico e de qualquer um de seus sócios ou colaboradores"*.

Por meio dos programas de *compliance*, os agentes reforçam seu compromisso com os valores e objetivos ali explicitados, primordialmente com o cumprimento da legislação. Esse objetivo é bastante ambicioso e por isso mesmo ele requer não apenas a elaboração de uma série de procedimentos, mas também (e principalmente) uma mudança na cultura corporativa. O programa de *compliance* terá resultados positivos quando conseguir incutir nos colaboradores a importância em fazer a coisa certa.

Da estrutura inicialmente pensada para as questões relacionadas à anticorrupção, o *compliance* evoluiu e passou a ser pauta no mundo corporativo como um todo, trazendo eficácia às normas, tanto jurídicas quanto éticas, em virtude da crescente necessidade de se encontrar o seu efetivo cumprimento.

É através de programas efetivos de *compliance* que agentes privados se tornam aliados ao Estado, à medida que instigam uma cultura de ética e cumprimento da lei, desde a implantação de regras de conformidade de todas as operações da empresa, até o monitoramento de seu cumprimento e investigação de possíveis transgressões.

---

1. Disponível em: http://www.cade.gov.br/acesso-a-informacao/publicacoes-institucionais/guias_do_Cade. Acesso em: 12.01.2021.

Dessa forma, com a ascensão de uma cultura de exigibilidade de ética e conformidade dentro das empresas, o caminho da efetivação das normas jurídicas se faz mais certeiro.

Importante observar que os programas de *compliance* são baseados não só na valorização da autonomia privada como em pilares de efetivação do pensamento ético e da necessidade de se implantar uma cultura de integridade em todos os setores de uma empresa, desde sua administração, funcionários e prestadores de serviços.

De fato, a legislação sobre *compliance* vem ganhando forma no Brasil e no mundo. Ainda que de forma tardia, diversos órgãos do Estado vêm se preocupando com os programas de integridade como forma de cumprir os preceitos legais e éticos estabelecidos no ordenamento brasileiro.

2. PROGRAMA DE *COMPLIANCE* E AS RELAÇÕES DE CONSUMO

Com bem pontua Fabíola Meira de Almeida,[2] é possível afirmar que *compliance* envolvendo as relações empresa-cliente consubstancia-se na formação da política de boas práticas para o fim de implemento de efetivas melhorias no atendimento ao cliente, política corporativa para a garantia dos direitos do consumidor, redução de riscos e conflitos na relação de consumo.

Assim, o fornecedor não apenas revela a consumidores, mercado, órgãos de proteção e defesa do consumidor, Poder Judiciário e demais integrantes do Sistema Nacional de Defesa do Consumidor o efetivo respeito e conformidade da empresa ao Código de Defesa do Consumidor, mas, principalmente, faz difundir e cumprir uma cultura empresarial de respeito regulatório no que se refere ao relacionamento com o consumidor.

De fato, a implantação de um programa de *compliance* nas empresas pode fortalecer a relação entre consumidores e fornecedores, fazendo com que os riscos, especialmente os riscos reputacionais, diminuam sensivelmente. Ademais, ao aplicar uma sanção administrativa, pode o órgão público analisar os termos de conduta e o esforço do fornecedor para cumprir as diretrizes.

3. *COMPLIANCE* E DIREITO DO CONSUMIDOR: EXEMPLO A PARTIR DAS NORMAS DO BACEN

O setor bancário foi um dos primeiros a serem impactados pelas regras de *compliance* especialmente por razões relacionadas a lavagem de dinheiro, fraude e anticorrupção. No entanto, podemos citar pelo menos três resoluções do Banco Central do Brasil diretamente relacionadas a proteção e defesa do consumidor.

---

2. *Compliance* nas relações de consumo. In CARVALHO, André Castro Carvalho; ALVIM, Tiago Cripa; BERTONCELLI, Rodrigo de Pinho; VENTURINI, Otavio (Coord.). *Manual de* compliance. Rio de Janeiro: Forense, 2019. Edição do Kindle.

A Resolução 3.694/2009 do Bacen, utilizando-se do mencionado pilar de "análise de riscos", trata da prevenção de riscos na contratação de operações e na prestação de serviços por parte de instituições financeiras.

Nela, além de proibir as instituições financeiras de recusar ou dificultar o atendimento através dos guichês de caixa, mesmo que o fornecedor, ainda determina que as instituições financeiras e demais entes autorizados, assegurem aos consumidores (clientes e usuários) a prestação de informações adequadas e claras; a confecção de contratos redigidos de forma clara e objetiva para compreensão dos consumidores; a adequação do serviço oferecido com as necessidades, interesses e objetivo dos consumidores; a possibilidade de cancelamento do contrato; entre outras.

Já na Resolução 4.539/2016, mais robusta do que a primeira, o Banco Central do Brasil estabeleceu normas relativas à elaboração e implementação de *política institucional de relacionamento* com os clientes e usuários.

Nela, o órgão estabelece princípios e parâmetros para a política de relacionamento com o cliente que devem conduzir "suas atividades com observância dos princípios de ética, responsabilidade, transparência e diligência, propiciando a convergência de interesses e a consolidação de imagem institucional de credibilidade, segurança e competência".

Nesse sentido, são providências que devem ser tomadas pelo fornecedor de serviços bancários: 1) promover cultura organizacional que incentive relacionamento cooperativo e equilibrado entre clientes e usuários; 2) dispensar tratamento justo e equitativo entre clientes e usuários, com prestação de informações a clientes e usuários de forma clara e precisa, a respeito de produtos e serviços, além do atendimento a demanda dos consumidores de forma tempestiva e inexistência de barreiras, critérios ou processos desarrazoados para extinção da relação contratual; e 3) assegurar a conformidade e a legitimidade de produtos e serviços.

Além disso, as instituições financeiras devem elaborar e implementar a política de relacionamento de modo a consolidar diretrizes, objetivos estratégicos e valores organizacionais, devendo ser aprovada pelo conselho de administração ou pela diretoria da instituição; ter avaliação periódica; definir papeis e responsabilidades no âmbito da instituição; ser compatível com a natureza da instituição e com o perfil dos consumidores; deve prever programas de treinamento aos empregados e prestadores de serviço; devem prever a disseminação interna de suas disposições e ser formalizada em documento específico.

Avançando ainda mais no sentido de efetivação e aplicação dos princípios e normas definidos pelo Código de Defesa do Consumidor, o Banco Central do Brasil editou a Resolução 4.595/2017 para dispor sobre a política de conformidade das instituições financeiras.

Nela, o órgão regulador obriga as instituições financeiras a implementar e manter política de conformidade compatível com a natureza, o porte, a complexidade, a estrutura e o perfil de risco da instituição.

O artigo 5º da resolução determina que a política de conformidade defina, no mínimo, os seguintes parâmetros: 1) objetivo e escopo da função de conformidade; 2) divisão clara das responsabilidades das pessoas envolvidas na função de conformidade, de modo a evitar conflitos de interesse entre as áreas e negócios das instituições; 3) alocação de pessoal em quantidade suficiente, adequadamente treinado e com experiência necessária para exercer a função; 4) a posição, na estrutura organizacional da instituição, da unidade específica responsável pela função de conformidade; 5) as medidas necessárias para garantir a independência e adequada autoridade aos responsáveis por atividades relacionadas à função de conformidade; 6) alocação de recursos suficientes para o desempenho das funções; 7) livre acesso aos responsáveis por atividades relacionadas ao programa de integridade; 8) canais de comunicação com a diretoria, com o conselho de administração e com o comitê de auditoria; e 9) procedimentos para a coordenação das atividades relativas à função de conformidade com funções de gerenciamento de risco e com a auditoria interna.

Fácil notar que as normas do Banco Central têm por finalidade instituir uma verdadeira política de cumprimento efetivo das regras do Código de Consumidor, utilizando-se da estrutura e dos processos do sistema de conformidade para tanto. De fato, a observação dos pilares e do mecanismo do *compliance* podem ser importantes ferramentas para a harmonia das relações de consumo.

Aqui tratamos das normas do Bacen apenas a título exemplificativo, mas vale reforçar que a implantação do programa de *compliance* tornou-se obrigatória no setor não só para as questões relativas ao sistema anticorrupção, mas abordou expressamente a proteção e defesa do consumidor.

4. NOTAS CONCLUSIVAS

Como visto, recomenda-se que os fornecedores utilizem a estrutura de *compliance*, que façam debates aprofundados sobre as políticas a serem implementadas para respeito aos ditames do Código de Defesa do Consumidor e da legislação correlata.

As vantagens são inúmeras, tanto para o consumidor quanto para o fornecedor. Em mercado altamente competitivo, discussões judiciais e administrativas em torno da defesa do consumidor podem se tornar caras e atingir a reputação da empresa frente aos consumidores.

Além disso, o gerenciamento dos riscos relativos à proteção e à defesa do consumidor torna, sem dúvidas, o fornecedor mais atrativo para investimentos, seja pela diminuição das ações judiciais, seja pela reputação da empresa perante o consumidor. Por meio de treinamentos dos seus funcionários ou terceirizados, adequada comunicação interna para a solução de problemas, excelência na gestão das reclamações com os clientes é possível minimizar os riscos e atender melhor ao consumidor, difundindo as boas práticas de atendimento.

5. REFERÊNCIAS

CARVALHO, André Castro Carvalho. ALVIM, Tiago Cripa; BERTONCELLI, Rodrigo de Pinho; VENTURINI, Otavio. *Manual de* compliance. Rio de Janeiro: Forense, 2019. Edição do Kindle.

FILOMENO, José Geraldo Brito. BRESEGUELLO, Fabíola Meira de Almeida. *Os 30 anos do código de defesa do consumidor*: evolução e desafios no relacionamento com os clientes. Indaiatuba: Editora Foco, 2020.

NASCIMENTO, Victor Hugo Alcade do. Os desafios do *compliance* contemporâneo. *Revista do Tribunais*, v. 1003. p. 51-75, maio 2019.

OLIVA, Milena Donato; SILVA, Rodrigo da Guia. Origem e evolução histórica do compliance no direito brasileiro. In: FRAZÃO, Ana; CUEVA, Ricardo Villas Bôas. *Compliance*: Perspectivas e desafios dos programas de conformidade. Edição do Kindle.

MEDIAÇÃO E ARBITRAGEM NAS RELAÇÕES DE CONSUMO

Maria Stella Gregori
Professora de Direito do Consumidor da PUC-SP. Diretora do Instituto Brasileiro de Política e Direito do Consumidor (Brasilcon) e ex-diretora da Agência Nacional de Saúde Suplementar (ANS). Advogada do Gregori Sociedade de Advogados.

Mariângela Sarrubbo Fragata
Especialista em Direito das Relações de Consumo pelo Cogeae/PUC-SP. Professora da PUC-SP. Diretora do Brasilcon e membro do Conselho Diretor do Idec. Foi Procuradora do Estado de São Paulo (1994/2019) e Assistente de Direção do Procon-SP (1985/1994). Advogada.

Refletir sobre a pertinência dos institutos da mediação e da arbitragem nas relações de consumo implica considerar, sim, a história da defesa do consumidor, ao mesmo tempo em que não se pode deixar de olhar o presente e pensar o futuro. Pensar a proteção do consumidor requer um olhar honesto à realidade brasileira à qual, nem sempre, o direito comparado lhe pode ser útil.

Começando pela história, é fato que o Direito do Consumidor, inaugurado pelo Código de Defesa do Consumidor (CDC) em 1990, já contava com a atuação de guerreiros que, junto aos poucos Procons à época existentes, em uma interpretação teleológica das normas então vigentes, trabalhavam para realização da composição das partes em conflito já identificados como de consumo. Na década de 70 e 80 já era notável o poderio do detentor do poder econômico nas relações de consumo, sobretudo ditando as regras e práticas que se proliferavam por meio da produção em massa e da difusão dos contratos de adesão.

Nessa fase, algo ainda não definido com a etiqueta da mediação, nascia por meio do esforço dos ainda precários órgãos que tentavam demonstrar ao fornecedor a importância do consumidor satisfeito nos seus negócios, e ao consumidor, o seu direito à satisfação pelo produto ou serviço escolhido em razão da publicidade, principal chamariz para o consumo. A chama deste trabalho já era mantida pelo princípio da boa-fé objetiva consagrado, posteriormente, com ênfase, no CDC.

Sob esse contexto nasceu o CDC após a árdua, mas vitoriosa, luta da sociedade de consumo, organizada pelos Procons, Ministério Público, OAB, dentre outras respeitadas entidades que atuaram bravamente junto ao Poder Constituinte e, depois, ao Congresso Nacional.

Um farol de forte intensidade a iluminar o CDC é o princípio da boa-fé objetiva, a ser considerado em todas as práticas de consumo, também prestigiado pelo legislador no Código Civil.

A conclusão de trabalhos realizados pelo consultor do Programa das Nações Unidas para o Desenvolvimento – PNUD, prof. Napoleão Casado Filho, sob a contratação da Secretaria Nacional de Defesa do Consumidor – Senacon –,[1] apresentou proposta de alteração ao Decreto nº 8.573 de 19.11.2015, que dispõe sobre a plataforma Consumidor.gov., sistema alternativo de solução de conflitos de consumo para ali incluir, como métodos alternativos de solução de conflitos, a mediação e a arbitragem naquele âmbito, como medida de eficácia no plano de desjudicialização brasileiro.[2]

Sob o argumento do interesse da sociedade em alternativas mais eficientes que fomentem a prevenção e a solução célere dos conflitos advindos das relações de consumo, o estudo foi direcionado a incluir na plataforma digital Consumidor.gov, um sistema multiportas (multidoors) para, além da porta dos Procons, considerar a mediação e a arbitragem nas relações de consumo, apesar do veto ao § 3º do artigo 4º, da Lei. 9.307, de 23.09.1996, que dispõe sobre a arbitragem, na alteração almejada pela Lei 13.129, de 26.05.2015, que a modificou. Deixa ao consumidor a opção pela porta que "melhor lhe convier", ou por várias delas ao mesmo tempo, incentivando o uso da mediação e da arbitragem custeada pelo fornecedor, o que não nos parece pertinente.

O exame deste tema deve considerar que a Lei 13.140 de 26.06.2015 consagrou a mediação como meio de solução de controvérsias nas relações privadas, entre sujeitos iguais, prestigiando a autocomposição nas relações públicas. No âmbito judicial, o Conselho Nacional de Justiça – CNJ buscou o aperfeiçoamento da mediação por meio da Resolução CNJ 125/2010. Para Tania Almeida, "a mediação privilegia a desconstrução do conflito e a consequente restauração da convivência pacífica entre as pessoas".[3]

Pois bem. A mediação, como atividade técnica exercida por um terceiro imparcial, e sem poder decisório, implica especialmente, nos termos da lei, a oralidade, a informalidade, a busca do consenso e a boa-fé. Verifica-se, aqui, nos termos do artigo 2º da norma, que uma das características que compromete, de certa forma, o exercício da atividade da mediação pelos Procons, *interna corporis*, é mesmo a questão da imparcialidade, pois estes órgãos têm a sua marca indelével na defesa dos

---

1. Órgão do Ministério da Justiça e Segurança Pública, responsável pela coordenação da política do Sistema Nacional de Defesa do Consumidor nos termos do disposto nos artigos 105 e 106 do Código de Defesa do Consumidor.
2. Nos termos do edital, BRA/11/008, Termo de Referência Código: Edital 01/2020, coube ao consultor, em apertada síntese, verificar a viabilidade de se utilizar, no Brasil, no âmbito do Direito do Consumidor, a mediação e a arbitragem como métodos alternativos na solução de reclamações de consumo e sua inserção na plataforma digital, consumidor.gov.
3. ALMEIDA. Tania. *Mediação e conciliação*: dois paradigmas distintos, duas práticas diversas. Disponível em https://mediare.com.br/mediacao-e-conciliacao-dois-paradigmas-distintos-duas-praticas-diversas/. Acesso em: 11.01.2021.

consumidores, isto é, defender o sujeito vulnerável. No mais, em que pese hoje se reconhecer que a atividade dos Procons está pautada na conciliação e não propriamente na mediação, é fato que à parte a questão do olhar mais protetivo à defesa do consumidor, os órgãos vêm atuando com alicerces firmes, e sem qualquer retrocesso, sob as bandeiras da oralidade, informalidade, eis estarem destituídos do poder de jurisdição, sempre na busca do consenso e com base na boa fé, em perfeita harmonia com os princípios da mediação.

Toda e qualquer iniciativa com o viés de se lançar uma política pública de defesa do consumidor, deve considerar este contexto, pois é de grande valia a atividade dos Procons como um verdadeiro termômetro da mais fiel aferição da temperatura daquilo que realmente ocorre entre os protagonistas das relações de consumo. Ainda, parecem ser os órgãos mais preparados a mapear o alcance da lei sobre a conscientização de fornecedores e consumidores no que se refere ao controle de resultados dos casos extrajudiciais.

Parece estranho enfraquecer a conciliação realizada pelos Procons pela mediação patrocinada pelo próprio Poder Executivo, precisamente por um órgão que tem como principal objetivo a proteção e a defesa do consumidor.

No tocante à arbitragem o CDC, em seu artigo 51, inciso VII, estabelece serem nulas, de pleno direito, as cláusulas contratuais relativas ao fornecimento de produtos e serviços que determinem a utilização compulsória de arbitragem. Vê-se, portanto, que o legislador pátrio, desde a origem do Direito do Consumidor, foi incisivo à restrição da utilização desta cláusula.

Cabe salientar que a arbitragem tratada no §3º do artigo 4º da Lei 9307/96 foi vetada, justamente porque a defesa do consumidor é política pública, nos termos do artigo 5º, inciso XXXII da CF e, como tal, medidas contrárias ou em possível colisão com suas diretrizes não devem prosperar.

O referido dispositivo previa que nas relações de consumo estabelecidas por meio contrato de adesão, a cláusula compromissória só teria eficácia se o aderente tivesse a iniciativa de instituir a arbitragem ou concordar expressamente com a sua instituição. Ocorre que o consumidor, ente absolutamente vulnerável ao assinar o contrato de adesão, senão hipervulnerável, se consideramos determinadas circunstâncias, como a do idoso ou do doente, por exemplo, fica à mercê dos ditames impostos pelo fornecedor por meio de contratos desta natureza. A cláusula contratual, por si só, não é válida no contrato de consumo, o que torna sem sentido a tentativa de validá-la por meio de um subterfugio que não tem a força de impingir poder ao consumidor para decidir com a devida clareza sobre assunto tão polêmico, e sobre um sistema desconhecido, por ele, na sua essência. Quem serão os árbitros? Quem está à altura do Poder Judiciário para decidir sobre a sua questão patrimonial?

Em que pese a importância e a utilidade da arbitragem no sistema jurídico, o fato é que as relações de consumo contam ainda, infelizmente, com considerável desequilíbrio na sua balança, o que foi, com sensatez, considerado pela Presidência da República após oitiva do Ministério da Justiça que, por meio da SENACON, que tem a atribuição de defender o consumidor, manifestou-se contrariamente à vigência no dispositivo. Assim que, em absoluta harmonia com o sistema brasileiro, vetou o dispositivo sob o fundamento de que a regra alteraria o sistema da arbitragem em contratos de adesão e autorizaria de forma ampla a arbitragem nas relações de consumo *sem deixar claro que a manifestação de vontade do consumidor deva se dar, também, no momento posterior ao surgimento de eventual controvérsia e não apenas no momento inicial da assinatura do contrato. Em decorrência das garantias próprias do direito do consumidor, tal ampliação do espaço da arbitragem, sem os devidos recortes, poderia significar um retrocesso e ofensa ao princípio norteador da proteção do consumidor.*[4]

Assim é que a conclusão do estudo encomendado pela SENACON vai de encontro aos princípios constitucionais da defesa do consumidor, portanto não se coadunando com o direito vigente.

As razões da proibição normativa vigente talvez sejam desconhecidas pelo consultor, que ao enfatizar a utilização da arbitragem nos EUA e na Espanha, e recomendá-la para o Brasil, desconsiderou a diferença de fatores culturais entre o Brasil e os países da Comunidade Europeia, o que pode ser facilmente identificado por meio de índices como o de Desenvolvimento Humano – IDH, por exemplo, o que por si só já coloca em dúvida a conclusão de que estes meios possam vir a facilitar o acesso do brasileiro à uma solução justa às suas demandas.

As decisões do STJ,[5] que conduzem a questão para uma conclusão aparentemente diferente desta aqui sustentada examina condição específica da parte pela ausência da hipossuficiência daquele que, no caso, tinha condição de optar pela arbitragem, o que não significa o endosso à utilização de cláusula genérica como conclui o estudo do consultor do PNUD.

A mediação e a arbitragem contribuem, é verdade, com a diminuição da judicialização no Brasil. Mas no âmbito das relações de consumo, é preciso considerar que algo precede a tais institutos: a força do Poder Executivo, em suas esferas municipal, estadual e federal, nos procedimentos de educação de consumidores e fornecedores, princípio, aliás, consagrado no inciso IV do artigo 4º do CDC, e nos seus desdobramentos por meio dos processos conciliatórios que vem sendo realizados ao longo das últimas décadas.

A utilização do meio mais fácil e que parece deva ser estimulado e aparelhado é o método da conciliação viabilizada pelo Procon local. Mas a arbitragem a ser realizada por profissional custeado pelo fornecedor implica "julgamento" e este não é, efetivamente, o caminho prestigiado pela observação do princípio da boa-fé, vetor para o qual devem ser conduzidos os trabalhos de educação dos participantes das

---

4. Segundo Mensagem 162, de 26.05.2015, do Presidente da República, publicada no DOU de 27.05.2015.
5. REsp 1.742.547, julgado em 18.06.2019; REsp 1.169.841, julgado em 14.11.2012; REsp 1.189.050, julgado em 14.03. 2016.

relações de consumo. A lei dá instrumentos suficientes à defesa do consumidor. O desenvolvimento de uma política pública de defesa do consumidor, neste milênio, deve colocar a lente sobre a reconstrução e a restauração das relações entre consumidores e fornecedores, e não em mais investimento à disputa judicial ou extrajudicial.

Sobre o assunto não é demais mencionar os desdobramentos positivos da atuação dos órgãos de defesa do consumidor junto aos SACs, após a vigência do Decreto 6.523, de 31.07.2008 que regulou, especialmente, esta atividade no que se refere aos serviços regulados. A interface do consumidor junto aos órgãos de defesa do consumidor e os SACs, sempre com base na boa fé, vem trazendo resultados positivos, com mais de 80% das demandas resolvidas,[6] devendo, nesta particularidade, investir a SENACON. É importante dar-se ênfase à melhoria da qualidade da relação entre consumidores e fornecedores, e não exatamente ao estímulo da disputa a ser dirigida a um mediador ou árbitro remunerado pelo fornecedor e estabelecer multas para o consumidor em caso de detecção de condutas abusivas, como se pretende. Também seria oportuno que a SENACON investisse na melhoria da integração dos dados com os Procons; na ampliação de Procons à ferramenta Consumidor.gov; no monitoramento das empresas mais reclamadas e na ampliação do diálogo com os representantes das entidades do SNDC e na realização de audiências públicas.

Nesse diapasão, entendemos que o tema desperta controvérsias e as propostas apresentadas pelo consultor não nos parecem pertinentes. Sugerimos que haja um amplo debate com todos os atores envolvidos: Poder Público, empresas e consumidores, na construção de um Sistema Nacional de Defesa do Consumidor com políticas públicas gerais eficazes, pautadas na ética, voltadas especialmente à defesa e proteção dos consumidores ao lado de programas de conscientização de fornecedores.

O investimento na mediação, ao lado e paripasso aos procedimentos conciliatórios, sim, é aceitável. Tais institutos parecem ser um caminho do almejado equilíbrio nas relações de consumo.

A pergunta que sempre fica para reflexão é: Por que temer o fornecedor que eu mesma escolhi? Por que desgastar a relação com aquele que me escolheu? É sobre a busca destas respostas que acreditamos, deva a SENACON refletir, antes de tentar dar ênfase à criação de mais um sistema de disputa, vitórias e sucumbências.

A ênfase ao diálogo, à educação de consumidores e fornecedores, e ao respeito mútuo, parece ser a solução para a população que não tem mais força para litigar, parecendo ser esta, portanto, a melhor direção a ser seguida pela Secretaria Nacional do Consumidor.

---

6. Segundo dados do Sindec e Consumidor.gov. www.justica.gov.br. Acesso em: 06.01.2021.

O PODER JUDICIÁRIO E O SUPERENDIVIDAMENTO DO CONSUMIDOR: A NECESSÁRIA NORMATIZAÇÃO

Fábio Torres de Sousa

Mestre em Direito (UFMG). Especialista em Direito Constitucional (UNISUL/IDP/LFG). Membro do Brasilcon e do IAMG. Professor e Juiz de Direto do TJ-MG.

A proteção do consumidor no Direito brasileiro ganhou respaldo constitucional em 1988. Com a Lei 8.078/90, houve um estatuto legal e uma penetração jurídica e social dessa proteção, fazendo com que o Código de Defesa do Consumidor (CDC) se tornasse uma lei conhecida e muito utilizada pelo cidadão.[1]

Por certo essa ação positiva que o legislador fixou para o Estado brasileiro não poderia ser fundada somente na norma. Ao lado desse agir do Legislativo e do Executivo, cumpre ao Poder Judiciário, como detentor do monopólio jurisdicional, estar preparado para efetivar a legislação de proteção ao consumidor. Para tanto, mais do que ser o recebedor e solucionador de demandas, o Judiciário deve lograr obter o cumprimento de norma fundamental, do inciso XXXII do artigo 5º da CF, de promover a defesa do consumidor em todos os aspectos da relação de consumo, cada vez mais dinâmica e inovadora no século 21.

Nesses 30 anos do CDC, o Judiciário consolidou a norma, mas carece de novos instrumentos legais para que, com o avanço da sociedade, quer tecnológico, quer econômico-social, a proteção não sofra mitigação ou ausência.

Quando se trata da proteção ao consumidor superendividado,[2] a ausência de uma norma que atualize o Código de Defesa do Consumidor vem impondo uma ação do Poder Judiciário de enfrentar essa realidade social e econômica por meios diversos,[3]

---

1. Vide pesquisa IDEC. Disponível em: https://idec.org.br/em-acao/em-foco/brasileiros-conhecem-cdc-e-seus-direitos-de-consumidor-mas-no-reclamam-de-forma-efetiva-mostra-pesquisa. Acesso em: 13.01.2021.
2. Claudia Lima Marque anota que superendividamento, "é a impossibilidade global de o devedor pessoa física, consumidor, leigo e de boa-fé, pagar todas as suas dívidas atuais e futuras de consumo". MARQUES, Claudia Lima. Sugestões para uma lei sobre o tratamento do superendividamento de pessoas físicas em contratos de crédito ao consumo: proposições com base em pesquisa empírica de 100 casos no Rio Grande do Sul. In: MARQUES, Cláudia Lima; CAVALLAZZI; Rosângela Lunardelli (Coord.). *Direitos do Consumidor Endividado*: Superendividamento e crédito. São Paulo: Ed. RT, 2006. p. 256.
3. Ao analisar a jurisprudência do Superior Tribunal de Justiça sobre o tema, o ministro Paulo de Tarso Sanseverino encampou a campanha pela aprovação do PL. "Sentimos muita falta de uma lei regulando a matéria. Fazemos essas construções dentro do sistema legal existente, mas é muito importante a aprovação de um projeto de lei que faça o controle do crédito consignado, prevendo o tratamento para o superendividamento",

conciliatórios em muitas das vezes, logrando conquistas pontuais para tratamento dessa nova realidade econômica, que seriam plenas com o respaldo legislativo fornecido pelo Congresso Nacional.

Para tanto, a aprovação do PL 3515/2015[4] permitirá que o Brasil passe a contar com legislação plena, fornecendo aos magistrados norma moderna para enfrentar a dura situação socioeconômica de parcela da sociedade nacional, cujos efeitos atingem, além do indivíduo e familiares, toda uma cadeia de credores. Até porque, quando se aborda o endividamento no Brasil, não se pode esquecer que a realidade indica elevado número de inadimplentes. Segundo pesquisa da Serasa, em fonte de julho de 2020,[5] 63,5 milhões de brasileiros estavam inadimplentes e o percentual de famílias com dívidas ou cotas em atraso superava os 25%.[6]

Diante dessa fotografia social, o Estado não pode ser omisso em fornecer ao Poder Judiciário instrumento legal capaz de dar tratamento jurídico eficiente, que venha a equilibrar devedor e credor, em prol de uma solução jurídica e econômica benéfica a todos. Até que venha a norma, contudo, o Judiciário deve permanecer a solucionar o tema do superendividamento, buscando valorização do indivíduo, assegurando-lhe um mínimo existencial.

Nessa visão, na ausência do texto legal, o Poder Judiciário não tem ficado inerte. Vem buscando solucionar as demandas postas à sua apreciação, não com ativismo ou criação de instrumentos extralegais. Digo isso porque constantemente o Poder Judiciário tem sido atacado por atuação de interpretação constitucional, como se fosse ativista. A defesa de direito fundamental não pode deixar de ser assegurada e deve receber uma resposta satisfatória, dentro dos princípios constitucionais. Na lição do ministro Alexandre de Moraes:[7]

> O Poder Judiciário, desde que haja plausibilidade de ameaça ao direito, é obrigado a efetivar o pedido de prestação judicial requerido pela parte de forma regular, pois a indeclinabilidade da prestação judicial é princípio básico que rege a jurisdição, uma vez que a toda violação de um direito responde uma ação correlativa, independentemente de lei especial que a outorgue.

Assim, a amplitude do entendimento de preceitos constitucionais não pode ser vista como ativismo do aplicador da norma, mas, sim, como uma atuação de interpretar a Constituição, no limite da força normativa que o legislador constituinte concebeu, dando efetividade ao conjunto harmônico da Carta Magna. No caso da proteção ao

---

opinou. Disponível em: https://www.conjur.com.br/2020-jun-12/pl-superendividamento-saida-pos-pandemia-brasil. Acesso em: 12.01.2021.

4. Inteiro teor do Projeto de Lei disponível em: https://www.camara.leg.br/proposicoesWeb/prop_mostrarintegra;jsessionid=node0n8vk132737prev48cp5kdhli2843297.node0?codteor=1408277&filename=PL+3515/2015. Acesso em: 10.01.2021.
5. Disponível em: https://economia.uol.com.br/noticias/estadao-conteudo/2020/10/12/apesar-da-crise-causada-pela-pandemia-inadimplencia-registra-queda-no-pais.htm?cmpid=copiaecola. Acesso em: 15.01.2021.
6. Disponível em: https://exame.com/invest/inadimplencia-cai-no-fim-de-2020-apesar-de-alta-no-endividamento/. Acesso em: 15.01.2021.
7. De MORAES; Alexandre. *Direitos Humanos Fundamentais*. Teoria Geral. Comentários aos arts. 1º à 5º da Constituição da República Federativa do Brasil. Doutrina e Jurisprudência. 2. ed. São Paulo: Atlas S.A., 1998, p. 197.

consumidor superendividado, essa atuação do Poder Judiciário almeja a concretização dos valores e objetivos das normas constitucionais, a começar pela garantia de um mínimo existencial ao indivíduo, quando de sua participação no mercado econômico.

Como ponderou o ministro Celso de Melo,[8] a "meta central das Constituições modernas, e da Carta de 1988 em particular, pode ser resumida, (...), na promoção do bem-estar do homem, cujo ponto de partida está em assegurar as condições de sua própria dignidade, que inclui, além da proteção dos direitos individuais, condições materiais mínimas de existência". E o Judiciário vem garantindo esse bem-estar e o mínimo existencial diante de diversas situações socioeconômicas da atualidade.

Na seara do consumidor superendividado, a ausência de uma legislação ensejou que alguns tribunais estaduais começassem a buscar caminhos conciliatórios para ofertar ao cidadão um atendimento e equacionamento jurídico diante da situação econômica de amplo endividamento.

O Poder Judiciário do Rio Grande do Sul[9] foi pioneiro. Lançou, em 2007, o projeto piloto de proteção ao consumidor superendividado, o qual "objetiva mediar a renegociação de suas dívidas com todos os seus credores, de forma amigável, de acordo com seu orçamento familiar, de modo a garantir a subsistência básica de sua família (mínimo vital)". A mediação é sem ônus, dispensa a presença de advogado e busca renegociar de forma conjunta as dívidas do consumidor com seus diversos credores. Atenta-se para que o consumidor esteja de boa-fé, na sua situação de superendividado e trata-se de um procedimento conciliatório.

O Tribunal de Justiça do Paraná,[10] em 2010, acompanhou a experiência gaúcha e desenvolveu o tratamento de situações de superendividamento do consumidor junto ao do juizado especial. Também de atuação por mediação de dividas decorrente de relação de consumo, tipo empréstimo e financiamento, contrato de crédito e prestação de serviço não atendendo dividas alimentícias e fiscais, entre outras.

Outra experiência é o Programa Superendividados, feito pelo Centro Judiciário de Solução de Conflitos e de Cidadania Superendividados (Cejusc/Super), do Tribunal de Justiça do Distrito Federal e Territórios, o qual trabalha com a prevenção (palestras sobre educação financeira), tratamento (oficinas de educação financeira, orientação individualizada e atividades psicossociais, visando a que o consumidor verifique a situação que ensejou o superendividamento e possa ter condições de negociar com os credores) e a resolução de conflitos (audiências de conciliação com os credores para negociação das dívidas).[11]

---

8. STF – APDF 45 – j. 29.04.2004.
9. TJRS – Disponível em: https://www.tjrs.jus.br/novo/institucional/o-tjrs/conselhos-comissoes-e-comites/nupemec/superendividamento-do-consumidor/. Acesso em: 16.01.2021.
10. TJPR. Disponível em: https://www.tjpr.jus.br/superendividamento. Acesso em: 16.01.2021.
11. Correio Braziliense. Disponível em: https://www.correiobraziliense.com.br/app/noticia/cidades/2020/04/16/interna_cidadesdf,845150/tjdft-disponibiliza-servico-gratuito-virtual-para-cidadaos-superendivi.shtml. Acesso 16.01.2021.

De igual forma, merece citação a atuação do Tribunal de Justiça de São Paulo,[12] no qual o Cejusc desenvolveu um trabalho conjunto do Núcleo de Tratamento do Superendividamento da Fundação Procon-SP, para atendimento e respostas as situações de superendividamento do consumidor.

Essas ações, meramente exemplificativas, demonstram a busca de um caminho para que, no mundo consumo do século 21, o indivíduo de boa-fé, levado ao superendividamento por fatores diversos, possa ter sua dignidade resgatada por via de negociação direta e extraprocessual. Elas, contudo, não equacionam o problema na sua raiz e dimensão jurídica, ao carecerem de fundamento normativo coercitivo, hábil para realizar o preceito constitucional que obriga ao Estado a defesa do consumidor.

A ausência de texto legal, como se sabe, tolhe uma ação jurídica efetiva. Isso resta claro quando se busca equiparar e tratar o superendividado como insolvente civil.[13] São realidades diversas, e o conceito vetusto do insolvente civil não se adequa à nova realidade socioeconômica do consumidor, diante da vida atual. Na modernidade líquida de Bauman, o Direito não pode permitir que o indivíduo seja liquefeito e excluído do mercado, diante de um superendividamento; ao contrário, deve ofertar oportunidade e caminho para seu resgate.

A aprovação do PL 3515/2015 é, dessa forma, de fundamental interesse para o mundo jurídico. Ao cuidar da prevenção, da repressão e do tratamento, apresenta conjunto legal equilibrado e efetivo. No tratamento, em que o Poder Judiciário há de participar, alguns pontos merecem destaque.

O primeiro é a implantação da Política Nacional das Relações de Consumo da instituição de núcleos de conciliação e mediação de conflitos oriundos de superendividamento. Indica a simetria com o Código de Processo Civil de 2015, prestigiando a forma consensual como a melhor via de solução de litígios.

O segundo é o artigo 54-A, o qual define o projeto o conceito de superendividamento, fixa os parâmetros da aplicação da proteção e deixa patente que a pessoa natural e de boa-fé é quem poderá obter os benefícios legais, além de indicar de que forma as dívidas são excluídas da proteção legal.

Em terceiro, o projeto, em consonância com o entendimento da jurisprudência, uniformiza na legislação federal o limite da renda mensal líquida que deverá ser utili-

---

12. TJSP – Disponível em https://www.tjsp.jus.br/Conciliacao. Acesso em 16.01.2021.
13. O superendividamento do consumidor ultrapassa a visão da insolvência civil e se posta como uma nova realidade econômica e social. Não se trata, simplesmente de dívidas que excedam à importância dos bens do devedor, mas sim a exclusão fática do indivíduo da sociedade de consumo e crédito, na qual todos estamos inseridos e buscando participar. Essa nova realidade, não pode ser olvidada pelos juristas do século XXI e encontra na doutrina e legislação europeia e norte-americana fundamento de sua necessidade jurídica. Ademais, cuida-se de valorizar o indivíduo de boa-fé, em um mundo que exige consumismo para não exclusão do indivíduo, em que a dinâmica passou da aquisição por necessidade para a aquisição pelo consumo por si. É uma atualização jurídica indispensável, como diversos novos instrumentos legais vem sendo introduzidos no dinamismo da sociedade brasileira moderna.

zada no pagamento da soma das dívidas para consignação em folha de pagamento em 30%, assegurando o mínimo existencial e a dignidade do indivíduo.

Em quarto, merece destaque a fixação do processamento do pedido do consumidor superendividado, determinando que o juiz poderá instaurar processo de repactuação de dívidas, visando à realização de audiência conciliatória, sendo que a lei limita as dívidas que poderão ser repactuadas, excluindo, entre outras, as de caráter alimentar, as fiscais, as parafiscais e as oriundas de contratos celebrados dolosamente sem o propósito de realizar o pagamento.

Por fim, o projeto fixa, na esfera judicial, que, frustrada a conciliação, caberá a instauração do processo por superendividamento para revisão e integração dos contratos e repactuação das dívidas remanescentes, mediante plano judicial compulsório, procedendo à citação de todos os credores cujos créditos não tenham integrado o acordo porventura celebrado.

Nessa visão condensada, fica patente que o projeto de lei pavimenta a base material da proteção do consumidor superendividado e traça a via processual a ser adotada pelo magistrado, significando um avanço normativo indispensável na sociedade consumidora moderna. O projeto oferta instrumentos legais hábeis a enfrentar a realidade social e econômica e permitir efetivas respostas à sociedade brasileira.

Conjugando uma estrutura normativa construída por juristas, diante da experiência internacional e brasileira de tratamento do superendividamento do consumidor, o PL 3515/2015 foi amadurecido e aprimorado no Senado Federal e na Câmara dos Deputados, aguardando agora a votação final para sua conversão em lei.

Será um instrumental indispensável não só para o aprimoramento do Código de Defesa do Consumidor, mas de toda a sociedade brasileira, ao garantir um estatuto legal, o qual, suprindo a ausência atual, venha munir o Poder Judiciário de instrumental moderno e eficiente para tratamento de um dos males da sociedade de consumo, o superendividamento do consumidor.

REFLEXÕES SOBRE O DIREITO DO CONSUMIDOR A PARTIR DA COVID-19

Caroline Visentini Ferreira Gonçalves

Especialista em Direito do Consumidor pela Escola Paulista da Magistratura. Mestre pela Columbia University. Professora convidada da PUC-SP. Diretora adjunta do Brasilcon. Membro do Comitê de Relações de Consumo do IBRAC. Advogada do escritório Trench Rossi Watanabe.

Renata Pozzi Kretzmann

Mestre em Direito do Consumidor e Concorrencial pela UFRGS. Especialista em Direito dos Contratos e Responsabilidade Civil pela Universidade do Vale do Rio dos Sinos (Unisinos) e Pós-Graduada pela Escola Superior da Magistratura da Associação dos Juízes do Rio Grande do Sul (Ajuris). Advogada.

Discussões e embates estão sendo travados sobre o Projeto de Lei 3.515/15 e prováveis pressões são exercidas pelo grupo prol fornecedores, nas esferas de deliberação legislativa, com o intento de não ensejar a aprovação do dito prospecto normativo e a atualização do Código de Defesa do Consumidor. No entanto, a normatização sobre o superendividamento é fundamental para a manutenção do crescimento da economia do Brasil e o resgate de mais de 30 milhões de brasileiros mergulhados neste emaranhado que coloca em risco o mínimo vital. Destina-se, pois, esta coluna a versar sobre aspectos que desvelam a imperiosidade de o nosso país dispor de uma sistemática jurídica em face da problemática em apreço. Não se tenciona reiterar comentários sobre a estrutura da multicitada proposta legislativa, eis que existe farta produção doutrinária estrangeira[1] e nacional[2] sobre esse lastimável fenômeno. Contudo, é crucial abordá-lo com esteio em dois aspectos fundamentais que justificam o seu acolhimento pelo Congresso Nacional: 1) a ausência do tratamento adequado para os superendividados contribuirá para perdas na economia brasileira, pressu-

---

1. Cf.: CHARDIN, Nicole. *Le contrat de consommation de credit et l'autonomie de la volonté*. Paris: LGDJ, 1988, p. 34-39. MARQUES, Maria Manuel Leitão et. al. *O endividamento dos consumidores*. Coimbra: Almedina, 2000, p. 2. NIEMI-KIESILÄINEN, Johanna; HENRIKSON, Ann-Sofe. *Legal solutions to debt problems in credit societies*: a report to the council of Europe. Stratsbourg: CDCJ-BU, 2005, p. 6. KILBORNE, Jason. Comparative cause and effect: consumer insolvency and the eroding social safety net. *The Columbia Journal of European Law*, Hanover, v. 14, n. 3, 2008, p. 594-596.
2. Cf.: MARQUES, Cláudia Lima. Sugestões para uma lei sobre o superendividamento de pessoas físicas em contratos de crédito ao consumo. In: MARQUES, Cláudia Lima; CAVALLAZZI, Rosângela L. (Coord.) *Direitos do consumidor endividado*: superendividamento e crédito. São Paulo: Ed. RT, 2006. LIMA, Clarissa Costa de; BERTONCELLO, Karen Rick Danilevicz. Adesão ao projeto conciliar é legal – CNJ: Projeto-piloto: tratamento das situações de superendividamento do consumidor. *Revista de Direito do Consumidor*, v. 63, p. 173. 2010.

pondo a análise econômica do Direito como instrumento favorável à positivação; e 2) em certas oportunidades, tem-se visto o manejo indevido da AED com vistas à criação de entraves para a criação de regras protetivas dos destinatários finais de bem, mas o exame detido da sua essência possibilita o seu aproveitamento a favor do mercado e daqueles.

Juristas e economistas necessitam jungir esforços para que as debates e as deliberações acerca do assunto gerem resultados positivos tanto para os destinatários finais de bens quanto para os fornecedores, pois não podem caminhar sem tal fundamental intercâmbio. Salienta George Stigler que *"enquanto a eficiência se constitui no problema fundamental dos economistas, a justiça é o tema que norteia os professores de Direito"*. Lidam com disciplinas distintas e apartadas, sendo que, respectivamente, uma *"procura explicar a vida econômica (e, de fato, toda ação racional) e outra que pretende alcançar a justiça como elemento regulador de todos os aspectos da conduta humana"*. Assim sendo, "o economista e o advogado vivem em mundos diferentes e falam diferentes línguas".[3] Denota-se crucial a incursão sobre o PL 3.515/15 em cotejo com alguns dos principais institutos da análise econômica do Direito, com o desiderato de demonstrar que a sua consagração e, *ipso facto*, inserção no microssistema consumerista trarão consequências profícuas não somente para a população, mas também em favor do setor empresarial.

A análise econômica do Direito possibilita o exame das normas jurídicas sob a ótica da eficiência e da utilidade, desenvolvendo-se expressivamente a partir da década de 60 com os trabalhos de Coase[4] Calabresi.[5] A sua estruturação metodológica teve a intensa contribuição de Posner,[6] entre outros, ao propugnarem que as intervenções normativas não deveriam ser contraproducentes (*self-defeating*), engendrando efeitos contrários aos almejados. Cass R. Sunstein, ao tratar dos paradoxos da regulação estatal, assevera que a AED direciona-se para a obtenção de respostas em face de duas questões essenciais: de que forma a conduta dos sujeitos e das instituições terminam sendo atingidas pela produção das regras jurídicas; e quais as mais adequadas ao bem estar social.[7] Muitos estudos debruçam-se sobre o superendividamento, sob o viés estrito da proteção das pessoas naturais que, em estado de boa-fé, encontram-se manifestamente impossibilitados de quitar a totalidade de suas dívidas de consumo, exigíveis e vincendas, sem comprometer o mínimo existencial. O caráter humanitário predomina em tais abordagens, mas é preciso ir além e defender que a normatização deste instituto jurídico poderá adrede causar resultados positivos para o setor financeiro.[8]

---

3. STIGLER, George. Law or Economics?. *The Journal of Law and Economics*, v. 35, n. 2.
4. COASE, Ronald. *The Firm, The Market, and the Law*. Chicago: University of Chicago Press, 1990.
5. CALEBRESI, Guido. *El Coste de los Acidentes*. Análisis Económico y jurídico de la Responsabilidad Civil. Barcelona: Ariel, 1984.
6. POSNER, Eric. *Análise econômica do direito contratual*: Sucesso ou fracasso? São Paulo: Saraiva, 2010, p. 9.
7. SUNSTEIN, Cass R. *Paradoxes of the Regulatory State*. 57 U. Chi. L. Rev. 407 (1990), p. 407-411.
8. Cf.: POSNER, Richard. *Para além do direito*. São Paulo: Martins Fontes, 2009.

A sistematização do método da AED, segundo OpEjan Mackaay e Stéphane Rousseau, pode ser efetivada mediante três níveis e quatro etapas que serão utilizados na presente abordagem[9] para se demonstrar a relevância e a utilidade da aprovação do PL em tela. Os níveis concernem à avaliação dos efeitos ou das consequências das normas; aos seus fundamentos; e ao juízo de valor sobre as existentes. A proposta legislativa assenta-se na responsável concessão de crédito e no detalhamento do dever de bem informar ao público sobre os riscos financeiros existentes. Ora, justifica-se a pertinência destes novos ditames jurídicos, pois, como bem acentuou Claudia Lima Marques, vivencia-se uma crise, sem precedentes na saúde pública, causada pela pandemia Covid-19 que, desde 2020, vem dilacerando vidas e desestruturando economias e orçamentos familiares.[10] O Brasil não dispõe de regras sobre o tema, estando a Lei 8.078/90 obsoleta se comparada com as legislações de diversos outros países. Poder-se-ia questionar que seria muito melhor para as instituições financeiras a continuidade do estado atual sem maiores exigências quanto à formalização dos contratos, uma vez que o *spread* bancário brasileiro é o segundo maior da escala mundial,[11] porém outros aspectos positivos para aquelas são também visualizados com a edição de normas jurídicas, não sendo contraproducente.

As quatro etapas de análise das normas jurídicas, propostas por Mackaay e Rousseau, também sedimentam os argumentos favoráveis ao PL e podem ser tratadas considerando-se as escolhas racionais, alocações eficientes, externalidades e os paradoxos regulatórios.[12] Tais fases estão escalonadas partindo-se do exame dos incentivos instituídos, perpassando pela averiguação dos custos gerados, se estes são menores ou não, e, por derradeiro, alcança-se o estágio da realização de estudos empíricos. Busca-se, nessa perspectiva, a identificação da eficiência das normas *ex ante* e os resultados proveitosos para os destinatários dos comandos jurídicos. Observa-se que o multicitado PL compõe-se de cinco conjuntos que tratam de princípios, instrumentos da Política Nacional de Relações de Consumo, direitos básicos para os consumidores, práticas[13] e cláusulas abusivas,[14] do esquadrinhamento do dever de

---

9. MACKAAY, Ejan; ROUSSEAU, Stéphane. *Análise econômica do direito*. Trad. Rachel Sztajn. 2. ed. São Paulo: Atlas, 2015. p. 666-674.
10. MARQUES, Claudia Lima. Exceção dilatória para os consumidores frente à força maior da pandemia de COVID-19: pela urgente aprovação do PL 3.515/2015 de atualização do CDC e por uma moratória aos consumidores. *Revista de Direito do Consumidor*, v. 129, 2020.
11. Brasil foi o segundo país do mundo com o maior *spread* bancário em 2019 (32,0%). BANCO MUNDIAL. *Interest rate spread (lending rate minus deposit rate, %)*: International Monetary Fund, International Financial Statistics and data files.
12. MACKAAY, Ejan; ROUSSEAU, Stéphane. *Análise econômica do direito*. 2. ed. Trad. Rachel Sztajn. São Paulo: Atlas, 2015. p. 666-674.
13. De acordo com o artigo 54-G do PL, consideram-se práticas abusivas: cobrança sobre valores contestados; não entrega do contrato; e óbices para se questionar fraudes.
14. Estas constam no artigo 1º do PL e versam sobre a garantia do acesso à justiça; a proteção do bem de família; obrigações iníquas (prazos de carência, silêncio como aceitação e aplicação de lei estrangeira).

informar[15] e de averiguar a situação daqueles, e de como tratar do problema vivenciado pelo devedor estigmatizado pelo estrutural problema financeiro.

A escolha consciente de certo produto ou serviço por parte do consumidor depende de todos os dados necessários sobre a contratação, já que, caso contrário, configura-se a dissonância cognitiva objeto da AED, por isso defendem Thomas Ulen e Robert Cooter a completude, a reflexividade e transitividade.[16] A perfunctória análise dessas exigências poderia acarretar a conclusão de que os custos serão muitíssimo maiores para os empresários dos que os benefícios. Sucede que estímulos interessantes e a redução de perdas quanto aos valores não quitados podem ser vislumbrados nas regras constantes no artigo 104-C do PL, considerando-se o critério de Pareto, segundo o qual determinada medida revela-se eficiente quando melhora o nível de bem-estar de alguém sem piorar o nível de bem-estar de ninguém. Não se adota, *in casu*, a perspectiva de Kaldor-Hicks, eis que estabelece o parâmetro do somatório simples dos níveis de utilidades dos indivíduos em sociedade. Questiona-se se as obrigações, previstas no PL em comento, não gerariam o que, de acordo com o Teorema de Coase, denomina-se de externalidades negativas,[17] ou seja, custos que, após serem assumidos forçadamente pelas instituições financeiras, terminariam sendo repassados para os demais consumidores. Não obstante essa situação possa ocorrer, a sociedade não pode assistir, atônita e omissa, *que milhões de indivíduos, não envolvidos com fraudes, continuem submetidos a um* "unsustainable financial stress",[18] isolamento e marginalização.[19]

Outra interessante indagação diz respeito à possibilidade de a *overregulation* engendrar a subregulação *underregulation*, consoante Cass Sunstein, eis que leis muito restritivas, mas genéricas, tendem a desestimular regulações.[20]. O PL não se apresenta abstrato, posto que detalha muito bem o dever de informação e o artigo 104-C estatui que compete concorrentemente aos órgãos públicos, integrantes do Sistema Nacional de Defesa do Consumidor, a fase conciliatória e preventiva do processo de repactuação de dívidas. Todos os entes que o integram terão de participar e contribuir com a amenização do quadro calamitoso atual, inclusive com a fiscalização

---

15. O artigo 54-B do PL especifica as obrigações quanto às informações necessárias; o 54-C veda que a oferta de crédito se utilize de expressões que mascarem os ônus e riscos e coíbe o assédio; o 54-D versa sobre o dever de alertar as consequências do inadimplemento e de se avaliar a capacidade econômica do consumidor; e que seja identificado o agente financiador e entregue cópia do contrato. O artigo 54-E limita em 30% a consignação em folha de pagamento e o seu descumprimento enseja a revisão ou a sua renegociação, podendo o consumidor desistir da contratação. O artigo 54-F. trata dos vínculos conexos, coligados ou interdependentes.
16. Cf.: ULEN, Thomas; COOTER, Robert. *Direito & economia*. 5. ed. Porto Alegre: Bookman, 2010, p. 22.
17. COASE, Ronald. O problema do custo social. The Latin American and *Caribbean Journal of Legal Studies*. v. 3, n. 1, Article 9. 2008.
18. RANYARD, Rob; MCHUGH, Sandie; MCNAIR, Simon. The psychology of borrowing and over-indebtedness. In: RANYARD, Rob (Org.). *Economic Psychology*. Chichester-UK/Hoboken-EUA: British Psychology Society/John Wiley & Sons LTDA, 2017, p. 230.
19. GATHERGOOD, John. *Debt and depression*: evidence on causal links and social stigma effects. University of Nottingham, School of Economics, set. 2011, p. 1.
20. SUNSTEIN, Cass R. *The cost Benefit Revolution*. MIT Press, 2018.

quanto ao cumprimento das novas normas. Proeminente incentivo para os agentes econômicos encontra-se no processo de repactuação de dívidas previsto no artigo 104-A do PL, permitindo que estes não continuem retidos nas amarras ultrapassadas da insolvência civil. Note-se que o plano de pagamento ficará condicionado à abstenção, pelo consumidor, de condutas que importem o agravamento de sua situação de superendividamento e somente poderá ser repetido após decorrido o prazo de dois anos, contados da liquidação das obrigações. O projeto também impõe conduta séria e comprometida para o consumidor e uma melhoria de sua forma agir, não lhe perdoando as dívidas. Ademais, conforme o artigo 104-B, § 3º, inexitosa a conciliação, o juiz poderá nomear administrador, que apresentará plano de quitação; o que contribui para que os fornecedores recebam, com maior agilidade, os montantes que lhes são devidos. Importante ainda ressaltar que as empresas receberão o total da dívida em, no máximo, cinco anos, não ficando à mercê de longo lapsus temporal.

Como aduz Paul Collier, "o crucial é que as pessoas assumam compromissos recíprocos" e, com aprovação do PL 3.515/15, as instituições financeiras terão novas tarefas, mas, em contrapartida, mais abalizadas formas de recebimento dos seus créditos. Complementa o economista que "quando conhecemos novas obrigações para com os outros, construímos sociedades mais capazes de florescer", porém, "quando negligenciamos as obrigações, fazemos o contrário". Nas sociedades capitalistas, "o sintoma central é o declínio da confiança social".[21] Continuar relegando a um segundo plano a situação dos superendividados brasileiros é admitir o aniquilamento social e, por outro lado, contribuir para que a economia sofra também perdas, visto que os agentes terão maiores dificuldades na recuperação dos seus créditos e as regras tradicionais da insolvência não propiciam o melhor dimensionamento de um plano de pagamento.

---

21. COLLIER, Paul. *O futuro do capitalismo*. Enfrentando as novas inquietações. São Paulo: L&PM Editores, 2019, p. 54.

PROJETO DE LEI SOBRE SUPERENDIVIDAMENTO URGE APROVAÇÃO

Joseane Suzart
Promotora de Justiça do Consumidor do MP-BA.

Discussões e embates estão sendo travados sobre o Projeto de Lei nº 3.515/15 e prováveis pressões são exercidas pelo grupo prol fornecedores, nas esferas de deliberação legislativa, com o intento de não ensejar a aprovação do dito prospecto normativo e a atualização do Código de Defesa do Consumidor. No entanto, a normatização sobre o superendividamento é fundamental para a manutenção do crescimento da economia do Brasil e o resgate de mais de 30 milhões de brasileiros mergulhados neste emaranhado que coloca em risco o mínimo vital. Destina-se, pois, esta coluna a versar sobre aspectos que desvelam a imperiosidade de o nosso país dispor de uma sistemática jurídica em face da problemática em apreço. Não se tenciona reiterar comentários sobre a estrutura da multicitada proposta legislativa, eis que existe farta produção doutrinária estrangeira[1] e nacional[2] sobre esse lastimável fenômeno. Contudo, é crucial abordá-lo com esteio em dois aspectos fundamentais que justificam o seu acolhimento pelo Congresso Nacional: 1) a ausência do tratamento adequado para os superendividados contribuirá para perdas na economia brasileira, pressupondo a análise econômica do Direito como instrumento favorável à positivação; e 2) em certas oportunidades, tem-se visto o manejo indevido da AED com vistas à criação de entraves para a criação de regras protetivas dos destinatários finais de bem, mas o exame detido da sua essência possibilita o seu aproveitamento a favor do mercado e daqueles.

Juristas e economistas necessitam jungir esforços para que as debates e as deliberações acerca do assunto gerem resultados positivos tanto para os destina-

---

1. Cf.: CHARDIN, Nicole. *Le contrat de consommation de credit et l'autonomie de la volonté*. Paris: LGDJ, 1988, p. 34-39. MARQUES, Maria Manuel Leitão et. al. *O endividamento dos consumidores*. Coimbra: Almedina, 2000, p. 2. NIEMI-KIESILÄINEN, Johanna; HENRIKSON, Ann-Sofe. *Legal solutions to debt problems in credit societies*: a report to the council of Europe. Stratsbourg: CDCJ-BU, 2005, p. 6. KILBORNE, Jason. Comparative cause and effect: consumer insolvency and the eroding social safety net. *The Columbia Journal of European Law*, Hanover, v. 14, n. 3, p. 594-596. 2008.
2. Cf.: MARQUES, Claudia Lima. Sugestões para uma lei sobre o superendividamento de pessoas físicas em contratos de crédito ao consumo. In: MARQUES, Cláudia Lima; CAVALLAZZI, Rosângela L. (Coord.) *Direitos do consumidor endividado*: superendividamento e crédito. São Paulo: Ed. RT, 2006. LIMA, Clarissa Costa de; BERTONCELLO, Karen Rick Danilevicz. Adesão ao projeto conciliar é legal – CNJ: Projeto-piloto: tratamento das situações de superendividamento do consumidor. *Revista de Direito do Consumidor*, v. 63, p. 173. 2010.

tários finais de bens quanto para os fornecedores, pois não podem caminhar sem tal fundamental intercâmbio. Salienta George Stigler que "enquanto a eficiência se constitui no problema fundamental dos economistas, a justiça é o tema que norteia os professores de Direito". Lidam com disciplinas distintas e apartadas, sendo que, respectivamente, uma "procura explicar a vida econômica (e, de fato, toda ação racional) e outra que pretende alcançar a justiça como elemento regulador de todos os aspectos da conduta humana". Assim sendo, "o economista e o advogado vivem em mundos diferentes e falam diferentes línguas".[3] Denota-se crucial a incursão sobre o PL 3.515/15 em cotejo com alguns dos principais institutos da análise econômica do Direito, com o desiderato de demonstrar que a sua consagração e, *ipso facto*, inserção no microssistema consumerista trarão consequências profícuas não somente para a população, mas também em favor do setor empresarial.

A análise econômica do Direito possibilita o exame das normas jurídicas sob a ótica da eficiência e da utilidade, desenvolvendo-se expressivamente a partir da década de 60 com os trabalhos de Coase[4] Calabresi.[5] A sua estruturação metodológica teve a intensa contribuição de Posner,[6] entre outros, ao propugnarem que as intervenções normativas não deveriam ser contraproducentes (*self-defeating*), engendrando efeitos contrários aos almejados. Cass R. Sunstein, ao tratar dos paradoxos da regulação estatal, assevera que a AED direciona-se para a obtenção de respostas em face de duas questões essenciais: de que forma a conduta dos sujeitos e das instituições terminam sendo atingidas pela produção das regras jurídicas; e quais as mais adequadas ao bem estar social.[7] Muitos estudos debruçam-se sobre o superendividamento, sob o viés estrito da proteção das pessoas naturais que, em estado de boa-fé, encontram-se manifestamente impossibilitados de quitar a totalidade de suas dívidas de consumo, exigíveis e vincendas, sem comprometer o mínimo existencial. O caráter humanitário predomina em tais abordagens, mas é preciso ir além e defender que a normatização deste instituto jurídico poderá adrede causar resultados positivos para o setor financeiro.[8]

A sistematização do método da AED, segundo OpEjan Mackaay e Stéphane Rousseau, pode ser efetivada mediante três níveis e quatro etapas que serão utilizados na presente abordagem[9] para se demonstrar a relevância e a utilidade da aprovação do PL em tela. Os níveis concernem à avaliação dos efeitos ou das consequências das normas; aos seus fundamentos; e ao juízo de valor sobre as existentes. A proposta legislativa assenta-se na responsável concessão de crédito e no detalhamento do dever

---

3. STIGLER, George. Law or Economics? *The Journal of Law and Economics*, v. 35, n. 2.
4. COASE, Ronald. *The Firm, The Market, and the Law*. Chicago: University of Chicago Press, 1990.
5. CALEBRESI, Guido. *El Coste de los Acidentes. Análisis Económico y jurídico de la Responsabilidad Civil*. Barcelona: Ariel, 1984.
6. POSNER, Eric. *Análise econômica do direito contratual*: Sucesso ou fracasso? São Paulo: Saraiva, 2010, p. 9.
7. SUNSTEIN, Cass R. *Paradoxes of the Regulatory State*. 57 U. Chi. L. Rev. 407 (1990), p. 407-411.
8. Cf.: POSNER, Richard. *Para além do direito*. São Paulo: Martins Fontes, 2009.
9. MACKAAY, Ejan; ROUSSEAU, Stéphane. *Análise econômica do direito*. 2. ed. Trad. Rachel Sztajn. São Paulo: Atlas, 2015. p. 666-674.

de bem informar ao público sobre os riscos financeiros existentes. Ora, justifica-se a pertinência destes novos ditames jurídicos, pois, como bem acentuou Claudia Lima Marques, vivencia-se uma crise, sem precedentes na saúde pública, causada pela pandemia Covid-19 que, desde 2020, vem dilacerando vidas e desestruturando economias e orçamentos familiares.[10] O Brasil não dispõe de regras sobre o tema, estando a Lei nº 8.078/90 obsoleta se comparada com as legislações de diversos outros países. Poder-se-ia questionar que seria muito melhor para as instituições financeiras a continuidade do estado atual sem maiores exigências quanto à formalização dos contratos, uma vez que o *spread* bancário brasileiro é o segundo maior da escala mundial,[11] porém outros aspectos positivos para aquelas são também visualizados com a edição de normas jurídicas, não sendo contraproducente.

As quatro etapas de análise das normas jurídicas, propostas por Mackaay e Rousseau, também sedimentam os argumentos favoráveis ao PL e podem ser tratadas considerando-se as escolhas racionais, alocações eficientes, externalidades e os paradoxos regulatórios.[12] Tais fases estão escalonadas partindo-se do exame dos incentivos instituídos, perpassando pela averiguação dos custos gerados, se estes são menores ou não, e, por derradeiro, alcança-se o estágio da realização de estudos empíricos. Busca-se, nessa perspectiva, a identificação da eficiência das normas *ex ante* e os resultados proveitosos para os destinatários dos comandos jurídicos. Observa-se que o multicitado PL compõe-se de cinco conjuntos que tratam de princípios, instrumentos da Política Nacional de Relações de Consumo, direitos básicos para os consumidores, práticas[13] e cláusulas abusivas,[14] do esquadrinhamento do dever de informar[15] e de averiguar a situação daqueles, e de como tratar do problema vivenciado pelo devedor estigmatizado pelo estrutural problema financeiro.

A escolha consciente de certo produto ou serviço por parte do consumidor depende de todos os dados necessários sobre a contratação, já que, caso contrário, configura-se a dissonância cognitiva objeto da AED, por isso defendem Thomas

---

10. MARQUES, Claudia Lima. Exceção dilatória para os consumidores frente à força maior da pandemia de COVID-19: pela urgente aprovação do PL 3.515/2015 de atualização do CDC e por uma moratória aos consumidores. *Revista de Direito do Consumidor*, v. 129, 2020.
11. O Brasil foi o segundo país do mundo com o maior *spread* bancário em 2019 (32,0%). BANCO MUNDIAL. *Interest rate spread (lending rate minus deposit rate, %)*: International Monetary Fund, International Financial Statistics and data files.
12. MACKAAY, Ejan; ROUSSEAU, Stéphane. *Análise econômica do direito*. 2. ed. Trad. Rachel Sztajn. São Paulo: Atlas, 2015. p. 666-674.
13. De acordo com o artigo 54-G do PL, consideram-se práticas abusivas: cobrança sobre valores contestados; não entrega do contrato; e óbices para se questionar fraudes.
14. Estas constam no artigo 1º do PL e versam sobre a garantia do acesso à justiça; a proteção do bem de família; obrigações iníquas (prazos de carência, silêncio como aceitação e aplicação de lei estrangeira).
15. O artigo 54-B do PL especifica as obrigações quanto às informações necessárias; o 54-C veda que a oferta de crédito se utilize de expressões que mascarem os ônus e riscos e coíbe o assédio; o 54-D versa sobre o dever de alertar as consequências do inadimplemento e de se avaliar a capacidade econômica do consumidor; e que seja identificado o agente financiador e entregue cópia do contrato. O artigo 54-E limita em 30% a consignação em folha de pagamento e o seu descumprimento enseja a revisão ou a sua renegociação, podendo o consumidor desistir da contratação. O artigo 54-F trata dos vínculos conexos, coligados ou interdependentes.

Ulen e Robert Cooter a completude, a reflexividade e transitividade.[16] A perfunctória análise dessas exigências poderia acarretar a conclusão de que os custos serão muitíssimo maiores para os empresários dos que os benefícios. Sucede que estímulos interessantes e a redução de perdas quanto aos valores não quitados podem ser vislumbrados nas regras constantes no artigo 104-C do PL, considerando-se o critério de Pareto, segundo o qual determinada medida revela-se eficiente quando melhora o nível de bem-estar de alguém sem piorar o nível de bem-estar de ninguém. Não se adota, *in casu*, a perspectiva de Kaldor-Hicks, eis que estabelece o parâmetro do somatório simples dos níveis de utilidades dos indivíduos em sociedade. Questiona-se se as obrigações, previstas no PL em comento, não gerariam o que, de acordo com o Teorema de Coase, denomina-se de externalidades negativas,[17] ou seja, custos que, após serem assumidos forçadamente pelas instituições financeiras, terminariam sendo repassados para os demais consumidores. Não obstante essa situação possa ocorrer, a sociedade não pode assistir, atônita e omissa, *que milhões de indivíduos, não envolvidos com fraudes, continuem submetidos a um "unsustainable financial stress"*,[18] isolamento e marginalização.[19]

Outra interessante indagação diz respeito à possibilidade de a *overregulation* engendrar a subregulação *underregulation*, consoante Cass Sunstein, eis que leis muito restritivas, mas genéricas, tendem a desestimular regulações.[20] O PL não se apresenta abstrato, posto que detalha muito bem o dever de informação e o artigo 104-C estatui que compete concorrentemente aos órgãos públicos, integrantes do Sistema Nacional de Defesa do Consumidor, a fase conciliatória e preventiva do processo de repactuação de dívidas. Todos os entes que o integram terão de participar e contribuir com a amenização do quadro calamitoso atual, inclusive com a fiscalização quanto ao cumprimento das novas normas. Proeminente incentivo para os agentes econômicos encontra-se no processo de repactuação de dívidas previsto no artigo 104-A do PL, permitindo que estes não continuem retidos nas amarras ultrapassadas da insolvência civil. Note-se que o plano de pagamento ficará condicionado à abstenção, pelo consumidor, de condutas que importem o agravamento de sua situação de superendividamento e somente poderá ser repetido após decorrido o prazo de dois anos, contados da liquidação das obrigações. O projeto também impõe conduta séria e comprometida para o consumidor e uma melhoria de sua forma agir, não lhe perdoando as dívidas. Ademais, conforme o artigo 104-B, § 3º, inexitosa a conciliação, o juiz poderá nomear administrador, que apresentará plano de quitação; o que

---

16. Cf.: ULEN, Thomas; COOTER, Robert. *Direito & Economia*. 5. ed. Porto Alegre: Bookman, 2010, p. 22.
17. COASE, Ronald. *O problema do custo social*. The Latin American and Caribbean Journal of Legal Studies: Vol. 3. N. 1. Article 9. 2008.
18. RANYARD, Rob; MCHUGH, Sandie; MCNAIR, Simon. The psychology of borrowing and over-indebtedness. In RANYARD, Rob (Org.). *Economic Psychology*. Chichester-UK/Hoboken-EUA: British Psychology Society/John Wiley & Sons LTDA, 2017, p. 230.
19. GATHERGOOD, John. *Debt and depression*: evidence on causal links and social stigma effects. University of Nottingham, School of Economics, set. 2011, p. 1.
20. SUNSTEIN, Cass R. *The cost Benefit Revolution*. MIT Press, 2018.

contribui para que os fornecedores recebam, com maior agilidade, os montantes que lhes são devidos. Importante ainda ressaltar que as empresas receberão o total da dívida em, no máximo, cinco anos, não ficando à mercê de longo lapsus temporal.

Como aduz Paul Collier, *"o crucial é que as pessoas assumam compromissos recíprocos"* e, com aprovação do PL 3.515/15, as instituições financeiras terão novas tarefas, mas, em contrapartida, mais abalizadas formas de recebimento dos seus créditos. Complementa o economista que *"quando conhecemos novas obrigações para com os outros, construímos sociedades mais capazes de florescer"*, porém, *"quando negligenciamos as obrigações, fazemos o contrário"*. Nas sociedades capitalistas, *"o sintoma central é o declínio da confiança social"*.[21] Continuar relegando a um segundo plano a situação dos superendividados brasileiros é admitir o aniquilamento social e, por outro lado, contribuir para que a economia sofra também perdas, visto que os agentes terão maiores dificuldades na recuperação dos seus créditos e as regras tradicionais da insolvência não propiciam o melhor dimensionamento de um plano de pagamento.

---

21. COLLIER, Paul. *O futuro do capitalismo. Enfrentando as novas inquietações.* São Paulo: L&PM Editores, 2019, p. 54.

VAZAMENTO DE DADOS PESSOAIS: MAIS DO QUE VIGIAR E PUNIR

Laís Bergstein

Doutoranda em Direito do Consumidor e Concorrencial pela Universidade Federal do Rio Grande do Sul (UFRGS). Mestre em Direito Econômico e Socioambiental pela Pontifícia Universidade Católica do Paraná (PUCPR) e coordenadora Acadêmica da Especialização em Direito do Consumidor e Direitos Fundamentais da UFRGS. Advogada.

São estarrecedoras as notícias de vazamentos de dados de brasileiros.[1] Ainda mais preocupante é o fato de os controladores apontados como prováveis fontes dos vazamentos não apenas terem deixado de comunicar o fato (na forma prevista no artigo 48 da Lei 13.709/2018, a Lei Geral de Proteção de Dados Pessoais – LGPD), mas continuarem a negar a sua ocorrência.

Mas, para além de vigiar e punir, compete à Autoridade Nacional de Proteção de Dados determinar a adoção das providências necessárias para reverter ou mitigar os efeitos do incidente de vazamento. A efetiva proteção do cidadão pressupõe uma atuação conjunta das autoridades públicas que observe a amplitude da orientação principiológica e diretiva do microssistema de proteção e defesa do consumidor e sua aplicação harmônica em um verdadeiro *diálogo de fontes*[2] com as disposições normativas pertinentes à proteção de dados pessoais.[3]

Notadamente, na sociedade de risco a indenidade é um valor inalcançável. Como revela a recente experiência do Superior Tribunal de Justiça, mesmo sistemas que contam com investimentos expressivos estão sujeitos a ataques cibernéticos.[4]

---

1. "Juntos, os dois vazamentos continham: Dados básicos relativos ao CPF (nome, data de nascimento e endereço); Endereços; Fotos de rosto; Score de crédito (que diz se é bom pagador), renda, cheques sem fundo e outras informações financeiras; Imposto de renda de pessoa física; Dados cadastrais de serviços de telefonia; Escolaridade; Benefícios do INSS; Dados relativos a servidores públicos; Informações do LinkedIn." Megavazamento de dados de 223 milhões de brasileiros: o que se sabe e o que falta saber. Disponível em: https://g1.globo.com/economia/tecnologia/noticia/2021/01/28/vazamento-de-dados-de-223-milhoes-de--brasileiros-o-que-se-sabe-e-o-que-falta-saber.ghtml. Acesso em: 15.02.2021.
2. MARQUES, Claudia Lima. Diálogo entre o Código de Defesa do Consumidor e o novo Código Civil: o "Diálogo das Fontes". In: MARQUES, Claudia Lima; BENJAMIN, Antonio Herman V.; MIRAGEM, Bruno. *Comentários ao Código de Defesa do Consumidor*. 3. ed. rev., ampl. e atual. São Paulo: Ed. RT, 2010.
3. Veja: MENDES, Laura Schertel; DONEDA, Danilo. Comentário à nova lei de proteção de dados (Lei 13.709/2018): o novo paradigma da proteção de dados no Brasil. *Revista de Direito do Consumidor*, v. 120, p. 555-587. São Paulo, nov./dez. 2018; DONEDA, Danilo (Coord.). *A proteção de dados pessoais nas relações de consumo*: para além da informação creditícia. Escola Nacional de Defesa do Consumidor. Brasília: SDE/Departamento de Proteção e Defesa do Consumidor, 2010.
4. BRASIL. STJ Notícias destaca reforço na segurança de informações digitais do tribunal após o ataque hacker. Disponível em: https://www.stj.jus.br/sites/portalp/Paginas/Comunicacao/Noticias/04122020-STJ-Noticias-

Se por um lado a técnica de *naming and shaming*[5] pode servir com o incentivo aos investimentos na prevenção de danos,[6] há uma segunda e perigosa face nessa mesma moeda: a que inibe a comunicação do fato lesivo dado o receio de redução do prestígio da empresa ou de imposição de graves sanções administrativas. Essa omissão dolosa do controlador que sofreu um incidente de segurança é a mais perigosa para o cidadão porque agrava o problema, obstando que as providências adequadas para conter os prejuízos do vazamento sejam adotadas tempestivamente. A passagem do tempo é, nesse caso, nefasta.

Para orientar os controladores de dados na decisão de como lidar com violações de dados e quais fatores a serem considerados durante a avaliação de risco, o Conselho Europeu de Proteção de Dados consolidou uma nova cartilha (*Guidelines 01/2021*), que está sujeita a consulta pública até o próximo dia 2 de março[7] e atua de forma complementar às *Guidelines* WP250, vigentes desde outubro de 2017[8] Lamentavelmente, os exemplos dos últimos vazamentos de dados de brasileiros equiparam-se aos casos mais graves (e de risco mais elevado aos cidadãos) exemplificados nas *Guidelines* europeias.

Embora seja de responsabilidade dos controladores estabelecer medidas adequadas para poder para prevenir, reagir e resolver uma violação de dados pessoais, há algumas diligências práticas que devem ser tomadas em todos os casos, tais como: a) informações relativas a todos os eventos relacionados à segurança devem ser direcionadas para um responsável, pessoa ou pessoas com a tarefa de tratar de incidentes, verificar a ocorrência de uma violação e avaliar os riscos; b) o risco para os indivíduos como resultado de uma violação deve então ser avaliado (probabilidade de não haver risco, há risco ou alto risco); c) notificação à Autoridade Nacional e comunicação da violação aos indivíduos afetados; e d) ao mesmo tempo, o controlador deve agir para conter e recuperar os dados pessoais violados.

-destaca-reforco-na-seguranca-de-informacoes-digitais-do-tribunal-apos-o-ataque%E2%80%AFhacker. aspx. Acesso em: 15.02.2020.

5. Metodologia de repressão de práticas abusivas, ilícitos civis ou criminais que busca atribuir um juízo negativo e socialmente inaceitável a determinada conduta.
6. A sanção de imposição de contrapropaganda cominada ao fornecedor que incorrer na prática de publicidade enganosa ou abusiva é um dos seus primeiros exemplos no ordenamento jurídico brasileiro (arts. 56, XII, e 60 do CDC). Além da imposição de contrapropaganda há vários exemplos no ordenamento brasileiro de imposição legal de sanções de *shaming*, entre eles as aplicadas às pessoas jurídicas que tenham praticado infrações contra a ordem econômica (artigo 24, I e III, da antiga Lei de Concorrência – Lei 8.884/1994, atualmente correspondente ao artigo 38, incisos I e III, da Lei 12.529/2011); assim como previsão na Lei Anticorrupção de publicação de decisão condenatória (artigo 6º, inciso I, da Lei 12.846/2013) e a criação do Cadastro Nacional de Empresas Punidas – CNEP pela Lei 12.846/2013; entre outras. Veja mais em: SCANDELARI, Gustavo; POZZOBON, Roberson Henrique. Shaming como uma via para a sanção criminal de pessoas jurídicas no Brasil. *Revista Brasileira de Ciências Criminais*, v. 151, p. 75-114. São Paulo.
7. EUROPEAN DATA PROTECTION BOARD. Guidelines 01/2021 on Examples regarding Data Breach Notification, Adopted on 14 January 2021. Disponível em: https://edpb.europa.eu/sites/edpb/files/consultation/edpb_guidelines_202101_databreachnotificationexamples_v1_en.pdf. Acesso em: 15.02.2021.
8. EUROPEAN DATA PROTECTION BOARD. Guidelines on Personal data breach notification under Regulation 2016/679, adopted on 3 October 2017 as last Revised and Adopted on 6 February 2018.

Após ser informado de um possível incidente de segurança, o controlador pode empreender um curto período de a fim de estabelecer se ocorreu ou não uma violação de fato. Espera-se que a investigação inicial comece o mais rapidamente possível e estabeleça com um grau razoável de certeza se ocorreu uma violação, e as possíveis consequências para os indivíduos. Uma investigação detalhada deve ocorrer em seguida. Enquanto o artigo 48 da LGPD é omisso em relação ao que se considera prazo razoável para comunicação do episódio de vazamento à Autoridade Nacional (determinando apenas que a comunicação seja realizada "em prazo razoável", a ser definido pela ANPD), a GDPR[9] limita esse intervalo a 72 horas desde o conhecimento do fato (GDPR, artigo 33).

É preciso estabelecer diretrizes claras para que os sistemas utilizados para o tratamento de dados pessoais sejam estruturados em consonância com os padrões de boas práticas e de governança (como prevê o artigo 49 da LGPD). No Brasil, a ABNT NBR ISO/IEC 27002:2013 orienta as práticas de gestão e normas de segurança da informação para as organizações, incluindo a seleção, a implementação e o gerenciamento de controles, levando em consideração os ambientes de risco da segurança da informação da organização.[10] A norma serve como diretriz das medidas mínimas necessárias para a prevenção de danos, mas ainda carecemos de regulamentação quanto às primeiras providências a serem implementadas diante de incidentes de segurança.

É imperioso comunicar à população, de maneira clara e ampla, quais os riscos envolvidos no vazamento de dados e quais cautelas devem ser, doravante, adotadas. Ainda que se reconheça que apagar as informações indevidamente disponibilizadas na *dark web* é missão quase impossível, a repressão à comercialização do acesso a bancos de dados ilicitamente estruturados pode ser um primeiro passo para a efetiva proteção de dados pessoais. Os cidadãos têm, igualmente, o direito à informação acerca das providências implementadas pelas autoridades competentes para a prevenção e a reparação de danos.

Os procedimentos administrativos e judiciais adotados em face de episódios de vazamento de dados devem ser revestidos de uma natureza estrutural. As decisões estruturais[11] "são decisões que se orientam para uma perspectiva futura, tendo em conta a mais perfeita resolução da controvérsia como um todo" e são presentes em

---

9. *General Data Protection Regulation* (GDPR). Regulamento (UE) 2016/679 do Parlamento Europeu e do Conselho, de 27 de abril de 2016, relativo à proteção das pessoas singulares no que diz respeito ao tratamento de dados pessoais e à livre circulação desses dados e que revoga a Diretiva 95/46/CE (Regulamento Geral sobre a Proteção de Dados). Disponível em: https://eur-lex.europa.eu/eli/reg/2016/679/oj. Acesso em: 15.02.2021.
10. BRASIL. ABNT NBR ISO/IEC 27002:2013. Tecnologia da informação – Técnicas de segurança – Código de prática para controles de segurança da informação. Disponível em: https://www.abntcatalogo.com.br/norma.aspx?ID=306582. Acesso em: 15.02.2021.
11. Fiss cita como surgimento da *decisão estrutural* o precedente da Suprema Corte dos Estados Unidos no caso Brown vs. Board of Education II (Brown II). Trata-se de caso marcante julgado pela Suprema Corte, que conclui ser inconstitucional as divisões raciais entre estudantes brancos e negros em escolas públicas no País. (FISS, Owen M. *The civil rights injunction*. Indiana University Press, 1978).

situações que "exigem respostas difusas, com várias imposições ou medidas que se imponham gradativamente" e buscam evitar que "a decisão judicial se converta em problema maior do que o litígio que foi examinado".[12]

A tutela coletiva pode ser significativamente aprimorada por meio de decisões estruturais ou convenções coletivas que estabeleçam, além do dever de reparação de danos, obrigações futuras e progressivas, exigindo-se dos envolvidos a apresentação de planos de ação adequados para assegurar a efetiva prevenção de novas ocorrências. O processo estrutural[13] (administrativo ou judicial) orienta-se para o futuro, ao invés de focar na lide que o ensejou, tem cabimento quando a complexidade da demanda exige uma visão mais ampla do contexto no qual está inserida, quando invoca a implementação de uma reforma global para prevenir novos litígios e danos, quando não se satisfaz adequadamente apenas com o arbitramento de uma indenização ou sanção administrativa. A repressão ao compartilhamento indevido de dados pessoais[14] exige uma atuação integrada das autoridades públicas e de todos os agentes do mercado, única maneira de mapear as falhas a serem corrigidas.

Que não se admita o surgimento, em pleno século 21, de uma nova forma de execuções em praças públicas, mas que o direito do cidadão à efetiva proteção de seus dados pessoais não seja menosprezado diante das dificuldades práticas da tutela. A constituição de uma sociedade livre, justa e solidária pressupõe que os agentes envolvidos ou atingidos por episódios de vazamentos de dados pessoais não se escondam sob o manto da incerteza, da insegurança ou da impunidade, mas assumam o protagonismo na busca por soluções céleres e eficazes reverter ou mitigar os efeitos do incidente de vazamento de dados. Mais do que vigiar e punir os culpados, é preciso, em primeiro lugar, proteger aqueles que foram afetados.

---

12. ARENHART, Sérgio Cruz. Decisões Estruturais no Direito Processual Civil Brasileiro. São Paulo, *Revista de Processo*, v. 225, p. 389-410, nov. 2013. Veja a obra organizada pelo mesmo autor: ARENHART, Sérgio Cruz; JOBIM, Marco Félix (Org.). *Processos estruturais*. Salvador: JusPodivm, 2017.
13. BERGSTEIN, Lais. *O tempo do consumidor e o menosprezo planejado*. São Paulo: Ed. RT, 2019. p. 220 et seq.
14. Para os consumidores, atualmente a forma mais segura de verificar se os seus dados foram indevidamente utilizados é por meio do portal *Registrato*, disponibilizado pelo Banco Central em: https://www.bcb.gov.br/cidadaniafinanceira/registrato.

INTELIGÊNCIAS ARTIFICIALMENTE MOLDADAS E SEGUROS: RUBRICAS INSPIRADAS NO DEUS JANUS

Marcos Catalan

Doutor *summa cum laude* pela Faculdade do Largo do São Francisco-USP e Mestre em Direito pela Universidade Estadual de Londrina. Leciona no PPG em Direito e Sociedade da Universidade LaSalle. Possui estágio Pós-doutoral na Facultat de Dret da Universitat de Barcelona (2015-2016). Lidera o Grupo de Pesquisas Teorias Sociais do Direito e cofundou a Rede de Pesquisas Agendas de Direito Civil Constitucional. Faz parte dos editores da Revista Eletrônica Direito e Sociedade e é diretor do Brasilcon.

Despidas do colorido que vivifica a ousadia fundida a figuras como Ada Lovelace, privadas da genialidade socialmente reprimida de prodígios como Alan Turing, desnudadas de qualquer dimensão impregnada à criatividade imantada a espíritos inquietos como o de Isaac Asimov e, certamente, sem a empatia e generosidade que tantos, equivocadamente, afirmam caracterizar o povo brasileiro,[1] as linhas adiante esboçadas limitam-se a tentar estimular o(a) leitor(a) a meditar sobre alguns dos problemas vivenciados, hodiernamente, pelos consumidores no Brasil.

Elas buscam, ainda, com alguma chance de acerto, acerca de dilemas que virão a ser experimentados, em um futuro bastante próximo, em razão da crescente, irreprimível e incontrolável fusão de sistemas de inteligência artificial aos movimentos que impulsionam o consumo de seguros no Brasil, e, ainda, quiçá, a refletir sobre como o Direito brasileiro se propõe a resolver, ao menos, parte destas questões.

Tal desiderato torna imperioso propor um acordo semântico prévio, um pacto que impõe aceitar que no contexto das notas à frente cosidas, eventuais alusões à *inteligência artificial* deverão ser compreendidas como referências a sistemas capazes da tomada de decisões que dispensam a necessária intromissão de seres humanos, sistemas que raciocinam, melhor, que atuam tendo por lastro cálculos estatísticos e prognoses probabilísticas em um processo que envolve, pelo menos, o acoplamento de *software*, *hardware* e ideia.[2]

---

1. Para interessante e atualíssima crítica formulada visando a desconstruir o senso comum erigido em torno dessa ideia, v. SOUZA, Jessé. *A elite do atraso*: da escravidão à Bolsonaro. Rio de Janeiro: Estação Brasil, 2019.
2. STEIBEL, Fabro et al. Possibilidades e potenciais da utilização da inteligência artificial. In: MULHOLLAND, Caitlin; FRAZÃO, Ana (Coord.). *Inteligência artificial e direito*: ética, regulação e responsabilidade. 2. ed. São Paulo: Thomson Reuters, 2020. p. 51-52. "Imaginar a inteligência artificial como software nos ajuda a concebê-la como uma sequência de códigos e instruções que pode, por exemplo, realizar tarefas humanas, como encontrar associações entre dados e fazer previsões de eventos futuros. Conceber a inteligência artificial como hardware nos força a ponderar a capacidade de processamento de informações que é sempre feita

Registre-se, ainda, no contexto deste curtíssimo escrito, que um sistema de inteligência artificial, mesmo que interaja com ambos, difere tanto da *internet das coisas* como do *big data*. Aquela diz respeito a dispositivos com sensores e câmeras, a engrenagens que possuem dimensões e movem-se com ritmos e velocidades distintas, a objetos com rodas, rolamentos e diferenciais produzidos, fabricados com distintos tamanhos e materiais e, ainda, evidentemente, ao *software* que lhes dá vida e que permite tanto a coleta e envio dos dados que alimentarão os sistemas de inteligência artificial como que os objetos abarcados pela *internet of things (IoT)* sejam retroalimentados em um processo circular que busca a máxima eficiência. O *big data*, por sua vez, consiste em uma gigantesca base de dados,[3] um conjunto de informações cuja dimensão transcende, em muito, os muitos saberes arquivados na mítica biblioteca de Babel arquitetada, décadas atrás, entremeio aos movimentos proféticos impulsionados pelo gênio de Jorge Luis Borges.[4]

Sem ter como escapar de cenários compostos e recompostos, montados e desmontados nas flutuações dos humores da *Fortuna*, quem porventura aceitar percorrer, com vagar, a trilha metodológica elipticamente antecipada provavelmente resgatará dos porões da memória algumas das muitas possibilidades imanentes à inteligência artificial. Ao mesmo tempo, poderá intuir que, como no caso dos cisnes negros pensados por Popper,[5] outras tantas situações sequer poderão ser antecipadas em sua existência.

Em paralelo, o exercício intelectual proposto na abertura do parágrafo anterior, eventualmente, levará a compreender que os triunfos e gratificações dispersos em um ambiente marcado por inconteste disrupção tecnológica só poderão ser ofuscados pelos perigos e riscos afetos às sístoles e diástoles que põem em movimento a inteligência artificial,[6] estética que traz à mente a contradição ínsita aos "Versos íntimos" de Augusto dos Anjos.

"Vês! Ninguém assistiu ao formidável Enterro de sua última quimera. Somente a Ingratidão – esta pantera – Foi tua companheira inseparável! Acostuma-te à lama que te espera! O homem, que, nesta terra miserável, Mora, entre feras, sente inevitável Necessidade de também ser fera. Toma um fósforo. Acende teu cigarro! O beijo, amigo, é a véspera do escarro, A mão que afaga é a mesma que apedreja. Se alguém causa inda pena a tua chaga, Apedreja essa mão vil que te afaga, Escarra nessa boca que te beija!"

---

em computadores fisicamente presentes em algum lugar – mesmo que no seu celular – e que a inteligência artificial pode ainda ser associada às inovações da robótica, levando o software a poder coletar informações ou executar ações de forma autônoma. Por fim, a inteligência artificial precisa ser pensada como ideia, algo que não seja apenas um substituto da mente humana, mas paralelo".

3. STEIBEL, Fabro et al. Possibilidades e potenciais da utilização da inteligência artificial. In: MULHOLLAND, Caitlin; FRAZÃO, Ana (Coord.). *Inteligência artificial e direito*: ética, regulação e responsabilidade. 2. ed. São Paulo: Thomson Reuters, 2020. p. 51-52.
4. BORGES, Jorge Luis. *Ficções*. Trad. Carlos Nejar. São Paulo: Abril, 1972.
5. POPPER, Karl. *A lógica da pesquisa científica*. Trad. Leônidas *Hegenberg* et al. 9. ed. São Paulo: Cultrix, 2001.
6. BOSTROM, Nick. *Superinteligência*: caminhos, perigos e estratégias para um novo mundo. Trad. Aurélio Antônio Monteiro et al. Rio de Janeiro: Darkside, 2018.

Ante a literal falta de espaço para maiores digressões e, especialmente, diante da inconteste ausência de legitimidade para fazê-lo, passa-se ao largo da discussão que se propõe a entender se as tecnologias são (ou não) ontologicamente neutras e, nesse contexto, se podem ser qualificadas como boas ou más. Opta-se, como antecipa o título deste opúsculo, por recorrer ao auxílio de Janus,[7] logo, por compreender que paradoxos e aporias são um elemento imanente à contemporaneidade.

A partir daí, imaginemos, com Janus, o advento das chamadas Insuretechs, dentre as quais podem ser listadas a Lemonade, nos Estados Unidos, a Charles Taylor, na Inglaterra, e a Youse, no Brasil, sociedades empresárias as quais, se ainda não o fazem, muito em breve, terão condições de precificar as coberturas securitárias por elas ofertadas de forma individualizada, em vez de recorrerem ao tradicional *profiling* e à correlata categorização dos segurados em grupos criados a partir da identificação de características comuns mais ou menos homogêneas[8] gestadas com o recurso a complexas e, nem sempre transparentes, fórmulas atuariais.

Como é possível intuir, em tal contexto, se de um lado, talvez, preços menores favoreçam algumas pessoas graças à redução dos custos operacionais obtida mediante a implementação do contato direto com os consumidores,[9] ou ainda, por conta do acesso a informações mais detalhadas acerca dos segurados, de outro, entre consequências nefastas[10] deveras factíveis, muitos terão que suportar ônus financeiros mais elevados para terem acesso às mesmas coberturas securitárias, migrarão para contratos menos vantajosos ou, em um cenário bastante obscuro quando se pensa no Brasil, passarão a depender dos sistemas de saúde e de seguridade social públicos, situações que, notadamente, de forma mais ou menos intensa fissuram a solidariedade social.

O recurso à inteligência artificial no âmbito securitário permite antever, ainda, a gênese ou agravamento de problemas afetos ao cada vez mais crível e questionável monitoramento dos hábitos dos consumidores, sobretudo, diante das possibilidades latentes da internet das coisas com seus sensores, microfones e câmeras acopladas a celulares, relógios e *notebooks*, a automóveis e até mesmo a roupas, calçados e óculos e que, dentre outros, tem por escopo a coleta de dados sensíveis (ou não)

---

7. Janus, comumente identificado por suas duas faces – uma delas olhando para trás – reside no panteão mitológico romano e é responsável por governar as transições, os câmbios e as flutuações cotidianas. O radical, na esfera filológica, pode ser pinçado no nome dado ao primeiro mês de cada ano: janeiro. Informe-se, ainda, que pouco após encontrar em *Janus* a metáfora que, semioticamente, serviu como fio condutor no enfrentamento de algumas das contradições impregnadas ao tempo presente, reforçando-a, este belo texto nos foi legado pela Fortuna: MESA, Marcelo López. El nuevo Código Civil y Comercial y la responsabilidad civil: de intenciones, realidades, concreciones y mitologías. *Revista Anales de la Facultad de Ciencias Jurídicas y Sociales*, La Plata, a. 13, n. 46, p. 47-53, 2016. p. 60-61.
8. TZIRULNIK, Ernesto; BOAVENTURA, Vítor. Uma indústria em transformação: o seguro e a inteligência artificial. In: MULHOLLAND, Caitlin; FRAZÃO, Ana (Coord.). *Inteligência artificial e direito*: ética, regulação e responsabilidade. 2. ed. São Paulo: Thomson Reuters, 2020. p. 544-551.
9. Idem, p. 546-547.
10. NUNES, Gustavo Finotti dos Reis. Dados pessoais e sua tutela como direitos da personalidade. In: TOMASEVICIUS FILHO, Eduardo et al (Org.). *Inteligência artificial, proteção de dados e cidadania*. Cruz Alta: Ilustração, 2020. v. 2. p. 141-142.

que poderão influenciar a compreensão hermenêutica de aspectos contratuais em desfavor dos consumidores.

Um único exemplo bem ilustra a preocupação antecipada, hipótese essa afeta à decodificação semântica do que considera-se *informação inexata* ou, ainda, *agravamento considerável dos riscos* previstos no contrato e que fora buscada no factível cruzamento: a) das informações concedidas de boa-fé, pelo segurado, por ocasião do preenchimento da proposta com b) dados capturados em contextos nos quais pode não haver a clara compreensão ou, ainda, prévia e válida permissão outorgada pelo consumidor, dados pinçados com o fim de alimentar algoritmos que por terem sido moldados nas forjas da eficiência econômica tenderão a ampliar, dogmaticamente, as situações que afastam a necessidade de cobertura securitária nos termos dos artigos 766 e 769 do Código Civil brasileiro,[11] sem considerar aspectos como a força normativa que pulsa do princípio da vulnerabilidade, ou mesmo o fato de que a proteção dos direitos da personalidade integra o núcleo duro do Direito Privado no Brasil, mormente, diante do seu regramento constitucional.

Ainda mais pontualmente, vislumbram-se os seguros que têm a pessoa e sua saúde como seu vértice gravitacional. Neles, se de um lado o acesso a informações detalhadas permite a realização de diagnósticos médicos antecipados que fomentam a prevenção e o tratamento precoce de distintos males, de outro, a captura de dados pessoais tornada factível pelo contato do *big data* com os algoritmos da inteligência artificial, para além de potencialmente influenciar o valor do prêmio – o que carrega consigo problemas como os antevistos –, toca, também, a questão dos dados sensíveis,[12] tema esse que se encontra tutelado, em abstrato, pela Lei de Geral de Proteção de Dados (LGPD), vigente no Brasil desde meados de 2020,[13] mas cuja efetividade se desconhece até o momento.

Obviamente, o universo de situações que podem ser vislumbradas na sobreposição dos temas centrais que inspiram estas singelas notas é bastante mais amplo e ante o contato com molduras fenomênicas sem-fim – como antedito, dentre as quais muitas sequer podem ser antecipadas ante os limites impostos a imaginação humana –, seja dada permissão para que, antes de alocar um ponto final neste opúsculo, lembrar – de modo a dar um pouco mais de concretude a preocupações que, talvez, para espíritos negacionistas não passem de quimeras deveras distantes – que em torno de *"85% de dados não estruturados – dentre os quais os principais exemplos talvez sejam os posts em redes sociais –, vídeos e informações de geolocalização"* são material fecundante para exitosas ações publicitárias que têm levado o consumidor a gastar mais.[14]

---

11. CC. Artigos 766 e 769.
12. LGPD. Artigo 5º.
13. LGPD, Artigo 11, §§ 4º e 5º.
14. HANS, Daniela Kutschat. Experimentações contemporâneas: um olhar sobre tecnologia e consumo. In: HANS, Daniela Kutschat; GARCIA, Wilton. *#consumo_tecnologico*. São Paulo: Instituto Brasileiro de Filosofia e Ciência Raimundo Lúlio, 2015. p. 24.

CRISE DA COVID-19, VACINA E RISCOS DO DESENVOLVIMENTO

Marcelo Junqueira Calixto

Doutor e Mestre em Direito Civil (Uerj). Professor adjunto da PUC-Rio e dos cursos de Pós-graduação de FGV, UERJ e EMERJ. Diretor adjunto do Brasilcon. Advogado.

O ano de 2020 será, certamente, lembrado como o ano em que foi "decretada" a crise da Covid-19. Trata-se de fenômeno mundial que a humanidade não gostaria de ter vivenciado, em especial se forem recordados o número de infectados e o elevadíssimo número de mortos em todos os quadrantes do globo terrestre.

Tal situação, que levou a uma profunda revisão dos hábitos de vida e das formas de exercício do trabalho – além de provocar enorme crise econômica, com o consequente aumento do desemprego – também acarretou uma verdadeira "corrida pela vacina", sendo esta vista como a grande chance de evitar a propagação da doença. De fato, desde o início da pandemia se formou a convicção de que com a vacinação em massa da população, a começar pela camada mais idosa, inúmeras mortes podem ser evitadas e a vida em sociedade poderá, em algum momento, voltar à "normalidade".

Contudo, para que essa "corrida pela vacina" fosse exitosa – como, de fato, já se verificou –, foram necessários inúmeros testes em humanos, os quais também foram realizados em vários países do mundo. Certo é, igualmente, que tais testes trazem, em si mesmos, "riscos" de danos para a vida e a saúde desses "voluntários", os quais, até o presente momento, não foram confirmados.[1]

Essa realidade, de todo modo, pode ser compreendida como uma situação descrita pela ciência jurídica como "riscos do desenvolvimento", os quais podem ser compreendidos como os riscos não cognoscíveis pelo mais avançado estado da ciência e da técnica, no momento da introdução do produto no mercado ou do término da prestação do serviço, e que só vêm a ser descobertos mais tarde, por força do avanço científico.[2] São, em suma, riscos que só o desenvolvimento científico será capaz de, eventualmente, confirmar.

Nesse sentido, é certo que o mesmo ano de 2020, marcado, como dito, pelo reconhecimento da trágica situação que ainda está sendo vivenciada, trouxe um alento para os consumidores brasileiros justamente quanto ao tema dos "riscos do

---

1. Para um aprofundamento do tema recomenda-se a leitura da obra de PEREIRA, Paula Moura Francesconi de Lemos. *Responsabilidade civil nos ensaios clínicos*. Indaiatuba: Foco, 2019.
2. Sobre o tema seja consentido remeter a CALIXTO, Marcelo Junqueira. *A responsabilidade civil do fornecedor de produtos pelos riscos do desenvolvimento*. Rio de Janeiro: Renovar, 2004.

desenvolvimento". Trata-se do que foi decidido, de forma unânime, pela 3ª Turma do Superior Tribunal de Justiça ao julgar o Recurso Especial 1.774.372/RS, sendo relatora a ministra Nancy Andrighi.[3]

O caso versava sobre uma consumidora do Rio Grande do Sul que, em 1997, foi diagnosticada como portadora do mal de Parkinson. Como forma de tratamento foi indicado o uso do medicamento Sifrol, fabricado e comercializado, com exclusividade, pela Boehringer Ingelheim do Brasil Química e Farmacêutica Ltda. Segundo narrado nos autos do processo, porém, no período de julho de 2001 a setembro de 2003, enquanto a consumidora fazia uso do produto, ela também desenvolveu uma "compulsão para o jogo", a qual cessou após a suspensão dessa medicação.

A sentença prolatada julgou improcedentes os pedidos de reparação dos danos extrapatrimoniais e de indenização dos danos materiais. A apelação da autora foi, porém, provida pelo TJ-RS, tendo sido determinada a indenização dos danos materiais, na espécie "danos emergentes", no montante de R$ 524.760,89, e também a reparação dos danos extrapatrimoniais no valor de R$ 20 mil. O fundamento utilizado pelo TJ-RS foi o disposto no artigo 927, parágrafo único, do Código Civil, tendo, igualmente, sido destacado que os valores estabelecidos pelo tribunal local decorreram do reconhecimento da "culpa concorrente" da vítima, a qual decorreria

---

3. Eis a ementa do julgado, no que interessa para a presente reflexão: "(...) 5) O risco inerente ao medicamento impõe ao fabricante um dever de informar qualificado (artigo 9º do CDC), cuja violação está prevista no § 1º, II, do artigo 12 do CDC como hipótese de defeito do produto, que enseja a responsabilidade objetiva do fornecedor pelo evento danoso dele decorrente. 6) O ordenamento jurídico não exige que os medicamentos sejam fabricados com garantia de segurança absoluta, até porque se trata de uma atividade de risco permitido, mas exige que garantam a segurança legitimamente esperável, tolerando os riscos considerados normais e previsíveis em decorrência de sua natureza e fruição, desde que o consumidor receba as informações necessárias e adequadas a seu respeito (artigo 8º do CDC). 7) O fato de o uso de um medicamento causar efeitos colaterais ou reações adversas, por si só, não configura defeito do produto se o usuário foi prévia e devidamente informado e advertido sobre tais riscos inerentes, de modo a poder decidir, de forma livre, refletida e consciente, sobre o tratamento que lhe é prescrito, além de ter a possibilidade de mitigar eventuais danos que venham a ocorrer em função dele. 8) O risco do desenvolvimento, entendido como aquele que não podia ser conhecido ou evitado no momento em que o medicamento foi colocado em circulação, constitui defeito existente desde o momento da concepção do produto, embora não perceptível a priori, caracterizando, pois, hipótese de fortuito interno. 9) Embora a bula seja o mais importante documento sanitário de veiculação de informações técnico-científicas e orientadoras sobre um medicamento, não pode o fabricante se aproveitar da tramitação administrativa do pedido de atualização junto a Anvisa para se eximir do dever de dar, prontamente, amplo conhecimento ao público – pacientes e profissionais da área de saúde – por qualquer outro meio de comunicação, dos riscos inerentes ao uso do remédio que fez circular no mercado de consumo. 10) Hipótese em que o desconhecimento quanto à possibilidade de desenvolvimento do jogo patológico como reação adversa ao uso do medicamento Sifrol subtraiu da paciente a capacidade de relacionar, de imediato, o transtorno mental e comportamental de controle do impulso ao tratamento médico ao qual estava sendo submetida, sobretudo por se tratar de um efeito absolutamente anormal e imprevisível para a consumidora leiga e desinformada, especialmente para a consumidora portadora de doença de Parkinson, como na espécie. 11) De um lado, a culpa concorrente do consumidor não está elencada dentre as hipóteses que excluem a responsabilidade do fabricante, previstas no rol do §3º do artigo 12 do CDC; de outro lado, a responsabilidade por eventual superdosagem ou interação medicamentosa não pode recair sobre o paciente que ingere a dose prescrita por seu médico, considerando, sobretudo, a sua vulnerabilidade técnica enquanto consumidor. (...)".
O acórdão foi publicado no DJe em 18.05.2020.

de uma superdosagem do Sifrol, "bem como o seu emprego com o Cronomet". De fato, na visão do TJ-RS, a vítima teria "contrariado a prescrição farmacêutica de uso" do Sifrol. Esta apontada culpa concorrente acarretou uma redução de "45% dos danos efetivamente suportados pela parte autora".[4]

As duas partes interpuseram recursos especiais para o STJ, tendo sido desde logo admitido o recurso do réu e inadmitido o da autora. Esta veio a falecer, mas o agravo interposto foi provido para determinar a sua conversão em recurso especial, sendo parte, doravante, o espólio da falecida consumidora. No julgamento dos recursos pela 3ª Turma do STJ houve o desprovimento do recurso interposto pelo réu e o provimento parcial do recurso interposto pelo espólio, justamente para que se afastasse a "culpa concorrente" da autora, uma vez que, na visão do tribunal superior, a situação narrada configura, em verdade, uma violação ao artigo 12 do CDC, ou seja, uma hipótese de responsabilidade civil objetiva do fabricante, tendo a consumidora feito uso do produto segundo a dosagem prescrita por sua médica, não tendo ingerido, "por conta própria, dosagem superior à recomendada pelo laboratório ou à prescrita por sua médica".[5]

Na fundamentação de seu voto, a ministra relatora inicialmente recorda que a Organização Mundial da Saúde (OMS) considera o "jogo patológico" como uma "doença" e que uma "simples pesquisa na rede mundial de computadores revela a existência de diversos estudos científicos sobre a possível relação do uso de agonistas da dopamina (como o Sifrol), prescritos para o tratamento da doença de Parkinson, com o desenvolvimento de jogo patológico pelos pacientes". Recorda, ainda, que em 14.12.2007 a Anvisa emitiu um alerta destacando a possível relação entre o uso de medicamentos para o tratamento do mal de Parkinson e as desordens do controle do impulso.

A seguir, a ministra Nancy Andrighi entende ser fato incontroverso, no caso concreto submetido a julgamento, que o jogo patológico foi reconhecido como um dos efeitos colaterais do uso do Sifrol, muito embora o laboratório réu não tenha feito constar da bula desse medicamento referido efeito. Esse alerta só teria sido inserido *posteriormente* ao início do tratamento da autora, o que caracterizaria o caráter *defeituoso* do produto por infração do "dever de informar".

---

4. Para uma aprofundada análise da decisão do TJRS é recomendada a leitura de Tula WESENDONCK. A responsabilidade civil pelos danos decorrentes dos riscos do desenvolvimento do medicamento Sifrol. *Revista de Direito do Consumidor*. v. 123, p. 161-183. São Paulo: Ed. RT, maio/jun. 2019.
5. Dispõe o artigo 12, *caput*, do CDC: "Artigo 12. O fabricante, o produtor, o construtor, nacional ou estrangeiro, e o importador respondem, independentemente da existência de culpa, pela reparação dos danos causados aos consumidores por defeitos decorrentes de projeto, fabricação, construção, montagem, fórmulas, manipulação, apresentação ou acondicionamento de seus produtos, bem como por informações insuficientes ou inadequadas sobre sua utilização e riscos".
Por ter afastado a *culpa concorrente* da consumidora o Tribunal da Cidadania também majorou a reparação do dano extrapatrimonial para R$ 30 mil.

Aqui se encontra a questão central do julgado, uma vez que o laboratório argumenta que a bula já trazia, de todo modo, um alerta de que se tratava de "medicamento novo" e que poderiam ocorrer "reações adversas imprevisíveis ainda não descritas ou conhecidas", tendo, ainda, seguido "todas as regras farmacovigilância do setor e adotou os trâmites legais da Anvisa para a atualização da bula do Sifrol".

Referida argumentação é, realmente, decisiva para que se possa enquadrar a situação como verdadeira hipótese de "riscos do desenvolvimento". Em verdade, se o laboratório tinha ciência dos riscos decorrentes do uso do produto e não informou os consumidores estará patente a colocação no mercado de um produto *defeituoso*, nos termos do CDC (artigo 12, § 1º), seja sob a espécie de "defeito de concepção", seja na modalidade "defeito de informação"[6] Em tal circunstância, não há espaço para que se possa invocar os chamados "riscos do desenvolvimento" como possível excludente da responsabilidade.

Contudo, caso o laboratório réu consiga demonstrar que, ao tempo da introdução do produto no mercado, não havia nenhum estudo científico que demonstrasse o nexo causal entre o uso do Sifrol e o "jogo patológico", estaria, em tese, presente a situação de "riscos do desenvolvimento", a qual é caracterizada, tanto no Brasil quanto no exterior, por intensos debates doutrinários. De fato, para alguns doutrinadores os riscos do desenvolvimento afastam o caráter *defeituoso* do produto – não sendo legítimo esperar mais do que o conhecimento científico, contemporâneo ao lançamento do produto no mercado, foi capaz de alcançar – excluindo, assim, a responsabilidade do fornecedor (CDC, artigo 12, § 3º, inciso II).[7] Outros autores, porém, defendem a responsabilidade do fornecedor também nessa hipótese, argumentando que resta sim caracterizada a reversão da expectativa de segurança do consumidor, o que caracteriza o conceito "normativo" de *defeito* do produto, nos precisos termos do citado artigo 12, § 1º, do CDC.[8] Dentro dessa última visão, há ainda quem considere a situação de *riscos do desenvolvimento* como uma hipótese de "fortuito interno", isto é, como um "risco inerente" à atividade desenvolvida pelo fornecedor, gerando, em consequência, a sua responsabilidade.[9]

---

6. Recorde-se o disposto no artigo 12, § 1º, do CDC: "§ 1º O produto é defeituoso quando não oferece a segurança que dele legitimamente se espera, levando-se em consideração as circunstâncias relevantes, entre as quais: I – sua apresentação; II – o uso e os riscos que razoavelmente dele se esperam; III – a época em que foi colocado em circulação".
7. Nesse sentido pode ser recordado o artigo de TEPEDINO, Gustavo. A responsabilidade civil médica na experiência brasileira contemporânea. *Revista Trimestral de Direito Civil*, v. 2, p. 41-75. Rio de Janeiro: Padma, abr./jun. 2000.

    O artigo 12, § 3º, apresenta as "excludentes" de responsabilidade do fornecedor de produtos, afirmando: "§ 3º O fabricante, o construtor, o produtor ou importador só não será responsabilizado quando provar: I – que não colocou o produto no mercado; II – que, embora haja colocado o produto no mercado, o defeito inexiste; III – a culpa exclusiva do consumidor ou de terceiro".
8. É o que afirma, entre outros, BENJAMIN, Antonio Herman de Vasconcellos. *Comentários ao Código de Proteção do Consumidor*. São Paulo: Saraiva, 1991.
9. Esse é o entendimento de CAVALIERI FILHO, Sérgio. *Programa de responsabilidade civil*. 13. ed. São Paulo: Atlas, 2019.

Essa última visão foi a adotada, de modo expresso, pela douta ministra relatora, a qual afirmou em seu voto:

"Ainda que se pudesse cogitar de risco do desenvolvimento, entendido como aquele que não podia ser conhecido ou evitado no momento em que o medicamento foi colocado em circulação, tratar-se-ia de defeito existente desde o momento da concepção do produto, embora não perceptível a priori, caracterizando, pois, hipótese de fortuito interno".

Tal afirmação, embora feita em um recurso não submetido ao rito dos "recursos repetitivos", representa um importante precedente que tende a ser seguido pelos demais tribunais inferiores e que coloca o Brasil entre os países que *não* reconhecem os *riscos do desenvolvimento* como uma *excludente* da responsabilidade civil do fornecedor de produtos.[10] Representa, assim, um sopro de esperança em meio a tantas incertezas que são observadas, especialmente, na indústria farmacêutica.

---

10. O mesmo tratamento se observa, por exemplo, em países como a Alemanha e a Espanha, como recorda POLETTO, Carlos Eduardo Minozzo. Considerações acerca da responsabilização do produtor pelos danos decorrentes dos efeitos colaterais do Sifrol. *Revista de Direito do Consumidor*, v. 131, p. 297-321. São Paulo: Ed. RT, set./out. 2020.

O DIA INTERNACIONAL DO CONSUMIDOR: DIÁLOGO ENTRE O INTERNACIONAL E O NACIONAL

André de Carvalho Ramos

Professor da Faculdade de Direito da Universidade de São Paulo. Professor de Mestrado e Doutorado da Faculdade Autônoma de Direito (Fadisp). Procurador regional da República e membro e antigo diretor do Instituto Brasileiro de Política e Direito do Consumidor (Brasilcon).

A data de 15 de março foi adotada como o Dia Internacional do Consumidor pelo movimento global organizado de associações de consumidores. Trata-se de homenagem ao dia no qual, em 1962, o presidente John Kennedy encaminhou mensagem ao Congresso dos Estados Unidos abordando a temática dos direitos dos consumidores.

A consagração de um dia internacional é ativista e militante: visa a chamar a atenção para uma situação de fato ou de direito que merece esforço protetivo por parte do poder público e de toda a sociedade. Ao longo dos anos, os temas adotados pela *Consumers International* (confederação global que reúne associações de defesa de direitos dos consumidores em mais de cem países) para discussão neste dia 15 de março mostram os desafios ao direito do consumidor no século 21: vida digital, alimentos saudáveis, consumo sustentável e, em 2021, o enfrentamento da "poluição plástica" que gera desequilíbrios ambientais tanto na sua produção, eventual reutilização e descarte.

No plano internacional, a Organização das Nações Unidas, por meio de sua Assembleia Geral, adotou as Diretrizes das Nações Unidas de Proteção do Consumidor em 1985 (resolução 39/248), posteriormente ampliadas pelo Conselho Econômico e Social (em 1999) e revistas pela Assembleia Geral na Resolução 70/186 de 2015, como forma de criar um marco internacional de orientação aos Estados.[1]

Aproveitando, então, essa data "internacional", o objetivo central deste artigo é gerar reflexão sobre os principais temas envolvendo direitos dos consumidores na era da globalização e em um momento crítico da pandemia da Covid-19, à luz do diálogo entre o plano internacional e o plano doméstico, com foco na promoção de um consumo: 1) seguro; 2) sustentável; e 3) socialmente justo.

---

1. Ver os artigos anteriores nesta coluna na *ConJur*, de Ana Cândida Muniz Cipriano (https://www.conjur.com.br/2019-jul-31/garantias-consumo-defesa-consumidor-ganha-importancia-ambito-internacional) e de Claudia Lima Marques, Amanda Flávio de Oliveira e Ana Cândida Muniz Cipriano (https://www.conjur.com.br/2016-out-26/garantias-consumo-onu-acompanha-evolucao-relacoes-consumo-nivel-transnacional).

Entre as legítimas necessidades dos consumidores discutidas no plano internacional na revisão das diretrizes da ONU feita em 2015, destaco, pelo impacto que possuem na desigual realidade brasileira, as seguintes: 1) o acesso a bens e serviços essenciais; 2) a proteção aos consumidores em situações de vulnerabilidade; 3) a proteção à saúde e à segurança dos consumidores; 4) a proteção da privacidade; 5) a proteção dos consumidores no comércio eletrônico; 6) o estímulo ao consumo sustentável; e 7) o acesso à meios rápidos e eficientes de solução de litígios.[2]

O acesso a bens e serviços essenciais e à proteção dos consumidores em situação de vulnerabilidade exigem medidas que tanto viabilizem a oferta a preços adequados, quanto assegurem renda mínima aos que dela necessitem. Vivemos um ambiente de forte desemprego e informalidade crescente ("uberização" de diversos setores sociais), com desigualdades resilientes. A regulação de determinadas atividades empresariais no Brasil, especialmente em ambientes pouco competitivos e oligopolizados, deveria resultar em ações proativas em benefício dos consumidores, para não gerar uma excessiva judicialização, como se vê em ações em massa em face de empresas de planos de saúde. Essas medidas mostram-se urgentes no atual momento de pandemia no Brasil, que atinge mais severamente aqueles em situação de vulnerabilidade.

A proteção à saúde e à segurança dos consumidores é tema que também reverbera no Brasil. A defesa da saúde dos consumidores foi espelhada no "caso do amianto" no STF, no qual a proteção à saúde e ao meio ambiente justificaram à adoção de lei estadual de banimento do uso do amianto, ao contrário do disposto na lei federal. O STF reconheceu a inconstitucionalidade material superveniente da lei geral federal (Lei 9.055/95) por ofensa ao direito à saúde. Com a inconstitucionalidade da norma geral federal, os Estados-membros passaram a ter competência legislativa plena sobre a matéria, até a adoção de nova lei federal (ADI 3.937, rel. p/ o ac. Min Dias Toffoli, j. 24.08.2017, Informativo 874, e também ADI 3.406 e ADI 3.470, rel. Min. Rosa Weber, j. 29.11.2017, Informativo 886[3]).

Por sua vez, a proteção da privacidade é um dos grandes temas do Direito do Consumidor no mundo. A "digitalização da vida" resulta em práticas invasivas e com potencial discriminatório a consumidores (selecionando os "bons" e os "indesejáveis", pelo uso de seus dados pessoais), devendo ser reforçada a atuação do Estado em temas como comercialização de dados, imposição de cláusulas abusivas em contratos de adesão, entre outros. Urge o respeito ao direito à autodeterminação informativa, devolvendo ao titular (o consumidor) o controle do acesso, uso e eventual supressão de seus dados pessoais nos mais diversos bancos de dados de consumo. O risco de diversos "pequenos irmãos" da era digital (invasivos como o Grande Irmão orwelia-

---

2. Resolução 70/186 da Assembleia Geral da ONU, adotada em 22 de dezembro de 2015. Disponível em: https://unctad.org/system/files/official-document/ares70d186_en°pdf.
3. CARVALHO RAMOS, André de. *Curso de direitos humanos*. 8. ed. São Paulo: Saraiva, 2021, p. 974.

no[4]) é real, como se vê nas discussões da Lei Geral de Proteção de Dados brasileira e no *General Data Protection Regulation* da União Europeia.[5]

Ainda no mundo digital, a proteção dos consumidores no mercado eletrônico é também tema da atualidade em face do incontornável *e-commerce* e das facilidades de contratação global, com fornecedores buscando leis e jurisdições lenientes. Cláusulas contratuais abusivas, escolha de lei mais favorável ao fornecedor, imposição de foro inalcançável ao consumidor para solução de litígios podem tornar diversas outras lesões aos direitos do consumidor difíceis de serem reparadas. O CPC de 2015 merece destaque, em especial por ter fixado a jurisdição internacional brasileira em casos decorrentes de relações de consumo transnacionais,[6] quando o consumidor tiver domicílio ou residência no Brasil (artigo 22, "b", II).

Quanto ao consumo sustentável, o Direito do Consumidor do século 21 deve reforçar seus laços com o Direito do meio ambiente. Além da diretriz adotada internacionalmente nas Nações Unidas, há simultaneamente uma centralidade ecocêntrica da Constituição,[7] a qual exige práticas sustentáveis dos fornecedores, consagrando, por exemplo, o princípio do poluidor-pagador e exigindo a internalização das externalidades ambientais negativas. A "socialização" dos danos ambientais gera degradação e destruição dos recursos naturais que terão inevitavelmente impactos negativos sobre as relações de consumo.

Finalmente, não é possível celebrar o Dia Internacional do Consumidor sem chamar a atenção à necessidade de se preservar o acesso à justiça rápido e eficiente como forma de implementação dos direitos consumeristas. No Brasil, o processo civil coletivo viabilizou a tutela coletiva dos direitos do consumidor, evitando a impunidade trazida pelas barreiras de acesso à Justiça. No plano nacional, a preservação da abrangência nacional ou regional das ações civis públicas e coletivas por meio da declaração de inconstitucionalidade do artigo 16 da Lei da Ação Civil Pública (redação dada pela Lei 9.494/97) foi uma recente conquista a favor da tutela dos interesses do consumidor (Rel. Ministro Alexandre de Moraes, RE 1.101.937/SP, Tema 1.075 da repercussão geral – julgamento interrompido por pedido de vista, mas já com maioria a favor da tese proposta pelo relator, pela inconstitucionalidade do artigo 16[8]).

Assim, tais facetas da promoção dos direitos do consumidor consagrados internacionalmente e apoiadas pelo movimento transnacional de associações de consumidores mostram-se também tópicos essenciais da defesa nacional da matéria,

---

4. CARVALHO RAMOS, André de. O pequeno irmão que nos observa: os direitos dos consumidores e os bancos de dados de consumo no Brasil. *Revista de Direito do Consumidor*, v. 53, p. 39-53, São Paulo, 2005.
5. Ver o anterior artigo de Diógenes Faria de Carvalho e Vitor Hugo do Amaral Ferreira na Conjur. https://www.conjur.com.br/2018-ago-15/garantias-consumo-defesa-consumidor-ganha-lei-protecao-dados.
6. CARVALHO RAMOS, André de. Jurisdição internacional sobre relações de consumo no novo Código de Processo Civil: avanços e desafios. *Revista de Direito do Consumidor*, v. 100, p. 473-499, 2015.
7. BENJAMIN, Antonio Herman. O Meio Ambiente na Constituição Federal de 1988. *Informativo Jurídico da Biblioteca Ministro Oscar Saraiva*, v. 19, n. 1, p. 37-80, jan./jun. 2008.
8. Disponível em: https://www.conjur.com.br/2021-mar-04/stf-maioria-extinguir-limite-territorial-acao-civil-publica.

comprovando a existência de uma proteção multinível e um diálogo entre as fontes, bem como forjando um "consumerismo global". Com a pandemia da Covid-19, o cenário de exclusão e vulnerabilidade realça a importância do avanço da proteção nacional e internacional dos consumidores. A partir da defesa de direitos, as relações complexas de consumo do século 21 cumprirão o anseio de justiça social e promoção da dignidade humana estabelecido na nossa Constituição e também na normatividade internacional.

O DIREITO DO CONSUMIDOR PÓS-PANDEMIA

Bruno Miragem

Professor da Faculdade de Direito da Universidade Federal do Rio Grande do Sul (UFRGS) e ex-presidente do Instituto Brasileiro de Política e Direito do Consumidor (Brasilcon). Advogado.

Pode soar estranho cogitar um cenário pós-pandemia no instante em que ela atinge seu auge em termos de perdas humanas e sacrifícios de diversas ordens. O Brasil aproxima-se, em ritmo acelerado, dos 300 mil mortos; o empobrecimento da população – motivado pela Covid-19 e outros tantos desacertos – dá conta, neste início de 2021, de cerca de 27 milhões de brasileiros na miséria;[1] a disparada da inflação reduz sensivelmente o poder de compra dos consumidores, avivando recordações de momentos da economia brasileira que se imaginava terem sido superados há décadas; as crianças e jovens estão fora da escola, dentro da estratégia para conter o ritmo de contaminação pelo vírus, mas cujo custo para o seu desenvolvimento intelectual e afetivo ainda está para ser dimensionado; os laços de solidariedade social, inerentes a qualquer nação, estão desgastados como nunca, reféns de ódios e paixões; e, para além de tudo, mais grave, a falta de perspectivas de superação desse estado de coisas. Há uma tragédia sanitária sem precedentes, mas ela revela, igualmente, uma tragédia ética e social.

Qual o sentido, então, de falar do Direito do Consumidor em um horizonte futuro, de quando for superada a pandemia (espera-se que com vacina de qualidade para todos)? Justifica-se o propósito do texto. Nesta segunda-feira (15/3), registrou-se o Dia Mundial do Consumidor; quatro dias antes, os 30 anos de vigência do Código de Defesa do Consumidor (CDC). No Direito brasileiro, não é o marco apenas de uma nova lei, mas de uma disciplina jurídica nova e, por que não dizer?, de uma significativa transformação dos usos e costumes negociais – promoveu uma renovação e evolução cultural nas relações de consumo no Brasil. Como já se afirmou inúmeras vezes, é um marco civilizatório do mercado de consumo e da sociedade brasileira.

Também a realidade mudou. Nesses intensos 30 anos conquistou-se a estabilidade da moeda, privatizaram-se amplos setores da prestação de serviços públicos, desenvolveram-se a internet e outras tantas novidades tecnológicas, criaram-se novas formas de executar e uma série de tarefas, o mundo se tornou mais próximo e, de

---

1. Disponível em: https://www.correiobraziliense.com.br/economia/2021/03/4910663-desgovernado-devido-a-pandemia-da-covid-19-brasil-mergulha-na-pobreza.html.

repente, passamos a enfrentar a pandemia. Em termos históricos, será um divisor de águas. Ela demonstrou o melhor e o pior das pessoas, escancarou deficiências das instituições e a fragilidade do nosso sistema econômico. Deve expor mais brasileiros empobrecidos às agruras do subconsumo (reforçando o valor de assegurar, pelo Direito, padrões mínimos de qualidade). Seguramente, transforma o mercado de consumo e, por consequência, o Direito do Consumidor e seus desafios.[2] Tudo isso é que anima fazer um breve inventário daquilo que já se permite perceber sobre esse futuro.

O APOGEU DO CONSUMO DIGITAL

O que parecia uma consequência inafastável do avanço da tecnologia da informação acelerou-se com a pandemia: o consumo pela internet – o comércio eletrônico – passou a contemplar uma série de produtos e serviços tradicionalmente oferecidos no mundo físico. O distanciamento social fez com que a aquisição de produto mais diversos, consultas médicas e com uma série de outros profissionais, serviços de educação, encontros e congressos profissionais, entre outros, passassem a ser realizar pela internet. Há tele-entrega de quase tudo, embora não acessível a todos. A agilidade do fornecimento e o conforto de adquirir e receber em casa rivaliza com as dificuldades no caso de desacertos negociais, a crescente automatização das contratações, a reclamação de vícios de produtos e serviços, ou ainda problemas de conexão (em especial para quem não contratar planos com melhor velocidade e dados). A equação de vantagens e desvantagens permite perceber a tendência de que muitas dessas atividades que passaram a se realizar pelo meio digital prossigam assim no pós-pandemia.

O desafio da informação ao consumidor, nesse caso, se renova. O consumo não deixa de ser a distância e, pelas características da internet, o que e como informar previamente ao consumidor reclama estratégias relativamente sofisticadas. Mais do que nunca, informar bem, esclarecendo o consumidor, não é informar tudo, mas o que é relevante, de acordo com as peculiaridades do meio. Já se identificou que a leitura integral dos termos de uso das principais aplicações de internet levaria algumas horas, razão pela qual, os consumidores simplesmente não leem.[3] Por outro lado, mesmo ofertas mais simples, como as de produtos adquiridos em grandes plataformas, raramente trazem consigo, para fácil entendimento do consumidor, todas as informações definidas no artigo 31 do CDC. Alguns defendem, frente ao excesso de informação,

---

2. Alguns dos impactos da pandemia sobre o direito do consumidor já foram notados em artigo publicado pela diretoria executiva do Brasilcon nesta coluna Garantias do consumo, no final de 2020: MARTINS, Fernando Rodrigues; LIMA, Clarissa Costa de; MARTINS, Guilherme Magalhães e VIAL, Sophia Martini. *2020: Sindemia e resistência do direito do consumidor*: Disponível em: https://www.conjur.com.br/2020-dez-30/garantias-consumo-2020-sindemia-resistencia-direito-consumidor.
3. Disponível em: https://www1.folha.uol.com.br/tec/2017/12/1945132-leitura-de-termos-e-condicoes-de-servicos-na-internet-exige-45-horas.shtml; no mesmo sentido: https://www.visualcapitalist.com/terms-of-service-visualizing-the-length-of-internet-agreements/.

a busca de alternativas para sua simplificação,[4] o que é em tudo razoável, ainda mais se tratando da internet, onde o propósito deve ser o de esclarecer, de modo que muita informação ou o modo como se apresente, pode terminar por esconder o essencial e confundir. Outros, por outro lado, vem sustentando aqui e ali que existiria um dever do consumidor de se informar. As dificuldades práticas e jurídicas de se admitir essa espécie de dever ao consumidor não apenas enfrenta o óbice jurídico óbvio do reconhecimento legal da vulnerabilidade (artigo 4º, I, do CDC), mas, sobretudo, a dúvida prática de qual comportamento seria exigido do consumidor na internet na busca de informações. Não se deixa de considerar também os desafios regulatórios e concorrenciais envolvidos, especialmente em relação às grandes plataformas. O exame dessas várias questões, contudo, não caberia neste artigo.

Ainda na internet, merecerá cada vez mais destaque a proteção da criança. Não apenas na perspectiva tradicional (em relação à publicidade abusiva e clandestina), mas em relação à própria qualidade dos conteúdos acessíveis (que, afinal, são serviços, nos termos do artigo 3º, §2º, do CDC), e os riscos de contratação indesejada (mesmo sem capacidade jurídica, crianças acumulam habilidades no uso da internet, ainda que sem discernimento), bem como os que decorrem do acesso indevido e vazamento de dados que afetem, entre outros interesses, sua segurança e privacidade.

NOVA VISÃO DO CONSUMIDOR SOBRE RISCOS E OS PRODUTOS E SERVIÇOS PARA ENFRENTÁ-LOS

Absolutamente ninguém poderá dizer que antecipou, sequer minimamente, as repercussões da pandemia sobre a vida cotidiana. O risco de um evento dessa magnitude, ao ter passado desapercebido, provoca uma reordenação de prioridades – tanto no plano pessoal (o que afinal é de fato essencial na vida?) quanto nas decisões de consumo. Qual o valor de um plano de assistência à saúde em uma situação de emergência sanitária? Podendo voltar atrás, teria o consumidor assumido um financiamento de longo prazo para adquirir um produto de certo valor, mas cuja utilidade se mostrou supérflua durante o longo período de distanciamento social? É bastante possível que entre as repercussões da pandemia se reordene para muitos a relação com o tempo, tema que vem merecido interessantes abordagens da nossa doutrina mais recente.[5]

Assim, por exemplo, entre as noções de crédito está a de antecipação do futuro. Quem "compra a crédito", ou simplesmente "toma crédito", dispensa o tempo da poupança e para logo despende, suportando os juros. A sociedade de consumo se

---

4. Vale a referência aqui, ao trabalho mais recente de SUSTEIN, Cass. *Too much information*: Understanding what you don"t want to know. Cambridge: MIT Press, 2020.
5. Veja-se, especialmente, a professora Lais Bergstein, em sua tese de doutoramento (*O tempo do consumidor e o menosprezo planejado*. São Paulo: Ed. RT, 2019). O professor Marcos Dessaune identifica, de sua vez, um novo dano indenizável, do desvio produtivo do tempo (*Teoria aprofundada do desvio produtivo do consumidor*. 2. ed. Edição do autor, 2017), que vem merecendo significativa acolhida jurisprudencial.

apoia no crédito, afinal há o estímulo que se consuma o que não se tem, de imediato, recursos para adquirir. O dinheiro que afinal sustenta o crédito é, geralmente, tempo do trabalho do consumidor.

Trata-se de saber se essa nova relação com o tempo pode estimular o crédito responsável, tanto como comportamento das partes da relação de consumo, quanto de novas medidas legislativas de proteção e alívio aos consumidores cuja vida se inviabilize pelo excesso de endividamento.[6] Não se desconhece os riscos, naturalmente, do "consumo de vingança" (*revenge spending*), associado à recompensa emocional pelos sacrifícios do período, tão logo se levantem as restrições das atividades econômicas em geral. Também aí o comportamento dos fornecedores importará, uma vez marcado pela ansiedade em retomar o ritmo anterior à pandemia, deverá equilibrar-se para não contribuir com uma espiral de facilitação do crédito e consequente crise de inadimplência, repetindo a história.

Ainda no tocante aos riscos, retoma-se com força a temática dos riscos do desenvolvimento. A velocidade com que se desenvolve o conhecimento torna cada vez mais veloz a mudança do estágio da ciência e da técnica do momento em que o produto ou serviço foi colocado no mercado (artigos 12, § 1º, III, e 14, §1º, III) e de quando se revela o risco de dano.[7] Aí está o debate sobre a vacina, que não é novo (é evidente que as vacinas, assim como os medicamentos em geral, podem ter efeitos colaterais; apenas não podem superar os benefícios que oferecem à saúde, o que se avalia em termos qualitativos e quantitativos). Mas também se discute no campo da segurança da informação, da proteção de dados pessoais e da segurança alimentar, por exemplo. Sendo possível descobrir só depois de colocado no mercado, que certo produto ou serviço oferece riscos que não eram possíveis identificar antes, porque não havia conhecimento disponível para tanto, quem deve responder pelos danos ao consumidor? Há caminhos possíveis entre os extremos da irresponsabilidade do fornecedor pelos danos causados por produtos e serviços pelos quais, afinal, obteve ganhos, e a hiper-responsabilização que possa inibir a inovação? Parece-nos que sim, mas a construção de modelos nesse sentido deverá merecer atenção dos juristas com os pés fincados na realidade, em conjunto com todos os envolvidos.

---

6. Nesse sentido, todas as corretas razões largamente expendidas nos últimos anos, em favor da aprovação do PL 3515/2015, que visa atualizar o Código de Defesa do Consumidor, introduzindo disciplina específica para a prevenção e tratamento do superendividamento dos consumidores. Sobre a razões do por que disciplinar o tema, MARQUES, Claudia Lima. Sugestões para uma lei sobre o superendividamento de pessoas físicas em contratos de crédito ao consumo. In: MARQUES, Claudia Lima; CAVALLAZZI, Rosângela Lunardelli (Coord.). *Direitos do consumidor endividado*: superendividamento e crédito. São Paulo: Ed. RT, 2006). Para o estágio atual do debate, merecem registro os artigos dos Professores Karen Danilevicz Bertoncello e Leonardo Bessa (https://www.conjur.com.br/2020-jun-24/garantias-consumo-pl-351515-prevencao-tratamento-superendividamento-consumidor) e da Professora Joseane Suzart (https://www.conjur.com.br/2021-fev-10/garantias-consumo-pl-superendividamento-urge-aprovacao), ambos nesta *ConJur*.
7. Com maiores detalhes tratei em: MIRAGEM, Bruno. *Responsabilidade civil*. 2. ed. São Paulo: Forense, 2021, p. 318 e s.; e MIRAGEM, Bruno. *Curso de direito do consumidor*. 8. ed. São Paulo: Ed. RT, 2019, p. 734 e ss.

A REVALORIZAÇÃO DO RELACIONAMENTO ENTRE FORNECEDOR E CONSUMIDOR

As dificuldades naturais de acesso ao fornecedor para solução de problemas (vícios e desacertos negociais) acentuaram-se com a pandemia. Os tradicionais serviços de atendimento remotos já questionados sobre sua eficiência em tempos normais ou foram aperfeiçoados ou viram aprofundarem-se as críticas. Por outro lado, uma série de contratos de consumo deixou de poder ser cumpridos. A impossibilidade superveniente e irresistível afastou o inadimplemento imputável aos fornecedores. Alguns setores, inclusive, foram socorridos por legislação de emergência, como foi o caso do transporte aéreo (Lei 14.034/2020) e dos serviços turísticos, eventos e de entretenimento em geral (Lei 14.046/2020). Para além desses, vários prestadores de serviços, de diferentes portes, simplesmente foram impedidos de cumprir, pelos fatos, ou pelas restrições impostas às atividades econômicas em geral.

Todavia, para além do cumprimento ou não, destaca-se o modo como estas dificuldades foram compartilhadas entre o fornecedor e o consumidor. O nível de informação e cuidado dos fornecedores em relação aos seus consumidores neste tempo de dificuldades extremas – mesmo no caso em que a lei permitiu não cumprir – revaloriza para além da prestação principal do contrato, os notórios deveres anexos decorrentes da boa-fé, no que parece uma tendência para o futuro. Frente às dificuldades, a agilidade na resposta, o cumprimento de prazos acordados, o esforço para reduzir as adversidades decorrentes da impossibilidade de prestar e, não raro, a mais básica cortesia no relacionamento, são diferenciais que revalorizam a relação de consumo como um todo, não tomando em conta apenas seu produto ou serviço contratado. E o inverso é verdadeiro: fornecedores que na pandemia deixaram de cumprir e, protegidos ou não por normas de emergência, também deixaram de atender outros deveres de lealdade, cooperação ou informação, não apenas cometem danos ao consumidor, mas comprometem sua reputação para o futuro. Em outros termos: haver problemas na relação de consumo é um risco inerente a elas; o modo como o fornecedor se comporta para solucioná-los é que passa a ser cada vez mais valorizado. É o que se vê durante o período da pandemia, e deve seguir após sua superação.

Tome-se o propósito de tratar do futuro pós-pandemia – ao menos alguns dos seus aspectos atinentes às relações de consumo – antes como uma mensagem de esperança no futuro. O Direito do Consumidor fez-se em proteção da vida, da saúde e da integridade dos consumidores ("somos todos nós"). Em um momento de risco a esses interesses, antever o futuro ali adiante também nos dá fibra para enfrentar o presente.

CONTRATO, CONSUMO, PANDEMIA E *LOCKDOWN*

Cristiano Heineck Schmitt

Doutor e Mestre em Direito pela UFRGS. Professor de Direito da PUC-RS. Secretário-geral da Comissão Especial de Defesa do Consumidor da OAB/RS. Membro da Câmara de Saúde Suplementar da Agência Nacional de Saúde Suplementar. Diretor financeiro do Instituo Brasilcon. Advogado.

De todos os mecanismos jurídicos criados pelo ser humano, nenhum supera em essencialidade a figura do contrato. Desde tempos remotos onde imperava a troca, até a evolução para a cunhagem de moedas, e, posteriormente, a sua circulação, quando então emerge a perspectiva da compra e venda, o instituto do contrato é o fator que tem mantido a humanidade interligada.

Afora o Direito Civil, com formas seculares como locação, compra e venda, seguro, doação, figuras negociais que ainda conservam estruturas originais seculares, diversos outros relacionamentos humanos estão conectados pelo contrato. Assim, tem-se o contrato de trabalho, o contrato de casamento, de união estável, entre tantos.

A cada avanço em termos tecnológicos e de conhecimento, novas necessidades vão surgindo ao ser humano, em busca de melhores condições de vida, e intensificando a vulnerabilidade do mesmo quanto à capacidade de, por si só, atender estas exclusivamente do próprio desforço.

Num mundo onde o sujeito tivesse que captar água, providenciar alimento mediante caça e pesca, não sobraria tempo para investir em produção para a venda e diversos outros cenários tão presentes na realidade. Por outro lado, para além de necessidades reais, o sistema capitalista atual impõe metas de consumo infindáveis, e uma projeção de desejos por atender.

O sujeito do século 21 não é o "indivíduo do básico", conformado com sua situação, que poderia incluir até um estado de vassalagem medieval, quando se contentaria em estar vivo, uma vez provido de alimento, água, e um espaço para dormir. O nosso presente exige sejam atendidos diversos requisitos para que o cidadão possa se habilitar como membro ativo de uma sociedade que se pauta mais em forma do que conteúdo. Para ser, há que ter.

E, na medida que são adquiridos produtos e serviços, logo a seguir estes devem ser renovados, gerando um ciclo sem fim de investimentos. O afã do "ter" é intenso em projetar sujeitos superendividados, enganados com a promessa de felicidade a partir da posse de bens de consumo.

Diante do maior desafio da humanidade no século 21, a Covid-19, o consumo foi desafiado. Por outro lado, por maior que seja o sofrimento gerado pelas perdas de vidas diante do coronavírus, este ainda não é mais debilitante do que outros eventos do século 20, que apresentou a 1ª e a 2ª Guerras Mundiais, a Gripe Espanhola, e uma série de conflitos armados com perdas inestimáveis. Mas mesmo assim, a Covid-19 forçou o sistema capitalista a adotar mudanças e adaptações.

Pessoas perderam empregos, empresas fecham a todo instante, e indivíduos sem renda, não podem comprar – ou são forçados a mudar hábitos de consumo, com cortes que vão desde supérfluos a itens essenciais. Outros, vendo-se forçados a se manterem em isolamento, deixaram de despender com serviços como restaurantes, cinemas, viagens, hotéis etc., que restaram drasticamente reduzidos a centros de consumo como shopping center, mercados, entre outros.

Problemas de uns, solução para outros. O momento nunca foi tão propício a *startups* e a apps de delivery, já que a vida tomou o rumo do contato digital. E disso, os que ainda resistiam à venda pela internet, ou se adaptavam, ou poderiam fechar as portas.

Medidas sanitárias empregadas a nível mundial impuseram restrições de locomoção de pessoas como forma de conter a disseminação da Covid-19. Embora não tendo potencial tão letal quanto outras patologias como câncer, o fato é que a sua rápida disseminação, não acompanhada da velocidade da vacinação (tida como a melhor solução preventiva), gerou um congestionamento grave em hospitais e UTIs, de forma que muitos indivíduos passaram a ir a óbito em face de não atendimento. Infelizmente, passado um ano de início de pandemia, decretada em março de 2020, o Brasil chega em 2021 com um número maior de mortos ao dia e com muito mais deficiências hospitalares no comparativo com o ano passado. E a economia, por sua vez, também está mais debilitada, carregando a ressaca advinda de 2020.

E a questão que se coloca é o que se pode consumir em um cenário destes? O uso frequente dos meios digitais tem ampliado golpes de internet,[1] com subtração de senhas e perfis – considerando-se que as principais redes sociais pertencem a uma ou pouquíssimas empresas, que fornecem a clientes a movimentação do usuário da plataforma pela internet.

No Brasil, desde 2020, resta vigente a Lei 13.709/2018, Lei Geral de Proteção de Dados, um perfil vasto de medidas a serem adotadas por aqueles que guardam dados variados de pessoas, sob pena de punições diversas. Trata-se de uma norma que, tal como ocorre com países europeus, coloca o Brasil no século 21 em termos de proteção de dados, especialmente no meio digital. Ainda assim, é uma lei recente, objeto de debates e adaptações, e que, como todo norma de impacto maior, demora

---

1. Disponível em: https://g1.globo.com/pr/parana/noticia/2020/09/16/risco-de-cair-em-golpes-virtuais-aumentou-durante-a-pandemia-alerta-policia.ghtml. Acesso em: 19.03.2021.

a ser assimilada pela sociedade. O meio digital pode reforçar a vulnerabilidade do consumidor? Provavelmente sim, se não houver regulação e fiscalização do seu uso.

Mas, a questão que se apresenta é analisar até que ponto medidas de *lockdown*, quarentena e restrições de circulação podem afetar o consumidor, registrando-se que mesmo o indivíduo mais saudável do ponto de vista psicológico, ainda assim desenvolve sofrimentos variados diante do cenário presente,[2] desde ansiedade e medo de contrair o vírus, até a depressão em face do distanciamento de parentes e amigos. Isso sem contar que tenha convivido com a perda de parentes ou amigos para a Covid-19, ou ele próprio passado por necessidade de internação, intubação e tratamentos penosos aplicados contra o vírus.

Como bem acentua Miragem, vivemos um momento propício ao "consumo de vingança" (*revenge spending*), aquele praticado como ato de recompensa emocional por sacrifícios de um período de perdas, sendo que este é um cenário bastante visível no caso da pandemia da Covid-19.[3]

Inclusive, o distanciamento social tem ampliado o consumo de determinados bens, e alguns lesivos, como é o caso das bebidas alcóolicas. Há registros de pesquisas realizadas com indivíduos durante a pandemia que argumentam, em face da solidão e a consequente depressão, dobraram o recurso ao álcool.[4] Ou seja, o mundo pós-covid será um momento de necessário tratamento de traumas psicológicos diversos, problemas decorrentes de má-alimentação, falta de exercícios, ampliando doenças cardíacas, câncer, problemas gástricos entre outros, e de recuperação de empregos e renda, como forma de enfrentamento da pobreza.

Recentemente, no Estado do Rio Grande do Sul (Brasil), o Governador editou o Decreto 55.782/21,[5] impondo a proibição de vendas de produtos não essenciais em mercados, com vista as restringir a aglomeração de indivíduos, fazendo com que somente se dirijam a estes estabelecimentos aqueles que pretendem adquirir basicamente alimentos e bebidas, com algumas outras exceções, além de limitar o horário de funcionamento.

Importante registrar também que as suspensões de atividade em face da Covid-19 reduziram matérias-primas à indústria, fazendo com que muitos produtos faltem ao consumo.[6] Ou seja, vivemos tempos em que o sujeito não consegue comprar tudo o

---

2. Disponível em: https://www.unifesp.br/reitoria/dci/noticias-anteriores-dci/item/4395-quais-os-principais--efeitos-da-pandemia-na-saude-mental. Acesso em: 19.03.2021.
3. Disponível em: https://www.conjur.com.br/2021-mar-17/garantias-consumo-direito-consumidor-pos-crise-covid-19. Acesso em: 19.03.2021.
4. Disponível em: https://www.google.com/search?q=alccol&oq=alccol&aqs=chrome..69i57.1534j0j4&sourceid=chrome&ie=UTF-8. Acesso em: 19.03.2021.
5. Disponível em: https://www.estado.rs.gov.br/upload/arquivos//doe-2021-03-05-2a-ed.pdf. Acesso em: 19.03.2021.
6. Disponível em: https://www.jornaldocomercio.com/_conteudo/especiais/coronavirus/2020/03/732365-quase-60-das-industrias-estao-com-a-producao-parada-no-rio-grande-do-sul.html. Acesso em: 19.03.2021.

que quer, ou, se assim resolver insistir, mesmo tendo recursos, somente lhe restará o mercado digital, que talvez não lhe supra tudo.

A vulnerabilidade do consumidor no mercado de consumo é um dos indicativos da necessidade de sua proteção, exercida principalmente por meio de intervenção estatal nas relações de consumo. E, ao menos nesse ainda início de século 21, o ser humano, e por decorrência natural, o consumidor nunca foi tão hipervulnerável. Isso impõe que mecanismos criados em épocas de tragédias humanas, como a Teoria da Imprevisão, normatizada na França ao final da Primeira Guerra Mundial, através da Lei Falliot, e hoje melhorados e atualizados no Código de Defesa do Consumidor (artigo 6º, inciso V), sejam colocados em prática. Assim, deve ser permitida a revisão contratual de cenários negociais que tenham se tornado sobrecarga ao sujeito frágil do mercado, viabilizando a redução de suas prestações, ou mediante moratórias, expandindo o tempo de pagamento sem a inclusão de juros, correção monetária, multas etc. Sob essa ótica, Claudia Lima Marques, Káren Rick Danilevicz Bertoncello e Clarissa Costa de Lima afirmam ser do tipo força maior "agravada ainda pelas medidas de 'isolamento social', com a parada do comércio, doença em massa e fragilidade dos empregos, especialmente, os informais, liberais e autônomos".[7] O entendimento de Priscilla Chater é de que "deve haver um impedimento real e comprovado que justifique a impossibilidade de cumprimento do dever contratualmente assumido".[8] Essa é a exata situação do trabalhador que se encontra impossibilitado de auferir renda em razão do isolamento social que, na sua figura de consumidor, encontra uma impossibilidade justificada para o cumprimento do dever assumido de contraprestação de serviços.

Medidas como ampliação de linhas de crédito consignado e majoração do percentual de margem consignável,[9] como anunciado recentemente, têm o condão de endividar ainda mais parcela da população, como idosos. Um sujeito que não busca mútuo para investir em produção com retorno econômico, é um consumidor de crédito cujo resultado é a convivência com pagamentos de juros durante longo período. Num contexto destes, ninguém supera a pobreza se endividando mais. Por outro lado, mecanismos essenciais, como a aprovação do Projeto de Lei 3.515/15, de contenção do superendividamento, gerando responsabilização pelo mal fornecimento de crédito, não restam incorporados por falta de interesse político. Nesse sentido, esta lacuna legislativa deixa o Brasil atrasado, em descompasso com países

---

7. MARQUES, Claudia Lima; BERTONCELLO, Káren Rick Danilevicz; LIMA, Clarissa Costa de. Exceção dilatória para os consumidores frente à força maior da Pandemia de COVID-19: Pela urgente aprovação do PL 3.515/2015 de atualização do CDC e por uma moratória aos consumidores. *Revista de Direito do Consumidor*. v. 129, maio-jun. 2020, 2020DTR\2020\6377, *online*, p. 2. Disponível em: https://revistadedireitodoconsumidor.emnuvens.com.br/rdc/article/view/1039/908. Acesso em: 18.03.2021.
8. CHATER, Priscilla. Coronavírus e força maior: o que diz o seu contrato? Opinião. *Revista Consultor Jurídico*. p. 19, mar. 2020. Disponível em: https://www.conjur.com.br/2020-mar-19/priscilla-chater-coronavirus-forca-maior-contrato. Acesso em: 18.03.2021.
9. Disponível em: https://www.jornalcontabil.com.br/inss-propoe-ampliacao-de-5-no-credito-consignado--devido-a-pandemia. Acesso em: 19.03.2021.

de primeiro mundo, que já detêm meios de contenção de superendividamento. A respeito desta situação, Claudia Lima Marques ensina: "Boa-fé: em regra, quando contrata-se o crédito ou adquire-se o produto ou o serviço em prestações o consumidor tem condições de honrar sua dívida. Trata-se de uma boa-fé contratual que é sempre presumida. Em todos os países que possuem leis sobre a prevenção e tratamento do superendividamento dos consumidores, aquele que é protegido é sempre o consumidor pessoa física de boa-fé contratual. A boa-fé é a base do combate ao superendividamento dos consumidores."[10]

Em épocas de crise, não se pode ser contemplativo exclusivamente com grandes grupos econômicos, onerando ainda mais a população. Justiça é algo que somente floresce de equilíbrios. Se setores da economia restam beneficiados por verdadeiras moratórias legitimadas pelo Parlamento e Poder Executivo, essa mesma principiologia deve também beneficiar consumidores que estejam em manifesta dificuldade e de honrar compromissos em face ressaca econômica do isolamento imposto pelo Covid-19. Como exemplo de medidas protetivas de setores atingidos pelos efeitos da pandemia, tem-se a Lei 14.034/20, focada no transporte aéreo, e a Lei 14.046/20, voltadas aos serviços turísticos, eventos e de entretenimento em geral.

Encerra-se a presente narrativa com os seguintes questionamentos: quão livre é o consumidor diante do mercado de consumo da pandemia Covid-19? Estaríamos diante de um novo paradigma de vulnerabilidade? As respostas a tais indagações vão medir o nível de interferência estatal que deve ser aplicada na proteção do sujeito frágil do mercado no atual cenário pandêmico. Preservar o consumidor é crucial para a manutenção do mercado de consumo, o qual não funciona sem seu principal *player*.

---

10. MARQUES, Claudia Lima. Algumas perguntas e respostas sobre prevenção e tratamento do superendividamento dos consumidores pessoas físicas. *Revista de Direito do Consumidor*, a. 19, n. 75, p. 23, São Paulo, jul.-set. 2010.

O PROBLEMA DO CONSENTIMENTO INFORMADO NA LEI GERAL DE PROTEÇÃO DE DADOS PESSOAIS

Paulo R. Roque A. Khouri

Doutorando em Direito pelo IDP. Mestre em Direito Privado e Especialista em Direito do Consumo, ambos pela Universidade de Lisboa. Professor do IDP. Autor do Livro "Direito do Consumidor" (Atlas, 7. ed., São Paulo, 2021). Diretor do Brasilcon. Sócio majoritário do escritório Roque Khouri&Pinheiro.

INTRODUÇÃO

Os dados pessoais estão no centro das atenções dos ordenamentos jurídicos modernos. A Europa editou a *General Data Protection Regulation* (GDPR), nos Estados Unidos tem-se a *California Consumer Privacy Act of* 2018 (CCPA) e o Brasil aprovou recentemente a Lei Geral de Proteção de dados, a LGPD. Qual o sentido de todo esse movimento regulatório? A corrida no mundo virtual é diretamente por maior número de usuários,[1] que deixam seus dados armazenados nas mais diversas plataformas. Quanto ao *Facebook*, que tem 2,2 bilhões de usuários, *v.g.*, estima-se que a cada três meses cada usuário nos Estados Unidos e Canadá lhe dê uma receita de cerca de US$ 16 em média (aproximadamente R$ 64).[2] Tal fato levou Tim Wu, professor de Direito da Universidade Columbia, em Nova York, a afirmar que "a maior inovação do Facebook não é a rede social, mas o fato de ter convencido as pessoas a darem muita informação em troca de quase nada".[3] Nas palavras do professor de Columbia, a atenção virou uma das maiores comodities do tempo atual:[4] "A razão é simples: quanto maior o tempo em que o usuário permanece online na plataforma, maior o tempo que esta dispõe para coletar os dados dele e ainda para submetê-lo à publicidade e a outras formas de exploração comercial".[5]

---

1. Segundo estimativas de abril de 2019 do *site* Statista, a rede social segue como a sexta maior. O grupo de estatística coloca em primeiro o Facebook, com 2,2 bilhões de usuários ativos, seguido de YouTube (1,5 bi), WhatsApp (1,5 bi), Facebook Messenger (1,3 bi) e WeChat (1 bi). Disponível em: https://canaltech.com.br/redes-sociais/instagram-bate-marca-de-1-bilhao-de-usuarios-ativos-116344/. Acesso em: 30.07.2019.
2. EZRACHI, Ariel; STUCKE, Maurice E. *Virtual competiton*: the promise and perils of the algorithm-driven economy. Cambridge: Harvard University Press, 2017. p. 235. Segundo Eraschi, informação prestada pelo próprio Google os dados de um usuário anualmente são estimados em 720 dólares ou quase R$ 3 mil.
3. *Quanto dinheiro o Facebook ganha com você e como isso acontece*. Disponível em: https://www.bbc.com/portuguese/internacional-37898626. Acesso em: 30.07.2019.
4. WU, Tim. *The attention merchants*: the epic scramble to get inside our heads. Nova Iorque: Alfred A. Knopf, 2016.
5. FRAZÃO, Ana. *Big data e impactos sobre a análise concorrencial*: Direito da Concorrência é um dos mais afetados pela importância dos dados. Disponível em: https://www.jota.info/colunas/constituicao-empre-

A Lei Geral de Proteção de Dados Pessoais tem três pilares fundamentais: 1) necessidade de proteção à privacidade e intimidade do cidadão titular dos dados; 2) autodeterminação informativa do titular, no sentido de que só ele compete autorizar e controlar os seus dados; 3) consentimento informado e esclarecido da informação para tratamento de dados. Portanto, não é e nem poderia ser a proteção de dados um fim em si mesmo, como adverte Danilo Doneda.[6] Essa atividade ao ser regulada legalmente retira das empresas que atuam nesse setor da aparente zona cinzenta em que viviam, entre a licitude e a ilicitude do tratamento de dados, prestigiando, por conseguinte, a segurança jurídica.

O PROBLEMA DO CONSENTIMENTO

Na LGPD, o consentimento do consumidor é necessário porque a propriedade dos dados tratados foi e sempre será do seu titular, motivo pelo qual pode revogar a qualquer tempo o consentimento.

O fato é que no cenário atual, como dito antes, plataformas como o Facebook, Google, Instagram têm no tempo que o usuário fica exposto nas suas redes o seu maior ativo, porque quanto mais tempo está exposto mais dados são coletados nesse período. Todas essas plataformas já obtém o consentimento do usuário, através dos conhecidos *termos de uso*, verdadeiros ordens de autorização dados incondicionalmente pelo titular.

Por esse consentimento, no caso do Facebook, por exemplo, o usuário está *consentindo:* 1) com a utilização, inclusive comercial, de qualquer foto ou vídeo publicada no perfil;[7] 2) captura de dados e informações sobre o usuário sempre que ele curte uma publicação ou visita a linha do tempo de outro perfil;[8] 3) usuário concede direito de utilizar o seu nome e quaisquer conteúdos, incluindo, imagens, fotos, sons por ele publicados no seu perfil.[9]

---

sa-e-mercado/big-data-e-impactos-sobre-a-analise-concorrencial-29112017. Acesso em: 30.07.2019.

6. DONEDA, Danilo. *Um Código para a proteção de dados pessoais na Itália*. Disponível em: http://egov.ufsc.br/portal/sites/default/files/anexos/29727-29743-1-PB.pdf. Acesso em: 30.07.2019.
7. "Para o conteúdo coberto pelas leis de direitos de propriedade intelectual, como fotos e vídeo (conteúdo IP), você nos concede especificamente a seguinte permissão, sujeita às configurações de privacidade e aplicativos: você nos concede uma licença mundial não exclusiva, transferível, sub licenciável, livre de royalties, para usar qualquer conteúdo IP publicado por você ou associado ao Facebook (Licença IP)". "Recebemos dados sobre você sempre que você usa ou entra no Facebook, como quando você olha a linha do tempo de outra pessoa, envia ou recebe mensagens, procura um amigo ou uma página, clica, visualiza ou de alguma forma interage com as coisas, usa um aplicativo móvel do Facebook, compra Créditos do Facebook ou faz outras compras pelo Facebook" (Política de uso de dados, Informações que recebemos de você).
8. "Recebemos dados sobre você sempre que você usa ou entra no Facebook, como quando você olha a linha do tempo de outra pessoa, envia ou recebe mensagens, procura um amigo ou uma página, clica, visualiza ou de alguma forma interage com as coisas, usa um aplicativo móvel do Facebook, compra Créditos do Facebook ou faz outras compras pelo Facebook" (Política de uso de dados, Informações que recebemos de você).
9. "Você nos concede permissão para usar seu nome, a imagem do perfil, conteúdo e informações em relação a conteúdo comercial, patrocinado ou relacionado (como uma marca que você gosta) fornecido ou aperfeiçoado por nós... você permite uma empresa ou outra entidade a nos pagar para exibir seu nome e/ou imagem

É muito comum nesse tipo de plataforma o consentimento genérico da seguinte forma: "Os tipos de informações listados abaixo estão sempre disponíveis publicamente e são tratados da mesma forma que as informações que você decidiu tornar pública".[10] Nesse contexto, como fica o consentimento nos termos de uso dessas plataformas? Os exemplos aqui transcritos demonstram que essas plataformas tradicionais terão que adequar fortemente seus procedimentos e conteúdo dos termos de uso ao que determina a LGPD, como vem ocorrendo no âmbito da União Europeia com a entrada em vigor da GDPR.[11]-[12] O diploma legal que tem no consentimento um de seus pilares, entende que o consentimento deve ocorrer com manifestação livre, informada e inequívoca dada pelo titular, ou seja, o titular deve concordar com o tratamento de dados para uma finalidade determinada e o artigo 8º, § 4º.[13]

Ou seja, não basta dizer dar o "aceito" ou "li e concordo". Em sintonia com a GPDR,[14] é preciso que esse consentimento seja livre, informado e inequívoco. De forma expressa, a LGPD veda consentimentos genéricos: é o chamado "consentimento informado livre e esclarecido". Não é o mero consentir, é o consentir qualificado. É o consentir que não autoriza consentimentos genéricos: tem que ser livre, informado e inequívoco. É com todas essas qualificações que o seu artigo 5º, XII, estabelece como deve ser o consentimento: "(...) Manifestação livre, informada e inequívoca pela qual o titular concorda com o tratamento de seus dados pessoais para uma finalidade determinada".

Pode-se dizer que, sem o cumprimento das condições impostas pelo inciso XII do artigo 5º, não há consentimento válido. "(...) O consentimento livre, expresso e informado, será aquele em que o usuário não é forçado a concordar com os termos do contrato, e as cláusulas que discorrem sobre qualquer tipo de tratamento de dados – inclusive fornecimento a terceiros – deverão ser redigidas de forma destacada, e

---

do perfil com seu conteúdo ou informações, sem qualquer compensação a você" (Declaração de direitos e responsabilidades, item 10.1).

10. Texto original: "There's a number of abusive apps and they dig a lot more of your data than you thought they were. One of the big problems is Facebook gave you the impression you could control your own privacy by setting your settings in certain ways – but those settings didn't do anything, said Wu. – They were like fake buttons". In: BURCH, Sean. Facebook Is Rotten, Privacy Is Its Kryptonite, Says Ex-FTC Advisor: Social network's business model is at odds with protecting its users, according to one expert. 2018. Disponível em: Acesso em: 30.06.2019.

11. A GDPR passa a guiar como essas empresas, que lidam com vastos bancos de dados, precisam se comportar diante dos usuários. A regulamentação impõe uma série de normas que estimulam termos de uso mais compreensíveis, controles de privacidade simples...". SOPRANA, Paula. O que é a GDPR, a lei de proteção de dados europeia, e por que ela importa. 2018. Disponível em: https://gizmodo.uol.com.br/lei-proteca--dados-gdpr/. Acesso em: 30.06.2019.

12. Lei Geral de Proteção de Dados (LGPD): "Artigo 5 – Para os fins desta lei, considera-se: (...) XII – consentimento: manifestação livre, informada e inequívoca pela qual o titular concorda com o tratamento de seus dados pessoais para uma finalidade determinada".

13. "§ 4º O consentimento deverá referir-se a finalidades determinadas, e as autorizações genéricas para o tratamento de dados pessoais serão nulas".

14. Regulamento 2016/679: "Artigo 4º – (...) 11 – Consentimento» do titular dos dados, uma manifestação de vontade, livre, específica, informada e explícita, pela qual o titular dos dados aceita, mediante declaração ou ato positivo inequívoco, que os dados pessoais que lhe dizem respeito sejam objeto de tratamento".

se possível, separadas das demais".[15] "A escolha do legislador por uma solução com consequências legais mais drásticas – nulidade em lugar da anulabilidade – pode se justificar pelo fato de que, segundo a LGPD, os dados pessoais são projeções da personalidade individual do seu respectivo titular e, assim, merecem proteção rígida (...)".[16]

Ainda que válido, o consentimento não é *ad aeternun*, pois a sua validade no tempo é determinada pelo princípio da necessidade[17] (pois os dados devem ser apagados tão logo a finalidade para os quais tenham sido obtidos já tenha sido cumprida) e pela própria vontade do titular,[18] que pode revogá-lo a qualquer tempo. Com essa proteção à vontade do titular, que, inclusive, tem o direito à "portabilidade dos dados a outro fornecedor de serviço ou produto, mediante requisição expressa (...)".[19]

Em relação ao titular dos dados, também será necessária uma importante mudança de comportamento, pois ele terá de passar a ler o conteúdo desses termos, o que até aqui não vem ocorrendo. O fato é que, a de cada dez usuários da rede, menos de um lê os termos de uso para os quais deu o "aceito". A Universidade de Stanford[20] fez uma pesquisa e chegou ao resultado astronômico: 97% dos usuários só dão o "concordo", sem ler o conteúdo dos termos de uso. Como a disposição imediata é de acessar logo o conteúdo e os benefícios da plataforma, o usuário simplesmente dá a sua concordância sem saber ao que está concordando.[21] A empresa norte americana de software PC Pitstop, em 2005, colocou no meio do termo de uso dos serviços disponibilizados na rede um prêmio de mil dólares para o primeiro *cliente* que lesse a cláusula. Apenas depois de cinco meses, e três mil cadastros, a cláusula foi lida e o prêmio, pago.

---

15. MONTEIRO, Renato Leite. Da Proteção aos Registros, aos dados pessoais e às comunicações privadas. In: MASSO, Fabiano del et al. (Coord.). *Marco Civil da Internet*. São Paulo: Ed. RT, 2014. p. 149.
16. SOARES, Pedro. *Questão do consentimento na proteção de dados*. Disponível em: https://www.conjur.com.br/2019-mai-11/pedro-soares-questao-consentimento-lei-protecao-dados. Acesso em: 31.07.2019.
17. "Artigo 16 – Os dados pessoais serão eliminados após o término de seu tratamento, no âmbito e nos limites técnicos das atividades, autorizada a conservação para as seguintes finalidades: I – cumprimento de obrigação legal ou regulatória pelo controlador; II – estudo por órgão de pesquisa, garantida, sempre que possível, a anonimização dos dados pessoais; III – transferência a terceiro, desde que respeitados os requisitos de tratamento de dados dispostos nesta Lei; ou IV – uso exclusivo do controlador, vedado seu acesso por terceiro, e desde que anonimizados os dados".
18. "§ 5º O consentimento pode ser revogado a qualquer momento mediante manifestação expressa do titular, por procedimento gratuito e facilitado, ratificados os tratamentos realizados sob amparo do consentimento anteriormente manifestado enquanto não houver requerimento de eliminação, nos termos do inciso VI do *caput* do artigo 18 desta Lei".
19. "Artigo 18 – ...V – portabilidade dos dados a outro fornecedor de serviço ou produto, mediante requisição expressa, de acordo com a regulamentação da autoridade nacional, observados os segredos comercial e industrial".
20. *Não li e concordo*. Disponível em: https://super.abril.com.br/tecnologia/nao-li-e-concordo/. Acesso em: 31.07.2019.
21. Em abril de 2010, a loja de jogos GameStation foi ainda mais longe: escondeu uma cláusula que fazia o usuário ceder os direitos da própria alma à empresa. Enquanto mil pessoas identificaram a brincadeira, 7 mil concordaram. São 97%, segundo pesquisa da Universidade Stanford, os usuários que pulam direto para o "concordo". Disponível em: https://super.abril.com.br/tecnologia/nao-li-e-concordo/. Acesso em: 29.07.2019.

No contexto aqui apresentado, observa-se a importância da LGPD para a proteção dos titulares de dados no tocante aos seus direitos da personalidade, sobretudo, a intimidade, a privacidade e liberdade de manifestação do pensamento. Nesse sentido, na perspectiva da proteção do titular do direito dos dados, ou seja, na maioria das vezes o consumidor, o consentimento informado, livre e esclarecido previsto na LGPD não se compatibiliza com os modelos atuais de termos de uso genéricos e de aceite automático adotados por Facebook, Google, Instagram, Youtube e empresas afins; As empresas que tratam dados atualmente no mercado brasileiro, inclusive as que trabalham com mídias digitais, deverão adotar procedimentos e revisar os termos negociais vigentes para se adequarem às exigências da LGPD.

PLANO DE SAÚDE COLETIVO, MORTE DO TITULAR E O DEVER DE INFORMAÇÃO

Pablo Malheiros da Cunha Frota

Doutor em Direito pela UFPR. Professor adjunto da Graduação e da Pós-graduação na UFG. Diretor adjunto de apoio à Advocacia dos Consumidores do Brasilcon. Advogado.

A 3ª Turma do Superior Tribunal de Justiça julgou no último dia 23 o Recurso Especial 1.841.285, de relatoria da ministra Nancy Andrighi, cujo entendimento foi o de que *"na hipótese de falecimento do titular do plano de saúde coletivo, seja este empresarial ou por adesão, nasce para os dependentes já inscritos o direito de pleitear a sucessão da titularidade, nos termos dos artigos 30 ou 31 da Lei 9.656/1998, a depender da hipótese, desde que assumam o seu pagamento integral"* (REsp 1.871.326/RS, julgado em 1º.09.2020, DJe 09.09.2020).[1]

No acórdão se extrai que a recorrente era contratualmente *"beneficiária no grupo familiar de sua falecida genitora, após transcorrido o prazo de 24 meses da morte da titular"*. A Geap cancelou a cobertura contratual após a morte da mãe da genitora da recorrente e esta obteve tal informação ao ter negada autorização para consulta pré-natal.

Diante disso, a beneficiária da falecida titular manejou demanda de compensação por "danos morais", bem como a manutenção do contrato de plano de saúde coletivo, que tinha sido negado pela Geap Autogestão em Saúde (Geap).

A sentença proveu o pedido para restabelecer o contrato, sem necessidade de novas carências e o valor compensatório a título de "danos morais" na monta de R$ 6 mil. A Geap apelou e teve seu recurso provido pelo Tribunal de Justiça do Distrito Federal e dos Territórios (TJ-DFT):

"2. Considerando que a apelada se enquadra na qualidade de segurada agregada, que é aquele que têm um vínculo com o titular, mas não se enquadra na categoria de segurados dependentes, que são os filhos solteiros com até 21 anos de idade, ou

---

1. Acórdão https://processo.stj.jus.br/processo/revista/documento/mediado/?componente=ITA&sequencial=2035963&num_registro=201902958425&data=20210330&peticao_numero=-1&formato=PDF. Acesso em: 02.04.2021.

   O artigo 30 da Lei 9.656/98 tem a seguinte redação: "Artigo 30. Ao consumidor que contribuir para produtos de que tratam o inciso I e o § 1º do artigo 1º desta Lei, em decorrência de vínculo empregatício, no caso de rescisão ou exoneração do contrato de trabalho sem justa causa, é assegurado o direito de manter sua condição de beneficiário, nas mesmas condições de cobertura assistencial de que gozava q disponível em https://processo.stj.jus.br/processo/revista/documento/mediado/?componente=ITA&sequencial=2035963&num_registro=201902958425&data=20210330&peticao_numero=-1&formato=PDF. Acesso em: 02.04.2021.

24 se estudantes, e os inválidos, ela não faz jus à manutenção do contrato depois de decorridos 24 meses do óbito da titular. Inteligência do artigo 30 da Lei nº 9.656/98, do convênio firmado entre a operadora e o órgão público patrocinador, e dos regulamentos dos planos. 3. Sendo lícita a suspensão do atendimento após o encerramento da vigência do contrato, não é devida compensação por danos morais".

O recurso especial apontou negativa de vigência pelo acórdão recorrido do artigo 30, § 3º, da Lei 9.656/98,[2] sob o seguinte fundamento: "O direito de assumir a posição de titular do plano de saúde, saindo da condição de dependente inscrita, desde que arque com as obrigações decorrentes, em virtude da ausência de extinção da avença, não sendo empecilho, para tanto, o gozo do período de remissão".

A discussão posta, portanto, é saber os limites e as possibilidades do que se entenda por beneficiário do titular de contrato de prestação de serviços e de bens relacionados à tutela da saúde.

O entendimento do TJ-DFT, ao interpretar o artigo 30 da Lei nº 9.656/98, foi o de que a recorrente não pode se manter segurada do plano após o período de remissão por ela ser segurada agregada vinculada à titular, mas não se enquadrando como segurada dependente.

O STJ, a fim de respeitar a estabilidade, a coerência e a integridade postas no artigo 926 do Código de Processo Civil (CPC), decidiu em 2020 que "falecendo o titular do plano de saúde coletivo, seja este empresarial ou por adesão, nasce para os dependentes já inscritos o direito de pleitear a sucessão da titularidade, nos termos dos artigos 30 ou 31 da Lei 9.656/1998, a depender da hipótese, desde que assumam o seu pagamento integral" (REsp 1.871.326). O TJ-DFT afastou tal entendimento pelo fato de a recorrente ser segurada agregada e não dependente da beneficiária titular.

Além disso, o STJ (REsp 1.841.285) entendeu que o artigo 30, §§ 2º e 3º, da Lei nº 9.656/98 permite a permanência no contrato de plano de saúde de todo grupo familiar em caso de rompimento de contrato de trabalho, assim como dos dependen-

---

2. O artigo 30 da Lei 9.656/98 tem a seguinte redação: "Artigo 30. Ao consumidor que contribuir para produtos de que tratam o inciso I e o § 1º do artigo 1º desta Lei, em decorrência de vínculo empregatício, no caso de rescisão ou exoneração do contrato de trabalho sem justa causa, é assegurado o direito de manter sua condição de beneficiário, nas mesmas condições de cobertura assistencial de que gozava quando da vigência do contrato de trabalho, desde que assuma o seu pagamento integral. § 1º O período de manutenção da condição de beneficiário a que se refere o *caput* será de um terço do tempo de permanência nos produtos de que tratam o inciso I e o § 1º do artigo 1º, ou sucessores, com um mínimo assegurado de seis meses e um máximo de vinte e quatro meses. § 2º A manutenção de que trata este artigo é extensiva, obrigatoriamente, a todo o grupo familiar inscrito quando da vigência do contrato de trabalho. § 3º Em caso de morte do titular, o direito de permanência é assegurado aos dependentes cobertos pelo plano ou seguro privado coletivo de assistência à saúde, nos termos do disposto neste artigo. § 4º O direito assegurado neste artigo não exclui vantagens obtidas pelos empregados decorrentes de negociações coletivas de trabalho. § 5º A condição prevista no *caput* deste artigo deixará de existir quando da admissão do consumidor titular em novo emprego. § 6º Nos planos coletivos custeados integralmente pela empresa, não é considerada contribuição a coparticipação do consumidor, única e exclusivamente, em procedimentos, como fator de moderação, na utilização dos serviços de assistência médica ou hospitalar".

tes em caso da morte do beneficiário titular. Não, por conseguinte, distinções entre segurados agregados e dependentes.[3]

Nessa linha, corretamente, entendeu o STJ, que "não há como fazer uma interpretação puramente literal e isolada do §3º do artigo 30 da Lei 9.656/1998; a interpretação há de ser feita em harmonia com o direito instituído pelo § 2º, garantindo, assim, que, no caso de morte do titular, os membros do grupo familiar – dependentes e agregados – permaneçam como beneficiários no plano de saúde, desde que assumam o pagamento integral, na forma da lei" (REsp 1.841.285). Utilizou, ainda, o artigo 2º, I, "b", da Resolução ANS 295/2012, no qual, aponta que "b) beneficiário dependente: é o beneficiário de plano privado de assistência à saúde cujo vínculo contratual com a operadora depende da existência de relação de dependência ou de agregado a um beneficiário titular".

No acórdão, o STJ concluiu que "não se sustenta a tese defendida pelo TJDFT de que 'o §2º cuida da manutenção do plano para todos os integrantes do grupo familiar no caso de rompimento do contrato de trabalho ou vínculo funcional do titular, ao passo que, relativamente à morte do titular, o §3º contempla expressamente apenas os dependentes', inclusive porque a morte, evidentemente, trata de uma das hipóteses de rompimento do vínculo empregatício" (REsp 1.841.285).

Desse modo, a recorrente, de acordo com o § 1º do artigo 30 da Lei nº 9.656/98, o prazo de permanência no mencionado contrato ocorre entre seis e 24 meses após o rompimento do vínculo da titular beneficiária com operadora de plano de saúde. Nesse passo, a recorrente não pode ficar mais do que 24 meses vinculada contratualmente, o que ocorreu no caso em tela e ensejou o correto encerramento da relação contratual pelo termo temporal da relação.

O exercício regular do direito (Código Civil, artigo 188, I) foi exercido pela operadora de plano de saúde, o que afastou a discussão sobre eventual dano "moral" sofrido pela recorrente. Não obstante isso, a recorrente pode se utilizar "da portabilidade de carências, a fim de fique isento da necessidade de cumprimento de um novo período de carência depois de exaurido o prazo para manutenção do plano anterior, de acordo com os artigos 6º e 8º, I e § 1º, da Resolução ANS 438/2018" (REsp 1.841.285).

Por fim, o STJ no REsp 1.841.285, reafirma direitos importantes do consumidor, qualquer membro do grupo familiar do falecido beneficiário como aquele de manutenção no plano no período de seis a 24 meses em caso de morte, assim como harmoniza com o direito da operadora do plano de encerrar a relação após os citados 24 meses.

Importante destacar um ponto não tratado pelo STJ no REsp 1.841.285 e no REsp 1.871.326, qual seja, a operadora de plano de saúde e/ou o ente público ou privado no qual tem contrato deve informar, na forma do artigo 30 do CDC, como chegou

---

3. BOTTESINI, Maury Ângelo; MACHADO, Mauro Conti. *Lei dos planos e seguros de saúde*: comentada artigo por artigo. Rio de Janeiro: Editora Forense, 2015, p. 272-273.

ao valor residual que o beneficiário deve arcar após a morte do beneficiário titular, a fim de que arque com o valor integral da prestação devida à operadora, a evitar a configuração da onerosidade excessiva vedada pelo artigo 6º, V, do CDC. A equanimidade contratual deve permanecer em todas as prestações, como já apontamos em outro texto,[4] a expurgar a resilição contratual por impossibilidade de pagamento do consumidor nesses casos.

---

4. FROTA, Pablo Malheiros da Cunha; NALIN, Paulo; CARVALHO DANTAS, Fernando. *Migalhas contratuais*. Redução das mensalidades escolares de instituições de ensino privadas como efeito da Covid-19: Análise dos PLs 1.079/20 e 1.080/20 da Câmara Legislativa do Distrito Federal. Disponível em: https://www.migalhas.com.br/coluna/migalhas-contratuais/325547/reducao-das-mensalidades-escolares-de-instituicoes-de-ensino-privadas-como-efeito-do-covid-19--analise-dos-pls-1-079-20-e-1-080-20-da-camara-legislativa-do-distrito-federal. Acesso em: 02.04.2021.

A LEI DAS VACINAS E A REPARAÇÃO DE DANOS CAUSADOS AOS CONSUMIDORES

Heloisa Carpena
Professora da PUC-Rio. Advogada.

A recente aprovação da Lei 14.125/21 trouxe para o debate jurídico várias questões relativas ao direito do consumidor, as quais desafiam o intérprete e produzem maiores incertezas para a sociedade, já profundamente atingida pelos efeitos de uma pandemia, que vem se estendendo no tempo muito além do imaginado. A denominada "lei da vacina" tratou da autorização concedida aos entes federativos e aos particulares para aquisição dos imunizantes e dispõe, em seu artigo 1º, sobre a responsabilidade civil decorrente de "eventos adversos pós-vacinação".

Os problemas éticos que a aplicação dessa lei suscita merecem enfrentamento adequado, porém os limites do texto permitem apenas lamentar a solução aprovada, que destoa amplamente do projeto constitucional de uma sociedade fundada na solidariedade social (artigo 3º., I da CF). A fórmula concebida pelo legislador consagra a prevalência de interesses patrimoniais sobre valores existenciais e, como se não bastasse, já está em discussão no Parlamento um novo projeto de lei sobre o mesmo assunto, favorecendo ainda mais *a ótica privatista de questão afeta à saúde pública*.

No auge da tragédia, que neste momento contabiliza mais de 350 mil vidas perdidas, autorizar que pessoas jurídicas de direito privado usem seus recursos financeiros em detrimento das pessoas físicas de direito privado, por assim dizer, em prejuízo de cidadãos, significa corromper valores sociais, franqueando ao "mercado" as escolhas que são atribuídas pela Constituição à administração pública (artigo 196). Há coisas que não devem ser compradas[1] – a vacina contra a Covid-19, no contexto atual, certamente é uma delas.

Se possível fosse superar o aspecto ético, na seara da responsabilidade civil não andou melhor o legislador. Carente de melhor técnica, a lei ordinária parece ignorar comando constitucional ao atribuir à União, aos Estados, ao Distrito Federal e aos

---

1. A frase remete ao livro de Michael J. Sandel, *O que o dinheiro não compra* (Rio de Janeiro: Civilização Brasileira, 2012), no qual o famoso professor de Harvard discute os limites éticos do mercado. Em sua conclusão, o autor afirma: "... precisamos nos perguntar qual o lugar do mercado e onde é que ele não deve estar. E não podemos responder a esta pergunta sem examinar o significado e o objetivo dos bens, assim como os valores que devem governá-los. (...) A era do triunfalismo de mercado coincidiu com uma época em que o discurso público se esvaziou consideravelmente de qualquer substância moral ou espiritual. Nossa única esperança de manter o mercado em seu devido lugar é discutir aberta e publicamente o significado dos bens e das práticas que valorizamos." (p. 201).

Municípios "os riscos referentes à responsabilidade civil, nos termos do instrumento de aquisição ou fornecimento de vacinas celebrado".

Em sua precária redação, o dispositivo autoriza os entes públicos "a assumir os riscos" relativos aos danos que possam resultar da imunização e sugere que as fornecedoras poderiam impor contratualmente limitações à reparação de danos. A responsabilidade civil do Estado, como se sabe, tem fundamento no artigo 37 §6º. da CF, e, em qualquer caso, prevalece diante de cláusulas de exclusão ou limitação que viessem a ser unilateralmente impostas pelas fabricantes. No Brasil, não é possível conceder a pretendida isenção de responsabilidade às farmacêuticas fornecedoras das vacinas.

Na hipótese de distribuição de vacinas pelo Programa Nacional de Imunização, sem custo para o cidadão, a relação entre este e o fornecedor pessoa jurídica de direito público não se qualificaria como de consumo, por se tratar de serviço remunerado *uti universi*.[2] Todavia, mesmo submetida a questão ao regime jurídico do direito administrativo, estão asseguradas às possíveis vítimas as prerrogativas atribuídas ao consumidor na defesa de seus direitos, quais sejam, a dispensa da prova da culpa, por se tratar de responsabilidade objetiva, a inversão do ônus da prova, bem como a utilização das ações coletivas para tutela de interesses individuais homogêneos.

O STJ já apreciou a questão específica da responsabilidade do poder público por danos decorrentes de vacinação, em julgamento de 2015, com relatoria do eminente ministro Herman Benjamin, e decidiu que, seja por fundamento "no artigo 927, parágrafo único, do Código Civil ou no artigo 14 do Código de Defesa do Consumidor, é objetiva a responsabilidade civil do Estado por acidente de consumo decorrente de vacinação".[3] O autor desta ação indenizatória havia sido vacinado na "Campanha Nacional de Vacinação de Idosos" e desenvolveu a Síndrome Guillan-Barré, passando a "apresentar lesões neurológicas como ausência de mobilidade nos membros inferiores e mobilidade reduzida nos superiores", tornando-se assim totalmente dependente de cuidados e incapacitado para o trabalho. A defesa fundada em caso fortuito foi rejeitada nos termos do acórdão do Tribunal local, pois "quando o Ministério da Saúde planeja a vacinação em massa (...) chama a si a responsabilidade pelos danos emergentes das previsíveis reações adversas, ainda que em ínfima parcela dos vacinados". De fato, segundo a OMS, em um milhão de pessoas vacinadas contra a *influenza*, a taxa de ocorrência deste grave efeito *adverso é de um a dois casos*. Os casos

---

2. Neste sentido, a jurisprudência do STJ, valendo citar: REsp 1771169/SC, Rel. Ministra Nancy Andrighi, Terceira Turma, julgado em 26.05.2020, DJe 29.05.2020. Na doutrina, colhemos a lição de Bruno Miragem, para quem "Não se cogita assim, a aplicação do CDC à prestação de serviços públicos custeados pelo esforço geral, através da tributação..." (*Curso de Direito do Consumidor*. 4. ed. São Paulo: Ed. RT, 2013, p. 173).
3. REsp 1388197/PR, Rel. Ministro Herman Benjamin, Segunda Turma, julgado em 18.06.2015, DJe 19/04/2017. Extrai-se da ementa: "Uma das mais extraordinárias conquistas da medicina moderna e da saúde pública, as vacinas representam uma bênção para todos, mas causam, em alguns, reações adversas que podem incapacitar e até levar à morte. Ao mesmo Estado a que se impõe o dever de imunizar em massa compete igualmente amparar os poucos que venham a sofrer com efeitos colaterais."

individuais, embora raros, são frequentemente os mais graves e jamais poderiam ser excluídos da apreciação do Poder Judiciário.

Por mais remota – e indesejável – que seja, devemos considerar a possibilidade de multiplicação de danos decorrentes da vacinação em massa. Ocorrendo lesão desta natureza, a ação civil coletiva de responsabilidade pelos danos individualmente sofridos, prevista no artigo 91 do CDC, é o instrumento adequado para o ressarcimento de eventuais vítimas de "eventos adversos pós-vacinação". Todavia, a possibilidade de demandar coletivamente não deve excluir, mas sim fomentar, a busca por alternativas extrajudiciais. A opção pela judicialização não parece ser a melhor, e por várias razões.

Embora a tutela dos interesses individuais homogêneos seja o aspecto mais relevante da proteção coletiva, do ponto de vista econômico, precisamente por representar a possibilidade de compensação efetiva das vítimas de danos, tem sido alvo de inúmeras tentativas de limitação do seu alcance e de comprometimento de sua efetividade. A experiência jurisprudencial brasileira é farta de exemplos de controvérsias relativas à defesa desses interesses, tais como, a legitimidade ativa do Ministério Público, a definição do objeto da demanda pelo critério da homogeneidade dos interesses e da pertinência temática, a necessidade de autorização dos beneficiários e a extensão territorial dos efeitos subjetivos da coisa julgada, cuja limitação foi recentemente eliminada pelo STF, que declarou a inconstitucionalidade do artigo 16 da LACP, com a redação dada pela Lei 9.494/97.[4]

Seja na via coletiva, como individualmente, os autores das ações indenizatórias por efeitos adversos das vacinas enfrentarão dificuldades na efetivação de seus direitos, especialmente pela necessidade de demonstração do nexo causal. Do ponto de vista dos fabricantes, a responsabilização na via judicial, ainda que em ação de regresso promovida pelos entes públicos, poderia ser alegada como motivo para a recusa de fornecimento do produto ao país, notoriamente mal posicionado na corrida mundial pelas vacinas. Do ponto de vista social, tampouco interessaria levar ao Judiciário uma enxurrada de ações, a ponto de comprometer a eficiência da atividade jurisdicional e, pior, disseminar dúvidas sobre a segurança e a eficácia do próprio imunizante.

Em contemplação a esses argumentos, há mais de 50 anos outras soluções têm sido buscadas mundo afora para viabilizar o ressarcimento das vítimas de efeitos adversos das vacinas. Nos Estados Unidos, desde 1988, os pedidos indenizatórios são encaminhados ao *National Vaccine Injury Compensation Trust Fund*, fundo constituído por recursos dos fabricantes, os quais contribuem através do pagamento de um imposto incidente sobre o preço das vacinas. O sistema é gerido por órgãos de saúde e do Judiciário, que analisam os pedidos indenizatórios sem a formalidade da prova judicial. Além dos EUA, cerca de 20 países adotam solução semelhante,

---

4. Tribunal Pleno, Recurso Extraordinário 1101937/SP, Relator Min. Alexandre de Moraes, julg. 07.04.2021. Para a notícia do julgamento e o relato da tramitação, confira-se em https://www.conjur.com.br/2021-abr-08/supremo-extingue-limite-territorial-acao-civil-publica.

direcionando o gerenciamento das indenizações para fundos e programas criados para tal fim, conforme *relatório da OMS*.

Os programas de reparação de danos sofridos em decorrência da vacinação refletem a ideia solidarística de que o custo social da imunização deve ser repartido por todos. Este sistema traz vantagens para todos os envolvidos: para os fabricantes, que ficam em melhores condições de gerenciar o pagamento das indenizações, o que se refletirá no preço das vacinas e na pesquisa e desenvolvimento da atividade; para as vítimas, que não precisam arcar com os custos judiciários e se desincumbir de pesado ônus probatório, e para ambas as partes, que assim eliminam as incertezas do processo judicial. Na maioria dos países pesquisados pela OMS, o método de apuração da causalidade utilizado nos programas de compensação obedece a requisitos menos rigorosos do que os da responsabilidade civil,[5] o que evidentemente reforça a posição da vítima, tornando mais acessível a reparação do dano.

Embora programas desta natureza ainda não tenham sido adotados por países em desenvolvimento, instrumentos extrajudiciais de reparação de danos causados por atividades de risco não são desconhecidos no Brasil. No tristemente famoso caso da talidomida, a Lei 7.070/82 assegurou às suas vítimas o ressarcimento do dano material, cujo deferimento depende "unicamente da apresentação de atestado médico comprobatório das condições (...) sem qualquer ônus para os interessados", posteriormente acrescida pela Lei n. 12.190/10 a compensação do dano moral, equivalente ao "pagamento de valor único igual a R$ 50.000,00, multiplicado pelo número dos pontos indicadores da natureza e do grau da dependência resultante da deformidade física". Outro exemplo a ser lembrado é o da Fundação Renova, que administra o fundo constituído pelos causadores do rompimento da barragem de Fundão, que atingiu a cidade de Mariana (MG). Além dos danos ambientais, de natureza coletiva, a Fundação desenvolve um "Programa de Indenização Mediada" para pagamento de indenizações para os "*casos de difícil comprovação dos danos*".

Estes e outros meios de reparação coletiva consolidam a mudança de foco condicionada pelo princípio da solidariedade,[6] na responsabilidade civil, que passa a valorizar não o dano causado, mas sim o prejuízo sofrido pela vítima, o qual interessa a toda a sociedade.

---

5. "The method by which causation is proven in tort law can be quite different from the accepted method of establishing causation in science and epidemiology. (...) most compensation schemes offer a more liberal approach to standard of proof than the legal standard. For instance, the Swedish general drug injury compensation scheme requires a "preponderant probability" that an injury was caused by a drug." (idem)
6. Referência fundamental no tema, Maria Celina Bodin vaticinou, há quase duas décadas: "... aflora uma concepção de solidariedade que é resultante de um anseio típico do século XX, quando pela primeira vez o homem se deparou com a hipótese de destruição do planeta e do esgotamento dos recursos naturais: o sentimento de estarmos, todos nós, 'a bordo de um mesmo barco', fustigado por ameaças de tribulações globais que nos fazem, necessariamente, solidários uns aos outros". (*O princípio da solidariedade*. In: PEREIRA, Antonio Celso Alves; MELLO, Celso de Albuquerque (Org.). *Estudos em Homenagem a Carlos Alberto Menezes Direito*. Rio de Janeiro: Renovar, 2003, p. 547).

A pandemia do novo coronavírus, da maneira mais dura e dramática, revelou o fracasso de uma visão de mundo em perspectiva individual e patrimonialista, e, ao mesmo tempo, impôs a consciência de uma nova realidade, solidária e existencial.[7] O vírus nos mostra que todos somos vítimas, somos todos culpados e, consequentemente, somos todos responsáveis.

---

7. "Longe de representar uma novidade radical, a solidarização da reparação dos danos já se opera por meio de instrumentos indiretos. De um lado, o próprio legislador tem priorizado a expansão das hipóteses de responsabilidade solidária e das técnicas de prevenção e precaução de danos que, em última análise, distribuem por toda a sociedade ou, ao menos, pela coletividade de agentes potencialmente lesivos os custos da administração de riscos". (SCHREIBER, Anderson. *Novos paradigmas da responsabilidade civil*. 4. ed. São Paulo: Atlas, 2012, p. 254).

VULNERABILIDADE ESTRUTURAL E FISSURAS NAS POLÍTICAS DE PROMOÇÃO AOS CONSUMIDORES

Fernando Rodrigues Martins

Doutor e Mestre pela Pontifícia Universidade Católica de São Paulo. Promotor de Justiça em Minas Gerais. Presidente do Brasilcon.

Clarissa Costa de Lima

Doutora pela Universidade Federal do Rio Grande do Sul. Juíza de Direito em Porto Alegre. Ex-presidente e atual primeira vice-presidente do Brasilcon.

Guilherme Magalhães Martins

Doutor e Mestre em Direito Civil pela UERJ. Professor-associado de Direito Civil da Faculdade Nacional de Direito – Universidade Federal do Rio de Janeiro. Professor permanente do Programa de Doutorado em Direito, Instituições e Negócios da Universidade Federal Fluminense, segundo vice-presidente do Instituto Brasilcon e diretor do Iberc. Promotor de Justiça titular da 5ª Promotoria de Tutela Coletiva do Consumidor e do Contribuinte da Capital – Rio de Janeiro,

Sophia Martini Vial

Doutora pela Universidade Federal do Rio Grande do Sul. Assessora parlamentar no Distrito Federal. Diretora secretária-geral do Brasilcon.

Entre tantos instrumentos para consolidação de direitos fundamentais, as políticas públicas detêm funcionalização significativa, especialmente porque, sendo geridas pela atividade estatal, ainda prescindem da ampla participação da sociedade civil organizada e dos cidadãos para alcançar efeitos *úteis* e *justos* previstos nas diretrizes fixadas na legalidade constitucional. Eis a vertente democrática, diretiva e propositiva das políticas públicas e, claramente, vinculada às "desigualdades".[1]

---

1. CANOTILHO, José Joaquim Gomes. Constituição dirigente e vinculação do legislador. 2ª ed. Coimbra: Coimbra Editora, p. 464. Na assertiva: "O bloco constitucional dirigente não visa só (como se deduz logo da sua adjectivação) constituir um limite à direção política. A sua função primordial é bem outra: fornecer um impulso directivo material permanente e consagrar uma exigência de actuação".

O tema da "desigualdade" desafia inúmeras análises que variam em conteúdo, pesquisa e técnicas de abordagem. Em outros núcleos que não relacionados ao Direito, as perspectivas são altamente relevantes. No âmbito da filosofia uma das bases possíveis é a associação da desigualdade à injustiça. Neste ponto, célebre é a passagem aristotélica pela qual se anuncia que a justiça é uma *igualdade e a injustiça uma desigualdade*[2] Na economia, há parte significativa da investigação científica que informa dicotomia entre desigualdades e concentrações, salientando a assimetria entre trabalho e capital.[3] Já a sociologia, por sua vez e com arrimo na mobilidade social, enfatiza o surgimento de grupos étnicos minoritários e menos privilegiados.[4]

No Direito – ciência que nos ocupa –, a desigualdade é matéria de sensível atenção. Nisso importa asseverar que a desigualdade deixou de ser objeto compartilhado somente entre Filosofia, Economia e Sociologia (como visto), encontrando pertencialidade perante o sistema jurídico. Vale dizer que não se trata de "abstração meramente ideológica": ao contrário, está inclusa entre os elementos polifacéticos[5] que compõem o constitucionalismo cooperativo.[6]

Configurando obstáculo que atinge o livre desenvolvimento da personalidade, a desigualdade acaba por viabilizar ao sistema jurídico nova "estratégia metodológica" que não se afina à insuficiente "conformação". Cuida-se da adoção de método "dever-fazer", porquanto dá-se corpo à racionalidade teleológica nos lindes jurídicos para transformação social.[7]

Observe que entre os fins constitucionais – esfera jurídica adequada para atuação das políticas públicas (CF, artigo 3º) – destacam-se: 1) implementação de sociedade triplamente qualificada (livre, justa e solidária); 2) garantia do desenvolvimento nacional; 3) erradicação da pobreza e da marginalização; 4) promoção do bem de todos, sem quaisquer discriminações (quanto à origem, raça, sexo, cor e idade); 5) bem como a óbvia e necessária '*redução das desigualdades*'.

---

2. Aristóteles. *Ética a Nicômaco*, Liv. I, Cap. III.
3. PIKETTY, Thomas. O capital no século XXI. Trad. Mônica Baumgarten de Bolle. Rio de Janeiro: Intrínseca, 2014, p. 239. Deduz: "Na prática, a primeira regularidade observada quando se busca medir a desigualdade das rendas é que a desigualdade do capital é sempre mais forte do que do trabalho. A distribuição da propriedade do capital e das rendas que dele provêm é sistemicamente mais concentrada do que a distribuição das rendas do trabalho".
4. GIDDENS, Anthony. *Sociologia*. 5. ed. Lisboa: 2007, p. 299. Avança: "o termo 'subclassse' é usado muitas vezes para descrever o segmento da população localizado no fundo da estrutura de classes. Os membros da subclasse têm níveis de vida significamente mais baixos que a maioria das pessoas na sociedade".
5. SILVA, José Afonso. *Curso de direito constitucional positivo*. 19. ed. São Paulo: Malheiros, 2001, p. 44.
6. HÄRBELE, Peter. *Estado constitucional cooperativo*. Trad. Marcos Augusto Maliska e Elisete Antoniuk. Rio de Janeiro: Renovar, 2007.
7. PERLINGIERI, Pietro. O direito civil na legalidade constitucional. Trad. Maria Cristina De Cicco. Rio de Janeiro: Renovar, 2008, p. 199. Sobre a estratégia de transformação anota "um defeito dos juristas, que são quase sempre homens do passado e quase nunca homens do futuro" [...] "A normatividade constitui caráter fundamental da juridicidade e não somente o dever-ser, mas também o dever-fazer está presente na Constituição, como em outras regras que compõe o ordenamento".

Via de consequência, sedia justamente nos objetivos da República Federativa do Brasil a "vulnerabilidade" (previamente contida nas alocações "discriminação" e "redução das desigualdades"). Não que a vulnerabilidade incorpore totalmente os conceitos de *desigualdade* (potencialização de injustiças mediante comparação entre sujeitos) ou *discriminação* (adoção de atitude preconceituosa), mas soma-se como importante figura de evitabilidade de ignomínias.

A vulnerabilidade, enquanto figura jurídica, é vocábulo largamente utilizado nas declarações e convenções internacionais de direitos humanos.[8] Incialmente internalizada no Brasil através do Código de Defesa do Consumidor (artigo 4º, inciso I) e, posteriormente, em demais legislações de promoção de agentes constitucionalmente identificados, a vulnerabilidade tomou corpo na jurisprudência[9] (*law in action*), cumprindo satisfatoriamente duas funções normativas: regra (enquanto *presunção normativa*)[10] e principiológica (enquanto *dimensão de peso*)[11]

Conquanto é na dogmática (*law in books*) que se observa a vulnerabilidade como ponto específico de desigualdade ou discriminação, sem que haja a necessidade de cotejos, comparações e confrontos. Em obra premiada, Claudia Lima Marques e Bruno Miragem após abordarem a "desigualdade" ensinam: "Já a vulnerabilidade é filha deste princípio, mas noção flexível e não consolidada, com traços de subjetividade que a caracterizam: a vulnerabilidade não necessita sempre de uma comparação entre situações e sujeitos".[12]

---

8. Ver por todas a Declaração e Programa de Ação de Viena. Conferência Mundial sobre Direitos Humanos de 1993. Precisamente na Seção I, parágrafo 24. Verbis: "Deve ser dada grande importância à promoção e à proteção dos Direitos Humanos de pessoas pertencentes a grupos que se tenham tornado vulneráveis, incluindo os trabalhadores migrantes, à eliminação de todas as formas de discriminação contra eles, bem como ao reforço e a uma mais efetiva aplicação dos instrumentos existentes em matéria de Direitos Humanos. Os Estados têm uma obrigação de adotar e manter medidas adequadas a nível nacional, sobretudo nos domínios da educação, da saúde e da assistência social, com vista à promoção e proteção dos direitos das pessoas pertencentes a sectores vulneráveis das suas populações, e a garantir a participação das que, de entre elas, se mostrem interessadas em encontrar uma solução para os seus próprios problemas".
9. TJPR. AC – 1461876-5. Apelação cível. Empréstimo bancário. Cobrança de forma diversa da pactuada. Desconto indevido de valores sobre proventos de aposentadoria. Pessoa idosa. Condição de vulnerabilidade. Danos morais. Configuração. Valor da indenização. Critérios doutrinários e jurisprudenciais. Incidência de correção monetária e acréscimo de juros moratórios. Sucumbência a cargo da instituição financeira. Honorários advocatícios. Fixação. Recurso provido. 1. Os descontos indevidos em proventos de aposentadoria trouxeram abalo psicológico negativo à mutuária, compatível com a ofensa moral, tanto mais por se tratar de pessoa idosa, cuja condição de vulnerabilidade se reconhece. 2. Ao fixar o valor da indenização por danos morais cabe considerar as circunstâncias do caso, o alcance da ofensa e a capacidade econômica dos envolvidos, sem olvidar o caráter pedagógico- sancionador de futuros desvios da condenação. 3. Em hipótese de responsabilidade civil contratual, os juros de mora incidem desde a data da citação, e a correção monetária, a partir da data do arbitramento da indenização. 4. Diante do êxito total da autora, responderá o réu, integralmente pelo pagamento das custas, despesas processuais e honorários advocatícios, fixados nesta oportunidade.
10. LOPEZ, Teresa Ancona. A presunção no direito, especialmente no direito civil. *Doutrinas Essenciais de Direito Civil*. São Paulo: Ed. RT, p. 1.323-1.345.
11. DWORKIN, R. *Taking Rights Seriously*, Harvard University Press, p. 26.
12. *O novo direito privado e a proteção dos vulneráveis*. 2. ed. São Paulo: Ed. RT, 2014, p. 120. E continuam: "Poderíamos afirmar, assim que a vulnerabilidade é mais um estado da pessoa, um estado inerente de risco, ou

Pois bem. Situada a vulnerabilidade como parte específica (e diferenciada) da desigualdade e também anotado que entre os escopos da República federativa se encontra o objetivo constitucional de "superação das desigualdades" (nelas incluídas as vulnerabilidades), vertem-se nas políticas públicas (*policies*) os instrumentos essenciais para *imunização das falhas setoriais*.

As políticas públicas, como instrumentos de ação do Estado e com a participação da sociedade, podem ser definidas como prestações positivas estatais de caráter vinculativo (deveres fundamentais) e fragmentadas em várias etapas de concreção para atendimento de necessidades, desigualdades e lesividades em conjunto ordenado por diversos elementos (pessoas, instituições, recursos orçamentários), contando, para tanto, com leis, decretos, contratos, atos e atividades administrativas.[13]

Nesse ponto, há outra observação a ser ponderada: como as políticas públicas versam sobre imunizações às falhas de setor ou desigualdades sociais e regionais, que refletem diretamente em direitos fundamentais (CF, artigo 5º, inciso XXXII), não parece correto que possam ser obstadas, paralisadas ou suspensas. Há aqui certo limite que advém da cláusula de proibição de retrocesso.[14]

Para as políticas públicas de promoção aos consumidores, entretanto, os retrocessos saltam aos olhos, são visíveis em todos os aspectos.[15] A efetividade de direitos conquistados pelos consumidores com a vigência de trinta anos do Código de Defesa do Consumidor aos poucos vem sendo desmontada, esvaziada, depauperada. Passo por passo decretos, atos e atividades desenvolvidas pelas instâncias executivas federais vêm inserindo temas totalmente inconsistentes e inadequados à promoção dos consumidores, inserindo em grande parte pautas muito mais afinadas com o mercado do que com os vulneráveis.

Define-se como racismo estrutural aquele preconceito aceito, institucionalizado que encara as desigualdades entre raças como situação corriqueira, em que decorre a evidente naturalidade da subserviência de grupos em desvantagem frente à hegemonia daqueles que ostentam poderes, especialmente decisórios.[16]

O conceito acima tem grande valia para as "políticas públicas" hoje no Brasil que potencializam o desmantelamento, a olhos nus, de direitos, interesses e instrumentos

---

um sinal de confrontação excessiva de interesses identificado no mercado, é uma situação permanente ou provisória, individual ou coletiva, que fragiliza, enfraquece o sujeito de direitos, desequilibrando a relação".
13. Ver por todos: BUCCI, Maria Paula Dallari. *Fundamentos para uma teoria jurídica das políticas públicas*. São Paulo: Saraiva, 2013.
14. PIOVESAN, Flávia. *Direitos humanos e o direito constitucional internacional*. São Paulo: Saraiva, 2006, p. 172. Explica: "A progressividade dos direitos econômicos, sociais e culturais proíbe o retrocesso ou a redução de políticas voltadas à garantia de tais direitos".
15. Busca de meios alternativos para solução de conflito baseados em modelos sem deveres de proteção (arbitragem, ODR etc.). Alteração do Decreto do SAC. Instituição do Colégio de Ouvidores. Federalização do CNDC. Afora que a pandemia demonstrou o mais sórdido: defesa das companhias aéreas e das empresas de eventos culturais em detrimento da promoção econômica do consumidor.
16. Ver por todos: ALMEIDA, Silvio Luiz de. *O que é racismo estrutural*? Belo Horizonte: Letramento; Justificando, 2018.

outrora constituídos com muito sacrifício. No que respeita a proteção ao consumidor é a clara demonstração deste novo tipo de *vulnerabilidade: a estrutural*. Nela não há compromisso com a superação das falhas de mercado; há clara aceitação de imposições e mecanismos adotados pelas grandes corporações; e, passa a ser normal a adoção de discursos e orientações oriundas do *poder persuasivo dos empresários*.

Aproxima-se, sem medo de errar, o "estado de coisas inconstitucional" nos direitos dos consumidores. Mobilizar e resistir é a solução.

JABUTI NO TELHADO DOS CONSUMIDORES

Mariângela Sarrubbo Fragata

Especialista em Direito do Consumidor pela PUC-SP. Professora da PUC-SP. Diretora do Brasilcon. Assessora da comissão que redigiu o Código de Defesa do Consumidor e conselheira do Idec. Advogada.

Marcelo Gomes Sodré

Professor da PUC-SP. Diretor do Brasilcon. Doutor em Direitos Difusos pela PUC-SP. Assessor da comissão que redigiu o Código de Defesa do Consumidor. Conselheiro do Idec e ex-diretor do Procon-SP. Advogado.

Tempos difíceis. A última, ou já penúltima, das dificuldades para os consumidores tem nome e sobrenome: pretensão resistida. Sob o manto de resolver os problemas dos consumidores e racionalizar a administração da Justiça, esconde-se uma proposta legislativa que deixa os vulneráveis em situações mais difíceis. Novamente. Como uma boa petição inicial, vamos primeiro aos fatos, depois ao direito e, por fim, ao pedido.

Com a justificativa de enfrentar o problema da grande judicialização das demandas pelos consumidores, as novidades factuais caem como uma chuva de verão: 1) uma nova proposta de decreto regulamentando os serviços de atendimento aos consumidores (SACs) das empresas; 2) uma proposta de decreto sobre mediação dos conflitos de consumo mudando a forma de utilização da plataforma consumidor.gov; 3) grupos de trabalho preparando estas propostas no âmbito do Conselho Nacional de Defesa do Consumidor sob sigilo imposto por decreto federal;[1] e 4) *gran finale*, um jabuti no telhado dos consumidores por meio de emendas[2] à Medida Provisória 1.040 que "dispõe sobre a facilitação para abertura de empresas e moderniza o ambiente de negócios no país".[3] Frisemos: o tema da medida provisória é modernizar o ambiente de negócios no país. A MP não trata do tema da defesa dos consumidores. Mas, tal qual um surpreendente e espertinho jabuti, surge agora na forma de emendas à proposta de excluir o direito de as pessoas exercerem seus direitos quando julgarem

---

1. Decreto 10.417/20: Artigo 12. É vedado aos membros a divulgação de discussões em curso no Conselho Nacional de Defesa do Consumidor sem a prévia anuência de seu presidente.
2. Emendas 67, 94 e 170 à Medida Provisória 1.040 de 2021.
3. Ementa da Medida Provisória 1040, de 2021: Dispõe sobre a facilitação para abertura de empresas, a proteção de acionistas minoritários, a facilitação do comércio exterior, o Sistema Integrado de Recuperação de Ativos, as cobranças realizadas pelos conselhos profissionais, a profissão de tradutor e intérprete público, a obtenção de eletricidade e a prescrição intercorrente na Lei 10.406, de 10 de janeiro de 2002 – Código Civil. Como facilmente se constata, a referida MP não trata nem de temas processuais, nem de responsabilidade civil e nem da defesa dos consumidores.

oportuno: para poder entrar com uma ação judicial será preciso que o consumidor, ou qualquer cidadão, comprove, como condição, a resistência do fornecedor em relação a atendê-lo. Cria-se uma instância. Acredito que para os fornecedores o ambiente de negócios efetivamente melhore. Para os consumidores será mais um ataque aos seus direitos.

Tratemos da preliminar do Jabuti no telhado. Ninguém sabe quem colocou lá, mas que ele está lá, está. Tanto a legislação, a doutrina e a jurisprudência são claras ao definir que a Congresso Nacional não pode incluir, em medidas provisórias, emendas parlamentares que não tenham pertinência temática com a própria norma. Esta irregularidade tem até nome: contrabando legislativo. A ministra Rosa Weber foi muito feliz ao demonstrar que atos como estes são, além de inconstitucionais, antidemocráticos:

"O que tem sido chamado de contrabando legislativo, caracterizado pela introdução de matéria estranha a medida provisória submetida à conversão, não denota, a meu juízo, mera inobservância de formalidade, e sim procedimento marcadamente antidemocrático, na medida em que, intencionalmente ou não, subtrai do debate público e do ambiente deliberativo próprios ao rito ordinário dos trabalhos legislativos a discussão sobre as normas que irão regular a vida em sociedade".[4]

Referida decisão do STF faz referência a outros inúmeros julgados[5] e, também, de doutrina abalizada. Fiquemos, em nome todos, com a doutrina de um dos ministros do próprio STF:

"A medida provisória pode ser emendada no Congresso, não mais perdurando a proibição nesse sentido que havia no regime do decreto-lei, na ordem constitucional pretérita. *As emendas apresentadas devem, porém, guardar pertinência temática com o objeto da medida provisória*, sob pena de indeferimento" (MENDES, Gilmar Ferreira; BRANCO, Paulo Gustavo Gonet. *Curso de Direito Constitucional*. 8. ed. rev. e atual., São Paulo: Saraiva, 2013, p. 884-5, destaquei).

Nesta decisão, o STF nada mais fez do que reconhecer o que o próprio Congresso Nacional já havia regulamentado por meio da Resolução 1/2002, que estabelece no § 4º do artigo 4º:

"É vedada a apresentação de emendas que versem sobre matéria estranha àquela tratada na medida provisória, cabendo ao presidente da comissão o seu indeferimento liminar".

Maior clareza, impossível. Há aqui uma decisão preliminar que se impõe: indeferir o andamento destas emendas por exercerem um contrabando legislativo antidemocrático, nas palavras do STF. Um tema de tal importância deveria ser objeto de amplo debate público por meio de um projeto de lei ao invés de ser aprovado de forma rápida e sem as devidas discussões.

---

4. Ação Direta de Inconstitucionalidade 5.127, de 2015.
5. Vê-se também ADI 5.012, j. em 16.03.2017.

Passada a preliminar, vamos ao mérito. E, como veremos, a gravidade do tema só aumenta. As emendas propõem uma alteração genérica no artigo 17 do CPC, que trata do interesse processual. E em que pese o jabuti estar colocado sobretudo no telhado do consumidor, depreende-se do exame das emendas apresentadas à MP, que a alteração da possibilidade de demandar é colocada para toda e qualquer pretensão de direito patrimonial disponível. Se aprovada a proposta, o embaraço passará a existir para qualquer ação judicial desta natureza e não somente para aquelas que tenham por objeto uma relação de consumo. Será que as consequências desta proposta foram pensadas? Seria o caso da chamada análise de impacto legislativo, o que nos parece, não ocorreu.

A inconstitucionalidade da proposta de emenda à medida provisória salta aos olhos, também, por sua flagrante contrariedade ao princípio do livre acesso ao Poder Judiciário, conforme estabelecido no inciso XXXV da CF: "A lei não excluirá da apreciação do Poder Judiciário lesão ou ameaça a direito". As emendas impõem o reconhecimento de carência de ação pelo fato de não restar comprovado ter o autor sofrido resistência do devedor em face do direito demandado. Isso não é razoável, pois o direito é reconhecido como tal a partir do nexo de causalidade entre a ação/omissão e o dano sofrido que, em conexão com a possibilidade jurídica do pedido, viabiliza o acesso ao Poder Judiciário. As emendas ferem direito material indisponível presente na Constituição Federal. Este é um direito fundamental. A criação de um mecanismo, que obriga o cidadão que se sente prejudicado por um terceiro a procurá-lo para tentar compor seus direitos, pode levar a constrangimentos inimagináveis. Pensemos em uma hipótese: uma pessoa é humilhada e agredida em público por outra. Ela precisará tentar uma composição com o agressor – notificando-o, antes de ajuizar uma ação de responsabilidade civil? Inconcebível.

Parecer do Ministério da Economia,[6] que recomenda a medida, faz menção ao que ocorre em alguns países, todos muito desenvolvidos. De início, pode-se afirmar que o Brasil está longe de se assemelhar a estes países indicados como referência, se examinado, por exemplo, o Índice de Desenvolvimento Humano (IDH, 2020) dos países citados:[7] EUA (17º lugar), Inglaterra (13º lugar), Singapura (11º lugar) e Austrália (oitavo lugar). O Brasil ocupa a seguinte posição: 84º lugar. Imaginar que os direitos são exercidos de forma semelhante em países tão distantes é no mínimo um descuido. O estímulo à procura do devedor, antes do Judiciário, é sempre aplaudido, porém, não pela via da inconstitucionalidade e nem pelo caminho mais longo e tortuoso da obrigatoriedade. Incentivo é a palavra que deve ser concretizada. Incentivar é uma coisa, impor é outra.

Uma das justificativas da proposta da Emenda 160 é expressa: "Tal proposta decorre diretamente de estudo realizado entre o CNJ e a PUCRS, em que se buscou propor soluções que remediassem a excessiva judicialização brasileira". Porém várias

---

6. Parecer SEI 5.297/2021/ME.
7. Disponível em: http://hdr.undp.org/sites/default/files/hdr2020.pdf.

das sugestões lá apresentadas não foram consideradas. Vamos externar apenas uma delas: "Nos casos de empresas muito demandadas, o valor das condenações deveria ser elevado para um valor superior ao que seria por ela gasto para evitar as demandas (caso isto seja possível)".[8] Interessante notar que o estudo serve para justificar algumas propostas, mas se ignora o estudo em relação a outras.

E agora tratemos do tema sob o ângulo da proteção dos consumidores. As primeiras perguntas a serem respondidas nos fornecem o âmbito da investigação a ser feita: por que o brasileiro ajuíza tantas ações nos tribunais? Por que, por nossas bandas, os consumidores reclamam em grau tão acentuado? Somos todos "espertinhos" e queremos "lucrar" em cima das empresas? Não é mais lógico perceber que é o atendimento inadequado que leva os consumidores a pleitear. Ninguém pleiteia em juízo por diversão. Exceções podem existir, mas devem ser tratadas como tal. A regra é que os consumidores são vulneráveis e assim devem ser rigorosamente tratados. Culpá-los pela judicialização é inverter a ordem da realidade. O Brasilcon já se manifestou de forma contundente a respeito de propostas desta natureza:

> "Neste sentido, o Brasilcon conclama todos os componentes do sistema nacional de defesa do consumidor para, em esforço mobilizador conjunto, pugnar pela rejeição da proposta de Emenda 160 que, a olhos nus, não trata de 'desjudicialização', senão de desencorajamento dos vulneráveis na busca dos respectivos direitos".[9]

Recentíssima pesquisa de opinião[10] sobre os SACs sugere algumas respostas: somente 28% da população brasileira está satisfeita com o atendimento recebido. Ou seja, 72% estão insatisfeitos. E por que estão insatisfeitos? São várias as causas, mas as principais são: 1) a falta de resolutividade (51%), agibilidade (38%) e acessibilidade (26%) dos atendimentos feitos nos SACs. E quando perguntados sobre as formas de atendimento, as respostas são claras: 57% usam o sistema telefônico para serem atendidas quando se trata de reclamar ou de cancelar um serviço e 96% querem ter acesso a pessoas (e não robôs). Além disto, 93% querem atendimento gratuito (0800) e 88% acham que o máximo de dias para a solução de uma reclamação deveria ser de três dias (não legislação hoje é de cinco dias, a proposta governamental amplia para sete dias). E o que já sabemos há muito tempo: 99% se irritam totalmente quando a ligação cai no meio do atendimento. Se os consumidores estivessem satisfeitos, não postulariam em Juízo. Pesquisas como esta devem ser incentivadas e debatidas.

Por outro lado, as emendas à MP se referem a reclamações prévias junto aos Procons e à plataforma consumidor.gov. Mais uma vez, ignora-se a realidade: no ano de 2019 (último ano típico), os Procons de todo o Brasil realizaram 2.598.575 atendimentos.[11] É muito. Ou seja, não é necessário nenhum estímulo para que as pessoas

---

8. Disponível em: https://www.cnj.jus.br/wp-content/uploads/2011/02/relat_pesquisa_pucrs_edital1_2009.pdf.
9. Nota emitida pela diretoria do Brasilcon em 8 de abril de 2021.
10. Disponível em: http://www.ibrc-ips.com.br/.
11. Disponível em: https://sindecnacional.mj.gov.br/report/Atendimentos.

procurem os Procons, por uma simples e objetiva razão: a população já se socorre dos Procons. O que se propõe com as emendas apresentadas é simplesmente atolar os Procons, que, como o Judiciário, também é financiado com dinheiro público. É vestir um santo, desvestindo o outro e tudo isto sem uma discussão democrática. No caso do consumidor.gov é pior ainda. Na proposta inicial, produzida no âmbito do governo federal, as empresas poderiam se utilizar desta plataforma para propor uma arbitragem de consumo. A justificativa para esta proposta é que seria mais barato para o poder público e mais rápido para o consumidor. Se isto for verdade, pergunta-se: mas a custo do quê? Do direito do próprio cidadão na medida em que os árbitros seriam custeados pelas empresas. É isto mesmo: de um lado, árbitros pagos pelas empresas (que estarão representados pelos seus advogados) e, de outro, consumidores sem assessoramento técnico. Baixo custo para o poder público, bom para as empresas e muito caro para os consumidores, posto que estariam renunciando a direitos, o que nos parece grave.

Diriam alguns de boa vontade: estas emendas devem ser vistas no contexto das alterações propostas pelo governo para os SACs. Mais uma vez a situação piora. Na proposta original de decreto que o governo federal apresentou para os SACs (e que está em discussão no Conselho Nacional de Defesa do Consumidor), encontramos, dentre outros, os seguintes pontos: 1) acabaria a obrigação de atendimento telefônico; 2) os SACs somente atuariam no momento pós-consumo; e 3) seria ampliado de cinco para sete dias o prazo para a resposta aos consumidores. Isto é tudo que o consumidor não quer. Além disto, a proposta parte da ideia de que os consumidores gostariam de ser atendidos por robôs e no momento pós-consumo. Pensar em prevenção? Não. Pensar em ampliar atendimentos? Não. Vejamos um exemplo: se alguém precisar uma informação nutricional de um alimento, por exemplo, o SAC não seria o instrumento para obtê-la. Mas estaria disponível, com seus robôs, para receber as reclamações de um problema já ocorrido. A proposta de incluir a pretensão resistida como uma das condições da ação judicial ignora tais fatos e joga os consumidores nos braços dos SACs das empresas, que já não funcionam a contento (como vimos acima).

Em resumo: ninguém dúvida que o ambiente que melhor se coaduna para a composição das partes são os SACs, e neles devem ser concentrados os investimentos empresariais, no que se refere à política do melhor atendimento ao consumidor. Mas isto não pode significar que o consumidor necessariamente deva se socorrer dos SACs. O estímulo virá se os SACs atenderem às expectativas dos consumidores. É o que se espera das empresas. Por outro lado, a plataforma do consumidor.gov deve funcionar como mais um, dentre outros, mecanismo de solução de demandas e não o único, como parece querer o Poder Executivo federal. Voltamos a afirmar: temas tão importantes como estes não deveriam ser debatidos no ambiente de urgência na conversão de uma medida provisória.

Oportuno frisar que a educação de consumidores e fornecedores, prestigiada pelo CDC, especialmente no artigo 4º – que pauta a transparência, o desenvolvimento econômico e a boa-fé nas relações entre consumidores e fornecedores entre os princípios da política nacional das relações de consumo – é, ao nosso ver, o melhor e mais rico caminho à desjudicialização. Bem por isso pensamos sempre no aprimoramento dessas relações, que podem, sim, ser enriquecidas pela melhoria da qualidade do relacionamento, o que não se dá pela obstrução de vias de acesso ao exercício de direitos.

O pedido final é direto e simples: indeferimento liminar das Emendas 67, 94 e 160 à Medida Provisória 1.040 de 2021 por sua natureza de contrabando legislativo e, no mérito, não acolhimento delas por serem inconstitucionais e inoportunas.

Exercemos o nosso direito de petição: ainda é possível fazer isto!

LIBERDADE DE EXPRESSÃO E CONSUMO: QUAIS OS LIMITES DO MERCADO?

Fernanda Nunes Barbosa

Doutora em Direito pela Universidade do Estado do Rio de Janeiro (UERJ). Mestre em Direito pela Universidade Federal do Rio Grande do Sul (UFRGS). Professora da Graduação em Direito e do Mestrado em Direitos Humanos do UniRitter. Diretora Adjunta de Comunicação do Brasilcon. Editora da Série *Pautas em Direito*/Editora Arquipélago. Advogada.

E-mail: fernanda@tjnb.adv.br.

A ONG Artigo 19 publicou, recentemente, o Relatório Global de Expressão 2020, reunindo informações de vários países, dentre eles o Brasil, sobre o grau de liberdade que vigora nas respectivas sociedades. Foram 25 indicadores utilizados na análise de 161 países, criando uma pontuação global sobre a liberdade de expressão para cada país, que vai de 0 a 100 e que pode ser expressa em cinco categorias: em crise (01-9); altamente restrito (20-39); restrito (40-59); pouco restrito (60-79); aberto (80-100).[1]

Conforme aponta o relatório, em 2019 o mundo ingressou na pior crise da liberdade de expressão em décadas, com a ascensão de líderes populistas hostis ao jornalismo, à ciência e ao envolvimento em organismos multilaterais de direitos humanos[2], o que repercute na qualidade de vida da população global, notadamente dos países afetados. O Brasil, aliás, foi o país no qual se observou a maior queda de pontuação do mundo em 1, 5 e 10 anos. Atualmente, o país ocupa a 94ª posição no ranking de 161 países, com 46 pontos e na categoria de país com liberdade de expressão "restrita".[3]

A liberdade de expressão é muito mais que um direito individual. Ela é um direito social, coletivo, estrutural. Embora possa ser reclamada pelos indivíduos, ela é precondição para um processo eminentemente social, o da deliberação democrática. Quando o Estado mobiliza a máquina pública para promover desinformação, polarização, reduzir a transparência e deixar que os diferentes interesses sociais se autorregulem independentemente de suas forças e dos valores que representem na sociedade ele não promove liberdade, mas a sufoca.[4]

---

1. Revista ARTIGO 19: defendendo a liberdade de expressão/ARTIGO 19. São Paulo: ARTIGO 19, 2021, p. 11.
2. Revista ARTIGO 19: defendendo a liberdade de expressão, cit., p. 15.
3. Revista ARTIGO 19: defendendo a liberdade de expressão, cit., p. 26.
4. FISS aponta, por exemplo, que os ricos podem tão amplamente dominar os espaços publicitários na mídia e em outros espaços públicos que só se possa ouvir a sua mensagem. "Consequentemente, a voz dos menos prósperos pode ser soterrada". FISS, Owen M. *A ironia da liberdade de expressão*: Estado, regulação e diversidade na esfera pública. Trad. Gustavo Binenbojm e Caio Mário da Silva Pereira Neto. Rio de Janeiro: Renovar, 2005, p. 48.

Promover a liberdade de expressão é também papel do Estado, que não pode mais ser visto contemporaneamente como um inimigo da liberdade, conforme sustenta um ultrapassado discurso liberal.[5] O Estado é quem detém o poder de fazer valer esse direito *para todos*, o que, em última análise, concretizará outro importante valor liberal, o da igualdade, agora material e não apenas formal. A liberdade não pode ser um valor relativo nesse sentido, mas absoluto, garantido para todos.

Como bem apontam Holmes e Sunstein, hoje, quando o Estado norte-americano limita, por exemplo, o direito da indústria do cigarro de fazer propaganda comercial de seus produtos, ele está também protegendo, de certa forma, a liberdade dos jovens, uma vez que o indivíduo dependente não pode simplesmente "optar" por fumar.[6] Ainda que a justificativa nos Estados Unidos seja a de que esse tipo de expressão comercial favorece uma conduta irresponsável entre os jovens, e que "o Estado não pode favorecer a liberdade individual assumindo uma postura de *laissez-faire*", o resultado é a promoção da liberdade desse grupo social, já que favorece o equilíbrio de discursos pró-dependência (o discurso do mercado) com discursos pró-saúde. Ademais, é importante destacar que tanto liberdade quanto igualdade são direitos que têm um custo (social e orçamentário), que deve ser suportado pelo Estado (ou seja, por toda a sociedade). De fato, "Na medida em que a garantia dos direitos depende da vigilância judicial, os direitos custam no mínimo o montante necessário para recrutar, treinar, fornecer, pagar e (como não?) monitorar os órgãos judiciais que guardam nossos direitos básicos".[7]

Mas à pergunta sobre o que a liberdade de expressão tem de fato a ver com o direito do consumidor, a resposta pode se dar de diferentes formas. Não trataremos aqui das divergências teóricas que opõem aqueles que defendem que o discurso mercadológico está compreendido no tema (e, portanto, na proteção em maior ou menor grau) da liberdade de expressão e aqueles que sustentam que a publicidade comercial é tema mais afeito à livre iniciativa ou diretamente à ordem econômica. Para além desse importante e extremamente válido debate, o problema aqui será, ainda que resumidamente e a partir de hipóteses concretas, apontar algumas falhas de Estado e alguns limites que devem ser impostos para o discurso mercadológico.[8]

---

5. FISS, Owen M. *A ironia da liberdade de expressão*: estado, regulação e diversidade na esfera pública, cit., p. 50.
6. HOLMES, Stephen; SUNSTEIN, Cass R. *O custo dos direitos*: por que a liberdade depende dos impostos? Trad. Marcelo Brandão Cipolla. São Paulo: Editora WMF Martins Fontes, 2019, p. 115.
7. HOLMES, Stephen; SUNSTEIN, Cass R. *O custo dos direitos*: por que a liberdade depende dos impostos?, cit., p. 32.
8. Em obra coletiva de grande relevância para o debate dos limites da liberdade de expressão comercial, Adalberto Pasqualotto salienta a relevância de incluir o tema da publicidade no âmbito da Constituição econômica, vinculando-a com a matéria da livre iniciativa, e não diretamente no quadro dos direitos fundamentais, por meio da liberdade de expressão, pois naquele âmbito a publicidade estaria mais propensa a limitações. Conforme o autor, "integrar a publicidade à liberdade de expressão é dar mais importância ao meio do que à mensagem. O fato de ser veiculada pelos meios de comunicação social não a torna lídima expressão da liberdade". PASQUALOTTO, Adalberto de Souza (Org.). Publicidade de Tabaco: frente e verso da liberdade de expressão comercial. São Paulo: Atlas, 2015. Prefácio, p. xii.

Primeiramente, pode-se suscitar o peso negativo que tem para um direito o esvaziamento de poder do(s) órgão(s) de governo que fazem valer esse direito.[9] Se um grupo político pretender diminuir os direitos do consumidor, um dos caminhos sem dúvida será diminuir a autoridade do sistema estruturado para defendê-lo. Abafa-se, com isso, a voz do consumidor e, por consequência, seu discurso passa a não ser mais ouvido. Será necessário um tremendo gasto de energia para que a sociedade escute as demandas do grupo que perde esse espaço de fala e de ação. Sem contar a desmobilização que pode gerar, especialmente se somar-se a esse esvaziamento uma crise sanitária de grande repercussão. Isso tem sido verificado, em certa medida, nas questões que envolvem a proteção do consumidor no Brasil.

Além disso, verifica-se que a energia despendida pelos agentes públicos que deveriam velar pelos direitos do grupo vulnerado nem sempre é canalizada para suas reais demandas. Desde 2012, dois projetos de suma importância para o consumidor (o PLS 281, atual PLC 3514, e o PLS 283, atual PLC 3515) estão caminhando sem uma definição, ainda, no âmbito político. Assim, restam em relativo desamparo os consumidores e consumidoras que sofrem com a não regulamentação do comércio eletrônico[10] no Brasil, bem como os milhões de superendividados que, mais do que nunca, aguardam por uma definição legislativa que os traga de volta ao mercado, sem os abusos ainda hoje cometidos pelos fornecedores de crédito. Para que se possa falar da proteção de qualquer grupo de vulneráveis de uma maneira válida e fiel é preciso, de um lado, analisar o arcabouço protetivo que tais pessoas recebem dos textos normativos aplicáveis em determinada ordem jurídica. De outro, da concretude que a eles é dada pelos poderes constituídos, observadas as devidas competências de cada um.

Em segundo lugar, a ausência de regulação é outra forma de calar a voz dos consumidores. Ao assumir-se a possibilidade de que o Estado não possa limitar a expressão comercial, ou que o possa apenas em excepcionalíssimas hipóteses e somente em nível federal, mais uma vez cala-se a voz do consumidor para se ouvir apenas a do mercado. Sem dúvida, "seríamos menos livres se a liberdade de expressão fosse tratada como uma pretensão peremptória e imune a toda regulamentação, mesmo quando outros interesses ou direitos importantes são prejudicados"[11], como o direito de crianças e adolescentes a um ambiente saudável, ou o de mulheres a serem respeitadas como seres humanos que são, por exemplo.

Reforça-se, no breve espaço deste texto, que a Política Nacional das Relações de Consumo expressa em nosso CDC (art. 4º) tem por objetivo "o atendimento das

---

9. HOLMES, Stephen; SUNSTEIN, Cass R. *O custo dos direitos:* por que a liberdade depende dos impostos?, cit., p. 42.
10. Considerando que na época da edição do CDC o comércio eletrônico não era uma realidade no Brasil, o Código precisa ser atualizado para a inclusão de um capítulo que trate especificamente do tema, a despeito de normativas de menor hierarquia já existirem desde 2013 (assim, Decreto 7.962, de 15 de março de 2013, "Regulamenta a Lei 8.078, de 11 de setembro de 1990, para dispor sobre a contratação no comércio eletrônico").
11. HOLMES, Stephen; SUNSTEIN, Cass R. *O custo dos direitos:* por que a liberdade depende dos impostos?, cit., p. 87.

necessidades dos consumidores, o respeito à sua dignidade, saúde e segurança, a proteção de seus interesses econômicos, a melhoria da sua qualidade de vida, bem como a transparência e harmonia das relações de consumo, atendidos os seguintes princípios: (...) II – ação governamental no sentido de proteger *efetivamente* o consumidor (...)." (g.n.) É nesse sentido que se enaltece a recente decisão do Supremo Tribunal Federal (ainda não publicada) na ADI 5.631, relator Min. Edson Fachin, que julgou constitucional a Lei nº 13.582/16, com redação dada pela Lei nº 14.045/2018, do estado da Bahia, que proíbe a comunicação mercadológica dirigida a crianças nos estabelecimentos públicos e privados de educação básica. Na referida ação, atuaram como *amici curiae* defendendo a constitucionalidade da Lei, o Brasilcon, o Instituto Alana, o IDEC e a Associação de Controle do Tabagismo, Promoção da Saúde e dos Direitos Humanos.

O art. 1º, *caput*, da legislação baiana assim prescreve: "Fica proibida, no Estado da Bahia, a comunicação mercadológica dirigida às crianças nos estabelecimentos de educação básica." No voto do ministro Edson Fachin, que afastou a alegação de inconstitucionalidades formais, decorrentes da usurpação da competência privativa da União, e materiais, ante a ofensa à liberdade de expressão comercial, restou assentado que o pior erro na formulação das políticas públicas é a omissão. Nesse sentido, diz, "é grave que, sob o manto da competência exclusiva ou privativa, premiem-se as inações do governo federal, impedindo que Estados e Municípios, no âmbito de suas respectivas competências, implementem as políticas públicas essenciais tal como recomendadas pela OMS". Com efeito, se por um lado alegou-se a usurpação da competência da União com base nos arts. 22, XXIX, e 220, §§ 3º e 4º, da CF/88 (propaganda comercial), por outro justificou-se a competência estadual concorrente no art. 24, XII e XV, da CF/88, relativamente à proteção da saúde e da infância, uma vez que a Constituição não admite que a inação da União possa ser invocada para impedir a adoçado de medidas que busquem cumprir as obrigações que decorrem diretamente dos instrumentos internacionais de proteção à saúde e à infância.

Relativamente à alegada inconstitucionalidade material, afirmou o ministro que as restrições à liberdade de expressão comercial podem ser aplicadas especialmente no ambiente escolar, considerando que "a escola prepara as crianças para participarem da vida pública, mas a escola não é, em si mesma, a esfera pública na qual estamos todos inseridos". Ou seja, sustenta o ministro que esse espaço precisa ser cultivado, cativado, pelas melhores ideias e pelos melhores exemplos, e a promoção do melhor interesse da criança se concretiza, aqui, no reconhecimento da condição peculiar dessa pessoa que se prepara para ingressar na vida pública. "Dizer que não é absoluta a liberdade comercial nesses espaços significa apenas que não é o livre mercado de ideias que seleciona os melhores exemplos, mas os educadores".

Em outro caso de julgamento recente no Brasil – agora no âmbito administrativo da Fundação Procon-SP –, o limite ao discurso mercadológico vem do reconhecimento da abusividade presente numa forma indireta de publicidade, realizada por meio das mídias sociais. O fato de não se dirigir à aquisição de produto ou serviço de modo imediato não descaracteriza a comunicação como mercadológica, razão pela qual se mostra desarrazoado sustentar amparo no direito fundamental à liberdade de expressão para afastar a aplicação de multa imposta pelo órgão de defesa do consumidor. No caso concreto, um restaurante fazia graça com o feminicídio de Eliza Samúdio nas redes sociais com uma postagem que dizia, numa tábua de cortar temperos pendurada em uma parede, a frase "o cão é o melhor amigo do homem — goleiro Bruno". Em sua defesa, o estabelecimento sustentou que "vivemos em um país livre", amparando a referida "piada" no direito à liberdade de expressão. No site do Procon, o restaurante consta como "estabelecimento autuado", com a aplicação de multa no valor de R$ 1.134,85.

Esse caso bem demonstra como os movimentos feministas e os movimentos consumeristas travam batalhas diárias e conjuntas por reconhecimento e respeito, que constituem a base de uma sociedade solidária. Ademais, o efeito inibidor da liberdade de expressão pode se apresentar justamente em hipóteses como essa, nas quais se compromete a credibilidade da mulher quando se a reduz a mero objeto. Aqui o feminicídio cometido contra Eliza Samúdio é naturalizado em forma de "piada", de modo a negar a brutalidade de sua morte e da violência praticada contra as mulheres. O caso desnuda o patriarcalismo e a desigualdade de gênero ainda presentes e não suficientemente combatidos na sociedade brasileira e expõem a lógica mercadológica do "vale tudo" para chamar a atenção e vender o produto. É como se as mulheres não tivessem mais nada com o que contribuir para as discussões públicas. Aliás, conforme já apontava o saudoso jurista italiano Stefano Rodotà, a experiência política mostra que, quando se tornam difíceis os tempos para a solidariedade, tornam-se também para a democracia.[12]

---

12. RODOTÀ, Stefano. *Solidarietà*: un'utopia necessaria. Bari: Laterza, 2014, p. 10.

ADMINISTRAÇÃO PÚBLICA DIGITAL E DEFESA DO CONSUMIDOR

Fernando Rodrigues Martins

Mestre e Doutor em direito das relações sociais pela PUC-SP. Professor adjunto de Direito Civil na Universidade Federal de Uberlândia. Diretor-Presidente do Instituto de Política e Direito do Consumidor (Brasilcon). Coordenador do Procon/MG no Triângulo Mineiro. Promotor de Justiça em Minas Gerais.

A Lei 14.129/21, aprovada recentemente, consolida definitivamente no Brasil a importância dos modelos digitais nas infinitas tratativas humanas nesta etapa contemporânea. Mais especificamente cuida das relações jurídicas entre o cidadão e a administração pública propiciando acesso às informações e prestação de serviços públicos de todas as esferas e unidades federativas, órgãos da administração direta e indireta, salvante as "estatais" exploradoras de atividade econômica.

Bruno Miragem[1], em texto de aguda percepção, informa que a sociedade vivencia "novo paradigma", de natureza tecnológica, parametrizado pela concorrência e eficiência, com pleno desenvolvimento da informática e das matrizes de informação. E justamente sob tais influências o mercado, enquanto *locus* empresarial, experimenta a "potencialização da economia em larga escala".

No âmbito privado, foi a economia da informação em rede, contrariamente à anterior economia industrial, que tomou as rédeas deste arquétipo. O que equivale dizer que a "ação individual descentralizada" é catalisada pela tecnologia de fabricação informática transformando-se em rede de "ações cooperativas". Tudo isso configurado na expressão de que o entorno informativo propiciou cidadãos mais livres.[2]

Nisso é fácil concluir que a administração pública não poderia deixar de atuar também através desse nicho eletrônico informacional, até porque dotada de *poderes* (polícia – disciplinar – regulamentar) e *deveres* (agir – eficiência – probidade – prestação de contas) ínsitos às funções de comprometidas ao interesse público.[3] De gizar: a questão não é escorar na menção ao dirigismo, senão à obvia clareza de que a administração pública também exerce papel indispensável para a garantia da liberdade de mercado e para tanto tecnologias compatíveis e dialógicas devem ser compartilhadas e aprimoradas.

---

1. Bruno Miragem. **Novo paradigma tecnológico, mercado de consumo digital e o direito do consumidor.** RDC. v. 125. São Paulo; Revista dos Tribunais, 2019.
2. Yochai Benkler. **La riqueza de las redes: como la producción social transforma.** Barcelona: 2015, p. 37.
3. Lucas Rocha Furtado. **Curso de direito administrativo.** 5ª ed. Belo Horizonte: Fórum, 2016, p. 555.

Nomeadamente é relevante relembrar que em passos largos o Estado brasileiro vem adotando ferramentas digitais como meio adequado para as diversas atividades as quais está vinculado. Trata-se da marcha eletrônica do "Estado digital" em inúmeras vertentes, através das quais o discurso quanto à eficiência (figura marcadamente econômica) ganhou espaço diretivo no subsistema jurídico.[4]

A título meramente exemplificativo e em ordem cronológica são declináveis as seguintes legislações: o processo eleitoral de escolha de representantes (Lei 10.408/2002 – *urna eletrônica*); a contratualização com o setor privado (Lei 10.520/2002 – *pregão eletrônico*); solução de conflitos sociais (Lei 11.419/2006 – *processo judicial eletrônico*); deveres de informação (Lei 12.527/11 – *transparência*); recebimento e atendimento de demandas (Lei 13.460/2017 – *ouvidorias*); tratamento de dados na órbita pública (Lei 13.709/18 – *LGPD*).

E realmente não há razão para estagnação da administração pública, olvidando-se em adequar ao "novo paradigma", já que a era digital está sintetizada em elementos e problemas jungidos à evolução científica humana – agora (*re*)transformados substancialmente. São eles: tempo (velocidade das interações); espaço (amplitude das interações); profundidade (qualidade das interações); acesso (o custo das interações).[5]

As intensas modificações na concepção do Estado induziram sobremaneira as movimentações estruturais, funcionais e axiológicas da administração pública. Da concepção atomista do Estado liberal monoclasse (perfilhado pela legalidade estrita e interesse público único), passando pelo Estado Social classista (condicionado à legalidade múltipla e interesses públicos tipificados), chegamos ao Estado Pós-Social setorial, espraiado na legalidade constitucional e no interesse público plural.

Nisso percebe-se que as noções de legalidade[6] e interesse público[7] sofreram deslocamentos quantitativos, qualitativos e imperativos.

De fácil constatação, essa "*administração pública mutante*" é verificável pelo cotejo entre *critérios* frente às *finalidades* públicas a serem alcançadas. Essa linha de pesquisa autoriza a destrinça z certa compreensão taxonômica. Aliás, e com

---

4. Niklas Luhmann. **Introdução à teoria dos sistemas**. 2. ed. Petrópolis: Vozes, 2010, p. 178.
5. Klaus Schwab. **A quarta revolução industrial**. São Paulo: Edipro, 2018.
6. Denis Alland; Stéphane Rials. **Dicionário da cultura jurídica**. Trad. Ivone Castilho Benedetti. São Paulo: Martins Fontes, 2012, p. 1075. Apresentam importante evolução do princípio da legalidade em França, a saber: *legalidade compósita* (pela qual não havia discrepância quanto à qualidade da fonte formal, tudo se generalizava em lei); *legalidade restrita* (fontes se reduziam à lei pelo exercício parlamentar); *legalidade múltipla* (surgindo o poder regulamentar, especialmente para execução das leis); *legalidade adventícia* (deriva de consenso, como nos exemplos de tratados internacionais); e, por fim, *legalidade constitucional* (controle de fundo de todas as disposições com a Constituição – interpretação conforme a Constituição).
7. Novamente com apoio em Lucas Rocha Furtado, na citada obra: "*Como identificar o interesse público? A resposta deve ser buscada no próprio ordenamento jurídico, que se encontra impregnado pelos direitos fundamentais. Toda atividade estatal e todo ato praticado pelo Estado devem-se conformar com a ordem jurídica pelos princípios e preceitos constitucionais*". Também Pietro Perlingieri. **O direito civil na legalidade constitucional**. Rio de Janeiro: Renovar, 2008, p. 433.

conteúdo bem mais científico, a doutrina festejada[8] já se debruçara muito antecipadamente.

Compete descrevê-la pelos critérios e pelas finalidades: i – **soberania** (assunção de convenções e tratados relevantes ao contexto administrativo-global, concepção de Estado Federado): *administração pública cooperativa*; ii – **funcional**: redefinição do papel do Estado, especialmente pela eficiência (*administração pública gerencial*); iii – **decisório**: processualidade administrativa como meio de legitimação das tomadas de decisões (*administração pública procedimental*); iv – **regulatório**: agencificação de atividades administrativas (*administração pública regulatória*); v – **interorgânico**: atuação conjunta entre os diversos entes federativos para finalidades específicas, inclusive consensualmente (*administração pública em rede*); vi – **intergeracional**: execução de políticas públicas para futuras gerações (*administração pública sustentável*)[9]; vii – **informativa**: disponibilização dos conteúdos de fatos, decisões, históricos, dados que compõem a estrutura e funcionalidade administrativa (*administração pública transparente*); viii – **lealdade**: exigente de condutas éticas, códigos de condutas, boas práticas e programas de integridade (*administração pública proba*); x – **deverosidade**: efetividade aos deveres fundamentais fixados na legalidade constitucional para proteção dos vulneráveis (*administração pública promocional*). Por fim, o advento da Lei 14.129/21 restou acentuadamente demonstrada outras preocupações importantes: escalabilidade de processos, acessibilidade e virtualidade da relações jurídico-administrativas (*administração pública digital*).

A par da lembrança de que toda classificação só se faz útil à luz dos "*interesses protegidos, da natureza das relações reguladas e da finalidade que se colima*"[10] calha ainda frisar dois outros pontos de clara mutação da administração pública. Tais tópicos se referem à "*desconceitualização de conceitos*".[11]

Em primeiro lugar, a consagração dos direitos fundamentais que descaracterizou o conceito de supremacia do interesse público sobre o privado: tema de dificílimo consenso na dogmática contemporânea.[12] Como já afirmado, se há supremacia essa é da "legalidade constitucional" com sólido alicerce nos direitos fundamentais, dentre eles a promoção dos vulneráveis. Por exemplo, a utilização indevida e abusiva por parte do órgão público controlador quando confere finalidade diversa na utilização

---

8. Ver Juarez Freitas. **Discricionariedade administrativa e o direito fundamental à boa administração pública**. 2. ed. São Paulo: Malheiros, 2007, 20. Bruno Miragem. **A nova administração pública e o direito administrativo**. São Paulo: Editora Revista dos Tribunais, 2011, p. 30.
9. Juarez Freitas. **Sustentabilidade: direito ao futuro**. 3ª ed. Belo Horizonte: 2016, p. 208.
10. Aloysio Sampaio. **O processo do trabalho: objeto e princípios básicos**. RDT. v. 55. São Paulo: Revista dos Tribunais, 1985, p. 5-9.
11. Rui Manuel de Figueiredo Marcos. **História da administração pública: relatório sobre o programa, o conteúdo e os métodos de ensino**. Coimbra: Almeida, 2011, p. 64. Vale transcrever o respeito aos paradigmas: "*O tempo, submisso à abstracção ordenadora que o homem quer dele fazer, torna-se força incoercível de corrosão [...] Só que a história, se entroniza representações de índole conceitual, também mercê de golpes oriundos da prática, desconceitua velhos conceitos, causando-lhes deformidades no sentido descaracterizador*".
12. Ver por todos: Gustavo Binenbojm. **Uma Teoria do Direito Administrativo: Direitos Fundamentais, Democracia e Constitucionalização**. Rio de Janeiro: Renovar, 2006.

de dados pessoais ou sensíveis do titular. Os dados pessoais, compondo esfera incindível da pessoa humana, só podem ser coletados e tratados conforme dispõe a legislação regimental (LGPD).

Em segundo lugar a desconstrução lenta do conceito de *"autoridade"*, isto porque a utilização da "relação jurídica" como estrutura para ligação de sujeitos, objeto, fato e garantia no âmbito do direito administrativo, aos poucos foi adequando à distribuição equilibrada de direitos e deveres entre as partes[13], ao ponto da obtusa sujeição do cidadão ao Estado restar bem mais temperada.[14]

Pois bem. A lei 14.129/21, fixando as diretrizes e princípios da plataforma digital da administração pública para informação e prestação de serviços públicos, acaba abordando com bastante destaque as figuras da "inovação" e "eficiência".

A inovação vem se afirmando aos poucos como atividade essencial para atendimento das demandas da sociedade. E a considerar as reconhecidas limitações públicas, as parcerias com a iniciativa privada são cada vez mais necessárias, superando-se, para tanto, as amarras da burocratização.[15] É esse um dos parciais escopos desta legislação que em pequena parte dá alguma concretude ao disposto no art. 218 da Constituição Federal.

Em compasso próprio, a eficiência representa o desempenho exitoso para atingimento das finalidades públicas. Cabe enfatizar que é figura de expressiva dimensão em temas da administração pública e que neste formato digital-administrativo ganhou capital importância, como dito, considerando as qualidades reitoras da virtualidade situada (tempo, espaço, profundidade e custo). Não à toa que pioneiramente o CDC (art. 22) designou referido princípio como marco de obrigação ao serviço público oferecido pelos órgãos estatais e concessionárias ou permissionárias.

Convenhamos, contudo, que os destaques projetados às duas figuras na legislação em comento nem de longe estão autorizados a mitigar ou abalar os direitos dos consumidores ou, mais amplamente, os direitos dos vulneráveis. É que geralmente tais preceitos (inovação e eficiência), mesmo que essenciais às atividades da administração pública, não deslocam a fundamentabilidade dos direitos constitucionalmente reconhecidos dos mais fracos. Daqueles que, se não sofrem com as *falhas de mercado*, sofrem com a *ausência do Estado*.

Tanto que as legislações que têm como seletividade a atribuição de adjudicar temas digitais, sempre trazem consigo a promoção a direitos humanos, direitos

---

13. Vasco Manuel Pascoal Dias Pereira da Silva. **Em busca do acto administrativo perdido**. Coimbra: Almedina, 1995.
14. Roberto Gargarella. **El derecho de resistir el derecho**. Madrid: Miño y Davila Editores, 2006. Na rica passagem daqueles que estão em alienação legal, abaixo a linha dos direitos fundamentais e a prática do respectivo direito de resistência às forças estatais.
15. Aroldo Cedraz de Oliveira. **O controle da administração pública na era digital**. Belo Horizonte: Fórum, 2016, p. 23.

fundamentais e direitos da personalidade. Basta ver: a Lei 12.965/14 (MCI), art. 2º, inciso II[16]; a Lei 13.709/18 (LGPD), art. 2º, inciso VII[17]; ou a própria Lei 14.129/21.[18]

Nesta perspectiva, acreditamos que a Lei 14.129/21 poderá trazer enormes benefícios à processualidade derivada do Código de Defesa do Consumidor e do Decreto 2.181/97. Para tanto é necessário: i – investir nos Procons instalando, melhorando e aperfeiçoando as plataformas digitais; ii – capacitar gestores e servidores para atuação neste modelo; iii – criar ferramentas de ampla proteção aos dados dos consumidores.

Estamos diante de *normas-meio* (inovação e eficiência) que devem chegar à inexorável *norma-fim* da administração pública: a dignidade humana. Inovação e eficiência são servientes à efetividade de direitos e a efetividade, por sua vez, é a luz da humanidade. Brindemos a administração pública digital que deve cumprir o papel de promoção ao sujeito real.

---

16. Art. 2º A disciplina do uso da internet no Brasil tem como fundamento o respeito à liberdade de expressão, bem como: II – os direitos humanos, o desenvolvimento da personalidade e o exercício da cidadania em meios digitais.
17. Art. 2º A disciplina da proteção de dados pessoais tem como fundamentos: VII – os direitos humanos, o livre desenvolvimento da personalidade, a dignidade e o exercício da cidadania pelas pessoas naturais.
18. Art. 48. Os órgãos e as entidades a que se refere o art. 2º desta Lei deverão estabelecer, manter, monitorar e aprimorar sistema de gestão de riscos e de controle interno com vistas à identificação, à avaliação, ao tratamento, ao monitoramento e à análise crítica de riscos da prestação digital de serviços públicos que possam impactar a consecução dos objetivos da organização no cumprimento de sua missão institucional e na proteção dos usuários, observados os seguintes princípios: IV – proteção às liberdades civis e aos direitos fundamentais.

SUPERENDIVIDAMENTO DOS CONSUMIDORES E O FUNDAMENTO REPUBLICANO DO SENADO FEDERAL

Claudia Lima Marques

Doutora pela Universidade de Heidelberg (Alemanha) e Mestre em Direito (L.L.M.) pela Universidade de Tübingen (Alemanha). É presidente do Comitê de Proteção Internacional dos Consumidores e da *International Law Association* (Londres). Ex-presidente do Brasilcon e da Asadip (Paraguai). Professora titular de Direito Internacional Privado na Universidade Federal do Rio Grande do Sul (UFRGS).

Fernando Rodrigues Martins

Mestre e Doutor em direito das relações sociais pela PUC-SP. Professor adjunto de Direito Civil na Universidade Federal de Uberlândia. Diretor-Presidente do Instituto de Política e Direito do Consumidor (BRASILCON). Coordenador do Procon/MG no Triângulo Mineiro. Promotor de Justiça em Minas Gerais.

É com enorme satisfação que vivenciamos a aprovação do PL 3515/15 – hoje contextualizado no substitutivo 1805/21 pela Câmara dos Deputados. Referido projeto de lei aperfeiçoa a disciplina do crédito ao consumidor e dispõe sobre a prevenção e o tratamento do superendividamento. Cuida-se de momento não apenas *histórico*, mas, sobretudo, de *mobilização* e de *exercício real* dos fins constitucionais.

A base histórica é irrefutável. Em 2003, em França, passava a viger a "*Lei Neiertz*" cujo escopo era justamente a criação de políticas públicas aos consumidores superendividados.[1] Em outros países, as manifestações não só legislativas, como judiciais, ganhavam corpo no tratamento da falência civil (*bankruptcy*)[2], mesmo porque "a sociedade de consumo", através das publicidades, do comércio eletrônico e da extrema facilitação ao acesso crédito começou a induzir padrões comportamentais de gastos elevados.

O Brasil, muito embora contemplasse no sistema jurídico leis propositivas aos modelos empresariais (a exemplo da Lei 1.105/05), nada dispunha de forma semelhante à pessoa natural, vale dizer: o consumidor sacrificado pelo aumento

---

1. Ver Gilles Paisant em **A reforma do procedimento de tratamento do superendividamento pela Lei de 1.º de agosto de 2003 sobre a cidade e a renovação urbana**. In: MARQUES, Claudia Lima; CAVALLAZZI, Rosângela Lunardelli (Coords.). Direitos do consumidor endividado: superendividamento e crédito. São Paulo: Revista dos Tribunais, 2006, p. 130.
2. Claudia Lima Marques. **Algumas perguntas e respostas sobre prevenção e tratamento do superendividamento dos consumidores pessoas físicas**. In: RDC. v. 75. São Paulo: Revista dos Tribunais, 2010, p. 9-42.

significativo de débitos instransponíveis, os quais impediam a continuidade dos padrões mínimos de subsistência. Aliás, nestas condições, o consumidor tornava-se insolvente e aos seus bens e eventuais acervos restava nomeado um administrador. Clara hipótese de incapacidade civil (ou morte civil).

Obviamente, os institutos clássicos para purga do desequilíbrio econômico já existentes (como a revisão por onerosidade excessiva e anulação ou redução de obrigação excessivamente onerosa), eram insuficientes na solução deste novo fenômeno, porquanto são remédios que têm como escopo o reajuste da sinalagma (funcional ou genética, respectivamente) atuando sobre a causa atentatória e superveniente à prestação, o que difere do superendividamento que resvala nos motivos pessoais do devedor: os acidentes da vida.

É também em 2003 no Brasil, com o Código Civil já vigente, que os trabalhos para compreensão e busca de soluções para o superendividamento são iniciados. Enquanto grande parte das pesquisas desenvolvidas no âmbito das ciências jurídicas prende-se com certa frequência à metodologia hipotético-dedutiva, já naquela época o método, instigantemente, fez ao contrário: foi social, real e crua.

A Faculdade de Direito da UFRGS volveu ao âmago: desenvolveu criteriosa pesquisa empírica[3] sobre o superendividamento dos consumidores, descortinando apontamentos *sérios, concretos* e *reveladores* sobre pessoas naturais que comprometiam o núcleo familiar em créditos equivalentes à metade (50%) da renda total, assim quanto às pessoas que, em razão de acidentes da vida (tais como desemprego, divórcio, viuvez, ausência de planejamento familiar), restavam impossibilitadas em arcar com créditos anteriormente assumidos.

Vale gizar que aquela relevante pesquisa, atualmente, se faz ainda mais consolidada não apenas considerando as maiores "acessibilidades" (e "perigos") ao crédito desmesurado, mas exatamente o surgimento da pandemia sanitária proporcionada pelo COVID-19 que projetou inúmeros efeitos econômicos destruidores das estabilidades financeiras das famílias, como a crise à empregabilidade.

Do iter histórico é de ressaltar que aquela investigação permitiu o amadurecimento de respostas (propostas e hipóteses), decorrendo em 2005 a apresentação de anteprojeto de lei, embrionariamente acadêmico, no Congresso Brasileiro de Direito do Consumidor coordenado pelo Instituto Brasileiro de Política e Direito do Consumidor, quando da comemoração dos 15 anos do CDC. Já no ano seguinte, a mencionada pesquisa empírica fora divulgada no livro "Direitos do Consumidor Superendividado", pela Editora Revista dos Tribunais.

---

3. O método empírico em vertente antropológica permite novos olhares e novas compreensões. Veja em Armando Marques Guedes, **Entre factos e razões: contextos e enquadramentos da antropologia jurídica**. Coimbra: Almedina, 2005, p. 24. Na "*observação participante*", carregada de "explícita sensibilidade" ao "ato de compreender".

Lateralmente à enorme concentração de estudos sobre o tema, publicados em artigos e livros, o Tribunal de Justiça do Rio Grande do Sul em pioneira experiência colocou em prática o projeto de tratamento ao superendividado em 2007. O que ressignificou a atenta observação que a matéria poderia ser enfrentada em nichos de conciliações, mesmo na falta de legislação específica. Aliás, essa tônica atualmente já é consagrada em inúmeros julgados do Superior Tribunal de Justiça.[4]

E outro relevante acontecimento não tardou por vir: em meados de 2006 o STF julgara a ADIn 2591 com destaque a teses importantíssimas, dentre elas: a aplicação do Código de Defesa do Consumidor nas relações jurídicas bancárias e a possibilidade de convivência pacífica entre as normas consumeristas com demais tipos normativos (inclusive as expedidas pelo Conselho Monetário Nacional). Referido julgamento, verdadeiro precedente judicial valorativo aos vulneráveis, consolidou a direção correta de busca de equilíbrio de direitos e deveres em temas financeiros.

Já em 2010, o então Presidente do Senado Federal Sem. José Sarney, designou Comissão de Juristas[5] para enfrentar o tema do superendividamento (PLS – 283/12), debruçar sobre o avanço do comércio eletrônico (PLS – 281/12) e buscar novos modelos para a processualidade coletiva (PLS – 282/12). O que havia em comum nestes projetos de lei? A resposta estava implícita: a atualização do Código de Defesa do Consumidor.

No Senado, apenas o PLS 282/12 restou arquivado. Os dois outros foram aprovados à unanimidade. Evidente que todos os recursos legislativos foram utilizados: audiências públicas, palestras, ampla participação dos setores privados envolvidos, acompanhamento pelos órgãos do Poder Executivo. Não havia (e não há receio) quanto ao mérito dos projetos, e em especial o PL 3515. São constitucionalmente adequados, fortemente caracterizados pela justiça social e, na base, reafirmam a necessária existência da harmonia entre consumidores e fornecedores, sem se descurar dos direitos fundamentais.

Seguiram à Câmara Federal com nova designação: PL 3514/15 (comércio eletrônico) e PL 3515/15 (prevenção e tratamento ao superendividamento). Se no Senado, desde os inícios dos trabalhos da Comissão de Juristas até a aprovação dos projetos, quase cinco anos se foram, outro não foi o tempo de tramitação da casa dos deputados.

Na Câmara dos Deputados o PL 3515 foi abraçado pelo Deputado Franco Cartafina de Minas Gerais que, a despeito da jovialidade, demonstrou liderança sólida na condução da legislação em construção. Sempre ouvindo demais líderes, enfrentando respeitosamente os parlamentares que se opunham à legislação em construção, buscando conciliação nos temas polêmicos.

---

4. Destaquem alguns exemplos: Recurso Especial 1.584.501 – SP (2015/0252870-2), da relatoria do Min. Paulo Sanseverino; Recurso Especial 1.358.057 – PR (2012/0262057-3), relatoria Min. Moura Ribeiro; Recurso Especial 1.783.731 – PR (2018/0319905-5), relatoria Min. Nancy Andrighi.
5. Membros da Comissão de Juristas: Antonio Hermann V. Benjamin, Claudia Lima Marques (Relatora-geral), Ada Pellegrini Grinover, Leonardo Roscoe Bessa, Roberto Pfeiffer e Kazuo Watanabe.

Enfim, historiar é necessário para o registro das conquistas humanas.

Ao líder congressista se somaram as associações, entidades de defesa do consumidor, Ordem dos Advogados do Brasil, PROCONs, Ministérios Públicos e Defensorias Públicas. A história abria espaço ao presente e o presente clamava pelas *mobilizações*, devolvendo o direito do consumidor às origens naturais que sempre foram os *direitos humanos*, o *direito das massas*, o *direito dos vulneráveis*.

Não à toa que a concepção do Sistema Nacional de Defesa do Consumidor está alicerçada exatamente no princípio democrático, nos valores fundamentais, na composição equânime de poderes entre as unidades federativas e na correta oportunização dos discursos, a fim de que as decisões sejam legítimas. Desde os PROCONs com menores recursos até à coordenação central do sistema as prioridades devem ser lidas no enfoque dos direitos humanos dos consumidores: uma perspectiva "*interpretatio pro hominis*".

Por isso, a mobilização se faz fácil, já que inerente aos direitos humanos, lugar jurídico-institucional dos PROCONs com os atendimentos pessoais, empatia aos consumidores, respeito à pessoa humana, capacidade em separar interesses "*do*" mercado com interesses "*no*" mercado. São essas instituições e entidades que expressam o real apreço ao PL 3515, porque no dia-a-dia ou no "*chão de fábrica*" (como costumam dizer) presenciam as inúmeras vítimas da banalização dos créditos e empréstimos.

Portanto, mobilizar é fundamental para a proteção humana e equilíbrio de forças.

Nesta semana, o PL 3515/15 retornou ao Senado Federal, a casa parlamentar que o concebeu. Retornou com algumas emendas, não desconfigurado. Ainda guarda a estrutura e funcionalidade da elaboração original. Cada disposição axiomaticamente esquadrinhada à luz da Constituição Federal.

No dispositivo referente à Política Nacional das Relações de Consumo (verdadeiras políticas públicas) insere dois novos incisos. O primeiro, quanto ao fomento de ações visando a educação financeira e ambiental dos consumidores. O segundo, inaugurando a prevenção e o tratamento do superendividamento como forma de evitar a "*exclusão social do consumidor*". O que está em perfeita harmonia com os objetivos da Constituição Federal ao estabelecer como escopo magno a erradicação da pobreza.

Na execução desta política, o PL acrescenta no art. 5º a instituição de mecanismos de prevenção e tratamento extrajudicial e judicial do superendividamento e de proteção do consumidor pessoa natural, estimulando a criação de núcleos de conciliação e mediação de conflitos oriundos do superendividamento. O que exatamente se afina com legalidade constitucional na medida em que busca soluções baseadas em modelos de autocomposição (mais uma vez não optando pela heterocomposição na figura da arbitragem), elevando a dignidade humana a partir da diferenciação na promoção da pessoa natural frente outros critérios.

Na coluna cervical dos "direitos básicos" (art. 6º) insere três dispositivos adequados às hipercomplexidades existentes nesta quadra contemporânea: a garantia do crédito responsável e educação financeira, inclusive a partir da prevenção e tratamento do superendividamento mediante revisão e repactuação das dívidas; a preservação do mínimo existencial; e, por fim, o direito à informação acerca dos produtos por unidade de medida para tornar cognoscível os custos do produto e do crédito.

A atualização do CDC a esse é aviso é de notória importância, porque no âmbito da legislação infraconstitucional retira o "mínimo existencial" (art. 6º CF) das meras conjecturas abstratas, proporcionando sua viabilidade legislativa pioneiramente e socorrendo a jurisprudência nacional que há tempos manifestava pela proteção do núcleo inquebrantável de direitos fundamentais. Clara oxigenação aos "limites do sacrifício".[6]

A introdução de capítulo exclusivamente respeitante à prevenção e tratamento ao superendividamento, a partir do dispositivo contido no art. 54-A, permite excelente modificação de rumos, especialmente ao cidadão-consumidor e ao Poder Judiciário. O capítulo objetivamente conceitua o fenômeno do superendividamento, indicando dentre os requisitos a boa-fé do consumidor e sua obrigação em cumprir os créditos assumidos. Não faz tábua ao perdão de dívidas.

Contudo, corretamente adota a perspectiva *ex ante*, ou seja, natureza preventiva (*warning*) na medida que fixando os critérios do crédito responsável imputa ao fornecedor a assunção do risco quanto ao empréstimo ou crédito contratado sem respeitar a capacidade financeira do núcleo familiar. Não fosse isso, veda condutas de publicidades e ofertas superestimadas (*v.g.* "sem acréscimo de encargos", "taxa zero") para contratualização de crédito, impondo aos órgãos financeiros o cumprimento (*compliance*) dessas medidas. Também o capítulo vincula a necessária transparência (*disclousure*) nas operações de crédito e vendas a prazo, cabendo aos fornecedores tecerem informações do custo efetivo total e elementos de composição, a taxa mensal de juros, a taxa de juros de mora, o total dos encargos, o montante das prestações e o prazo de validade das ofertas, por fim, o nome e endereço eletrônico do responsável.

Essas medidas não apenas inibirão condutas corriqueiras e abusivas no mercado financeiro, prestigiando os fornecedores que se atentam para as boas práticas no que concerne o crédito responsável, impulsionando o poder de fiscalização dos órgãos públicos e aliviando a carga de feitos perante o Poder Judiciário. Devemos lembrar que os direitos fundamentais antes de exigirem reparações e compensações, são carentes de prevenção e precaução e, nesse sentido, flui tranquilamente o PL 1805 (nova designação).

Numa última palavra, o capítulo de conciliação é estímulo à resolução dos conflitos. Basta lembrar que na prática muitos Procons e demais órgãos há tempos buscam transações para promoção de consumidores em situação de superendividamento. Também vale o registro que diversas instituições financeiras igualmente são

---

6. Ver por todos Fernando Rodrigues Martins. **Princípio da justiça contratual**. 2. ed. São Paulo: Saraiva, 2014, p. 287.

solícitas e buscam acordos para resolução desses entraves. O que há de novo nesta conciliação é o "*dever de renegociar*", próprio da boa-fé objetiva em prol do vulnerável em situação de óbvio rebaixamento da qualidade de vida.

Cremos que o Senado Federal, mesmo em nova legislatura, ratificará os trabalhos da Comissão de Juristas registrando o historicismo desta causa, dará razão à mobilização dos PROCONs e entidades de defesa do consumidor, e, sobretudo, consolidará a marcha para o exercício real de direitos fundamentais.

O DIREITO À REVISÃO DO CONTRATO DE PESSOA IDOSA EM CONDIÇÃO DE MISERABILIDADE: COMENTÁRIO AO RECURSO ESPECIAL 1.834.231 – MG (2019/0254568-0)

Fabiana Rodrigues Barletta

Possui Pós-doutorado em Direito do Consumidor pela UFRGS, supervisionada por Claudia Lima Marques (UFRGS). Doutora em Teoria do Estado e Direito Constitucional pela PUC-Rio, orientada por Alejandro Bugallo Alvarez (PUC-Rio) e Heloisa Helena Barboza (UERJ). Mestre em Direito Civil pela UERJ, orientada por Gustavo Tepedino (UERJ). Professora Associada IV da Universidade Federal do Rio de Janeiro (UFRJ).

1. O CASO

O direito à revisão do contrato bancário de pessoa idosa em condição de miserabilidade foi extraído do recente Recurso Especial 1.834.231 – MG (2019/0254568-0), que limitou em 30% o valor da cobrança direta em conta corrente do consumidor idoso, que recebia verba assistencial. Com base no princípio da dignidade da pessoa humana, afastou-se a cobrança sobre o benefício de assistência social de idoso em condição de miserabilidade, para preservar seu mínimo existencial. O princípio da autonomia da vontade contratual foi reduzido para permitir o pedido de limitação de cobrança, haja vista o STJ ter julgado pela revogação da autorização para o débito automático em conta corrente superior a 30% do valor recebido a título de verba assistenciária dada pelo Estado ao hipervulnerável. Houve respaldo na teoria do mínimo existencial.

Em suma, no Recurso Especial 1.834.231 – MG (2019/0254568-0), G.A.G., pessoa idosa e miserável, que recebia o benefício assistencial de prestação continuada de assistência social ao idoso, tomou empréstimos do BMB/SA, instituição financeira fornecedora de crédito. BMB/SA passou a fazer descontos na folha de pagamento da mutuária, exatamente sobre a verba de assistência social granjeada. G.A.G., ajuizou ação solicitando limitação do percentual descontado diretamente de sua conta corrente a 30% do valor do benefício assistencial de prestação continuada de assistência social ao idoso.

O STJ decidiu por limitar em 30% do valor recebido a título de benefício para que o BMB/SA pudesse retirar diretamente da conta do devedor. Igualmente, o propósito recursal do consumidor era um pedido de limitação em 30% dos descontos efetuados pela instituição financeira BMB/SA, diretamente na sua conta bancária, onde depositado Benefício de Prestação Continuada de Assistência Social ao Idoso.

Até então, o valor cobrado pelo BMB/SA como parcelas para quitação do contrato de mútuo, do qual constava-se credor, ultrapassava 30% do benéfico assistencial recebido pelo idoso para desconto direito em sua folha de pagamento.

Tratava-se de ajuste contratual que comportava vício do consentimento a ferir o princípio do equilíbrio contratual tão salvaguardado pelo do Código de Defesa do Consumidor conhecido como lesão.

2. A LESÃO

Sobre a lesão pode-se dizer que se trata da desproporção entre as prestações aferida no momento da formação do contrato. Com o advento do Código de Defesa do Consumidor, a lesão foi abertamente positivada no Brasil.

A lesão está contida na primeira parte do inciso V, do artigo 6º, do Código do Consumidor, como direito básico desse agente, razão pela qual a referida lei concede ao consumidor lesado o *direito de modificar as cláusulas contratuais que estabeleçam prestações desproporcionais.*[1]

Uma vez provada a abusividade da quantia retirada da conta corrente de G.A.G., lhe foi conferido, pelo princípio da dignidade da pessoa humana, que leva em consideração a condição do mutuário de idoso, recebedor de um benefício assistencial de apenas um salário-mínimo, que o Estado confere às pessoas em condição de miserabilidade, ou seja, um consumidor reconhecidamente hipervulnerável[2]; o direito de rever seu contrato, limitando a cobrança extorsiva da prestação obrigacional.

Nas palavras do STJ, o Benefício de Prestação Continuada de Assistência Social ao Idoso, "tem por objetivo suprir as necessidades básicas de sobrevivência do beneficiário, dando-lhe condições de enfrentamento à miséria, mediante a concessão de renda mensal equivalente a apenas 1 (um) salário-mínimo."

Observa-se, no caso, interseção de vulnerabilidades (pessoa consumidora, idosa, extremamente pobre), agravadora da abusividade da conduta do fornecedor, que configura lesão, excessiva onerosidade para o consumidor, pactuada no momento da contratação.

Cláusulas abusivas são passíveis de serem revistas pelo Poder Judiciário no intuito de tutelar a pessoa consumidora, especialmente a idosa e em condições de miséria, pois, como dispõe o art. 39, inciso IV, "é vedado ao fornecedor de produtos ou serviços, dentre outras práticas abusivas: prevalecer-se da fraqueza ou da ignorância do consumidor tendo em vista sua *idade*, saúde, conhecimento ou *condição social*, para impingir-lhe seus produtos ou serviços."

---

1. BARLETTA, Fabiana Rodrigues. *Revisão contratual no Código Civil e no Código de Defesa do Consumidor.* 2 ed. Indaiatuba: Foco, 2020, *passim.*
2. MARQUES, Claudia Lima; MIRAGEM, Bruno. *O novo direito privado e a proteção dos vulneráveis.* São Paulo: RT, 2012, p. 178-184.

Verifica-se, contudo, que a existência de uma cláusula lesiva não há de, por si, invalidar o contrato. É que o Código de Defesa do Consumidor preconiza a conservação dos contratos na medida das justas expectativas de ambas as partes contraentes. Na forma em que dispõe o art. 51, § 2º, da legislação consumerista: "A nulidade de uma cláusula contratual abusiva não invalida o contrato, exceto quando de sua ausência, apesar dos esforços de integração, decorrer ônus excessivo a qualquer das partes."

3. O PRINCÍPIO DO EQUILÍBRIO CONTRATUAL E A AUTONOMIA PRIVADA

O princípio do equilíbrio contratual funciona como expressão dos princípios constitucionais fundamentais da igualdade substancial e da solidariedade social. Este último marca forte presença nas relações privadas de mútuo feneratício ou, numa linguagem coloquial, de contratos de concessão de crédito ao consumidor e é, nos dizeres do STJ neste julgado, fruto da *"ponderação entre o princípio da autonomia da vontade privada e o princípio da dignidade da pessoa humana."* [Grifou-se].

Além disso, autonomia privada nasceu do individualismo do Estado Liberal burguês que tinha no indivíduo, a causa de todo o direito. Entendia-se que o indivíduo era livre para se autodeterminar segundo a sua vontade e com a mínima intervenção estatal nos negócios pactuados. Garantia-se a liberdade do ato de contratar para consolidar o comércio e as trocas que surgem com força após o período do feudal, expurgado pela revolução dos franceses e pela ascensão do capitalismo.[3]

Tal autonomia manifesta-se quanto à liberdade de contratar propriamente dita, quanto à liberdade de estipular o contrato e quanto à liberdade de determinar o conteúdo do contrato.[4]

Afirma-se, portanto, que um contrato realizado com um idoso, em estado de miserabilidade, não se encontra baseado apenas na autonomia privada. Já é de amplo conhecimento que a relação contratual contemporânea possui fontes outras além do contrato: a lei, os usos, a equidade.[5]

Isto posto, não há mais espaço para uma liberdade absoluta e os institutos de direito privado não devem apenas arcar com as restrições provindas da ordem pública. Além disso, eles devem ser restabelecidos conforme a legalidade constitucional.[6] Assim "serão legítimas quaisquer medidas interventoras no âmbito da iniciativa económica privada que tenham por objecto ou finalidade a salvaguarda dos direitos fundamentais dos cidadãos."[7]

---

3. BOBBIO, Norberto. *A era dos direitos* Tradução de: COUTINHO, Carlos Nelson. Rio de Janeiro: Campus, 1992, p. 32.
4. GOMES, Orlando. *Contratos.* 16 ed. Rio de Janeiro: Forense, 1995, p. 22.
5. PERLINGIERI, Pietro. *Il diritto civile nella legalitá constituzionale*, Napoli: Scientifiche Italiane, 1984, p. 141-142.
6. TEPEDINO, Gustavo. Premissas metodológicas para a constitucionalização do direito civil. In: *Temas de direito civil*. Rio de Janeiro: Renovar, 1999, p. 21.
7. PRATA, Ana. *A tutela constitucional da autonomia privada*, Coimbra: Almedina, 1982, p. 208.

Outra questão apontada pelo STJ era a de que, a hipótese dos autos, não tratava simplesmente do recebimento de verbas salariais pelo idoso. Ele era beneficiário de um fundo de assistência social.

A pessoa idosa necessita de certas condições para a vida em dignidade dadas pelo direito fundamental social da assistência aos desamparados, conferido pelo Estado. Observe-se que o direito à assistência social, representa uma das metas do sistema da seguridade social no Brasil, consoante art. 194 da Constituição da República que apregoa: "a seguridade social compreende um conjunto integrado de ações de iniciativa dos Poderes Públicos e da sociedade, destinadas a assegurar os direitos à saúde, à previdência e à assistência social."

4. O DIREITO À SEGURIDADE SOCIAL

O direito à seguridade social é direito prioritário da pessoa idosa posto que relacionado às condições mais elementares de vida na terceira idade e por se afigurarem como pressupostos para que sejam exercitados outros direitos.[8]

4.1. O Direito à Assistência Social

A proteção do idoso por intermédio da assistência social tem sede na Constituição da República, em seu art. 203: "A assistência social será prestada a quem dela necessitar, independente de contribuição à seguridade social, e tem por objetivos: I – a proteção à família, à maternidade, à infância, à adolescência e *à velhice*; [...] V – garantia de um salário mínimo de benefício mensal à pessoa portadora de deficiência e *ao idoso* que comprovem não possuir meios de prover à própria manutenção ou de tê-la provida por sua família, conforme dispuser a lei." [Grifou-se].

Não se faz necessária contribuição prévia do idoso para gozar do benefício da assistência, já que o requisito exigido é a carência comprovada do idoso e de sua família em termos econômico-financeiros, conforme disposto na Lei.

Por fim, "a assistência social aos idosos será prestada, de forma articulada, conforme os princípios e diretrizes previstos na Lei Orgânica da Assistência Social", "na Política Nacional do Idoso, no Sistema Único de Saúde e demais normas pertinentes", nos termos do art. 33 do Estatuto do Idoso.[9]

O STJ argumentou, com base no caso concreto, sobre a necessidade do "distinguishing", para acolher o pedido de limitação dos descontos na conta bancária onde recebido o benefício assistencial em 30% do valor recebido. Essa decisão visou a não privar o idoso de grande parcela do que, já de início, era integralmente destinado à satisfação do seu mínimo existencial.

---

8. BARLETTA, Fabiana Rodrigues. *O direito à saúde da pessoa idosa*. São Paulo, Saraiva, 2010, p. 62.
9. BARLETTA, Fabiana Rodrigues. *O direito à saúde da pessoa idosa*. São Paulo, Saraiva, 2010, p. 67.

5. O MÍNIMO EXISTENCIAL

No Brasil, desenvolveu-se a teoria do "mínimo existencial" pela qual os jurisconsultos têm tratado de questões no sentido do quanto se pode assegurar aos indivíduos em matéria de direitos sociais, dentre os quais se destaca a assistência social, direito de natureza prioritária, já que pressuposto para o gozo de qualquer outro direito fundamental.

O "mínimo existencial" é construção teórica que não possui presciência na Constituição, mas se encontra relacionada ao conceito de liberdade, aos princípios constitucionais que preveem a igualdade, às imunidades e privilégios dos cidadãos que dele necessitam e aos desideratos da Declaração Universal dos Direitos dos Homens, possuindo, portanto, *status* constitucional.[10] Tal construção relaciona-se também com o problema da pobreza, especialmente da pobreza absoluta, mediante a qual não há possibilidade de inércia do Estado, pois, sem um mínimo indispensável à própria existência, não há sequer como falar de sobrevida dos homens e se cessam as "condições iniciais de liberdade".

O "mínimo existencial" tem força de direito, pois está implícito no princípio da dignidade da pessoa humana e na ideia de um Estado Social de Direito.[11] Como os direitos sociais podem ser apreciados quão implementadores da justiça social, ligados ao dever comunitário de promoção da pessoa humana, infere-se que esses direitos positivos são expressão direta do Estado Social de Direito, que, além de abarcar os direitos de defesa e liberdade do Estado Liberal clássico – na medida em que a relação entre as duas dimensões de direitos fundamentais é complementar e não excludente – provoca uma distribuição justa e adequada dos bens aos mais necessitados.[12] Nesse termos, o Estado coloca o "mínimo existencial" em prática quando, por exemplo, realiza assistência social.[13]

6. LIBERDADE DE CONTRATAR E CONTRATOS DE ADESÃO

A liberdade de contratar atribuída às partes supõe também a igualdade delas para deliberar acerca de com quem se contrata e do conteúdo contratual. Fala-se em suposição porque, na prática, nem sempre há liberdade genuína de pactuar, visto não haver igualdade substancial entre os pactuantes. Isso ocorre nos contratos de adesão firmados entre entidades financeiras e pessoas idosas, que possuem necessidade de ajustar tais contratos da maneira que lhes são oferecidos. Não se quer dizer,

---

10. TORRES, Ricardo Lobo. *O mínimo existencial e os direitos fundamentais. In*: Revista de Direito Administrativo, v. 177, jul./set., 1989, p. 29 e 42.
11. TORRES, Ricardo Lobo. *O mínimo existencial e os direitos fundamentais, In*: Revista de Direito Administrativo, v. 177, jul./set., 1989, p. 30-32.
12. SARLET, Ingo Wolfgang. *Os direitos sociais na constituição de 1988, In*: Revista Diálogo Jurídico, ano 1, v. 1, abril/2001, p. 19.
13. TORRES, Ricardo Lobo. *A cidadania multidimensional na era dos direitos. In*: Teoria dos Direitos Fundamentais. 2 ed. TORRES, Ricardo Lobo (Org.). Rio de Janeiro: Renovar, 2001, p. 268.

entretanto, que não exista autonomia privada por parte do consumidor e instituição fornecedora de crédito, mas ela é mitigada especialmente quando a vontade é emitida pela pessoa idosa, em condições de miserabilidade, notadamente hipervulnerável em termos jurídicos. No caso concreto, o consumidor idoso admitira cobrança diretamente em sua conta corrente acima de 30% do valor recebido mensalmente a título de assistência social.

A pessoa idosa necessita de certas condições para a vida em dignidade, dadas pelo direito fundamental social da assistência aos desamparados, conferido pelo Estado. Observe-se que o direito à assistência social, representa uma das metas do sistema da seguridade social no Brasil, consoante art. 194 da Constituição da República.

Especialmente no que concerne ao direito à assistência social, pode-se afirmar que ele constitui não só direito de defesa, no sentido de respeito à integridade psicofísica do ser humano e de afastamento dos atos degradantes e desumanos, como também direito às prestações por parte do Estado, em prol dos titulares de um direito subjetivo público. O "mínimo existencial" em matéria de assistência, por se referir a condições básicas para a subsistência, permanece ínsito no princípio maior da dignidade da pessoa humana.

TRANSPORTE PÚBLICO MUNICIPAL – REFLEXÕES EM TEMPOS PANDÊMICOS

Paulo Valério Dal Pai Morais

Especialista em Processo Civil. Mestre em Direito do Estado pela PUC-RS. Procurador de Justiça no MPRS

Estamos vivendo tempos de crise, e essa percepção/constatação conduz a tentarmos vislumbrar as oportunidades que o momento apresenta a todos nós.

Antes de prospectar eventuais oportunidades à nossa volta, é preciso manifestar o profundo respeito que tenho por inúmeras pessoas que perderam entes queridos, amigos (as), companheiros (as), assim como por todos os que perderam seus empregos, suas empresas, suas moradas, a dignidade e a vida, em decorrência da pandemia da Covid-19.

O serviço público de transporte municipal, como não poderia ser diferente, acabou sendo um dos focos problemáticos prioritários que surgiram com a crise de saúde, e tem sido objeto de imensas divergências, convergências, dramas, sofrimento e soluções, sendo sobre isso que este breve ensaio busca refletir.

Com efeito, o eminente filósofo Luc Ferry[1] chama esses novos tempos de "Terceira Revolução Industrial", cujo núcleo está resumido na sigla NBIC, correspondendo "N de nanotecnologias, B de biotecnologias, particularmente o sequenciamento do genoma humano e a ferramenta de edição do DNA que se chama Crispr-Cas9. Depois, I de informática, os *big data* e a internet dos objetos. E o C é o cognitivismo, isto é, a inteligência artificial (IA), o coração do coração dessas quatro inovações".

A consequência primeira dessa Revolução, para Ferry, é a chamada economia colaborativa, que tem nos modelos do *Airbnb* e na empresa Uber seus maiores representantes, quando "... não profissionais..." acabam tendo condições de "...entrar em concorrência com profissionais graças à IA".[2]

A segunda consequência é o projeto transumanista, que se apoia na engenharia genética, no Crispr-Cas9 (ferramenta de edição do DNA)[3], nas pesquisas de célu-

---
1. FERRY, Luc. *A Revolução Transumanista*. Prefácio à edição brasileira é a entrevista de Luc Ferry a Jorge Forbes. Tradução de Éric R. R. Eneault. Barueri: Manole, 2018, p. VIII.
2. FERRY, Luc. Ob. cit., p. VIII.
3. Sobre a técnica, ver a notícia disponível em https://www.cnnbrasil.com.br/saude/2020/10/08/nobel-de--quimica-o-que-e-crispr-e-por-que-essa-tecnica-e-controversa, acessado em 18.05.2021: "Duas mulheres venceram o prêmio Nobel de química pelo desenvolvimento de uma ferramenta revolucionária de edição genética, que já foi descrita como `a reescrita do código da vida´. A técnica, descoberta por Emmanuelle

las-tronco totipotentes (capazes de diferenciarem-se em todos os 216 tecidos que formam o corpo humano), buscando deixar a humanidade melhor, mesmo que isso signifique a hibridização homem-máquina, por isso a expressão *Transumanismo*.

O transporte público municipal foi frontalmente impactado por essa nova *Onda* da evolução humana na dimensão econômica, social, cultural e vivencial, e precisamos, agora, dar respostas e soluções aos efeitos deletérios que ela vem causando a todos que, de alguma forma, estão envolvidos nessa vivência social.

A Lei 12.587/2012 (Lei de Mobilidade Urbana) apresenta no seu artigo 4º três situações pelas quais o transporte de pessoas vem sendo realizado nas zonas urbanas:

> VI – transporte público coletivo: serviço público de transporte de passageiros acessível a toda a população mediante pagamento individualizado, com itinerários e preços fixados pelo poder público;
>
> VIII – transporte público individual: serviço remunerado de transporte de passageiros aberto ao público, por intermédio de veículos de aluguel, para a realização de viagens individuais;
>
> X – transporte remunerado privado individual de passageiros: serviço remunerado de transporte de passageiros, não aberto ao público, para a realização de viagens individualizadas ou compartilhadas solicitadas exclusivamente por usuários previamente cadastrados em aplicativos ou outras plataformas de comunicação em rede.

Essas três modalidades de transporte municipal de pessoas enfrentam vários desafios, em primeiro lugar, porque fazem parte de regimes jurídicos completamente diferentes.

Enquanto o serviço público de transporte coletivo é absolutamente regulado, devendo cumprir regras e princípios licitatórios, determinação de tarifas pelo ente público municipal e outras tantas imposições administrativas, na outra ponta existe, em regime concorrencial direto, o serviço remunerado privado individual (aplicativos de transporte Uber, Cabify, 99, Garupa etc.), que é regido pelos princípios da livre concorrência e da livre iniciativa.[4]

Esse um primeiro impacto que não pode ser desprezado, porque os baixos custos pagos pelo transporte realizado por aplicativos e seus colaboradores acaba estimulando os consumidores a valerem-se do meio mais barato e mais confortável, deixando de utilizar o transporte público coletivo, por razões óbvias.

Os concessionários desses transportes públicos coletivos, por sua vez, premidos pela concorrência, não têm como majorar suas tarifas, sob pena de gerarem maior perda de consumidores, fazendo com que sejam obrigados a reduzir custos, o que é salutar, mas alguns desses custos não têm como reduzir, como é o caso do combustí-

---

Charpentier, diretora do Instituto Max Planck de Biologia das Infecções, e Jennifer A. Doudna, bioquímica da Universidade da Califórnia Berkeley, é conhecida como Crispr/Cas9."

4. MAFFINI, Rafael. *Transporte Rodoviário de Passageiros e Cargas*. Em Direito da Regulação – Teoria e prática dos setores regulados. HEINEN, Juliano (Org.).. Salvador: Editora JusPODIVM, 2021, p. 304, cita a ADPF 449, Relator Min. Luiz Fux, Tribunal Pleno, julgado em 08/05/2019.

vel, que contribui imensamente na constituição da planilha de gastos dos operadores privados do sistema público de transporte.

Com a pandemia, essa realidade aflorou com grande intensidade, porque as medidas restritivas de circulação, necessariamente impostas, acabaram por retirar em massa consumidores do transporte público coletivo, acarretando um decréscimo vultoso das receitas das empresas concessionárias, as quais, na imensa maioria dos municípios brasileiros, encontram-se em graves situações financeiras, devido à falta de dinheiro para fazer frente aos custos da operação.

Isso acontece porque todo o sistema de transporte público coletivo está erigido a partir de um modelo de sustentação alicerçado no pagamento de bilhetes de passagem por partes dos consumidores, seja na forma de dinheiro (atualmente significativamente reduzido), seja por intermédio de cartões.

Como consequência, acabam surgindo perquirições administrativas e judiciais as mais variadas, como solicitações, por parte das empresas aos municípios, para que restabeleçam o equilíbrio econômico-financeiro, o que é ainda mais agravado pela, em muitos casos, necessidade de novas licitações para regularizar sistemas de transporte exercidos precariamente. Tudo isso deságua, inevitavelmente, no Poder Judiciário e no Ministério Público, chamados para dirimir as controvérsias geradas por essas novas realidades do *Transumanismo* (restrinjo essa manifestação à dimensão da economia compartilhada).

Ocorre que a matéria em discussão é de alta complexidade, atingindo cunhos estruturais, porque o sistema de transporte público coletivo não se apresenta como sustentável, tendo em vista que, como serviço essencial que é, não pode estar submisso a tal nível de sensibilidade às externalidades.

Rafael Maffini[5], em magnífico artigo sobre o tema, refere que a "...atividade é tão relevante, que o **transporte** é eleito como **direito social** pelo constituinte originário de 1988, conforme art. 6º `caput` da CF/88. E tal texto normativo maior vai além: determina que o salário-mínimo deva ser de tal monta que deve permitir o pagamento deste serviço público (art. 7º, inciso IV). A essencialidade dessa atividade mostra-se ainda mais latente quando vemos o cuidado do legislador constituinte originário, ao garantir já no texto promulgado em 1988, `a gratuidade dos transportes coletivos urbanos´ aos maiores de sessenta e cinco anos (art. 230, §2º)".

A característica da essencialidade, prevista no artigo 30, V, da CF, é fácil de ser verificada na vivência cotidiana, por que é por intermédio do serviço de transporte coletivo que o *corpo urbano* vive, capilarizando as relações sociais, de trabalho, de emprego, de empreendimento. Ou seja, em uma linguagem mais direta e concreta, é o serviço público de transporte coletivo que permite que as pessoas da comunidade possam viver e dar vida ao organismo social, realizando trocas econômicas, trocas de produtos e serviços etc.

---

5. MAFFINI, Rafael. Ob. cit., pp. 273 e 274.

Assim, defender o serviço de transporte público coletivo para que o sistema não colapse envolve profundo interesse público e relevância social, evidenciados, conforme dicção do artigo 82, § 1º, do CDC, pela dimensão do dano, características do dano e pela relevância do bem jurídico protegido (é um direito social).

Mergulhando nos meandros do problema, em o sistema de bilhetagem (pagamento pelos consumidores em dinheiro ou cartão) não tendo condições de cobrir os custos totais da operação, passam os concessionários a pleitear junto às municipalidades soluções capazes de estancar os déficits mensais. Buscam a cobertura dos vários meses de resultados negativos suportados durante a pandemia, objetivam correções, mediante autorizações municipais, de aspectos da própria operação, como a redução de empregados e de frota, ingressando de maneira contundente nas várias gratuidades que ao longo dos tempos acabaram sendo criadas por leis municipais, o que resultam em um espectro ainda maior de pessoas prejudicadas em cascata, em decorrência da mesma origem comum do problema, que é a estrutura não sustentável na qual está alicerçado o sistema de transporte coletivo público no Brasil.

Toda essa gama de problemas e de complexidade acaba inviabilizando que essas questões possam ser tratadas no modelo adversarial, porque o processo judicial, estruturado sobre os princípios da ampla defesa, do contraditório, do formalismo procedimental e conversacional, não se mostra suficiente para trazer a agilidade, a consensualidade e a resolutividade exigidas pela dinâmica e pela sensibilidade social do problema. Em uma simples frase, os concessionários, os Municípios, os passageiros, em suma, a sociedade em geral não pode ficar à mercê de uma decisão que será produzida em um futuro distante, pois suas necessidades de transporte, de pagamento de salários, de pagamento de fornecedores, de vida, são prementes, são para aqui e agora!

Por isso, a solução mais viável é a utilização dos métodos adequados de solução de conflitos – mediação, conciliação, negociação etc. – empreendidos diretamente pelos envolvidos ou pelos aparatos de consenso do Poder Judiciário, do Ministério Público, das Agências reguladoras estaduais, assim como de outros entes públicos.

No âmbito do Ministério Público do Estado do Rio Grande do Sul, além dos (as) valorosos (as) colegas de primeiro e de segundo grau que têm empreendido no sentido da consensualidade, temos o MEDIAR, que é o Núcleo Permanente de Incentivo à Autocomposição, criado pelo Provimento 11/2016 do PGJ – o Coordenador Administrativo é meu colega e grande especialista em consensos Ricardo Schinestsck Rodrigues, sendo minha colega Ivana kist Huppes Ferrazzo Secretária-Executivo, igualmente *expert* em autocomposições públicas, nas pessoas de quem agradeço aos demais colegas igualmente especialistas que integram o Núcleo -, por intermédio do qual, mediante solicitação dos (as) colegas que enfrentam problemas nas comarcas ou no segundo grau de jurisdição (Procuradores [as] de Justiça), membros do Ministério Público organizam cenários de consenso que têm surtido resultados concretos.

Trabalhando no formato de conciliação, principiamos ouvindo os (as) colegas da localidade buscando aferir a extensão do assunto, suas características objetivas, bem como eventuais atores que deverão integrar os espaços de interlocução para o consenso.

Por vezes, já existem demandas judiciais, e nessas ocasiões, precisam ser encetadas negociações com magistrados (as) visando à obtenção de permissão para que possam ser empreendidos cenários de consenso paralelos, e mesmo simultâneos ao processo, de modo a que eventuais acordos obtidos em sessões de conciliação organizadas pelo MEDIAR possam se homologadas judicialmente, o que traz maior segurança, completude e resolutividade integrada.

Exemplos que podem acontecer em profusão dizem respeito a demandas buscando a realização de nova licitação do serviço público de transporte em que o processo pode seguir o seu trâmite normal e, paralelamente, o Ministério Público pode organizar espaços de consenso entre o Município, as empresas concessionárias, agências reguladoras ou outros atores que, porventura, tenham importância para auxiliar nos diálogos e no encontro de soluções.

Esse tipo de formato tem-se mostrado bastante exitoso, pois a informalidade e a disponibilidade específica de profissionais voltados, precipuamente e com técnica, para a criação de pontes de convergência permite que sejam feitas sessões exclusivas para consensualizar valores pretéritos decorrentes das perdas suportadas pela Covid-19. Também são promovidos encontros para tratar de alterações na estrutura da prestação do serviço, como a redução das remunerações dos diretores das empresas, alterações no sistema de integração (o consumidor paga uma passagem, mas tem direito a uma outra viagem, desde que o faça em um tempo reduzido de 40 minutos), redução de empregados, redução de frota, além de adentrar no difícil tema das gratuidades (estudantes, categorias de profissionais específicas da localidade etc.).

Outro imenso desafio é o grande clamor social que as alterações consensualizadas têm o potencial de causar. Uma delas é o terrível problema dos cobradores.[6] São trabalhadores e precisam ser tratados com respeito. Todavia, o artigo 37 da Constituição Federal, assim como o artigo 11-A da Lei 12.587/12, trazem o princípio da eficiência, como um mandamento de otimização constitucional, sendo que na Lei Ordinária são expressos os princípios da eficiência, da eficácia, da segurança e a efetividade na prestação do serviço.

Como consequência, torna-se difícil sustentar a concretização do princípio da eficiência, quando a modernização do setor já realiza as cobranças de maneira automática, por um simples passar de cartão ou por intermédio do sistema de biometria

---

6. Vide https://gauchazh.clicrbs.com.br/geral/noticia/2019/04/metade-das-capitais-do-brasil-retirou-cobradores-dos-onibus-diz-ntu-cjuau4u5e03ro01przuwpe7h2.html, acessado em 18.05.2021: Ao menos 56 cidades do Brasil dispensaram os cobradores de parte ou de todas as linhas de ônibus que operam, segundo levantamento da NTU, associação que reúne as empresas de transporte urbano do país. O Brasil tem cerca de 3.300 municípios com serviço de ônibus municipal.

facial (incrivelmente eficientes mesmo para pessoa usando máscara[7]), que evita a evasão de receitas provocada por fraudes.

É possível buscar, então, em espaços de consenso, a criação de programas municipais de reinserção dos profissionais por desventura desligados.

Também são viáveis espaços de consenso agregando o Poder Legislativo Municipal, objetivando acordar alterações legislativas tendentes a não cobrar o ISS dos concessionários e outras questões.

Por fim, o tema dos aplicativos de transporte privado individual, que, na forma já dita, impactam, igualmente, o sistema, o que tem motivado a criação de leis municipais[8] prevendo a autorização, a fiscalização e a cobrança de uma Taxa de Gerenciamento Operacional (TGO), previsão esta última que tem sido considerada inconstitucional.[9]

Outra tentativa, estudada pelo Município de Porto Alegre, é a instituição de uma taxa de uso do sistema viário,[10] que seria cobrada por km rodado pelos colaboradores dos aplicativos de transporte, assim como de veículos emplacados em outras cidades, o que, certamente, terá fortes contestações judiciais, mas é outra forma de tentar custear os serviços públicos de transporte coletivo.

Já a cobrança de ISS das operadoras de aplicativos de transporte possui autorização da Lei 12.587/12, especificamente no artigo 11-A, I, ao possibilitar a "efetiva cobrança dos tributos municipais".

Como visto, novos tempos do *Transumanismo*!

Novos tempos de desafios e de oportunidades!

Espero e desejo que essas breves reflexões possam servir para que, de maneira dialogada, consensualizada e cooperativa, encontremos, juntos, soluções mais adequadas às realidades de todos, mas, acima de tudo, soluções que sejam *humanizadas*, respeitando a dignidade, a saúde e a vida das pessoas!

---

7. PELEGI, Alexandre. Disponível em https://diariodotransporte.com.br/2020/05/08/empresa-aprimora-uso-da-biometria-facial-para-permitir-identificacao-de-usuario-mesmo-com-mascara/, acesso em 19.05.2021.
8. Leis dos Municípios de Rio Grande, Butiá, São Gabriel, Caxias do Sul, Venâncio Aires, Gravataí, Santa Maria.
9. ADI 70084615731, Tribunal Pleno do TJ/RS, Rel. Des. Tasso Caubi Soares Delabary, julgado em 16.04.2021, Município de Butiá. Ainda ADI 70075482968, Tribunal Pleno do TJ/RS, Rel. Gelson Rolim Stocker, julgado em 23.04.2018, Município de Rio Grande. ADI 70075503433. Rel. Des. Marilene Bonzanini, julgado em 24.06.2019, Município de Porto Alegre.
10. Disponível em https://guaiba.com.br/2020/01/30/uber-e-99-advertem-que-cobranca-de-taxa-a-motoristas-de-aplicativo-e-inconstitucional/, acesso em 19.05.2021.

LIBERDADE DE EXPRESSÃO NA ERA DA INTERNET: O DILEMA DAS REDES SOCIAIS

Paulo Roberto Binincheski
Doutor em Direito pela UFF. Mestre em Ciências Jurídicas pela Universidade de Lisboa. Professor de Direito do Consumidor. Promotor de Justiça de Defesa do Consumidor do MP-DF e presidente da MPCon e diretor do Brasilcon.

A consagrada Primeira Emenda da Constituição dos Estados Unidos da América diz que "O Congresso não deverá fazer qualquer lei a respeito de um estabelecimento de religião, ou proibir o seu livre exercício; **ou restringindo a liberdade de expressão, ou da imprensa**; ou o direito das pessoas de se reunirem pacificamente, e de fazerem pedidos ao governo para que sejam feitas reparações de queixas". A emenda em causa é uma proteção conferida ao povo americano, a fim de impedir que o seu governo ou os legisladores atuem no sentido de inibir à livre manifestação do pensamento, **a chamada liberdade de expressão**. Hodiernamente, atravessamos uma grave pandemia causada por um vírus letal em alguns casos, sendo que são tomadas atitudes drásticas às liberdades civis para conter a disseminação da doença, como atos de fechar praticamente todo o comércio e na restrição ao Direito de ir, de vir e de ficar, o que pode ser justificado pela preponderância do Direito à vida e a saúde.

Lado outro, as grandes empresas detentoras das redes sociais estão escolhendo quais conteúdos podem ser publicados e até restringindo o acesso de pessoas às manifestações de outros usuários, sob o argumento de serem conteúdos prejudiciais à vida, saúde e segurança, notadamente sob o pálio de serem notícias falsas ou com conteúdos não verdadeiros em parte, induzindo o leitor a comportamento perigoso.

Destarte, a questão debatida nestes apontamentos pretende suscitar o debate se e até que ponto é lícito às empresas privadas agirem *sponte sua* no sentido de banir de suas redes usuários, de bloquear ou de direcionar o tráfego de conteúdos os quais julgam inoportunos ou inapropriados, sem o contraditório e da ampla defesa, tomando como base o nosso sistema jurídico e em especial, aos diplomas legislativos existentes e aplicáveis à Internet.

Indubitavelmente, a fase atual da humanidade pode ser enquadra como a chamada Era da Sociedade da Informação, com a sua face mais visível pelo incremento do uso da informática em todos os setores com a Internet, meio de amplo difusor do conhecimento, notavelmente pelas empresas de tecnologias variadas, entre elas as chamadas prestadoras de serviços de Internet, notadamente os provedores de conteúdo de usuários, nos quais esses são os próprios difusores do conteúdo. Assim, na atualidade, há o fenômeno das redes sociais, mantidas por empresas de caráter mundial, com certa hegemonia e quase um monopólio por algumas gigantes, como é o notório caso do *Facebook*.

Nos EUA, de modo bem sintético, a partir dos julgados extraído de *Cubby Inc. v. CompuServ* e *Stratton Oakmont v. Prodigy Services Co*,[1] ficou estabelecido que aquele intermediário técnico que prometesse remover conteúdos prejudiciais de seus usuários e falhasse poderia ser compelido a indenizar a vítima e aquele que nada prometesse fazer seria indene de responsabilidade. Em reação ao aparente paradoxo e para estimular as empresas a agir com políticas de auto contenção, mas ao mesmo tempo deixar de promover atos de censura, adveio a Lei das Decências das Comunicações, quando restou afirmado pelo sistema judicial que a rede de Internet merece a proteção igual à Imprensa escrita, para assegurar a garantia da mais ampla disseminação do conhecimento e da plena liberdade da informação.[2] Assim, ficou estabelecido que a Internet é um lugar da expressão da pura Democracia e devem ser os usuários criadores do próprio conteúdo.[3]

Destarte, por um lado as empresas provedoras de Internet são imunes de responsabilidade civil e penal pelos conteúdos apostos por seus usuários, mas ao mesmo tempo podem escolher quais conteúdos podem permanecer em seus espaços, dado que por serem empresas privadas, não há em seu meio a garantia constitucional da Primeira Emenda. A rigor, a Primeira Emenda da Constituição dos EUA é uma garantia ao cidadão contra atos do Governo, mas não obriga aos particulares.

Ora, a beleza da Internet é a possibilidade da ampla difusão de ideias, e não parece fazer sentido que gigantes do setor possam interferir de forma drástica aos valores da liberdade de expressão incorporados na Primeira Emenda,[4] e tal liberdade empresarial parece não ser a mais adequada, pois conduz a atos de censura. Portanto, há quem defenda que a Internet merece ser conceituada como um grande *public forum* ou seja, forte na teoria do *the public forum doctrine*, de forma semelhante que aos governos resta proibida a censura, em igual partida deveria ser assim estabelecido às empresas privadas.

Assim, tanto na forma como na função, as redes sociais guardam forte semelhança àqueles espaços tradicionalmente abertos à expressão pública e ao debate

---

1. Confira em LEONARDI, Marcel. *Responsabilidade civil dos provedores de serviços de internet*. São Paulo: Juarez de Oliveira, 2005, p. 33 et seq. e ainda *vide* BINICHESKI, Paulo Roberto. *Responsabilidade civil dos provedores de internet*: direito comparado e perspectivas de regulamentação no direito brasileiro. Curitiba: Juruá, 2011. p. 109 et seq.
2. Ibidem
3. Para o assunto, Vide, *Reno v. American Civil Liberties Union*. 521 U.S. 844 (1997). Restou assente nesse julgamento pelos juízes da Suprema Corte da proteção da Internet contra as tentativas de regulação de seu meio, notadamente para não desvirtuar suas características técnicas e impedir a censura prévia de seus conteúdos que devem circular, a princípio, de forma livre, sem a exigência de filtros impossíveis de serem cumpridos adequadamente.
4. NUNZIATO, Dawn C. *The Death of the Public Forum in Cyberspace*, 20 Berkeley Tech. L.J., 2007, 1115-1125.

pelo governo[5] e o cidadão as enxergam como um lugar naturalmente adequado à disseminação de informação e de opinião.[6] Portanto, as redes sociais devem ser entendidas como semelhantes aos fóruns públicos tradicionais, e estender a exceção de função pública para os espaços de seus usuários, a fim de uma verdadeira promoção aos valores da Primeira Emenda.[7] No entanto, as empresas que dominam as redes sociais pelo Direito dos EUA, podem restringir e banir conteúdos e usuários, a partir de suas escolhas, como fizeram bem recentemente, sob o argumento de que alguns discursos promoviam o ódio e eram danosos à segurança dos cidadãos, em razão de ser possivelmente um discurso causador de ódio.[8]

É induvidoso que as redes sociais são uma poderosa ferramenta na mobilização política e na organização de grupos sociais, configurando um importante fórum para o discurso político e ao debate em todo o mundo. Além disso, submeter os sites de redes sociais a algum grau de escrutínio constitucional é crucial, dada sua importância para a vida social e política contemporânea, suas características únicas e seus incentivos para o engajamento na censura,[9] até possuem um papel dominante e de proeminência de usuários globalmente considerados e faz com que exerçam uma espécie de monopólio natural, fundamento a justificar a restrição de seus direitos de propriedade privada, eis que na condição de monopolistas naturais como são as operadoras de telecomunicações comuns e estão frequentemente sujeitos a regulamentos relativos às suas funções públicas.[10] No entanto, ao que se sabe até o estado da arte atual, nos EUA ainda prevalece a posição de que as empresas podem atuar como reguladoras dos conteúdos que são postados em seus equipamentos, sem estarem sujeitas ao escrutínio da Primeira Emenda da Constituição daquele país.

E no Brasil, a situação fática não é muito diferente, pois somente pela rede social do *Facebook*[11] estudos acadêmicos demonstram a possibilidade de práticas de censura estarem sendo praticadas, sendo que em algumas situações sequer existia violação aos próprios termos de uso da rede social ou aos padrões de comunidade consideradas pela empresa. Aqui, podemos usar da metáfora de Sergio Silveira como mais adequada à solução da controvérsia, em que recorre à imagem de um campeonato de futebol: pouco importa se o estádio em que o jogo está sendo disputado é privado ou público, dado que não se pode violar as regras do jogo, mas nas redes sociais, não é o que tem ocorrido.

---

5. Idem.
6. JACKSON, Benjamin F. *Censorship and Freedom of Expression in the Age of Facebook*, 44 N.M. L. Rev. 121, 2014, p. 151.- p. 122-167.
7. Idem.
8. MONTESANTI, Beatriz. *Facebook, Google e Twitter se defendem de acusações de censura no Senado dos EUA*. Publicado em 28 de outubro de 2020. Disponível em encurtador.com.br/clxB1. Acesso em 5 jun. 2021.
9. Idem, p. 141.
10. Idem, p. 141.
11. SILVEIRA, Sergio Amadeu da. Interações públicas, censura privada: o caso do Facebook. *História, Ciências, Saúde – Manguinhos*, Rio de Janeiro, v. 22, supl., dez. 2015, p.1637-1651.

Para além de discernir em nosso ordenamento jurídico até onde as empresas privadas podem impedir a divulgação de fatos e de opiniões que contrapostas aos termos de uso das redes sociais, até em razão de as empresas serem transacionais, o fato é que o Brasil possui um ordenamento jurídico em vigor e há legislação infraconstitucional diretamente aplicável na resolução de tais litígios e que impõe determinados poderes e deveres aos agentes públicos e privados, um pouco diferente do modelo norte americano. Entre nós, há a Lei do Marco Civil da Internet ou simplesmente MCI, Lei 12.965/2014, na qual estão previstos diversos princípios a serem seguidos por todos os agentes econômicos que atuam na e em Internet e por seus usuários, a exemplo do princípio a garantia da liberdade de expressão (artigo 3º, inciso I). A liberdade de expressão, serve como fundamento para a disciplina e o uso da internet (artigo 2º) e é o primeiro princípio a ser observado na disciplina do uso, tal como consagrado pelo legislador (artigo 3º, I).

O marco legal em vigor confere ao Estado o poder dever de garantir uma internet livre, seja para garantir a efetiva proteção de seus cidadãos, seja para garantir a aplicação do nosso sistema legal, desde que a empresa atue em solo nacional e devemos considerar a liberdade de expressão por ser um direito fundamental preferencial (*prefererred position*) e se na situação em litígio denotar um aparente conflito dessa liberdade com algum outro direito fundamental, a liberdade de expressão assume a posição de um direito preferencial.[12] O que justifica a *preferred position* em relação aos direitos fundamentais individualmente considerados é que a as liberdades de manifestação e de manifestação individual e na forma coletiva "servem de fundamento para o exercício de outras liberdades".[13] A ideia do princípio da liberdade de expressão no Marco Civil da Internet foi justamente para evitar atos de censura, o que torna então imperioso que as empresas sejam muitos claras, com regras objetivas e transparentes, de quais são os termos de uso de suas plataformas e tenham como regra evitar atos de censura, antes de ouvir o responsável pelo conteúdo, garantindo-lhe a plena defesa da legalidade de sua postagem.

A liberdade de expressão se fundamenta de modo integrativo-sistemático com a cidadania, notadamente em seu aspecto inclusivo, na linha do direito de acesso à internet a todos, no fundamento da cidadania inclusiva na internet como uma das facetas da liberdade de expressão.[14] A liberdade de expressão não é uma cláusula de imunidade, pois sofre restrições pelo legislador infraconstitucional, mas uma posição de preferência por sua conexão direta com o princípio democrático.[15] Nesse sentido, sem retirar a possibilidade das empresas privadas de estabelecer as suas

---

12. Para uma visão ampla da doutrina da liberdade de expressão nos Estados Unidos da América, vide por todos In: CHEQUER, Cláudio. *A liberdade de expressão como direito fundamental preferencial prima facie. (análise crítica e proposta de revisão ao padrão jurisprudencial brasileiro)*. Rio de Janeiro: Lumen Juris, 2011.
13. BARROSO, Luís Roberto. *Temas de direito constitucional*. Rio de Janeiro: Renovar, 2005. t. 3. p. 105-106.
14. VIANA, Ulisses Schwarz. *Liberdade de expressão, comunicação e manifestação do pensamento como princípios fundamentais do marco civil*. In: LEITE, George Salomão; LEMOS, Ronaldo (Coord.). In: Marco Civil da Internet. São Paulo: Atlas, 2014. p. 133.
15. Idem, p. 135.

políticas de uso de suas plataformas, não é um campo ou espaço indene ao Direito brasileiro, e para evitar que suas decisões configurem atos de censura, no mínimo deve ser estabelecido um contraditório, a permitir discussão quanto às remoções de conteúdo, restrições de seu alcance e até mesmo do uso de algoritmos para impedir que a informação chegue a todos que o desejarem.

NEUTRALIDADE DA REDE E PROTEÇÃO DO CONSUMIDOR NO CONTEXTO PANDÊMICO

Cíntia Rosa Pereira de Lima

Pós-doutora em Direito Civil na *Università degli Studi di Camerino* (Itália) com fomento FAPESP e CAPES. Líder e Coordenadora dos Grupos de Pesquisa "Observatório da LGPD" e "Observatório do Marco Civil da Internet" (CNPq) e do Grupo de Estudo "TechLaw" (IEA/USP). Doutora em Direito Civil pela Faculdade de Direito da USP com estágio na *Ottawa University* (Canadá) com bolsa CAPES-PDEE – doutorado Sanduíche e livre-docente em Direito Civil Existencial e Patrimonial pela Faculdade de Direito de Ribeirão Preto (USP). Presidente do Instituto Avançado de Proteção de Dados–IAPD, associada titular do IBERC – Instituto Brasileiro de Responsabilidade Civil. Professora de Direito Civil da Faculdade de Direito da USP Ribeirão Preto–FDRP.

1. INTRODUÇÃO

O tema "neutralidade da rede" tem chamado a atenção de toda a comunidade jurídica, haja vista os desafios que apresenta à legislação e sua eficácia tendo em vista o caráter global da internet. O primeiro desafio está na própria definição de neutralidade da rede, cujo núcleo é a garantia de que os Provedores de Serviços de Internet (*ISPs*) tratem todo conteúdo e todas as aplicações igualmente, sem nenhum privilégio, desvantagem na prestação dos serviços ou priorização com base na fonte do conteúdo, no seu proprietário ou destinatário.

Essa expressão foi utilizada pela vez primeira por Tim Wu (2011), professor da *Colombia Law School*, a quem é creditada a criação do termo.[1] O autor destaca que a neutralidade da rede é um princípio desenhado (*design principle*) que requer que a rede mundial de computadores seja pública, isto é, que *"trate todo conteúdo, sites e plataformas igualmente"*.[2] Para tanto, estabeleceu-se uma regra fundamental de atuação dos provedores de acesso à internet, qual seja, a de tratar sem discriminação e/ou preferência o tráfego de dados.

No entanto, há muitos interesses em choque, *e. g.*, interesses econômicos, políticos, tecnológicos, além da necessária proteção do consumidor e dos direitos e garantias fundamentais, notadamente a privacidade e proteção dos dados pessoais.[3]

---

1. Nessa matéria publicada na Revista Forbes Tim Wu foi apontado como o criador da expressão "neutralidade da rede" – FORBES. *Net Neutrality Star Tim Wu Joins Federal Trade Commission as Senior Policy Advisor*. In: *Forbes* (2 de outubro de 2011). Disponível em: http://www.forbes.com/. Acesso em: 09 jun. 2021.
2. WU, Tim. *Network Neutrality FAQ*. Disponível em: http://timwu.org. Acesso em: 09 jun. 2021.
3. Cf. e.g., REED, David P.; SALTZER, Jerome H.; CLARK, David D. Active Networking and End-To-End Arguments. In: *IEEE Network*, vol. 12 (3), p. 69-71, maio-junho de 1998. LEMLEY, Mark A.; LESSIG, Lawrence Lessig. The End of End-to-End: Preserving the Architecture of the Internet in the Broadband Era. In: *UCLA Law Review*, Vol. 48, p. 925 – 988, 2001. CLARK, David Clark; BLUMENTHAL, Marjory. Rethinking the

Nesse sentido, a possibilidade de os provedores de acesso à internet (*Internet Service Providers*) bloquear ou prejudicar o acesso a determinado conteúdo ou a determinadas aplicações viola direitos e garantias fundamentais, tais como privacidade (artigo 5º, inciso X da Constituição Federal de 1988 — CF/88) e liberdade de expressão (artigo 5º, inciso IX da CF/88). Esses riscos se agravam na medida em que falta transparência no denominado *"traffic shaping"*, ou seja, os provedores de acesso à Internet não informam adequadamente a redução de velocidade para a transmissão de determinado conteúdo em detrimento de outros.

Assim, fragilizar a neutralidade da rede pode diretamente prejudicar os direitos dos consumidores, contrariando o princípio da transparência, que deve nortear as relações de consumo nos termos do *caput* do artigo 4º do Código de Defesa do Consumidor (CDC), além da qualidade na prestação dos serviços, que é um direito básico dos consumidores (artigo 6º, inciso III do CDC).

2. NEUTRALIDADE DA REDE: CONCEITO E SUA REGULAÇÃO

O conceito de neutralidade da rede pode ser estabelecido a partir de quatro premissas, quais sejam:

a) arquitetura da rede, ou seja, a internet foi idealizada ab initio como uma ferramenta de comunicação plural e pública, devendo ser mantida assim; b) interesses econômicos, no sentido que esse princípio impõe a igualdade no tratamento dos pacotes de dados favorecendo as regras da justa concorrência; c) proteção dos direitos e garantias fundamentais dos usuários, em especial, o direito à privacidade (para que seus dados não sejam acessados) e direito à informação (para que os usuários saibam que tipo de controle está sendo feito pelos provedores); e d) finalidade pública ou social, isto é, algumas hipóteses de discriminação de pacotes de dados são admissíveis quando assim o exigir o interesse público e relevância social.

O Comitê Gesto da Internet do Brasil (CGI), por meio da Resolução CGI.br/RES/003,[4] definiu neutralidade de rede como a diretriz segundo a qual *"filtragem ou privilégios de tráfego devem respeitar apenas critérios técnicos e éticos, não sendo admissíveis motivos políticos, comerciais, religiosos, culturais, ou qualquer outra forma de discriminação ou favorecimento".*

Nesse sentido, a expressão *"neutralidade da rede"* (*net neutrality*) foi construída por Tim Wu,[5] que partiu do argumento *end-to-end*, segundo o qual não se deve favorecer ou restringir nenhum serviço, característica ou conteúdo que circula na rede,

---

Design of the Internet: The End to End Arguments vs. the Brave New World. In: *The Center for Internet and Society*. Disponível em: http://cyberlaw.stanford.edu/. Acesso em: 09 jun. 2021.

4. BRASIL, Ministério das Comunicações e Ministério da Ciência e Tecnologia, Comitê Gestor da Internet no Brasil, CGI. Resolução CGI.br/RES/2009/003/P de 15 de junho de 2009. In: *Resoluções, 2009*. Disponível em: https://www.cgi.br/resolucoes/documento/2009/003. Acesso m: 09 jun. 2021.
5. Network Neutrality, Broadband Discrimination". In: *Journal on telecom and high tech law*, v. 02, pp. 141-179, 05 de junho de 2003.

porque cada usuário sabe o que procura na internet e o que quer disponibilizar, da mesma forma as aplicações e os serviços são disponibilizados conforme as suas respectivas características. O autor conclui que a internet pode ser entendida como uma plataforma na qual há uma competição constante entre os provedores de conteúdo e de aplicação pela atenção dos usuários. Portanto, e-mail, aplicações do tipo *streaming* e outras *"are in a battle for the attention and interest of end-users. It is therefore important that the platform be neutral to ensure the competition remains meritocratic"*.

No Brasil, a neutralidade da rede está garantida em lei, o Marco Civil da Internet estabeleceu como um princípio da rede no artigo 3º, inciso IV, que determina a *"preservação e garantia da neutralidade de rede"*. Além disso, o artigo 9º assegura o tratamento isonômico de quaisquer pacotes de dados. Este artigo foi regulamentado pelo Decreto 8.771, de 11 de maio de 2016.

Importante destacar as três formas de discriminação de conteúdo na Internet quais sejam: o bloqueio, a redução de velocidade ou a cobrança diferenciada pelo acesso ao conteúdo. Esta última forma de discriminação implica na identificação do conteúdo ou a aplicação acessada pelo usuário para verificar a cobrança ou não pelo acesso, descontando do pacote de dados contratado.[6]

De fato, a discriminação ou degradação do tráfego pode ser feita de maneira excepcional, quando, por requisitos técnicos, tal conduta seja necessária para a adequada prestação dos serviços e das aplicações. Esse padrão tecnológico não será definido pelos provedores, ao contrário, o Comitê Gestor da Internet e a Agência Nacional de Telecomunicações que definirão tais requisitos nos termos do artigo 6º do Decreto 8.771/2016.

Por fim, o Decreto Regulamentador afirma, no artigo 10, que a internet é única e de natureza aberta, plural e diversa, para que promova o *"desenvolvimento humano, econômico, social e cultural, contribuindo para a construção de uma sociedade inclusiva e não discriminatória"*.

3. OS PERIGOS DAS PRÁTICAS *"ZERO-RATING"* NO USO DO APLICATIVO "CORONAVÍRUS-SUS"

A prática denominada *"zero-rating"* consiste na oferta de acesso a determinadas aplicações e conteúdo sem que haja cobrança mediante o consumo do pacote de dados contratado pelo usuário. Para que se possa implementar essa oferta, os provedores de acesso à internet precisam ter acesso aos aplicativos e conteúdos acessados pelos usuários, o que colide com a neutralidade da rede, que impõe o tráfego de pacotes de dados sem discriminações, salvo pelos motivos determinados em lei.

---

6. RAMOS, Pedro Henrique Soares. O Marco Civil e a importância da neutralidade da rede: evidências empíricas no Brasil. *In*: DE LUCCA, Newton; SIMÃO FILHO, Adalberto; LIMA, Cíntia Rosa Pereira de. *Direito & Internet. Vol. III: Marco Civil da Internet*, Lei 12.965/2014. São Paulo: Quartier Latin, 2015. pp. 137-154. pp. 138-139.

O trágico contexto pandêmico decorrente da pandemia da Covid-19 poderia se enquadrar como um destes motivos previstos no artigo 8º do Decreto nº 8.711/2016?

Segundo este dispositivo, a degradação ou a discriminação decorrente da priorização de serviços de emergência está autorizado para:

"I – comunicações destinadas aos prestadores dos serviços de emergência, ou comunicação entre eles, conforme previsto na regulamentação da Agência Nacional de Telecomunicações – Anatel; ou II – comunicações necessárias para informar a população em situações de risco de desastre, de emergência ou de estado de calamidade pública. Parágrafo único. A transmissão de dados nos casos elencados neste artigo será gratuita".

No Brasil, a Lei 13.979, de 06 de fevereiro de 2020, que dispõe sobre medidas para o enfrentamento da emergência de saúde pública decorrente do coronavírus, determinou diversas medidas para a diminuição do contágio da Covid-19, reconhecendo a situação de calamidade pública. O que foi confirmado pela Lei 14.010, de 10 de junho de 2020, que dispõe sobre o Regime Jurídico Emergencial e Transitório das relações jurídicas, conhecida como "RJET", além de tantas outras leis e medidas provisórias.

Neste contexto, diversas operadoras de telefonia móvel, como Claro, Oi, Tim e Vivo, passaram a ofertar a prática de *"zero-rating"* para as aplicações "Coronavírus-SUS" e Auxílio Emergencial.[7] O *app* "Coronavírus-SUS" é uma aplicação disponibilizada pelo Ministério da Saúde que visa conscientizar a população sobre a Covid-19, trazendo informativos relacionados aos sintomas, formas de prevenção, orientações caso exista uma suspeita de infecção, bem como o mapa indicando as unidades de saúde, dentre outras.[8] A quantidade de downloads de aplicativos do governo federal está na ordem de 20 milhões em lojas virtuais, com destaque para o aplicativo "Coronavírus-SUS".[9]

No entanto, o Instituto Brasileiro de Defesa do Consumidor (IDEC) realizou um excelente estudo sobre o tema, concluindo que:[10]

*"De forma geral, foi possível concluir que mesmo tratando de necessidades dos consumidores, os compromissos apresentados pelas operadoras ainda são bastante **frágeis e insuficientes** frente às necessidades atuais, especialmente das pessoas mais vulneráveis, usuários de planos básicos e que o uso é majoritariamente por meio de celulares".*

---

7. INTERNET e pandemia: ações de operadoras são insuficientes. IDEC (Instituto Brasileiro de Defesa do Consumidor), 05 maio 2020, atualizado em 24 jul. 2020. Disponível em: https://idec.org.br/noticia/acesso-internet-acoes-de-operadoras-sao-insuficientes-em-tempos-de-pandemia, Acesso em: 09 jun. 2021.
8. BRASIL. MINISTÉRIO DA SAÚDE. Coronavírus-SUS. Disponível em: https://www.gov.br/pt-br/apps/coronavirus-sus, Acesso em 09 jun. 2021.
9. BRASIL. MINISTÉRIO DA ECONOMIA. GOVERNO DIGITAL. Aplicativos do governo federal superam 20 milhões de downloads em lojas virtuais. Publicado em 13/03/2020 19h56. Atualizado em 25/02/2021 16h38. Disponível em: https://www.gov.br/economia/pt-br/assuntos/noticias/2020/marco/aplicativos-do-governo-federal-superam-20-milhoes-de-downloads-em-lojas-virtuais. Acesso em 09 jun. 2021.
10. Internet e pandemia: ações de operadoras são insuficientes. Disponível em: https://idec.org.br/noticia/acesso-internet-acoes-de-operadoras-sao-insuficientes-em-tempos-de-pandemia. Acesso em 09 jun. 2021.

Importante recordar a Medida Provisória n° 954, de 17 de abril de 2020, que autorizava o compartilhamento de informações pessoais entre as empresas de telefonia móvel e fixa com a Fundação Instituto Brasileiro de Geografia e Estatística (IBGE) para fins estatísticos cujo objetivo era o de monitorar as taxas de isolamento social, teve sua eficácia suspensa pelo STF ao julgar as Ações Diretas de Inconstitucionalidade 6387, 6388, 6389, 6390 e 6393.[11] Ficou evidenciado no julgamento a proteção de dados pessoais como um direito fundamental. Além disso, não se justificou o compartilhamento de dados pessoais tendo em vista os riscos aos quais os titulares de dados estariam expostos e os benefícios que poderia trazer.

Semelhantemente, o raciocínio para mitigar a neutralidade da rede no contexto da pandemia a fim de justificar a prática *"zero-rating"* deve girar sobre os reais benefícios para contornar a situação de calamidade pública.

4. CONCLUSÃO

A calamidade pública decorrente da pandemia do novo coronavírus é real e catastrófica, no entanto, não pode ser uma justificativa para gerar novas ameaças e de difícil reversão. Portanto, este pode ser um fator determinante para eventuais discriminações no tráfego de pacote de dados, desde que tais medidas sejam necessárias e proporcionais aos riscos criados e adotada com a máxima transparência.

Portanto, estes provedores de acesso à internet devem manter as informações auditáveis para se verificar o que dispõe o artigo 13 do Decreto 8.711/2016:

a) controle estrito sobre o acesso aos dados mediante a definição de responsabilidades das pessoas que terão possibilidade de acesso e de privilégios de acesso exclusivo para determinados usuários;

b) previsão de mecanismos de autenticação de acesso aos registros, usando, por exemplo, sistemas de autenticação dupla para assegurar a individualização do responsável pelo tratamento dos registros;

c) criação de inventário detalhado dos acessos aos registros de conexão e de acesso a aplicações, contendo o momento, a duração, a identidade do funcionário ou do responsável pelo acesso designado pela empresa e o arquivo acessado; e

d) uso de soluções de gestão dos registros por meio de técnicas que garantam a inviolabilidade dos dados, como encriptação ou medidas de proteção equivalentes.

Em se tratando de dados pessoais e neutralidade da rede, caberá ao CGI.br (nos termos do § 1º do artigo 13 do Decreto 8.711/2016) e à ANPD (artigo 55-J, inciso VII, X, XI, XIII, XVI e XXIII da LGPD) promover estudos e recomendar procedimentos, normas e padrões técnicos e operacionais para a proteção de dados pessoais e efetiva proteção do consumidor.

---

11. Disponível em: https://jurisprudencia.stf.jus.br/pages/search?base=acordaos&pesquisa_inteiro_teor=false&sinonimo=true&plural=true&radicais=false&buscaExata=true&page=1&pageSize=10&queryString=ADI%206387&sort=_score&sortBy=desc. Acesso em 09 jun. 2021.

O MERCADO DE CONSUMO E OS PRINCÍPIOS DA PREVENÇÃO E DA PRECAUÇÃO (CAUTELA) NA PROTEÇÃO DOS DIREITOS DA PERSONALIDADE DOS CONSUMIDORES IDOSOS E CRIANÇAS

Prof. Dr. Oscar Ivan Prux

Doutor e Mestre em Direito. Economista, Pedagogo, Mediador judicial, Professor de Direito na Pós-graduação *stricto sensu* da Universidade Cesumar (Unicesumar) e professor pesquisador bolsista do Iceti, com estudos de Pós-doutorado concluídos na Faculdade de Direito da Universidade de Lisboa – Portugal (FDUL).

Marina Weiss Gonçalves

Mestranda em Ciências Jurídicas pela Unicesumar.
Pós-graduanda em Direito do Consumidor pelo Damásio Educacional e especialista em Direito Civil pela PUC-PR.

A partir do final do século XX, popularizou-se a expressão "sociedade de risco", comumente associada ao Direito Ambiental, mas, também, muito apropriada para a área do Direito do Consumidor (podendo estar relacionada, dentre outras, a concepções como a de riscos inerentes, adquiridos e exagerados, bem como aos riscos de desenvolvimento e excludentes de responsabilização).

Ulrich Beck defendia que as fontes de riqueza são contaminadas por ameaças colaterais e que estas ganham impulso com o super desenvolvimento das forças produtivas – a distribuição de riqueza, portanto, resta associada à distribuição de riscos.[1] Vale referir que, já em 1979, Hans Jonas demonstrava preocupação com o desenvolvimento tecnológico e os problemas éticos e sociais criados pelo mundo moderno. O filósofo, incorporando um tom relativamente pessimista, afirmava que a civilização técnica é "toda-poderosa" em seu potencial de destruição.[2] Não se deve, entretanto, aderir incondicionalmente ao pressuposto de que os riscos são escolhidos,[3] o que poderia conduzir a um determinismo capaz de naturalizar a existência dos problemas (como um preço a ser pago pelo progresso) e imputar aos

---
1. BECK, Ulrich. **Sociedade de risco**. Rumo a uma outra modernidade. 2. ed. São Paulo: Editora 34, 2011, p. 25.
2. JONAS, Hans. **O princípio da responsabilidade**. Ensaio de uma ética para a civilização tecnológica. Rio de Janeiro: Contraponto, 2007, p. 6.
3. DOUGLAS, Mary; WILDAVSKY, Aaron. **Risco e cultura: um ensaio sobre a seleção de riscos tecnológicos e ambientais**. Rio de Janeiro: Elsevier, 2012, p. 1.

consumidores certa participação na responsabilidade. Em verdade, nas relações de consumo, a realidade da sociedade de risco justifica impor maior priorização das devidas proteções (físico-psíquicas, patrimoniais etc.) aos consumidores *standards* e equiparados, inclusive com a aplicação dos princípios da prevenção e da precaução.

Prevenir significa, com antecipação, tomar providências necessárias para evitar danos, incluindo os caracterizados pela exposição a riscos indesejáveis e, principalmente, pelos potencialmente previsíveis.[4] Já a precaução (ou cautela), quer classificada como princípio, quer como critério jurídico, difere da prevenção em vista de riscos e perigos conhecidos segundo a ciência e se refere à proteção contra riscos ou impactos ainda não completamente conhecidos cientificamente, ou seja, lastreia-se na incerteza do perigo capaz de comprometer o valor maior da segurança.[5] Enfatize-se que tanto a prevenção quanto a precaução estão relacionadas à prudência no agir.

Nesse contexto, útil mencionar a noção de Estado Preventivo, em que o avanço da tecnologia e consequente surgimento de novos riscos justificam a aplicação do princípio da precaução (*Vorsorgeprinzip*), reconhecido pela Alemanha Ocidental desde os anos 70.[6] Sabiamente, Nelson Rosenvald incluiu em seu livro "As funções da responsabilidade civil", um tópico tratando da prevenção e da precaução, a sinalizar o valor de induzir medidas de proteção contra riscos, o que se aplica igualmente aos processos que vão desde a produção até o consumo (lembrando que o simples risco já pode significar um dano).[7]

No ambiente da sociedade pós-moderna, como mencionam renomados doutrinadores como Claudia Lima Marques,[8] é pressuposto indispensável que o reconhecimento da vulnerabilidade do consumidor (art. 4º, inc. I, CDC) deve estimular a adoção de providências concretas também na esfera da prevenção e da precaução/cautela, dando eficácia ao mandamento constitucional previsto no art. 5º, XXXII. A própria recepção da teoria da qualidade pelo CDC sinaliza nesse sentido, bem como, a transparência e a informação adequada revelam-se substanciais para todo consumidor,[9] revestindo-se de importância ainda maior quando se tratar de hipervulneráveis.

Assim, alcança-se o ponto principal desse texto, no sentido de defender que as medidas prévias devem ser ainda mais detidas e meticulosas quando envolvem pessoas que se caracterizam pela vulnerabilidade agravada, enfocando em específico a condição de idosos e crianças diante da publicidade, principalmente no meio virtual.

---

4. RAMOS, Gisela Gondim. **Princípios jurídicos**. Belo Horizonte: Fórum, 2012, p. 508-511.
5. RAMOS, Gisela Gondim. **Princípios jurídicos**. Belo Horizonte: Fórum, 2012, p. 508-511.
6. O'RIORDAN, Timothy; JORDAN, Andrew. The precautionary principlein contemporary environmental politics In: **Environmental values 4**. Cambridge: The White Horse Press, 1995. p. 193. Disponível em: https://www.jstor.org/stable/30301451?read-now=1&seq=1#page_scan_tab_contents. Acesso em 04 maio 2021.
7. ROSENVALD, Nelson. **As funções da responsabilidade civil: a reparação e a pena civil**. 3ª ed. São Paulo: Saraiva, 2017, p. 120-121.
8. MARQUES, Claudia Lima. **Contratos no Código de Defesa do Consumidor: o novo regime das relações contratuais**. 8ª ed. São Paulo: Editora Revista dos Tribunais, 2016, p. 77.
9. MIRAGEM, Bruno. **Curso de direito do consumidor**. 8ª ed. São Paulo: Revista dos Tribunais, 2019, p. 289.

Com relação aos idosos, a divulgação publicitária por meios virtuais (ou mesmo por telefone), habitualmente não tem se caracterizado como informação e educação para o consumo, mas sim como formas explícitas ou dissimuladas de, aproveitando-se da falta de familiaridade desse grupo com referidos meios, impelir contratações sem a devida reflexão; além da exposição do consumidor a elevado risco de fraudes. Situação muito problemática, principalmente em se tratando, por exemplo, do consumo de crédito.

Nesse sentido, cabe citar a decisão exarada na ADI 6727, do STF, que julgou válida a Lei Estadual 20.276/2020 do Estado do Paraná, que proíbe instituições financeiras, correspondentes bancários e sociedades de arrendamento mercantil de "realizarem qualquer atividade de *telemarketing* ativo, oferta comercial, proposta, publicidade ou qualquer tipo de atividade tendente a convencer aposentados e pensionistas a celebrarem contratos de empréstimo de qualquer natureza" (art. 1º). Assim, somente após solicitação expressa desses consumidores é que a contratação do empréstimo poderá ser realizada (art. 2º).[10]

Em um país gravemente afetado pelo superendividamento dos consumidores,[11] necessário destacar o fundamento apresentado pela Ministra Cármen Lúcia, de que a maior parte dos aposentados e pensionistas são pessoas idosas e, nos termos do art. 230 da Constituição Federal e do Estatuto do Idoso (Lei 10.741/03), precisam ser protegidas/amparadas. Acrescentou, ainda, que referida lei, ao coibir o assédio publicitário, traduz verdadeira política pública para a prevenção de uma das causas de (super)endividamento de idosos, principalmente em casos de onerosidade excessiva; razão pela qual deve haver esse escopo de concretizar a proteção desses consumidores. Enfatize-se: tudo sem que a imposição de limitações a esse tipo de publicidade gere cerceamento ao princípio da livre iniciativa que também é um dos fundamentos da ordem econômica brasileira.

Por sua vez, quanto às crianças, tem-se que é imprescindível a existência de restrições à publicidade (e ao *marketing* em geral) que possua direcionamento específico ao público infantil.

O Instituto Alana ao tratar da publicidade infantil acentua a técnica reprovável de buscar falar diretamente com as crianças, em especial através de elementos do universo infantil (como músicas, efeitos especiais, cores, personagens infantis, animações, bonecos etc.), do oferecimento de brinquedos colecionáveis associados à compra de produtos e de promoções com competições ou jogos infantis, buscando divulgar e estimular o consumo.

---

10. STF mantém lei do PR que proíbe telemarketing para empréstimo a aposentados e pensionistas. STF, 2021. Disponível em: http://portal.stf.jus.br/noticias/verNoticiaDetalhe.asp?idConteudo=465863&ori=1. Acesso em 07 jun. 2021.
11. O IDEC estima que o número de famílias endividadas supera 66,5% da população e que a quantidade de superendividados já supera 30 milhões de pessoas. Cresce número de endividados; saiba organizar as finanças. **IDEC**, 2021. Disponível em: https://idec.org.br/idec-na-imprensa/cresce-numero-de-endividados-saiba-organizar-financas. Acesso em 07 jun. 2021.

Atualmente, as crianças estão submetidas a ações de *marketing* praticamente em todos os ambientes, sendo que em tempos de pandemia, com restrições ao convívio social, cabe especial atenção para a exposição do público infantil no meio digital. Assim, prevenir e precaver se torna ainda mais necessário, inclusive para respeito aos direitos da personalidade e seu livre desenvolvimento.

Relatório da UNICEF de 2017, intitulado "Crianças no mundo digital", apontou que 1 (um) a cada 3 (três) usuários da Internet era criança e que os *smartphones* criaram o que se denomina "cultura do quarto", em que as crianças ficam isoladas e *online*, de forma personalizada, mais privada e com menos supervisão, com risco de indevido uso e exploração da privacidade infantil.[12] Reconheça-se que, para incrementar seus negócios, os agentes de mercado não incrementam precauções e atuam no sentido de criar uma geração de consumidores – se possível compulsivos.

Não se deve alimentar a ilusão de que as redes sociais, ditas para interação social, são gratuitas e inofensivas, pois por detrás delas há um negócio em que o consumidor, no caso, a criança, tem em seus dados o "produto" monetizado pelos fornecedores. O STJ já se posicionou no sentido de que a exploração comercial da *Internet* se sujeita às relações de consumo, vez que o CDC traz em seu art. 3º, §2º a expressão "mediante remuneração", não a descaracterizando a simples alegação de que prestam serviço gratuito, pois os provedores de *Internet*, incluindo os de pesquisa, possuem lucros indiretos.[13] O mesmo se aplica a *sites*, aplicativos, serviços de **streaming** e plataformas de compartilhamento de vídeos, que também se aproveitam dessa forma de remuneração.[14]

Em 2020, o PROCON/SP divulgou pesquisa intitulada "Crianças e adolescentes na Internet – Segurança", em que apontou dados preocupantes, a começar pelo fato de que 32,06% das crianças costumam ficar conectadas diariamente de 2 até 4 horas; 27,53% de 4 até 6 horas; 20,03% por mais de 6 horas e 17,07% no máximo

---

12. Children in a digital word. The state of the word's children 2017. **UNICEF**, 2017. p. 1-9. Disponível em: https://www.unicef.pt/actualidade/publicacoes/110-the-state-of-the-world-s-children-2017-children-in-a-digital-world/#:~:text=The%20State%20of%20the%20World's%20Children%202017%20is%20about%20an,for%20us%20all%3A%20digital%20technology. Acesso em 04 maio 2021.
13. BRASIL. Superior Tribunal de Justiça. **Recurso especial 1316921/RJ**. Civil e consumidor. Internet. Relação de consumo. Incidência do CDC. Gratuidade do serviço. Indiferença. Provedor de pesquisa. Filtragem prévia das buscas. Desnecessidade. Restrição dos resultados. Não-cabimento. Conteúdo público. Direito à informação. 1. A exploração comercial da Internet sujeita as relações de consumo daí advindas à Lei 8.078/90. 2. O fato de o serviço prestado pelo provedor de serviço de Internet ser gratuito não desvirtua a relação de consumo, pois o termo "mediante remuneração", contido no art. 3º, § 2º, do CDC, deve ser interpretado de forma ampla, de modo a incluir o ganho indireto do fornecedor. [...] Relatora Ministra Nancy Andrighi, 26 de junho de 2012. Disponível em: https://processo.stj.jus.br/processo/revista/documento/mediado/?componente=ITA&sequencial=1161904&num_registro=201103079096&data=20120629&peticao_numero=-1&formato=PDF. Acesso em 04 maio 2021.
14. Aproveitando-se da migração da atenção das crianças para o universo digital, cujo interesse maior antes era pela televisão, os fornecedores passaram a inserir publicidades nesse meio, principalmente em tempos de pandemia. PASSOS, Beatriz. Procon alerta para consumo online e exposição de propagandas indesejadas para crianças. **PROCON/MT**, 2020. Disponível em: http://www.procon.mt.gov.br/-/15625270-procon-alerta-para-consumo-online-e-exposicao-de-propagandas-indesejadas-para-criancas. Acesso em 07 jun. 2021.

2 horas (3,31% não souberam responder por quanto tempo os filhos permanecem conectados), sendo que 43,21% dos pais reconheceram que as crianças acessam a *Internet* sozinhas. Quanto às crianças que os pais disseram ter acompanhamento, não ficou declarado o grau de controle e seletividade do conteúdo acessado, forma de efetivar proteção contra a publicidade indevida que circula no meio eletrônico. Quase 2/3 dos genitores (65,85%) disseram que há frequência entre seus filhos de pedirem para comprar o que viram na *Internet*, o que demonstra a influência exercida por esse meio.[15]

Ressalte-se que a criança, em sua ingenuidade e inexperiência, não possui aptidão para identificar todas as publicidades insertas nos conteúdos, especialmente as sutilezas do *merchandising*, assim como, possíveis abusividades ou enganosidades. Outro detalhe: em inúmeros *sites* e aplicativos, os "Termos de Uso" condicionam sua utilização à aceitação de condições, como acesso à câmera, ao GPS, ao microfone etc., formas de captar dados e invadir a intimidade das crianças, a fim de perscrutar suas preferências e atingi-las com publicidade mais direcionada,[16] o que infringe em específico o art. 14, da Lei 13.709/2018, que impõe não apenas consentimento para coleta de dados, mas principalmente que tal aconteça em benefício do melhor interesse da criança, com observância aos direitos fundamentais à liberdade e à privacidade e assegurando o livre desenvolvimento de sua personalidade.

Revela-se sempre oportuno destacar a importância da Resolução 163/2014, do Conselho Nacional dos Direitos da Criança e do Adolescente (CONANDA), que, em conformidade com a Política Nacional de Atendimento da Criança e do Adolescente (Lei 8.069/1990, arts. 86 e 87, inc. I, III e V), veio considerar abusiva toda publicidade e comunicação mercadológica direcionada a esse público.

Assim, concluindo, na sociedade de risco, reveste-se de maior importância a aplicação dos princípios da prevenção e da precaução/cautela, como forma de evitar danos, que nem sempre se consegue mensurar, e implementar e concretizar a escala de valores estabelecida na Constituição Federal para respeito aos direitos humanos, fundamentais e da personalidade, atendendo, também, ao disposto no art. 170 da Carta Magna, que estabelece uma ordem econômica constitucional fundada na harmonização entre o Direito do Consumidor e a atividade econômica.

---

15. Secretaria da Justiça e Cidadania. **Crianças e adolescentes na Internet**. PROCON/SP, 2020. p. 6-8. Disponível em: https://www.procon.sp.gov.br/wp-content/uploads/2020/09/pesquisa_criancas_adolescentes_internet_2020.pdf. Acesso em 04 maio 2021.
16. Seu celular está realmente te espionando? **BBC**, 2019. Disponível em: https://www.bbc.com/portuguese/geral-47993946. Acesso em 04 maio 2021.

SE É PARA REDUZIR JUDICIALIZAÇÃO, O FOCO É A MUDANÇA DA POSTURA DO FORNECEDOR

Amélia Soares da Rocha
Defensora pública (CE). Supervisora do Núcleo de Defesa do Consumidor da DPCE e Professora da Universidade de Fortaleza.

Luiz Fernando Baby Miranda
Defensor público (SP). Coordenador do Núcleo Especial de Defesa do Consumidor da DPSP.

Quando um problema causa incômodo, busca-se uma saída mágica para solucioná-lo. Ou melhor, para silenciá-lo. Sob a alegação de elevado número de processos judiciais envolvendo relações de consumo, a fácil saída é impedir que essas reclamações cheguem ao Judiciário, numa lógica equivocada pela qual os "culpados" são os que ousam criticar (e processar) os maus prestadores de serviço.

Pois bem, tramita no Congresso Nacional a Medida Provisória 1040, de 2021, que teria por objetivo propiciar uma desburocratização, uma simplificação do "ambiente de negócios", um estímulo ao empreendedorismo. Entre as muitas emendas que recebeu, destacam-se as de número 67, 94 e 160, que pretendem, sob o argumento de estímulo à autocomposição e à redução de judicialização, criar obstáculos ao acesso ao Judiciário. O "estímulo" à solução extrajudicial passaria a obrigar o consumidor a notificar o fornecedor, dando-lhe prazo para oferecer uma solução ao problema vivenciado. Sem essa formalidade, não restaria configurada a pretensão resistida, faltando, pois, o interesse de agir.

De plano, salta aos olhos a total ausência de pertinência temática dessas emendas ao objeto da medida provisória (bem como se tais assuntos têm a relevância e urgência para serem objeto de MP), mas não será esse ponto que trataremos aqui, mas a premissa equivocada que as sustenta. Trata-se de uma forma de impedir os consumidores, em especial os mais vulneráveis, de exercerem seus direitos.

Para melhor compreensão de tal lógica invertida, é importante que se lembre que os primeiros cursos de Direito no Brasil, em 1827, eram frequentados exclusivamente por homens[1] (e homens brancos) em um momento em que pessoas negras,

---

1. Apenas na década de 80 do século XIX é que as mulheres se matricularem no curso de Direito do Recife, sendo que na Faculdade de Direito de São Paulo apenas mais tarde é que teve a primeira matrícula de uma mulher. Neste sentido, https://www.ufpe.br/arquivoccj/curiosidades/-/asset_publisher/x1R6vFfGRYss/

simplesmente pela cor da pele, eram vendidas em praça pública como se coisas fossem. A legitimação e reprodução de uma estrutura social excludente marcou o início dos cursos de Direito no Brasil e a estruturação de nosso sistema de Justiça.

É importante ressaltar que apenas a partir de 1988 é que o texto constitucional passou a contar com a previsão expressa de instituição permanente com a incumbência de pautar as instâncias de poder com a realidade real, nua, crua, verdadeira, daqueles e daquelas excluídos dos espaços decisórios, buscando alterá-la. E, talvez por isso, quando a Defensoria Pública exerce sua missão constitucional de garantir o acesso à Justiça, buscando defender e levar a voz dos excluídos e excluídas ao Poder Judiciário, visando à garantia e à efetivação de seus direitos, isso gera incômodo em alguns setores. Não raro, critica-se a instituição por fazer seu trabalho e não transigir na defesa dos vulneráveis. Para não se criticar a mensagem, critica-se o mensageiro.

Lembramos, por exemplo, que no início da década passada foram feitas críticas de que a Defensoria Pública estaria fazendo uso exacerbado de Habeas Corpus junto às cortes superiores. Nesse cenário, a Defensoria Pública paulista fez uma pesquisa sobre a motivação dos HCs impetrados nos três anos anteriores (de 2009 a 2012), a qual depois foi aperfeiçoada por meio do projeto Pensando o Direito.[2] Com os dados, foi possível mostrar que os HCs impetrados foram motivados por situações concretas violadoras do direito e que a "novidade" era que tais conflitos estavam passando a chegar aos tribunais superiores, que a realidade dos excluídos estava chegando de modo sistêmico e institucional às instâncias de poder. A "culpa" pois não era do HC e nem da Defensoria, mas das violações — muitas naturalizadas — de direitos: a única forma de reduzir os ajuizamentos, era reduzir as lesões.

O problema não é se valer do Poder Judiciário para garantir um direito. O problema é obrigar a se valer do Poder Judiciário para que o desrespeito a direitos cesse. Ainda mais quando esse desrespeito é sistemático. Compreender esta premissa é vital para uma solução real para a diminuição da judicialização e redução dos custos de transação.

Simplificar e reduzir os custos de transação, impactando na redução do preço ao consumidor, poderia ser interessante, sim, tanto ao ambiente de negócios como ao mercado de consumo. Mas apenas se esses custos de transação não forem uma escolha dos fornecedores para evitar a efetivação do direito dos consumidores, se forem resultados das mudanças de posturas e trabalho interno para redução de comportamento atentatório a direito do consumidor. Com efeito, eventual alto custo do Judiciário para a sociedade brasileira tem que ser visto como uma externalidade ne-

---

content/1827-1927-primeiras-bacharelas/590249 e https://www.migalhas.com.br/quentes/235253/as-mulheres--e-o-direito--historias-de-pioneirismo.
2. Executado pela Secretaria de Assuntos Legislativos do então Ministério da Justiça e Cidadania, com apoio do IPEA – Instituto de Pesquisa Econômica Aplicada e do PNUD – Programa das Nações Unidas para o Desenvolvimento.

gativa de quem sistematicamente presta serviços de má qualidade e não um eventual abuso de direito de um indivíduo.

Um exemplo: pesquisa realizada ano passado,[3] aponta que das 780.179 reclamações recebidas pelo Consumidor.gov.br[4] em 2019, apenas 21.68% eram alheias à assimetria informacional e que 78.32% poderiam ser evitadas com maior equidade informacional. A mesma pesquisa, valendo-se de jurimetria, demonstra que 77,99% dos julgados do Superior Tribunal de Justiça, que tem a palavra consumidor na ementa, também tem a palavra informação. Tais evidências apontam que mais eficaz que impedir ou dificultar o acesso ao Judiciário seria investir na construção de incentivos a uma melhor informação para a pessoa consumidora e esforço efetivo por parte dos fornecedores para solucionar as reclamações no momento em que são recebidas (seja em uma loja física, seja pelo SAC).

Outra pesquisa, de 2018, viabilizada pelo Conselho Nacional de Justiça,[5] demonstra que maior parte das demandas consumeristas judicializadas tem apenas 30 fornecedores. Com tantas evidências, não seria mais eficaz gastar energia em melhorar os serviços desses 30 grandes litigantes que dificultar o acesso ao Judiciário de quem, muitas vezes, vai ser parte em apenas um processo ao longo de toda sua vida?

Além disso, o foco deve ser a eficácia do exercício do direito, o melhoramento efetivo do ambiente de negócios e do mercado de consumo, não de reduzir demandas maquiando-se números. Exercer direitos dá trabalho, consome tempo, energia, paciência e impor a condicionante da pretensão resistida é uma maneira sutil de fechar de fato as portas da Justiça, numa diminuição artificial de demanda. É afirmar que não houve qualquer alteração nos direitos positivados no Código de Defesa do Consumidor, mas dificultar que esses direitos possam ter proteção que a Constituição lhes outorga. Mascara-se esse panorama de lesões de direitos, reduzindo-se a judicialização e dando aparência de melhoria, quando se afastaria, ainda mais, o Brasil real do Brasil abstrato, se afastaria ainda mais a realidade concreta das instâncias de poder.

E foi justamente para evitar tal cenário que o CDC impõe que é direito básico do consumidor a facilitação da defesa dos seus direitos (artigo 6º); que incentiva o diálogo com o fornecedor ao obstar a decadência até a resposta expressa do fornecedor (artigo 26). E o CDC é norma de ordem pública, decorrente de expresso mandamento constitucional que reconheceu a defesa do consumidor como direito fundamental (que nem emenda constitucional pode reduzir) e como princípio de toda a ordem econômica brasileira. Além da inconstitucionalidade por ausência

---

3. Tese de doutorado de Amélia Soares da Rocha, defendida em 10/08/2020 no Programa de Pós Graduação em Direito da UNIFOR – Universidade de Fortaleza e publicada, neste ano de 2021, pela Editora Foco, sob o título "CONTRATOS DE CONSUMO: parâmetros eficientes para a redução da assimetria informacional".
4. Mecanismo de solução extrajudicial de disputas organizado e mantido pela SENACON – Secretária Nacional do Consumidor, do Ministério da Justiça e Segurança Pública.
5. O resultado foi publicado no "Relatório analítico propositivo JUSTIÇA PESQUISA POLÍTICAS PÚBLICAS DO PODER JUDICIÁRIO: os maiores litigantes em ações consumeristas, mapeamento e proposições" e está disponível na sede eletrônica do CNJ (www.cnj.jus.br).

temática, não seria mais eficaz a reflexão sobre tantas evidências e se buscasse curar a causa da judicialização e não o exercício dela?

Não se pode jamais esquecer que as garantias do processo — e sua própria existência enquanto instituto caro ao Estado democrático de Direito — não é obra de uma só pessoa, mas de uma soma histórica, de uma luta complexa e contínua que não pode ser interrompida, ainda mais em meio a uma pandemia. O acesso à jurisdição vem das lutas de direitos humanos, estão consagradas em documentos internacionais e fragilizá-la impacta negativamente nossas estruturas jurídicas e na própria segurança que a MP 1040 anseia oferecer ao ambiente de negócios.

O reconhecimento dos direitos das pessoas consumidoras, que — como nos disse John Kennedy no histórico 15 de março de 1962 — "somos todos nós", vem do reconhecimento da sua vulnerabilidade nas relações de consumo. As emendas 67, 94 e 160 colocam em sério risco a defesa do consumidor e o acesso à Jurisdição e são incapazes de resolver o problema que se propõem: se o problema é o excesso de ações judiciais, a solução não é desligar o microfone do consumidor, mas identificar e resolver a razão do seu grito, sob pena de se colocar a poeira debaixo do tapete repercutindo negativamente no próprio "ambiente de negócios" que depende do consumidor, e de sua confiança, para vender e render. Se alguém está com febre, não adianta o anti-inflamatório; se não resolver a causa, a febre volta e ainda mais grave.

DO TERMO DA OBSOLESCÊNCIA PREMATURA À OUTORGA *DE JURIS* DE UM AUTÊNTICO "DIREITO DE REPARAÇÃO"

> "O tempo de vida útil de um *smartphone* oscila entre os 25 e os 232 anos. E, na realidade, não mais de **3 anos** dura o equipamento."
>
> "Os custos ambientais e económicos de um tal hiato são excessivamente onerosos e incomportáveis."
>
> *European Environmental Bureau*
> (*Gabinete Europeu do Ambiente*)

Mário Frota

Antigo professor da Universidade de Paris d'Est, director do CEDC (Centro de Estudos de Direito do Consumo de Coimbra) e fundador e primeiro presidente da AIDC (Associação Internacional de Direito do Consumo).

"**Obsolescência**", **segundo os dicionários**, é a qualidade de obsolescente ou obsoleto; qualidade do que está a cair em desuso, a tornar-se antiquado."

Do latim *obsolescentĭa*, particípio presente neutro plural substantivado de *obsolescĕre*, «cair em desuso».

Como a outro propósito o significámos já, "**a obsolescência prematura é**, na sua essência, **a pré-determinação do ciclo de vida de um produto**. Como se, ao nascer, se inscrevesse, na sua matriz, a concreta data do seu passamento, **da sua morte**. Como se o produto, no momento do seu lançamento no mercado, se fizesse acompanhar já de **uma certidão** com **a data do óbito**…"

Ao encetar-se eventual *plano*, *projecto* ou *programa* tendente a barrar a **obsolescência**, o objectivo que aí se condensa é o de **prolongar a vida dos produtos** de molde a reduzir o inestancável volume de resíduos, protegendo do mesmo passo a bolsa do consumidor e, em geral, a economia.

A **União Europeia** de há muito que aposta na longevidade dos produtos, numa concertação adequada e em ajustado equilíbrio entre a inovação e o desenvolvimento tecnológicos e a garantia, a um tempo, de uma mais longa vida dos bens de consumo cuja desenho e produção visa incrementar.

Já a **4 de Julho de 2017**, o Parlamento Europeu – o órgão legiferante por excelência da União Europeia -, por um consequente *instrumento normativo* de pendor resolutivo, entendeu eleger um sem-número de objectivos, destarte enunciados:

a. Concepção de **produtos sólidos, duradouros** e de **qualidade**
b. Promoção da possibilidade de **reparação e projecção** *da* **durabilidade**
c. Aplicação de um **modelo económico vocacionado para a utilização com suporte às PME e o incentivo ao emprego no Espaço Económico Europeu**
d. Garantia de uma **melhor informação** dos consumidores
e. Adopção de **medidas** atinentes à **obsolescência programada**
f. Reforço do **direito à garantia legal** de conformidade
g. Protecção dos consumidores face à **obsolescência** de **programas informáticos**

E no que em particular tange à **obsolescência**, arrola um feixe de sugestões e propostas, instando a Comissão Europeia (o braço executivo da União Europeia) a

- **Que**, em concertação com as instituições de **consumidores**, os **produtores e outros interessados, se defina, a nível da UE, a obsolescência programada para bens tangíveis e** *software*; e se analise, em cooperação com as autoridades de supervisão do mercado, a possibilidade de criar um sistema independente que consiga testar e detectar a obsolescência incorporada nos produtos; apela, neste sentido, a uma **melhor protecção jurídica** dos denominados «**denunciantes**» e a **medidas dissuasivas** adequadas **para os produtores**; e

- **Realçando** o **papel** pioneiro de alguns Estados-membros neste domínio, como o dos países do **BENELUX** em ordem a **combater** a **obsolescência programada** e a prorrogar o tempo de vida dos electrodomésticos; sublinha a importância **de partilha** das **melhores práticas** neste domínio.

No que se prende com a **obrigação geral de conformidade do produto com o contrato**, realce para as directrizes que carreia à Comissão Europeia em ordem a fundar declaradamente a confiança dos consumidores:

- o reforço da protecção do consumidor, no que toca em especial aos produtos cujo período de utilização razoavelmente expectável seja mais longo,
- o desenvolvimento de uma abordagem holística da regulamentação dos produtos, face à normativa da concepção ecológica e do direito dos contratos, em particular no que tange aos produtos que se prendam com a energia,
- a consagração de uma obrigação de informação da garantia legal no contrato de compra e venda, para além da promoção de programas genéricos de informação ao consumidor,

- a simplificação da prova do acto de compra para o consumidor, associando a garantia ao objecto e não ao comprador, encorajando uma generalização dos recibos electrónicos e dos regimes de garantia digital.

No que se reporta à protecção dos consumidores face à obsolescência de programas informáticos, realce para:

- Uma maior transparência no tocante à capacidade de actualização, às actualizações de segurança e à durabilidade, de todo necessários para o bom funcionamento tanto do *software* como do *hardware*; vias para uma maior cooperação entre empresas;
- Incentiva a transparência por parte dos fornecedores e dos produtores através de estipulações, nos contratos de produtos, sobre o período mínimo durante o qual as actualizações de segurança nos sistemas operativos estarão disponíveis; propõe se elabore uma definição de um prazo razoável de utilização; salienta, além disso, a necessidade de o fornecedor assegurar o fornecimento das actualizações de segurança, caso o produto disponha de sistemas operativos incorporados; insta os produtores a fornecer informações claras sobre a compatibilidade das actualizações do software e das actualizações com sistemas operativos dispensados aos consumidores;
- Apela a que as actualizações de *software* indispensável sejam reversíveis e acompanhadas de informações sobre as consequências para o funcionamento de um aparelho e a que o novo *software* indispensável seja compatível com *software* das gerações anteriores;
- Promove a modularidade das peças, incluindo do processador, mediante uma abordagem de normalização, que permita garantir que os bens não fiquem desactualizados.

Este feixe de medidas reclama apurada intervenção e constitui ciclópico trabalho a reclamar a congregação de todos os partícipes no processo.

Trata-se, pois, de algo de ingente, que cumpre a todo o transe concretizar, como em particular no que à extensão da garantia dos bens duradouros importa.

O Parlamento Europeu, por uma outra Resolução, de 25 de Novembro pretérito, sob o lema "**Rumo a um Mercado Único mais Sustentável para Empresas e Consumidores**", confere particular relevo ao "**Direito à Reparação dos Produtos**" (intentando uma estratégia fulcral em matéria de **REPARAÇÃO de BENS DE CONSUMO**).

Emitiu, nesse sentido, um sem-número de *recomendações* que visam, com efeito, dar forma a um MERCADO INTERIOR SUSTENTÁVEL (delimitado pelas fronteiras exteriores do denominado Espaço Económico Europeu), como convém e constitui, nos tempos que correm, imperativo indeclinável de uma qualquer política europeia de consumidores com reflexos no plano global.

E enumera um amplo leque de medidas que há que trasladar para a lei e se compendiam como segue:
- A outorga de um «direito de reparação» aos consumidores
- A promoção da **reparação** em vez da substituição
- A normalização das peças sobresselentes susceptível de promover a interoperabilidade e a inovação
- O acesso gratuito às informações necessárias para a reparação e a manutenção
- Um cacharolete de informações que aos produtores incumbe em matéria de disponibilidade de peças sobresselentes, actualizações de «software» e a faculdade de reparação de um produto, nomeadamente acerca de:
  - o período estimado de disponibilidade a partir da data da compra,
  - o preço médio das peças sobresselentes no momento da compra,
  - o prazos aproximados recomendados de entrega e reparação e
  - informações sobre os serviços de reparação e manutenção
- O período mínimo obrigatório para o fornecimento de peças sobresselentes e consonância com a duração de vida estimada do produto após a colocação no mercado da última unidade
- A garantia de preço razoável para as peças sobresselentes
- A garantia legal para as peças substituídas por um reparador profissional quando os produtos já não estiverem cobertos pela garantia legal ou comercial
- A criação de incentivos, como o «bónus do artesão», susceptíveis de promover as reparações, em particular após o fim da garantia legal.

Em Portugal algo parece querer, a este propósito, "mexer"...

O **PL** Projecto de Lei (37/XIV), pendente no Parlamento, com data de 04 de Novembro pretérito e a chancela do PCP, prescreve no n. 1 do seu art. 2.º:

"**As garantias dadas pelos fabricantes de grandes e pequenos electrodomésticos, viaturas e dispositivos electrónicos têm a duração mínima de dez anos.**"

Conquanto se relativize, no art. 7.º, em termos de adequação temporal, o sentido e alcance da norma:

"**4 anos** de garantia mínima obrigatória a partir de 2020;

5 anos ... a partir de 2022 e

10 anos ... a partir de 2025."

As disposições afiguram-se-nos irrealistas, dada a *vacatio* nos seus termos estimada: não se passa abruptamente, a dar de barato que se haja planeado a vida do bem, dos 2 anos para os 4 anos de garantia...

Seria algo extremamente penalizante para os produtores.

Ademais, o paralelismo com a dos imóveis (salvaguardadas as devidas proporções) é algo de clamoroso: garante-se uma torradeira por 10 anos; um imóvel para a vida por 5...

Nem sequer se ousou, que se saiba, bulir com a "vaca sagrada" que remonta à Lei de Defesa do Consumidor.

O texto vale sobretudo pelo debate susceptível de suscitar. Na esteira, de resto, da resolução do Parlamento Europeu de 2017.

Vale ainda por envolver a comunidade jurídica na discussão dos termos da Directiva de 20 de Maio de 2019 sob o tema "**certos aspectos dos contratos de compra e venda de bens**".

E em cujo n. 1 do art. 10 se inscreve um prazo de 2 anos, a título de garantia de conformidade.

Sem se escusar, no n. 3, de preceituar que "**os Estados-membros podem manter ou introduzir prazos mais longos**" que os ali enunciados, nesse passo se afirmando como directiva minimalista.

Mas há diferenças a realçar: não se pode meter "no mesmo saco" um pequeno electrodoméstico e um automóvel de gama média/alta...

E tal nem se tem ponderado.

Sem obtemperar que as circunstâncias actuais levaram à extinção de determinados mesteres: a reparação dos electrodomésticos quase inexiste e, em dadas hipóteses, os encargos excedem os preços de venda dos produtos novos...

No entanto, reflectindo melhor, em presença dos actuais dados do direito posto, parece não ser tão descabido o lapso de vida exigível aos produtos, recoberto pela garantia de conformidade, como o que o projecto encerra: o diploma legal em vigor (DL 67/2003), na al. *e)* do n. 3 do art. 6.º, em sede de "**acção directa**", permite que o produtor, ao ser demandado directamente pelo adquirente, se exima de responsabilidades desde que o produto haja sido posto em circulação há mais de 10 anos. Aí se estribando eventualmente o projecto em análise para superar as normas permissivas que o Parlamento Europeu, na directiva, estatuiu como mínimas, em matéria de garantia. Quando, em rigor, se deveria ter ido mais além, em termos de harmonização normativa no quadro do **EEE**...

Mas há contributos de partidos outros à iniciativa do PCP:

- O **PAN** apresentou um PL – o 116/XIV –, demasiado vago e sem limites temporais, relegando para o Governo a sua fixação.
- O **BE**, no PL 119/XIV, reduz a 5 anos a garantia, com escalonamento no tempo, mas comete o erro pueril de equiparar um "**corta-unhas**" a um **imóvel**, já que tende a conferir a móveis e imóveis a mesma garantia legal (os 5 anos)...
- O **PEV**, no PL 120/XIV, contempla móveis (os 10 anos, consignados no PL do PCP) e imóveis (conferindo-lhe a confortável garantia de 20 anos).

De momento, há uma pausa no debate, aliás, requerida por um dos grupos parlamentares.

A discussão neste particular será sumamente salutar.

Que o debate que se propuserem travar conduza a resultados que, no seio do Mercado Interior, a todos premeiem. Mas que as garantias assentem em bases concretas que saiam do papel e se materializem no dia-a-dia com a aquiescência dos produtores que têm, afinal, de estar deste lado da barricada!

Só assim o mercado se regenerará e o consumo sustentável (precedido de uma produção e distribuição sustentáveis) se tornará gradualmente consoladora realidade.

O objectivo que neste passo se imbrica é o de conferir maior longevidade aos produtos e menor degradação de recursos disponíveis.

Como noutro ensejo nos exprimíramos, o *European Environmental Bureau* estima que o tempo de vida útil de um *smartphone* se situe entre os 25 e os 232 anos.

E, na realidade, não mais de 3 anos dura o equipamento.

"Os custos ambientais e económicos de um tal hiato são excessivamente onerosos e incomportáveis."

A aprovação de regras que estendam a longevidade de alguns dos dispositivos em 5 anos, representaria, no **Espaço Económico Europeu**,

- a diminuição de 12 milhões de toneladas anuais de equivalente-CO_2, o que significaria retirar de circulação **15 milhões de veículos** movidos a combustíveis fósseis...

Um novo "direito de reparação" se desenha, no quadro actual, de molde a dar mais vida aos produtos.

Para fazer renascer mesteres que, entretanto, se extinguiram porque *mais fácil substituir que reparar*?

Reparar... por forma a que seja *mais acessível manter o produto que substituir*?

Ou será mais oneroso reparar pelo valor da mão-de-obra? Claro que tal dependerá obviamente da categoria dos produtos e da sua peculiar concepção...

Trata-se, na realidade, de uma autêntica revolução a que ora se esboça.

Será que a *inversão do paradigma* não constituirá obstáculo à "Inovação & Desenvolvimento"?

Não haverá que curar de um equilíbrio ponderado de molde a evitar que o progresso se estanque, paralise?

Um tal exercício demandará decerto uma dose apreciável de *"engenho & arte"* e não se solucionará de uma penada só...

Ou será que a evolução de novos modelos inteiramente recicláveis (e de acesso universal, ao alcance de qualquer bolsa... ponto é que o seja deveras!) não configurará o cenário preferível?

O mote para o debate está dado...

Importante é que esquadrinhemos todos os ângulos, envolvendo na discussão os partícipes por inteiro [Universidades, Centros Tecnológicos & de Investigação, indústria, serviços, distribuição (associações de interesse económico), consumidores...] para que soluções mais adequadas se logrem e imponham no interesse geral.

"Dar mais vida aos produtos para que a vida se prolongue": eis o lema de uma estratégia convertida em nova política de consumidores!

"Dar mais vida aos bens para que se dê mais vida à vida"!"

O novo Plano de Acção para a Economia Circular cria uma série de iniciativas específicas para combater a obsolescência precoce e promover a durabilidade, a possibilidade de reciclagem e de reparação e a acessibilidade dos produtos, bem como apoiar a ação das empresas.

Nomeadamente, a Iniciativa para os Produtos Sustentáveis terá como objetivo generalizar os produtos sustentáveis, estabelecendo princípios de sustentabilidade para os produtos e revendo a Diretiva Concepção Ecológica, alargando o seu âmbito de aplicação para além dos produtos relacionados com a energia e concretizando a circularidade. Serão necessárias medidas regulamentares e não regulamentares adicionais para abordar grupos específicos de bens e serviços, como as TIC, a eletrónica ou os têxteis, bem como as embalagens. Por exemplo: ✓ A Iniciativa sobre a Eletrónica Circular[38] visa garantir que os dispositivos eletrónicos são concebidos com vista à durabilidade, manutenção, reparação, desmontagem, desmantelamento, reutilização e reciclagem, e que os consumidores têm um «direito de reparação», incluindo atualizações de software. ✓ A iniciativa relativa a um carregador universal para telemóveis e outros dispositivos portáteis[39] visa simplificar a vida aos consumidores e reduzir a utilização de materiais e os resíduos eletrónicos associados à produção e à eliminação deste produto específico utilizado diariamente pela grande maioria dos consumidores. ✓ A futura Estratégia da UE para os Têxteis procurará possibilitar aos consumidores a escolha de têxteis sustentáveis e facilitar o seu acesso aos serviços de reutilização e reparação. ✓ A revisão da Diretiva Embalagens e Resíduos de Embalagens tem por objetivo tornar todas as embalagens reutilizáveis e recicláveis de forma economicamente viável e reduzir o excesso de embalagem.

Combate à obsolescência «programada» e direitos dos consumidores

6. Insta a Comissão a conceber, em consulta com as partes interessadas, uma estratégia abrangente que preveja medidas que estabeleçam uma diferenciação entre categorias de produtos e tenham em conta a evolução tecnológica e do mercado, a fim de apoiar as empresas e os consumidores e de promover padrões de produção e consumo sustentáveis; observa que tal estratégia deve incluir medidas destinadas a:

   a. especificar as informações pré-contratuais a fornecer sobre a duração de vida estimada (que deve ser expressa em anos e/ou ciclos de utilização e ser determinada antes da colocação no mercado do produto através de uma metodologia objetiva e normalizada baseada em condições reais de utilização, nas diferenças em termos de intensidade de utilização e em fatores naturais, entre outros parâmetros) e a possibilidade de reparação de um produto, tendo em conta que estas informações devem ser fornecidas de forma clara e compreensível, de modo a evitar confundir os consumidores e sobrecarregá-los com informações, bem como assegurar que tais informações figurem entre as características principais de um produto, em conformidade com as diretivas 2011/83/UE e 2005/29/CE,

b. incentivar o desenvolvimento e a harmonização da rotulagem voluntária, envolvendo todas as partes interessadas, com base em normas transparentes assentes na investigação, bem como em avaliações de impacto que demonstrem a relevância, a proporcionalidade e a eficácia na redução dos impactos ambientais negativos e na proteção dos consumidores; considera que esta rotulagem poderia incluir, nomeadamente, informações sobre a durabilidade e a possibilidade de reparação dos produtos, tais como uma pontuação de reparação, e poderia assumir a forma de um índice de desempenho ambiental, tendo em conta múltiplos critérios ao longo do ciclo de vida dos produtos em função da respetiva categoria; considera que a rotulagem deve fornecer aos consumidores, no momento da compra, informações imediatamente visíveis, claras e fáceis de compreender,

c. reforçar o papel do rótulo ecológico da UE para aumentar a adesão da indústria e sensibilizar os consumidores para essa questão,

d. avaliar que categorias de produtos se prestam melhor ao recurso a contadores de utilização com base numa análise de custos/eficiência ambiental, a fim de melhorar a informação fornecida aos consumidores e a manutenção dos produtos, incentivar a utilização a longo prazo dos produtos, facilitando a sua reutilização, e promover os modelos empresariais centrados na reutilização e nos produtos usados,

e. avaliar a melhor forma, na perspetiva da revisão da Diretiva (UE) 2019/771, de alinhar a duração das garantias legais com a duração de vida estimada de uma categoria de produtos, bem como a forma como uma prorrogação do período de inversão do ónus da prova por não conformidade contribuiria para incentivar os consumidores e as empresas a fazerem escolhas sustentáveis; solicita que tal avaliação de impacto tenha em conta os possíveis efeitos destas potenciais prorrogações nos preços, na duração de vida estimada dos produtos, nos sistemas de garantia comercial e nos serviços de reparação independentes,

f. estudar a viabilidade, na perspetiva da revisão da Diretiva (UE) 2019/771, de reforçar a posição dos vendedores em relação aos fabricantes, introduzindo um mecanismo de responsabilidade conjunta fabricante-vendedor no quadro do regime de garantia legal,

g. combater a obsolescência programada, ponderando a possibilidade de aditar à lista constante do anexo I da Diretiva 2005/29/CE práticas que têm como única finalidade reduzir a duração de vida de um produto para aumentar a sua taxa de substituição e limitar indevidamente a possibilidade de reparação dos produtos, incluindo o «software»; salienta que tais práticas devem ser claramente definidas com base numa definição objetiva e comum, que tenha em conta a avaliação de todas as partes interessadas, como os centros de investigação e as organizações empresariais, ambientais e de consumidores;

7. Realça que os produtos que contêm elementos digitais requerem particular atenção e que, no âmbito da revisão da Diretiva (UE) 2019/771 a realizar até 2024, devem ser tidos em conta os seguintes elementos:

a. as atualizações corretivas – ou seja, as atualizações de segurança e de conformidade – devem continuar a ser efetuadas ao longo de toda a duração de vida estimada do dispositivo, em função da categoria do produto,

b. as atualizações corretivas devem ser efetuadas separadamente das atualizações evolutivas, que devem ser reversíveis, e nenhuma atualização deve reduzir o desempenho ou a capacidade de resposta do produto,

c. no momento da compra, o vendedor deve informar os consumidores do período durante o qual é previsível que sejam disponibilizadas atualizações do «software» fornecido aquando da compra do produto, de forma compatível com a inovação e a possível evolução futura do mercado, bem como das suas especificidades e impacto no desempenho do dispositivo, a fim de garantir que o produto mantenha a sua conformidade e segurança;

8. Salienta a necessidade de vias de recurso simples, eficazes e viáveis para os consumidores e as empresas; recorda que os consumidores em toda a UE devem estar informados sobre os seus direitos e as vias de recurso ao seu dispor; apela ao financiamento, no âmbito do Programa a favor do Mercado Único do quadro financeiro plurianual (QFP), de medidas destinadas a colmatar o défice de informação e a prestar apoio às iniciativas desenvolvidas por associações empresariais, ambientais e de consumidores; considera que os Estados-Membros devem organizar campanhas de informação para aumentar a proteção e a confiança dos consumidores, em particular entre os grupos vulneráveis, e insta a Comissão a fornecer aos consumidores informações adequadas sobre os seus direitos através do Portal Digital Único; assinala que as PME, as microempresas e os trabalhadores por conta própria precisam de apoio específico, incluindo apoio financeiro, para compreender e cumprir as suas obrigações legais no domínio da proteção dos consumidores;

9. Observa que muitos produtos colocados no mercado único, em particular os vendidos nos mercados em linha e importados de países terceiros, não cumprem a

legislação da UE relativa aos requisitos de segurança e de sustentabilidade dos produtos; exorta a Comissão e os Estados-Membros a adotarem medidas com caráter de urgência para assegurar condições de concorrência equitativas para as empresas da UE em relação aos seus concorrentes internacionais, bem como para garantir produtos seguros e sustentáveis para os consumidores através de uma melhor fiscalização do mercado e de normas de controlo aduaneiro equivalentes em toda a UE, tanto para as empresas tradicionais como para as empresas em linha; recorda que, para levar a cabo esta tarefa, as autoridades de fiscalização do mercado devem dispor de informações e recursos financeiros, técnicos e humanos adequados, em conformidade com o Regulamento (UE) 2019/1020, pelo que solicita aos Estados-Membros que os providenciem e à Comissão que garanta a correta aplicação do regulamento; sublinha que deve ser significativamente melhorada a interação entre o sistema RAPEX e os mercados e as plataformas em linha; (...).

FORMAS ALTERNATIVAS DE RESOLUÇÃO DE CONFLITO COMO INSTRUMENTO DE *COMPLIANCE* CONSUMERISTA

Flávia do Canto

Professora da Escola de Direito da PUCRS. Pós-Doutoranda em Direito UFRGS. Doutora em Direito pela PUCRS. Pesquisadora do Grupo de Pesquisa Mercosul, Direito do Consumidor e Globalização CNPq/UFRGS, sob a coordenação da profa. Dra. Claudia Lima Marques. Advogada.

Augusto Caye

Especialista em Compliance pela PUCRS. Advogado.

Sabe-se que o processo judicial *per se* não implica efetivo acesso à justiça.[1] Assim, *alternative dispute resolutions* (ADR)[2] vêm ganhando força e sendo implementadas e encorajadas nos mais diversos ordenamentos jurídicos: a mediação e a conciliação são incentivadas dentro dos sistemas legais internos, e a negociação hoje é valorizada e reconhecida dentro das universidades.[3]

A adoção de formas alternativas de resolução de conflito traz maiores vantagens à empresa na medida em que impede a formação de um litígio judicial, mais custoso e demorado.[4] Além disso, são uma contribuição significativa na *accountability*, na

---

1. POZZATTI JUNIOR, Ademar; KENDRA, Veridiana. Do conflito ao consenso: a mediação e o seu papel de democratizar o direito. **Revista Eletrônica do Curso de Direito da UFSM**, Santa Maria, v. 10, n. 2, p. 676-701, dez. 2015. Disponível em: <https://periodicos.ufsm.br/revistadireito/article/view/19760>. Acesso em: 04 nov. 2019.
2. Contra a arbitragem nas relações de consumo, destaca Flávia do Canto e Tatiana Squeff: "O consumidor, por sua vulnerabilidade fático-econômica, jurídica, técnica e informativa, ver-se-ia em discrepante desigualdade face ao fornecedor de produto ou de serviço, se fosse inserida no contrato de adesão, de maneira prévia, a previsão da arbitragem como forma obrigatória de solução de litígios. Inclusive, pontua-se que na reforma da Lei Arbitral promovida em 2015, vetou-se a inclusão no artigo 4º, §3, a qual trazia a permissão genérica para o uso desse procedimento em litígios em relações de consumo". Artigo publicado: https://www.conjur.com.br/2020-nov-18/garantias-consumo-limitacoes-uso-arbitragem-relacoes-consumo.
3. SALLES, Carlos Alberto de; LORENCINI, Antônio Garcia Lopes; SILVA, Paulo Eduardo Alves (Coords.). **Negociação, mediação e arbitragem**: curso básico para programas de graduação em Direito. São Paulo: Forense, 2012.
4. LIMA, Juliana Barbosa de. **As formas alternativas de resolução de conflitos no direito do consumidor**: uma análise da efetividade do balcão do consumidor da Unijuí em Três Passos/RS. 2016. Trabalho de Conclusão de Curso (Bacharelado em Direito) – Universidade Regional do Noroeste do Estado do Rio Grande do Sul, Três Passos, 2016. Disponível em: <http://bibliodigital.unijui.edu.br:8080/xmlui/handle/123456789/3695>. Acesso em: 05 abr. 2020.

transparência e na governança de uma organização empresarial em razão da reconciliação das partes (como na conciliação) e obtenção de um resultado rápido[5], e, portanto, interessam à adoção de um programa de Compliance. Da mesma forma que também a adoção deste programa serve aos interesses de entidades que provenham estas formas alternativas de resolução de conflitos.[6]

O compliance consumerista busca reduzir o número de sanções e a implementação de condutas de acordo com as normas consumeristas a serem implantadas pela empresa.[7] Esta área busca arrefecer riscos no que tange eventuais sanções administrativas e litígios judiciais, como também fortalecer o vínculo formado com o consumidor, fidelizando o público alvo ao formar uma relação de credibilidade.[8] As práticas abusivas devem ser eliminadas por interesse de todos os agentes econômicos: o Estado, os fornecedores e os consumidores. Assim, representa uma responsabilidade compartilhada entre todos os agentes pela criação de um mercado ético.[9] Ele se manifestará no agir da empresa no momento do atendimento, da oferta, na forma de realizar respostas para os órgãos fiscalizatórios como o Procon, na sua imagem pública, além de um bom atendimento ao consumidor por meio do Serviço de Atendimento ao Consumidor (SAC) e Ouvidoria.

No Brasil, a Política Nacional das Relações de Consumo e o Sistema Nacional de Defesa do Consumidor formulam a base de uma estrutura que confere ao Poder Público a oportunidade de agir pela proteção do consumidor[10], o que se manifesta através de diversas entidades civis, promotorias e delegacias especializadas, dentre outros. Faz parte desta política a atribuição aos Procons e o exercício do poder de polícia administrativa, buscando a prevenção de violações contra o consumidor, a fiscalização dos atos e a punição de infratores econômicos, sendo notável que as condutas preventivas apresentam maior efetividade que as ações punitivas pecuniá-

---

5. ÖZTÜRK, Emíne Nur. **Alternative dispute resolution mechanisms and compliance in international financial institutional**. 2019. Dissertação de mestrado (Master of Arts) – Escola de graduação de ciências sociais e econômicas de hsan Do ramacı Bilkent University, Ankara, 2019. p. 20. Disponível em: <http://repository.bilkent.edu.tr/bitstream/handle/11693/52336/10280008.pdf?sequence=1&isAllowed=y>. Acesso em: 05 abr. 2020.
6. INTERNATIONAL CHAMBER OF COMMERCE. **Note to parties and arbitral tribunals on ICC Compliance**. Paris, 2017. Disponível em: <https://iccwbo.org/content/uploads/sites/3/2017/11/note-to-parties-and-arbitral-tribunals-on-icc-compliance-english.pdf>. Acesso em: 23 nov. 2019.
7. CARPENA, Heloísa. **O compliance consumerista e criação de um mercado ético e produtivo**. Rio de Janeiro, 2018. Disponível em: https://www.conjur.com.br/2018-ago-01/garantias-consumo-compliance-consumerista-criacao-mercado-etico-produtivo>. Acesso em: 15 abr. 2020.
8. SIQUEIRA, Felipe de Poli de; MICHELETTO, Francieli. Compliance consumerista: uma relação de credibilidade entre a entidade corporativa e o consumidor. **Revista de Direito, Globalização e Responsabilidade nas Relações de Consumo**, Porto Alegre, v. 4, n. 2, p. 71-87, 2019.
9. CARPENA, Heloísa. **O compliance consumerista e criação de um mercado ético e produtivo**. Rio de Janeiro, 2018. Disponível em: https://www.conjur.com.br/2018-ago-01/garantias-consumo-compliance-consumerista-criacao-mercado-etico-produtivo>. Acesso em: 15 abr. 2020.
10. LEAL, Leonardo José Peixoto; TASSIGNY, Mônica Mota. Política nacional das relações de consumo, sistema nacional de defesa e perfil do consumidor: consumo, educação e conscientização entre jovens consumidores em Fortaleza. *In*: DIREITO DO CONSUMIDOR: ENCONTRO NACIONAL DO CONPEDI, XXIII, 2014, João Pessoa. **Anais** [...]. Florianópolis: CONPEDI, 2014. p. 413-442.

rias.[11] O próprio CDC traz em seu artigo 4º, inciso V, o incentivo a criação de formas eficientes de controle de qualidade e segurança, além de incentivos a resolução de conflitos por meios alternativos.

Observa-se que a massiva quantidade de ações ingressas nos tribunais de justiça versam sobre o direito do consumidor, dos quais apenas dez empresas concentram metade dos processos, a sua maioria bancos e telefônicas.[12] A maior parte das grandes empresas do mercado brasileiro possuem planos de Compliance; estariam estas falhando em prever uma forma de compliance consumerista, acarretando no incremento de buscas de reparo por parte do consumidor no Poder Judiciário?

Em análise dos programas de integridade, manuais de regras, procedimentos e controles internos de grandes empresas que realizam o comércio *business to consumer* (B2C), se verificou que nenhuma trouxe qualquer previsão sobre como deve realizar o tratamento junto ao consumidor, apesar de ter extenso regramento sobre comportamento em combate à corrupção, fraude e lavagem de dinheiro.[13] Já em outros países, por exemplo, a adaptação ao compliance consumerista, é ofertado como serviço por empresas de auditoria como a KPMG[14] e a PwC[15] no mercado financeiro estadunidense.

Em um processo de sustentabilidade institucional, a ouvidoria, o compliance e a auditoria interna se transformam em instrumentos que, empregadas em conjunto, fomentam o desenvolvimento a longo prazo da instituição.[16] A auditoria interna realiza a avaliação da eficácia da gestão dos processos de governança adotados pela empresa, identificando vetores em desalinho; o compliance busca a gestão de riscos como os de sanções legais, financeiros, reputacionais, e providencia com a adoção de procedimentos que asseguram à organização sua conformidade com normas internas e externas, tudo visando um agir não só legal, como também ético; e, por fim, a

---

11. Sobre a efetividade das sanções administrativas e ausência de critérios objetivos na aplicação de multas pelos Procons: PEREIRA, Flávia do Canto. **Proteção administrativa do consumidor; Sistema Nacional de Defesa do Consumidor e a ausência de critérios uniformes para aplicação de multas** / Flávia do Canto Pereira; Antônio Herman Benjamin, Claudia Lima Marques, coordenação. – São Paulo: Thomson Reuters Brasil, 2021.
12. CONSELHO NACIONAL DE JUSTIÇA. **Os maiores litigantes em ações consumeristas**: mapeamento e proposições. Brasília, 2017. Disponível em: <https://www.cnj.jus.br/wp-content/uploads/2018/01/bd8f-715ca9ae1f539cd2d15421e843e7.pdf>. Acesso em: 05 abr. 2020.
13. BRADESCO. **Manual de regras, procedimentos e controles internos**. Osasco, 2019. Disponível em: <https://www.bradescoasset.com.br/BRAM/static_files/portal/files/Governanca/Politicas%20BRAM/Manual_de_Regras_Procedimentos_e_Controles%20Internos.pdf>. Acesso em: 18 abr. 2020.
14. SEMANCO, Todd. **Banking and consumer compliance**. Pittsburgh, 2017. Disponível em: <https://advisory.kpmg.us/articles/2017/banking-consumer-compliance.html#>. Acesso em: 18 abr. 2020.
15. PWC. **Bank regulatory compliance services**. Londres, 2020. Disponível em: <https://www.pwc.com/us/en/industries/financial-services/regulatory-services/bank-regulatory-compliance.html>. Acesso em: 18 abr. 2020.
16. BARROSO FILHO, José. **Ouvidoria, compliance e auditoria interna são órgãos complementares**. Disponível em: <https://www.conjur.com.br/2015-out-09/barroso-filho-ouvidoria-compliance-auditoria-sao-complementares>. Acesso em: 26 abr. 2020.

ouvidoria constitui uma protagonista como canal de comunicação direto e eficiente, mediando as relações entre os consumidores e organizações.

Quando todos os setores dentro de uma organização estão voltados ao consumidor e esse está no centro do negócio (*customer centric*), a tendência é a redução de reclamações nos órgãos de defesa dos consumidores e a sua fidelização.

Os fornecedores que adotam pequenas mudanças no processo de resposta as reclamações, naturalmente reduzem os processos judiciais e administrativos. E acima de tudo, contribuem para a política nacional de relações de consumo.[17]

17.

DANOS DECORRENTES DE VIOLAÇÃO À LGPD POR PROFISSIONAL LIBERAL EM RELAÇÃO DE CONSUMO

Flávio Henrique Caetano de Paula Maimone

Doutorando e Mestre em Direito Negocial pela Universidade Estadual de Londrina. Diretor do Brasilcon. Associado Titular do Iberc. Advogado. flavio@csg.adv.br

Bruno Ponich Ruzon

Mestre em Direito Negocial pela Universidade Estadual de Londrina. Associado do Idec. Advogado.

bruno@felizardoeruzon.adv.br

A Lei Geral de Proteção de Dados Pessoais (Lei 13.709/18) tem sido objeto de contínuo e necessário estudo, seja pela importância da proteção de dados pessoais e da privacidade, seja por representar uma legislação que está inserida em todas as áreas do Direito, notadamente se relacionando com o Direito do Consumidor, uma vez que os titulares de dados, em inúmeras situações e relações jurídicas, serão também consumidores.

Além disso, o Código de Defesa do Consumidor (Lei 8.078/90) foi importante fonte de inspiração para os autores do anteprojeto da LGPD, cujo texto guarda semelhanças na estrutura normativa e em alguns de seus dispositivos.[1]

É o caso do artigo 64 da Lei Geral de Proteção de Dados Pessoais em consonância com o artigo 7º do CDC. Ambos trazem uma abertura para aplicação simultânea de outros diplomas legais, em um mesmo caso concreto sob orientação da Constituição Federal, especificamente para concretização de um ou mais direitos fundamentais envolvidos.[2] Como o direito fundamental de promoção da defesa do consumidor (artigo 5º, XXXII, CF) e o direito fundamental à proteção de dados pessoais (artigo 5º, LXXIX, CF). Trata-se do diálogo das fontes.[3]

---

1. Nesse sentido: MENDES, Laura Schertel; DONEDA, Danilo. Reflexões iniciais sobre a nova Lei Geral de Proteção de Dados. Revista de Direito do Consumidor, São Paulo, v. 120, ano 27, p. 471, nov.-dez. 2018.
2. MAIMONE, Flávio Henrique Caetano de Paula. **Responsabilidade civil na LGPD**: Efetividade na proteção de dados pessoais. Indaiatuba, SP: Editora Foco, 2022.
3. Claudia Lima Marques nos ensina que o diálogo das fontes oferece novo olhar para o conflito entre dispositivos legais: "1) **A unidade e coerência do ordenamento jurídico nacional**, visto como sistema brasileiro de fontes (sistema é um 'todo construído' com uma 'lógica', que será retirada da Constituição Federal, em especial dos direitos fundamentais e dos valores protegidos pela cláusula pétrea do Art. 60 § 4º); 2) **A convergência e**

Outra semelhança está na prevenção de danos. Enquanto o Código de Defesa do Consumidor estabelece a prevenção efetiva de danos como direito básico do consumidor (artigo 6º, VI), a Lei Geral de Proteção de Dados Pessoais a disciplina como princípio (artigo 6º, VIII). Seja princípio, seja direito básico, tem-se na prevenção um dever para o agente de tratamento ou para o fornecedor.

Referido dever do sujeito superavitário da relação jurídica exige um comportamento compatível com o comando normativo, ou seja, um agir que evite a ocorrência de danos aos sujeitos deficitários, aos vulneráveis (sejam titulares de dados pessoais, sejam consumidores).

De acordo com a LGPD, esse comportamento é descrito como a "adoção de medidas para prevenir a ocorrência de danos em virtude do tratamento de dados pessoais" (artigo 6º, VIII). Ou seja, o agente de tratamento de dados tem (ou deve ter, pois dele é exigido) informações e mecanismos de oferecer e prestar serviços com segurança e adequado controle de qualidade, a fim de evitar acidentes de consumo, tais quais potenciais vazamentos de dados. Não basta ao agente que ele próprio não cause o vazamento. Mais do que isso, é exigida a adoção prévia de medidas que sejam efetivamente capazes de evitar a ocorrência de danos.

Esta noção é complementada por outro princípio da LGPD, qual seja, o estipulado no inciso X do mesmo artigo 6º: "responsabilização e prestação de contas: demonstração, pelo agente, da adoção de medidas eficazes e capazes de comprovar a observância e o cumprimento das normas de proteção de dados pessoais e, inclusive, da eficácia dessas medidas".

Como alhures mencionado, a estrutura normativa da LGPD também recebeu inspirações do CDC. Nesse sentido, ao lado dos princípios da Lei Geral, a sua estrutura normativa fomenta constante diálogo de um princípio com um fundamento e/ou outros dispositivos legais. Constrói-se uma teia interconectada para fortalecimento da efetividade dos propósitos normativos. Seara em que se insere a prevenção de danos presente no dever imposto ao agente de tratamento para adotar medidas de segurança aptas à proteção dos dados contra tratamentos ilícitos ou inadequados de dados, inclusive quando ainda se está diante da concepção do produto ou serviço, nos termos do artigo 46, § 2º, somando-se aos incisos VIII e X do artigo 6º da mesma Lei.

---

complementaridade dos campos de aplicação das diversas fontes, que não são mais campos de aplicação totalmente coincidentes (material e subjetivamente), de forma que não pode haver revogação, derrogação ou ab-rogação (a revogação expressa é cada vez mais rara no ordenamento jurídico brasileiro e o legislador geralmente indica a aplicação simultânea das leis, 'no que couber', ou quando a relação também envolve sujeito de direito protegido ou se a lei/fonte é mais favorável ao sujeito protegido constitucionalmente); 3) **A necessidade de dar efeito útil ('escutar'/considerar) às várias fontes adaptando o sistema conforme os valores constitucionais, colmatando as lacunas ao reunir em microssistemas as fontes que convergem para a mesma finalidade, ou através de uma interpretação sistêmica, teleológica ou mesmo históricas das leis gerais e especiais** (grifos originais)". MARQUES, Claudia Lima. A teoria do 'diálogo das fontes' hoje no Brasil e seus novos desafios: uma homenagem à magistratura brasileira. *In:* MARQUES, Claudia Lima; MIRAGEM, Bruno (Coord.). **Diálogo das fontes**: novos estudos sobre a coordenação e aplicação das normas no direito brasileiro. São Paulo: Thomson Reuters Brasil, 2020. p. 17-72.

A par dessa teia interconectada, tal qual antes citado, a LGPD abre-se para além de suas fronteiras. Reconhece sua insuficiência para o escopo normativo e textualmente liga-se a diversas normas. De forma que, ao prever o diálogo das fontes, a LGPD permite (e até estimula) ao intérprete que não se resuma na própria Lei Geral, uma vez que a melhor solução para o caso concreto pode estar na construção conjunta de aplicação de duas ou mais leis.

Pode-se afirmar que é o caso de danos causados a titulares de dados que, ao mesmo tempo, se revestem da condição de consumidores (sejam em sentido estrito, sejam por equiparação, como é o caso do previsto no artigo 17 do CDC, ou seja, das vítimas do evento danoso).

Destarte, ao se verificar situação jurídica em que, a despeito de ausência de contratações anteriores, sejam expostos dados pessoais de consumidores de forma indevida (e a tal ponto de macular imagem ou de violar outros direitos da personalidade de consumidores/titulares da dados) causando danos, se estará diante da responsabilidade civil.

Quando se fala em responsabilidade civil na LGPD, tem-se diversidade de posicionamentos acerca de seu regime.[4] Caso se entenda que o regime é o da responsabilidade objetiva[5] e se tendo presente a disposição do artigo 45 que remete aplicação ao CDC, pode-se ter um novo dilema. E se um profissional liberal, como um médico, contratado na forma privada, expuser dados sensíveis de consumidores titulares de dados?

A LGPD estabelece a responsabilidade civil objetiva. O CDC, igualmente, dispõe que há dever de responder independentemente de culpa, à exceção de danos

---

4. Dentre as diversas correntes, destacamos: a) Responsabilidade proativa: BODIN DE MORAES, Maria Celina; QUEIROZ, João Quinelato de. Autodeterminação informativa e responsabilização proativa: novos instrumentos de tutela da pessoa humana na LGPD. Cadernos Adenauer xx (2019), nº 3. Proteção de dados pessoais: privacidade versus avanço tecnológico. Rio de Janeiro: Fundação Konrad Adenauer, outubro 2019; b) Responsabilidade objetiva por risco: MARTINS, Guilherme Magalhães; FALEIROS JÚNIOR, José Luiz de Moura. Compliance digital e responsabilidade civil na Lei Geral de Proteção de Dados. In: MARTINS, Guilherme Magalhães; ROSENVALD, Nelson (Coord.). Responsabilidade civil e novas tecnologias. Indaiatuba, SP: Editora Foco, 2020. p. 263-297; c) responsabilidade objetiva por falha no dever de segurança: CRAVO, Daniela Copetti; KESSLER, Daniela Seadi; DRESCH, Rafael de Freitas Valle. Responsabilidade Civil na portabilidade de dados. In: MARTINS, Guilherme Magalhães; ROSENVALD, Nelson (Coord.). Responsabilidade civil e novas tecnologias. Indaiatuba, SP: Editora Foco, 2020. p. 185-201; d) Responsabilidade subjetiva: GUEDES, Gisela Sampaio da Cruz; MEIRELES, Rose Melo Vencelau. Término do Tratamento de Dados. In: FRAZÃO, Ana; TEPEDINO, Gustavo; OLIVA, Milena Donato (Coord.). Lei geral de proteção de dados pessoais e suas repercussões no direito brasileiro [livro eletrônico] / 2. ed. São Paulo: Thomson Reuters Brasil, 2020; e) Coexistência entre subjetiva e objetiva: SCHREIBER, Anderson. Responsabilidade Civil na Lei Geral de Proteção de Dados Pessoais. In: DONEDA, Danilo et al. Tratado de proteção de dados pessoais. Rio de Janeiro: Forense, 2021. p. 330-349.
5. As diferentes compreensões do tema são enfrentadas na obra acima referida: *Responsabilidade civil na LGPD: Efetividade na proteção de dados pessoais*, publicada pela Editora Foco. Podem, ainda, ser visitadas no artigo: https://www.migalhas.com.br/coluna/migalhas-de-responsabilidade-civil/368236/responsabilida-de-civil-por-tratamento-inadequado-de-dados-pessoais.

causados por profissionais liberais, que somente respondem caso se verifique culpa (art. 14, § 4º, CDC).

No exemplo aqui imaginado, o médico que cause danos por erro médico deverá ter sua culpa investigada e demonstrada para ser responsabilizado. Todavia, se este mesmo médico além deste erro ainda expuser dados sensíveis do paciente como será a sua responsabilização? Será necessária a aferição de culpa para responsabilização dos danos decorrentes dessa exposição de dados?

Para responder à questão sobre o regime jurídico da responsabilidade civil de médico/agente de tratamento de dados em uma relação de consumo, defendemos a submissão da situação ao diálogo das fontes.

Com efeito, CDC e LGPD estatuem o dever de prevenção de danos fortalecendo, ao menos em casos sob a égide de tais normas, a função preventiva da responsabilidade civil. Portanto, para nortear a resposta, em diálogo das fontes, deve-se ter em mente a prevenção de danos, que é princípio e direito básico. Neste, ao lado do termo *prevenção* tem-se outro: *efetiva*. É necessária, por conseguinte, seja construída a efetiva prevenção de danos.

Em uma relação de consumo com potenciais danos decorrentes de tratamento ilícito ou inadequado de dados pessoais, há o dever de efetiva prevenção de danos (CDC), com a "adoção de medidas" (LGPD) aptas à referida prevenção.

Acresça-se que o guia interpretativo da aplicação do método do diálogo das fontes deve ser o respeito ao direito fundamental envolvido.

No exemplo dado, estamos diante de (ao menos) dois direitos fundamentais como já rememorado.

Devemos, portanto, interpretar o regime jurídico de responsabilidade civil para o fim de oferecer efetividade à proteção dos direitos fundamentais envolvidos, para o fim de impor ao médico que é agente de tratamento de dados sensíveis um dever de adoção de medidas aptas e capazes de garantir, com segurança, a prevenção da ocorrência de danos.

Então, como chegar à resposta? Talvez seja o caso de buscarmos a resposta, ainda em diálogo das fontes, com auxílio de outro princípio, o da isonomia.

No CDC, o fator de discrímen eleito pelo legislador para excepcionar o profissional liberal, que responde somente mediante culpa, parece guardar relação com a própria natureza de suas atividades (de risco) que, em geral, podem configurar uma obrigação de meio, da qual pode acontecer dano. Justifica-se a exigência do elemento subjetivo para determinar o dever de ressarcimento. Na investigação proposta, todavia, o dano não decorre da atividade fim do profissional liberal, mas de atividade de tratamento de dados pessoais, como de qualquer outro agente de tratamento.

Sem este fator de discrímen a autorizar um tratamento normativo diferenciado, poderia um profissional liberal responder independentemente de culpa quando causar danos a consumidores decorrentes de violação à LGPD?

Algo a se investigar, mas parece ser através da teoria do diálogo das fontes o caminho para uma resposta adequada à indagação proposta.

O SUPERENDIVIDAMENTO DO CONSUMIDOR NA INCORPORAÇÃO IMOBILIÁRIA

Marcelo Tappai

Pós-graduado em Direito Processual Civil. Especialista em Direito Imobiliário, Contratual e do Consumidor. Atua como palestrante, articulista de jornais, sites e revistas, autor da cartilha do Procon-SP de orientações para compra de imóveis novos e usados. Membro do Brasilcon (Instituto Brasileiro de Política e Direito do Consumidor) e IDEC (Instituto Brasileiro de Defesa do Consumidor). Bacharel em Comunicação Social e formado em Jornalismo. Advogado e Professor de Direito.

Depois de anos de discussão nas casas legislativas, finalmente foi promulgada, em julho de 2021, a chamada Lei do Superendividamento. De fundamental importância para a proteção das pessoas, especialmente as mais vulneráveis, que não raras vezes se veem reféns de dívidas impagáveis cuja origem, em muitos casos é a oferta de crédito "fácil" e sem critérios àqueles que sabidamente terão dificuldades para honrar seus compromissos.

Essa concessão de crédito de maneira desorganizada e, em boa parte das vezes, oferecido de forma acintosa, pode levar os consumidores à insolvência, trazendo muito mais problemas do que soluções a quem passa por um momento financeiro difícil.

Regulamentar a oferta de crédito a fim de evitar o superendividamento das pessoas sempre foi uma bandeira defendida pelos consumeristas, cuja figura central e mais importante é a Professora Claudia Lima Marques, incansável na luta pela promulgação da referida Lei que alterou o Código de Defesa do Consumidor inserindo na referida legislação pontos específicos que buscam evitar a oferta descontrolada de empréstimos e financiamentos.

Dentre os superendividados, uma parcela significativa chegou nessa difícil situação em razão de financiamentos imobiliários, que se tornaram impagáveis ao longo do tempo, fazendo com que famílias perdessem todo o investimento de anos de trabalho.

Sem sombra de dúvida, os financiamentos imobiliários são os que trazem mais riscos às pessoas, especialmente porque as parcelas em geral são altas e o tempo de financiamento muito extenso. Mesmo para quem tem um planejamento detalhado e conservador, o longo período do contrato é o maior vilão, pois torna o planejamento mais imprevisível e mudanças drásticas na situação daqueles que contraíram a dívida, tem mais risco de ocorrer quando o lapso temporal é muito extenso.

Assim, a novel legislação foi clara ao excluir os casos de financiamentos que são obtidos por pessoas físicas para a aquisição da casa própria, retirando a possibilidade daquele que se viu em situação difícil, de buscar uma repactuação de pagamento do débito de forma judicial.

Isso porque, a Lei estabelece em seu art. 104-A que "a requerimento do consumidor superendividado pessoa natural, o juiz poderá instaurar processo de repactuação de dívidas, com vistas à realização de audiência conciliatória, presidida por ele ou por conciliador credenciado no juízo, com a presença de todos os credores de dívidas previstas no art. 54-A deste Código, na qual o consumidor apresentará proposta de plano de pagamento com prazo máximo de 5 (cinco) anos, preservados o mínimo existencial, nos termos da regulamentação, e as garantias e as formas de pagamento originalmente pactuadas".

Porém, em que pese se tratar de pessoa natural, se o motivo do superendividamento advir de um contrato de financiamento imobiliário, a legislação impede essa possibilidade, ao estabelecer no § 1º, do art. 104-A, que "excluem-se do processo de repactuação as dívidas, ainda que decorrentes de relações de consumo, oriundas de contratos celebrados dolosamente sem o propósito de realizar pagamento, bem como as dívidas provenientes de contratos de crédito com garantia real, de financiamentos imobiliários e de crédito rural".

Realmente referida exceção legal não parece fazer sentido, especialmente porque o espírito da Lei não é fomentar o calote, mas possibilitar àqueles que de alguma maneira se viram impossibilitados que pagar as suas dívidas que o façam, mediante uma repactuação que possa adequar o fluxo de pagamentos à situação financeira do devedor.

A situação se complica ainda mais nos casos da incorporação imobiliária, que apesar de não se tratar de financiamento ou concessão de crédito, da mesma forma pode deixar o consumidor em situação difícil ou até impossibilitado de honrar os pagamentos a que se obrigou, levando à perda da quase totalidade dos valores investidos.

Isso porque a sistemática da incorporação imobiliária tem características próprias que, se em um primeiro momento pode se assemelhar a um financiamento, não o é. Nessa modalidade de compra de imóveis, popularmente conhecida como "venda na planta" o consumidor não compra nada e nem contrai empréstimo para pagamento do preço do imóvel que sequer existe.

A sistemática desse negócio específico é curiosa, pois o consumidor paga por algo que não existe, de forma adiantada, com a promessa de poder comprar o imóvel quando, e SE este ficar pronto. Para tanto começa a pagar para a incorporadora valores referentes à fase de obras, financiando-o, em boa parte, a construção do imóvel para a empresa.

Os valores mensais pagos são corrigidos mensalmente pelo INCC (índice nacional da construção civil), não raramente maior do que os índices inflacionários, o que faz com que os pagamentos mensais sofram reajustes constantes, assim como o saldo devedor.

Não obstante, os valores já pagos pelo consumidor não são reajustados, tampouco o capital investido é remunerado, o que na prática significa um empréstimo gratuito que o interessado na compra do imóvel faz para a empresa que prometeu construí-lo.

Ocorre que em muitas das vezes o promitente comprador do imóvel não tem fôlego para realizar todos os pagamentos durante a fase da construção, o que pode levar à inadimplência e, em muitos casos, ao chamado distrato.

Nessa situação, em que pese o consumidor ter "emprestado" dinheiro para a incorporadora e financiado boa parte da obra, além de não ter sido remunerado pelo capital que disponibilizou, perde parte substancial daquilo que já pagou.

Importante mencionar que em boa parte dos casos nos quais esse tipo de situação ocorre, grande parte da responsabilidade pelo insucesso do negócio é da própria incorporadora, que no afã de vender, na maioria dos casos, não verifica com a necessária atenção as reais condições financeiras daqueles que se mostram interessados em comprar um imóvel.

Ao contrário disso, o que se vê na prática nos estandes de vendas, são vendedores bem treinados para apresentar aos interessados todas as "vantagens" do negócio. Não importa qual o valor do imóvel negociado tampouco a renda do interessado na compra, sempre haverá uma fórmula que permitirá a realização do negócio. Entrada facilitada, parcelas a perder de vista e vendas sem consultas aos cadastros de crédito são algumas das facilidades oferecidas.

Aliás, nesse ponto da dispensa de consulta aos cadastros de crédito talvez esteja uma das maiores armadilhas. Isso porque, no momento inicial da negociação a incorporadora poderá dispensar essa consulta, afinal não há risco nenhum em prometer vender algo que não existe mesmo a quem não consiga realizar os pagamentos. A razão é simples, pois enquanto o imóvel não ficar pronto e o promitente comprador não quitar integralmente o preço, não receberá o imóvel, que continua sendo da incorporadora.

O grande problema nesse caso é quando o comprador for buscar o financiamento imobiliário, o que somente ocorre com a conclusão da obra e normalmente depois de ter pagado as parcelas da construção. Nesse momento o banco ou o agente financeiro somente concederá o crédito para o financiamento imobiliário propriamente dito, se o interessado demonstrar que tem condições de assumir a dívida. Não sendo aprovado o crédito pelo banco ou instituição financeira, o negócio não vai adiante e a maior parte do investimento pode ser perdido.

A nova legislação busca proteger os consumidores superendividados que chegaram a essa situação em decorrência da prática irresponsável na concessão de crédito, o que é louvável e necessário.

O grande problema é que a Lei parece excluir dessa proteção os consumidores superendividados por essa modalidade de negócio, em que pese sistemática negocial na incorporação imobiliária ser semelhante àquela proibida pela novel legislação.

De acordo com a nova sistemática legal, é proibida a oferta que indicar que a operação de crédito poderá ser concluída sem consulta a serviços de proteção ao crédito ou sem avaliação da situação financeira do consumidor ou que ocultar ou dificultar a compreensão sobre os ônus e os riscos da contratação do crédito ou da venda a prazo.

Além disso é obrigação daquele que oferece o produto avaliar, de forma responsável, as condições de crédito do consumidor, mediante análise das informações disponíveis em bancos de dados de proteção ao crédito.

Apesar disso, na contramão da proteção ora garantida aos consumidores superendividados, na incorporação imobiliária a legislação retirou direitos e tornou desastrosa a situação daqueles que se veem impossibilitados de levar o negócio até a sua concretização.

A Lei 13.786/2018 promoveu diversas alterações na Lei de Incorporações, porém as mais impactantes foram os pontos que trataram das penalidades impostas àqueles que não conseguem realizar os pagamentos.

Modificou drasticamente direitos já conquistados há décadas pelos consumidores adquirentes, cujos entendimentos sedimentados e Súmulas, tanto dos Tribunais Estaduais quanto do STJ, já haviam garantido. Como se não bastasse, dispositivos da Lei Civil, do Código de Defesa do Consumidor e até princípios Constitucionais foram violados pela legislação em comento.

Viola, por exemplo, o artigo 884 do Código Civil, que veda o enriquecimento ilícito e estabelece que "aquele que, sem justa causa, se enriquecer à custa de outrem, será obrigado a restituir o indevidamente auferido, feita a atualização dos valores monetários." E mais, o art. 885 estabelece que "a restituição é devida, não só quando não tenha havido causa que justifique o enriquecimento, mas também se esta deixou de existir."

O enriquecimento sem causa nos casos de distrato é patente, isso porque as empresas não se desincumbem do ônus de provar que houve algum prejuízo que justifique a retenção de elevados percentuais daquilo que foi pago pelo consumidor.

Em relação às normas consumeristas violadas, destacam-se a do art. 39, V, CDC, que estabelece que é vedado ao fornecedor de produtos ou serviços, dentre outras práticas abusivas exigir do consumidor vantagem manifestamente excessiva e o art. 51, §1.º, III, que estabelece que são nulas de pleno direito, entre outras, as cláusulas contratuais relativas ao fornecimento de produtos e serviços que se mostrem excessivamente onerosas para o consumidor, considerando-se a natureza e conteúdo do contrato, o interesse das partes e outras circunstâncias peculiares ao caso.

A violação à Constituição Federal é patente isso porque a Carta Magna elenca como Direito Fundamental, no seu art. 5º, XXXII, que o Estado promoverá, na forma da lei, a defesa do consumidor, assim como preconiza no art. 170, V, que a ordem econômica, fundada na valorização do trabalho humano e na livre iniciativa, tem por fim assegurar a todos uma existência digna, conforme os ditames da justiça social, observado o princípio da defesa do consumidor.

Em que pese toda a legislação até então existente e a clareza do texto Constitucional que preconiza como obrigação do Estado e Direito Fundamental a defesa dos direitos do Consumidor, o Legislativo decidiu pela aprovação da Lei que, enquanto vigente, precisa ser cumprida.

Estabelece a Lei 4.591/1964, no seu novo art. 67-A, § 5.º que o incorporador poderá reter do adquirente 50% (cinquenta por cento) dos valores pagos, além da taxa de corretagem, em média equivalente a 5% (cinco por cento) do valor total do imóvel, o que pode significar a perda de um percentual superior a 60% (sessenta por cento) do que foi pago. Um verdadeiro confisco legalizado.

Não bastasse a desproporcionalidade da medida, o incorporador ainda restituirá os valores pagos pelo adquirente, no prazo máximo de 30 (trinta) dias após o habite-se ou documento equivalente expedido pelo órgão público municipal competente, ou, em outras palavras, quando o imóvel estiver pronto.

O que a Lei autoriza de forma expressa é que a incorporadora se aproprie de valores que lhes foram "emprestados" pelo promitente comprador, e se utilize de forma graciosa desses recursos e somente os restitua quando terminar a obra.

Como se não bastasse todos os retrocessos legislativos, que afligem a questão da incorporação imobiliária e causam ainda mais prejuízos aos promitentes compradores de imóveis na planta, e que não conseguem levar o negócio adiante, existe um forte movimento de entidades ligadas ao mercado imobiliário com o objetivo de modificar entendimentos sumulados no STJ, que de alguma maneira ainda dão algum tipo de proteção aos consumidores desse setor.

Desta forma, é fácil de se concluir que o tratamento aos superendividados é, e continuará sendo, diferente em razão da natureza da dívida. Se nada for feito em favor dos consumidores do mercado imobiliário, certamente o forte lobby das empresas trará consequências ainda mais funestas a quem um dia sonhou em comprar um imóvel, mas se viu impossibilitado de concluir o negócio em razão de complicações financeiras.

É POSSÍVEL FALAR DE SOBERANIA DO CONSUMIDOR NO CAPITALISMO DE VIGILÂNCIA?

Dennis Verbicaro

Doutor em Direito do Consumidor pela *Universidad* de Salamanca (Espanha). Mestre em Direito do Consumidor pela Universidade Federal do Pará. Professor da Graduação e dos Programas de Pós-Graduação *Stricto Sensu* da Universidade Federal do Pará-UFPA e do Centro Universitário do Pará-CESUPA. Diretor do Brasilcon. Procurador do Estado do Pará. Advogado.

Felipe Guimarães de Oliveira

Doutorando em Direito pela Universidade Federal do Pará (UFPA). Mestre em Direito pelo Centro Universitário do Pará (CESUPA). Professor de Direito do Consumidor e Direito Econômico na Graduação e Pós-graduação do Centro Universitário do Pará (CESUPA) e da Escola Superior da Advocacia (ESA – OAB/PA). Coordenador da Clínica de Superendividamento do CESUPA. Advogado.

No cenário do neoliberalismo, a cultura do consumo é impactada, formatando o conceito de hipermodernidade, uma sociedade liberal caracterizada pelo movimento, pela fluidez, pela flexibilidade, indiferente como nunca antes se foi aos grandes princípios estruturantes da modernidade, que precisaram adaptar-se ao ritmo hipermoderno para não desaparecer. Um mundo hedonista, medicalizado, *on-line*, conectado, como nunca antes e, na qual, a racionalidade do consumidor é paulatinamente mitigada em detrimento dos apelos da indústria cultural, da mídia, do marketing, das estratégias digitais e da captação indevida de dados pessoais em sistemas de *big data*.

As características centrais da cultura do consumo trabalhada por Mike Featherstone é justamente *"a disponibilidade de uma vasta série de mercadorias, bens e experiências para serem consumidas, conservadas, planejadas e desejadas pela população em geral"*.[1] Porém, esse consumo está longe de ser apenas o consumo de utilidades destinadas à satisfação de necessidades fixas. Essa cultura do consumo, por meio da publicidade, da mídia e das técnicas de exposição de mercadorias, é capaz de desestabilizar a noção original de uso ou significado dos bens e afixar neles imagens e signos novos, que podem evocar uma série de sentimentos e desejos associados. *"A superprodução de signos e a perda de referências, portanto, é uma tendência imanente da cultura de consumo"*.

---

1. FEATHESTONE, Mike. *Cultura de Consumo e Pós-Modernismo*. São Paulo: Studio Nobel, 1995. p. 159-160.

Cresce dentro dessa perspectiva uma nova cultura de consumo e de modernização da própria pós-modernidade, na qual, pautas como consumo consciente e responsável, hábitos sustentáveis, e preocupação com saúde e segurança do consumidor são desmerecidas em prol do consumismo, da ostentação, da euforia, do narcisismo e da instantaneidade. Todas essas novas características do mercado de consumo subvertem a ideia de que o consumidor é o soberano no mercado. Na verdade, a liberdade propagada pelo neoliberalismo não passa de uma ilusão e de um abstracionismo. O mercado de consumo cria necessidades artificiais, assedia o consumidor, intensifica práticas hostis de marketing e *branding*.

A era da hipermodernidade trabalha, portanto, a *"Pescaria de Tolos"*, a que aludem George Akerlof e Robert Shiller,[2] ou seja, levar as pessoas a fazerem coisas que são do interesse do pescador (fornecedor), mas não do interesse do alvo (consumidores). Está relacionada a fisgar, deixar cair uma isca artificial na água, sentar e esperar até que o peixe cauteloso nade, cometa um erro e seja fisgado. Nesse contexto, existem muitos pescadores (fornecedores) e eles são os mais astutos na variedade de iscas que, pelas leis da probabilidade, fisgarão a todos, mais cedo ou mais tarde, por mais cauteloso que o alvo o seja. Com base nessa definição um tolo é alguém que, por qualquer motivo, é pescado com sucesso. A sociedade civil e as normas sociais colocam freios nessa pescaria, porém, no equilíbrio resultante do mercado, se houver uma oportunidade para pescar, até mesmo os agentes econômicos com maior integridade moral, geralmente apelarão para essa pescaria, compelidos pelo espírito de competição e sobrevivência.

Nesse sentido, indaga-se: O consumidor ainda é o soberano no mercado de consumo?[3] A teoria econômica neoclássica marginalista de Léon Walras,[4] Carl Menger e William Stanley Jevons afirma que as escolhas do consumidor no mercado de consumo são sempre racionais,[5-6] baseando-se na ideia de valor-utilidade. Para esta corrente, a atividade desenvolvida pelos agentes econômicos produz utilidades voltadas à satisfação das necessidades dos consumidores. Assim sendo, para estes teóricos, portanto, o ato de consumir impulsionaria o desenvolvimento da atividade econômica e não o inverso com a ideia de acumulação. Sendo assim, o consumidor seria o soberano e não o fornecedor/produtor/fabricante.

Nesta acepção da teoria, o consumidor então seria o soberano na definição da demanda e na consequente oferta de produtos e do impacto na sua escassez ou não no mercado, influindo decisivamente nos fatores de produção.

---

2. AKERLOF, George A.; SHILLER, Robert J. *Pescando Tolos*: A Economia da Manipulação e Fraude. Rio de Janeiro: Alta Books, 2016. p. 6-7.
3. Atribui-se à Willian Harold Hutt (1990) na sua obra *"Economists and the Public: A Study of Competition and Opinion"*, publicada originalmente em 1936, a criação do termo "soberania do consumidor", muito embora a teoria econômica neoclássica marginalista, implicitamente já trabalhasse a ideia na análise da racionalidade do consumidor no modelo valor-utilidade.
4. *Cf.* WALRAS, Léon. *Compêndio dos Elementos de Economia Política Pura*. São Paulo: Nova Cultural, 1988.
5. *Cf.* MENGER, Carl. *Princípios de Economia Política*. São Paulo: Nova Cultural, 1988.
6. *Cf.* JEVONS, Willian Stanley. *A Teoria da Economia Política*. São Paulo: Nova Cultural, 1988.

É justamente a partir deste ponto, que se desenvolve a ratificação da perspectiva mítica de soberania do consumidor tão cara à escola neoclássica marginalista do valor-utilidade, criticando-se essa corrente teórica para desmistificar que, na verdade, diante da atual quadra neoliberal e hipermoderna, a ideia de soberania do consumidor tem sido paulatinamente mitigada por diversos fatores, tendo por base a perspectiva trabalhada em *"A Sociedade Afluente"*, na qual John Kenneth Galbraith,[7] criticará ostensivamente a presunção equivocada de soberania do consumidor.

Nesse sentido, o autor afirmará que um fator determinante na produção é, de fato, não a escolha do consumidor, mas, em medida substancial, a manipulação que o fornecedor executa a partir da resposta do consumidor. A arte da venda, do design e a inovação, são elementos amplamente utilizados para atrair, capturar e alienar o consumidor. Nesse sentido a ideia de soberania do consumidor não ocupa mais papel central na economia de nosso tempo.

Numa crítica à perspectiva de racionalidade absoluta do comportamento do consumidor proposta pelos marginalistas, é evidente uma falha. Se as necessidades do indivíduo devem ser urgentes, têm de se originar nele próprio. Não podem ser urgentes se foram forjadas para ele. E, acima de tudo, não devem ser forjadas pelo processo de produção pelo qual são satisfeitas. Assim sendo, não se pode defender a produção por satisfazer as necessidades se a produção cria as necessidades.

Destarte, exemplifica Galbraith,[8] se o consumo de um homem se torna o desejo de seu vizinho, isso já significa que o processo pelo qual as necessidades são satisfeitas é também o processo pelo qual as necessidades são criadas. Quanto mais necessidades são satisfeitas, mais novas surgem. O desejo de conseguir bens superiores adquire vida própria. Ele dá origem a um impulso por gastos mais elevados esse pode até ser mais forte do que o originado das necessidades que se supõem serem satisfeitas por esse gasto.

Mas esse não é o único diagnostico a descortinar o mito da soberania do consumidor, pois como este mesmo autor diagnostica, o elo ainda mais direto entre a produção e as necessidades é fornecido pelas empresas de publicidade e de técnicas de venda modernas. Estas não podem estar conciliadas à noção de desejos determinados independentemente, pois sua função é cria-los, dar vida às necessidades previamente não existentes. Assim sendo, cabe ao produtor tanto a função de produzir os bens quanto a de elaborar o desejo por eles. Reconhece que a produção cria necessidades que busca satisfazer não apenas passivamente, por meio da emulação, mas ativamente, a partir da publicidade e de atividades relacionadas.

Mas há outro elemento de mitigação gradual da soberania do consumidor, que vem se consolidando nas últimas duas décadas, de forma oculta e velada no mercado

---

7. GALBRAITH, John Kenneth. *Galbraith Essencial:* Os Principais Ensaios de John Kenneth Galbraith. São Paulo: Saraiva, 2012. p. 42-49.
8. GALBRAITH, 2012, p. 45-46.

de consumo: a imersão tecnológica do consumidor, a captura e uso sorrateiro de seus dados pessoais e a superexposição da vida na comunicação digital, este último diagnosticado por Byung-Chul Han.

Segundo Han,[9] todo clique na rede mundial de computadores é salvo. Todo passo é rastreável. A vida digital se forma de modo exato na rede e a servidão voluntária do consumidor a alimenta com os seus dados e rastros digitais, fazendo substituir a ideia de confiança pela de controle. No lugar do *Big Brother*, há a ascensão do *big data*. Essa estrutura especial panóptica tem habitantes que se conectam e comunicam intensamente uns com os outros e vivem uma ilusão de liberdade, abastecendo essa espécie de panóptico digital com informações que eles mesmos emitem e produzem voluntariamente. Essa é a sociedade de controle, que rompe com a possibilidade de soberania do consumidor no mercado de consumo, na qual os habitantes se comunicam não por coação exterior, mas sim por carência interna, onde, então, o medo de ter de abdicar de sua esfera privada e íntima dá lugar à carência de se colocar desavergonhadamente à vista, ou seja, onde a liberdade e o controle são indistinguíveis.

Ainda assim, Han,[10] desenvolve a ideia de que se vive um novo tipo de panóptico na era hipermoderna: o panóptico aperspectivístico, ou seja que prescinde de um centro específico de vigilância, ou mesmo de um olhar despótico. Ele surge totalmente desprovido de qualquer ótica perspectivística, e isso é que constitui seu fator de eficiência. Não se estabelece olho central algum, não se dá qualquer subjetividade ou soberania central. Os habitantes desse panóptico digital imaginam estar em total liberdade.

Formata-se mais recentemente um quadro geral de capitalismo de vigilância, que se expressa, claramente, como mais um elemento de perda da soberania do consumidor no mercado. O termo em referência foi cunhado por Shoshana Zuboff que entende a atual quadra do capitalismo a partir da vertente de vigilância, na qual os agentes econômicos conduzem suas operações de modo a torná-las indetectáveis, indecifráveis,[11] marcadas por retórica, com o objetivo de conduzir o consumidor por caminhos obscuros, e desconcertar a todos.

No início dos anos 2000 muitas informações de usuários e consumidores na rede mundial de computadores eram consideradas adicionais ou como *"fumo de escape digital ou fumo digital"* (*data exhaust*), tidas como informações adicionais aleatórias, que mais tardiamente, foram consideradas como uma base de informações muito ricas. Acabou por se reconhecer que estes materiais residuais continham dados muito detalhados e específicos dos usuários das plataformas *on-line*.[12]

---

9. HAN, Byung-Chul. No Enxame: Perspectivas do Digital. Rio de Janeiro: Vozes, 2018. p. 122.
10. HAN, Byung-Chul. Sociedade da Transparência. Rio de Janeiro: Vozes, 2017. p. 106-108.
11. ZUBOFF, Shoshana. *A Era do Capitalismo de Vigilância:* A Luta por um Futuro Humano na Nova Fronteira do Poder. Rio de Janeiro: Intrínseca, 2020. p.18-19.
12. Ibid., p. 86.

Na perspectiva do capitalismo de vigilância, a maior parte dos dados e informações pessoais dos consumidores são usados pelos agentes econômicos para a criação de modelos, ou seja, padrões de comportamento humano. Assim ao se criar grandes padrões de comportamento (modelos), automaticamente, o agente econômico consegue ver as pessoas, consumidores e suas características peculiares. Identificam como elas se comportam ao longo tempo, permitindo ao fornecedor adequar os dados dos consumidores a esse padrão, e, prever, o que vão fazer não apenas agora, mas no futuro.

Esse é o chamado excedente comportamental, ou seja, correntes de dados repletas de previsões ricas. Chama-se de excedente, pois são dados utilizados além da necessidade de melhoramento da prestação do serviço ou fabricação do produto. Em um primeiro momento, sabe-se que agora, pode-se manipular sugestões subliminares em um contexto *on-line* para mudar comportamentos no mundo real ou emoções no mundo real. Em segundo, consegue-se exercer a este poder, estes métodos, quando o utilizador não se apercebe. No capitalismo de vigilância, na sua versão original, *on-line*, prevê-se a taxa de visitas e se vende isso ao anunciante, que paga para ter visitas em seu site.[13]

Na perspectiva digital, *on-line* e síncrona, o capitalismo de vigilância encontrou espaço para monitorar, ocultar e perspicazmente, cada passo do consumidor nas plataformas *on-line*, em que são coletados dados pessoais, gostos, preferências, estilos, opções políticas, experiências sensoriais, com fulcro na formatação de modelos. Assim, ao se criar grandes padrões de comportamento (modelos), automaticamente, o agente econômico consegue ver as pessoas, consumidores e suas características peculiares.

A soberania do consumidor no contexto atual do capitalismo de vigilância representa, portanto, um mito, o que exige o alargamento do conceito de vulnerabilidade para uma nova dimensão algorítmica. Isso porque o uso das plataformas virtuais pelo consumidor – aparentemente, vantajoso, dinâmico, barato, eficaz, conferindo-lhe supostamente autonomia e domínio sobre a qualidade dos serviços – esconde, na verdade, inúmeros riscos de devastação mercadológica da privacidade e da intimidade, levando à captura de perfis de consumo pelas mais diversas práticas de assédio.

Para a efetiva proteção do consumidor e resgate de sua capacidade decisória no mercado de consumo será determinante, portanto, o diálogo entre a Lei Geral de Proteção de Dados Pessoais (LGPD ou Lei 13.709/2018) e o Código de Defesa do Consumidor (CDC ou Lei 8.078/90), favorecendo um melhor controle e a responsabilidade dos agentes econômicos diante das novas práticas abusivas no consumo digital, a participação qualificada do consumidor pelo exercício de sua cidadania instrumental, assim como a mediação responsável do Estado, através Autoridade Nacional de Proteção de Dados (ANPD), Secretaria Nacional do Consumidor (Senacon) e demais órgãos integrantes do Sistema Nacional de Defesa do Consumidor (SNDC).

---

13. Ibid., p. 92-101.

REFERÊNCIAS BIBLIOGRÁFICAS

AKERLOF, George A.; SHILLER, Robert J. *Pescando Tolos:* A Economia da Manipulação e Fraude. Rio de Janeiro: Alta Books, 2016.

FEATHESTONE, Mike. *Cultura de Consumo e Pós-Modernismo.* São Paulo: Studio Nobel, 1995.

GALBRAITH, John Kenneth. *Galbraith Essencial:* Os Principais Ensaios de John Kenneth Galbraith. São Paulo: Saraiva, 2012.

HAN, Byung-Chul. *Sociedade da Transparência.* Rio de Janeiro: Vozes, 2017.

HAN, Byung-Chul. *No Enxame:* Perspectivas do Digital. Rio de Janeiro: Vozes, 2018.

JEVONS, Willian Stanley. *A Teoria da Economia Política.* São Paulo: Nova Cultural, 1988.

MENGER, Carl. *Princípios de Economia Política.* São Paulo: Nova Cultural, 1988.

VERBICARO, Dennis. *Consumo e cidadania*: identificando os espaços políticos de atuação qualificada do consumidor. Rio de Janeiro: Lumen Juris, 2017.

WALRAS, Léon. *Compêndio dos Elementos de Economia Política Pura.* São Paulo: Nova Cultural, 1988.

ZUBOFF, Shoshana. *A Era do Capitalismo de Vigilância:* A Luta por um Futuro Humano na Nova Fronteira do Poder. Rio de Janeiro: Intrínseca, 2020.

A LEI DO SUPERENDIVIDAMENTO E OS JECS

Cristiano Sobral Pinto

Doutor em Direito. Professor de Direito Civil e Direito do Consumidor na Fundação Getulio Vargas, na Associação do Ministério Público do Rio de Janeiro, na Fundação Escola da Defensoria Pública do Rio de Janeiro, na Escola da Magistratura do Estado do Rio de Janeiro, no Complexo de Ensino Renato Saraiva e na Fundação do Ministério Público do Rio de Janeiro. Palestrante, autor de diversas obras jurídicas e coordenador do Seufuturo.com.

A crise econômica brasileira se arrasta há anos e o cenário piorou com o estado de pandemia do coranavírus que atingiu os países de forma globalizada. A parcela da população que já se encontrava em uma situação de comprometimento de suas finanças e endividada se agravou, principalmente em relação aos mais vulneráveis.

São denominados pela doutrina como hipervulneráveis que são aqueles indivíduos, consumidores, que se mostram mais frágeis em relação aos fornecedores e à ação do mercado de consumo, reconhecidamente as crianças, os idosos, os portadores de deficiência, os analfabetos e aqueles que apresentam enfermidades que possam ser manifestadas ou agravadas pelo consumo de produtos ou serviços livremente comercializados e que se mostram inofensivos à maioria das pessoas.

Ao tratarmos do tema relativo ao fenômeno do superendividamento que diz respeito à impossibilidade manifesta do consumidor, cidadão, de boa-fé, pagar a totalidade de suas dívidas de consumo, exigíveis e vincendas, sem comprometer seu mínimo existencial, tendo sua capacidade de gerir as despesas pessoais e familiares totalmente comprometida.[1]

Conforme dispõe o relatório "Endividamento de Risco no Brasil", publicado pelo Banco Central em junho do ano passado, cerca de 4,6 milhões de pessoas eram consideradas como devedores de risco, compreendidos os consumidores que se encontrem em inadimplemento superior a 90 dias no pagamento de empréstimos; estejam com sua renda mensal comprometida com o pagamento das dívidas acima de 50%; uso simultâneo de cheque especial, crédito pessoal e crédito rotativo; e renda mensal disponível abaixo da linha da pobreza.[2] E ainda que não exista um número

---

1. O artigo 54-A, § 1º, do CDC apresenta o conceito de superendividamento, observe: "Entende-se por superendividamento a impossibilidade manifesta de o consumidor pessoa natural, de boa-fé, pagar a totalidade de suas dívidas de consumo, exigíveis e vincendas, sem comprometer seu mínimo existencial, nos termos da regulamentação".
2. Disponível em: https://www.stj.jus.br/sites/portalp/Paginas/Comunicacao/Noticias/28022021-O-fenomeno-do-superendividamento-e-seu-reflexo-na-jurisprudencia2.aspx. Acesso em ago. 2021.

total de superendividados no país, conforme consta no Mapa da Inadimplência da Serasa, eles estão entre os 62,5 milhões de brasileiros com dívidas.[3]

Os motivos para que o consumidor se torne um superendividado são de natureza diversa, vão desde causas imprevisíveis, como uma situação de doença ou desemprego, ou mesmo uma compra ou contratação de um serviço de forma impensada ou deficiência informacional. Os mais atingidos são os idosos, os portadores de deficiência e os analfabetos que se mostram mais suscetíveis aos abusos cometidos nas relações de consumo realizando empréstimos, principalmente, os em consignação.

A fim de equacionar essa situação de superendividamento, tão corriqueira atualmente, foi editada a Lei 14.181/2021, que, além de prever a instauração de programas de educação financeira e consumo consciente, também traz previsões acerca de medidas para a ampliação das políticas de renegociação de dívidas. A norma alterou o Código de Defesa do Consumidor (CDC ou Lei 8.078/1990) e o Estatuto do Idoso (Lei 10.741/2003), representando um passo importante para a proteção dos consumidores, que têm sua vulnerabilidade agravada, prestigiando o direito e a tutela do consumidor em sua integralidade e em prol de sua dignidade e exercício de sua cidadania.

Das alterações feitas pela nova lei, interessa destacar a que inseriu os incisos VI e VII no artigo 5º, do CDC, prevendo que, para a execução da Política Nacional das Relações de Consumo, contará o poder público com os seguintes instrumentos: instituição de mecanismos de prevenção e tratamento extrajudicial e judicial do superendividamento e de proteção do consumidor pessoa natura e instituição de núcleos de conciliação e mediação de conflitos oriundos de superendividamento. Tais medidas têm por objetivo facilitar e tornar mais célere o acesso do consumidor aos instrumentos de solução de conflitos junto aos seus credores, trazendo instrumentos que o poder público utilizará para providenciar a execução da Política Nacional das Relações de Consumo a ser desempenhada através dos órgãos que fazem parte do Sistema Nacional de Defesa do Consumidor (SNDC).[4]

O artigo 6º estabelece, em seus incisos XI e XII, como direitos básicos do consumidor a revisão e repactuação das dívidas entre outras medidas na concessão do crédito, com garantia da preservação do mínimo existencial do consumidor.

No mesmo sentido, os artigos 104-A a 104-C do CDC, incluídos pela Lei do Superendividamento tratam da conciliação e do processo de repactuação. Trata-se de previsões que estabelecem um procedimento específico com a finalidade de garantir a renegociação das dívidas ao consumidor de forma consensual entre as partes. Observe:

---

3. Disponível em: https://www.cnj.jus.br/nova-lei-faz-da-conciliacao-uma-chance-de-recomeco-para-superendividados/. Acesso em ago. 2021.
4. De acordo com o artigo 2º do Decreto 2.181/1997, integram o SNDC a Secretaria Nacional do Consumidor do Ministério da Justiça e os demais órgãos federais, estaduais, do Distrito Federal, municipais e as entidades civis de defesa do consumidor.

"Artigo 104-A – A requerimento do consumidor superendividado pessoa natural, o juiz poderá instaurar processo de repactuação de dívidas, com vistas à realização de audiência conciliatória, presidida por ele ou por conciliador credenciado no juízo, com a presença de todos os credores de dívidas previstas no artigo 54-A deste Código, na qual o consumidor apresentará proposta de plano de pagamento com prazo máximo de cinco anos, preservados o mínimo existencial, nos termos da regulamentação, e as garantias e as formas de pagamento originalmente pactuadas.

§ 1º Excluem-se do processo de repactuação as dívidas, ainda que decorrentes de relações de consumo, oriundas de contratos celebrados dolosamente sem o propósito de realizar pagamento, bem como as dívidas provenientes de contratos de crédito com garantia real, de financiamentos imobiliários e de crédito rural.

§ 2º O não comparecimento injustificado de qualquer credor, ou de seu procurador com poderes especiais e plenos para transigir, à audiência de conciliação de que trata o caput deste artigo acarretará a suspensão da exigibilidade do débito e a interrupção dos encargos da mora, bem como a sujeição compulsória ao plano de pagamento da dívida se o montante devido ao credor ausente for certo e conhecido pelo consumidor, devendo o pagamento a esse credor ser estipulado para ocorrer apenas após o pagamento aos credores presentes à audiência conciliatória.

§ 3º No caso de conciliação, com qualquer credor, a sentença judicial que homologar o acordo descreverá o plano de pagamento da dívida e terá eficácia de título executivo e força de coisa julgada.

§ 4º Constarão do plano de pagamento referido no §3o deste artigo:

I – medidas de dilação dos prazos de pagamento e de redução dos encargos da dívida ou da remuneração do fornecedor, entre outras destinadas a facilitar o pagamento da dívida;

II – referência à suspensão ou à extinção das ações judiciais em curso;

III – data a partir da qual será providenciada a exclusão do consumidor de bancos de dados e de cadastros de inadimplentes;

IV – condicionamento de seus efeitos à abstenção, pelo consumidor, de condutas que importem no agravamento de sua situação de superendividamento.

§ 5º O pedido do consumidor a que se refere o caput deste artigo não importará em declaração de insolvência civil e poderá ser repetido somente após decorrido o prazo de dois anos, contado da liquidação das obrigações previstas no plano de pagamento homologado, sem prejuízo de eventual repactuação.

Artigo 104-B – Se não houver êxito na conciliação em relação a quaisquer credores, o juiz, a pedido do consumidor, instaurará processo por superendividamento para revisão e integração dos contratos e repactuação das dívidas remanescentes mediante plano judicial compulsório e procederá à citação de todos os credores cujos créditos não tenham integrado o acordo porventura celebrado.

§ 1º Serão considerados no processo por superendividamento, se for o caso, os documentos e as informações prestadas em audiência.

§ 2º No prazo de 15 dias, os credores citados juntarão documentos e as razões da negativa de aceder ao plano voluntário ou de renegociar.

§ 3º O juiz poderá nomear administrador, desde que isso não onere as partes, o qual, no prazo de até 30 dias, após cumpridas as diligências eventualmente necessárias, apresentará plano de pagamento que contemple medidas de temporização ou de atenuação dos encargos.

§ 4º O plano judicial compulsório assegurará aos credores, no mínimo, o valor do principal devido, corrigido monetariamente por índices oficiais de preço, e preverá a liquidação total da dívida, após a quitação do plano de pagamento consensual previsto no artigo 104-A deste código, em, no máximo, cinco anos, sendo que a primeira parcela será devida no prazo máximo de 180 dias, contado de sua homologação judicial, e o restante do saldo será devido em parcelas mensais iguais e sucessivas.

Artigo 104-C – Compete concorrente e facultativamente aos órgãos públicos integrantes do Sistema Nacional de Defesa do Consumidor a fase conciliatória e preventiva do processo de repactuação de dívidas, nos moldes do artigo 104-A deste código, no que couber, com possibilidade de o processo ser regulado por convênios específicos celebrados entre os referidos órgãos e as instituições credoras ou suas associações.

§ 1º Em caso de conciliação administrativa para prevenir o superendividamento do consumidor pessoa natural, os órgãos públicos poderão promover, nas reclamações individuais, audiência global de conciliação com todos os credores e, em todos os casos, facilitar a elaboração de plano de pagamento, preservado o mínimo existencial, nos termos da regulamentação, sob a supervisão desses órgãos, sem prejuízo das demais atividades de reeducação financeira cabíveis.

§ 2º O acordo firmado perante os órgãos públicos de defesa do consumidor, em caso de superendividamento do consumidor pessoa natural, incluirá a data a partir da qual será providenciada a exclusão do consumidor de bancos de dados e de cadastros de inadimplentes, bem como o condicionamento de seus efeitos à abstenção, pelo consumidor, de condutas que importem no agravamento de sua situação de superendividamento, especialmente a de contrair novas dívidas".

Conforme prevê a lei, o consumidor superendividado deverá buscar a Justiça do seu estado, para que seja encaminhado ao núcleo de conciliação e mediação de conflitos especializado.[5] E acompanhado ou não de um representante legal, o consumidor trará informações acerca de suas dívidas, renda, quais os credores a quem deve, sendo possível a realização da negociação em bloco, onde será realizado um plano de pagamento envolvendo todas as dívidas com todos os credores. A vantagem desse procedimento, além de ser mais célere, promove uma análise global e maior controle da situação financeira do superendividado, proporcionando maior segurança e mais transparência entre os envolvidos.

Juntamente aos Núcleos de Defesa do Consumidor (Nudecons) e aos Departamentos Estaduais de Proteção e Defesa do Consumidor (Procons) dos estados, os juizados especiais são um importante instrumento de acesso à Justiça, favorecendo o consumidor superendividado nas negociações e repactuação de suas dívidas junto aos seus credores.

Há quem entenda que a instauração no âmbito dos JECs de procedimentos de tratamento e negociação relativa ao superendividamento poderá prejudicar a atuação em outras demandas de menor complexidade, que dispensam formalidades. Destaca-se ainda que as negociações que tratam do superendividamento podem ser consideradas como uma recuperação judicial da pessoa física, e nesse contexto é inviável que sua realização seja feita de forma célere e informal, tendo em vista que o próprio procedimento requer tratamento diferenciado, além de ser novo, é complexo, envolvendo profissionais de diversas áreas, com análise da situação econômica do consumidor, reformulando toda a sua vida financeira. Portanto, tratam-se de mudanças muito importantes em matéria consumerista, no entanto, passam ao largo de serem simples.

---

5. Alguns tribunais de Justiça como Bahia, Distrito Federal, Paraná, Pernambuco, Rio de Janeiro e São Paulo já disponibilizam o serviço.

De modo diverso, entendemos que a Lei do Superendividamento vem no sentido de facilitar o acesso à Justiça aos superendividados e a negociação de suas dívidas com os credores, o que confirma o procedimento ser realizado exatamente nos JECs, tendo em vista o seu caráter mais informal que se mostra mais receptivo ao consumidor que já se encontra em uma situação de extrema fragilidade e desconforto. Nessa medida, não teria sentido fazer com que o consumidor superendividado procure a Justiça comum, submetendo-o à vivência de uma situação ainda mais difícil, em que sabe-se que, em geral, a morosidade e as formalidades impostas podem impor mais obstáculos à solução dos conflitos.

Para que os assuntos relativos ao superendividamento sejam objeto de tratamento nos JECs requer-se a criação de um núcleo especializado onde atuem conjuntamente profissionais de áreas diversas como administradores, contadores, para a elaboração do plano de pagamento, com planilhas de cálculo etc., conforme consta no artigo 104-B, do CDC, com redação dada pela Lei do Superendividamento (Lei 14.181/2021), como podemos ver em algumas áreas da Justiça comum.

O artigo 104-C do CDC, apesar de apresentar-se como sendo facultativo, aumenta a acessibilidade e facilitação na solução das questões relativas ao superendividamento, especialmente porque potencializa a atuação do SNDC.

Assim, todos os envolvidos, como o Estado, seus entes e órgãos atuantes na tutela do Direito do Consumidor, deverão juntar esforços a fim de tornar efetivos os meios de busca de solução de conflitos dos superendividados, que são a parte vulnerável da relação de consumo, no sentido de realizar o princípio da dignidade da pessoa humana bem como a defesa do consumidor, direitos esses constitucionalmente garantidos (artigos 1º, inciso III e 5º, inciso XXXII).

A LEI 14.181/21 E O CARTÃO DE CRÉDITO CONSIGNADO

Marcus da Costa Ferreira

Especialista em Direito Ambiental pela Unigoiás, e em Direito do Consumidor pela Universidade de Coimbra-Portugal. Mestrando em Direito pela Universidade de Girona, Espanha. Professor de Direito do Consumidor em cursos de Pós-graduação em diversas universidades e escolas de magistratura. Desembargador do Tribunal de Justiça do Estado de Goiás. Coordenador do Sistema dos Juizados Especiais do mesmo estado e diretor do Brasilcon.

Apesar da profusão legislativa que assola a nação, não se pode dizer que o Brasil seja um país dotado de arcabouço legislativo ruim, deficiente ou inexpressivo, sendo certo que temos ótimos diplomas legais, nas três esferas administrativas, capazes de regulamentar a existência e funcionamento do Estado, suas relações com os particulares e as relações entre estes.

O que talvez não sejamos capazes, com o necessário vigor, é de dar aplicação aos textos legais vigentes. Muitas vezes, por se mostrarem contrários à visão não sempre aberta dos magistrados encarregados de sua aplicação; outras por comodismo, posto ser bem mais simples repetir as fórmulas e decisões que alguém usou em data pretérita, ou por e até mesmo porque alguns diplomas legais simplesmente "não pegam", em fenômeno tão nacional como a jabuticaba ou o pequi.

Boa prova disso é que a Constituição da República, desde 1988, garantiu a todos os litigantes, em juízo ou na seara administrativa, como um direito fundamental (artigo 5º, LV), o contraditório e a ampla defesa, com todos os recursos a eles inerentes, ou seja, com a real possibilidade de influenciar o julgador da veracidade de sua versão. E mesmo assim, nos limitávamos a permitir à parte manifestação sobre o que o outro havia produzido nos autos, pensando que assim estaria cumprido o contraditório.

Anos a fio, assim se procedeu no Brasil, até que foi editado o vigente Código de Processo Civil, através da Lei 13.105/2015, demonstrando a necessidade de efetiva aplicação do princípio do contraditório, rachando a redoma que envolvia o julgador, pela adoção de fórmulas simples como os princípios da não surpresa, da primazia de decisão de mérito e da cooperação processual, da distribuição dinâmica do ônus da prova, dentre diversos outros.

Ao comemorarmos os 30 anos de vigência do Código Brasileiro de Proteção e Defesa do Consumidor, com reais e efetivas conquistas a serem celebradas em favor do ente vulnerável nas relações negociais, ainda nos deparamos com determinada dificuldade para sua plena aplicação, muito embora se cuide de norma de ordem pública e interesse social.

Fruto de um hercúleo trabalho de uma comissão, talvez uma geração de juristas, podemos nos orgulhar de ter senão a melhor, uma das melhores leis de defesa do consumidor do mundo, e não em virtude da inventividade do legislador, mas exatamente pela humildade de se colher o que de melhor havia no mundo a respeito, inserindo notas particulares da realidade brasileira (como, por exemplo, a inclusão da pessoa jurídica como consumidora).

Algumas disposições de nossa moderna legislação ainda não conseguiram sair do papel, com plena aplicação pelos órgãos jurisdicionais, bastando nos lembrar do teor do artigo 46 do CDC ao determinar que contratos não obrigarão consumidores, caso não lhes seja dada oportunidade de conhecimento prévio de seu conteúdo, ou sendo redigidos de modo a dificultar a real compreensão de seu sentido e alcance. Quantos são os contratos bancários em que o consumidor se limita a firmar cláusula em documento apartado, reconhecendo que tem "pleno conhecimento" do teor das cláusulas gerais que se encontram arquivadas em determinado Cartório de uma grande metrópole, na qual jamais esteve ou estará?

Não foi sem motivo que o artigo 6º do CDC estabeleceu os direitos básicos dos consumidores, criando, em contrapartida, deveres reversos aos fornecedores, os quais, nos dizeres de **Bruno Miragem**[1] seriam como espécies de direitos indisponíveis pelos consumidores, uma vez que integram a ordem pública de proteção do consumidor. Sem que haja uma prevalência entre os direitos básicos dos consumidores, tenho que o dever/direito de/a informação assume papel totalmente relevante, por nortear o direito de proteção a vida, saúde e segurança (artigos 8º a 10); a responsabilidade civil pelos vícios ou pelos fatos dos produtos ou serviços (artigos 18 e 20; 12 e 14); a formulação dos contratos e eficácia vinculativa da informação (arts. 30, 31, 33, 34 e 35); os princípios da publicidade (artigo 36); cuja ausência pode tornar nulas cláusulas contratuais (artigo 51), havendo deveres específicos para determinados contratos, nos moldes dos artigos 52 e 54.

Assim a informação correta, clara, precisa e ostensiva, nas palavras da grande mestra **Claudia Lima Marques**[2] representa uma nova transparência que rege o momento pré-contratual, a conclusão do contrato, o próprio contrato e o momento pós contratual, sendo mais que simples elemento formal, por afetar a própria essência do negócio, por demonstrar a possibilidade ou não de uma decisão refletida do consumidor e seu pleno conhecimento sobre a eficácia e alcance do negócio jurídico realizado, inclusive tendo-se em conta sua condição particular de vulnerabilidade exacerbada, se for o caso.

---

1. MIRAGEM, Bruno. **Direito do Consumidor**. São Paulo: Revista dos Tribunais, 2008, p. 117.
2. MARQUES, Claudia Lima *et al*. **Manual de Direito do Consumidor**. 6. ed. São Paulo: Revista dos Tribunais, 2014, p. 77.

Embora muito atual, apesar de seus trinta anos de idade, o CDC necessita de atualização em alguns pontos, e modo a aproximar-se aos fatos sociais posteriores à sua edição, e, após longos anos de luta, restou, por fim, editada a Lei 14.181/21, que alterou o CDC e o Estatuto do Idoso, no sentido de conferir prevenção e tratamento ao superendividamento, naquela que é chamada de "Lei Claudia Lima Marques".

Além de trazer nova esperança de resgate da dignidade para mais de 30 milhões de brasileiros em situação impossibilidade de pagar a totalidade de suas dívidas de consumo, exigíveis e vincendas sem comprometer o mínimo existencial, mencionada Lei trouxe alento na perspectiva de aplicação efetiva da legislação de proteção e defesa dos consumidores, mesmo que não em estado de superendividamento.

Não se tem dúvidas que o crédito é uma das forças motrizes do desenvolvimento, da economia nacional e da manutenção do próprio mercado de consumo, em sua forma conhecida, e a democratização de acesso ao mesmo, que pode ter como efeito deletério o próprio superendividamento, por outro lado aproxima os consumidores do acesso a produtos e serviços, em consonância com a prática tupiniquim de não poupar para ter acesso aos sonhos, mas antecipar a sua realização com a prematura aquisição financiada de bens e serviços.

Para atingir seus objetivos positivos, com a percepção de lucros pelos fornecedores, e acesso a produtos e serviços pelo consumidor, necessário seja o crédito concedido de forma responsável. Se por um lado se deve exigir do consumidor parcimônia ao ir às compras, muitas vezes minada pelo assédio da publicidade ou das vicissitudes da vida, muito mais se deve requestar do fornecedor cuidados para a concessão do crédito, somente a quem tem efetiva condição de pagamento, não se podendo olvidar que os meios para tal verificação são de todo acessíveis, como preconiza inclusive o artigo 54-D, II do CDC.

De uma lógica, o sistema de crédito não foge: a proporcionalidade entre o risco da operação e a taxa de juros cobrada do tomador. Quanto maior o risco, maiores as taxas. E foi assim, com a ideia de democratizar o acesso ao crédito, que se permitiu o chamado "credito consignado" (Leis 8.123/91, 8.112/90 e 10.820/2003), através do qual ocorrem deduções diretas na folha de pagamento ou benefício da pessoa física, cujos riscos são irrisórios, e, portanto, sujeitos a menor taxação de juros, com modicidade das parcelas, tendo em vista o largo espaço de tempo para pagamento, tudo decorrendo de acerto prévio quanto a taxa de juros, valor de cada parcela e prazo para pagamento total.

O limite de comprometimento para tal modalidade de financiamento, que era de 30% da renda, acabou elevado para 35%, reservando-se 5% exclusivamente para saque no cartão de crédito consignado (atual e temporariamente, os limites são de 40%, mantidos os 5% para cartão consignado, nos moldes da Lei 14.131/2021, em virtude da pandemia).

Face ao arrocho econômico e a necessidade de crédito, a quantidade de operações de cartão de crédito consignado explodiu, gerando sem número de processos questionando a legalidade da contratação, a necessidade de devolução em dobro do que resultar em valores excessivos de desconto e indenização por danos morais.

A Jurisprudência é vacilante quanto a matéria, tendo o Tribunal de Justiça do Estado de Goiás editado A Súmula de n. 63,[3] em 2018, cujo teor foi reafirmado pelo Órgão Especial em agosto de 2020, reconhecendo a abusividade da modalidade da contratação. Em apreciação do REsp 1.8333.475,[4] o Superior Tribunal de Justiça, por sua 3ª turma, registrou empate na solução de contenda que objetivava conversão de contratação de cartão de crédito consignado para crédito consignado simples, em data de 14/04/2021, aguardando-se novo julgamento com a presença do Ministro Moura Ribeiro.

Muito embora as taxas de juros do cartão de crédito consignado se mostrem inferiores às taxas do Cartão de Crédito tradicional, que chegaram até a 875% ao ano, em março de 2021, segundo a Agência Brasil,[5] o grande problema reside na ausência de informação e na forma de contratar, que acaba por contribuir para a ruína financeira do tomador.

Isto porque, enquanto no Crédito Consignado simples, o consumidor é informado do total de parcelas que deve adimplir, da taxa de juros que deve pagar, e da quantidade de meses para liquidação da operação, no Cartão de Crédito Consignado, muitas vezes não existe informação sobre a modalidade de contratação, não sendo estipulados juros, que são variáveis, e muito menos prazo para pagamento.

Principalmente para os consumidores que já tem esgotada a margem de 30% passível de consignação, se "abre" nova linha de crédito, com a chamada reserva de margem consignável, equivalente a mais de 5%, e se oferece nova operação consignada. Só que desta vez é entregue ao consumidor um cartão de crédito (em muitos casos isso nem ocorre) e se dá o depósito do valor solicitado em sua conta via Transferência Eletrônica de Dinheiro – TED. Daí em diante limita-se a instituição financeira ao débito mensal da parcela mínima de pagamento, promovendo a refinanciamento do saldo remanescente, ao qual são acrescidos juros mensais, tornando a dívida impagável, a menos que o tomador liquide de uma só vez todo o saldo devedor, sendo diversos

---

3. BRASIL. Tribunal de Justiça do Estado de Goiás. Súmula 63 TJGO "Os empréstimos concedidos na modalidade 'Cartão de Crédito Consignado' são revestidos de abusividade, em ofensa ao CDC, por tornarem a dívida impagável em virtude do refinanciamento mensal, pelo desconto apenas da parcela mínima devendo receber o tratamento de crédito pessoal consignado, com taxa de juros que represente a média do mercado de tais operações, ensejando o abatimento no valor devido, declaração de quitação do contrato ou a necessidade de devolução do excedente, de forma simples ou em dobro, podendo haver condenação em reparação por danos morais, conforme o caso concreto."
4. STJ julga taxa de juros em empréstimo de cartão de crédito consignado. Migalhas. 2021. Disponível em https://www.migalhas.com.br/quentes/343713/stj-julga-taxa-de-juros-em-emprestimo-de-cartao-de-credito-consignado. Acesso em 10 de ago de 21.
5. Juros anuais do cartão de crédito chegam a até 875%. AgênciaBrasil. Disponível em https://agenciabrasil.ebc.com.br/economia/noticia/2021-03/juros-anuais-do-cartao-de-credito-chegam-ate-875. Acesso em 10 de ago de 2021.

casos de pagamento de parcelas por anos a fio, sem que se obtenha diminuição do débito principal.

Temos nos deparado com sem número de casos em que o consumidor se limitou a buscar crédito consignado, ou mesmo assim lhe foi ofertado, e recebe como gato, pela lebre que buscava, o famigerado cartão de crédito com suas regras infinitamente mais desfavoráveis. A falta de atenção ao direito/dever de informação é tamanha, que já julgamos[6] caso em que o agente financeiro buscou provar a contratação informada com a juntada de uma "selfie" do consumidor, posto que a contratação teria sido eletrônica, sem a utilização de qualquer meio idôneo que demonstrasse a efetiva participação de uma das partes contratuais, em flagrante desrespeito ao mínimo do básico das relações contratuais.

Certamente que existem casos em que o consumidor tem pleno conhecimento da forma de contratação e de se tratar de um cartão de crédito, tanto que o utiliza para efetuar compras e pagamento de despesas. Em tais situações, me parece autorizada a presunção de efetivo conhecimento da modalidade de contratação, nada havendo a reclamar quanto à rescisão do contrato, devolução de importâncias pagas ou indenização por danos morais.

Muito embora o princípio da informação já seja norte para a relação contratual consumerista desde 1991, agora se espera que condutas nefastas como as acima mencionadas sejam impedidas, tamanha a explicitude das novas normas decorrentes da legislação de prevenção e tratamento do superendividamento.

Primeiro com a determinação do crédito responsável e a avaliação das condições do consumidor mediante análise de dados disponíveis em bancos de dados de proteção ao crédito, nos moldes dos artigos 6º, XI, e 54-D, II CDC, e ainda a proibição do assédio e pressão do consumidor idoso, analfabeto, doente ou, de qualquer forma em vulnerabilidade exacerbada, para a contratação de produto ou serviço de crédito (artigo 54-C IV CDC), como as chamadas operações mata-mata, onde se contrai novo crédito para liquidação de um anterior, normalmente em condições mais gravosas, como o alargamento do prazo e também da taxa de juros.

O artigo 54-B robustece a necessidade das informações que já constavam no artigo 52 desde a edição do código, reafirmando, agora de forma explícita, para a validade do contrato, a obrigação de informação sobre os custos da operação com taxa efetiva, juros de mora e encargos; o número total de parcelas, evitando contratos perpétuos; e o direito do consumidor a liquidação antecipada.

De não menos valia as disposições constantes no § 1º do artigo 54- B, que determina que as informações sejam apresentadas de forma clara e resumida no contrato, fatura ou instrumento apartado e de fácil acesso ao consumidor, e, especialmente o que dispõe o inciso III do artigo 54-D que impõe a obrigação ao fornecedor, de entregar ao consumidor, garante ou outros coobrigados cópia do contrato de crédito.

---

6. BRASIL. Tribunal de Justiça do Estado de Goiás, Apelação Cível 5270828.10, julgada em 01/06/2021.

Muito embora pudessem alguns pensar que as novas regras de prevenção ao superendividamento representasse o fim das contratações de crédito eletrônicas, assim não consigo ver, mesmo porque inexiste previsão legal direta, e ninguém será obrigado a fazer ou deixar de fazer algo senão em virtude da lei, como determinação a Constituição da República (artigo 5º, II). Mas, sem qualquer dúvida, os agentes financeiros deverão se adaptar às novas regras, que explicitam as que já existiam, comprovando de forma eficaz que exerceram sua obrigação de informação correta, clara, precisa e ostensiva, fornecendo cópia do instrumento contratual ao consumidor, não sendo mais possível a concessão de empréstimo ou crédito com um mero clicar de tecla em caixa eletrônico.

Caso não cumpra suas obrigações legais, estará o fornecedor sujeito à redução de juros, encargos e qualquer acréscimo ao principal; dilação do prazo de pagamento previsto no contrato, e, de conformidade com a gravidade da conduta, indenizações por perdas e danos morais e materiais, nos moldes do parágrafo único do artigo 54-D.

Concluindo, verifico que, face à nova legislação, confirmada está a posição da corrente jurisprudencial, que se posiciona no sentido de que caso não tenha o consumidor utilizado o cartão de crédito consignado para fazer compras e pagamentos de débitos outros que não o saque do valor inicialmente disponibilizado, e não se descurando o agente financeiro de seu dever de demonstrar haver prestado todas as informações necessárias a uma decisão refletida do consumidor, especialmente quanto aos juros cobrados e forma de pagamento, se devem converter tais operações em crédito consignado simples e consequente redução dos juros, além de restituição em dobro do eventualmente pago em excesso (art. 52, parágrafo único), e a fixação de danos morais, decorrente da falta de informação e sujeição a contrato interminável.

REFERÊNCIAS:

1-MIRAGEM, Bruno. **Direito do Consumidor.** São Paulo: Revista dos Tribunais, 2008, pág. 117.

2- MARQUES, Claudia Lima *et al.* **Manual de Direito do Consumidor.** 6. ed. São Paulo: Revista dos Tribunais, 2014, pág. 77.

3- BRASIL. Tribunal de Justiça do Estado de Goiás. Súmula 63 TJGO "Os empréstimos concedidos na modalidade 'Cartão de Crédito Consignado' são revestidos de abusividade, em ofensa ao CDC, por tornarem a dívida impagável em virtude do refinanciamento mensal, pelo desconto apenas da parcela mínima devendo receber o tratamento de crédito pessoal consignado, com taxa de juros que represente a média do mercado de tais operações, ensejando o abatimento no valor devido, declaração de quitação do contrato ou a necessidade de devolução do excedente, de forma simples ou em dobro, podendo haver condenação em reparação por danos morais, conforme o caso concreto."

4- STJ julga taxa de juros em empréstimo de cartão de crédito consignado. Migalhas.2021. Disponível em https://www.migalhas.com.br/quentes/343713/stj-julga-taxa-de-juros-em-emprestimo-de-cartao-de-credito-consignado. Acesso em 10 de ago de 2021.

5- Juros anuais do cartão de crédito chegam a até 875%. AgênciaBrasil. Disponível em https://agenciabrasil.ebc.com.br/economia/noticia/2021-03/juros-anuais-do-cartao-de-credito-chegam-ate-875. Acesso em 10 de ago de 2021.

6- BRASIL. Tribunal de Justiça do Estado de Goiás, Apelação Cível 5270828.10, julgada em 01/06/2021.

A NECESSÁRIA ATUALIZAÇÃO DO CÓDIGO DE DEFESA DO CONSUMIDOR NO TEMA DO COMÉRCIO ELETRÔNICO E O DIREITO DE ARREPENDIMENTO NA ERA DIGITAL

Antonia Espíndola Longoni Klee

Doutora em Direito e Mestre em Direito pela UFRGS. Especialista em Direito Internacional pela UFRGS. Professora de Direito Civil da Faculdade de Direito da UFPEL. Professora convidada do Curso de Especialização *Lato Sensu* em Direito do Consumidor e Direitos Fundamentais da UFRGS. Membro da Comissão Especial de Defesa do Consumidor da OAB/RS, triênio 2019-2021. Membro da Diretoria Nacional do Brasilcon. Mãe, professora e advogada.

A essência ou a verdadeira natureza da proteção do consumidor no comércio eletrônico está em assegurar à parte mais vulnerável da relação contratual o direito de arrependimento. "Conceder ao consumidor um prazo para reflexão, dentro do qual possa manifestar seu arrependimento, sem necessidade de justificá-lo, deixando sem efeito o contrato, sem qualquer responsabilidade" (STIGLITZ, p. 189, 1992), foi uma maneira encontrada pelo legislador para garantir um direito mínimo do consumidor, e constitui "a peça mestra" (CALAIS-AULOY, p. 65, 1992) de proteção nos contratos a distância.

Desde a defesa da tese de Doutorado concluída em 2013, no PPGD da UFRGS (KLEE, 2014), almeja-se o reforço do direito de arrependimento do consumidor que celebra contrato a distância e por meios eletrônicos com seus fornecedores na sociedade de consumo. O desenvolvimento e o avanço da tecnologia da informação possibilitaram o consumo na era digital em escala mundial. Esse fenômeno, que aproxima pessoas e empresas, consumidores e fornecedores na sociedade de consumo globalizada, exige a reflexão sobre alguns conceitos jurídicos e sua adequação ao meio eletrônico.

As Diretivas Europeias podem servir de inspiração a essa necessária adequação e atualização do CDC. Concorda-se com o que afirmam Marques e Miragem quanto ao Projeto de Lei 3.514/2015 (BRASIL, 2015): "No seu estágio atual de tramitação, permite, inclusive, sugerirmos algumas modificações e temas não tratados, como o dos serviços e produtos inteligentes [...] com algum foco especial nos serviços de consumo" (MARQUES; MIRAGEM, p. 91, 2020). Faz-se necessário o acréscimo de alguns dispositivos acerca dos produtos (ou conteúdos) e serviços digitais, a que Marques e Miragem denominam "serviços simbióticos" (MARQUES; MIRAGEM, p. 91, 2020).

Com o aumento das transações nos meios digitais, o consumidor nem sempre se sente seguro. "Um dos principais fatores que contribui para a falta de confiança dos consumidores traduz-se na incerteza relativamente aos seus direitos contratuais principais e a ausência de um regime contratual claro para os conteúdos ou serviços digitais" (UNIÃO EUROPEIA, 2019a). Nesse sentido, as cláusulas dos contratos de consumo na era digital devem ser objetivas, claras, esclarecedoras e informativas. O direito à informação do consumidor é o que garante a confiança no meio eletrônico impessoal e desumanizado[1].

Retiram-se do art. 2º da Diretiva (UE) 2019/770 (UNIÃO EUROPEIA, 2019a), que entrou em vigor no último dia 1º de julho, alguns conceitos: (1) conteúdo digital: dados produzidos e fornecidos em formato digital; (2) serviço digital: a) um serviço que permite ao consumidor criar, tratar, armazenar ou aceder a dados em formato digital; ou b) um serviço que permite a partilha ou qualquer outra interação com os dados em formato digital carregados ou criados pelo consumidor ou por outros utilizadores desse serviço.

Segundo a Diretiva 2019/770, são conteúdo e serviço digitais: programa informático, aplicativo, arquivos de vídeo, de áudio e de música, jogo digital, livro eletrônico e outras publicações eletrônicas, bem como serviços digitais que permitem a criação, o tratamento ou o armazenamento de dados em formato digital ou o acesso a eles, nomeadamente o *software* enquanto serviço, de que são exemplo o compartilhamento de arquivos de vídeo e áudio e outro tipo de hospedagem de arquivos, o processamento de texto ou jogos disponibilizados no ambiente de computação em nuvem, bem como as redes sociais (UNIÃO EUROPEIA, 2019a).

Buscando-se inspiração da Diretiva 2011/83/EU (UNIÃO EUROPEIA, 2011), esses produtos e serviços não são passíveis de direito de arrependimento pelo consumidor[2], por não permitirem o *status quo ante* – não é possível restituí-los –, e diferem dos seguintes: conteúdos digitais fornecidos num suporte material, tais como DVD, CD, *pen drive* ou chave USB e o cartão de memória, bem como do próprio suporte material, desde que funcione exclusivamente como meio de disponibilização de conteúdo digital (UNIÃO EUROPEIA, 2019a).

Os produtos e serviços digitais podem ser transmitidos – copiados, reproduzidos, disponibilizados e acessados – exclusivamente por meios eletrônicos, como a internet (PARENTONI, 2006). A sua devolução por parte do consumidor que se

---

1. Sobre a confiança no meio eletrônico, ver o belíssimo livro de MARQUES, Claudia Lima. *Confiança no comércio eletrônico e a proteção do consumidor*: um estudo dos negócios jurídicos de consumo no comércio eletrônico. São Paulo: Revista dos Tribunais, 2004.
2. Ao comentar o art. 473 do CC/2002, Aguiar Júnior aponta para uma situação não regulada pelo CDC: é o caso do contrato de fornecimento de serviço, "quando a prestação do fornecedor, por já ter sido feita a benefício do consumidor, é irrestituível". O autor defende a não aplicação do direito de arrependimento do consumidor, a esse caso. AGUIAR JÚNIOR, Ruy Rosado de. *Comentários ao novo Código Civil*: da extinção do contrato: arts. 472 a 480. Coordenador Sálvio de Figueiredo Teixeira. Rio de Janeiro: Forense, 2011. v. 6, t. 2, p. 297.

arrepende da contratação fica prejudicada, pois não se pode devolver ao fornecedor produtos ou serviços que já foram prestados.

É necessário dispor sobre o direito de arrependimento do consumidor de forma mais clara e adequada ao uso da tecnologia. Quando a contratação por meio eletrônico tiver por objeto bem imaterial e incorpóreo, em que é possível ao consumidor copiar, reproduzir ou acessar o conteúdo digital – e em que é impossível devolver o bem ou se desfazer do serviço já prestado –, não deve ser permitido ao consumidor se arrepender do contrato, injustificadamente, e receber a restituição da totalidade do valor pago.

A Diretiva 2011/83/EU impôs deveres de informar específicos ao meio e ao conteúdo digital: determinou que o fornecedor, antes de permitir que o consumidor descarregue e/ou faça a transmissão do conteúdo digital para seu computador, informe o consumidor sobre as especificidades técnicas dos conteúdos digitais. O objetivo é munir o consumidor de subsídios para que não adquira um produto ou um serviço que não seja compatível com o seu computador – e por isso o programa não venha a rodar –, e o consumidor não possa se arrepender de ter adquirido um produto ou um serviço do qual não possa usufruir (UNIÃO EUROPEIA, 2011).

A Diretiva 2011/83/UE admite certas exceções ao exercício do direito de arrependimento dos consumidores na era digital (UNIÃO EUROPEIA, 2011) que devem servir de inspiração para o reforço do direito de arrependimento do consumidor brasileiro nos contratos celebrados por meios eletrônicos. Sustenta-se que o ordenamento jurídico brasileiro adote algumas exceções ao direito de arrependimento do consumidor, a serem incluídas no PL 3.514/2015, com o objetivo de assegurar o exercício desse direito, quando a situação fática permitir. Essa sugestão de alteração do art. 49 do CDC visa a um reforço do direito de arrependimento do consumidor, no sentido de que o fornecedor respeite e resguarde o direito de reflexão do consumidor quando este quiser e puder exercer, sem que o fornecedor se sinta lesado. Objetiva-se evitar a banalização do direito de arrependimento na sociedade de consumo massificada pelos meios de comunicação a distância e eletrônicos, de maneira que não seja mais respeitado pela sociedade.

O PL 3.514/2015, ao propor nova redação ao art. 49 do CDC, não enfrentou a questão do fornecimento de conteúdos e serviços digitais. As situações previstas nas Diretivas 2019/770, 2019/771 (UNIÃO EUROPEIA, 2019b) e 2011/83/UE podem servir de inspiração para o legislador brasileiro. Por isso, é indispensável a inclusão de alguns dispositivos acerca do consumo de conteúdos e serviços digitais no PL 3.514/2015, para que o CDC disponha de norma que discipline o direito de arrependimento nos contratos na era digital, notadamente dispondo sobre a não aplicação desse direito no caso de compra de determinados produtos e serviços, sob pena enfraquecer ou fragilizar essa garantia, com o argumento de que o consumidor está abusando de seu direito. É preciso pensar no exercício do direito de arrependimento do consumidor como um direito potestativo e irrenunciável, evitando casuísmos[3].

Sustenta-se que o direito de arrependimento não pode ser exercido, desde que previamente informado pelo fornecedor ao consumidor, em determinados casos: a) contrato de prestação de serviço, depois de o serviço ter sido integralmente prestado, caso a execução tenha iniciado com o consentimento expresso do consumidor; b) fornecimento de produto fabricado segundo a especificação do consumidor ou claramente personalizado, desde que a restrição ao direito de arrependimento esteja destacada no momento da contratação; c) fornecimento de disco, gravações de áudio ou de vídeo seladas, ou de programa informático selado de que tenha sido retirado o selo após a entrega ou que possam ser baixados (*download*) por meio eletrônico de acesso à internet; d) fornecimento de conteúdo digital, tais como arquivo de computador, gravações de áudio e vídeo, programa informático, que não sejam fornecidos em um suporte material e sim eletronicamente (*streaming*), se a execução tiver início com o consentimento expresso do consumidor, já que o conteúdo pode ser baixado (*download*) e/ou reproduzido imediatamente para uso permanente.

O legislador brasileiro precisa incluir alguns dispositivos sobre os contratos de fornecimento de conteúdos digitais ou à prestação de serviços digitais no PL 3.514/2015, com o objetivo de reforçar a proteção do consumidor no meio eletrônico e estabelecer o equilíbrio entre o elevado nível de proteção do consumidor e a promoção da competitividade entre fornecedores. Esses "serviços no mundo digital são múltiplos e complexos, e hoje há serviços conectados ou incluídos nos chamados 'produtos digitais' ou 'inteligentes'" (MARQUES; MIRAGEM, p. 91, 2020).

REFERÊNCIAS

AGUIAR JÚNIOR, Ruy Rosado de. *Comentários ao novo Código Civil*: da extinção do contrato: arts. 472 a 480. Coordenador Sálvio de Figueiredo Teixeira. Rio de Janeiro: Forense, 2011. v. 6, t. 2.

BRASIL. Câmara dos Deputados. Projeto de Lei n. 3.514/2015. Altera a Lei n. 8.078, de 11 de setembro de 1990 (Código de Defesa do Consumidor), para aperfeiçoar as disposições gerais do Capítulo I do Título I e dispor sobre o comércio eletrônico, e o art. 9º do Decreto-Lei 4.657, de 4 de setembro de 1942 (Lei de Introdução às Normas do Direito Brasileiro), para aperfeiçoar a disciplina dos contratos internacionais comerciais e de consumo e dispor sobre as obrigações extracontratuais. Disponível em: https://www.camara.leg.br/proposicoesWeb/prop_mostrarintegra?codteor=1408274&filename=PL+3514/2015. Acesso em: 26 jul. 2021.

BRASIL. Lei 14.010, de 10 de junho de 2020. Dispõe sobre o Regime Jurídico Emergencial e Transitório das relações jurídicas de Direito Privado (RJET) no período da pandemia do coronavírus (Covid-19). Disponível em: http://www.planalto.gov.br/ccivil_03/_ato2019-2022/2020/lei/L14010.htm. Acesso em: 27 jul. 2021.

---

3. Um exemplo de casuísmo é a inclusão do art. 49-A no texto do PL 3.514/2015, relativo à compra e venda de passagens aéreas. Outro casuísmo estava presente no art. 8º da Lei 14.010/2020, não mais em vigor. BRASIL. Lei n. 14.010, de 10 de junho de 2020.

CALAIS-AULOY, Jean. Venda a domicílio e venda à distância no direito francês. *Revista do Ministério Público do Rio Grande do Sul*, Porto Alegre, v. 1, n. 28, p. 61-79, 1992.

KLEE, Antonia Espíndola Longoni. *Comércio Eletrônico*. São Paulo: Revista dos Tribunais, 2014.

MARQUES, Claudia Lima. *Confiança no comércio eletrônico e a proteção do consumidor*: um estudo dos negócios jurídicos de consumo no comércio eletrônico. São Paulo: Revista dos Tribunais, 2004.

MARQUES, Claudia Lima; MIRAGEM, Bruno. "Serviços simbióticos" do consumo digital e o PL 3.514/2015 de atualização do CDC. *Revista de Direito do Consumidor*, São Paulo, v. 132, p. 91-118, nov./dez. 2020.

PARENTONI, Leonardo Netto. Direito de arrependimento na Internet e estabelecimento virtual. *Repertório IOB de jurisprudência*: civil, processual, penal e comercial, São Paulo, n. 16, p. 517-514, 2. quinz. ago. 2006.

ROBERTO, Wilson Furtado. O comércio eletrônico nos tribunais brasileiros. In: CIAMPOLINI NETO, Cesar; WARDE JUNIOR, Walfrido Jorge (Coord.). *O direito de empresa nos tribunais brasileiros*. São Paulo: Quartier Latin, 2010. p. 327-416.

STIGLITZ, Gabriel. O direito contratual e a proteção jurídica do consumidor. *Revista de Direito do Consumidor*, São Paulo, v. 1, n. 1, p. 184-199, mar. 1992.

UNIÃO EUROPEIA. Diretiva (UE) 2019/770 do Parlamento Europeu e do Conselho de 20 de maio de 2019 sobre certos aspectos relativos aos contratos de fornecimento de conteúdos e serviços digitais. Disponível em: https://eur-lex.europa.eu/legal-content/PT/TXT/PDF/?uri=CELEX:32019L0770&from=ES. Acesso em: 26 jul. 2021.

UNIÃO EUROPEIA. Diretiva (UE) 2019/771 do Parlamento Europeu e do Conselho, de 20 de maio de 2019, relativa a certos aspectos dos contratos de compra e venda de bens que altera o Regulamento (UE) 2017/2394 e a Diretiva 2009/22/CE e que revoga a Diretiva 1999/44/CE. Disponível em: https://eur-lex.europa.eu/legal-content/PT/TXT/PDF/?uri=CELEX:32019L0771&from=pl. Acesso em? 26 jul. 2021.

UNIÃO EUROPEIA. Diretiva 2011/83/UE do Parlamento Europeu e do Conselho, de 25 de outubro de 2011. Disponível em: https://eur-lex.europa.eu/legal-content/PT/TXT/PDF/?uri=CELEX:32011L0083&from=en. Acesso em: 26 jul. 2021.

O DIREITO AO CONSERTO E A EROSÃO DA PROPRIEDADE
THE RIGHT TO REPAIR AND THE EROSION OF OWNERSHIP

Laís Bergstein

Doutora em Direito do Consumidor e Concorrencial pela Universidade Federal do Rio Grande do Sul (UFRGS). Mestre em Direito Econômico e Socioambiental pela PUCPR. Coordenadora Adjunta e Docente Permanente do Programa de Mestrado Profissional em Direito, *Compliance*, Mercado e Segurança Humana do CERS. Pesquisadora e Advogada.

lais@dotti.adv.br

O direito ao conserto ou o direito à reparação tratado neste estudo não corresponde à responsabilidade do fornecedor pelos danos resultantes de um fato ou vício de qualidade ou quantidade identificados no produto ou serviço. Tratamos, diferentemente, da legítima expectativa de se poder consertar um bem que, durante a sua vida útil, apresenta falhas de funcionamento resultantes de desgaste natural ou mesmo de um descuido do consumidor.

Para o senso comum a questão pode ser simples: "você comprou o dispositivo, ele é seu, então deve ter o direito de consertá-lo."[1] Entretanto, no contexto dos *serviços simbióticos*[2] do consumo digital, a expectativa de conseguir consertar um produto híbrido a um custo razoável é frequentemente uma distante utopia.

Nos Estados Unidos, por exemplo, fabricantes apoiam-se na *Digital Millennium Copyright Act*, a lei federal que dispõe sobre direitos autorais, para forçar os consumidores a reparar seus dispositivos exclusivamente junto ao próprio fabricante ou assistências técnicas autorizadas. Com o uso de tecnologias de gestão de direitos digitais (*digital rights management* – DRM ou *software tecnological protection measures* – TPMs), os proprietários dos softwares impedem que consumidores executem certas operações. E é, até certo ponto, legítimo o interesse na proteção de direitos autorais incidentes sobre os softwares, mas a

---

1. MONTELLO, Kyle S. *The Right to Repair and the Corporate Stranglehold over the Consumer*: Profits over People. 22 Tul. J. Tech. & Intell. Prop. 165 (2020). p. 167.
2. MARQUES, Claudia Lima. MIRAGEM, Bruno. "Serviços simbióticos" do consumo digital e o PL3.514/2015 de atualização do CDC. São Paulo, *Revista de Direito do Consumidor*, v. 132, p. 91-118, nov./dez., 2020. DTR\2020\14417.

proteção da propriedade industrial não pode ser utilizada como pretexto para forçar uma nova compra prematura.

No Brasil, a Lei 9.609/1998, que dispõe sobre a proteção da propriedade intelectual de programa de computador, estabelece um regime claro de proteção aos direitos autorais e preservação dos direitos de usuários de programas de computador. Embora o texto tenha sido claramente pensado para um contexto no qual hardware e software representavam mercados bastante distintos, as garantias alcançam também os usuários dessas aplicações, dentre eles, os consumidores. Assegura-se logo no art. 7º que "o contrato de licença de uso de programa de computador, o documento fiscal correspondente, os suportes físicos do programa ou as respectivas embalagens deverão consignar, de forma facilmente legível pelo usuário, o prazo de validade técnica da versão comercializada."

Ocorre que em inúmeras situações de contratação de aplicações e conteúdos eletrônicos o prazo de disponibilidade da licença de uso ou de validade técnica da respectiva versão do software não é devidamente esclarecida ao consumidor (violam-se os arts. 7º e 8º da Lei 9.609/1998), parte como consequência da comunicação indireta, visual e virtual característica do mercado contemporâneo.[3] Da mesma forma, inúmeros fornecedores não informam a via útil estimada do seu produto ou serviço (informação essencial para os fins do Decreto 2.181/1997, art. 13, XXI, bem como para a comparação de preços e características de diferentes bens).

A boa-fé nas relações negociais, especialmente as contratações eletrônicas[4], e a proteção da confiança legítima em tempos digitais[5], impõem um novo paradigma de transparência e lealdade aos fornecedores, acentuando o seu dever de informar[6], a ser implementado a despeito do aparente desinteresse da indústria no alongamento da vida útil dos produtos.[7] É preciso superar a desinformação quanto à durabilidade das contratações (vida útil dos produtos e serviços) que impera no mercado para que essa nova formatação negocial – híbrida ou simbiótica – não seja lesiva aos interesses econômicos dos consumidores (CDC, art. 4º) e se promova uma concorrência leal.

A problemática também é identificada pela Consumers International sob a perspectiva da "erosão da propriedade" (*erosion of ownership*)[8], fenômeno este bastante

---

3. MUCELIN, Guilherme. *Conexão online e hiperconfiança*: os players da economia do compartilhamento e o Direito do Consumidor. São Paulo: Revista dos Tribunais, 2020. p. 268-269.
4. MARTINS, Guilherme Magalhães. *Contratos eletrônicos de consumo*. 3. ed. São Paulo, Atlas, 2016.
5. MARQUES, Claudia Lima; LORENZETTI, Ricardo Luis; CARVALHO, Diógenes Faria de; MIRAGEM, Bruno. *Contratos de serviços em tempos digitais*: contribuição para uma nova teoria geral dos serviços e princípios de proteção dos consumidores. São Paulo: Thomson Reuters, Brasil, 2021. p. 300-303.
6. KRETZMANN, Renata Pozzi. *Informação nas relações de consumo*: o dever de informar do fornecedor e suas repercussões jurídicas. Belo Horizonte: Casa do Direito, 2019. p.
7. ANDRADE, Fábio Siebeneichler de. Perspectivas sobre o direito à reparação: um novo direito subjetivo do Consumidor. *Revista de Direito do Consumidor*, v. 136, p. 423-440, jul.-ago, 2021
8. COLL, Liz; SIMPSON, Robin. *The Internet of Things and challenges for consumer protection*. London: Consumers International, 2016. p. 34. Disponível em: <http://www.consumersinternational.org/me-

perceptível no comércio de livros eletrônicos[9], aparelhos celulares e dispositivos de *streaming*[10], por exemplo. O negócio jurídico verdadeiramente celebrado nesses casos não é uma compra e venda, que transferiria ao proprietário os direitos de usar, gozar e dispor, mas corresponde a uma cessão temporária (muitas vezes insuscetível de transmissão pela via sucessória) de direitos de propriedade industrial, obstando, retardando ou encarecendo o reparo.

O Acordo TRIPs (Acordo sobre Aspectos dos Direitos de Propriedade Intelectual Relacionados ao Comércio), que prevê regras de direitos de propriedade industrial aos países integrantes da OMC dele signatários, ressalva em seu art. 13 que devem ser protegidos os legítimos interesses do titular, reconhecendo os preceitos de *"fair use"* e o *"fair dealing"*[11], enquanto o art. 46 assegura a proporcionalidade nas medidas implementadas para coibir violações a direitos autorais, considerando-se inclusive os interesses de terceiros.[12] As diretrizes internacionais devem servir como patamar mínimo de proteção aos consumidores no plano nacional, sobretudo em ordenamentos jurídicos que reconhecem a vulnerabilidade dos consumidores (CDC, art. 4º, I).

---

dia/1292/connection-and-protection-the-internet-of-things-and-challenges-for-consumer-protection.pdf>.

9. O contrato de licença do software ibooks para iOS da Apple prevê que "Apps disponibilizados através da App Store são licenciados a você, não vendidos." (EUA. Apple Inc. Termos e Condições dos Serviços de Mídia da Apple. Disponível em: <https://www.apple.com/legal/internet-services/itunes/br/terms.html>. Acesso em: 17 ago. 2021.) Todavia, em diversos aplicativos disponibilizados na loja virtual a indicação é "comprar".

10. Aqui em casa, a Apple TV, desde 2020, não transmite mais os jogos da NBA, que antes eram acessíveis pelo app League Pass. A mensagem que agora aparece na minha tela é a seguinte: *"NBA League Pass. Starting with the 2019-2020 season, NBA League Pass will no longer be supported on Apple TV 3rd Generation. To watch NBA League Pass, please download the NBA app using a different supported device, such as a 4th Generation Apple TV or later. To view the list of our supported devices or to speak with NBA support, please visit support.watch.nba.com."* Seria este um ato da NBA MEDIA VENTURES LLC, desenvolvedora do aplicativo, ou da Apple Inc, fabricante do aparelho? Ao que tudo indica, de ambas. A (des)informação constante no site acima indicado é de que *"além de computador, tablet e celular, o NBA League Pass está disponível no tvOS em todos os países"*, sem qualquer tipo de ressalva quanto à geração do aparelho a ser utilizada. (Disponível em: <https://support.watch.nba.com/hc/pt-br/articles/115000585953-Apple-TV>. Acesso em: 16 ago. 2021). Vamos torcer para que o mesmo não aconteça também com o meu app do Netflix...

11. "Article 13. Limitations and Exceptions. Members shall confine limitations or exceptions to exclusive rights to certain special cases which do not conflict with a normal exploitation of the work and do not unreasonably prejudice the legitimate interests of the right holder."

12. "Article 46. Other Remedies. In order to create an effective deterrent to infringement, the judicial authorities shall have the authority to order that goods that they have found to be infringing be, without compensation of any sort, disposed of outside the channels of commerce in such a manner as to avoid any harm caused to the right holder, or, unless this would be contrary to existing constitutional requirements, destroyed. The judicial authorities shall also have the authority to order that materials and implements the predominant use of which has been in the creation of the infringing goods be, without compensation of any sort, disposed of outside the channels of commerce in such a manner as to minimize the risks of further infringements. *In considering such requests, the need for proportionality between the seriousness of the infringement and the remedies ordered as well as the interests of third parties shall be taken into account.* In regard to counterfeit trademark goods, the simple removal of the trademark unlawfully affixed shall not be sufficient, other than in exceptional cases, to permit release of the goods into the channels of commerce."

Obstáculos ao reparo são atualmente presentes em diversos setores, especialmente com tratores[13], veículos automotores[14], *smartphones*[15], máquinas de café e refrigeradores[16], cujas peças com desgaste mais acelerado não podem tecnicamente ser substituídas, o seu custo é impeditivo ou inexiste concorrência no setor. Começaram então a surgir propostas legislativas de estabelecimento do direito ao conserto – *right to repair* – que obrigaria os fabricantes a disponibilizar ferramentas, peças de reposição, equipamentos de software para proprietários de dispositivos e técnicos independentes.[17]

O direito ao conserto tem íntima relação com a superação da obsolescência programada, a preservação dos interesses econômicos dos consumidores e com a proteção ao meio ambiente ecologicamente equilibrado.[18] Há, portanto, implicações morais a serem consideradas no direito ao conserto,[19] inclusive os impactos da reserva de mercado, das práticas de venda casada, dos crescentes custos aos consumidores

---

13. A John Deere, maior fabricante de máquinas agrícolas do mundo, também causou comoção com a previsão nos seus contratos de que os clientes adquirem apenas uma "licença implícita para operar o veículo durante a vida útil do veículo", ao invés da propriedade do maquinário, isso devido à sua preocupação com o uso do *software* instalado nos equipamentos. (EUA. Wired Magazine. WIENS, Kyle. *We Can't Let John Deere Destroy the Very Idea of Ownership*. Disponível em: <https://www.wired.com/2015/04/dmca-ownership-john-deere/>.) Os impactos dessa linha da empresa foram analisados pela Consumers International. Veja o relatório de Liz COLL e Robin SIMPSON: *The Internet of Things and challenges for consumer protection*. London: Consumers International, 2016, já citado.
14. CRS Reports & Analysis. Legal Sidebar. *Copyright Law Restrictions on a Consumer's Right to Repair. Cars and Tractors*. Bluebook 21st ed. 1 (September 18, 2015).
15. Como exemplifica Bruno Miragem, "o valor de um smartphone estará cada vez menos na sua utilidade original de realizar ligações telefônicas, e mais na capacidade de armazenamento de dados e aplicações de internet que permitem a realização de uma série de tarefas, com diferentes níveis de interação humana." (MIRAGEM, Bruno. Novo paradigma tecnológico, mercado de consumo digital e o direito do consumidor. In: MARQUES, Claudia Lima; LORENZETTI, Ricardo Luis; CARVALHO, Diógenes Faria de; MIRAGEM, Bruno. Contratos de serviços em tempos digitais: contribuição para uma nova teoria geral dos serviços e princípios de proteção dos consumidores. São Paulo: Thomson Reuters, Brasil, 2021. p. 343.)
16. Como lembra Montello, essa não foi sempre a realidade. Quando foi lançado, em 1977, o computador Apple II era acompanhado de um manual gratuito com esquemas para auxiliar eventuais reparos. (MONTELLO, Kyle S. The Right to Repair and the Corporate Stranglehold over the Consumer: Profits over People. 22 Tul. J. Tech. & Intell. Prop. 165, 2020). É radical a mudança no setor. Mais recentemente, lembramos, a instalação de atualizações de software que reduziam a velocidade dos iphones resultou diversas ações coletivas contra a mesma empresa, acusada da prática de obsolescência programada. A doutrina de Moyse atribui ao político Bernard London a ideia de que a prática da obsolescência programada poderia ser uma forma de retomada da economia, estimulando o comércio: "*This section situates us in the United States at the turn of the 20th century when the term 'planned obsolescence' was first coined by philanthropist and dilettante politician Bernard London. In a series of short texts published between 1932 and 1935, London outlined possible policy solutions to end the Great Depression. He proposed to set a legal term for the use of products to force their replacement and boost production, consumption and employment.*" (MOYSE, Pierre-Emmanuel. *The Uneasy Case of Programmed Obsolescence*, 71 U.N.B.L.J. 61, 2020).
17. MOORE, Daniel. (2019). *You Gotta Fight For Your Right To Repair*: The Digital Millennium Copyright Act's Effect On Right-To-Repair Legislation. Texas A&M Law Review. 6. 509-540. 10.37419/LR.V6.I2.6.
18. EFING, Antonio Carlos; BERGSTEIN, Lais. A responsabilidade compartilhada pelos resíduos pós-consumo em prol do combate à poluição transfronteiriça. *Revista ius et veritas*, n. 49, Diciembre 2014/ ISSN 1995-2929.
19. ROSBOROUGH, Anthony D. *Unscrewing the Future*: The Right to Repair and the Circumvention of Software TPMs in the EU, 11 (2020) JIPITEC 26-1. Disponível em: <https://www.jipitec.eu/issues/jipitec-11-1-2020/5083>. Acesso em: 16 ago. 2021.

e da necessária redução da geração de resíduos sólidos resultante do aumento da longevidade dos produtos ou serviços híbridos.

A proteção do consumidor é crucial para a economia digital de desenvolver.[20] Se a maior mentira da internet é a frase "eu li e concordo com os termos e condições de uso", a grande verdade é que cada dia mais o consumidor se vê sem escolha senão – selecionar, clicar e torcer pelo melhor – *"tick, click and hope for the best."*[21] Cabe aos legitimados pela defesa do consumidor a desafiadora tarefa de reverter esse cenário, identificando as práticas comerciais abusivas e buscando o equilíbrio das relações de consumo.

---

20. Veja mais em: UNCTAD. MOREIRA, Teresa. *Consumer protection crucial for the digital economy to thrive.* <https://unctad.org/news/consumer-protection-crucial-digital-economy-thrive>. March 13, 2020.
21. "If the consumer wishes to access and realize the benefits of the service in question, **they are left with little choice but to tick, click and hope for the best**. There is no opportunity to negotiate, or to agree to some parts but not others. If they tick the box, they are deemed to have consented to everything stated in the privacy notice." COOL, Liz. Personal data empowerment: Time for a fairer data deal? Citizens Advice, 2015: <https://www.citizensadvice.org.uk/personal-data-empowerment-time-for-a-fairer-data-deal/>. Acesso em: 16 ago. 2021.

REGULAÇÃO DE ALIMENTOS INTEGRAIS COMO GARANTIA DE INFORMAÇÃO AO CONSUMIDOR

Simone Magalhães

Mestra em Direito Constitucional pelo Instituto Brasileiro de Ensino, Desenvolvimento e Pesquisa (IDP). Vice-presidente da Comissão de Direito do Consumidor da Ordem dos Advogados do Brasil (OAB/DF). Diretora da Comissão Permanente de Acesso à Justiça do Instituto Brasileiro de Política e Direito do Consumidor (BRASILCON). Professora de cursos preparatórios para concursos públicos e pós-graduação *lato sensu*. Advogada especializada em Direito do Consumidor e rotulagem de alimentos.

Ao olhar as prateleiras de mercados, padarias e demais locais que vendam alimentos[1] embalados, como bolos, biscoitos, pães, massas ou cereais matinais, os consumidores se deparam com uma variedade cada vez maior de produtos que ostentam em sua rotulagem a informação de que são integrais. Contudo, ao se realizar a leitura da lista de ingredientes, nem sempre o que lá se encontra parece ser condizente com a composição de um alimento que se autodenomina integral.

A incoerência da rotulagem pode ocasionar uma percepção equivocada sobre o que o alimento realmente é, desrespeitando o direito básico do consumidor à informação clara e adequada e, com isso, sua liberdade de escolha estará comprometida.

Especialmente quanto aos alimentos em questão, são evidenciadas imprecisões decorrentes da até então falta de estipulação de regras pelo poder público para uso do termo "integral". A problemática se tornou latente ante a lacuna regulatória atrelada à indefinição de parâmetros para identificação dos alimentos que poderiam ser considerados integrais. Este panorama crítico está prestes a mudar, tendo em conta a recente publicação da Resolução de Diretoria Colegiada- RDC 712/22[2], pela Agência Nacional de Vigilância Sanitária (Anvisa), que vem proporcionar uma estrutura legal mais previsível e confiável para fornecedores e consumidores.

---

1. AGÊNCIA NACIONAL DE VIGILÂNCIA SANITÁRIA (ANVISA). RESOLUÇÃO DE DIRETORIA COLEGIADA – *RDC n. 727/22*, art. 3º, IV, alimento: toda substância que se ingere no estado natural, semielaborada ou elaborada, destinada ao consumo humano, incluídas as bebidas e qualquer outra substância utilizada em sua elaboração, preparo ou tratamento, excluídos os cosméticos, o tabaco e as substâncias utilizadas unicamente como medicamentos. Disponível em: <http://antigo.anvisa.gov.br/legislacao#/visualizar/487513>. Acesso em: 25 de agosto de 2022.
2. AGÊNCIA NACIONAL DE VIGILÂNCIA SANITÁRIA (ANVISA). RESOLUÇÃO DE DIRETORIA COLEGIADA – *RDC n. 712/22*: Dispõe sobre os requisitos de composição e rotulagem dos alimentos contendo cereais e pseudocereais para classificação e identificação como integral e para destaque da presença de ingredientes integrais. Disponível em: <http://antigo.anvisa.gov.br/documents/10181/2718376/RDC_712_2022_.pdf/86a76ca0-96f3-4b63-97b7-ab1814503f13>. Acesso em: 25 de agosto de 2022.

Na ausência de regulamentação específica, o consumidor fica totalmente exposto a práticas de mercado definidas pelos próprios fabricantes. Assim, ao se analisar a composição desses produtos, não raro encontramos ingredientes refinados em maior quantidade àqueles que são integrais.

A mensuração sobre a composição de um alimento pode ser acompanhada a partir de parâmetros determinados pela Resolução que dispõe sobre a rotulagem dos alimentos embalados (RDC 727/22 que revogou a antiga RDC 59/02[3]). A Resolução prevê que a lista de ingredientes de um determinado produto seja apresentada, em regra, em ordem decrescente.[4] Assim, aqueles componentes que ocupam os primeiros lugares da lista são os que estão em maior quantidade no produto, sendo válido ressaltar que os aditivos alimentares[5] são declarados sempre depois dos ingredientes, não significando que estejam em menor quantidade.[6]

Nesta seara, mister esclarecer que a RDC 727/22, em seu artigo 7º, explicita como obrigatórias na rotulagem dos alimentos embalados as seguintes informações: denominação de venda; lista de ingredientes; advertências sobre os principais alimentos que causam alergias alimentares; advertência sobre lactose; nova fórmula (nos termos da RDC 421/20); advertências relacionadas ao uso de aditivos alimentares; rotulagem nutricional; conteúdo líquido; identificação da origem; identificação do lote; prazo de validade; instruções de conservação, preparo e uso do alimento (quando necessário); e outras informações exigidas por normas específicas.

Mas, afinal de contas, o que é rotulagem?

Em termos técnicos, a rotulagem é "toda inscrição, legenda, imagem ou toda matéria descritiva ou gráfica, escrita, impressa, estampada, gravada, gravada em relevo ou litografada ou colada sobre a embalagem do alimento"[7]. Em termos práticos, a rotulagem é um imprescindível veículo de comunicação entre o fabricante, produtor, importador e o consumidor, explicitando a real natureza do alimento. É ela,

---

3. AGÊNCIA NACIONAL DE VIGILÂNCIA SANITÁRIA (ANVISA). RESOLUÇÃO DE DIRETORIA COLEGIADA – RDC n. 259/02. Dispõe sobre o Regulamento Técnico para Rotulagem de Alimentos Embalados. Disponível em: <https://bvsms.saude.gov.br/bvs/saudelegis/anvisa/2002/rdc0259_20_09_2002.html>. Acesso em: 25 de agosto de 2022.
4. AGÊNCIA NACIONAL DE VIGILÂNCIA SANITÁRIA (ANVISA). RESOLUÇÃO DE DIRETORIA COLEGIADA – RDC n. 727/22, art. 11: A declaração da lista de ingredientes deve ser realizada por meio da expressão "ingredientes:" ou "ingr.:" seguida da relação dos ingredientes utilizados na formulação do produto, em ordem decrescente de proporção.
5. AGÊNCIA NACIONAL DE VIGILÂNCIA SANITÁRIA (ANVISA). RESOLUÇÃO DE DIRETORIA COLEGIADA – RDC n. 727/22, art. 3º, I – aditivo alimentar: todo ingrediente adicionado intencionalmente aos alimentos, sem propósito de nutrir, com o objetivo de modificar as características físicas, químicas, biológicas ou sensoriais, durante a fabricação, processamento, preparação, tratamento, embalagem, acondicionamento, armazenagem, transporte ou manipulação de um alimento, não incluindo contaminantes ou substâncias nutritivas que sejam incorporadas ao alimento para manter ou melhorar suas propriedades nutricionais.
6. AGÊNCIA NACIONAL DE VIGILÂNCIA SANITÁRIA (ANVISA). RESOLUÇÃO DE DIRETORIA COLEGIADA – RDC n. 727/22, art. 12: Os aditivos alimentares devem ser declarados na lista de ingredientes após os demais ingredientes (...).
7. AGÊNCIA NACIONAL DE VIGILÂNCIA SANITÁRIA (ANVISA). RESOLUÇÃO DE DIRETORIA COLEGIADA – RDC nº 727/22, art. 3º, XIX.

também, que traz informações de advertência para se garantir saúde, vida e segurança aos consumidores, a exemplo da referência ao glúten (Lei 10.674/03), à lactose (Lei 13.305/16, RDC 135/17 e RDC 727/22 que revogou a RDC 136/17, Anvisa) e aos alérgenos (RDC 727/22 que revogou a RDC 26/15, Anvisa).

Parte significativa dos consumidores não detém conhecimentos específicos sobre a apresentação e o conteúdo das informações na rotulagem de um alimento, o que é bastante preocupante diante de um produto tão cotidiano, essencial e que causa impactos na saúde das pessoas. Tanto é assim que um dos problemas regulatórios apontados pela própria Anvisa ao analisar a rotulagem nutricional, nos últimos anos, foi a pouca compreensão que o consumidor tem sobre ela.

Esta constatação motivou a realização de um processo de análise de impacto regulatório (AIR) para identificar caminhos[8] para a publicação de novas regras, resultando na publicação da RDC 429/21 (dispõe sobre a rotulagem nutricional dos alimentos embalados) e da IN 75/21 (estabelece os requisitos técnicos para declaração da rotulagem nutricional nos alimentos embalados).

Especificamente sobre os alimentos integrais, o contexto vivenciado nos últimos tempos foi de desequilíbrio diante da carência de critérios claros e precisos para a correta identificação dos produtos, em um mercado recheado de estratégias publicitárias que, por vezes, acabam induzindo o consumidor a erro.

Perante o fato de que "o consumo de grãos integrais é associado à melhora da qualidade da dieta" e que a "ausência de critérios de composição e rotulagem em produtos à base de cereais integrais tem caracterizado uma falha de mercado, em que a assimetria de informações pode induzir a equívocos sobre as verdadeiras características de composição dos produtos"[9], a Anvisa destinou atenção ao tema, a fim de garantir segurança jurídica e proteção da saúde da população.

Para auxiliar o processo, a agência realizou Consulta Pública (CP), importante instrumento de participação social, para recebimento de contribuições visando a identificação das melhores possibilidades regulatórias e dos seus impactos no mercado de consumo.

A CP 811/20[10] recebeu comentários e sugestões ao texto da Proposta de Resolução de Diretoria Colegiada – RDC que tratava sobre condições para identificação de alimentos integrais e para informação dos ingredientes integrais na rotulagem.

---

8. Mais informações sobre o tema podem ser encontradas em "MAGALHÃES, Simone. Rotulagem Nutricional Frontal dos Alimentos Industrializados: política pública fundamentada no direito básico do consumidor à informação clara e adequada. 2 ed. Belo Horizonte: Ed. Dialética, 2020".
9. AGÊNCIA NACIONAL DE VIGILÂNCIA SANITÁRIA (ANVISA). Disponível em: <https://www.gov.br/anvisa/pt-br/assuntos/noticias-anvisa/2020/alimentos-com-cereais-integrais-cp-termina-em-16-6>. Acesso em: 29 de agosto de 2021.
10. AGÊNCIA NACIONAL DE VIGILÂNCIA SANITÁRIA (ANVISA). Disponível em: <https://www.in.gov.br/web/dou/-/consulta-publica-n-811-de-6-de-abril-de-2020-251705549>. Acesso em: 29 de agosto de 2021.

Com a consolidação dos subsídios recebidos, foi publicada a RDC 493/21[11], Anvisa, dispondo "sobre os requisitos de composição e rotulagem dos alimentos contendo cereais para classificação e identificação como integral e para destaque da presença de ingredientes integrais". Pouco tempo após o início de sua vigência, a Anvisa revogou a referida Resolução ao publicar a RDC 712/22[12], acrescentando os pseudocereais, dispondo "sobre os requisitos de composição e rotulagem dos alimentos contendo cereais e pseudocereais para classificação e identificação como integral e para destaque da presença de ingredientes integrais".

A regulação trouxe previsões para enquadramento do tema e, certamente, o principal destaque será dado à classificação de alimentos integrais, já que dois requisitos de composição do produto deverão ser simultaneamente satisfeitos: oferecer um mínimo de 30% (trinta por cento) de ingredientes integrais e estarem eles em quantidade superior aos ingredientes refinados (art. 3º).

Tais alimentos poderão apresentar na sua denominação de venda a expressão "integral". Contudo, para isso, deve ser declarada na própria denominação de venda a porcentagem total de ingredientes integrais, com caracteres do mesmo tipo, tamanho e cor (art. 4º). Quando se tratar de produtos líquidos, o termo "integral" deve ser substituído pela indicação "com cereais integrais" (art. 4º, § 1º).

Os alimentos que não atingirem os critérios para serem classificados como integrais, mas que possuírem cereais e pseudocereais em sua composição, poderão destacar a presença deles, "desde que a porcentagem destes ingredientes no produto tal como exposto à venda seja declarada próxima ao destaque, com caracteres de mesma fonte, cor, contraste e, no mínimo, mesmo tamanho do destaque" (art. 5º). No entanto, os produtos não poderão ostentar termos como "integral, "com cereais integrais" ou quaisquer outros que destaquem a presença de ingredientes integrais na sua denominação de venda, se eles não forem classificados como tal (art. 5º, § 1º).

Além disso, para os alimentos que contenham cereais que não sejam qualificados como integrais, será vedada a utilização de "vocábulos, sinais, denominações, símbolos, emblemas, ilustrações ou representações gráficas que indiquem que o produto é classificado como integral" (art. 6º). Esta medida proporcionará maior controle no próprio *design* das rotulagens que se utilizam de imagens de ingredientes saudáveis que nem sempre estão presentes na composição do alimento.

É válido ressaltar que a RDC 712/22 trouxe a indicação de ingredientes integrais como sendo as "cariopses intactas de alpiste, amaranto, arroz, arroz selvagem, aveia, centeio, cevada, fonio, lágrimas-de-Jó, milheto, milho, painço, quinoa, sorgo, teff, trigo, trigo sarraceno e triticale" ou seus derivados quebrados, trincados, flocados,

---

11. AGÊNCIA NACIONAL DE VIGILÂNCIA SANITÁRIA (ANVISA). Disponível em: <https://www.in.gov.br/web/dou/-/resolucao-rdc-n-493-de-15-de-abril-de-2021-315225504>. Acesso em: 29 de agosto de 2021.
12. AGÊNCIA NACIONAL DE VIGILÂNCIA SANITÁRIA (ANVISA). Disponível em: <http://antigo.anvisa.gov.br/documents/10181/2718376/RDC_712_2022_.pdf/86a76ca0-96f3-4b63-97b7-ab1814503f13>. Acesso em: 25 de agosto de 2022.

moídos, triturados ou que foram submetidos a processos tecnológicos que preservem a proporção "esperada de seus componentes anatômicos (endosperma, amiláceo, farelo e gérmen)", conforme art. 2º, I.

A aplicação das novas regras não é automática, visto que a Anvisa concedeu prazo para adaptação da indústria alimentícia. A previsão para vigência da RDC 712/22 foi marcada para o dia 1º de setembro de 2022 e, após essa data, a adequação dos produtos deverá ser feita até 22 de abril de 2023. Para as massas alimentícias, o prazo de adequação se dará até 22 de abril de 2024 (arts. 11 e 14).

Sempre que se questiona a qualidade de determinados alimentos e a necessidade de se estabelecer requisitos mais claros na rotulagem, o setor produtivo se posiciona no sentido de ressaltar que o consumidor tem liberdade de escolha. Entretanto, além da complexidade do referido argumento, é necessário frisar que, quando se trata de alimentos, é sabido que um dos fatores que possibilitam o exercício da livre escolha é o acesso à informação clara e adequada. Sem informação não há que se falar em liberdade, pois todo o processo estará irremediavelmente viciado.

Assim, o que se espera com a implementação desses regramentos é uma maior transparência e previsibilidade no mercado de consumo, excluindo a assimetria de informações e afastando a praxe atual de cada fornecedor estipular seus parâmetros para a inserção da expressão "integral" na rotulagem dos alimentos embalados.

Mesmo com inegáveis avanços nos últimos anos, ainda se faz necessário que a rotulagem alimentar seja aprimorada, a fim de que o consumidor possa tomar decisões condizentes com suas preferências ou necessidades.

A VOLTA À BAILA DOS PLANOS DE SAÚDE

Maria Stella Gregori

Professora de Direito do Consumidor da PUC-SP. Diretora do Brasilcon e foi diretora da Agência Nacional de Saúde Suplementar – ANS. Advogada de Gregori Sociedade de Advogados.

A Lei 9.656, de 3 de junho de 1998, marco da regulação da saúde suplementar, fixa as regras para as operadoras de planos de assistência à saúde e para os próprios planos, regulados e fiscalizados pela Agência Nacional de Saúde Suplementar – ANS. Esta Lei prevê a cobertura assistencial de todas as doenças previstas na Classificação Internacional de Doenças – CID, da Organização Mundial de Saúde, a partir de um rol de procedimentos fixado pela ANS, de acordo com a segmentação do plano adotada, isto é, ambulatorial (consultas, exames e tratamentos antineoplásicos domiciliares de uso oral), hospitalar (internação); hospitalar com obstetrícia (internação e assistência a parto), odontológica (procedimentos realizados em consultório) e referência (ambulatorial e hospitalar com padrão enfermaria).

Nestes vinte e quatro anos, de regulação dos planos de saúde, muitos avanços foram alcançados, mas como o direito, tal qual os movimentos da sociedade, é dinâmico, ainda se observam pontos de dissonância, especialmente, em relação à proteção do consumidor estruturada no Código de Defesa do Consumidor, que acabam sendo dirimidos pelo Poder Judiciário.

A judicialização da saúde no Brasil, tanto a pública como a suplementar, tem aumentado muito nos últimos anos. Segundo o Grupo de Estudos sobre Planos de Saúde – GEPS, da Universidade de São Paulo[1], que acompanha os dados do Tribunal de Justiça do Estado de São Paulo, ao divulgar análise em junho de 2022, demonstra que aumentou quatro vezes nos últimos dez anos, houve crescimento de 391%. Destacam-se as negativas de cobertura, justificadas por não constarem do Rol de Procedimentos da ANS.

Além do Judiciário, a sociedade, também, busca a satisfação de seus direitos, no âmbito administrativo, por meio dos Procons, Consumidor.gov e das Agências Reguladoras. Segundo dados de 2021 o Sindec/MJ[2] e o Consumidor.gov[3], receberam respectivamente 1.6% e 0.8% de reclamações referentes aos planos de saúde. A ANS,

---

1. Mario Scheffer. *Decisões judiciais sobre planos de saúde têm recorde histórico em São Paulo.* GEPS-DMP/FMUSP São Paulo: 2022.
2. www.justiça.gov.br/consumidor/sindec. Acesso em 25.08.2022.
3. www.consumidor.gov.br/pages/indicador/infográfico. Acesso em 25.08.2022.

por sua vez, também recebeu, em 2021, mais de 150 mil reclamações de consumidores que não são atendidos adequadamente por suas operadoras.

O setor de saúde suplementar, especialmente, no que tange à proteção do consumidor é conflituoso, e nesse cenário, o Poder Judiciário, nas questões relativas aos planos de saúde, assume um papel ativo, porque tem a última palavra e a responsabilidade de pacificar os conflitos.

A insegurança jurídica que permeia o setor é um dos fatores preponderantes que ocasiona a crescente judicialização. Isso se dá porque se trata de um tema complexo, em que a solução dos problemas não está clara nas regras vigentes e, também, por ser uma relação de consumo diferenciada, ao afetar um bem constitucionalmente indisponível que é a vida.

A prestação da saúde envolve uma série de questões que tem impacto econômico e social, especialmente, com o aumento do desemprego e perda da renda dos consumidores, o envelhecimento da população, somada a uma expectativa positiva de vida mais longa, os custos assistenciais subindo rapidamente em função da vertiginosa incorporação de novas tecnologias, levando-se em conta que os recursos são finitos e agravados pela pandemia global do novo coronavírus decorrente da doença Covid-19. Acrescente-se, as informações não são compartilhadas entre operadoras, prestadores e consumidores, o que agrava os frequentes conflitos entre os atores do setor.

Essa mecânica de funcionamento do setor faz com que não haja perspectiva de solução dos conflitos; ao invés, perpetuam-se.

Por conta disso, vez ou outra, surgem iniciativas de alteração da Lei dos Planos de Saúde e, recentemente o debate volta à baila com o renascimento do Conselho de Saúde Suplementar – CONSU e com a criação de nova Comissão Especial dos Planos de Saúde, na Câmara dos Deputados.

O Consu, órgão deliberativo de representação interministerial, que tem como atuação definir diretrizes e políticas públicas para elaboração de ações pela ANS, mas desde os primórdios da regulação ficou inerte delegando competência à ANS. O Ministério da Saúde, em 2021, apresentou ao Consu proposta de "Política Nacional de Saúde Suplementar Para o Enfrentamento da Pandemia da Covid-19" (PNSS-Covid19), a ser executada pela ANS, que foi aprovada e colocada em consulta pública.

Os que se posicionam na defesa dos consumidores se manifestaram contrariamente à proposta, por entenderem que o texto apresentado era impreciso e abria espaço, por exemplo, para a extinção dos prazos máximos de atendimento ao consumidor pelos prestadores de serviços em saúde e para a proliferação de planos subsegmentados, mais baratos e com redução de cobertura, que se apoiam no SUS para a realização dos procedimentos mais caros e complexos. Outro grave problema era a ideia de ampliar o poder de interferência das operadoras nas relações entre médicos e consumidores/pacientes, inclusive exigindo mais requisitos para autorizar procedimentos e tratamentos. A proposta também, desestimulava o atendimento de consumidores de planos de saúde pelo SUS, o que viola a garantia constitucional do acesso universal à saúde pública a que todo cidadão brasileiro faz jus.

Após análise das contribuições recebidas, por meio da consulta pública, o Ministério da Saúde apresentou nova proposta ao Consu, que aprovou a Resolução 1, de 2 de setembro de 2021, não incluindo os principais pontos controversos. Entretanto ainda há divergências, no que tange à competência do Consu, pois tal normativo estabelece que cabe a ele definir as ações propostas pela ANS. Ocorre que a atuação do Consu, de acordo com o art. 35-A, da Lei 9.656/1998, se restringe a fixar diretrizes gerais para a implementação de normas no setor de saúde suplementar, especialmente quanto aos aspectos econômico-financeiros da regulação, bem como, supervisionar e acompanhar as ações, que devem ser definidas pela ANS, desde que respeitadas suas diretrizes. Deste modo, esta norma editada pelo CONSU é anacrônica, editada mais de um ano após o início da pandemia, ao definir uma política que extrapola a Lei dos Planos de Saúde e sem a participação da ANS, violando sua autonomia que, em tese, foi fortalecida pela Lei das Agências Reguladoras.[4]

Portanto, o Consu deveria revisitar o PNSS para adequá-lo aos limites legais que a lei impõe, e deveria sim, definir diretrizes que incentivassem a ANS a tomar medidas que beneficiassem os consumidores, especialmente: a ampla testagem dos consumidores de planos de saúde; a inclusão no rol de procedimentos da ANS de todos os exames para detecção de Covid-19; a proibição de suspensão ou rescisão de contratos.

Paralelamente à retomada do Consu, foi instaurada a Comissão Especial dos Planos de Saúde, com o objetivo de analisar o Projeto de Lei 7.419/2006 e seus 247 projetos apensados, apresentar parecer ou Projeto de Lei substitutivo, propostas de alterações, inclusões e aperfeiçoamentos à Lei originária.

Cabe salientar, que, em 2016, a Câmara dos Deputados já havia criado Comissão Especial sobre os Planos de Saúde, em regime de urgência, para analisar esse Projeto de Lei e seus apensados. Entretanto, as conclusões apresentadas pelo Relator não foram apreciadas pela Comissão, tendo sido muito criticadas pelas entidades de defesa do consumidor, entidades médicas e Defensorias Públicas, por retrocederem nos direitos dos consumidores, especialmente, quanto à diminuição do poder coercitivo da ANS ao reduzir o valor e gradação das multas; a modificação da sistemática do ressarcimento ao SUS e a extinção de projetos de lei que ampliam as garantias de coberturas assistenciais.

Observa-se que esses recentes movimentos, tanto do Poder Executivo, quanto do Legislativo, têm como ideia central que seja autorizada legalmente a possibilidade do oferecimento de planos sub-segmentados, os chamados, populares, acessíveis, modulares, "pay per view". Estes planos visam coberturas reduzidas e delimitadas, podendo ter somente consultas, exames, tratamento de alguma doença determinada ou internação hospitalar ou atendimento de pronto socorro. Propõem-se também a

---

4. Lei 9.986, de 18 de julho de 2000, alterada pela Lei 3.848, de 25 de junho de 2019.

liberação de reajustes de mensalidades dos planos individuais, maiores prazos para prestar o atendimento, o fim do ressarcimento do SUS, a redução de multas aplicadas pela ANS e o enfraquecimento de sua atuação.

Os defensores dessas propostas sustentam que a oferta de menor cobertura, implicará planos mais baratos, ampliará o acesso ao consumidor e viabilizará, às operadoras, a volta do oferecimento de planos individuais no mercado e, consequentemente, desafogará o SUS. Destaca-se que há alguns anos as operadoras adotaram a estratégia de deixar de oferecer os planos individuais por entenderem que as regras atuais são muito mais flexíveis aos planos coletivos, que hoje representam cerca de 80% do que é comercializado.

Decerto é importante o aperfeiçoamento da regulação da saúde suplementar para harmonizar as relações entre as operadoras de planos de assistência à saúde e seus consumidores. Entretanto esse aperfeiçoamento deve se dar a partir dos avanços alcançados, com a reavaliação dos pontos negativos, especialmente os que não se harmonizam com o Código de Defesa do Consumidor. Não se pode concordar com propostas que pretendem reduzir ou delimitar coberturas da assistência à saúde, pois além de que os serviços de assistência à saúde não serem um produto passível de ser fatiado ou compartimentalizado, as necessidades em saúde levarão ao aumento da judicialização e a procura desordenada pelo SUS, especialmente nos níveis de alta complexidade.

Como o consumidor poderá ter plano de saúde que contemple apenas consulta? Ou somente exames? Imagine se, porventura, na consulta ou nos resultados dos exames for verificado alguma necessidade de atendimento de urgência ou emergência, a quem o consumidor deverá procurar? E se o consumidor tiver qualquer problema de saúde que envolva maior complexidade, como será o seu atendimento? Será que há alguma vantagem para ele adquirir plano de saúde que não cubra todas as doenças? A lógica da oferta de planos de saúde passa justamente pela impossibilidade fática de o consumidor planejar seus cuidados em saúde, dada a imprevisibilidade da doença e do agravamento de seu quadro clínico. O consumidor visa contratar um plano de saúde para ter atendimento assistencial que dê conta das incertezas futuras e com qualidade do atendimento.

Desse modo, parece óbvio tratar-se de retrocesso às conquistas até agora alcançadas e levar adiante qualquer debate pautado na possibilidade de planos de saúde com cobertura reduzida e menor custo. Mais do que isso, é promessa ilusória de assistência adequada ao consumidor. No garimpo, isso se dá o nome de "ouro do tolo".

O que a sociedade deseja é o aperfeiçoamento da regulação dos planos de saúde, com o foco da atenção centrado no consumidor e voltado para a produção de saúde, com o cuidado assistencial integrado e a gestão assistencial eficiente.

Quais são os desafios que se deve percorrer na direção de mais avanços na regulação dos planos de saúde?

É primordial invocar a sustentabilidade do setor de saúde suplementar com uma visão holística, na busca do equilíbrio de um produto economicamente viável e uma entrega justa. Em questões ligadas à saúde, o consumidor deve ser considerado pelo fornecedor como paciente, parceiro e aliado, jamais pode ser tratado como adversário, inclusive por ser ele fonte de recursos para a operadora, com geração de renda para a economia como um todo.

A prestação da atenção à saúde deve ser humanizada, pois o material que os fornecedores trabalham é o humano, a pessoa, que deve ter respeitada sua dignidade. O paciente/consumidor, nessas circunstâncias, está fragilizado, pelo que necessita de um tratamento diferenciado e integrado. Nesse campo a informação é essencial e deve ser a mais clara e transparente possível.

É necessário que alguns pontos das regras vigentes sejam repensados, com vista a compatibilizá-los com o Código de Defesa do Consumidor, especialmente nas diferenças entre os planos individuais e os coletivos. O consumidor não tem conhecimento das peculiaridades legais entre estes planos e acaba sendo induzido a contratar planos coletivos, principalmente, pelo reduzido preço inicial, compensado posteriormente por robustos reajustes. Portanto, é essencial um rigor maior da regulação para estes contratos, especialmente os chamados falsos coletivos, que congregam poucas pessoas.

Importante também incluir, na discussão para a incorporação ao marco legal, temas como: a obrigatoriedade da implantação de prontuário eletrônico; a permissão definitiva da realização de teleconsultas, já adotadas em vários países; a tipificação dos crimes contra a fraude e desvios de recursos na saúde; a indução de novos modelos de remuneração dos prestadores de saúde. Outro tema a ser levado em conta é o aprimoramento da dinâmica de incorporação de tecnologias em saúde ao rol de procedimentos editado pela ANS, atualizando procedimentos com mais celeridade e que já tenham evidências científicas e eficácias comprovadas.

O que não se pode é aceitar qualquer redução das garantias assistenciais em um mercado onde as reclamações dos consumidores são persistentes.

Desse modo, para que os desafios propostos sejam alcançados faz-se urgente a ampliação do debate com a participação e o envolvimento de todos os atores desse setor, no intuito da consolidação de um mercado de saúde responsável, transparente, ético e justo, para a efetiva construção de um setor virtuoso, com ganhos positivos, em que todos os agentes possam se beneficiar, buscando o tão almejado equilíbrio.

Cabe comentar que, o debate, na Comissão Especial dos Planos de Saúde, deve ter proporcionalidade entre os partícipes de todo o setor da saúde suplementar.

É importante que esse debate retomado tanto pelo Consu quanto pelo Congresso Nacional, tenha a participação ativa da sociedade, do poder público, das operadoras, dos prestadores de saúde e, especialmente, dos órgãos e entidades de defesa do consumidor, para aperfeiçoar a regulação dos planos de saúde, a fim de se garantir os avanços conquistados e rechaçar qualquer forma de retrocesso ao marco regulatório setorial de duas décadas.

PROTEÇÃO DA CRIANÇA: COMUNICAÇÃO, ASSÉDIO DE CONSUMO E VULNERABILIDADE DA FAMÍLIA

Fernando Costa de Azevedo

Doutor em Direito pela UFRGS. Professor Associado da UFPEL.

Contato: fecoaze@gmail.com

Lúcia Souza d'Aquino

Doutora em Direito pela UFRGS. Professora Substituta da UFGD.

Contato: luciasdaquino@gmail.com

1. A PROTEÇÃO DA CRIANÇA NO MERCADO DE CONSUMO

A posição das crianças enquanto consumidoras é uma realidade, na função de destinatárias finais dos produtos ou serviços ou como influência nas compras da família. Sua participação é cada vez maior no processo de escolha e aquisição.[1]

Ao classificar os consumidores como vulneráveis, o CDC instituiu um patamar mínimo de proteção, patamar este que vem sido ampliado pela doutrina pelo desenvolvimento do conceito de hipervulnerabilidade (ou vulnerabilidade agravada), termo utilizado pela primeira vez pelo Min. Antonio Herman Benjamin no julgamento do Recurso Especial n. 586.316[2] para se referir aos consumidores que apresentavam problemas de saúde e posteriormente ampliado para incluir idosos[3], crianças[4], refugiados[5], gestantes[6], analfabetos[7], superendividados[8] e qualquer outro consumidor que

---

1. MAFRA NETTO, Alberto Mário; BARBOSA, Inêz Carneiro. A influência da criança no poder de compra de uma família: o quão importante é a educação familiar no consumo. **Revista de Administração do CESMAC**, v. 3, p. 69-84, 2019. DOI: https://doi.org/10.3131/race.v3i0.924.
2. BRASIL. Superior Tribunal de Justiça. Recurso Especial n. 586.316. Relator: Min. Antonio Herman Benjamin. Brasília, 17 abr. 2007. DJe 19 mar. 2009.
3. SCHMITT, Cristiano Heineck. **Consumidores hipervulneráveis**: a proteção do idoso no mercado de consumo. São Paulo: Atlas, 2014.
4. D'AQUINO, Lúcia Souza. **Criança e publicidade**: hipervulnerabilidade? Rio de Janeiro: Lumen Juris, 2017.
5. GARBINI, Vanessa Gischkow; SQUEFF, Tatiana de A. F. R. Cardoso; SANTOS, Thomaz Francisco Silveira de Araújo. A vulnerabilidade agravada dos refugiados na sociedade de consumo. **Revista de Direito do Consumidor**, São Paulo, v. 119, p. 19-47, set./out. 2018.
6. XAVIER, José Tadeu Neves; RIEMENSCHNEIDER, Patrícia Strauss. A vulnerabilidade agravada do consumidor nas situações relacionadas à maternidade. **Revista de Direito do Consumidor**, São Paulo, v. 121, p. 277-322, jan./fev. 2019.
7. Veja-se por todos MIRAGEM, Bruno. **Curso de Direito do Consumidor**. 6. ed. São Paulo: Revista dos Tribunais, 2016. p. 137-139.
8. SIERADZKI, Larissa Maria; MOREIRA, Vlademir Vilanova. Superendividamento: análise acerca da hipervulnerabilidade do consumidor idoso. **Academia de Direito**, v. 3, p. 73-97, 2021. DOI: 10.24302/acaddir.v3.3129.

se encontra em um patamar de maior vulnerabilidade, determinando uma proteção qualificada do Estado e uma atuação mais cuidadosa dos fornecedores.[9]

Quando se trata das crianças, o agravamento de sua vulnerabilidade é evidente. Em razão de sua condição de pessoas em desenvolvimento e por limites próprios decorrentes de seu desenvolvimento físico e mental, não possuem condições plenas de compreender o conceito de oferta, as consequências de uma publicidade, os exageros decorrentes de técnicas de convencimento ou o interesse econômico envolvido por trás de um anúncio divertido que interrompe seu jogo online ou o vídeo de seu influenciador preferido[10] (sem mencionar quando o anúncio faz parte do próprio jogo ou vídeo, ainda que de forma por vezes dissimulada).[11]

A afirmação, pela doutrina e pela jurisprudência, de sua condição de hipervulnerabilidade, tem o condão de permitir o desenvolvimento de uma proteção aprofundada, prioritária e integral.

Em 2014, o Conselho Nacional dos Direitos da Criança e do Adolescente (Conanda), em atitude inédita até então, publicou a Resolução 163[12] que, de forma inovadora, definiu o conceito de comunicação mercadológica e definiu a abusividade de seu direcionamento às crianças e adolescentes.

O grande mérito da Resolução encontra-se em, para além de abordar o conceito de publicidade, já inserido no CDC, apresentar a comunicação mercadológica, que inclui a publicidade e outras formas de comunicação com esses consumidores, como embalagens, disposição de produtos em estabelecimentos comerciais e outros, utilizando a técnica já apresentada no CDC de uso de conceitos abertos a fim de permitir uma interpretação mais abrangente e protetiva.[13]

Assim, restou definida a abusividade do direcionamento de toda e qualquer comunicação mercadológica a crianças e adolescentes, em um passo inovador e corajoso na proteção dos hipervulneráveis (passo posteriormente seguido pela Lei 13.257/2016 em seu art. 5º).

---

9. VIEGAS, João Ricardo Bet. A hipervulnerabilidade como critério para aplicação do Código de Defesa do Consumidor. **Res Severa Verum Gaudium**, Porto Alegre, v. 4, n. 1, p. 73-91, jun. 2019.
10. COMITÊ GESTOR DA INTERNET NO BRASIL. **Pesquisa sobre o uso da internet por crianças e adolescentes no Brasil**: TIC kids online Brasil 2018. São Paulo: Comitê Gestor da Internet no Brasil, 2019. p. 251-253. [e-book].
11. A exemplo dos advergames e dos vídeos de "recebidos", unboxing e com apresentação de produtos licenciados dos próprios youtubers.
12. BRASIL. Conselho Nacional dos Direitos da Criança e do Adolescente. **Resolução n. 163, de 13 de março de 2014**. Disponível em: https://crianca.mppr.mp.br/pagina-1635.html#resolucao_163. Acesso em: 21 ago. 2021.
13. Sobre o tema, ver: BENJAMIN, Antonio Herman. Das Práticas Comerciais. In: GRINOVER, Ada Pellegrini; BENJAMIN, Antonio Herman; FINK, Daniel Roberto; FILOMENO, José Geraldo Brito; WATANABE, Kazuo; NERY JÚNIOR, Nelson; DENARI, Zelmo. **Código Brasileiro de Defesa do Consumidor**: Comentado pelos autores do Anteprojeto. Rio de Janeiro: Forense, 2001. p. 215-440. p. 223; AZEVEDO, Fernando Costa de. O núcleo familiar como coletividade hipervulnerável e a necessidade de sua proteção contra os abusos da publicidade dirigida ao público infantil. **Revista de Direito do Consumidor**, São Paulo, v. 28, n. 123, p. 17-35, maio/jun. 2019.

Entretanto, a publicação da Resolução, ao levantar o debate a respeito da abusividade da comunicação mercadológica para o público infantil, despertou também movimentos contrários. A título de exemplo, a ABERT, poucos dias após a publicação do documento, manifestou-se no sentido de não reconhecer sua legalidade e deixar evidente sua discordância com o texto[14]. No âmbito do Poder Legislativo, houve a apresentação de Projeto de Decreto Legislativo visando à sustação dos efeitos da Resolução, sob o argumento de que se trata de usurpação de competência por parte do Conselho.[15]

Segundo Miragem, os argumentos não se sustentam, pois o parecer atende à exigência de proporcionalidade da regulamentação, cumprindo os critérios de conformidade ou adequação de meios, a exigibilidade ou necessidade da medida e proporcionalidade em sentido estrito. Ele conclui que não há extrapolação de competência e que a Resolução conforma o sentido constitucional da liberdade de iniciativa publicitária, não ocorrendo qualquer vício de inconstitucionalidade.[16]

Apesar de seu pioneirismo e inovação, a Resolução 163 encontra pouca efetividade, 7 anos após sua publicação. As recentes decisões do Supremo Tribunal Federal[17] e Superior Tribunal de Justiça[18] a respeito do tema, em que pese caminharem no mesmo sentido do documento, deixam de mencioná-lo, o que demonstra certa resistência ainda em firmar posição no reconhecimento da abusividade de toda e qualquer comunicação mercadológica dirigida a crianças.

Entretanto, espera-se que com a constância dos debates a respeito do tema esse posicionamento evolua e fique cada vez mais evidente a necessidade de garantir efetividade à proteção dos hipervulneráveis no mercado de consumo.

2. ASSÉDIO AO CONSUMO E HIPERVULNERABILIDADE DO NÚCLEO FAMILIAR NA COMUNICAÇÃO MERCADOLÓGICA VOLTADA AO PÚBLICO INFANTIL

A Lei 14.181/2021 trouxe importantes atualizações no CDC em matéria de prevenção e tratamento dos superendividados, suprindo uma lacuna no texto original

---

14. ASSOCIAÇÃO BRASILEIRA DE EMISSORAS DE RÁDIO E TV. **Nota pública**: Publicidade infantil. 07 abr. 2014. Disponível em: https://www.abert.org.br/web/notmenu/nota-publica-publicidade-infantil.html. Acesso em: 21 ago. 2021.
15. CÂMARA DOS DEPUTADOS. **Projeto de Decreto Legislativo n. 1.460/2014**. Disponível em: https://www.camara.leg.br/proposicoesWeb/fichadetramitacao?idProposicao=612104. Acesso em: 21 ago. 2021.
16. MIRAGEM, Bruno. **A Constitucionalidade da Resolução 163 do Conselho Nacional dos Direitos da Criança e do Adolescente (Conanda)** (Parecer). 2014. Disponível em: https://criancaeconsumo.org.br/wp-content/uploads/2014/02/Parecer_ProfBrunoMiragem.pdf. Acesso em: 21 ago. 2021.)
17. BRASIL. Supremo Tribunal Federal. Ação Direta de Inconstitucionalidade n. 5.631. Relator: Min. Edson Fachin. Brasília, 25 mar. 2021. DJe 27 maio 2021.
18. BRASIL. Superior Tribunal de Justiça. Recurso Especial n. 1.558.086/SP. Relator: Min. Humberto Martins. Brasília, 10 mar. 2016. Disponível em: https://goo.gl/zbWofn. Acesso em: 10 maio 2021; BRASIL. Superior Tribunal de Justiça. Recurso Especial 1.613.561. Relator: Min. Herman Benjamin. Brasília, 25 abr. 2017. DJe 31 ago. 2020.

da lei e que não mais se justificava. Com efeito, os problemas gerados pelo superendividamento vão além do titular das dívidas, razão pela qual se deve falar não só em consumidores, mas em famílias superendividadas.[19]

Neste sentido, importante notar o quanto a publicidade e comunicação mercadológica infantil podem contribuir para criar ou agravar a situação de superendividamento familiar.[20] Num mundo de hiperconsumo emocional[21], o assédio de crianças com emprego das tecnologias da informação e poderosas técnicas de marketing no âmbito digital, aliado à desinformação de pais a respeito do uso dessas tecnologias e a falta de tempo para estar em companhia dos pequenos, coloca não apenas a criança, mas todo o núcleo familiar em posição de hipervulnerabilidade. Em outros termos: além da criança, também a família contemporânea é hipervulnerável, é uma "coletividade hipervulnerável", exposta aos abusos de um mercado[22] que impulsiona as crianças a influenciar (e promover) a maioria das escolhas e decisões de consumo familiares.[23]

Não por acaso, a Lei 14.181 trouxe para o CDC importante regulamentação limitadora de situações de assédio ao consumo[24] no intuito de prevenir o superendividamento individual e familiar. Trata-se do art. 54-C, IV, que se direciona à proteção de idosos e outros consumidores em estado de vulnerabilidade agravada, como a criança e seu núcleo familiar. O novo dispositivo é importante reforço normativo ao art. 39, inciso IV do CDC, que estabelece como abusiva a prática de assédio ("impingir" = forçar, empurrar) aos consumidores hipervulneráveis em função de fatores como a idade.

Nas situações envolvendo a comunicação mercadológica voltada ao público infantil esse assédio não se traduz tanto em práticas de coação verbal ou física (como se tem notícia em casos com idosos!), quanto em técnicas sutis e bastante sofisticadas de manipulação e convencimento da criança, que se dão, regra geral, por meio das mídias contemporâneas, tais como canais de *Youtubers* e na dinâmica dos *games*[25],

---

19. AZEVEDO, Fernando Costa de. O núcleo familiar como coletividade hipervulnerável e a necessidade de sua proteção contra os abusos da publicidade dirigida ao público infantil. **Revista de Direito do Consumidor**, São Paulo, v. 28, n. 123, p. 17-35, maio/jun. 2019.
20. LIMA, Clarissa Costa de; MIRAGEM, Bruno. Patrimônio, contrato e a proteção constitucional da família: estudo sobre as repercussões do superendividamento sobre as relações familiares. **Revista de Direito do Consumidor**, São Paulo, v. 91, 2014. p. 101-102.
21. LIPOVETSKY, Gilles. **A felicidade paradoxal**: Ensaio sobre a sociedade do hiperconsumo. São Paulo: Companhia das Letras. 2007.
22. AZEVEDO, Fernando Costa de. O núcleo familiar como coletividade hipervulnerável e a necessidade de sua proteção contra os abusos da publicidade dirigida ao público infantil. **Revista de Direito do Consumidor**, São Paulo, v. 28, n. 123, p. 17-35, maio/jun. 2019. p.27-31.
23. LIMA, Clarissa Costa de.; MIRAGEM, Bruno. Patrimônio, contrato e a proteção constitucional da família: estudo sobre as repercussões do superendividamento sobre as relações familiares. **Revista de Direito do Consumidor**, São Paulo, v. 91, 2014. p. 101-102.
24. Sobre o tema v. VERBICARO, Dennis; RODRIGUES, Lays; ATAÍDE, Camille. Desvendando a vulnerabilidade comportamental do consumidor: uma análise jurídico-psicológica do assédio ao consumo. **Revista de Direito do Consumidor**, São Paulo, v. 119, p. 349-384, set./out. 2018.
25. D'AQUINO, Lúcia Souza. **A criança consumidora e os abusos da comunicação mercadológica**: passado, presente e futuro da proteção dos hipervulneráveis. Curitiba: CRV, 2021 (no prelo). Interessante citar aqui

onde a evolução do jogador condiciona-se à realização de microtransações eletrônicas dentro do ambiente virtual[26], com a utilização, na maioria das vezes, do cartão (e dos dados) de crédito dos pais ou demais responsáveis pela criança ou adolescente.

Essas e outras situações evidenciam a necessidade de um reconhecimento jurídico do núcleo familiar como coletividade hipervulnerável (CDC, art. 2º, parágrafo único c/c art. 29) diante dos abusos da publicidade e comunicação mercadológica voltada ao público infantil. Não obstante a existência dos deveres próprios do poder familiar, os pais contemporâneos encontram-se em grande dificuldade para exercer o cuidado e a vigilância de seus filhos, razão pela qual não é justo deixá-los à mercê do mercado sob o falacioso argumento de que o Estado não deve interferir na autonomia familiar.[27]

---

a utilização, em alguns *games*, das chamadas *loot boxes* ou caixas de recompensa. Para saber mais a respeito: VINHA, Felipe. O que são as *loot boxes*? Entenda a polêmica dos games. **TechTudo**, 30 nov. 2017. Disponível em: https://www.techtudo.com.br/noticias/2017/11/o-que-sao-loot-boxes-entenda-a-polemica-dos-games.ghtml. Acesso em: 20 ago. 2021.

26. Só para se ter uma ideia do que significa o mercado das microtransações nos jogos eletrônicos o site *The Enemy* publicou a seguinte notícia: TREFILIO, Daniel. Electronic Arts faturou US$ 4 bi apenas com microtransações no último ano. Valor representa 74% do faturamento no ano fiscal de 2020-2021. **The Enemy**, 12 maio 2021. Disponível em: https://www.theenemy.com.br/playstation/ea-4-bilhoes-microtransacoes. Acesso em: 21 ago. 2021.
27. Ao contrário, a própria Constituição Federal estabelece que essa autonomia não é absoluta ao determinar, para a proteção integral da criança, o dever de intervenção estatal juntamente com a sociedade civil (art. 227). Sobre o tema, v. VERBICARO, Dennis; BOAVENTURA, Igor Davi da Silva; RIBEIRO, Cristina Figueiredo Terezo. A proteção integral e o melhor interesse da criança no contexto das relações de consumo. **Revista de Direito do Consumidor**, São Paulo, v. 122, p. 89-111, mar./abr. 2019.

A REVISÃO DAS OBRIGAÇÕES SEGUNDO A NOVA LEI DE PROTEÇÃO DOS SUPERENDIVIDADOS

André Perin Schmidt Neto

Pós-doutor em Direito pela *Università degli Studi* de Salerno/Itália e em Filosofia pela Pontifícia Universidade Católica do Rio Grande do Sul. Doutor e Mestre pela Universidade Federal do Rio Grande do Sul. Especialista em Direito do Consumidor e Direitos Fundamentais pela mesma universidade. Atualmente é professor da Universidade Federal do Rio Grande do Sul (UFRGS), professor da Pós-Graduação *Lato Sensu* em diversas universidades, bem como autor de livros e artigos jurídicos.

O superendividamento traduz-se em situação concreta em que o consumidor não tem condições de pagar suas dívidas. Seus gastos são superiores aos ganhos mensais, seu passivo é maior que o ativo, precisando de auxílio para reconstruir sua vida econômico-financeira. Do contrário, toda sua família passa a ter dificuldades para suprir suas necessidades básicas, como alimentação, moradia, saúde.

Problema grave no Brasil, fruto da sociedade de consumo em razão do amplo acesso ao crédito sem efetiva verificação da capacidade de reembolso, o fenômeno do superendividamento é gerado a partir da contratação de dívidas com juros exorbitantes e impagáveis, situação hoje agravada com a crise econômica e sanitária que emerge da pandemia.

A preocupação com os superendividados não é nova. Já em 2005 tive a oportunidade de participar de um grupo de estudos sobre o tema, sob a coordenação das magistradas e professoras Karen Bertoncello e Clarissa Costa de Lima, no âmbito da Escola Superior da Magistratura do Rio Grande do Sul, à época dirigida pelo atual Ministro do Superior Tribunal de Justiça, Paulo de Tarso Vieira Sanseverino. As sempre engajadas juízas gaúchas, que já então estudavam o fenômeno superendividamento, apresentaram-me ao grupo liderado pela professora Claudia Lima Marques, precursora no estudo do tema, que trazia da França os ideais para a criação de uma lei brasileira.

Muitos anos se passaram e desde então muitos consumeristas trabalharam no anteprojeto que resultou na aprovação da Lei 14.181/2021, sempre seguindo os ideais da professora Claudia que capitaneou o movimento.

A nova lei, chamada pela doutrina, com justiça, de Lei Claudia Lima Marques – apesar da relutância da própria professora a denotar a grandeza daqueles que buscam o crepúsculo dos ídolos –, finalmente permitirá o correto tratamento da questão do superendividamento e recuperação da saúde financeira de milhões de brasileiros.

Mas não há tempo para comemorações, conhecidas as estratégias que, na prática, inviabilizaram a revisão das obrigações por parte dos consumidores ao longo dos últimos anos.

Nesse sentido, importa deixar claramente assentada a distinção do procedimento especial previsto na nova lei de tratamento dos superendividados, em relação às ações ordinárias até então ajuizadas para revisão dos contratos pela via do controle judicial[1], tema objeto deste artigo.

De efeito, na falta previsão normativa especial acerca do tema, o Novo Código de Processo Civil passou a exigir que o autor, na petição inicial, discrimine as obrigações controvertidas, quantifique o valor incontroverso do débito e continue pagando este no tempo e modo contratados, a teor do art. 330, §§ 2º e 3º do CPC/15.

Quem conhece a realidade dos superendividados sabe a dificuldade que estes têm para precisar o valor incontroverso e, mais ainda, para manter o pagamento do valor enquanto buscam o que é de direito. Tais limitações inviabilizaram o exercício do direito de ação por parte de devedores superendividados[2], sabidas as dificuldades de manter um mínimo existencial, sem a cessação dos efeitos da mora nos casos específicos em que caracterizada tal condição.

A aprovação da Lei 14.181/2021 em tempos de pandemia, dota o sistema jurídico brasileiro de um novo procedimento especial próprio para o tratamento dos superendividados. Esse novo procedimento permitirá a recuperação financeira de quem possui passivo superior ao ativo, e que hoje mesmo negativado se vê capturado na contratação de dívidas impagáveis, porque acrescidas de vultosos juros moratórios. É a face mais cruel da *open credit society* que se mostra ainda mais grave em tempos de pandemia. Aposentados e pensionistas, pessoas que sofrem em meio a tantas crises, hoje veem na nova lei uma luz no fim do túnel. Uma chance de refazerem sua saúde financeira por meio de um procedimento específico e apartado de qualquer outro na lei brasileira.

Além de incluir a prevenção e o tratamento do superendividamento como direito básico, a nova lei traz conceitos claros, define os requisitos, os direitos e regula a publicidade e oferta de crédito, inclusive o tratamento dos contratos conexos, prevendo novas práticas abusivas no primeiro título do CDC atualizado.

Para além das regras de direito material, a nova lei do superendividamento também traz um procedimento de conciliação (inserido no Capítulo V, do Título III, do mesmo código), em que prevista a elaboração de um plano de pagamento que

---

1. SCHMIDT NETO, André Perin. **Revisão dos contratos com base no superendividamento**: do Código de Defesa do Consumidor ao Código Civil. Curitiba: Juruá, 2012.
2. MARQUES, Claudia Lima.; CAVALLAZZI, Rosângela Lunardelli; LIMA, Clarissa Costa de. (Coord.) **Direitos do consumidor endividado 2**: vulnerabilidade e inclusão. São Paulo: Editora Revista dos Tribunais, 2016. LIMA, Clarissa Costa de. **O tratamento do superendividamento e o direito de recomeçar dos consumidores**. São Paulo: Revista dos Tribunais, 2014. BERTONCELLO, Káren Rick Danilevicz. **Superendividamento do consumidor**: mínimo existência – casos concretos. São Paulo: Revista dos Tribunais, 2015.

serve para revisar as obrigações de modo conjunto com os credores, resguardando um mínimo existencial e traçando um roteiro para recuperação da saúde financeira do superendividado.

Sempre exigindo a presença da boa-fé[3] do superendividado, o procedimento inicia, conforme o artigo 104-A, com um requerimento do consumidor para repactuação das dívidas, no qual o consumidor apresenta proposta de plano de pagamento com prazo máximo de cinco anos.

Inexitosa a conciliação em relação aos credores que não aceitaram o plano, haverá a qualificação destes e o pedido de citação para que, em quinze dias, justifiquem a negativa de composição voluntária. O requerimento deve discriminar as obrigações em discussão, indicando as questões de direito, como defeitos do negócio jurídico, cláusulas abusivas, ou outras causas de anulação. Também deve esclarecer acerca do mínimo existencial e o comprometimento da renda do superendividado, com a descrição dos gastos básicos com sua sobrevivência e de seus dependentes, e os efeitos da exclusão social. Esta fase procedimental prevê ainda uma audiência conjunta, em que será apresentada a sugestão de plano de pagamento trazida pelo consumidor, cabendo ao juiz, caso não obtido acordo judicial, analisar as questões envolvendo a revisão das dívidas, reintegração dos contratos, anulações em caso de vício e demais questões jurídicas visando compor as dívidas de modo a tornar o adimplemento viável.

Ao final, o juiz fixará o plano judicial compulsório para pagamento do remanescente com a primeira parcela a ser paga em cento e oitenta dias da homologação e prazo máximo de cinco anos, corrigido monetariamente.[4]

Portanto, trata-se de procedimento absolutamente original, inspirado na lei francesa e que em nada se confunde com o procedimento trazido pelo Código de Processo Civil, notadamente no que diz com a incidência dos §§ 2º e 3º do art. 330 do referido Código, cuja aplicação, na prática, converterá a nova lei em letra morta.

Nesse sentido, antevendo risco de limitação ao exercício do direito de ação por parte dos superendividados, em agosto deste ano, tive a oportunidade de propor enunciado na I Jornada CDEA sobre Superendividamento e Proteção do Consumidor UFRGS-UFRJ. Referido enunciado, após debates e adaptações, foi aprovado à unanimidade, a indicar orientação firme da doutrina consumerista em tal sentido.

---

3. Ainda que presumida a boa-fé, este é um requisito exigido por grande parte das legislações que tratam sobre o tema. Isso porque o sistema de recuperação da saúde financeira não visa beneficiar aqueles que propositalmente se colocam nesta situação, raros casos que podem, inclusive vir a configurar estelionato. O § 3º do art. 54-A do CDC atualizado já traz esta exigência, além do § 5º do 54-D que também é neste sentido. Assim que não há que se falar que a lei de combate ao superendividamento possa a ter seu uso deturpado.

4. O índice de correção monetária de que trata o § 4º do art. 104-B do CDC é outro fator importante a ser debatido, pois considerando o longo período de tramitação, a depender do índice aplicado, o montante pode variar muito. Deste modo, tanto o juiz ao homologar o plano, quanto os tribunais ao uniformizarem o índice de correção, devem levar em conta o princípio do *favor debilis* que orienta o Direito do Consumidor.

Enunciado 21: *"O processo por superendividamento para revisão e integração dos contratos e repactuação das dívidas previsto no art. 104-A e 104-B do CDC, com a redação dada pela Lei 14.181/21, é procedimento especial e não se aplicam as disposições contidas nos §§2º e 3º do art. 330 do CPC/15, que imporiam ao consumidor superendividado o pagamento/depósito do valor incontroverso, barreira de acesso à justiça que prejudicaria a finalidade da lei de combater a exclusão social (art. 4, X do CDC)".*

A realização da jornada e a aprovação de diversos enunciados tratando de temas importantíssimos para a efetividade da nova lei foi crucial para que esta traga os frutos sonhados há tantos anos por seus idealizadores. Nesse sentido, a hermenêutica legal deve impedir que haja qualquer interpretação analógica contra o consumidor superendividado, a partir dos propósitos da Lei 14.181/21, de concretizar mandamentos constitucionais de erradicação da pobreza. Sua correta aplicação permitirá efetiva reorganização da vida financeira de milhares de brasileiros.

A nova lei vem ao encontro da necessidade de um novo direito obrigacional e da regulação das relações de crédito no mercado de consumo. Não podemos retroceder no momento mais importante que é o de tornar a norma efetiva, na prática, convertendo o sonho e os propósitos em realidade.

O LEGÍTIMO INTERESSE NO TRATAMENTO DE DADOS PESSOAIS DO CONSUMIDOR

Renata Pozzi Kretzmann

Mestre em Direito do Consumidor e Concorrencial pela UFRGS. Especialista em Direito dos Contratos e Responsabilidade Civil pela Universidade do Vale do Rio dos Sinos (Unisinos) e pós-graduada pela Escola Superior da Magistratura da Associação dos Juízes do Rio Grande do Sul (Ajuris). Advogada.

O tratamento de dados pessoais de praticamente todas as pessoas no mundo é um processo em constante aumento que traz facilidades e benefícios, mas que revela riscos quanto à privacidade dos titulares desses dados, principalmente porque pode limitar a autodeterminação informativa[1]. No âmbito das relações de consumo deve-se assegurar a efetividade dos direitos do consumidor no processo de tratamento de dados.

Antes da entrada em vigor da Lei 13.709 de 2018, a conhecida Lei Geral de Proteção de Dados, o Código de Defesa do Consumidor já abordava alguns aspectos sobre a proteção de dados, que ganhou sistematização e incrementação com a lei específica. A LGPD é norma que objetiva a proteção dos dados e não propriamente de seus titulares, não tem como foco o sujeito em si, ao contrário da norma consumerista. O CDC instituiu sistema principiológico com o desiderato de tutelar a pessoa que consome. Assim, o diálogo das fontes – expressamente previsto no art. 64 da Lei 13.709/18[2] – entre a LGPD e o CDC para a regulação da obtenção, tratamento e proteção de dados nas relações de consumo deve ser, na prática, uma combinação eficaz.[3]

A LGPD dispõe sobre o tratamento de dados pessoais inclusive nos meios digitais com o objetivo de proteger os direitos fundamentais de liberdade e privacidade[4] e o livre desenvolvimento da personalidade da pessoa natural.[5] O tratamento de dados,

---

1. MIRAGEM, Bruno. *Teoria Geral do Direito Civil*. Rio de Janeiro: Forense, 2021. p. 217.
2. Art. 64. Os direitos e princípios expressos nesta Lei não excluem outros previstos no ordenamento jurídico pátrio relacionados à matéria ou nos tratados internacionais em que a República Federativa do Brasil seja parte.
3. CARDOSO, Oscar Valente. *Dia Mundial dos Direitos do Consumidor e Proteção de Dados* Pessoais. Disponível em:<https://www.oscarvalentecardoso.com/post/dia-mundial-dos-direitos-do-consumidor-e-prote%-C3%A7%C3%A3o-de-dados-pessoais>.Acesso em: 24 set. 2021.
4. Como afirma Rodotà "é verdade que se torna difícil garantir tutela à privacidade onde falta a cultura do respeito". Veja mais em: RODOTÀ, Stefano. *A vida na sociedade da vigilância*. Organização, seleção e apresentação de Maria Celina Bodin de Moraes. Tradução de Danilo Doneda e Luciana Cabral Doneda. Rio de Janeiro: Renovar, 2008.
5. Artigo 1º da Lei 13.709/18.

de acordo com o art. 7º da referida lei, somente pode ser realizado em dez hipóteses, as chamadas bases ou autorizações legais.

A base legal preponderante do tratamento de dados é o consentimento dos titulares a quem deve ser fornecida a alternativa de consentir sobre a coleta e demais atos englobados na atividade de tratamento. O consentimento pode ser fornecido por escrito ou outro meio, de maneira destacada das demais cláusulas e deve ser específico para as finalidades pretendidas, cabendo ao controlador o ônus da prova sobre a conformidade de sua obtenção, vedado o tratamento mediante vício de consentimento.[6]

O consentimento é um ato do titular cujo efeito será autorizar um determinado tratamento e fundamenta-se na possibilidade de autodeterminação em relação aos dados pessoais, da qual ele é instrumento por excelência.[7] Uma das preocupações fundamentais da disciplina da proteção de dados pessoais é que o indivíduo não seja manipulado e tenha o poder de decidir acerca da divulgação e utilização de seus dados.[8]

Os demais incisos do art. 7º da LGPD trazem hipóteses em que o tratamento independe de consentimento em razão de situação de necessidade ou impossibilidade de sua obtenção em tempo hábil em virtude das peculiaridades da situação ou do bem jurídico.

Uma das bases legais que demanda maior esforço hermenêutico e que suscita inúmeras dúvidas e reflexões é a do inciso IX do art. 7º: o legítimo interesse do controlador ou de terceiro. Ao prever a possibilidade de tratamento de dados quando necessário para atender aos interesses da pessoa natural ou jurídica que tem o poder de decisão, a lei entrega um termo amplo, um conceito jurídico indeterminado.

É uma hipótese flexível cujo conteúdo e limites não são determinados *a priori* e sua caracterização depende da avaliação de sua conformidade. Seus efeitos jurídicos, entretanto, já estão previstos na lei e o aplicador deve apenas utilizar no fato concreto o elemento semanticamente vago para individualizar a hipótese abstrata. Diferentemente do que ocorre com as cláusulas gerais, que são normas que funcionam como válvulas de segurança, conferindo ao interprete o poder de construir o significado da norma.[9]

A necessidade de conferir-se segurança jurídica aos modelos de negócios baseados na utilização de dados e de fomentar-se o movimento de empreendedorismo e de inovação em casos de atividades empresariais que não se encaixariam nas demais

---

6. Conforme disposição do artigo 8º e seus parágrafos da LGPD.
7. DONEDA, Danilo. *Da privacidade à proteção de dados pessoais*: elementos da formação da Lei Geral de Proteção de Dados. São Paulo: Thomson Reuters Brasil, 2019. p. 302.
8. MENKE, Fabiano. As origens alemãs e o significado da autodeterminação informativa. In: MENKE, Fabiano; DRESCH, Rafael de Freitas Valle (Org.). *Lei geral de proteção de dados*: aspectos relevantes. Indaiatuba, SP: Editora Foco, 2021. p.13-22.
9. MIRAGEM, Bruno. *Teoria Geral do Direito Civil*. Rio de Janeiro: Forense, 2021. p. 87.

bases legais são frequentemente citadas como justificativas para a opção legislativa de um conceito elástico.[10]

Quais seriam, então, as características que concedem ao interesse a qualidade de legítimo? O art. 10 da LGPD estabelece que o legítimo interesse do controlador[11] somente poderá fundamentar o tratamento de dados para finalidades legítimas consideradas a partir de situações concretas. O dispositivo traz um breve rol exemplificativo que engloba o *apoio e promoção das atividades do controlador* e *a proteção do exercício regular dos direitos dos titulares ou a prestação de serviços que o beneficiem, respeitadas as legítimas expectativas e direitos fundamentais*. É uma sequência de conceitos subjetivos que compõe a base legal do tratamento de dados justificado pelo legítimo interesse do controlador.

A expressão "apoio e promoção das atividades" é ampla e pode abrir margem para a utilização do legítimo interesse para o tratamento de dados com as mais diversas finalidades, inclusive publicitárias. O respeito às legítimas expectativas funciona como óbice para que não seja violada a confiança que o consumidor deposita no fornecedor-controlador de dados e relaciona-se com os motivos da contratação.[12]

As atividades de tratamento de dados, nos termos do art. 6º da LGPD, deverão observar a boa-fé e os princípios da finalidade, da adequação, da necessidade, do livre acesso, da qualidade dos dados, da transparência, da segurança, da prevenção, da não discriminação e da responsabilização e prestação de contas. Os princípios da necessidade, da finalidade e da transparência são expressamente elencados nos parágrafos 1º e 2º do art. 10 da lei e estabelecem que somente os dados pessoais estritamente necessários para a finalidade pretendida poderão ser tratados e que o controlador deverá adotar medidas para garantir a transparência do tratamento baseado em seu legitimo interesse.

São medidas que objetivam proteger o efetivo controle dos dados pelo titular-consumidor e garantir a autodeterminação informativa, principalmente nos casos em que ao titular da informação não foi dado o direito de decidir sobre fornecê-lo ou não ou estabelecer os limites do consentimento. A autodeterminação informativa é direito fundamental autônomo que não se restringe à intimidade ou à vida privada, mas relaciona-se com qualquer violação do uso de informações ou dados do titular.[13] A adequação do tratamento de dados aos princípios norteadores da LGPD, portanto,

---

10. Veja-se, por exemplo: PIVETO, Lucas Colombra Vaiano. *O legitimo interesse na Lei Geral de Proteção de Dados*. Rio de Janeiro: Lumen Juris, 2020.
11. O artigo 7º da LGPD refere o "legítimo interesse do controlador ou de terceiros" e o artigo 10 apenas menciona o "legítimo interesse do controlador". Apesar da lacuna, deve-se entender pela aplicação do art. 10 aos terceiros seguindo a linha da própria LGPD e do GDPR, que considera o terceiro.
12. OLIVEIRA, Ricardo; COTS, Márcio. *O legitimo interesse e a LGPD*. 2 ed. São Paulo: Thomson Reuters Brasil, 2021.
13. FERREIRA, Rafael Freire. *Autodeterminação informativa e a privacidade na sociedade da informação*. 2. ed. Rio de Janeiro: Lumen Juris, 2018. p. 118.

indica um caminho para o reconhecimento da legitimidade do interesse. Essa via não é a única, porém.

A fiscalização do cumprimento da legislação de proteção de dados será feita pela Autoridade Nacional de Proteção de Dados. Observa-se que muitas das competências da ANPD relacionam-se com temas de defesa do consumidor, objetivando-se a atuação conjunta do órgão de proteção de dados com os Procons, por exemplo.[14]

A Autoridade Nacional poderá solicitar ao controlador relatório de impacto à proteção de dados, quando o tratamento tiver como fundamento o legítimo interesse. O artigo 37 da LGPD ratifica a necessidade do controlador e do operador manterem registro das operações de tratamento principalmente quando baseado na hipótese do artigo 7º, inciso IX. Denota-se o caráter excepcional da hipótese, não somente em razão da ausência de consentimento, mas também diante da ausência de determinação objetiva de seus contornos e efeitos práticos. A fiscalização seria mais uma etapa do caminho para a averiguação da legitimidade do interesse.

O interesse em questão não se caracteriza como mera conveniência ou vantagem do controlador de dados. Há necessidade de observação da LGPD, considerando-se os já referidos princípios e os seus fundamentos. Ressalte-se também a necessidade de observância do CDC no caso de controlador-fornecedor que objetive o tratamento de dados com base em seu interesse. Ademais, o ordenamento jurídico como um todo deve ser cumprido, porquanto somente será legítimo o interesse que obviamente for lícito.

Os sistemas principiológicos das duas normas dão ferramentas para a verificação da legitimidade do interesse, servindo como vetor orientativo de aferição e impedindo a banalização da hipótese guarda-chuva, autorizada pela lei, mas com sua utilização condicionada a certos requisitos.

Na Europa, o legítimo interesse é também uma das bases legais para tratamento de dados e já se encontrava na antiga Diretiva 95/45/CE, mas sem critérios de aplicação, o que gerou muitas críticas, em virtude da insegurança que suscita. Para estudar o assunto, foi formado um grupo de trabalho, denominado Grupo de Trabalho do artigo 29[15], que elaborou orientações sobre os fundamentos para o tratamento de dados, em especial o legítimo interesse. O resultado foi um parecer[16] que sugere um teste de ponderação com quatro principais fatores para a aplicação do legítimo interesse e que pode servir de inspiração.

Resumidamente, pode-se afirmar que o primeiro passo é a avaliação do interesse da pessoa responsável pelo tratamento; o segundo é a verificação do impacto nas

---

14. MIRAGEM, Bruno. A Lei Geral de Proteção de Dados (Lei 13.709/2018) e o direito do consumidor. *Revista dos Tribunais*. São Paulo, Revista dos Tribunais, v. 108, n. 1009, p. 173–222, nov., 2019.
15. Disponível em:< https://edpb.europa.eu/about-edpb/more-about-edpb/article-29-working-party_pt> Acesso em: 26 set. 2021.
16. Parecer 06/2014 do Grupo de Trabalho do artigo 29. Disponível em: <https://www.gpdp.gov.mo/uploadfile/2015/0803/20150803050042662.pdf>.Acesso em 24 set. 2021.

pessoas envolvidas; o terceiro, o exame do equilíbrio entre os interesses e o último, a análise de existência de garantias complementares para evitar impactos indevidos.[17] Essa ideia permanece no Regulamento Geral de Proteção de Dados da União Europeia – o GDPR[18], sigla em inglês.

No GDPR europeu, assim como na lei brasileira, não há conceito expresso de legítimo interesse. Os Considerandos[19] 47, 48 e 49 abordam o tema e trazem alguns exemplos, como o legítimo interesse em caso de relação relevante e apropriada entre o titular dos dados e o responsável pelo tratamento, em situações como aquela em que o titular dos dados é cliente ou está ao serviço do responsável pelo tratamento.[20] Há, na verdade, necessidade de balanceamento dos interesses em jogo e aplicação de regras de ponderação.[21]

Importante destacar que o art. 11 da LGPD autoriza o tratamento de dados pessoais sensíveis com o consentimento do titular ou sem o consentimento em casos específicos, sem menção expressa ao legítimo interesse. O art. 10, por sua vez, menciona apenas os dados pessoais. Note-se que o dispositivo encerra a Seção I do Capítulo II, iniciando-se a Seção II pelo art. 11 que trata especificamente dos dados pessoais sensíveis, o que permite a conclusão de que a base legal do legítimo interesse a eles não se aplica. Assim, dado pessoal sobre origem racial ou étnica, convicção religiosa, opinião política, filiação a sindicato ou a outra organização, dado referente à saúde ou à vida sexual, dado genético ou biométrico, quando vinculado a uma pessoa natural[22] não podem ser tratados sem o consentimento do consumidor.

Apesar de se reconhecer a necessidade do tratamento de dados para os avanços tecnológicos da nossa sociedade, é imperioso considerar o valor inestimável da boa-fé e a necessidade de proteção do titular de dados, principalmente na relação de consumo. A lei prevê o legítimo interesse com o objetivo de manter seu caráter casuístico e abarcar as novidades do mundo digital. A utilização exagerada e sem necessidade específica viola sua própria finalidade. Sua interpretação, portanto, não deve ser extensiva e deve sempre levar em consideração a observância dos fundamentos e dos princípios protetivos da LGPD e do CDC.

---

17. DILL, Amanda Lemos. A delimitação dogmática do legítimo interesse para tratamento de dados pessoais. In: MENKE, Fabiano; DRESCH, Rafael de Freitas Valle (Org.). *Lei Geral de Proteção de Dados*: aspectos relevantes. Indaiatuba, SP: Editora Foco, 2021. p. 95-118.
18. Disponível em: <https://gdpr-info.eu/>. Acesso em: 26 set. 2021.
19. Os considerandos são notas explicativas sobre temas específicos.
20. Disponível em: <https://gdpr-text.com/pt/read/re cital-47/> 26 set. 2021.
21. JOELSONS, Marcela. O legítimo interesse do controlador no tratamento de dados pessoais. In: MENKE, Fabiano; DRESCH, Rafael de Freitas Valle (Org.). *Lei geral de proteção de dados*: aspectos relevantes. Indaiatuba, SP: Editora Foco, 2021. p.119-142.
22. Artigo 5º, II da LGPD.

O "HOME EQUITY" E A BOLHA IMOBILIÁRIA À BRASILEIRA

Fernando Rodrigues Martins

Doutor e Mestre pela Pontifícia Universidade Católica de São Paulo. Promotor de Justiça, MG. Presidente do Brasilcon.

Guilherme Magalhães Martins

Doutor e Mestre pela Universidade do Estado do Rio de Janeiro. Promotor de Justiça, RJ. Segundo vice-presidente do Brasilcon.

Claudia Lima Marques

Doutora pela Universidade de Heidelberg (Alemanha) e Mestre em Direito (L.L.M.) pela Universidade de Tübingen (Alemanha). Ex-Presidente do Brasilcon. Professora titular da Universidade Federal do Rio Grande do Sul (UFRGS).

Não há tempo de festejar a Lei 14.181/2021 que atualiza o Código de Defesa do Consumidor para prevenir o superendividamento, pois o governo federal está em vias de publicar medidas provisórias que modificarão estrutural e funcionalmente a disciplina das garantias reais e o Brasil passar de um país de superendividados (expressão do Ministro Antônio Herman Benjamin), a um país de "expropriados"! Duas eventuais propostas altamente destruidoras serão introduzidas no mundo jurídico: a primeira tem por escopo criar um novo "título de propriedade imobiliária" (TPI), nova figura abstrata e fragmentada, que assegurará negociações mais rápidas e com a interessante qualidade de representação cartular do imóvel de propriedade do devedor (pessoa natural ou consumidor); e a segunda, que objetiva fundar as Instituições Gestoras de Garantias (IGG), novo sistema registral privado e sem o controle da magistratura.

Na base, as propostas partem do Ministério da Economia, com aval em discussões realizadas pelo Banco Central e demais integrantes da Iniciativa de Mercado de Capitais. Há a compreensão de que o *"home equity"* (empréstimo de pessoa natural garantido pelo imóvel residencial, mesmo que bem de família)[1] aumentará a segurança jurídica das instituições financeiras para o fornecimento de créditos aos consumidores, o que possibilitará, via de consequência, a sempre sonhada redução de juros no setor financeiro e imobiliário.

---

1. Modalidade prevista na Circular da Diretoria Colegiada do Banco Central do Brasil 3.747, de 27.02.2015 – D.O.U.: 03.03.2015.

Do ponto de vista dos estudiosos do direito do consumidor há séria preocupação com a inserção de referidas medidas provisórias, que podem ser nocivas aos núcleos familiares e aos devedores pessoas naturais, especialmente no agravamento às situações de superendividamento, recém reequilibradas pela Lei 14.181/2021.

É extremamente inquietante verificar a "facilidade" com que o domínio econômico trata os institutos jurídicos seculares, adornando-os aos seus objetivos e descurando-se da ciência jurídica que, por si só, é *"sistema de limites"*[2] aos eventuais abusos próprios dos grandes poderes, entre eles o Estado e o mercado. O "título de propriedade imobiliária" (TIP), caso seja adotado em Medida Provisória, estrangulará o conceito e os elementos da propriedade há tempos consolidados na legalidade constitucional e no Código Civil (arts. 1.228 e segs.) e, especialmente, *obstará a requalificação humanitária introduzida pela Lei 14.181/21 no que respeita a promoção ao mínimo existencial na concessão do crédito* (Art. 6º, XII do CDC).

Na hipótese, o TIP concretamente caracterizará a propriedade imobiliária, tornando-se título totalmente negociável no mercado, diminuindo a proteção do devedor-proprietário, sem que haja maiores e necessários cuidados com inúmeros direitos fundamentais inerentes, especialmente: moradia, habitação, meio ambiente e o próprio direito fundamental à propriedade e sua função social.

A leitura do texto em proposição do TPI permite verificar o óbvio sentido de "transferência de riscos" dos agentes de créditos aos devedores-consumidores, retirando alicerces legais construídos secularmente pelo sistema jurídico na proteção do proprietário e da propriedade, já que nada propõe em matéria de direitos relativos à excussão judicial, bem como devido processo legal. Aliás, o conteúdo do texto a ser guindado como Medida Provisória é claramente contrário ao parágrafo único do art. 2.035 do Código Civil que reconhece a matéria como de ordem pública, considerando a função social da propriedade, o que também está sedimentando no art. 5º, inciso XXIII da Constituição Federal.

Igualmente do texto em proposição transparece claramente a possibilidade do TPI ser negociado e controlado por quem tem mais de cinquenta por cento (50%) da titularidade da moradia do consumidor (agora fragmentada entre vários credores!), inclusive grupos de detentores, que poderão decidir pela venda do bem, independentemente da vontade, aquiescência, defesa ou anuência do proprietário, o consumidor superendividado. Enfim, a eventual Medida Provisória faz ouvidos moucos à sólida

---

2. Ruggiero, Roberto de. **Instituições de direito civil**. v. 1. São Paulo: Livraria Acadêmica. Saraiva, 1934, p. 24. Na famosa passagem com apoio em Kant e Krause, quando conceitua o Direito: *"Kant, pelo contrário, parte do princípio da liberdade e do princípio da condicionalidade, definindo-o como 'o conjunto de condições mercê das quais o arbítrio de cada um pode ser compatível com o arbítrio dos outros, segundo uma lei universal de liberdade'; e Krause, acentuando ainda mais a ideia de condicionalidade, define-o como 'a totalidade das condições dependentes da liberdade para realização dos próprios fins'. Donde se conclui que o direito é um sistema de limites".*

construção pretoriana de bens de família, do mínimo existencial,[3] do patrimônio mínimo, indisponibilidade das titularidades de bens essenciais.[4]

Diante deste "terrível direito" (Stefano Rodotà), não é possível se liberar dos problemas postos daquilo que se indica como lógica proprietária, modelo dominativo, "máquina" proprietária, princípio proprietário, ou como se queira chamá-lo.[5]

Igualmente vocacionado à Medida Provisória, o texto quanto à formulação das Instituições Gestoras de Garantias é de causar espécie. O nó central é permitir serviços de gestão especializadas em gravames diretamente à iniciativa privada, com o objetivo atuarem na facilitação de constituição ou "compartilhamento" (ou fragmentação) de garantias, quando será *longa manus* das instituições financeiras.

Vê-se sistema paralelo ao serviço já reconhecido e realizado pelos Cartórios de Registro de Imóveis e Caixa Econômica Federal, afastando por completo o Estado no dever de proteção dos devedores. Economicamente, sobre o imóvel haverá a obtusa oportunidade de mais de um gravame como garantia de empréstimos, o que degringola completamente – e repete o erro da crise financeira de 2008 nos EUA[6] – a noção da propriedade já construída e consolidada no direito interno como *"paradigma da essencialidade"*[7] ou também no direito comparado pela aproximação aos *"bens fundamentais"*.[8]

Como se sabe, é prudente proceder a aplicação das regras dos direitos reais de garantia à luz da propriedade como direito fundamental e respectiva função social (CF, art. 5º, *caput* e incisos XXII e XXIII). Trata-se da coordenação entre a segurança da *"propriedade-garantia"* e a fundamentabilidade da *"propriedade-acesso"*.

Pois bem. Por isso, é dever situá-la tanto entre os direitos individuais do proprietário (*próprio*) como nos interesses coletivos da comunidade (*comum*). E dessa forma se a propriedade (enquanto direito real) tem aproveitamento econômico, igualmente (enquanto espaço para o livre desenvolvimento da pessoa humana) tem aproveitamento na proteção do mínimo existencial pela Lei 14.181/21, tal qual a orientação francesa *"restre à vivre"*, que agora se soma à indisponibilidade do bem de família.[9]

---

3. MARQUES, Claudia Lima. **A noção de mínimo existencial na Lei 14.181,2021 e sua aplicação imediata: primeiras reflexões**, in RDC, vol. 137/2021, p. 387-405, set-out / 2021.
4. Veja sobre estes temas a obra de FACHIN, Luiz Edson. **Estatuto jurídico do patrimônio mínimo**. 2. ed. Rio de Janeiro: Renovar, 2006.
5. RODOTÀ, Stefano. **Il terribile diritto**; studi sulla proprietà privata e i beni comuni. 3.ed. Bologna: il Mulino, 2013. p.448.
6. Sobre o tema veja que foi uma legislação desconstrutora semelhante nos EUA que levou em massa aos consumidores perderem suas casas e criou a crise financeira que acabou mundial, NEFH, James. **Preventing another financial crisis: The critical role of Consumer Protection Laws**. RDC. v. 89. São Paulo: Revista dos Tribunais, 2013, p. 29-39.
7. NEGREIROS, Teresa. **Teoria do contrato. Novos paradigmas**. Rio de Janeiro: Renovar, 2002, p. 379.
8. FERRAJOLI, Luigi. Por uma carta dos bens fundamentais. In: Periodicos UFSC. br/index. php/sequencia/article/view/2177-7055.201, acesso em 11-10-21.
9. MARQUES, Claudia Lima. **Sugestões para uma lei sobre o tratamento do superendividamento de pessoas físicas em contratos de crédito de consumo: proposições com base em pesquisa empírica de 100 casos no Rio Grande do Sul**. RDC. v. 55. São Paulo: Revista dos Tribunais, p. 11-52. Antes da Lei 14.181/21 tínhamos apenas a seguinte abordagem: "*O mínimo existencial deve ser preservado na França (restre à vivre da alínea 2 de l'article L.331-2 du Code de la Consommation), no Brasil, conhecemos apenas o bem de família*".

Ademais pela teoria geral do direito (especialmente do direito privado) essa matéria deve estar atrelada a densos princípios – como: função social (da propriedade, da posse e da cidade); boa-fé (mais especificamente a vedação de exercício inadmissível de posição jurídica); defesa do consumidor (ordem econômica inclusiva e direito fundamental, CF, art. 5º, inc. XXXII); defesa do meio ambiente (função socioambiental intergeracional, poluidor-pagador, prevenção e precaução); produtividade (natureza agrária) – que informam, preenchem lacunas e têm ampla força deontológica no auxílio e aplicação dos direitos reais de garantia.

As relações econômicas e de mercado não podem suprimir a promoção do consumidor (sujeito constitucional) também no campo da propriedade. O fenômeno da transformação da propriedade em objeto disponível e reproduzível, como bem lembrado por Pietro Barcellona acaba verticalizando sobre o titular do direito, transformando-o igualmente: "es decir, el sistema funciona como productor, reproductor y destructor de objetos destinados a la apropriación y, al final de su ´ciclo final´, nos devuelve un sujeto em relación con el objeto consumible (que constituye el suporte del sistema). El sujeto propietario es transformado em sujeto consumidor".[10]

Os textos das duas medidas provisórias traduzem justamente os danos ocorridos na crise estadunidense de 2008 (a famosa bolha imobiliária), quando o instituto do *"home equity"* foi utilizado sem margem de proteção dos consumidores, aliás, ao contrário, com riscos transferidos. Isso se deu com enorme irresponsabilidade, porquanto se as normas protetivas eram aplicadas para as demais espécies de garantias (*Equity Protection Act – hoepa rules*), no *"home equity"* nenhuma proteção era possível.[11]

Num ponto como tal e se prudentemente lembrarmos que no Brasil já existem, segundo a Confederação Nacional do Comércio, setenta milhões de famílias endividadas e outras trinta e cinco milhões de famílias superendividadas, logo teremos centenas de milhões de *"famílias expropriadas"*. Estamos a um passo de milhões de pessoas expostas à situação de rua.

O legislador brasileiro está vinculado aos deveres de proteção dos direitos fundamentais, o que é a hipótese do direito do consumidor (CF, art. 5º, inc. XXXII), cabendo nestas proposições aqui analisadas retirar dos textos expressamente "as relações de consumo" e os "consumidores". Estas duas Medidas Provisórias não deveriam acontecer. Não se trata de tema passível de Medida Provisória, pois face aos direitos fundamentais envolvidos, devem sim ser objeto de projeto de lei!

---

10. BARCELLONA, Pietro. **El individualismo propietario**. Madrid: Trotta, 1996. p. 91.
11. Nehf, James P. **Preventing another financial crisis: the critical role of consumer protection laws**. In: RDC. v. 89. São Paulo: Revista dos Tribunais, 2013, p. 29-40. Da tradução livre: "*Como exemplos de leis de proteção ao consumidor antes da crise, em nível federal, a Lei de Propriedade de Casa e Proteção Patrimonial (Hoepa) dá aos consumidores em muitas transações de hipotecas o direito de cancelar pagamentos proibidos, exige que os credores considerem a capacidade de reembolso do devedor, e proibiu a amortização negativa (com perda de patrimônio) e penalidades de pré-pagamento. No entanto, Hoepa não era aplicável a uma hipoteca de dinheiro de compra inicial (apenas refinanciamentos de hipotecas existentes), e não era aplicável a linhas de crédito abertas (linhas tradicionais de home equity)*".

OPEN BANKING E A LEI GERAL DE PROTEÇÃO DE DADOS: ANELO DE RESPEITO AO CONSUMIDOR COM MAIOR CONCORRÊNCIA E TRANSPARÊNCIA NO MERCADO DE CONSUMO FINANCEIRO

Marié Lima Alves de Miranda

Especialista em Direito do Consumidor (UFPE). Graduada em Letras e em Administração de Empresas. Membro Gestor da Frente Nacional de Defesa do Consumidor (Fenadecon). Diretora Brasilcon. Diretora na OAB Alagoas. Presidente da Comissão Especial de Defesa do Consumidor do Conselho Federal da OAB. Presidente da APA-FAL. Conselheira Titular do Conselho de Defesa do Consumidor do Estado de Alagoas. Advogada. Advogada Pública. Procuradora do DER/AL.

Branca Alves de Miranda Pereira

Mestranda em Propriedade Intelectual e Transferência de Tecnologia para Inovação (Profnit/UFAL). Membro da Comissão Nacional de Propriedade Intelectual da OAB. Presidente da Comissão de Propriedade Intelectual da OAB Alagoas. Membro Consultivo da Comissão de Propriedade Intelectual da OAB Pernambuco. Conselheira no Conselho Municipal de Ciência, Tecnologia e Inovação de Maceió (CMCTI). Advogada. Arquiteta/Urbanista e Publicitária.

Lindojon Gerônimo Bezerra dos Santos

System Developer Analyst. BizDev. Innovation. Professor. Advogado e Parecerista.

O *Open banking*, de tradução simples "sistema financeiro aberto", foi instituído no Brasil pela Resolução Conjunta 1, do Banco Central e Conselho Monetário Nacional.[1] A sua ideia é compartilhar de forma padronizada os dados e serviços do sistema financeiro[2] brasileiro, através de abertura e integração de sistemas. É dizer que os dados relacionados às transações financeiras, tais como empréstimos, financiamentos, pagamentos realizados, produtos financeiros adquiridos ao longo da

---

1. Resolução Conjunta 1, do Banco Central e Conselho Monetário Nacional. Disponível em: <https://www.in.gov.br/en/web/dou/-/resolucao-conjunta-n-1-de-4-de-maio-de-2020-255165055>. Acesso em 10 out. 2021. A partir deste momento, neste texto, será abreviada para Resolução Conjunta.
2. Aqui, apesar da terminologia mais intuitiva ser "sistema bancário", é utilizado o termo "sistema financeiro", vez que não estamos tratando apenas de serviços e dados constantes nos bancos brasileiros, como também relacionados a instituições de pagamento e outras instituições autorizadas a funcionar, neste âmbito, pelo Banco Central do Brasil.

vida relacional com uma determinada instituição financeira, que sempre foram de propriedade da respectiva instituição, passam por uma mudança integral de titularidade, que explicaremos a seguir.

Entender a mudança de titularidade integral dos dados financeiros é um exercício que requer, primeiro, considerar que uma pessoa, seja natural ou jurídica, que abre uma conta em um banco no Brasil atual, autoriza este banco a ser o detentor dos seus dados bancários e, portanto, também o seu proprietário – pois, caso precise, por exemplo, contrair um empréstimo com outra instituição financeira e esta, para uma análise mais assertiva do risco daquela operação de crédito, solicitar o histórico sobre a vida financeira desta pessoa, o banco poderá negar e não conceder este acesso – e, por isso, falar, inicialmente, em titularidade mitigada[3] dos dados financeiros.

Com o *open banking*, há uma maior possibilidade de compartilhamento de dados.[4] Estes dados poderão ser compartilhados, à escolha do consumidor – e aqui já visualizamos a titularidade integral dos dados, já que o consumidor pode decidir sobre o uso e gozo de seus dados financeiros – através de tecnologia de integração de sistemas, as APIs (*Application Programming Interface*).

O uso de API não é uma novidade no mercado financeiro, cada vez mais afeito às tecnologias e à chamada Quarta Revolução Industrial, baseada na transformação digital e no uso dos dados como moeda principal dos novos negócios. O conceito de negociação de produtos e serviços financeiros, antes restritos aos grandes bancos, que eram os detentores dos históricos financeiros de seus clientes (a definir um score por conta do dito "relacionamento" com o banco), hoje se afigura evoluído. Não significa extinção dos bancos e existência apenas das *fintechs*, mas sim, um novo *modus* de agir neste atual mercado de consumo.[5]

A União Europeia foi palco das tratativas iniciais acerca do *open banking* e também da proteção de dados, com a vigência da Diretiva Europeia de Serviços de Pagamento

---

3. Uma vez que o consumidor, cliente do banco em questão, não detém a titularidade integral dos dados, já que não pode fazer o que bem entender com eles, ficando restrito à manifestação de vontade do banco, ora titular destas informações.
4. Há a possibilidade de compartilhamento de dados sobre canais de atendimento relacionados com dependências próprias, correspondentes aqui no Brasil, canais eletrônicos e demais canais disponíveis aos clientes, produtos e serviços e transações de clientes, relacionados com: contas de depósito e de poupança, contas de pagamento pré-pagas e pós-pagas, operações de crédito e de câmbio, serviços de credenciamento em arranjos de pagamento (maquininhas de cartão), contas de depósito a prazo e outros produtos com natureza de investimento, seguros e previdência complementar aberta, bem como de serviços de iniciação de transação de pagamento e de encaminhamento de proposta de operação de crédito. Estes e outros mais previstos no art. 5º da Res. Conjunta 1, do Bacen e CMN.
5. Neste sentido, Nydia Remolina aduz *"It is undeniable the digital transformation trend that is affecting all types on industries too and it will re-shape the financial services. Even though, the use of APIs is nothing new in the financial sector, now many banks have realized that digital is about services, not about digital features and data-driven finance is a very important component in this shift on the views of what the financial sector is. Accordingly, banks will not disappear, but the way this industry conceives business will change thanks to open banking"* (REMOLINA, Nydia. *Open banking*: regulatory challenges for a new form of financial intermediation in a data-driven world. Disponível em: <https://papers.ssrn.com/sol3/papers.cfm?abstract_id=3475019>. Acesso em 10 out. 2021).

(*Payment Services Revised Directive – PSD2*) e do Regulamento Geral sobre Proteção de Dados (*General Data Protection Regulation – GDPR*) iniciados no primeiro semestre de 2018. Ambas as legislações defendem a titularidade do indivíduo sobre os seus dados pessoais, cabendo a estes as definições sobre o seu compartilhamento.[6]

No Brasil, tem-se este modelo que conta com: a) a edição de normativos por parte do Banco Central; e, b) a celebração de convenção através da colaboração das instituições participantes, mediante aprovação do regulador, a fim de definir aspectos necessários para a implementação, tais como os padrões tecnológicos e os procedimentos operacionais para este consumidor hipervulnerável.[7]

É fato que as empresas tem o poder da informação e do controle dos dados pessoais de seu público, mas agora com autodeterminação informativa e este viés, de que a titularidade dos dados pessoais pertence ao consumidor, acredita-se que haja proveito para estes também.[8] Aqui, como nos ensina o professor português Jorge Morais Carvalho, a influência dos *big data* (metadados) na contratação dos serviços financeiros tende a personalizar os próprios bens e serviços, possibilitando, por exemplo, a análise de risco individualizada que trará como consequência limites ou precificações diferenciadas para o acesso a determinados bens e ser serviços.[9]

A fim de estabelecer uma adequação do mercado e atendimento à garantia do equilíbrio econômico dos *players*, o Banco Central entendeu por inserir o *open banking* de maneira faseada, em quatro momentos, sendo que dois deles já foram iniciados.[10]

Alfin, existem algumas distinções relevantes entre as legislações ora apresentadas, que merecem ser pontuadas, tais como o fato de que a Lei Geral de Proteção de Dados (LGPD) protege apenas o tratamento de dados de pessoas naturais, enquanto que a implementação do *open banking* abrange os dados de pessoas naturais e também de pessoas jurídicas. Além disso, o consentimento, na LGPD, diz respeito a uma "manifestação livre, informada e inequívoca pela qual o titular concorda com o tratamento de seus dados pessoais para uma finalidade determinada". Já, no âmbito do *open banking*, tem-se ainda que deve ser prévio; expresso, sendo vedada a sua obtenção por meio de contrato de adesão, de formulário com aceite previamente preenchido ou de forma presumida; necessariamente feito por

---

6. DELOITTE. *PSD2 and GDPR: friends or foes?* Disponível em: <https://www2.deloitte.com/lu/en/pages/banking-and-securities/articles/psd2-gdpr-friends-or-foes.html>. Acesso em 11/10/2021.
7. Aqui fala-se em "hipervulnerabilidade", considerando a dinâmica atual deste mercado de consumo envolto de mecanismos tecnológicos e virtuais e para melhor entendimento a Prof. Claudia Lima Marques trouxe esta terminologia, aceita na doutrina e consolidada na jurisprudência do Superior Tribunal de Justiça (STJ), como uma escada de gradação da vulnerabilidade, própria do consumidor. Mais em: MARQUES, Claudia Lima e MIRAGEM, Bruno. *O novo direito privado e a proteção dos vulneráveis*. 2. ed. rev. atual. e ampl. São Paulo: Revista dos Tribunais, 2014, p. 197.
8. ALVES, Branca. WANDERLEY, Thiago. *O direito do consumidor e a proteção de dados pessoais*. In: LAMACHIA, Claudio. MIRANDA, Marié. MARQUES, Claudia Lima (Org.). Estudos de direito do consumidor. Brasília: OAB, Conselho Federal, 2018.
9. CARVALHO, Jorge Morais. *Manual de direito do consumo*. 5. ed. Coimbra: Almedina, 2018, p. 46.
10. Mais detalhes no site do Banco Central dedicado ao *open banking*. Disponível em: <https://www.bcb.gov.br/estabilidadefinanceira/openbanking>. Acesso em 10 out. 2021.

meio eletrônico; com validade limitada a doze meses; e, que através dele o cliente concorda não somente com o compartilhamento de dados, mas também de serviços para finalidades determinadas.

A Resolução Conjunta define que a instituição receptora de dados ou iniciadora de transação de pagamento deve obter o consentimento, ao passo que a LGPD prevê que o consentimento deverá ser obtido pelo controlador. Acredita-se, assim, na necessidade de um duplo consentimento, de modo que o controlador, instituição transmissora de dados, deve solicitar o consentimento para compartilhamento de dados pessoais, nos termos do art. 7º da LGPD; o que, deve ser seguido por uma solicitação de consentimento, autenticação e confirmação deste compartilhamento da instituição receptora de dados e da instituição iniciadora de transação de pagamento, consoante art. 10 da Resolução Conjunta.

Vê-se assertivamente o posicionamento do regulador ao estabelecer a necessidade das etapas de consentimento, autenticação e confirmação, haja vista que eles alcançam os planos previstos na clássica "Escada Ponteana".[11] Desse modo, tem-se que: a) o consentimento compreende a manifestação de vontade do titular dos dados, compreendendo o pressuposto mínimo para que o compartilhamento de dados aconteça e preenchendo assim o plano da existência; b) a autenticação qualifica o titular dos dados e valida a segurança da transação, preenchendo assim o plano da validade; e, por fim, c) a confirmação do conteúdo de compartilhamento estabelece a relação entre as partes firmando os direitos e deveres, preenchendo assim o plano da eficácia.

O compartilhamento padronizado de dados e serviços do sistema financeiro brasileiro, garante agilidade e segurança no compartilhamento de dados e permite a abertura e integração de sistemas, através de tecnologia APIs. A LGPD viabiliza uma maior segurança da informação, além de que estabelece novos direitos e deveres, a exemplo da titularidade dos dados pessoais ao consumidor que assume; enquanto que o *open banking* decorre de uma regulamentação híbrida, com normativos do Banco Central e outros decorrentes de uma autorregulamentação assistida; e, apresentando especificidades ao consentimento e à aplicação da LGPD no âmbito do sistema financeiro e de pagamentos.

A inclusão digital, como motriz da nossa sociedade, é uma forma, não apenas de apresentação do mundo tecnológico à população, mas também, de inserção no novo mercado que exsurge em tempos hodiernos.[12]

O *open banking* é um projeto que visa tanto maior escalabilidade e eficiência econômica do negócio quanto conferir maiores possibilidades e controle ao consumidor; que, em razão de sua complexidade está sendo inserido de maneira faseada;

---

11. Planos de existência, de validade e de eficácia. Ler mais em TARTUCE, Flávio. *Direito civil*: lei de introdução e parte geral. 13. ed. rev. atual. e ampl. Rio de Janeiro: Forense, 2017, p. 370.
12. BEZERRA, Lindojon. *A Abusividade do Bloqueio do Serviço de Internet Banda Larga Fixa no Brasil*. Revista Brasileira de Direito do Consumidor 108, São Paulo, nov.-dez. 2016.

e, que, requer a interação articulada do Banco Central com a ANPD e o Sistema Nacional de Defesa do Consumidor para garantir a eficiência dessa implantação, em um harmonioso diálogo das fontes[13], assegurando o respeito à autonomia das vontades, sem olvidar da legislação vigente no Brasil.

---

13. Sobre o tema Diálogo das Fontes, ver mais em MARQUES, Claudia Lima (Coord.). *Diálogo das fontes*: do conflito à coordenação de normas do direito brasileiro. São Paulo: Revista dos Tribunais, 2012.

PROPOSTA DE REGULAMENTAÇÃO DO CDC POR DECRETO PRESIDENCIAL – MÍNIMO EXISTENCIAL

Brasilcon

Instituto Brasileiro de Política e Direito do Consumidor – Brasilcon.

Atendendo ato da presidência do *Instituto Brasileiro de Política e Direito do Consumidor – Brasilcon*, o **Grupo de Especialistas** nomeado pela trintenária agremiação debruçou-se sobre as mais variadas possibilidades jurídicas que permitissem a adequada regulamentação do "mínimo existencial" versado diretamente na Lei 14.181/21.[1]

É dever gizar que o Grupo de Especialistas no enfrentamento dessa tarefa se valeu de redobrado "cuidado" para o árduo desafio a que foi designado. O risco é tamanho, tendo em vista a possibilidade de restrição indevida de mandamento fundamental. Se de um lado o é tema de tamanha indeterminação semântica, ao mesmo tempo, é elementar e primordial no trato da dignidade humana.[2]

Certos eixos indispensáveis pela especialidade do conteúdo desenvolvido foram guindados como pressupostos metodológicos: (i) trato da matéria com o necessário rigor e perspectiva da mais alta reverência; (ii) advertência de que o mínimo existencial projeta alicerce básico para a vida digna, não podendo ser mitigado por decreto, dada a magnitude da matéria; (iii) ampla cautela para não quebrar a legítima expectativa da população de consumidores quanto ao conteúdo mais adequado à regulamentação.

Também enquanto deliberava propor meios menos invasivos ao mínimo existencial, o Grupo de Especialistas pode constatar sérias "*atecnias*" jurídicas que, inclusive sugerindo patamares tarifários, estavam guindadas por argumentos inadequados capazes de ferir de morte a *ratio legis* da Lei 14.181/21.

Não é aceitável que leis atualizadoras de microssistemas vocacionados à concretude de direitos básicos sejam, por meio de atos administrativos e de hierarquia secundária, reduzidas a pó, tornadas inefetivas e jogadas no faz-de-conta de que

---

1. Grupo de Especialistas do Brasilcon para regulamentação do tema "mínimo existencial" composta pelos Excelentíssimos Professores: Claudia Lima Marques, Clarissa Costa de Lima, Káren Rick Danilevicz Bertoncello, Rosângela Lunardelli Cavallazzi, Amélia Rocha, Adalberto Pasqualotto, Bruno Miragem, Roberto Pfeiffer, André Perin Schmidt Neto e Leonardo de Medeiros Garcia.

    Introduziu recentemente no sistema jurídico a disciplina sobre o crédito responsável, prevenção e tratamento ao superendividamento, exprimindo, todavia, a necessidade de "regulamentação" dessa "garantia". Art. 54-A: "*sem comprometer seu mínimo existencial, nos termos da regulamentação*".
2. SARMENTO, Daniel. **O mínimo existencial**. In: Revista de Direito da Cidade, v. 08, n. 4. p. 1644- 1689. https://www.e-publicacoes.uerj.br/index.php/rdc/article/view/26034, com acesso em 19.10.2021.

"*legislamos, mas não aplicamos*". Esse desvio hermenêutico não pertence ao Código de Defesa do Consumidor e nem mesmo ao próprio Direito do Consumidor.

A Lei 14.181/21 é facilmente constatada como de "*ordem pública*" porque se alicerça em valores fundamentais da sociedade, impondo *limites* (indisponibilidade de direitos e mitigação da esfera de autonomia privada), *vínculos* (imperatividade e prevalência da norma) e *efeitos* (nulidade e sanções).

Basta observar que o texto legal contém: *a* – vedação à renúncia de direitos (CDC, art. 54-C, inc. V); *b* – introdução de novos princípios normativos (CDC, art. 4º, IX e X); *c* – inserção de recentes "direitos básicos" (CDC, art. 6º XI, XII e XIII); *d* – acréscimos de hipóteses de nulidade nos contratos de consumo (CDC, art. 51, inc. XVII e XVIII); *e* – fixação de sanções pela prática de crédito não responsável (CDC, art. 54-D, parágrafo único); *f* – expansão dos deveres fundamentais de proteção do Estado, especialmente através do SNDC (CDC, art. 104-C).

Outra referência à *ordem pública* está fixada justamente no *mínimo existencial*, cuja finalidade precípua é prevenir a exclusão social, exigindo a adoção de políticas que visem à proteção da pessoa natural em situação de superendividamento. O mínimo existencial está distribuído em dimensões alternativas e coordenadas, a saber: na correlação dos direitos básicos de *crédito responsável e prevenção ao superendividamento* (CDC, art. 6º, inc. XI e XII); no conceito de *superendividamento* e *proteção à existência digna* (CDC, art. 54-A, § 1º); no *tratamento ao superendividado* (CDC, art. 104-A e art. 104-C, § 1º).

Comedir leis vinculadas à "ordem pública", como no caso a Lei 14.181/21, é atividade espinhosa, extremamente jurídica, inclusiva, protetiva e promocional, onde o conteúdo econômico é muito mais caracterizado pela *essencialidade*.

Justamente por tais motivos foi desiderato concentrado do Grupo de Especialistas conceder ao mínimo existencial único e cabível tratamento hermenêutico: *conceito indeterminado de eficácia direta e imediata* recebido pela Lei 14.181/21.

Como há necessidade de regulamentação, o Grupo de Especialistas também enfrentou a tarefa, levando em consideração todas as dimensões do mínimo existencial, sem tarifações e de forma extensiva. Segue abaixo nossa proposição:

PREAMBULARMENTE

A propósito da regulamentação do *mínimo existencial*, o Grupo de Especialistas do Brasilcon manifesta que o tema merece as seguintes considerações:

A regulamentação do mínimo existencial exige o necessário cuidado, rigor e perspectiva da mais alta reverência, tendo em vista a origem derivada do assento constitucional; o conteúdo do mínimo existencial, tendo sido recebido pelo Direito Privado na Lei 14.181/21, é garantido por conceito indeterminado de eficácia direta e imediata;

O mínimo existencial projeta, por si só, alicerce básico para a vida digna, não podendo ser limitado por decreto, sob pena de ilegalidade e inconstitucionalidade.

O minimo existencial, adotado pela Lei 14.181/21 (em seis dispositivos), tem três finalidades normativas diversas: I – na concessão do crédito; ii – na definição de superendividamento; iii – na repactuação das dívidas, condições que exigem regulamentação não extensiva.

A Lei 14.181/21 foi conquista da sociedade civil na prevenção e tratamento ao superendividamento; igualmente trouxe a positivação e garantia ao crédito responsável e a preservação do mínimo existencial; tem como finalidade precípua o combate à exclusão social e exige a instituição de políticas nacionais de relações de consumo que visem a proteção da pessoa natural em situação de superendividamento.

A Lei 14.181/21 é de "*ordem pública*" – assim como o Código de Defesa do Consumidor – considerando a indisponibilidade de direitos, a limitação da autonomia privada, a imperatividade da norma; a projeção de nulidade absoluta; a garantia da prática de crédito responsável e a implementação de deveres fundamentais de proteção do Estado.

Sendo Assim nos manifestamos por uma regulamentação que não invabilize a efetividade da Lei 14.181/21 ou restrinja os novos direitos básicos dos consumidores, propondo:

MINUTA DE DECRETO REGULAMENTADOR

Art. 1º. Considera-se mínimo existencial, para efeito do disposto nos arts. 6º, XII, 54-A, 104-A e 104-C, § 1º da Lei 8.078, de 11 de setembro de 1990 (Código de Defesa do Consumidor), como legislação especial das relações de consumo, a parcela da remuneração periódica recebida a qualquer título pelo consumidor, necessária ao custeio das despesas que assegurem sua subsistência digna e acesso a bens essenciais, assim como das pessoas que dele dependam.

§1º Na definição do valor do mínimo existencial do superendividamento, serão consideradas, dentre outras, as despesas relativas à locação do imóvel em que resida o consumidor e aos serviços essenciais de água e energia elétrica, telefone ou Internet, alimentação própria, educação formal, medicamentos, saúde e higiene, assim como as decorrentes de obrigações de caráter alimentar de que seja devedor, e as de natureza tributária.

§2º Sem prejuízo do disposto no parágrafo anterior, serão considerados para cálculo do mínimo existencial do superendividamento:

I – as obrigações do consumidor relativas ao financiamento imobiliário para aquisição do imóvel em que mantenha sua única residência familiar;

II – o número de pessoas que, comprovadamente, dependam da renda do consumidor para subsistência;

III – eventuais diagnoses existentes no núcleo familiar que dependam de tratamento contínuo e ininterrupto, inclusive com utilização de energia elétrica.

§ 3º De acordo com as circunstâncias do caso, e da situação concreta do consumidor, poderão ser considerados para o cálculo do mínimo existencial do superendividamento as obrigações relativas a contratos de crédito com garantia real, de financiamento imobiliário e de crédito rural, ainda que excluídos do processo de repactuação, nos termos do art. 104-A, § 1º da Lei 8.078, de 11 de setembro de 1990.

§ 4º Na prevenção e no tratamento do superendividamento ao aplicar as diretrizes dos parágrafos anteriores serão levadas em consideração as condições específicas do consumidor e seu núcleo familiar dependente, em especial a idade, presença de pessoas com doenças crônicas ou portadores de deficiências ou incapacidades, casos em que o plano de saúde pode ser incluído no cálculo do mínimo existencial do consumidor.

§ 5º. O mínimo existencial, para efeitos desse decreto, não é compreendido como direito prestacional nas relações de políticas públicas estatais, senão como direito-garantia nas relações entre particulares sob a proteção e vigilância do Estado.

Art. 2º. Considera-se mínimo existencial, para efeito do disposto no art. 6º, XI da Lei 8.078, de 11 de setembro de 1990 (Código de Defesa do Consumidor), aquele que preserve a dignidade da pessoa humana, sendo que na concessão do crédito consignado e similares, a soma das parcelas reservadas para pagamento de dívidas não poderá ser superior àquela definida em legislação especial como margem consignável, a qual deverá ser consultada pelo fornecedor previamente à contratação, conforme o disposto no §1º do Art. 54-G, da Lei 8.078, de 11 de setembro de 1990 (Código de Defesa do Consumidor).

§ 1º Se na contratação do crédito, o fornecedor considerar a renda do núcleo familiar, isso não o libera de considerar o mínimo existencial individual e, na eventual repactuação das dívidas, deverá de boa-fé integrar os familiares que foram considerados para a concessão do crédito.

§ 2º Sem prejuízo do disposto no Art. 49 da Lei 8.078, de 11 de setembro de 1990 (Código de Defesa do Consumidor), como forma de preservar o mínimo existencial na concessão de crédito, os órgãos públicos do SNDC, em especial no caso de cartões de crédito consignados, na hipótese de violação dos deveres previstos nesta Lei, poderão:

I – requerer ao fornecedor do crédito ou intermediário informações se o consumidor pôde, para evitar o superendividamento, fazer uso do direito de arrependimento presente na auto-regulamentação bancária,

II – celebrar acordos com as instituições bancárias, financeiras e de crédito, conforme as circunstâncias, de reabertura destes prazos de arrependimento dos consumidores prejudicados, em especial se idosos, de forma a permitir o uso do direito de arrependimento dos créditos e cartões por consignação;

Art. 3º. Na aplicação da definição legal de superendividamento do Art. 54-A § 1º da Lei 8.078,1990, a exigência de comprometimento do mínimo existencial do consumidor será interpretada de forma extensiva e individual, de acordo com a faixa de renda do consumidor e o disposto no Art. 1º deste regulamento, para estabelecer apenas o seu estado de superendividamento, sem repercussão na repactuação futura.

§ 1º. O cálculo do mínimo existencial, que faz parte da definição legal de superendividamento, deve acontecer caso a caso e de acordo com a capacidade de pagamento e o resto reservado para viver daquele consumidor, e não poderá ser utilizado para prestações sociais, bolsa-Brasil, bolsa-família ou BPC ou outras prestações similares, que continuam regidas pela legislação especial.

§ 2º. Os deveres, direitos e vedações previstos nos Artigos 54-B, 54-B, 54-C, 54-D, 54-F e 54-G da Lei 8.078,1990 são de aplicação imediata pelos órgãos públicos e não necessitam o comprometimento do mínimo existencial, visando prevenir o superendividamento dos todos os consumidores através de práticas de crédito responsável.

Art. 4º. Ao consumidor, na sistemática dos Artigos 104-A, 104-B e 104-C da Lei 8.078,1990, caberá informar a sua renda mensal e seus gastos mensais mencionados no Art. 1º, sendo a capacidade de pagamento do conjunto de suas dívidas calculada caso a caso, descontadas as obrigações tributárias, previdenciárias e de alimentos, conforme o caso.

§ 1º. Nas conciliações para-judiciais e pré-judiciais (tratamento extrajudicial do superendividamento), previstas nos Art. 104-A e 104-C da Lei 8.078,1990, o cálculo do mínimo existencial do superendividamento, a ser preservado durante o pagamento do plano de repactuação, com duração máxima de 5 anos, deverá levar em conta a situação individual do consumidor e focar nos gastos necessários à sobrevivência e a vida digna (resto reservado para viver), de acordo com a faixa de renda, a vida pregressa do consumidor, o acesso contínuo a bens essenciais e ao limite do sacrifício, de forma a não colocar em perigo a possibilidade de sucesso e a sustentabilidade do plano de pagamento ajustado em conciliação com os credores.

§ 2º. Em caso falta de êxito na conciliação referida no parágrafo primeiro deste artigo com qualquer credor, os órgãos públicos aconselharão os consumidores, conforme o caso e os prazos de prescrição das dívidas, a requer a abertura do processo por superendividamento para a revisão e integração dos contratos e repactuação das dívidas remanescentes, previsto no Art. 104-B da Lei 8.078,1990, e, em qualquer caso, facilitarão cópias do plano de pagamento conciliado com os demais credores, se existirem, e expedirão ofícios ao INSS e demais órgãos pagadores sobre a suspensão dos pagamentos e débitos em conta, que puderem prejudicar e colocar em risco a preservação do mínimo existencial ou do plano de pagamento pactuado.

Art. 5º. O administrador mencionado no art. 104-B § 3º da Lei 8.078, de 11 de setembro de 1990 (Código de Defesa do Consumidor) poderá ser financiado pelo Fundo dos Bens Difusos (MJ) ou outros fundos públicos específicos.

§ 1º. O administrador poderá ser considerado como auxiliar do juízo, para os fins do art. 95, § 3º do CPC, considerando-se a gratuidade de justiça no processo por superendividamento para a revisão e integração dos contratos e repactuação das dívidas remanescentes.

§ 2º. O administrador mencionado no caput poderá ter atuação viabilizada através de convênios com Instituições de Ensino Superior ou com os órgãos do Sistema Nacional de Defesa do Consumidor, sempre sob supervisão do juiz do processo por superendividamento para a revisão e integração dos contratos e repactuação das dívidas remanescentes, conforme o art. 104-B da Lei 8.078, de 11 de setembro de 1990 (Código de Defesa do Consumidor).

Art. 6º. As atividades de educação financeira mencionadas no Art. 4º, XI e Art. 54-A da Lei 8.078, de 11 de setembro de 1990 (Código de Defesa do Consumidor) poderão ser fomentadas por multas ou determinadas nas decisões em processo administrativo ou em sentença do processo por superendividamento e revisão e integração dos contratos dos Artigos 104-B e 104-C da Lei 8.078, de 11 de setembro de 1990 (Código de Defesa do Consumidor) para entidades específicas, de defesa do consumidor, educacionais ou beneméritas, para fundos estaduais, se existentes, para Fundações de Apoio às Pesquisas ou revertidas ao Fundo dos Bens Difusos (MJ).

A DISRUPÇÃO DA LEI DO SUPERENDIVIDAMENTO E A NECESSIDADE DE NOVOS PARADIGMAS

Daniela Corrêa Jacques Brauner

Doutora em Direito pela UFRGS e diretora do Brasilcon. Defensora pública federal. Professora de Direito Civil, Internacional e Direitos Humanos pela Imed Porto Alegre (RS).

Em 1º de julho deste ano, entrou em vigor no Brasil a Lei 14.181, que alterou o Código de Defesa do Consumidor com regras para a prevenção e tratamento dos consumidores superendividados. Referida lei traz a legislação de proteção ao consumidor para a sociedade do consumismo[1] e da expansão do crédito. Rompe-se a lógica baseada na acumulação de riqueza para a existência segura, em que os indivíduos são avaliados conforme o caráter de serem dignos de confiança e crédito. A sociedade do consumismo ou de hiperconsumo[2] estimula o endividamento, o prazer instantâneo, a realização dos desejos de forma imediata, deixando para o amanhã as dívidas e o pagamento.

A consequência desse novo modelo reflete-se em pesquisas mais recentes que apontam que 72,9% das famílias estão endividadas (11,89 milhões de famílias), sendo a maior proporção (83%) entre dívidas de cartão de crédito. Nesse contexto, 21,1% das famílias comprometem mais de 50% dos seus rendimentos com o pagamento das dívidas.[3]

A nova lei procura enfrentar o problema, a exemplo da legislação francesa, que foi fonte de inspiração para importantes autores no Brasil defenderem a adoção de semelhante encaminhamento legislativo. Destacam-se os trabalhos de Geraldo Costa, Káren Bertoncello, Clarissa Costa de Lima, Rosângela Cavallazzi e da incansável professora Claudia Lima Marques, que organizou inúmeros seminários, eventos, publicações, destinados à discussão do tema. Por essa razão, a doutrina tem nominado, com merecimento, a legislação como Lei Claudia Lima Marques, em referência a esse empenho e participação como relatora geral na comissão de juristas de 2010,

---

1. BAUMAN, Zygmunt. *Vida para consumo*: a transformação das pessoas em mercadorias. Trad. Carlos Alberto Medeiros. Rio de Janeiro: Zahar, 2008.
2. LIPOVETSKY, Gilles. *Os tempos hipermodernos*. Trad. Mario Vilela. São Paulo: Bacarola, 2004.
3. Pesquisa de Endividamento e Inadimplência do Consumidor (Peic), divulgada em 25/08/21, pela Confederação Nacional do Comércio de Bens, Serviços e Turismo (CNC). Vide https://agenciabrasil.ebc.com.br/economia/noticia/2021-08/cnc-percentual-de-familias-com-dividas-chega-729. Acesso em: 11 out. 2021.

presidida pelo ministro Herman Benjamin, para a apresentação de um anteprojeto de lei sobre o assunto.

A nova lei pode ser dividida na análise de mecanismos de prevenção e de tratamento ao superendividamento. Em relação à prevenção, reforça aspectos importantes a respeito do dever de informação. Acentua a grande complexidade dos serviços de crédito e a necessidade de que os fornecedores sejam responsáveis por sua concessão abusiva. Passa-se à análise da conduta dos fornecedores ao incentivar o consumismo imediato, a realização dos sonhos em primeiro lugar, obscurecendo as informações importantes sobre a contratação. O "contrate agora", "crédito na hora" não perderão de vista a responsabilidade da instituição financeira ao levar à bancarrota os consumidores, vinculados a dívidas impagáveis. Assim, a contratação do crédito não é conduta *apenas* dos consumidores, rompendo o paradigma de que se endividam *porque querem* e porque não são *cuidadosos e diligentes* como o então homem médio e pai de família do Direito Civil moderno.

A preocupação com a solvibilidade do consumidor para que ele não se torne verdadeiro escravo da dívida, no sentido de comprometer o seu futuro com o pagamento indefinido do crédito contratado, foi objeto da segunda parte da lei destinada ao tratamento do superendividamento, para que a realização do sonho imediato não se torne pesadelo sem fim. É previsto um procedimento prévio de conciliação a ser realizado no âmbito do Poder Judiciário ou dos demais integrantes do Sistema Nacional de Defesa do Consumidor, a exemplo das Defensorias Públicas e Procons, buscando a repactuação das dívidas com um plano de pagamento, proposto pelo próprio consumidor, de até cinco anos, preservando o mínimo existencial (artigo 104-A do CDC). Em não havendo acordo, inicia-se um procedimento judicial especial, *"processo por superendividamento para revisão e integração dos contratos e repactuação das dívidas"*, conforme nomenclatura trazida pela lei, mediante plano judicial compulsório de pagamento.

Trata-se de procedimento inovador de repactuação de dívidas que em nada se confunde com o tradicional processo de revisão contratual, como bem explicitado nesta coluna da **ConJur** por André Perin Schmidt Neto em artigo anterior,[4] trazendo importante traço distintivo e disruptivo.

Outra disruptura trazida pela lei é aproximar as famosas renegociações de dívidas, a exemplo dos chamados "feirões", ao ambiente de controle dos integrantes do Sistema Nacional de Defesa do Consumidor e do Poder Judiciário. Não que essas renegociações estejam impedidas de acontecer e não sejam mecanismos importantes de repactuação, considerando alguma circunstância concreta na vida de alguns consumidores, como por exemplo a renegociação de prazo ou formas de pagamento. No entanto, a lei inova ao dispor que essa não é a única forma de renegociação, ao alvitre

---

4. A revisão das obrigações segundo a nova lei de proteção dos superendividados. Revista Consultor Jurídico, 29 de setembro de 2021. Disponível em https://www.conjur.com.br/2021-set-29/garantias-consumo-revisao-obrigacoes-segundo-lei-protecao-superendividados. Acesso em: 11 out. 2021.

exclusivo do fornecedor. Outro ponto relevante é a renegociação coletiva, trazendo à mesa das tratativas todos os credores, no sentido de que não adianta ao consumidor negociar apenas uma de suas dívidas e ainda estar em situação de penúria em relação às demais. Todos os credores devem estar envolvidos na tratativa de resolução da situação de superendividamento global, com propostas concretas para viabilizar uma solução razoável e eficaz.

Ainda outro marco disruptivo em relação ao sistema anterior é a necessidade de os credores compareçam à etapa conciliatória. Não raro, no sistema tradicional, a presença dos fornecedores se faz com representantes não dotados de poderes de transigir ou de prepostos com propostas impressas sem qualquer margem de negociação. A postura do conciliador também precisa ser firme e vigilante, deslegitimando qualquer atuação não comprometida com tal etapa estabelecida pela lei, como seria por exemplo a ausência da presença física do conciliador ou uma intimação prévia e genérica questionando "o interesse das partes em conciliar" sem abertura real de um espaço de fato para tal fim.

O plano judicial compulsório de pagamento traz outra inovação importante ao autorizar a interferência do juízo no conteúdo do contrato, possibilitando a relativização do princípio *pacta sunt servanda* e dando margem para anulação de cláusulas abusivas. É sempre importante relembrar que adentrar no conteúdo do contrato não era autorizado à função julgadora do Direito Civil tradicional, tanto é que ao magistrado era permitido somente *resolver* o contrato em caso de fatos imprevisíveis (assim, por exemplo, o artigo 478 do CC/02) ou não caracterizar inadimplemento em razão de fortuito ou força maior (artigo 393 do CC/02). Coube à doutrina permitir a revisão do contrato para além da hipótese da vontade do réu prevista (artigo 479 do CC/02).[5]

Já para o sistema do CDC, no entanto, essa ingerência não é novidade e já estava prevista no artigo 6º, V, e no artigo 51 do código consumeirista. O primeiro trata da revisão contratual em razão da quebra da base objetiva do negócio jurídico e o segundo, da invalidade das cláusulas contratuais abusivas. Na prática, a jurisprudência aproximou o artigo 6º, V, à teoria da imprevisão, não encontrando muito acolhimento nas decisões judiciais, e a invalidação das cláusulas abusivas encontrou resistência na Súmula 381 do STJ[6] no que toca aos contratos bancários.

A referida súmula não possui aplicação no sistema de prevenção e tratamento do consumidor superendividado. Nesse sentido, importante a aprovação do enunciado proposto por Claudia Lima Marques na I Jornada CDEA sobre Superendividamento e Proteção do Consumidor UFRGS-UFRJ, realizada em 17 de agosto deste ano, com

---

5. Enunciado 176: "Em atenção ao princípio da conservação dos negócios jurídicos, o artigo 478 do Código Civil de 2002 deverá conduzir, sempre que possível, à revisão judicial dos contratos e não à resolução contratual." III Jornada de Direito Civil.
6. Súmula 381: "Nos contratos bancários, é vedado ao julgador conhecer, de ofício, da abusividade das cláusulas."

a seguinte redação: *"Enunciado 2. A Lei 14.181/21 reforça a dimensão constitucional do dever de proteção do Estado ao consumidor (Artigo 5º, XXXII da CF/1988) e o princípio da prevenção e tratamento do superendividamento pressupõe a aplicação ex officio das regras do Código de Defesa do Consumidor em caso de superendividamento do consumidor pessoa natural (artigo 4º, X e artigo 5º, VI do CDC), superando a Súmula 381 do Superior Tribunal de Justiça".* Com efeito, a atuação do Poder Judiciário para estabelecer o plano compulsório de pagamento deve implicar a análise de *todo* o contrato, afastando obrigações em desacordo com o CDC, julgando a juridicidade de *todas* as cláusulas contratuais, tendo em conta a efetiva capacidade de solvência do consumidor, a garantir a preservação do seu mínimo existencial. Não há como admitir que o Poder Judiciário inclua no plano de pagamento compulsório obrigações consideradas ilícitas pelo CDC, simplesmente porque o consumidor leigo e vulnerável aderiu e consentiu ao modelo contratual proposto, no qual sequer tem liberdade e igualdade para discutir.

Para a promoção do plano judicial compulsório de pagamento é necessário afastar qualquer análise subjetiva da conduta do consumidor como seria a verificação de sua *culpa* pela situação de superendividamento. A lei não faz qualquer referência aos motivos que causaram essa situação, a não ser a consideração a respeito de terem sido os créditos contratados mediante fraude ou má-fé do consumidor, ou para serviços de alto custo, considerados de luxo. Nesse contexto, muito cuidado é preciso à conceituação dos serviços de luxo, na sociedade consumista de satisfação de desejos, em que tudo é supérfluo e essencial ao mesmo tempo. Os bens e serviços a satisfazerem o mínimo existencial e as satisfações de serviços e bens de luxo estão em dois extremos, devendo o intérprete ter muita atenção para não desvirtuar a lei na interpretação desses conceitos. Por isso, afirma-se a essencialidade do estabelecimento de novos paradigmas. Nesse sentido, faz-se referência à importante comissão estabelecida pelo Brasilcon para a discussão sobre o conceito de mínimo existencial a ser definido na regulamentação da lei.[7]

Outro ponto de destaque é o prazo de cinco anos para o plano de pagamento. Tanto a proposta trazida pelo consumidor, na fase conciliatória, como o plano judicial compulsório de pagamento trazem à tona esse prazo máximo de comprometimento. Durante esse prazo, o consumidor não é considerado incapaz, nem tampouco é afastado da administração de seus bens, tal qual o paradigma anterior quanto à incapacidade do pródigo[8] e do afastamento do insolvente civil. Pelo contrário, ele é o protagonista do procedimento, tanto é que é *quem propõe* inicialmente o plano

---

7. Portaria 01/2021 de 23 de setembro de 2021 do Instituto Brasileiro de Política e Direito do Consumidor — Brasilcon.
8. Vide, nesse sentido, nosso artigo "Gasto desordenado: pelo abandono do regime de incapacidade civil do pródigo em prol da proteção ao consumidor superendividado". Revista de Direito do Consumidor, volume 134, páginas 281-314, março/abril 2021. Para uma abordagem mais ampla a respeito da mudança de paradigma do direito civil moderno ao direito civil contemporâneo no que tange ao princípio da igualdade, vide obra de nossa autoria "Igualdade, Diversidade e Vulnerabilidade: Revisitando o regime das incapacidades rumo a um direito privado solidário de proteção à pessoa". São Paulo: Thompson Reuters Brasil, 2021.

de pagamento. O período de cinco anos se aproxima ao prazo do procedimento de insolvência civil, regulado pelo Código de Processo Civil de 1973 a partir do artigo 748, que não foi revogado pelo CPC/2015, demonstrando a falta de interesse na regulamentação da matéria e o pouco uso prático do instituto. No procedimento de insolvência tradicional, arrecadam-se os bens do devedor e se procede a liquidação da massa com a nomeação de um administrador e, após o prazo de cinco anos, é declarada a extinção das obrigações. Veja-se que, nesse procedimento, também se previa um prazo máximo de comprometimento de cinco anos.

O novo paradigma trazido pela Lei 14.181 é o não afastamento do sujeito do prosseguimento da sua vida cotidiana e negócios que importem disposição patrimonial, como são todos aqueles da sociedade de consumo atual. No entanto, durante esse prazo, o consumidor viverá com o seu mínimo existencial, destinando qualquer entrada extra de ativos ao pagamento dos credores. Propõe-se, nessa análise, que aspectos do procedimento da insolvência civil como a possibilidade de avaliação de venda de ativos que não estejam comprometidos com o mínimo existencial do consumidor sejam levados a efeito no procedimento judicial de pagamento. De outro lado, propõe-se que o prazo de cinco anos seja interpretado também em diálogo com o procedimento de insolvência civil, importando, ao fim, na extinção das obrigações creditícias. Ambas as inovações não estão previstas de forma expressa na Lei 14.181, tal como ocorreu nas legislações estrangeiras que fizeram referência expressa ao perdão de dívidas. No entanto, a consideração a respeito do prazo máximo de comprometimento leva invariavelmente a essa conclusão, sob pena de perder a efetividade social de todo o mecanismo. Se ao fim e ao cabo de cinco anos, vivendo apenas com o mínimo existencial, o consumidor ainda estiver em situação de (super)endividamento, não se terá atendido ao princípio da não exclusão social e dignidade dos consumidores, acarretando também a manutenção de práticas abusivas que afetam mecanismos de controle e prevenção. Por isso, abre-se a possibilidade de o julgador, no caso concreto, declarar a extinção das obrigações vinculadas aos contratos que ensejaram a situação de superendividamento.

Por tal razão, a mudança de paradigma em análise é importante para que o fenômeno do superendividamento seja enfrentado como problema social, possibilitando que, após o tratamento dispensado, o consumidor retorne ao mercado de consumo. É essencial que, tal qual uma patologia de um organismo que merece ser curada, o superendividamento também possa ter sua cura, a fim de não impedir o próprio funcionamento e sobrevivência dessa sociedade de consumo. Nessa mesma senda, tal mudança de paradigma também é fundamental para ter em consideração uma abordagem do tema socialmente comprometida com os valores constitucionais de proteção à dignidade do consumidor e de uma sociedade solidária e justa (artigo 3º da CF/88).

REPETIÇÃO DO INDÉBITO NO CDC NÃO EXIGE PROVA DO DOLO OU MÁ-FÉ DO FORNECEDOR

Héctor Valverde Santanna

Doutor e Mestre em Direito das Relações Sociais pela PUC-SP. Professor de Direito do Consumidor e Desembargador do Tribunal de Justiça do Distrito Federal e dos Territórios.

A cobrança de dívida é ato lícito decorrente do exercício regular de direito reconhecido ao credor. Entretanto, a cobrança indevida de dívida é reputada como ato ilícito e, portanto, passível de imposição de sanção civil. A função principal da sanção civil decorrente da cobrança indevida de dívida é promover a segurança jurídica diante de eventuais abusos do direito de ação por parte do credor. A cobrança indevida de dívida foi disciplinada no âmbito do Direito Privado pelos artigos 1.530, 1.531 e 1.532 do Código Civil de 1916.

O Código Civil de 2002 reiterou a regulação da matéria por intermédio dos artigos 939, 940 e 941, mantendo as mesmas regras do Código Civil de 1916, porém com pequenas alterações na redação dos artigos 940 e 941. O artigo 42, parágrafo único, do Código de Defesa do Consumidor prevê que o consumidor cobrado em quantia indevida tem direito à repetição do indébito, em montante correspondente ao dobro do valor que pagou em excesso, com correção monetária e juros legais, ressalvada a hipótese de engano justificável do fornecedor.

O Código Civil estabelece três hipóteses de cobrança indevida de dívida, cujas sanções são prefixadas em lei. A primeira hipótese refere-se à cobrança de dívida antes do respectivo vencimento (artigo 939 do Código Civil). Observe-se que o Código Civil contempla expressamente alguns casos que possibilitam a exigência da dívida antes do vencimento.[1] A segunda hipótese fundamenta-se na cobrança de dívida previamente paga, no todo ou em parte, sem ressalvar as quantias anteriormente recebidas (artigo 940, primeira parte, do Código Civil). A terceira hipótese relaciona-se à cobrança além do montante devido (artigo 940, segunda parte, do Código Civil). As duas últimas hipóteses referem-se às denominadas cobranças *excessivas* de dívidas. O artigo 940 do Código Civil ressalva, na parte final, que a pretensão à repetição do indébito se extingue pela prescrição, cujo prazo é decenal (artigo 205 do Código Civil).[2]

As sanções civis para a cobrança indevida de dívida previstas no Código Civil e no Código de Defesa do Consumidor têm natureza *punitiva*, podendo ser aplicadas

---

1. Código Civil. Artigos 333, incisos I a III, 590, 1.425, incisos I a V, 1.465.
2. STJ, EAREsp 738.991/RS, Corte Especial, relator Ministro Og Fernandes, DJe 11.6.2019.

ainda que não se alegue qualquer prejuízo do devedor. As sanções civis estabelecidas no Código Civil (artigos 939 e 940) e no Código de Defesa do Consumidor (artigo 42, parágrafo único) para a cobrança indevida de dívida têm natureza material ou substancial, que não se confundem com as sanções processuais ou aquelas geradoras de dano processual derivadas da litigância de má-fé (artigo 79 a 81 do Código de Processo Civil).

A exigência do dolo, má-fé ou culpa para a aplicação das sanções civis previstas para a cobrança excessiva de dívida foi recorrentemente debatida nos tribunais brasileiros. O Supremo Tribunal Federal, no início da década de 1960, à época competente para decidir sobre a aplicação e a uniformização da legislação federal julgada pelos tribunais estaduais e federais, analisou as duas hipóteses de cobrança excessiva de dívida disciplinadas pelo artigo 1.531 do Código Civil de 1916 e editou a Súmula 159, fixando o entendimento de que a *"cobrança excessiva, mas de boa-fé, não dá lugar às sanções do artigo 1.531 do CC"*.[3]

A cobrança indevida de dívida foi qualificada como ato ilícito pelo Código Civil de 1916, matéria vinculada ao tema da responsabilidade civil. Visava coibir, como acima ressaltado, o abuso do direito de ação do credor, pois equiparava-se a ato extorsivo a exigência em juízo de dívida paga, no todo ou em parte, sem as devidas ressalvas, ou em excesso. O sistema de responsabilidade civil adotado pelo Código Civil de 1916 era baseado na *culpa* do agente causador do dano. A análise da culpa do sujeito imputado era necessária para configurar a obrigação de indenizar.

A avaliação do elemento subjetivo do credor para a condenação da sanção civil decorrente de cobrança excessiva de dívida não estava prevista no artigo 1.531 do Código Civil de 1916, como também não está contemplada no artigo 940 do Código Civil de 2002. O Supremo Tribunal Federal entendeu que a interpretação literal do artigo 1.531 do Código Civil de 1916 poderia resultar na conclusão equivocada de que toda ação de cobrança julgada improcedente autorizaria a aplicação da referida sanção civil. Tal conclusão ensejaria injustiças aos credores de boa-fé, motivo pelo qual foi estabelecido jurisprudencialmente o requisito subjetivo da comprovação do dolo ou má-fé do autor da ação de cobrança para incidir a sanção civil pela cobrança excessiva de dívida. Argumentou-se que o entendimento sumulado pelo Supremo Tribunal Federal se coadunava com o sistema de responsabilidade civil *subjetiva*, orientação que prevaleceu durante toda a vigência do Código Civil de 1916, ratificando a exigência da prova do dolo ou má-fé na vigência do atual Código Civil.[4] Contudo, a aplicação da Súmula 159 do Supremo Tribunal Federal para as relações civis regidas pelo Código Civil de 2002 sofre críticas procedentes da doutrina.[5]

---

3. FERNANDES FILHO, Carlos Antônio; SANTANNA, Héctor Valverde. A desnecessidade da prova da má-fé para a repetição em dobro do indébito nas relações de consumo. *"Revista de Direito do Consumidor"*, São Paulo, v. 125 ano 28, p. 380, set./out. 2019.
4. STJ, REsp 390.075/ES, Quarta Turma, relator Ministro Aldir Passarinho Junior, DJU 12.11.2007.
STJ, AgInt no AREsp 1.625.737/PR, Quarta Turma, relator Ministro Antonio Carlos Ferreira, DJe 1º.10.2020.
5. GODOY, Claudio Luiz Bueno de. *"Código Civil comentado: doutrina e jurisprudência"*. Coordenador Cezar Peluso. 5. ed. Barueri-SP: Editora Manole, 2011. p. 950-951.

A interpretação e aplicação do Código Civil, conforme acima exposto, quanto à repetição do indébito, não podem ser transpostas integralmente para solucionar os mesmos problemas nas relações de consumo. As regras previstas no Código Civil para a cobrança indevida de dívida são diversas do modelo normativo determinado pelo Código de Defesa do Consumidor. O sistema de responsabilidade civil do Código Civil tem base teórica diferente daquele previsto no Código de Defesa do Consumidor. As distinções entre os dois sistemas devem ser consideradas pelo intérprete na solução da questão entre partes iguais (Direito Civil) e partes desiguais (Direito do Consumidor).

Registre-se que inexiste regra jurídica nos dois sistemas normativos (Código Civil e Código de Defesa do Consumidor) que obrigue a avaliação do elemento subjetivo do credor (dolo, má-fé ou culpa) para que a sanção civil prevista em lei relativa à cobrança indevida de dívida seja aplicada ao caso concreto. O requisito da prova do dolo, má-fé ou culpa do credor na cobrança judicial de dívida foi introduzido pela jurisprudência durante a vigência do Código Civil de 1916 e mantida, conforme retro mencionado, pela Súmula 159 do Supremo Tribunal Federal no início da década de 1960, em contexto socioeconômico absolutamente diverso da atualidade.

A cobrança indevida de dívida civil ou empresarial prevista no Código Civil regula relação jurídica entre sujeitos iguais (credor e devedor). Exige-se que haja cobrança *judicial* de dívida, configurando-se o abuso do direito de ação do credor ao provocar a atuação do Poder Judiciário mediante instauração de processo de conhecimento ou de execução de título extrajudicial, manifestando a pretensão de recebimento de dívida ainda não vencida; já paga, no todo ou em parte, sem as devidas ressalvas; ou em excesso. A mera cobrança extrajudicial não enseja a aplicação das sanções civis da cobrança indevida de dívida civil ou empresarial cominadas no Código Civil. Não há necessidade de pagamento da dívida cobrada indevidamente em juízo para a incidência das respectivas penas civis.

Por outro lado, a repetição do indébito disciplinada no Código de Defesa do Consumidor dispõe sobre relação jurídica entre sujeitos desiguais, dotada naturalmente de cunho protetivo do sujeito vulnerável. Portanto, o Código de Defesa do Consumidor reconhece o direito à repetição em dobro do indébito quando a cobrança de dívida de consumo ocorrer simplesmente pela via *extrajudicial*. O pagamento da dívida de consumo é requisito necessário para a devolução em dobro do valor indevidamente cobrado pelo fornecedor. Importante notar que se a cobrança indevida de dívida de consumo ocorrer pela via judicial, o consumidor deve se valer das mesmas regras dos artigos 939 a 941 do Código Civil de 2002, aplicados subsidiariamente às relações de consumo, dispensado, nesse caso, o requisito do pagamento prévio da dívida para a imposição das respectivas sanções civis.

A principal discussão acerca da incidência da sanção civil decorrente da cobrança extrajudicial de dívida de consumo é a necessidade ou não de comprovar o dolo, má-fé ou culpa do fornecedor. As soluções criadas pela doutrina e jurisprudência para a cobrança indevida de dívida no sistema normativo do Código Civil não podem ser simplesmente transpostas para as relações de consumo. São regimes jurídicos distintos, com requisitos diferentes, especialmente quanto à exigência da prova do elemento subjetivo do fornecedor na cobrança indevida de dívida, incompatível com a responsabilidade objetiva fixada pelo Código de Defesa do Consumidor.

O elemento volitivo do fornecedor não é fator determinante para a aplicação da sanção civil decorrente de cobrança indevida de dívida no sistema do Código de Defesa do Consumidor, razão pela qual o intérprete não pode criar tal requisito, especialmente quando acarreta prejuízo ao consumidor, sujeito vulnerável e destinatário da proteção legal. Não se trata de lacuna legal, mas corresponde a inequívoca opção do legislador, de acordo com o sistema de responsabilidade civil objetiva adotado no Código de Defesa do Consumidor, de não estabelecer requisito subjetivo para a imposição da referida sanção civil.

A prova do dolo, má-fé ou mesmo da simples culpa do fornecedor é tarefa praticamente impossível atribuída ao consumidor, merecendo o qualificativo de *prova diabólica*. A impessoalidade nas relações de consumo acentua-se cada vez mais, a contratação por sistemas eletrônicos, a formação de vínculo com empresas multinacionais ou transnacionais com sede ou filiais no exterior, dentre outros fatores característicos da economia globalizada e da sociedade de consumo, revelam que o consumidor não tem como avaliar e provar em juízo que o fornecedor atuou com dolo, má-fé ou culpa pelo simples fato de que, na maioria das vezes, não tem contato pessoal com o fornecedor, ou quando tem um envolvimento pessoal direto, este ocorre por intermédio de representantes que simplesmente cumprem apenas as *determinações da empresa*.

A exigência de prova do dolo, má-fé ou culpa do fornecedor no caso de cobrança indevida de dívida reduz a proteção do consumidor e torna ineficaz o artigo 42, parágrafo único, do Código de Defesa do Consumidor. A aplicação da Súmula 159 do Supremo Tribunal Federal, editada no início da década de 1960, a partir de pressupostos legais diversos e modelo socioeconômico absolutamente diferente, vai de encontro com a teoria do risco do negócio ou da atividade que informa a responsabilidade objetiva prevista no Código de Defesa do Consumidor.

O engano justificável é a única alternativa prevista legalmente para eximir o fornecedor da sanção civil da devolução em dobro do valor indevidamente pago pelo consumidor. A avaliação do elemento volitivo do fornecedor que promove cobrança extrajudicial de dívida de consumo, consoante demonstrado acima, não é requisito para a repetição do indébito no Código de Defesa do Consumidor. A cobrança indevida de dívida caracteriza conduta contrária ao princípio da boa-fé objetiva. Desse modo, o fornecedor tem o ônus de provar o engano justificável na cobrança da dívida, única defesa apta a excepcionar a imposição da sanção civil. A prova de ausência de dolo, má-fé ou culpa não é suficiente para eximir o fornecedor de devolver em dobro o valor indevidamente pago pelo consumidor.

A Corte Especial do Superior Tribunal de Justiça superou o dissídio existente entre a Primeira e a Segunda Seções e fixou a tese de que *"a repetição em dobro, prevista no parágrafo único do artigo 42 do CDC, é cabível quando a cobrança indevida consubstanciar conduta contrária à boa-fé objetiva, ou seja, deve ocorrer independentemente da natureza do elemento volitivo"*. Restou decidido que a questão deve orientar-se pelas diretrizes hermenêuticas próprias do microssistema de defesa do consumidor, especialmente o princípio da vulnerabilidade (artigo 4º, inciso I, do Código de Defesa do Consumidor), o princípio da boa-fé objetiva (artigo 4º, inciso III, do Código de Defesa do Consumidor) e o direito básico da facilitação da defesa do consumidor em juízo (artigo 6º, inciso VIII, do Código de Defesa do Consumidor).[6]

O REsp 1.823.218/AC, relator ministro Paulo de Tarso Sanseverino, foi afetado sob o rito dos recursos repetitivos em 14.5.2021 e, portanto, aguarda-se a reafirmação do entendimento fixado pela Corte Especial do Superior Tribunal de Justiça no EAREsp 664.888/RS e EAREsp 676.608 (paradigmas). A nova orientação jurisprudencial promoverá a eficácia plena do artigo 42, parágrafo único, do Código de Defesa do Consumidor e resultará, como previsto pelo legislador, em meio apto a coibir os abusos nas cobranças de dívidas e pagamentos indevidos que ocorrem reiteradamente no mercado de consumo brasileiro.

---

6. STJ, EAREsp 664.888/RS, Corte Especial, relator ministro Herman Benjamin, DJe 30.3.2021.

A AMPLIAÇÃO DO CONCEITO DE DANO MORAL E A CRESCENTE SUPERAÇÃO DA TESE DO "MERO ABORRECIMENTO"

Marcos Dessaune

Advogado e autor da *Teoria do Desvio Produtivo do Consumidor*. Membro do Instituto Brasilcon e da Comissão Nacional de Defesa do Consumidor do CFOAB.

Em sua obra *A indústria do mero aborrecimento*, Miguel Barreto[1] registra que a Emenda Constitucional 45, que foi promulgada em 2004, reformou o Poder Judiciário e criou o Conselho Nacional de Justiça (CNJ). Em 2009, o CNJ implantou metas de produtividade para o Poder Judiciário, especialmente para reduzir o acervo de processos existentes bem como para que fossem julgados mais processos do que os distribuídos a cada ano.

Barreto acrescenta que, objetivando evitar a multiplicação de processos, os tribunais brasileiros criaram então uma "jurisprudência defensiva", ora para negar indenizações por danos morais ora para reduzir seu valor, de modo a desestimular novas ações. O autor faz a distinção da jurisprudência defensiva processual, centrada num exame formal rigoroso dos requisitos de admissibilidade dos recursos, da jurisprudência defensiva material, focada na rejeição do mérito das ações ou na redução dos valores das reparações.

Nesse contexto surgiu a chamada tese do "mero aborrecimento", que fundamenta a jurisprudência defensiva material que pode ser resumida no REsp 844.736 de 2009 do Superior Tribunal de Justiça (STJ):

> [...] Segundo a doutrina pátria "só deve ser reputado como dano moral a dor, vexame, sofrimento ou humilhação que, fugindo à normalidade, interfira intensamente no comportamento psicológico do indivíduo, causando-lhe aflições, angústia e desequilíbrio em seu bem-estar. Mero dissabor, aborrecimento, mágoa, irritação ou sensibilidade exacerbada estão fora da órbita do dano moral, porquanto tais situações não são intensas e duradouras, a ponto de romper o equilíbrio psicológico do indivíduo" [...]

Esse entendimento reverbera um conceito já ultrapassado de dano moral, cujo grande expoente no Brasil é o professor Sergio Cavalieri Filho. O autor outrora defendia que, se não fosse essa a compreensão do instituto, o dano moral acabaria

---

1. BARRETO, Miguel. *A indústria do mero aborrecimento*. 2. ed. Juiz de Fora: Editar, 2016. p. 27-45.

banalizado, dando ensejo a ações judiciais "em busca de indenizações pelos mais triviais aborrecimentos" da vida.[2]

Embora já esteja superado pela doutrina mais recente e pelo próprio autor que atualizou o seu entendimento, tal conceito anacrônico continuou a ser reproduzido indiscriminadamente no Direito brasileiro. Nesse sentido Fernando Noronha adverte, até mesmo, que existe uma "tradicional confusão entre danos extrapatrimoniais e morais [...] presente em praticamente todos os autores justamente reputados como clássicos nesta matéria, desde Aguiar Dias até Carlos Alberto Bittar e Yussef S. Cahali".[3]

Em face dessa situação, Francisco Amaral[4] explica que dano extrapatrimonial é aquele que decorre da lesão a bem jurídico que não integra o patrimônio da pessoa, sendo no Brasil chamado de "dano moral". Paulo de Tarso Sanseverino[5] reforça que no direito pátrio, à exceção do dano estético que adquiriu relativa autonomia, os prejuízos sem conteúdo econômico têm sido abrangidos pela "denominação genérica de dano moral".

Lançando luz sobre a problemática, Lucas Barroso e Eini Dias[6] esclarecem que, em sentido estrito, o dano moral é sinônimo do dano anímico, configurando-se na lesão que causa dor ou sofrimento anímico sem provocar um estado patológico no espírito. Os autores, entretanto, distinguem-no do dano psíquico que, no seu entender, implica o desenvolvimento de transtornos psíquicos de ordem patológica, sendo o resultado de uma lesão à integridade psicofísica da pessoa. Mesmo nas situações em que o dano moral (anímico) provoca uma patologia psíquica, não se pode confundir o dano anímico com o dano psíquico. E concluem que, apesar de a expressão "danos morais" ser normalmente utilizada para designar a lesão aos direitos extrapatrimoniais, os danos morais em sentido estrito apenas alcançam os denominados danos anímicos, não cabendo, portanto, reduzir a ideia da reparação extrapatrimonial exclusivamente à figura desse dano moral tradicional.

Em obra recente, Flávio Tartuce[7] salienta que, atualmente, há duas correntes doutrinárias sobre o dano moral. A primeira, que segundo o autor é majoritária e à qual ele se filia, "relaciona os danos morais às lesões aos direitos da personalidade", ao passo que a segunda vê "o dano moral como lesão à cláusula geral de tutela da pessoa humana".

A Quarta Turma do STJ, sob a relatoria do Ministro Luis Felipe Salomão, proferiu decisão emblemática consagrando as duas correntes doutrinárias hodiernas do dano moral, inclusive sua desvinculação de eventuais consequências emocionais da lesão. O julgamento unânime ocorreu em 17-03-2015 no REsp 1.245.550, nestas palavras:

---

2. CAVALIERI FILHO, Sergio. *Programa de responsabilidade civil*. 8. ed. rev. e ampl. 3. reimpr. São Paulo: Atlas, 2009. p. 84.
3. NORONHA, Fernando. *Direito das obrigações*. 4. ed. rev. e atual. São Paulo: Saraiva, 2013. p. 591.
4. AMARAL, Francisco. *Direito civil*: introdução. 10. ed. rev. e modif. São Paulo: Saraiva, 2018. p. 956-957.
5. SANSEVERINO, Paulo de T. *Princípio da reparação integral*: indenização no código civil. 2. tir. São Paulo: Saraiva, 2011. p. 189.
6. BARROSO, Lucas A.; DIAS, Eini R. O dano psíquico nas relações civis e de consumo. *Revista de Direito do Consumidor*, São Paulo, v. 94, 2014. *passim*.
7. TARTUCE, Flávio. *Responsabilidade civil*. 2. ed. Rio de Janeiro: Forense, 2020. p. 427.

A atual Constituição Federal deu ao homem lugar de destaque entre suas previsões. Realçou seus direitos e fez deles o fio condutor de todos os ramos jurídicos. A dignidade humana pode ser considerada, assim, um direito constitucional subjetivo, essência de todos os direitos personalíssimos e o ataque àquele direito é o que se convencionou chamar dano moral.

Portanto, dano moral é todo prejuízo que o sujeito de direito vem a sofrer por meio de violação a bem jurídico específico. É toda ofensa aos valores da pessoa humana, capaz de atingir os componentes da personalidade e do prestígio social.

O dano moral não se revela na dor, no padecimento, que são, na verdade, sua consequência, seu resultado. O dano é fato que antecede os sentimentos de aflição e angústia experimentados pela vítima, não estando necessariamente vinculado a alguma reação psíquica da vítima.

Em situações nas quais a vítima não é passível de detrimento anímico, como ocorre com doentes mentais, a configuração do dano moral é absoluta e perfeitamente possível, tendo em vista que, como ser humano, aquelas pessoas são igualmente detentoras de um conjunto de bens integrantes da personalidade.

Francisco Amaral[8] sintetiza a melhor doutrina sustentando que "o direito brasileiro considera dano moral o que decorre da lesão de bem jurídico não patrimonial, compreendendo os bens objeto dos direitos da personalidade, os direitos políticos e sociais, e os direitos ou situações jurídicas de família". Segundo o autor, "o dano moral ou extrapatrimonial compreende, portanto, o dano resultante da lesão de direitos extrapatrimoniais da pessoa, como são os direitos subjetivos à vida, à liberdade, à igualdade, à segurança e também direito à saúde, este um direito social, e ainda os direitos políticos, sociais e de família."

A fim de compatibilizar o entendimento doutrinário-jurisprudencial anterior com a necessidade de se conferir efetividade ao princípio da reparação integral, é preciso que se reconheçam novas categorias de danos extrapatrimoniais para além da esfera anímica da pessoa e, ao mesmo tempo, que se permita a reparação autônoma de mais de uma espécie deles oriunda do mesmo evento danoso.[9] Desse modo os danos extrapatrimoniais, por serem tradicionalmente chamados no Brasil de "danos morais", podem ser assim identificados e classificados com base no bem jurídico lesado: dano moral *lato sensu* e dano moral *stricto sensu*.

O dano moral *lato sensu*, enquanto gênero que corresponde ao dano extrapatrimonial, é o prejuízo não econômico que decorre da lesão a bem extrapatrimonial juridicamente tutelado, abrangendo os bens objeto dos direitos da personalidade, ao passo que o dano moral *stricto sensu*, enquanto espécie de dano extrapatrimonial que corresponde ao dano moral *lato sensu*, é o prejuízo não econômico que decorre da lesão à integridade psicofísica da pessoa – cujo resultado geralmente são sentimentos negativos como a dor e o sofrimento.

Ao estudar a problemática na *Teoria aprofundada do Desvio Produtivo do Consumidor*[10] – que identificou e valorizou o tempo do consumidor como um bem jurídico

---
8. AMARAL, 2018, p. 957.
9. BARROSO; DIAS, 2014, p. 93-94.
10. DESSAUNE, Marcos. *Teoria aprofundada do desvio produtivo do consumidor*: o prejuízo do tempo desperdiçado e da vida alterada. 2. ed. Vitória: Edição do Autor, 2017. *passim*.

–, percebi que não se sustentava a compreensão jurisprudencial de que a *via crucis* enfrentada pelo consumidor, diante de um problema de consumo criado pelo próprio fornecedor, representaria "mero aborrecimento", e não algum dano indenizável.

O substantivo "aborrecimento" traduz um sentimento negativo qualificado pelo adjetivo "mero", que significa simples, comum, trivial. Em outras palavras, a jurisprudência baseada na tese do "mero aborrecimento" está implicitamente afirmando que, em determinada situação, houve lesão à integridade psicofísica de alguém apta a gerar um sentimento negativo ("aborrecimento"). Porém, segundo se infere dessa mesma jurisprudência, tal sentimento é trivial ou sem importância ("mero"), portanto incapaz de romper o equilíbrio psicológico da pessoa e, consequentemente, de configurar o dano moral reparável.

Com efeito, essa jurisprudência tradicional revela um raciocínio erigido sobre bases equivocadas que, naturalmente, conduzem a essa conclusão errônea. O primeiro equívoco é que o conceito de dano moral enfatizaria as consequências emocionais da lesão, enquanto ele já evoluiu para centrar-se no bem jurídico atingido; ou seja, o objeto do dano moral era essencialmente a dor, o sofrimento, o abalo psíquico, e se tornou a lesão a qualquer bem extrapatrimonial juridicamente tutelado, abrangendo os bens objeto dos direitos da personalidade. O segundo (equívoco) é que, nos eventos de desvio produtivo, o principal bem jurídico atingido seria a integridade psicofísica da pessoa consumidora, enquanto, na realidade, são o seu tempo vital e as atividades existenciais que cada pessoa escolhe nele realizar – como trabalho, estudo, descanso, lazer, convívio social e familiar. O terceiro (equívoco) é que esse tempo existencial não seria juridicamente tutelado, enquanto, na verdade, ele se encontra protegido tanto no rol aberto dos direitos da personalidade quanto no âmbito do direito fundamental à vida. Por conseguinte, o lógico é concluir que os eventos de desvio produtivo do consumidor acarretam, no mínimo, dano moral *lato sensu* compensável.

Ocorre que o tempo é o suporte implícito da vida, que dura certo tempo e nele se desenvolve, e a vida, enquanto direito fundamental, constitui-se das próprias atividades existenciais que cada um escolhe nela realizar. Logo um evento de desvio produtivo traz como resultado um dano que, mais do que moral, é existencial pela alteração prejudicial do cotidiano e do projeto de vida do consumidor.[11]

Com a disseminação da nova *Teoria* a partir de 2012, os tribunais brasileiros progressivamente passaram a adotá-la e a aplicá-la, iniciando assim um processo de gradual transformação daquela jurisprudência lastreada na tese do "mero aborrecimento". Até então e em grande medida, tal jurisprudência defensiva não reconhecia a existência de danos morais (*lato sensu*) em situações em que eles estavam claramente presentes, sob o argumento de ter ocorrido um "mero aborrecimento" do cotidiano no caso concreto.

---

11. ALMEIDA NETO, Amaro de. Dano existencial: a tutela da dignidade da pessoa humana. *Revista dos Tribunais*, v. 6, n. 24, São Paulo, RT, out.-dez. 2005. *passim*.

O ápice da alteração da jurisprudência em análise ocorreu em 17-12-2018, quando o Órgão Especial do Tribunal de Justiça do Rio de Janeiro (TJRJ) cancelou, por unanimidade de votos, após provocação da Ordem dos Advogados do Brasil – Seção Rio de Janeiro (OAB/RJ), o enunciado da Súmula 75 que havia sido criada em 2004 e ficara conhecida como a "súmula do mero aborrecimento". Tanto o pedido da OAB/RJ quanto a decisão do TJRJ foram fundamentados na *Teoria do Desvio Produtivo do Consumidor*.[12]

A referida decisão ocorreu no Processo Administrativo 0056716-18.2018.8.19.0000, cujo acórdão relatado pelo Des. Mauro Pereira Martins consagrou o seguinte entendimento em sua ementa: "Julgados desta Corte de Justiça que, desde os idos de 2009, trazem dentre os direitos da personalidade o tempo do contratante, que não pode ser desperdiçado inutilmente, tomando por base a moderna *Teoria do Desvio Produtivo do Consumidor*. Súmula que não mais se coaduna com o entendimento adotado por este Sodalício".

Em resumo, o conceito de dano moral ampliou-se ao longo dos anos, partindo da noção de dor e sofrimento anímico para alcançar, atualmente, o prejuízo não econômico decorrente da lesão a bem extrapatrimonial juridicamente tutelado, compreendendo os bens objeto dos direitos da personalidade – como o tempo da pessoa humana. Essa ampliação conceitual vem permitindo o reconhecimento de novas categorias de danos extrapatrimoniais para além da esfera anímica da pessoa – como o dano temporal, o dano existencial –, bem como a reparação autônoma de mais de uma espécie deles originária do mesmo evento danoso.

A *Teoria do Desvio Produtivo* promoveu a ressignificação e a valorização do tempo vital do consumidor – elevando-o à categoria de um bem jurídico –, vem possibilitando a crescente superação da jurisprudência baseada na tese do "mero aborrecimento" – que fora construída sobre bases equivocadas –, contribuiu para a ampliação do conceito de dano moral – apontando esse tempo como um bem extrapatrimonial juridicamente tutelado – e ensejou o surgimento de uma nova jurisprudência brasileira – a do "desvio produtivo do consumidor".

Conforme pesquisa quantitativa de jurisprudência que realizei em 15-06-2021, até então a expressão exata e inequívoca "desvio produtivo" já havia sido citada em 19.827 acórdãos dos 27 tribunais estaduais e do DF, em 92 acórdãos dos cinco tribunais regionais federais, em 86 decisões monocráticas do STJ e no REsp 1.737.412 da sua Terceira Turma. A tese consumerista também já foi aplicada, por analogia, ao Direito Administrativo pelo TJSP e pelo TRF-2, bem como ao Direito do Trabalho pelo TRT-17, cuja utilização na esfera juslaboral foi posteriormente confirmada pelo TST.[13]

---

12. Disponível em: [https://www.conjur.com.br/2018-dez-17/orgao-especial-tj-rio-cancela-sumula-mero-aborrecimento]. Acesso em: 09.06.2021.
13. Disponível em: [https://www.conjur.com.br/2021-jun-03/tst-confirma-aplicacao-teoria-desvio-produtivo]. Acesso em: 09.06.2021.

A INVERSÃO DO ÔNUS DA PROVA COMO REGRA DE INSTRUÇÃO, SUA APLICABILIDADE AO ÓRGÃO DO MINISTÉRIO PÚBLICO E A NÃO CUMULATIVIDADE DOS REQUISITOS DA HIPOSSUFICIÊNCIA E DA VEROSSIMILHANÇA DAS ALEGAÇÕES EM JUÍZO: BREVES NOTAS SOBRE O RESP 1.286.273

Vitor Vilela Guglinski

Especialista em Direito do Consumidor. Professor de diversos cursos jurídicos e de pós-graduação. Membro da Comissão de Professores de Direito do Consumidor do Instituto Nacional de Política e Direito do Consumidor – Brasilcon. Autor de obras jurídicas. Advogado.

Inicialmente, de modo a se delimitar a análise que se seguirá, cumpre registrar que os comentários ao julgado se restringem ao instituto da inversão do ônus da prova nas relações de consumo, uma vez que os fatos examinados pelo colegiado julgador envolvem violações a direitos dos consumidores resultantes de prática de crime, o que não é, ao menos de forma imediata, não guarda relação com os comentários à decisão em questão. Tampouco haverá incursões envolvendo consumidores que se habilitaram no curso da lide, pois, igualmente, eventual análise nada acrescentará ao exame da aplicação da inversão do ônus da prova.

O julgado em comento trata de caso envolvendo ação em que o Ministério Público do Estado de São Paulo ajuizou ação coletiva contra duas seguradoras, em razão de suposto esquema de fraudes praticadas com o fim de não pagarem os valores devidos aos respectivos beneficiários dos seguros contratados, que, após "investigações" internas no âmbito daquelas sociedades, eram por elas acusados da prática de fraude contra seguro (estelionato), fato que justificaria a recusa de pagamento das respectivas indenizações.

Em primeiro grau de jurisdição, a pretensão autoral foi julgada procedente em relação às sociedades empresárias demandadas para condená-las a indenizar o dano material sofrido por todos os segurados que não receberam a indenização correspondente nas respectivas apólices, bem compensá-los por dano moral, além de condená-las a obrigações de fazer e não fazer, relacionadas ao cumprimento dos contratos de seguro celebrados com os consumidores lesados.

Em grau de recurso, a sentença foi mantida pelo Tribunal de Justiça do Estado de São Paulo, tendo o órgão julgador, contudo, ressaltado na ementa do julgado que ao caso se aplicavam as disposições do Código de Defesa do Consumidor, com inversão do ônus da prova como regra de julgamento.

Por fim, ao julgar o recurso especial interposto, a Quarta Turma do Superior Tribunal de Justiça o conheceu, em parte, para cassar os acórdãos dos embargos de declaração e da apelação relativamente ao recurso manejado pela seguradora e determinar o retorno dos autos à segunda instância para, tendo afastado a inversão do ônus da prova aplicada pela corte paulista, sob dois fundamentos utilizados pelo eminente ministro relator em seu voto: (i) a inversão do ônus da prova é regra de instrução, e não regra de julgamento, de modo a se oportunizar à parte produzir suas provas; (ii) o Ministério Público não pode se beneficiar do instituto da inversão do ônus da prova, uma vez que, conforme destacado pelo ministro relator, o Ministério Público é entidade que "jamais pode ser considerada hipossuficiente, notadamente quando dotada de amplo poder investigatório de espectro administrativo pré-processual, cercando-se de vasto aparato técnico e jurídico para alcançar e reunir um conjunto probante para fazer frente ao ônus de prova estabelecido na lei de regência", e (iii) "a inversão do ônus da prova como regra de procedimento ocorrerá quando forem verificados os requisitos cumulativos da verossimilhança das alegações do consumidor ou a sua hipossuficiência, os quais como visto, não estão presentes na hipótese por faltar ao órgão do Parquet a característica da inferioridade/fraqueza frente à parte adversa".

Estabelecida a moldura fático-jurídica do caso, passa-se a tecer as considerações a respeito do julgado em comento, em relação ao instituto da inversão do ônus da prova e o entendimento sedimentado no precedente em questão.

Como visto, três considerações mereceram a atenção do ministro relator ao proferir o julgamento do recurso. As duas primeiras constam na ementa do julgado, isto é, a inversão do ônus da prova como regra de instrução processual e a ausência de debilidade do Ministério público a atrair a inversão do ônus da prova a seu favor quando atua como parte.

A terceira consideração – que causa mais preocupação – está no corpo do voto do relator, no sentido de que os requisitos para a inversão do ônus da prova são cumulativos, ou seja, deve a parte demonstrar, ao mesmo tempo, sua hipossuficiência para produzir a prova e a verossimilhança de suas alegações.

Quanto ao primeiro aspecto, a jurisprudência do STJ veio se firmando ao longo dos anos para considerar – de forma acertada, a nosso sentir – que o ônus da prova em favor do consumidor deve ser invertido em momento processual anterior à fase de produção de provas pelas partes, de modo que se preserve o direito fundamental ao contraditório e a ampla defesa, evitando-se surpresa para a parte sobre a qual vier a recair o encargo processual.[1]

---

1. Nesse sentido, confira-se: REsp 1395254/SC, Rel. Ministra Nancy Andrighi, Terceira Turma, julgado em 15/10/2013, DJe 29/11/2013; REsp 1476261/RS, Rel. Ministro Moura Ribeiro, Terceira Turma, julgado em 21/10/2014, DJe 03/11/2014; REsp 1395254/SC, Rel. Ministra Nancy Andrighi, Terceira Turma, julgado em

A respeito do tema, Leonardo Garcia lembra que o CDC, assim como CPC em vigor (§ 1º do art. 373), e ao contrário do CPC/73, adotou a regra da distribuição dinâmica do ônus da prova, segundo a qual o juiz está autorizado atribuir o encargo probatório à parte que disponha de maior facilidade para realizar a prova do fato levado a juízo, liberando de tal ônus a parte que demonstre excessiva dificuldade para exercer o direito à prova.[2]

Na mesma linha adotada pela ministra Nancy Andrighi em voto proferido no REsp 1084371/RJ, ao se distribuir o ônus da prova, deve-se considerar os princípios constitucionais da isonomia, do devido processo legal, do acesso à justiça e, na esfera da legislação processual, os princípios da solidariedade e da lealdade e boa-fé processual, além dos poderes instrutórios do Juiz.

Sendo assim, parece-nos acertada a decisão quanto ao momento em que a inversão do ônus da prova deve ocorrer, respeitando-se todo o sistema de normas relacionadas aos deveres e garantias processuais atribuídos às partes no processo.

Passando-se à análise em torno da inversão do ônus da prova nas ações em que o Ministério Público promova a defesa coletiva de consumidores, há anos se insiste na tese de que o órgão ministerial não se enquadra no conceito hipossuficiente para que se beneficie do instituto processual. Na jurisprudência dos tribunais brasileiros há decisões tanto no sentido de não se estendê-la ao órgão ministerial quanto garantindo-a também ao MP.

Os precedentes encontrados no repertório de julgados do STJ sempre afirmaram que o órgão ministerial pode se beneficiar do instituto no âmbito das ações consumeristas.

Em voto proferido no AgInt no AREsp 1017611/AM, a ministra Assusete Magalhães, entre outros[3], citou trecho do voto do ministro Mauro Campbell Marques, no sentido de que "*o Ministério Público, no âmbito de ação consumerista, faz jus à inversão do ônus da prova, a considerar que o mecanismo previsto no art. 6º, inc. VIII, do CDC busca concretizar a melhor tutela processual possível dos direitos difusos, coletivos ou individuais homogêneos e de seus titulares – na espécie, os consumidores -, independentemente daqueles que figurem como autores ou réus na ação*" (STJ, REsp, 1.253.672/RS, Rel. Ministro Mauro Campbell Marques, Segunda Turma, DJe de 09/08/2011).

Entretanto, no caso em comento o ministro relator, entendeu que os amplos poderes investigatórios do MP, aliados à efetiva existência de provas efetivamente produzidas nos autos, tornaram desnecessária a inversão do ônus da prova. Com

---

15/10/2013, DJe 29/11/2013; AgRg no REsp 1450473/SC, Rel. Ministro Mauro Campbell Marques, Segunda Turma, julgado em 23/09/2014.
2. GARCIA, Leonardo. *Código de Defesa do Consumidor* – Doutrina e Jurisprudência para Utilização Profissional. 2. ed., Salvador: JusPodivm, 2020, p. 198.
3. No mesmo sentido, confira-se: REsp 1.790.814/PA, Rel. Ministro Herman Benjamin, Segunda Turma, DJe de 19/06/2019; REsp 1253672/RS, Rel. Ministro Mauro Campbell Marques, Segunda Turma, julgado em 02/08/2011, DJe 09/08/2011; AgRg no REsp 1300588/RJ, Rel. Ministro Cesar Asfor Rocha, Segunda Turma, julgado em 03/05/2012, DJe 18/05/2012; AgInt no AREsp 1283969/RS, Rel. Ministro Sérgio Kukina, Primeira Turma, julgado em 26/03/2019, DJe 02/04/2019.

efeito, em relação à efetiva existência de provas suficientes nos autos, não há sentido em se aplicar o instituto. Nesse sentido já foi decidido pela Quarta Turma do STJ, em julgado relatado pela ministra Maria Isabel Gallotti, que "*a inversão do ônus probatório tem como pressuposto a verossimilhança da alegação ou a hipossuficiência do consumidor, conceito este ligado à dificuldade de produção da prova pelo consumidor e à possibilidade de sua produção pelo prestador do serviço. Não cabe atribuir ao fornecedor o ônus de comprovar o rompimento de contratos entre o consumidor e terceiros, fato que poderia ser comprovado com facilidade pelo autor*".[4]

Todavia, causa certa preocupação que o foco da análise, nesta oportunidade, tenha se voltado ao MP e aos poderes que lhe são inerentes, e não à coletividade de consumidores, pois cria-se, assim, precedente para que os demais órgãos da jurisdição nacional passem a considerar um aspecto que, no entendimento deste autor, está dissociado do *princípio da facilitação da defesa do consumidor*, que fundamenta a inversão do ônus da prova em favor do sujeito vulnerável na relação de consumo.

Finalmente, passando-se ao terceiro ponto destacado, e que também consideramos preocupante, conforme exposto no corpo do acórdão, o ministro relator afirmou que os requisitos para a inversão do ônus da prova são cumulativos, estando assim redigida sua ponderação: "*Certamente, a inversão do ônus da prova como regra de procedimento ocorrerá quando forem verificados os requisitos cumulativos da verossimilhança das alegações do consumidor ou a sua hipossuficiência, os quais como visto, não estão presentes na hipótese por faltar ao órgão do Parquet a característica da inferioridade/fraqueza frente à parte adversa*".

Com absoluto respeito, discordamos do entendimento acima, alinhando-nos à lição de Bruno Miragem, ao afirmar que a inversão do ônus da prova condiciona-se à verificação, pelo juiz da causa, alternativamente, da hipossuficiência ou da verossimilhança das alegações.[5]

Pois é exatamente o que a leitura do inciso VIII do art. 6º do CDC reforça, uma vez que a conjunção alternativa "ou" deixa claro que, para que o juiz, a seu critério, inverta o ônus da prova, deverá observar a presença de um ou outro requisito: hipossuficiência do consumidor ou verossimilhança de suas alegações em juízo.

A reforçar o que aqui se sustenta, vale a transcrição literal da lição de André Gustavo Corrêa de Andrade, para quem "*A hipossuficiência seria, portanto, condição aferível apenas dentro de uma relação de consumo concreta, na qual estivesse configurada situação de flagrante desequilíbrio, em detrimento do consumidor, de quem não seria razoável exigir, por extremamente dificultosa, a comprovação da veracidade do fato constitutivo de seu direito*".[6]

---

4. REsp 1141675/MG, Rel. Ministra Maria Isabel Gallotti, Quarta Turma, DJe 19/12/2011.
5. MIRAGEM, Bruno. *Curso de Direito do Consumidor*. 7. ed. São Paulo: RT, 2018, p. 244.
6. ANDRADE, André Gustavo C. A inversão do ônus da prova no Código de Defesa do Consumidor: o momento em que se opera a inversão e outras questões. *Revista de Direito do Consumidor*, São Paulo, ano 12, n. 48. p. 89-14, out.-dez. 2003.

O que se pode extrair da lição acima é que nem sempre ao consumidor será possível comprovar a veracidade do que alega em juízo, pois isso dependerá exatamente da inversão do ônus da prova com base apenas na demonstração de sua hipossuficiência. Disso decorre a preocupação causada pelos entendimentos doutrinários e decisões judiciais no sentido da cumulatividade dos requisitos etiquetados no inciso VIII do art. 6º do CDC.

De seu turno, Humberto Teodoro Júnior também utiliza a conjunção alternativa "ou" em suas considerações sobre o tema, ao registrar que *"Sem basear-se na verossimilhança das alegações do consumidor ou na sua hipossuficiência, a faculdade judicial não pode ser manejada em favor do consumidor, sob pena de configurar-se ato abusivo, com quebra do devido processo legal"*.[7]

Conforme dito ao longo deste estudo, o julgado ora comentado é preocupante sob dois dos três aspectos sobre os quais nos debruçamos. Se por um lado a Turma julgadora acertou ao afirmar que a inversão do ônus da prova é regra de instrução, respeitando, assim, os princípios que regem o processo justo, de outro lado retirou do MP a possibilidade de se beneficiar da inversão, ao argumento de que não pode ser considerado hipossuficiente. Desse modo, a nosso sentir, o colegiado julgador voltou sua atenção muito mais a uma instituição do que aos sujeitos que por ela devem ser protegidos por força de lei. Igualmente, enfraquece-se a defesa do consumidor a interpretação levada a efeito pela turma no sentido de que hipossuficiência e verossimilhança das alegações devem estar simultaneamente presentes para que o ônus da prova seja invertido pelo juiz nas ações de consumo.

Considerando-se que se trata de julgamento proferido no âmbito do tribunal que tem por missão uniformizar o entendimento a respeito da legislação federal, e que suas decisões, embora não sejam vinculantes, influem substancialmente nas decisões tomadas pelos demais órgãos do Poder Judiciário, a confirmação de tal tendência importará em significativo retrocesso na defesa do consumidor em juízo.

---

7. THEODORO JÚNIOR, Humberto. *Direitos do Consumidor*. 2. ed. Rio de Janeiro: Forense, 2001, p. 134.

METAVERSO E VULNERABILIDADE DIGITAL

Guilherme Mucelin

Doutorando, Mestre em Direito e Especialista em Direito do Consumidor e Direitos Fundamentais pela Universidade Federal do Rio Grande do Sul (UFRGS). Especialista em Direito do Consumidor pela Universidade de Coimbra e em Direito Comparado e Europeu dos Contratos e do Consumo pela *Université de Savoie Mont Blanc*/UFRGS.

Vive – se, contemporaneamente, uma quarta revolução: não só aquela ligada às novas tecnologias, aos potenciais mercadológicos e industriais disruptivos e à economia em geral – que já não são mais novidade –, mas, especialmente, uma que retrata nosso entendimento enquanto pessoa ambientada nesse novo mundo que se forma. Comecemos pelo último.

Desde o surgimento da internet, mais utilizada como ferramenta para comunicação, o seu conceito e suas finalidades evoluíram. Ciberespaço ganhou cor e forma, posto que colonizamos o ambiente virtual, notadamente com nossas conexões e redes sociais, trabalho, relacionamentos afetivos, consumo, exercícios etc. – para qualquer coisa, haverá um app disposto a te ajudar em cada tarefa diária, do amanhecer ao monitoramento do sono... Claro, pagando um pequeno preço ou, se "gratuito", fornecendo uma imensa gama de dados de diversas naturezas que será utilizada para as mais variadas finalidades (e que nem sempre são especificadas).

Mas, hoje, apesar de improvável, ainda temos a opção de estar fora do ciberespaço, mesmo que seja difícil conceber uma vida totalmente deslogada – a pandemia, nesse sentido, catalisou processos da transformação digital –, já que estar online é condição, nos lembrou o Supremo Tribunal Federal no famoso caso do IBGE, para a completa fruição da vida em sociedade e para o gozo de direitos fundamentais.

E isso, afirma Hoffman – Riem[1], dá causa ao entrelaçamento entre as áreas online e offline, em que as tecnologias penetram no espaço físico da sociedade. O autor traz como exemplo a internet das coisas, em que haverá a conexão e comunicação digitalizada de tudo e de todos, demarcando a onipresença do digital. Podemos perceber que o digital, aqui, se espalha pela sociedade.

Caminho de sentido inverso também pode ser percebido: a sociedade se espalha (ou se espelha) pelo digital. O metaverso (e congêneres) é um bom exemplo: com experiências imersíveis, realidade aumentada, realidade virtual, hologramas e o que mais vier, a sociedade, de certa forma, completará sua migração fundamentalmente

---

1. HOFFMANN-RIEM, Wolfgang. *Teoria geral do direito digital*: transformação digital, desafios para o Direito. Rio de Janeiro: Forense, 2021.

para o ambiente digital. É uma via de mão dupla: a sociedade se digitaliza e o digital se socializa, até que o ambiente simbiótico[2] (fusão do analógico e digital) esteja totalmente integrado.

Tudo isso, agregado à progressiva invisibilidade de interfaces tecnológicas, faz que as fronteiras entre o aqui (analógico) e o lá (digital), entre o corpo (carbono) e o perfil individual (bits), se esmaeçam (não é justamente essa uma das propostas do metaverso?) até estarem fadadas ao desaparecimento, pelo menos em termos de efeitos, inclusive jurídicos, nas esferas individuais.

Isso significa, como nos ensina Floridi[3], que as tecnologias de comunicação e de informação moldam nossa visão de mundo e tornam nossas experiências informacionais, de modo que passamos a "viver" na infosfera, a qual "denota todo o ambiente informativo constituído por todas as entidades informacionais, suas propriedades, interações, processos e relações mútuas (...) e que também inclui espaços informacionais offline e analógicos".

Falar em infosfera é falar em realidade interpretada em termos informacionais, posto que se equivalem — afinal, este texto, as suas ações na internet e no smartphone, os softwares e apps... Não são todos códigos computacionais? O que é real é informacional e o que é informacional é real, nos ensina Floridi, e todos nós nos tornamos read/write e nossas ações/decisões lembram mais um "executar" de um programa de computador. Não veremos mais o mundo pela tela, mas faremos parte dessa tela e deslogar será mais uma punição que uma opção (exemplo atual são as decisões automatizadas que excluem um consumidor/prestador de serviços de determinada plataforma).

A visão externa do mundo, ou nosso entendimento sobre ele, quando muda, também tem a potencialidade de mudar nossas concepções internas, modificando a consciência de quem somos — e aqui entram as três revoluções predecessoras à quarta que mencionei no início.

Em um primeiro momento, Copérnico foi o responsável pelo início de uma revolução ao estabelecer a cosmologia heliocêntrica, tirando a Terra do centro do universo e fazendo–nos reconsiderar nossa condição humana (e que rendeu à ciência do Direito, tempos depois, uma verdadeira virada). Contudo, mantivemos a crença de nossa centralidade na Terra. Coube a Darwin a outra (r)evolução: todas as espécies de vida evoluíram a partir de ancestrais comuns por meio da seleção natural, o que nos fez perder o senso de primordialidade do reino biológico.

Na terceira revolução, muito embora não mais estivéssemos no centro do universo ou do reino animal, ainda éramos a espécie no comando de nossos pensamentos,

---

2. Expressão originária do ministro do STJ Herman Benjamin (veja: REsp 1721669/SP, relator ministro HERMAN BENJAMIN, 2ª Turma, julgado em 17/04/2018, DJe 23/05/2018).
3. FLORIDI, Luciano. *The fourth revolution*: how the infosphere is reshaping human reality. Oxford: Oxford University Press, 2014. p. 40-41.

centralizando – nos na percepção de mundo através da mente. Penso, logo existo, famosa frase de Descartes, é interpretada por Floridi[4] como "nosso lugar especial no universo teve que ser identificado não astronômica ou biologicamente, mas mentalmente, com nossa capacidade de autorreflexão consciente, totalmente transparente e com controle de si mesma". Foi Freud que acabou com essa ilusão cartesiana, nos deslocando, mais uma vez, de nossa centralidade.

Então, o que nos tornaria únicos seria a inteligência, a lógica, o processamento de informações. No entanto, essa concepção também é desafiada pelas novas tecnologias, especialmente considerando a inteligência artificial, parte da quarta revolução no entendimento de nós mesmos. Floridi, nesse sentido, sustenta que não somos os únicos que habitam os ambientes informacionais, mas, sim, somos parte de um ecossistema (infosfera) compartilhado com outros agentes informacionais, naturais e artificiais – logo, também não temos centralidade nos ambientes digitais. O que significa, então, sermos humanos?

Não é que nos tornaremos ciborgues ou que a tecnologia se incorporará sob quaisquer condições – apesar de que muitas de nossas "tipicidades" são transferidas para aparatos tecnológicos que, ao mesmo tempo, aumentam nossa dependência em relação a eles. O que está em pauta, em verdade, é que a tecnologia está modificando e criando os ambientes em que vivemos, superando – nos em diversos aspectos (inclusive em termos de inteligência) – não é a transformação, a bem dizer, de nossos corpos físicos, mas a nossa compreensão enquanto organismos informacionais que são afetados por outros agentes que operam no ambiente digital – com consequências jurídicas!

Esse entendimento, podemos cogitar, é um bom start para (re)pensarmos a proteção das pessoas, compreendidas também pelo viés informacional. Em princípio, tudo isso pode parecer abstrato demais e desligado do Direito. Porém não o é... Daqui já se podem retirar inúmeras reflexões: identidade e personalidade, autonomia, crimes, propriedades e, mais geral, a própria noção de um ordenamento privado digital, a configuração de direitos fundamentais nas *big techs* (não é a infosfera um serviço prestado por privados?) e a possível proliferação da proceduralização do Direito (como no caso da lei alemã das *fake news* ou de um devido processo informacional[5]).

Uma das intenções do metaverso é que se viva também (ou talvez principalmente) por meio de avatares — a construção do nosso "eu" por meio de dados (pessoais, sensíveis, não pessoais, pessoalizáveis) e metadados captados, fornecidos, cedidos, comprados — possivelmente até mesmo padrões neuronais serão captados, conforme Zuckerberg. Nem precisamos ir tão longe no futuro. Parte desse processo já iniciou e talvez nem tenhamos percebido propriamente: a criação de perfis hiperpersonalizados por decisões automatizadas e técnicas de inteligência artificial já é uma realidade.

---

4. FLORIDI, Luciano. p. 89.
5. Sobre esses temas e outros correlacionados, veja obra fundamental: ABBOUD, Georges; NERY JÚNIOR, Nelson; CAMPOS, Ricardo. Fake news *e regulação*. São Paulo: RT, 2022.

Inclusive, a Lei Geral de Proteção de Dados Pessoais traz em seu artigo 20, sobre perfis, o direito à revisão e, potencialmente, à explicação.

Por meio da perfilização, é possível construir um sósia/uma extensão da pessoa em ambiente digital (ou avatar), o qual carrega consigo atributos personalíssimos, identificados nem sempre por dados cujos atributos sejam diretamente reconhecíveis[6], mas por proxies. Por exemplo: uma pessoa pode ser classificada como portadora de determinada doença não pelo acesso da plataforma a algum exame médico, mas pela pesquisa feita pela pessoa na internet sobre remédios específicos ou mesmo pelo histórico de compras de farmácia.

Essas informações podem servir para inúmeras finalidades, boas e ruins: desde *marketing*, como recomendar remédios novos ou especialistas perto da área onde se reside; passando por aspectos políticos para incentivar polarizações (candidato de determinada posição política é contra políticas públicas de saúde e o outro é a favor); até a análise da conveniência, por parte dos fornecedores, no estabelecimento de relações de consumo e de suas estipulações, como precificações injustificadamente diferenciadas ou discriminatórias ou o assédio ao consumo, ou mesmo por parte dos empregadores no estabelecimento de relações de emprego, de modo a obstaculizar o acesso ao mercado de trabalho.

Vulnerabilidades são, em última instância, se abusivamente aproveitadas e não proativamente tuteladas, obstáculos ao pleno desenvolvimento do indivíduo em diversas esferas que não só o consumo.

Além das vulnerabilidades "tradicionais" identificadas em Direito do Consumidor (técnica, jurídica/científica, fática, informacional), as quais entendo serem perfeitamente possíveis de serem transpostas ao ambiente digital (processo de codificação de vulnerabilidades), outras potencialmente são identificadas como sendo típica ou prioritariamente desse ambiente, tanto no que concerne à pessoa (perfil) ou a uma situação específica, quanto a estruturas e outros fatores gerais que determinam uma assimetria entre as partes[7], como a tremenda opacidade pelas quais operam os algoritmos.

Para Micklitz e colaboradores[8], "vulnerabilidade digital descreve um estado universal de impotência e suscetibilidade a (exploração de) desequilíbrios de poder

---

6. MARQUES, Claudia Lima; MUCELIN, Guilherme. Inteligência artificial e "opacidade" no consumo: a necessária revalorização da transparência para a proteção do consumidor. In: TEPEDINO, Gustavo; SILVA, Rodrigo da Guia. *O Direito Civil na Era da Inteligência Artificial*. São Paulo: Revista dos Tribunais, 2020. p. 411-439.
7. MIRAGEM, Bruno. Princípio da vulnerabilidade: perspectiva atual e funções no direito do consumidor contemporâneo. In: _____; MARQUES, Claudia; MAGALHÃES, Lúcia Ancona. Direito do Consumidor: *30 anos do CDC* — da consolidação como direito fundamental aos atuais desafios da sociedade. Rio de Janeiro: Forense, 2020. p. 243-271.
8. MICKLITZ, Hans-W.; HELBERGER, Natali; STRYCHARZ, Joanna et al. *EU consumer protection 2.0*: Structural asymmetries in digital consumer markets. Bruxelas: BEUC, mar. 2021.

que são o resultado da crescente automação do comércio, das relações consumidor – vendedor informadas e da própria arquitetura dos mercados digitais".

Prosseguem afirmando que "as empresas contemporâneas não se limitam a identificar e a visar vulnerabilidades claramente observáveis e já presentes", de modo que "a verdadeira vantagem competitiva reside na capacidade de identificar e direcionar as circunstâncias pessoais e características que tornam uma pessoa vulnerável (...), mas que ainda não resultaram em vulnerabilidades reais e ocorrentes".

Gaming é outra característica celebrada do metaverso e, como já tivemos a oportunidade de defender[9], a gamificação de todos os aspectos da vida pode ser relacionada à vulnerabilidade digital neuropsicológica e às vulnerabilidades transpostas por meio de perfis. Atributos tão "pequenos", pessoais e aparentemente irrelevantes estão sendo utilizados amplamente para finalidades também amplificadoras, já que a nossa transposição a avatares/perfis carrega consigo vulnerabilidades que, às vezes, nem as pessoas "titulares" da vulnerabilidade conseguem identificar.

Mas as big tech conseguem – e, mais do que isso, as utilizam como ativo comercial e/ou as mercantilizam[10] com um consentimento aparente, juridicamente possível nos termos e condições de uso (e políticas de privacidade e políticas de coleta de dados etc.) que, quando lidas, nem sempre são esclarecedoras ou compreendidas (uma prolixidade planejada) e escondem tudo isso no "utilizamos seus dados para melhorar nossos serviços" e "seus dados são cedidos a terceiros".

Que serviços? Que terceiros?

Vulnerabilidades estão sendo expostas, criadas e manipuladas por quem tem o poder de direção do mundo digital. Assim como a minha privacidade é a sua privacidade, a minha vulnerabilidade poderá ser a sua.

É tempo de escrever esse capítulo na dogmática jurídica, resgatar o princípio da vulnerabilidade para além do consumo[11] – para contribuir, de modo dinâmico e com plasticidade, aos desafios que enfrentaremos, enquanto seres informacionais, no desenrolar tecnológico, a fim de oportunizar a harmonização de interesses da sociedade, sem esquecer dos valores fundantes constitucionalmente protegidos.

---

9. MUCELIN, Guilherme; STOCKER, Leonardo. *Relações trabalhistas ou não trabalhistas na economia do compartilhamento*. São Paulo: Revista dos Tribunais, 2021.
10. As vulnerabilidades codificadas e as tipicamente digitais são, em si, um "valor" latente. Seu uso, sua destinação é que poderá decretar potencialmente uma abusividade e desequilíbrios nas relações. Nesse sentido, aqui cabe uma consideração feita pelo professor Guilherme Magalhães Martins: "Observe-se que a informação em si não tem valor significativo, mas sim o que se pode fazer com ela, viabilizando uma série de condutas, como o marketing direto, ou a determinação de um perfil do usuário sem que esse saiba, de modo que a obtenção de lucro é inevitável diante da utilização das informações" (MARTINS, Guilherme Magalhães. a Lei Geral de Proteção De Dados Pessoais (Lei 13.709/2018) e a sua principiologia. *Revista dos Tribunais*, São Paulo, v. 1027, maio 2021, p. 203-243).
11. BIONI, Bruno Ricardo. *Proteção de Dados Pessoais*: a função e os limites do consentimento. Rio de Janeiro: Forense, 2021.

A PROTEÇÃO DO CONSUMIDOR DIGITAL EM FACE DAS REDES SOCIAIS

Gabriel Schulman

Doutor em Direito. Sócio do escritório Trajano Neto e Paciornik Advogados. Coordenador da Pós-Graduação em Direito e Tecnologia da Universidade Positivo e docente do Mestrado em Direito. Professor de Direito à Saúde na USP e PUC-RJ.

1. CONTEXTUALIZAÇÃO: CONECTANDO OS FATOS

As redes sociais tornaram-se parte integrante da vida de bilhões de pessoas. Para os brasileiros, WhatsApp, Instagram e Facebook constituem, a um só tempo, fonte de lazer e notícias,[1] mecanismo de interação social, ferramenta de trabalho. Conforme pesquisa divulgada pela Forbes, o país é o líder mundial em tempo gasto com aplicativos, com uma média inacreditável de cinco, quatro horas diárias.[2]

Sob o prisma jurídico, a oferta de serviços digitais pelas redes sociais, frequentemente sem a cobrança de dinheiro, termina por mascarar a relação de consumo inerente ao uso destas plataformas. Não se trata apenas de recordar que a remuneração não é requisito para caracterizar a relação de consumo (CDC, artigo 39); é preciso, igualmente, ressaltar que sob o manto da gratuidade se esconde a circunstância de que as redes sociais enriquecem com os dados pessoais e intensa atividade publicitária.

Os números falam por si: "O Facebook registrou lucro líquido de US$ 9,194 bilhões no terceiro trimestre deste ano, uma alta de 17% em relação ao mesmo período de 2020".[3] As receitas envolvem a massiva coleta de dados pessoais, a publicidade direcionada, entre outras estratégias para atrair a atenção e influenciar comportamentos. Em 2019 observou-se que 90% dos profissionais de marketing reputam o Instagram como o canal mais importante para marketing influenciador.[4]

Na economia da atenção[5] o usuário torna-se o produto, e seu tempo a moeda. Ademais, como adverte Shoshana Zuboff, por meio do capitalismo de vigilância os

---

1. BRASIL. Senado Federal. Redes Sociais, Notícias Falsas e Privacidade de Dados na Internet Pesquisa DataSenado. Brasília: Novembro/2019.
2. KOETSIER, John. *Top 10 apps by downloads and Revenue*: Report, Forbes, 15 jul. 2021.
3. CARDIAL, Ilana. Facebook supera projeções com lucro de mais de US$ 9 bi no 3º trimestre. *CNN*. 25 out. 2021. Disponível em: https://www.cnnbrasil.com.br/business/facebook-supera-projecoes-com-lucro-de--mais-de-us-9-bi-no-3o-trimestre/.
4. JOY, Ashley. *The Attention Economy*: Where the Customer Becomes the product. Business Today Journal. 28 fev. 2021.
5. WU, Tim. *The attention merchants*: The epic scramble to get inside our heads. New York: Alfred A. Knopf, 2016.

dados são convertidos em matéria-prima para estratégias preditivas, e igualmente, para behavioral modification, ou seja, para estabelecer comportamentos.[6] Permita-se enfatizar, significa que as redes sociais fiscalizam, mapeiam, documentam, compartilham, e ,também, moldam comportamentos.

Desse modo, interligam-se a assimetria informacional, dominação tecnológica, monopólio de serviços, interferência no comportamento, acompanhada da massiva coleta de dados pessoais. Esse olhar que extravasa o direito, ao enxergar as interfaces com a economia, tecnologia, publicidade, e tantas outras áreas, é indispensável para compreender endereçar adequadamente as transformações em curso. É a partir da soma destes pressupostos que se pode notar que ao empregar modelos de preço zero[7] as plataformas digitais miram uma estratégia focada na "intensificação de concentrações de mercado e de barreiras às entradas com distorções para além do preço, alcançando a privacidade, autodeterminação e a própria democracia".[8] Em síntese, ao não se remunerar em dinheiro as redes sociais termina-se por pagar um preço exorbitante, que se desdobra em um cenário aterrador em matéria de dados pessoais.

O cenário apresentado faz emergir múltiplas questões jurídicas. No presente texto, elegeu-se destacar 3 desafios da tutela jurídica do consumidor digital nas redes sociais, que se passa a explorar.

2. O "DONO DO JOGO": O PROBLEMA DA ADESÃO E MODIFICAÇÃO UNILATERAL DOS TERMOS DE USO E DA POLÍTICA DE PRIVACIDADE

No mês de maio, em seu site oficial, o WhatsApp comunicou que "o uso dos recursos do app será limitado até que você aceite os Termos de Serviço e a Política de Privacidade atualizados, porém, nem todos os usuários terão essas mudanças ao mesmo tempo". Este exemplo pontual busca ilustrar que a relação contratual travada com as redes sociais é marcada não apenas pela imposição dos termos – usual nas relações de consumo – porém, também por sua modificação unilateral alicerçada na posição monopolista. Com a aquisição do WhatsApp e do Instagram, o Facebook

---

6. ZUBOFF, Shoshana. *The age of surveillance capitalism. The fight for future at the new frontier of power*. New York: Public Affairs, 2019. Como adverte Stucke "Dataopolies can affect how we feel and think. One example is Facebook's emotional contagion study, where it manipulated 689,003 users' emotions". STUCKE, Maurice. Should We Be Concerned About Data-opolies Georgetown Law Technology Review, University of Tennessee Legal – Studies Research Papers, n. 349, p. 315.
7. NEWMAN, John. Antitrust in zero-price markets: foundations. *University of Pennsylvania Law Review*, v. 164, 2015.
8. FRAZÃO, Ana; MENDONCA, Luiza. Plataformas Digitais e o negócio de dados: Necessário diálogo entre o Direito da Concorrência e a Regulação de Dados. *Revista Direito Público*, v. 17, p. 58-81, 2020. Sobre as redes sociais e democracia confira-se: UNIVERSIDADE POSITIVO. Eleições, redes sociais e democracia. Análise dos dados qualitativos sobre o conteúdo do debate político nas páginas pró-Bolsonaro durante a campanha eleitoral de 2018. Curitiba, 01 set. 2021. Disponível em: https://tecdemocracia.files.wordpress.com/2021/10/4o-relatocc81rio-parcial-da-pesquisa-eleiccca7occ83es-redes-sociais-e-democracia-setembro.2021.pdf.

estabeleceu uma "uma dominância de mais de 70% do mercado de redes sociais".[9] Essa concentração de mercado e poder foi conduzida por meio de uma clara estratégia de eliminação de rivais, como destacou o Federal Trade Commission, dos EUA.

Na década de 1970, Orlando Gomes já externava profunda preocupação com a contratação "sem a possibilidade de modificação pelo cliente a quem se recusa todo o direito de modificação".[10] Como advertia, "o Código Civil é inteiramente omisso e nenhuma lei subsequente se ocupou" dos contratos de adesão. Décadas mais tarde, a releitura sob as lentes do direito digital[11] coloca em evidência a insuficiência de instrumentos jurídicos para lidar com os desafios que estão postos.

O problema não se cinge à adesão, porque inclui o superpoder de "mudança das regras do jogo". O caráter central das ferramentas digitais[12] no modelo de negócio de muitas empresas, associada à dinâmica própria dos contratos eletrônicos garante às plataformas a possibilidade de ditar as regras e reescrevê-las. A opacidade dos códigos-fonte protegido pelo segredo de negócio e pelo caráter dinâmico dos sistemas, além da inexistência de alternativas comprometem a fiscalização e minam a capacidade de negociar.

3. A CONTA DO INSTAGRAM HACKEADA: O PROBLEMA DO ROUBO DE PERFIL E A (FALTA) QUALIDADE DO SERVIÇO

Sob a perspectiva do direito do consumidor, a prestação dos serviços pelas redes sociais deve atender a padrões adequados de qualidade, assim como de segurança e transparência; não é o que se tem observado. Recente decisão do Tribunal de Justiça de São Paulo sublinha que "vem aumentando a quantidade de contas hackeadas no Instagram sem a possibilidade de recuperação pelo usuário, posto que ineficazes os meios disponibilizados pela plataforma para tanto".[13]

Estratégias ineficazes no combate a fraudes fomentam a clonagem e roubo de perfis nas redes sociais. Como se sabe, estes perfis possuem relevante projeção econômica, e são vistos quase como "marcas pessoais". O crescimento dos cibercrimes não coaduna com a fragilidade e demora dos procedimentos para recuperação dos perfis revelam uma falha grave do serviço. São igualmente ineficientes os filtros de postagens. O controle baseado em denúncias feitas por outros usuários e sistemas

---

9. MARTUCCI, Mariana; LAVADO, Thiago. Facebook é processado e pode ser obrigado a vender Instagram e WhatsApp. *Revista Exame*. 10 out. 2020. Disponível em: https://exame.com/tecnologia/facebook-e-processado-e-pode-ser-obrigado-a-vender-instagram-e-whatsapp/.
10. GOMES, Orlando. *Contrato de adesão*: condições gerais dos contratos. São Paulo, Revista dos Tribunais, 1972, p. 151.
11. MARTINS, Guilherme Magalhães. *Formação dos contratos eletrônicos de consumo via Internet*. 2. ed. Rio de Janeiro: Lumen Juris, 2010.
12. Cf. BARBOSA, Pedro Marcos Nunes. *E-stabelecimento*. São Paulo: Quartier Latin, 2018.
13. TJSP. Apelação Cível 1009671-20.2020.8.26.0005. Rel. Des. José Carlos Ferreira Alves. 2ª Câmara de Direito Privado; Registro: 19/04/2021.

automatizados permite que prosperem acusações injustas voltada a atingir certa pessoa ou causa.

A proteção adequada do consumidor demanda a implementação de estratégias operacionais eficazes, facilitadas e velozes, tanto para prevenir incidentes com dados pessoais dos usuários, quando para contorna-los quando ocorrem. Como já exposto, a prestação do serviço sem remuneração em dinheiro não subtrai a responsabilidade das plataformas, nem justifica a falta de qualidade. Nesse sentido, em casos de incidentes de segurança os sistemas devem ser aptos, inclusive, a recuperação de dados pessoais – tais como fotos e postagens –, como decorre do disposto no Marco Civil da Internet e no Código de Defesa do Consumidor.

4. *LAST, BUT NOT LEAST*, PROBLEMAS TRATAMENTO DE DADOS PESSOAIS

Como diz a famosa máxima sobre proteção de dados pessoais, quando um serviço não é cobrado, o produto é o próprio usuário.

As redes sociais alimentam-se vorazmente de dados pessoais sem que os consumidores sejam capazes de compreender, ou efetivamente decidir sobre os tratamentos realizados. A sombra que paira sobre os termos de uso contradiz os deveres-princípio de transparência e informação, pressupostos para tomada de decisão e premissas nas relações de consumo e na Lei Geral de Proteção de Dados Pessoais (LGPD, artigo 6º, VI, artigo 10, § 2º; Marco Civil da Internet, artigo 3º, II). A transparência sede lugar à invisibilidade da coleta de dados pessoais e da publicidade, muitas vezes realizada sem a consciência ou sem o controle do consumidor.[14]

Nesta linha, ao analisar os termos de uso do WhatsApp, Zanatta sintetiza a contradição entre o que se promete e o que se verifica por meio da significativa expressão "consentimento forçado".[15] No tocante à proteção de dados pessoais, viola-se a legislação, inclusive, por não observar o *privacy by default* e escolhas informadas. Permita-se ressaltar, não há nem informação adequada, muito menos escolha.

Diante da fragilidade dos consumidores, revela-se bastante relevante a atuação institucional. É exemplar a recomendação conjunta do Ministério Público Federal, Senacon, Cade e a Autoridade Nacional de Proteção de Dados – ANPD, sobre a política de privacidade da ferramenta do WhatsApp, com a orientação de que deve "abster-se de restringir o acesso dos usuários às funcionalidades do aplicativo, caso estes não adiram à nova política de privacidade, assegurando-lhes a manutenção do atual modelo de uso e, em especial, a manutenção da conta e o vínculo com a plataforma, bem como o acesso aos conteúdos de mensagens e arquivos, pois configuraria conduta irreversível com potencial altamente danoso, inclusive aos direitos

---

14. EFING, Antonio Carlos; BERGSTEIN, Laís Gomes; GIBRAN, Fernanda Mara. *A ilicitude da publicidade invisível sob a perspectiva da ordem jurídica de proteção e defesa do consumidor*. São Paulo, Revista de Direito do Consumidor, v. 81, jan-mar-2012, p. 91-115.
15. ZANATA, Rafael. Consentimento forçado? Uma avaliação sobre os novos termos de uso do WhatsApp e as colisões com o Marco Civil da Internet. *IDEC*, 2021.

dos consumidores, antes da devida análise pelos órgãos reguladores competentes; adotar as providências orientadas às práticas de tratamento de dados pessoais e de transparência, nos termos da LGPD, conforme Relatório 9/2021/CGF/ANPD e Nota Técnica 02/2021/CGTP/ANP".

Como se vê, tratam-se de novos (e preocupantes) horizontes para o direito do consumidor. Com estas rápidas reflexões, pretende-se contribuir ao debate sobre a proteção do consumidor no universo digital. Por fim, permita-se algumas notas a partir do exposto:

– As normas protetivas do CDC incidem na relação entre redes sociais e seus usuários, como instrumentos úteis, embora ainda insuficientes em face da hipervulnerabilidade.

– A adoção de estratégias de filtragem de disposições abusivas por órgãos de tutela coletiva corresponde a indispensável mecanismo para incrementar a proteção dos consumidores. Cumpre acrescentar ainda que a proteção de dados pessoais se mostra um desafio ainda mais profundo pela ampla utilização das redes sociais por crianças e adolescentes, tema para outro texto.

– A demora ou ineficiência no combate ao roubo e clonagem de perfis são falhas do serviço e sujeitam as redes sociais a reparação por danos morais e materiais, sem prejuízo da imposição de obrigações de fazer como restabelecer fotos, e o próprio perfil ou conta em rede social.

– A ofensa à livre concorrência, inclusive com a adoção de práticas anticompetitivas está presente também em mercados de preço zero e deve ser levada em conta para analisar a (falta de) qualidade do consentimento para tratamento de dados pessoais dos consumidores.

– A combinação da proteção constitucional, do CDC, Marco Civil (artigo 2º, V, e artigo 7º, XII) e LGPD (artigo 2º, VI, artigo 18, § 8º, artigo 20 e artigo 45) pode oferecer instrumentos interessantes para a tutela do consumidor, inclusive na proteção de seus dados pessoais Marco Civil (artigo 8º, artigo 16) e LGPD (artigo 2º, VI, artigo 18, § 8º, artigo 20 e artigo 45).

– É preciso desnaturalizar as modificações unilaterais nos termos de uso, em especial diante do contexto de profunda dependência econômica e tecnológica das plataformas.

– A interface entre antitruste e proteção da privacidade precisa ser melhor explorada no direito brasileiro, sobretudo para melhor compreensão do consentimento em matéria de tratamento de dados pessoais, inclusive com escolhas informadas e privacy by default.

– Enfim, estamos atrasados para um futuro que já começou.

APONTAMENTOS SOBRE O DECRETO 10.887/21 E PL 2766 E O ENFRAQUECIMENTO DA TUTELA ADMINISTRATIVA DOS VULNERÁVEIS – PARTE I

Fernando Rodrigues Martins
Mestre e Doutor pela Pontifícia Universidade Católica de São Paulo. Promotor de Justiça, MG. Presidente do Brasilcon.

O Instituto Brasileiro de Política e Direito do Consumidor – Brasilcon tomando conhecimento do PL 2766/21 em trâmite pela Câmara de Deputados, bem como do recente (*e silencioso*) Decreto nº 10.887 de 6.12.2021, externa em público intensa preocupação não apenas com a *qualidade* da legislação que está sendo produzida no país quanto às questões de consumo, mas exatamente com o futuro do direito do consumidor.

Enquanto a proposição legislativa busca alterar parte do Capítulo VII do Código de Defesa do Consumidor no que respeita a estrutura da tutela administrativa ainda vigente, o Decreto 10.887/21 modifica verticalmente o Decreto 2.181/97, estabelecendo funcionalmente novos poderes à Senacon. Estamos diante de enorme desafio, cumprindo intervenção a favor do Sistema Nacional de Defesa do Consumidor que, antes de tudo, é conquista do povo brasileiro. O presente texto tratará do PL 2766, deixando para próxima coluna a análise do Decreto 10.887/21, que em muito se aproxima da proposta em trâmite no congresso Nacional. *Tempos ásperos de desconstrutivismos.*

Inicialmente há de ser registrada necessária observação. Em julho de 2021 passou a viger a Lei 14.181/21 que tem por escopo atualizar o Código de Defesa do Consumidor e disciplinar o crédito responsável, a prevenção e o tratamento ao superendividamento. Pois bem, referida legislação (que é norma de ordem pública e cogente tal qual o CDC) tramitou por delongados "dez" anos perante o Congresso Nacional. Nem mesmo o fato de o país contar com mais de trinta e cinco milhões de núcleos familiares superendividados e com a população exposta à superveniência da situação pandêmica favoreciam o desate do então PL 3515/15.

De gizar que os últimos seis meses de processo legislativo foram decisivos. Coube à época justamente à diretoria do Brasilcon envidar esforços extraordinários perante os gestores das duas casas legislativas para adotar "regime de urgência" na votação, até a proposta ser aprovada e após sancionada (mesmo assim com vetos parciais e insubsistentes). Repita-se: 10 anos!

Referida legislação que cuida do superendividamento é exemplar. Para apresentação de proposta que então tinha o propósito de alterar um *microssistema* – tema hipercomplexo, que exige envergadura humanitária, conhecimento jurídico específico, capacitação pragmática e, sobretudo, aderência e pertencialidade na matéria – o Senado Federal em 2012 nomeou Comissão de Juristas.[1]

A função da Comissão de Juristas era identificar os assuntos já então jungidos à cultura e experiência comunitária e que, via de consequência, não necessitavam de modificação; atuar com extremo cuidado para manter os fundamentos escolhidos e fixados na Constituição Federal; respeitar a metodologia proposta em 1990; e não se descurar dos direitos e garantias positivados, tornados textos linguísticos e referendados pela jurisprudência. Enfim, fica muito claro que a "atualização" do CDC só admitia renovação propositiva, mais direitos, novas garantias, verdadeira *marcha evolutiva da dignidade humana*.

O que se pretende deixar bastante claro é que qualquer alteração deste eficiente microssistema deve ter por diretrizes: i – renovação pela perspectiva em aumentar direitos;[2] ii – adoção de princípios ainda não incorporados infra constitucionalmente;[3] iii – criação de novos modelos de solução de conflito;[4] iv – admissão das inovações, desde que sejam cúmplices da inclusão social, do enfrentamento à pobreza, da exigência de boas práticas conforme as Resoluções e Convenções da ONU;[5] v – desenvolvimento de institutos que vedem abusos em face da pessoa natural.[6]

Numa só palavra: um código, um microssistema, um estatuto identitário dos vulneráveis, caracterizado como norma de ordem pública, não é uma legislação qualquer! Não é mera lei que dá nome para uma viela. Não é tênue compilação de dispositivos que disciplina a forma cambial de títulos de crédito. Para atualizar um "microssistema", necessitamos de "macro legisladores" vinculados à legalidade constitucional. Não se atualiza para retroceder, para regredir, para desestimular!

O PL 2766 tem como causa subjacente, nos dizeres do proponente, a modificação do Código de Defesa do Consumidor que: "*possibilitou uma ação descoordenada e*

---

1. Comissão composta por seis juristas, sendo três deles também responsáveis pelo anteprojeto que culminou na vigência do Código de Defesa do Consumidor em 1990: Min. Antônio Herman de Vasconcellos e Benjamin, Ada Pellegrini Grinover e Kazuo Watanabe. Os demais são Claudia Lima Marques, Roberto Augusto Castellanos Pfeiffer e Leonardo Roscoe Bessa.
2. São as hipóteses de novos direitos básicos inseridos pela Lei 14.181/21: *crédito responsável*; *educação financeira*; *prevenção e tratamento de situações de superendividamento*; e, *mínimo existencial*.
3. Foram inscritos os seguintes princípios: *educação financeira e ambiental*; *prevenção e tratamento do superendividamento*; *evitabilidade à exclusão social do consumidor*.
4. Os novos modelos de solução de conflito são de dimensões institucionais: tanto o Poder Judiciário como os órgãos componentes do SNDC têm, respectivamente, competência e atribuição, para coordenar conciliação ou mediação na repactuação de dívidas e também aplicação de sanções em caso de não comparecimento do fornecedor de crédito (CDC, art. 104-A e art. 104-C).
5. É o caso da preservação do mínimo existencial e o cuidado com os limites do sacrifício.
6. O art. 54-C, no inciso IV, cria o "*dano de assédio*", aquela perturbação reiterada e constrangedora, própria daqueles que utilizam ferramentas e modos de persuasão atingindo a vontade do consumidor ou anulando-a, a fim de impor produtos e serviços.

muitas vezes 'leonina' das autoridades fiscalizatórias com relação às empresas".[7] Referido projeto de lei, foi apresentado em data de **10.08.2021** e já contando com **regime de urgência**, atinge verticalmente os artigos 55, 56 e 57 do CDC da seguinte maneira:

a – na hipótese de "conflito de competência" entre órgãos de mais de um Estado ou município caberá à autoridade do sistema nacional ou estadual dirimir a controvérsia, a fim de que seja aplicada "sanção única" (alteração proposta para o art. 55);

b – vedação de autuação na primeira visita, à exceção das infrações gravíssimas, sendo que na aplicação das sanções o órgão fiscalizador deverá, motivadamente, optar por aquelas que preservem o "mercado" e os direitos do consumidor, substituindo a multa por obrigações de fazer (proposição para o art. 56);

c – proibição de utilização dos valores arrecadados como multa pelos órgãos de proteção e defesa do consumidor, estabelecendo que os critérios para fixação de multa (gravidade da infração, vantagem auferida e porte econômico do fornecedor) deverão ser guiados pela equidade e motivação, com observância de parametrização em salários mínimos, limitação da condição econômica do fornecedor aos três últimos meses anteriores à lavratura do auto (enquanto nova redação ao art. 57).

Inicialmente, é de registrar que se o motivo da proposta legislativa é evitar ações descoordenadas e "leoninas" por parte dos órgãos de fiscalização, acredita-se que se aprovado, como está o PL, trará muito mais insegurança jurídica ao Sistema Nacional de Defesa do Consumidor e ao próprio mercado.

Basta perceber que a proposição desconhece nitidamente a matéria referente à competência em tema de relações de consumo, já que fixa eixo de *hierarquia* entre órgãos federados distintos. Enquanto, o art. 24, inciso VIII da Constituição Federal estabelece que a competência para legislar sobre consumidor é concorrente entre União, Estados e Distrito Federal, o art. 30, inciso I garante aos Municípios a competência para legislar sobre "interesse local" (evidentemente que as relações de consumo se fazem presentes nesse âmbito). Via de consequência, o PL 2766 ao indicar que a autoridade nacional deverá dirimir eventual conflito de competência (o certo seria *conflito de atribuição*) está solapando o texto constitucional e criando *relação de subordinação* entre instituições e entidades federadas de níveis diferenciados e capacidades heteronormativas independentes, com significativa demonstração de *déficit* democrático.[8]

Não à toa a contribuição do *microssistema* de proteção ao consumidor ao direito nacional, posto justamente essa *"competência concorrente"* possibilitar – e agora com maior veemência em época de pandemia, com enriquecedora e intensa atuação dos Procons em inúmeras frentes (questões sanitárias, posturas urbanas, qualidade de produtos e serviços, mediação em diversos contratos relacionais etc.) – a leitura das

---

7. Excerto da justificativa do il. Deputado Federal Marco Bertaiolli.
8. Sem levar em conta os Ministérios Públicos de alguns Estados que têm função específica administrativa de tutela dos consumidores, com regime jurídico totalmente diverso.

atribuições administrativas sob as lentes do *federalismo cooperativo*.[9] Neste ponto, a solução para os entraves, se houver e para evitar o *"bis in idem"* é do Poder Judiciário e não de órgão administrativo central, em homenagem justamente à opção constitucional pela Federação.[10]

De outro lado, não parece correta a escolha de determinado órgão central para solução de eventuais "conflitos de atribuição", quando da proposta se descortina indefectível voluntarismo camuflado: aplicação *"única"* da sanção. Na realidade, o objetivo da *"mens legislatoris"* é *teatralizar* a efetividade do direito administrativo sancionador consumerista, reduzindo danos espargidos, lesões difusas, aviltamentos coletivos (e oriundos de multifários condutas espargidas no mercado) num *breve* e *isolado* expediente a ser julgado pela autoridade escolhida.

Também deve ser relembrado que a LC 123/2006 no art. 55, dando vazão à necessária concretude a preceito fundamental (CF, art. 170, inc. IX), fixa que quanto às microempresas e empresas de pequeno porte a *primeira visita* da fiscalização deve ser em "caráter de orientação". Contudo, o PL 2766 estende esse benefício promocional, sem quaisquer critérios, a todas as pessoas jurídicas fornecedoras, fazendo da *"árvore a floresta"* e tornando o hígido e necessário poder de polícia "faz-de-conta" em termos de efetividade dos direitos dos consumidores. Grandes instituições financeiras, redes de lojas, farmácias e supermercados (grupos econômicos) e empresas multinacionais terão idêntico tratamento que a Constituição Federal fez questão de diferenciar. Tudo isso, sem sequer mencionar na proposição ao art. 56 quanto às intocáveis excepcionalidades de obrigatoriedade de autuação quando da primeira visita, especialmente aquelas relacionadas aos riscos e perigos à integridade psicofísica do consumidor, independentemente do porte do fornecedor (LC, 123/2006, art. 55, § 3º). Neste ponto, a proposta baseou-se no critério de "gravidade" da infração e não dos efeitos deletérios à pessoa humana por riscos e perigos não afastados.

A sugestão de substituição da multa pecuniária por obrigação de fazer também esfola e agride não só o *microssistema*, mas todo o ordenamento na medida em que faz tábua rasa da "função social da sanção". A sanção é essencial para correção, inibição e exemplo quanto a condutas indesejadas, ilícitas, abusivas e que são altamente contrárias à ordem pública e ao interesse coletivo. Mas também pode se desdobrar como meio de gestão típico, funcionando como técnica regulatória.[11] A sanção se liga ao plano da eficácia, isso porque ao lado das regras que são cumpridas espontaneamente, outras somente chegam à obediência porque se atrelam à coação.[12]

---

9. STF – ADI 0089429-88.2020.1.00.0000. Rel. Min. Ricardo Lewandowski.
10. Art. 102. Compete ao Supremo Tribunal Federal, precipuamente, a guarda da Constituição, cabendo-lhe: f) as causas e os conflitos entre a União e os Estados, a União e o Distrito Federal, ou entre uns e outros, inclusive as respectivas entidades da administração indireta,
11. VORONOFF, Alice. **Direito administrativo sancionador no Brasil**. Belo Horizonte: Fórum, 2018, p.80.
12. BOBBIO, Norberto. **Teoria da norma jurídica**. Bauru: Edipro, 2002, p. 167. Relembra o mestre: "A sanção tem relação não com a validade, mas com a eficácia".

Por isso, a tutela administrativa do consumidor sempre contribuiu em alguma medida com a Administração Pública *orgânica, funcional* e, sobretudo, *responsiva*, proporcionando um *"poder de polícia fundamental"* na promoção dos vulneráveis, com claro escopo de desestímulo às ocorrências contrárias à coletividade consumidora e, indiretamente, auxiliando a concreção do mercado menos carregado de "concorrência desleal".

Não se exprime dever fundamental de proteção ao consumidor (CF, art. 5º, inciso XXXII) com quejandos, afagos e renúncias. E também neste aspecto, verifica-se a inconstitucionalidade do projeto de lei, que se apresenta, pelo princípio da proporcionalidade, com assaz *insuficiência ao vulnerável*, matéria bastante esmiuçada na doutrina constitucional brasileira.[13]

Ademais o PL 2766 ao possibilitar a substituição de multa por obrigação de fazer (recomposição do bem jurídico lesado), ainda mais se tratando de processo administrativo já instaurado, opera contrariamente à independência das instâncias de responsabilização (civil, consumerista, administrativa e penal), tanto que a LACP, que é de natureza processual e com finalidade indenizatória, admite ajustamento de conduta como medida de reparação, mas não como sanção. Portanto, o PL faz óbvia confusão entre institutos jurídicos.

As propostas de alteração do art. 57 apenas reforçam as demais acima já transcritas. Contudo, acaba reiterando que o *vir a ser* do inusitado Projeto de Lei não é, nem de longe, os alegados conflitos existentes no SNDC, senão os gargalos de pagamento de multas. Tanto que restringe nos três meses anteriores a autuação a apuração da condição econômica do fornecedor, sem prejuízo de fixar piso e teto não em índices oficiais, senão em salário mínimo, o que encontra óbice para vinculação (CF, art. 7º, inc. IV).

Transparece claro que enquanto as leis humanitárias demoram dez longos anos para vigência – como no exemplo da Lei 14.181/21, que atualizou o CDC, mediante Comissão de Juristas, com respeito à metodologia, à legalidade constitucional, permitindo a clara valorização do SNDC, inclusive com finalidade de proteção ao mínimo existencial – as iniciativas voltadas ao mercado têm perspectiva automática e imediata e em prazo inferior a um ano e já com regime de urgência, sem o devido respeito à Constituição Federal, abrem caminho para a *morte prematura* dos Procons.

---

13. DUQUE, Marcelo Schenk. **Direito privado e constituição: drittwirkung dos direitos fundamentais. Construção de um modelo de convergência à luz dos contratos de consumo**. São Paulo: Revista dos Tribunais, 2013.

CONCENTRAÇÃO DE PODERES EM SECRETARIA NÃO MELHORA PROTEÇÃO AO CONSUMIDOR

Adalberto Pasqualotto

Professor titular de Direito do Consumidor no programa de Pós-graduação da PUC-RS e ex-presidente do Instituto Brasileiro de Política e Direito do Consumidor (Brasilcon).

Flávia do Canto

Pós-doutoranda em Direito (UFRGS). Professora de Direito do Consumidor na Escola de Direito da PUC-RS e ex-diretora do Procon-RS e do Procon municipal de Porto Alegre.

O Decreto 10.887, de 6 de dezembro corrente, alterou o Decreto 2.181/1997, que regulamenta, no âmbito administrativo, o Código de Defesa do Consumidor. O decreto ora alterado já foi alvo de muitas críticas, mas a alteração agora produzida não tem o mérito do aperfeiçoamento esperado; ao contrário, traz novas imperfeições, inclusive ilegalidades, além de ter surpreendido o Sistema Nacional de Defesa do Consumidor, com o qual não foi aberto nenhum canal de diálogo prévio.

O presente texto vai se concentrar em um dos aspectos afetados pelo Decreto 10.887, aquele relativo à aplicação de sanções por infração das normas de proteção do consumidor, o que compete aos órgãos detentores do poder de polícia administrativa, que recaem, especialmente sobre os Procons municipais e estaduais.

O processo administrativo sancionatório no âmbito dos Procons é regulamentado pelo Decreto 2.181/1997 (agora alterado pelo Decreto 10.887/2021). As alterações no que concerne à dosimetria das sanções administrativas replicam o problema já existente, o de ausência de critérios únicos para fins de dosimetria, e criam mais um problema: ferem a competência concorrente entre os integrantes do SNDC.

A uniformização de critérios de dosimetria das multas aplicadas pelos Procons de municípios ou estados diferentes é importante, conforme ressaltamos em obra recente.[1] A uniformização dos critérios dá mais segurança jurídica e efetividade às decisões administrativas. O que se observa atualmente é que os critérios do artigo 57 nem sempre são obedecidos ou os fatores de cálculo aplicados são elevados ou brandos demais.

---

1. PEREIRA, Flávia do Canto. *Proteção Administrativa do Consumidor*: Sistema Nacional de Defesa do Consumidor e a ausência de critérios uniformes para aplicação de multas. RT, 2021.

Assim, por exemplo, um mesmo fornecedor que possui unidades em São Paulo e em Rondônia, ao vender um produto ou prestar um serviço em São Paulo e ferir o Código de Defesa do Consumidor, pode ser multado em R$ 47.744,38. Se praticar a mesma infração em Porto Velho, a multa passará dos R$ 298 mil.[2]

As diferenças de dosimetria praticadas pelos Procons estaduais demonstram a necessidade de mudança, pois o modelo atual não garante maior proteção ao consumidor, nem evita a reincidência das empresas infratoras, o que é fácil de constatar nos rankings de reclamações fundamentadas, em que se repetem infratores contumazes.

Ademais, a uniformização dos critérios de dosimetria deve servir para que as decisões dos Procons nos processos administrativos não sejam objeto de litígio no Judiciário, garantindo efetividade ao sistema e maior proteção ao consumidor.

Porém, há de se respeitar a competência concorrente entre órgãos de defesa municipais ou estaduais. A uniformização de critérios deve ser objeto de análise de impacto regulatório e discutida entre todos os membros do Sistema Nacional de Defesa do Consumidor (SNDC), o que não ocorreu antes da criação e publicação do Decreto 10.887/2021.

Na obra citada, "Proteção Administrativa do Consumidor", propusemos que a Senacon firme convênios com os Procons estaduais afim de que todos possam utilizar critérios únicos de dosimetria. Por analogia, é apontado como possível solução de harmonização o que ocorre com os convênios das secretarias de fazenda estaduais no âmbito do ICMS. O SNDC poderia fazer algo similar. Ou seja, há necessidade de uniformização dos critérios de dosimetria para garantir efetividade dos processos administrativos, porém, de modo que a competência concorrente dos Procons seja preservada.

O Decreto 10.887/2021 não respeita a competência concorrente entre os Procons, a exemplo do artigo 28-B, que permite que o Secretário Nacional do Consumidor do Ministério da Justiça e Segurança Pública possa estabelecer critérios gerais para a valoração das circunstâncias agravantes e atenuantes de que tratam os artigos 25 e 26; e a fixação da pena-base para a aplicação da pena de multa.

Cumpre destacar:

> "A organização administrativa do Brasil decorre da forma federativa e, segundo esse critério, a divisão poderá ser vertical, ou seja, quando não há hierarquia entre os níveis (Administração Pública Federal, Estadual, do Distrito Federal e a Administração Pública Municipal); ou horizontal, quando cada Administração, em razão do seu grau de complexidade, reparte-se em administração direta e administração indireta. Nesse escopo, os órgãos públicos exercem atividades importantes na sociedade e, nesse prisma, a Administração Pública cumpre um papel no mercado de consumo, impedindo que haja concentração de poder de polícia em uma única autoridade administrativa".[3]

---

2. Análise comparativa e estudo publicado no livro Proteção Administrativa do Consumidor a partir de um caso paradigma.
3. PEREIRA, Flávia do Canto. *Proteção Administrativa do Consumidor*: Sistema Nacional de Defesa do Consumidor e a ausência de critérios uniformes para aplicação de multas. RT, 2021, p. 84.

No âmbito do Sistema Nacional de Defesa do Consumidor, o Decreto Federal 2.181/97 define, no artigo 4º, que caberá ao órgão estadual, do Distrito Federal e municipal, no âmbito de sua competência, *"IV – funcionar, no processo administrativo, como instância de instrução e julgamento (...)"*. À vista disso, os Procons estaduais e municipais podem realizar abertura de processo administrativo sancionatório.

Além da já referida norma do artigo 28-B do Decreto 2.181/1997 ser ilegal, porque ofende a lei regulamentada, os novos critérios para a pena base, ultrapassam os que estão elencados no artigo 57 do CDC.

Em relação à dosimetria das sanções pecuniárias aplicadas pelos Procons, o artigo 57 do CDC estabelece os critérios para sua aplicação, quais sejam: a gravidade da infração, a vantagem auferida e a condição econômica do fornecedor. A multa deve ser em montante não inferior a duzentas e não superior a três milhões de vezes o valor da unidade fiscal de referência (Ufir), ou índice equivalente que venha a substituí-lo.

O decreto cria dois novos critérios, tais como a extensão do dano e a proporcionalidade entre gravidade da falta e intensidade da sanção.[4] Como mensurar a extensão do dano e principalmente a gravidade da falta com a intensidade da sanção? O novo decreto esbarra no mesmo problema de ausência de critérios objetivos para fins de dosimetria. Dessa forma, caberá a cada Procon definir os critérios, e não à Senacon.

O polêmico decreto traz ainda um rol de circunstâncias atenuantes, tais como: a) adoção de providências para minimizar ou reparar os efeitos do ato lesivo; b) confissão; c) participações em ações, projetos e treinamentos oferecidos pelo SNDC; d) adesão ao consumidor.gov, e não inova em relação as agravantes já previstas na redação anterior do Decreto 2.181/1997.

As agravantes e atenuantes são taxativas, o que impede que novas práticas sejam consideradas pelos Procons como um ou outro para fins de cálculo de multa.

Além disso, o artigo 28-A[5] refere que os elementos que forem utilizados para a fixação da pena-base não poderão ser valorados novamente como circunstâncias agravantes ou atenuantes, o que torna as multas mais brandas, pois normalmente no cálculo de pena-base o critério de gravidade da infração se assemelha ao critério que é considerado para agravar a pena. Como por exemplo, quando a prática abusiva é prevalecer-se da fraqueza ou ignorância do consumidor, tendo em vista sua idade.[6] Essa prática abusiva frente a um consumidor idoso gera a agravante prevista no inciso

---

4. *"Art. 28. Observado o disposto no art. 24 pela autoridade competente e respeitados os parâmetros estabelecidos no parágrafo único do art. 57 da Lei nº 8.078, de 1990, a pena de multa fixada considerará: I – a gravidade da prática infrativa; II – a extensão do dano causado aos consumidores; III – a vantagem auferida com o ato infrativo; IV – a condição econômica do infrator; e V – a proporcionalidade entre a gravidade da falta e a intensidade da sanção."*

5. *"Art. 28-A. Na fixação da pena de multa, os elementos que forem utilizados para a fixação da pena-base não poderão ser valorados novamente como circunstâncias agravantes ou atenuantes."*

6. *"Art. 39. É vedado ao fornecedor de produtos ou serviços, dentre outras práticas abusivas: IV – prevalecer-se da fraqueza ou ignorância do consumidor, tendo em vista sua idade, saúde, conhecimento ou condição social, para impingir-lhe seus produtos ou serviços; (...)."*

VII do artigo 26 do Decreto 2.181 (ter a prática infrativa ocorrido em detrimento de menor de 18 ou maior de 60 anos). Porém, de acordo com o novo artigo 28-A para fins de dosimetria, em caso análogo, essa agravante não pode ser utilizada.

As mudanças na dosimetria, previstas no novo decreto abrandam as multas, beneficiam os fornecedores, interferem na competência concorrente entre os Procons e não resolvem o problema das diferenças de fatores dos critérios atribuídos por cada Procon para fins de cálculo de multa pecuniária. Os novos dispositivos não resolvem o problema da ausência de critérios uniformes e ainda enfraquecem o Sistema Nacional de Defesa do Consumidor ante a falta de construção e diálogo da Senacon com os Procons.

Diga-se, para finalizar, que o Sistema Nacional de Defesa do Consumidor foi criado por lei, no próprio Código de Defesa do Consumidor (artigo 105), cabendo ao órgão que o encabeça (atualmente a Senacon) as funções de propor e coordenar a política nacional de proteção do consumidor (inciso I do artigo 105). Ao concentrar poderes em suas próprias mãos, em detrimento dos demais órgãos do sistema, a Senacon exaspera o papel que lhe foi atribuído pelo legislador.

APONTAMENTOS SOBRE O DECRETO 10.887/21 E PL 2766 E O ENFRAQUECIMENTO DA TUTELA ADMINISTRATIVA DOS VULNERÁVEIS – PARTE 2

Fernando Rodrigues Martins

Mestre e Doutor pela Pontifícia Universidade Católica de São Paulo. Promotor de Justiça, MG. Presidente do Brasilcon.

Marcelo Gomes Sodré

Professor da PUC-SP. Diretor do Brasilcon. Doutor em Direitos Difusos pela PUC-SP. Assessor da comissão que redigiu o Código de Defesa do Consumidor. Conselheiro do Idec e ex-diretor do Procon-SP.

Na coluna do dia 08 de dezembro deste ano[1] o Instituto Brasileiro de Política e Direito do Consumidor – Brasilcon apresentou análise preliminar quanto ao PL 2766 em trâmite na Câmara dos Deputados, cujo escopo é alterar o Código de Defesa do Consumidor no capítulo da tutela administrativa, considerando alegadas ações "descoordenadas" e "leoninas" das autoridades fiscalizatórias. Quando da confecção do texto, e para surpresa geral, houve a edição superveniente do Decreto 10.887/21 que altera em grande parte o Decreto 2.181/97, que dispõe sobre a organização do Sistema Nacional de Defesa do Consumidor – SNDC.

Foram dois sucessivos sobressaltos. O *primeiro* verificado na tentativa de modificação do microssistema de defesa do consumidor, sem o cuidado de preservar o historicismo axiológico, as diretrizes estruturais e funcionais, os princípios nucleares, bem como os valores fundamentais dos quais o Código de Defesa do Consumidor sempre foi cativo por clara filiação à legalidade constitucional. O *segundo* caraterizado pela *antecipação* dos péssimos efeitos desejados pelo PL 2766, entretanto através do Decreto 10.887/21.

Referido Decreto valeu-se da notória função regulamentar de texto de lei para, arrimado na prescindibilidade de submissão prévia ao parlamento, alcançar não apenas os mesmos objetivos expostos no PL 2766 como fazer o pior: trazer ao mundo jurídico normas de natureza secundária discrepantes da Constituição Federal, do Código de Defesa do Consumidor e altamente daninhas à manutenção do SNDC.

---

1. https://www.conjur.com.br/2021-dez-08/garantias-consumo-enfraquecimento-tutela-administrativa-vulneraveis-parte.

As inconsistências estão presentes desde a "concepção" até o "conteúdo normativo" do Decreto já em vigência.

Duas questões a respeito da concepção. A primeira voltada ao *princípio democrático* e que tem enorme reforço aos direitos fundamentais (o que é notadamente a qualidade do direito do consumidor na CF). As decisões políticas devem se pautar pela observância rígida de critérios democráticos como forma de manifestação e legitimação do poder (CF, art. 1º, parágrafo único). Daí levar em consideração a contribuição efetiva de todos os interessados, a igualdade discursiva ou de voto, esclarecimentos prévios à regulamentação, assim como instrumentos de controle das deliberações.[2] Evidente que a edição de Decreto, sob escotilhas e desprovido de debates, tem carga de legitimidade mitigada e desvalorizada. O *princípio democrático* ao longo da consecução do SNDC é valor que deve ser preservado, a fim de evitar imposições verticais.[3]

É curial perceber o desdobramento da democracia, enquanto órbita constitucional, noutro instituto próprio dos lindes de direito administrativo e que se faz altamente adequado à hipótese em questão: o princípio da participação. Neste caso, os usuários dos serviços públicos ganham protagonismo na colaboração ativa quanto à gestão e controle da Administração Pública.[4] Enfim, preceito também desperdiçado pelo súbito édito.

E justamente neste ponto, o Decreto 10.887/21 já se faz combalido quando cotejado frente às exigências sistêmicas de "segurança jurídica" – pretexto pelo qual foi expedido. Sendo o decreto considerado ato administrativo normativo[5] cumpria aos editores preservarem a necessidade de consulta pública prévia quanto ao conteúdo à comunidade e aos componentes do SNDC (LINDB, art. 29). A orientação é a de que as decisões jurídicas devam superar o monólogo do *"ato administrativo autista"* para dar concretude à *processualidade administrativa* com a permeabilidade de todos os interesses envolvidos.[6]

---

2. DAHL, Robert Alan. **Sobre a democracia**. Brasília: UnB, 2001, p. 50-53.
3. BOBBIO, Norberto. **Estado, governo, sociedade – para uma teoria geral da política**. 12. ed. Trad. Marco Aurélio Nogueira. São Paulo: Paz e Terra, 2005, p. 155-156. Já esclareceu: *"O processo de alargamento da democracia na sociedade contemporânea não ocorre apenas através da integração da democracia representativa com a democracia direta, mas também, e, sobretudo, através da extensão da democratização – entendida como instituição e exercício de procedimentos que permitem a participação dos interessados nas deliberações de um corpo coletivo – a corpos diferentes daqueles propriamente políticos"*.
4. GROTTI, Dinorá Adelaide Musetti. **A participação popular e a consensualidade na Administração Pública**. In: Uma avaliação das tendências contemporânea do direito administrativo. Diogo de Figueiredo Moreira Neto. (coord.). Rio de Janeiro: Renovar, 2003, p. 649.
5. FURTADO, Lucas Rocha. **Curso de direito administrativo**. 5. ed. Belo Horizonte: Fórum, p. 2016, p. 202.
6. Aliás, é a esta a lição de MARQUES NETO, Floriano de Azevedo; FREITAS, Rafael Véras. **Comentários à Lei nº 13.655/2018: lei da segurança para inovação pública**. Belo Horizonte: Fórum, 2019, p. 148. Refletem: *"daí por que a consulta pública deve ser modelada, de sorte a reduzir eventuais assimetrias de informações existentes entre o Poder Público e os administrados. Assim é que, ainda que a manifestação dos administrados não vincule a decisão do poder público, este terá o dever de se manifestar acerca da contribuição dos administrados (sob pena de se gerar o conhecido efeito da fadiga das consultas públicas)"*.

Infelizmente o decreto apresentado se descurou dessas exigências preferindo a surpresa, a oportunidade e a ruptura da dialogicidade. Na base, portanto, enfrenta sérias pendências no que respeita à legitimidade e à legalidade.

A segunda questão relativa à concepção é a contrafação ao *princípio federativo*. Referido princípio, ao lado do republicano, é vital ao Estado Democrático de Direto, tanto que se faz cláusula pétrea de forma a impedir quaisquer emendas constitucionais tendentes a suprimi-lo (CF, art. 60, § 4º, inc. I). Via de consequência, tem reflexo direto na preservação da autonomia dos Estados, Distrito Federal e Municípios, configurando expressão da necessidade de simetria e igualdade de forças entre os membros da federação, o que entre nós se conhece como "*divisão horizontal dos poderes*".[7]

O *princípio do federalismo* tem assento na evitabilidade de governos totalitários, impedindo a acumulação de poderes em órgão único e, fomentando amplas participações na esfera política. No caso do SNDC, o consumidor não encontrando resposta adequada na instância federal, pode-se valer das competências locais (inclusive mais próximas, menos dispendiosas e cativas ao foro indicado no próprio CDC). Destarte, não há dúvidas: princípio que assegura o superávit democrático estrutural do Estado contemporâneo, se afina com as liberdades fundamentais, distribui os deveres de proteção e faz valer a vida digna.[8]

Entrelaçando o princípio federativo e a autonomia dos entes estatais, a forma de concreção de ambos os *standards* se dá inequivocadamente através da *competência*. Como a matéria de consumo envolve toda sociedade, todas as pessoas, todo o mercado, torna-se impossível tão somente à União regulamentar a matéria, o que foi percebido pelo constituinte, especialmente no âmbito da fiscalização e das sanções. E nesse ponto, a atuação deve ser coordenada e conjunta superando a antiga distribuição de competências, conforme o interesse nacional ou regional[9], para valorizar o interesse ao vulnerável.[10]

O Decreto 10.887/21 concentra na Senacon poderes que exorbitam a concepção federada da República, afeta a autonomia dos Estados, Distrito Federal e Municípios e se opõe totalmente à competência estabelecida na legalidade constitucional (CF, art. 24, inc. V e VIII). Lamentavelmente, criou-se figura hercúlea que a tudo pode sobre o todo, criando regras e ao mesmo tempo proferindo decisões em detrimento ao texto constitucional (CF, art. 102, inc. I, f).

---

7. SILVA, José Afonso da. **Teoria do conhecimento constitucional**. São Paulo: Malheiros, 2014, p. 372.
8. DALLARI, Dalmo de Abreu. **Elementos de Teoria Geral do Estado**. São Paulo, Saraiva, 1972, pp. 226-227.
9. CARRAZA, Roque Antônio. **Lesão ao consumidor. Responsabilidade administrativa. Competência estadual para a matéria**. São Paulo: Doutrinas essenciais de direito do consumidor. v 4. São Paulo: Revistas dos Tribunais, 2011, p. 511-533.
10. BARROSO, Luís Roberto. **O novo direito constitucional brasileiro: contribuições para a construção teórica e prática da jurisdição constitucional no Brasil**. 3. ed. Belo Horizonte: Fórum, 2014, p. 222. Assevera: "*Mais decisivo que tudo para a constitucionalização do direito administrativo, foi a incidência no seu domínio dos princípios constitucionais [...] a partir da centralidade da dignidade humana e da preservação dos direitos fundamentais, alterou-se a qualidade das relações entre a Administração e administrado, com a superação ou reformulação de paradigmas tradicionais*".

No que respeita ao *conteúdo* do decreto, observe que o texto além de repisar a mesma aberração contida no PL 2766 ao estabelecer órgão coordenador do SNDC como responsável pela decisão de idênticos fatos geradores iniciados em mais de um Estado (criando odiosa relação de subordinação entre entes), ainda imputa ao Secretário Nacional legitimidade específica para fixar critérios de valoração de circunstâncias agravantes e atenuantes e fixação da pena-base, aniquilando esse poder-dever das demais unidades.

Nesse último aspecto, o decreto esbarra na atuação das demais instituições de proteção ao consumidor espalhadas pela federação, conforme os interesses dos vulneráveis por elas tutelados e nas respectivas regras já vigentes, eis que interfere na *aplicação* e *dosimetria* das sanções provenientes do caráter repressivo (CDC, art. 54). Como cumprir o dever vinculativo de proteção se as unidades federativas perdem na fixação da dosimetria das sanções, expressão fundamental de razoabilidade e proporcionalidade inerente à própria atividade sancionadora? E quanto às normas premiais, somente à Senacon caberá dispor?

Não fosse isso, o Decreto adenda certa "atribuição geral" que garante à Secretaria Nacional "a expedição de atos administrativos com vistas à observância das normas de proteção e defesa do consumidor, *facultada* a oitiva do Conselho Nacional de Defesa do Consumidor".

Essa posição assimétrica vai contra justamente o que se pretendeu produzir na alteração do Decreto 2.181/97: a inovação e a segurança jurídica. Na medida em que o SNDC deixa de ser democrático e respeitoso à noção federativa, a perspectiva que se tem é a de que os órgãos de proteção dos consumidores dos Estados, Distrito Federal e Municípios estariam sujeitos à Senacon. E nestas circunstâncias, restará para sindicabilidade dos atos administrativos editados apenas a via da judicialização, o que será muito comum dada a intensa conflituosidade inerente ao sistema.

Enfim, o Poder Judiciário passará a ser convocado não só para tratar indiretamente das sanções cominadas mediante as conhecidas ações anulatórias distribuídas em face dos órgãos de fiscalização, mas para rever o *conteúdo* e *qualidade* do poder normativo exercido pela "autoridade nacional".

De outro lado, se no modelo substituído a coordenação entre as competências era exigência constitucional exatamente para efetividade dos deveres fundamentais de proteção do Estado ao consumidor, a concentração dos poderes normativos num só ente federativo tornará duvidoso o comprometimento da defesa do consumidor, já que seria impossível a União ter resposta a todas as demandas espalhadas no país.

Ademais, o texto "legal" ressuscita (literalmente) preocupação anterior do SNDC: a lei de liberdade econômica (Lei 13.874/19). Referida legislação, "promotora de ambiente negocial" e sob o viés do empreendedorismo, quando dos debates no Congresso Nacional para votação e aprovação não conseguiu promover qualquer alteração no Código de Defesa do Consumidor. Apesar da então Medida Provisória 881/19, onde se fazia o texto inaugural, ter dispositivo quanto às relações de consumo, não houve por parte do parlamento concordância em qualquer modificação do CDC. Contudo, o Decreto 10.887/21 retoma referida legislação no âmbito das relações de consumo (sem o aval legislativo), exatamente no capítulo das práticas abusivas ensejadoras de danos e riscos desnecessários ao consumidor.

Entretanto, se o Decreto se valeu dessa legislação "libertária" deveria atendê-la na plenitude e apresentar o *impacto regulatório* exigido pelo disposto no art. 5º[11] revelando, efetiva e minudentemente, não apenas as "consequências" da edição, eficiência e eficácia da respectiva aplicação, mas ainda a ostentada "segurança jurídica" que lhe tenciona proteger.

O preceito dos direitos humanos que determina a "interpretação mais favorável aos vulneráveis" restou notadamente atropelado na simples edição deste Decreto. Ao consumidor não se fez as mesuras e garantias administrativas exigidas pela Constituição Federal. Se houve beneficiado, não foi o consumidor. O discurso – *oportunamente inadequado* – quanto ao conceito de "segurança jurídica" carece de pontual "*desmitologização*"[12], pois na forma como disposta entre a causa subjacente e o texto produzido se percebe falsa realidade incompatível com os direitos fundamentais do consumidor.

---

11. "Art. 5º. As propostas de edição e de alteração de atos normativos de interesse geral de agentes econômicos ou de usuários dos serviços prestados, editadas por órgão ou entidade da administração pública federal, incluídas as autarquias e as fundações públicas, serão precedidas da realização de análise de impacto regulatório, que conterá informações e dados sobre os possíveis efeitos do ato normativo para verificar a razoabilidade do seu impacto econômico".
12. PALMER, Richard E. **Hermenêutica**. Lisboa: Edições 70, 2011, p. 38.

O ESTATUTO DA CIDADANIA DO MERCOSUL E O DIREITO DO CONSUMIDOR

Luciane Klein Vieira

Doutora em Direito (área: internacional) pela *Universidad* de Buenos Aires – UBA. Professora do Programa de Pós-Graduação em Direito da Universidade do Vale do Rio dos Sinos – Unisinos. Diretora para o Mercosul do Brasilcon.

No dia 26 de março de 2021, ocasião em que o Mercado Comum do Sul (MERCOSUL) comemorou, de uma forma um tanto tumultuada, os seus 30 anos de existência, nos foi dado a conhecer o *Estatuto da Cidadania do MERCOSUL*[1], iniciativa normativa que contempla direitos dos cidadãos mercosulinos, reunidos em 10 distintos eixos temáticos, a saber: a) circulação de pessoas; b) integração fronteiriça, c) cooperação judicial e consular; d) trabalho e emprego; e) seguridade social; f) educação; g) transporte; h) comunicações; i) defesa do consumidor; j) direitos políticos e acesso do cidadão aos órgãos do MERCOSUL.

Essa iniciativa teve como base o cumprimento do disposto na Decisão 64/2010,[2] pela qual o Conselho do Mercado Comum (CMC), principal órgão do bloco, determinou que os Estados teriam até o 30º aniversário da assinatura do Tratado de Assunção[3] – que criou o MERCOSUL – para trabalhar na confecção de um instrumento que contemplasse, num corpo único, os direitos concedidos aos nacionais e residentes dos Estados Partes do MERCOSUL – Argentina, Brasil, Paraguai e Uruguai. O intuito da norma referida é aprofundar a dimensão social e cidadã do processo de integração, com vistas à implementação de uma política de livre circulação de pessoas, pautada na igualdade de direitos e liberdades civis, sociais, culturais e econômicas, bem como, na igualdade de condições de acesso ao trabalho, saúde e educação (art. 2º da Decisão 64/2010).

Apesar de muitas das orientações contidas no Plano de Ação aprovado pela Decisão 64/2010 não terem se convertido em realidade até a data aprazada, muito em

---

1. O inteiro teor do Estatuto pode ser consultado em: Mercado Comum do Sul (Mercosul). *Estatuto da Cidadania do MERCOSUL*. Assunção: 2021. Disponível em: https://www.mercosur.int/pt-br/estatuto-cidadania-mercosul/. Acesso em: 29 nov. 2021.
2. MERCADO COMUM DO SUL (MERCOSUL). *Estatuto da Cidadania do MERCOSUL*: Plano de Ação. Decisão 64/2010. Foz do Iguaçu: CMC, 16 dez. 2010. Disponível em: https://normas.mercosur.int/simfiles/normativas/71547_DEC_064-2010_PT_Estatuto%20Cidadania-Plano%20de%20A%C3%A7%C3%A3o_Atualizada.pdf. Acesso em: 20 nov. 2021.
3. Mercado Comum do Sul (Mercosul). *Tratado de Assunção para a Constituição de um Mercado Comum*. Assunção: 26 mar. 1991. Disponível em: https://normas.mercosur.int/simfiles/normativas/71547_DEC_064- https://www.mercosur.int/pt-br/documentos-e-normativa/textos-fundacionais/. Acesso em: 20 nov. 2021.

virtude da não internalização das normas aprovadas pelos próprios Estados Partes, o certo é que o bloco conta, a partir de 26 de março deste ano, com uma nova ferramenta que recopila os direitos e garantias contidos em normativas vigentes – um tanto dispersas e muitas vezes de difícil compreensão e acesso para o leigo –, com o escopo de dar visibilidade a esses direitos, aproximando o cidadão do MERCOSUL, na perspectiva de criar, a futuro, um conceito de cidadão mercosulino.

No que nos interessa, a proteção do consumidor que atua no mercado integrado é um dos eixos que merece nossa atenção. Nesse sentido, o art. 3º da Decisão 64/2010 determinou que deveria ser criado, na região, um *Sistema Mercosul de Defesa do Consumidor*, composto por um Sistema Mercosul de Informações de Defesa do Consumidor, uma ação regional de capacitação (Escola Mercosul de Defesa do Consumidor) e uma norma Mercosul aplicável aos contratos internacionais de consumo. Pois bem, de 2010 pra cá, apesar dos esforços do Comitê Técnico 7 (CT 7), órgão dependente da Comissão de Comércio do Mercosul (CCM), integrado pelas autoridades nacionais de aplicação e responsável pela harmonização de legislações nacionais sobre defesa do consumidor,[4] pouco se avançou nesse sentido. Isso porque, a criação do Sistema de Informações que reunisse dados vinculados ao consumo nos quatro Estados Partes não ocorreu; a Escola Mercosul de Defesa do Consumidor, apesar de ter sido criada em 2015 e o seu curso de formação já ter tido algumas edições, não obteve o alcance esperado, nem mesmo o apoio de todos os Estados para a sua implementação (a exemplo do Brasil, que trabalhou na criação da Escola, mas logo depois entregou para a Argentina a sua gestão, alegando falta de recursos); e o Acordo sobre Direito Aplicável aos Contratos Internacionais de Consumo,[5] aprovado em 2017, até hoje não obteve a ratificação de nenhum dos Estados Partes, quiçá por ser uma norma por demais visionária e protetiva que, entre outras soluções, se pauta na aplicação da norma mais favorável ao consumidor, traz à baila a proteção ao consumidor que sai do Estado de seu domicílio para contratar – conhecido como consumidor turista, um sujeito olvidado nas mais modernas legislações de fonte interna e internacional vigentes ao redor do mundo –, ampliando, assim, a tutela do consumidor que atua com projeção transfronteiriça....

O fato é que nesse eixo temático, o Estatuto apresenta efetivamente direitos do consumidor, mas não sob a égide dos três aspectos determinados pela agenda de trabalho contida na Decisão 64, antes referida, mas sim, com base em algumas (poucas!) normas que lograram entrar em vigência nos quatro Estados Partes, pese às dificuldades apresentadas.

---

4. Sobre o trabalho do CT 7 durante toda a sua existência, ver: MARQUES, Claudia Lima; VIEIRA, Luciane Klein; BAROCELLI, Sergio Sebastián (Org.). *Los 30 años del MERCOSUR*: avances, retrocesos y desafíos en materia de protección al consumidor. Buenos Aires: IJ Editores, 2021. Disponível em: https://latam.ijeditores.com/index.php?option=publicacion&idpublicacion=836. Acesso em: 20 nov. 2021.
5. Mercado Comum do Sul (Mercosul). *Acordo do MERCOSUL sobre Direito Aplicável em Matéria de Contratos Internacionais de Consumo*. Brasília: 20 dez. 2017. Disponível em: https://normas.mercosur.int/simfiles/normativas/67229_DEC_036-2017_PT_Acordo%20Consumo.pdf. Acesso em: 20 nov. 2021.

Sob esta ótica, o Estatuto, tendo como base a Resolução 124/1996[6] do Grupo do Mercado Comum (GMC), enumera um rol de direitos básicos dos consumidores, retomando aspectos importantes da legislação dos seus respectivos membros, bem como a Declaração de Direitos Fundamentais do Consumidor, de 2000. Para tanto, elenca como garantias do consumidor: a proteção da vida, saúde e segurança; o direito à educação e informação sobre o consumo adequado de produtos e serviços; a proteção contra a publicidade enganosa e abusiva; o direito à efetiva prevenção e reparação de danos; o direito de acesso aos órgãos judiciais e administrativos; o direito de associação em organizações e à uma adequada e eficaz prestação dos serviços públicos ou privados.

Na sequência, o Estatuto, apoiando-se na Resolução 42/1998[7] do GMC, determina que os consumidores têm direito, no tocante à oferta de produtos e serviços, a que lhes seja expedida uma garantia contratual por escrito, no idioma do Estado Parte de consumo, de fácil compreensão, e que contemple todas as informações necessárias sobre a sua utilização, determinação essa que resgata a obrigatoriedade do fornecimento de garantia nas compras efetuadas no território mercosulino.

Com foco na necessidade de redução da vulnerabilidade informacional imposta ao consumidor que contrata por meio do comércio eletrônico, o Estatuto também traz à colação as orientações contidas na Resolução 21/2004[8] do GMC, dando destaque ao direito à informação clara, precisa, suficiente e de fácil acesso sobre o fornecedor, o produto ou serviço, os procedimentos para cancelamento da contratação, devolução, troca do produto, reembolso, riscos à saúde e segurança, garantia e política de privacidade com relação aos dados pessoais do consumidor, na tentativa de gerar confiança e previsibilidade nas transações efetuadas pelo ciberespaço.

O direito à informação, importante ferramenta para a mitigação da vulnerabilidade do consumidor, se faz novamente presente no Estatuto, quando este aborda a preocupação com a saúde e a segurança do consumidor, na medida em que determina que cabe ao fornecedor oferecer informação veraz, eficaz e suficiente sobre as características essenciais dos produtos e serviços, devendo ser disponibilizado no mercado somente produtos e serviços que não apresentem riscos ao consumidor, excetuados aqueles considerados normais e previsíveis, determinação constante na Resolução 125/1996[9] do GMC.

---

6. Mercado Comum do Sul (Mercosul). *Defesa do Consumidor – Direitos Básicos*. Fortaleza: 13 dez. 1996. Disponível em: https://normas.mercosur.int/simfiles/normativas/26842_RES_124-1996_PT_DefConsDerBas.pdf. Acesso em: 20 nov. 2021.
7. Mercado Comum do Sul (Mercosul). *Defesa do Consumidor – Garantia Contratual*. Rio de Janeiro: 8 dez. 1998. Disponível em: https://normas.mercosur.int/simfiles/normativas/21742_RES_042-1998_PT_Defesa%20Consumidor%20Gar%20Contratual_Ata%204_98.pdf. Acesso em: 20 nov. 2021.
8. Mercado Comum do Sul (Mercosul). *Direito à Informação do Consumidor nas Transações Comerciais Efetuadas através da Internet*. Brasília: 8 out. 2004. Disponível em: https://normas.mercosur.int/simfiles/normativas/11012_RES_021-2004_PT_DirInfConsumidorTransaComInternet.pdf. Acesso em: 20 nov. 2021.
9. Mercado Comum do Sul (Mercosul). *Defesa do Consumidor – Proteção à Saúde e Segurança do Consumidor*. Fortaleza: 13 dez. 1996. Disponível em: https://normas.mercosur.int/simfiles/normativas/26845_RES_125-1996_PT_DefConPrSalSeg.pdf. Acesso em: 20 nov. 2021.

Como se observa, apesar da importância do Estatuto, que tem o intuito de divulgar os direitos reconhecidos pelo Mercosul entre os cidadãos mercosulinos – verdadeiros destinatários da integração –, muitos direitos do consumidor, aprovados em resoluções e decisões, ainda não constam deste instrumento, por não terem sido internalizadas pelos Estados, a exemplo da Resolução 36/2019,[10] que insere uma série de princípios na região, tais como o princípio do consumo sustentável, incorporada ao direito interno somente pela Argentina e pelo Paraguai, e da recente Resolução 11/2021,[11] que reconhece a existência de categorias de consumidores hipervulneráveis, a exemplo do consumidor migrante e do consumidor turista, ainda pendente de internalização pelos Estados.

Não obstante isso, o próprio Estatuto se auto declara ser um instrumento dinâmico, atualizado à medida em que novos direitos e benefícios forem sendo reconhecidos pelas normas do Mercosul. É o caso, por exemplo, da recente entrada em vigência da Resolução 37/2019[12] sobre o comércio eletrônico, que entre outras determinações resgata o direito à informação e põe em evidência que o consumidor deve ter acesso a mecanismos rápidos, eficazes e alternativos de resolução de controvérsias, oferecidos inclusive por meios eletrônicos, e que proximamente integrará o Estatuto em referência.

Esperamos que este instrumento possa ter o alcance que se pretendeu em 2010 quando se deram os primeiros passos rumo à sua construção, e que a região consiga reconhecer a proteção do consumidor como ferramenta essencial para a construção do conceito de cidadão mercosulino. No entanto, a responsabilidade pelo êxito dos objetivos do Estatuto não deve ser atribuída somente aos Estados e aos fornecedores que atuam na região integrada, mas sim a todos nós, nacionais e residentes dos Estados Partes, que temos a obrigação de conhecer nossos direitos, para assim podermos cobrar o seu cumprimento.

---

10. Mercado Comum do Sul (Mercosul). *Defesa do Consumidor – Princípios Fundamentais*. Santa Fe: 15 jul. 2019. Disponível em: https://normas.mercosur.int/simfiles/normativas/73866_RES_036-2019_PT_Defesa%20Consumidor%20Princ%C3%ADpios%20Fundamentais.pdf. Acesso em: 20 nov. 2021.
11. Mercado Comum do Sul (Mercosul). *Proteção ao Consumidor Hipervulnerável*. Montevidéu: 26 ago. 2021. Disponível em: https://normas.mercosur.int/simfiles/normativas/85763_RES_011-2021_PT_Protecao%20Consumidor%20Hipervulneravel.pdf. Acesso em: 20 nov. 2021.
12. Mercado Comum do Sul (Mercosul). *Defesa do Consumidor – Proteção ao Consumidor no Comércio Eletrônico*. Santa Fe: 15 jul. 2019. Disponível em: https://normas.mercosur.int/simfiles/normativas/73867_RES_037-2019_PT_Prote%C3%A7%C3%A3o%20Consumidor%20Com%C3%A9rcio%20Eletr%C3%B4nico.pdf. Acesso em: 20 nov. 2021.

BRASIL CAI (MAIS) DOZE POSIÇÕES EM *RANKING* MUNDIAL NO QUE TANGE A RESPEITO AOS DIREITOS FUNDAMENTAIS: E A *DEFESA DO CONSUMIDOR* COM ISSO?

Fernando Rodrigues Martins

Doutor e Mestre em Direito das Relações Sociais pela PUC-SP. Professor nos cursos de Graduação e Pós-Graduação da Faculdade de Direito da UFU. Presidente do Instituto Brasileiro de Política e Direito do Consumidor (Brasilcon). Promotor de Justiça em Minas Gerais.

Jonas Sales Fernandes

Pós-Graduado em Direito Civil e Processo Civil. Vice-presidente da Comissão de Contratos e Responsabilidade Civil da OAB/DF. Membro Diretor do Instituto Brasileiro de Política e Direito do Consumidor (Brasilcon). Advogado.

"Aperfeiçoa-te na arte de escutar. Só quem ouviu o rio pode ouvir o mar."[1]

Só os profetas enxergam o óbvio.[2] A frase é do maior dramaturgo brasileiro, Nelson Rodrigues, o qual, como consabido, também é considerado um dos maiores expoentes da crônica nacional, notadamente pela sua forma de analisar (criticamente), por meio de colunas jornalísticas, crônicas e peças teatrais, *a vida como ela é*.

A obviedade que aqui interessa com mais vagar salta aos olhos de qualquer profeta (cidadão): pelo sexto ano seguido, de 2015-2021, o desempenho do Brasil no quesito respeito a direitos fundamentais cai assustadoramente (doze posições), como aponta o *ranking* do *World Justice Project: Rule of Law Index 2021*.

E por que obviedade? Porque, uma vez que *o direito não é só coisa que se sabe, mas também, e principalmente, coisa que se sente*, como dizia Tobias Barreto[3], nós, os

---

1. Altino Caixeta de Castro (Leão de Formosa).
2. RODRIGUES, Nelson. *Só os profetas enxergam o óbvio*: frases inesquecíveis de Nelson Rodrigues. Rio de Janeiro, Nova Fronteira, 2020, pp. 6-7.
3. BARRETO, Tobias. *Monografias em alemão*. Sergipe: Secretaria de Educação e Cultura, 1978.

consumidores (e somos todos[4]), temos sentido esvair-se ligeiramente direitos fundamentais conquistados em décadas de duríssima *luta pelo direito*.[5]

O *World Justice Project*[6] é organização independente e multidisciplinar que trabalha para gerar conhecimento e conscientização da população sobre a importância do devido processo legal no mundo.

Nesse sentido, por meio do *Rule of Law Index*[7] avalia-se anualmente oito fatores que podem influenciar nessa percepção de atendimento ao devido processo legal. A saber: *eficiência dos sistemas de justiça civil e criminal, combate à corrupção, atividade regulatória, transparência governamental, ordem e segurança, limitação aos poderes governamentais e respeitos aos direitos fundamentais.*

Sobre especificamente o respeito a direitos fundamentais, em 2015, primeiro ano de aferição deste indicativo (*fundamental rights*), o Brasil ocupou a 46ª posição no *ranking* entre os 113 países analisados. Em 2016, 52ª posição; em 2017-2018, o país ocupou a 59ª posição; em 2019, a 68ª; em 2020, a 83ª; e, em 2021, entre os 139 países verificados, o Brasil alcançou a infeliz marca de 95ª nação no que se refere a respeito aos direitos fundamentais. Veja-se:

---

4. "O novo aqui foi considerar que "todos somos consumidores", em algum momento de nossas vidas temos este status, este papel social e econômico, estes direitos ou interesses legítimos, que são individuais, mas também são os mesmos no grupo identificável (coletivo) ou não (difuso), que ocupa aquela posição de consumidor. Do seu aparecimento nos Estados Unidos levou certo tempo para "surgir" legislativamente no Brasil, apesar de ter conquistado facilmente a Europa e todos os países de sociedade capitalista consolidada na época" In: BENJAMIN, Antonio; MARQUES, Claudia; BESSA, Leonardo. *Manual de Direito do Consumidor*. São Paulo: Editora Revista dos Tribunais. 2021, p. 7.
5. "O direito é um labor contínuo, não apenas dos governantes, mas de todo o povo". JHERING, Rudolf Von. *A luta pelo direito*. 6. ed., trad. José Cretella Jr. e Agnes Cretella. São Paulo: Editora Revista dos Tribunais, 2010, p. 35.
6. https://worldjusticeproject.org/.
7. https://worldjusticeproject.org/rule-of-law-index/.

Apenas para citar dez países que estão à frente do Brasil neste *ranking*: Jordânia (94ª posição), El Salvador (89ª posição), Nepal (85ª posição), Malásia (84ª posição), Guatemala (74ª posição), Suriname (77ª posição), Siri Lanka (76ª posição), Guiana (68ª posição), Mongólia (63ª posição) e Uruguai (16ª posição).

Como nunca é demais lembrar, sobretudo em tempos de crise, direitos fundamentais constituem conceito que engloba tanto os *direitos humanos universais* quanto os *direitos nacionais dos cidadãos*. Ambos integram, como anota Georges Abboud, posto que com intensidades diferentes, parte integrante de *todo Estado Constitucional*.[8]

Não existe, nesta linha de raciocínio, *Estado Constitucional se não houver a respectiva proteção e garantia de direitos fundamentais*. É que o Estado Constitucional traduz, na ponta e no fim, a evolução do Estado de Direito. Isto exatamente porque assegura (deve!), em última instância, seja contra outros particulares ou mesmo qualquer segmento do Poder Público, a proteção dos direitos fundamentais.[9]

Ora bem: felizmente é certo que são inúmeros os direitos fundamentais encartados na Constituição Federal de 1988, mas interessa a este artigo mais propriamente, e até em exercício de retrospectiva, afinal *o caminho para entender o direito de hoje é a história*[10], verificar quais desrespeitos ocorreram no ano que se passou, mormente no que tange ao direito constitucional fundamental à *defesa do consumidor*, em busca evidentemente de pistas que justifiquem a queda de doze posições no *ranking* global.

Insculpida no inciso XXXII do artigo 5.º da Carta da República, a defesa do consumidor como direito fundamental, de acordo com Bruno Miragem, justifica-se no exato reconhecimento de uma situação *a priori* de desigualdade, à qual as normas de proteção do consumidor realizam a equalização de condições, na linha de entendimento do que disciplinou o direito europeu, por intermédio do artigo 38 da Carta dos Direitos Fundamentais da União Europeia, que refere: "as políticas da União devem assegurar um elevado nível de defesa dos consumidores".[11]

Claudia Lima Marques, por seu turno, registra que o aspecto diferenciador dessa proteção do consumidor com *status* de direito fundamental finca suas bases

---

8. ABBOUD, Georges. *Processo Constitucional Brasileiro*. 4. ed. rev. atual. e ampl. São Paulo: Thomson Reuters Brasil, 2020, p. 854.
9. Os direitos fundamentais são a razão de ser, ademais, da própria jurisdição constitucional. Assim: MULLER, Friedrich. Teoria e interpretação dos direitos humanos nacionais e internacionais – especialmente na ótica da teoria estruturante do direito, *In*: CLÈVE, Clémerson; SARLET, Ingo Wolfang. *Direitos humanos e democracia*. Rio de Janeiro: Forense, 2007; também ABBOUD, Georges. *Processo constitucional brasileiro*. 4ª ed. São Paulo: Thomson Reuters, 2020, pp. 856-857.
10. "Em outras palavras, se o direito é cultura, analisar a evolução histórica do direito de um país jovem, ex-colônia, federativo e multicultural como o Brasil, é de certa forma tentar identificar, na base de suas fontes legislativas (*Rechtsquellen*), seus métodos ou técnicas jurídicas (*Rechtstechnicken*), e suas instituições jurídicas (*Rechtsinstituitionen*), os elementos ou ideias norteadoras a fornecer uma identidade cultural para a nação e seu direito privado." *In*: MARQUES, Claudia Lima; MIRAGEM, Bruno. *O novo direito privado e a proteção dos vulneráveis*. 2ª ed. rev. atual. São Paulo: Editora Revista dos Tribunais, 2014, p. 19.
11. MIRAGEM, Bruno. *Curso de direito do consumidor*. 6. ed. ver. atual. e ampl. São Paulo: Editora Revista dos Tribunais, 2016, p. 65.

na identificação *deste novo sujeito de direitos, deste grupo de não iguais, de vulneráveis com conotações pós-modernas fortes.*[12]

Passa-se, pois, a alguns retrocessos – por limitações textuais – (desrespeito ao direito constitucional fundamental de defesa do consumidor).

– *Decreto 10.887/2021, que alterou o Decreto 2.181/1997, que regulamenta, no âmbito administrativo, o Código de Defesa do Consumidor.*[13]

Acerca da dosimetria das sanções pecuniárias, o Decreto cria dois novos critérios, a saber: *extensão do dano* e *proporcionalidade entre gravidade da falta e intensidade da sanção*. Veja-se o quanto contido no artigo 28: "observado o disposto no art. 24 pela autoridade competente e respeitados os parâmetros estabelecidos no parágrafo único do art. 57 da Lei nº 8.078, de 1990, a pena de multa fixada considerará: I – a gravidade da prática infrativa; II – a extensão do dano causado aos consumidores; III – a vantagem auferida com o ato infrativo; IV – a condição econômica do infrator; e V – a proporcionalidade entre a gravidade da falta e a intensidade da sanção."

Sobre esse dispositivo normativo, importantes são as anotações de Adalberto Pasqualotto e Flávia do Canto Pereira, ao questionarem: "como mensurar a extensão do dano e principalmente a gravidade da falta com a intensidade da sanção? O novo decreto esbarra no mesmo problema de ausência de critérios objetivos para fins de dosimetria. Dessa forma, caberá a cada Procon definir os critérios, e não à Senacon."[14]

Ainda sobre o Decreto, são referidas críticas às vagas hipóteses de atenuação às sanções pecuniárias[15], bem assim ao artigo 28-A, que abranda, em muito, o *quantum* de aplicação de uma multa, haja vista afirmar que elementos que forem utilizados para fixação da pena-base não podem ser valorados novamente como circunstâncias agravantes ou atenuantes.[16]

– *PL 2766/21, em trâmite na Câmara de Deputados: altera a Lei 8.078, de 11 de setembro de 1990 e dá outras providências.*

O mencionado Projeto de Lei procurar atingir, no todo, a proteção administrativa do consumidor encartada nos artigos 55, 56 e 57 do Código de Defesa do Consumidor.

---

12. MARQUES, Claudia Lima; MIRAGEM, Bruno. *O novo direito privado e a proteção dos vulneráveis*. 2. ed. rev. atual. São Paulo: Editora Revista dos Tribunais, 2014, p. 155.
13. https://www.in.gov.br/en/web/dou/-/decreto-n-10.887-de-7-de-dezembro-de-2021-365395151.
14. PASQUALOTTO, Adalberto; PEREIRA, Flávia do Canto. *Coluna Garantias do Consumo, Concentração de poderes em secretaria não melhora proteção ao consumidor*. Disponível em: < https://www.conjur.com.br/2021-dez-15/garantias-consumo-concentracao-poderes-secretaria-nao-melhora-protecao-consumidor2>. Acesso em 6 jan. 2022.
15. Art. 28-A. Na fixação da pena de multa, os elementos que forem utilizados para a fixação da pena-base não poderão ser valorados novamente como circunstâncias agravantes ou atenuantes.
16. Art. 28-B. Ato do Secretário Nacional do Consumidor do Ministério da Justiça e Segurança Pública poderá estabelecer critérios gerais para: I – a valoração das circunstâncias agravantes e atenuantes, de que tratam os art. 25 e art. 26; e II – a fixação da pena-base para a aplicação da pena de multa. (NR)

Conforme estruturação feita em anterior artigo sobre cada uma das propensas alterações: "a) Na hipótese de 'conflito de competência' entre órgãos de mais de um estado ou município, caberá à autoridade do sistema nacional ou estadual dirimir a controvérsia, a fim de que seja aplicada 'sanção única' (alteração proposta para o artigo 55); b) Vedação de autuação na primeira visita, à exceção das infrações gravíssimas, sendo que na aplicação das sanções o órgão fiscalizador deverá, motivadamente, optar por aquelas que preservem o 'mercado' e os direitos do consumidor, substituindo a multa por obrigações de fazer (proposição para o artigo 56); c) Proibição de utilização dos valores arrecadados como multa pelos órgãos de proteção e defesa do consumidor, estabelecendo que os critérios para fixação de multa (gravidade da infração, vantagem auferida e porte econômico do fornecedor) deverão ser guiados pela equidade e motivação, com observância de parametrização em salários mínimos, limitação da condição econômica do fornecedor aos três últimos meses anteriores à lavratura do auto (enquanto nova redação ao artigo 57)."[17]

Em rigor, tal iniciativa desconsidera a competência para legislar sobre essa matéria; agride a função social da sanção; bem como prestigia a gravidade da infração e não os efeitos deletérios à pessoa humana por riscos e perigos não afastados de todo[18]. Troca-se o foco no sujeito de direitos escolhido pela Constituição de 1988 para ser protegido, nomeadamente por meio de tratamento concedido a direito e garantia fundamental, para se favorecer consequências econômicas de sanção.

Por fim, veja-se o quanto se lutou, no ano que se passou, para se criar maior dificuldade aos vulneráveis consumidores (pedindo perdão pelo pleonasmo, mas o óbvio precisa ser dito, insiste-se), no que diz respeito a *pretensão resistida*.

– *Emendas parlamentares 67, 94 e 160 à Medida Provisória n. 1.040, de 2021.*

Como consta da Ementa da referida MP, ela dispõe sobre a facilitação para abertura de empresas, a proteção de acionistas minoritários, a facilitação do comércio exterior, o Sistema Integrado de Recuperação de Ativos etc. A justificativa, enfim, está alegadamente pautada em *medidas de desburocratização para aumento de competitividade e modernização do ambiente de negócios no país.*[19]

Sobre o tema, fica aqui com o excerto preciso de Mariângela Sarrubbo Fragata e Marcelo Gomes Sodré, ao arrematarem (após fundamentada crítica) que: "A MP não trata do tema da defesa dos consumidores. Mas, tal qual um surpreendente e espertinho jabuti, surge agora na forma de emendas à proposta de excluir o direito

---

17. MARTINS, Fernando Rodrigues. *Coluna Garantias do Consumo. O enfraquecimento da tutela administrativa dos vulneráveis* (Parte 1). In: < https://www.conjur.com.br/2021-dez-08/garantias-consumo-enfraquecimento-tutela-administrativa-vulneraveis-parte#_ftn7>. Acesso em 6 jan. 2022.
18. Idem.
19. Assim: *Medida Provisória n. 1040, de 2021 (Modernização do ambiente de negócios no país).* Disponível em: <https://www.congressonacional.leg.br/materias/medidas-provisorias/-/mpv/147864>. Acesso em 6 jan. 2022.

de as pessoas exercerem seus direitos quando julgarem oportuno [...] Para os consumidores será mais um ataque aos seus direitos."[20]

Para que o Brasil possa avançar no que tange ao respeito e a efetividades dos direitos e das garantias fundamentais, deve, como registra Carlos Ayres Britto, fazer da Constituição Federal de 1988 trilha de obrigatória passagem por todos os Poderes da República (artigo 2.º da CRFB/88). Ou seja, se a Lei Fundamental é quem engloba a vontade do povo de ontem, de hoje e de amanhã, logo, então, deve ela *governar de modo permanente quem governa de maneira transitória*, se sobrepujando a qualquer interesse que não seja os que estão nela prescritos.[21]

---

20. FRAGATA, Mariângela Sarrubbo; SODRÉ, Marcelo Gomes. *Jabuti no telhado dos consumidores*. Coluna Garantias do Consumo. *In*: <https://www.conjur.com.br/2021-abr-28/garantias-consumo-jabuti-telhado--consumidores>. Acesso em 6 jan. 2022.
21. BRITTO, Carlos Ayres. *O humanismo como categoria constitucional*. Editora Fórum: Belo Horizonte, 2012, pp. 98-99.

SMART CONTRACTS NAS RELAÇÕES DE CONSUMO

Marcela Joelsons

Doutoranda em Direito do Consumidor e Concorrencial pela UFRGS, Mestre em Direito Europeu e Alemão pela UFRGS. Especialista em Direito do Consumidor pela Universidade de Coimbra, em Direito Processual Civil pela PUC-RS e em Direito Civil Aplicado pela UFRGS. Pesquisadora no grupo de pesquisa CNPq Mercosul, Direito do Consumidor e Globalização e advogada sócia da área de Consumidor e *Product Liability* no Souto Correa Advogados.

Os avanços da tecnologia trouxeram transformações ao mercado de consumo, impactando as formas de oferta e contratação pelos consumidores, com reflexos na configuração dos instrumentos contratuais. Mediante simples aceitação, não apenas a celebração do contrato pode se dar de modo virtual e automatizado, mas também a sua execução, por intermédio de softwares, algoritmos e inteligência artificial, que viabilizam o cumprimento de ordens predeterminadas. Trata-se dos denominados smart contracts, ou contratos inteligentes, que projetam a padronização dos comportamentos dos contratantes através da confiança em relação à exatidão do objeto contratado e sua execução, trazendo maior segurança no cumprimento das obrigações.[1]

A ideia por trás dos smart contracts foi proposta pela primeira vez por Nick Szabo em artigos publicados nos anos de 1990.[2] Para o autor, por meio da evolução dos algoritmos na era digital, seria possível o desenvolvimento de novas maneiras de formalização das obrigações, mais funcionais que os tradicionais contratos em papel. Assim, Szabo concebeu a ideia dos smart contract, como um conjunto de obrigações (promises), estabelecidas de forma digital, incluindo protocolos por meio dos quais as partes cumpririam tais obrigações.[3]

Atualmente, o conceito de contratos inteligentes está associado à tradução de comportamentos humanos em códigos de programação que controlam a própria execução da prestação obrigacional, sendo um requisito indispensável para sua

---

1. MIRAGEM, Bruno. Novo paradigma tecnológico, mercado de consumo digital e o Direito do Consumidor. *Revista de Direito do Consumidor*, São Paulo, v. 125, p. 17-62, set./out. 2019.
2. SZABO, Nick. Formalizing and securing relationships on public network. First Monday, v. 2, n. 9, set. 1997. Disponível em: http://firstmonday.org/ojs/index.php/fm/article/view/548/469. Acesso em: 31/10/2021. e SZABO, Nick. Smart Contracts: Building Blocks for Digital Markets. 1996. Disponível em: https://www.fon.hum.uva.nl/rob/Courses/InformationInSpeech/CDROM/Literature/LOTwinterschool2006/szabo.best.vwh.net/smart_contracts_2.html. Acesso em: 31/10/2021.
3. SZABO, Nick. Formalizing and securing relationships on public network. First Monday, v. 2, n. 9, set. 1997. Disponível em: http://firstmonday.org/ojs/index.php/fm/article/view/548/469. Acesso em: 31/10/2021.

configuração que a execução automatizada. É justamente esse design que assegura a sua performance – para o bem ou para o mal –, uma vez que retira qualquer discricionariedade humana do processo.[4]

Como vantagem, a automação da execução suscitada pelo smart contract pode traduzir relevante remédio ao inadimplemento contratual, pois elimina o risco do inadimplemento e ainda deflagra automaticamente mecanismos de defesa suscitados pelo descumprimento. Somam-se a isso outras possíveis utilidades, tais como a previsibilidade sobre o curso da execução contratual e a autonomia, diante da dispensa intermediários na relação, a agilidade, diante da sincronização no cumprimento das obrigações, além da própria economia gerada pela redução de custos. No caso de ser utilizada a tecnologia blockchain, outros ganhos são agregados, como a confiança, que é obtida pela descentralização de armazenamento das informações, e a segurança, pela utilização da criptografia que mantém o conteúdo do contrato seguro e torna o inviolável.[5]

Em que pese os aspectos tecnológicos envolvidos, os smart contracts nada mais são do que uma espécie de contratação e, desse modo, deverão atender às condições de legalidade dos contratos em geral, nos termos do Código Civil, já que não existe legislação específica que os regulamente no ordenamento jurídico brasileiro. Nesse prisma, como qualquer outro negócio jurídico, os contratos inteligentes precisam se adequar a determinados parâmetros e possuir certas características para que sua existência e validade sejam reconhecidas perante a lei e, caso não cumpram, deixarão de produzir seus efeitos jurídicos, se considerados nulos ou anuláveis.[6]

Adicionalmente, verifica-se que o controle de legalidade e o merecimento de tutela das estipulações contratuais passam a ser ainda mais relevantes em smart contracts inseridos nas relações de consumo, uma vez que os contratos inteligentes poderão contribuir no futuro uma nova etapa da padronização contratual, em sucessão das técnicas de condições gerais contratuais e dos contratos de adesão já implementados sociedade de massa, incrementada por novas tecnologias que ressaltam ainda mais a assimetria existente entre os contratantes.[7]

Claudia Lima Marques assevera que a relação de consumo, seja ela contratual ou extracontratual, é aquela em que existe de um lado um consumidor e do outro um

---

4. TERRA, Aline de Miranda Valverde; SANTOS, Deborah Pereira Pinto dos. Do pacta sunt servanda ao code is law: breves notas sobre a codificação de comportamentos e os controles de legalidade nos smart contracts. In: TEPEDINO, Gustavo; SILVA, Rodrigo da Guia (Coord.). *O direito civil na era da inteligência artificial*. São Paulo: Thomson Reuters Brasil, 2020. p. 397-409.
5. TEPEDINO, Gustavo; SILVA, Rodrigo da Guia. Smart contracts e as novas perspectivas de gestão do risco contratual. Pensar Revista de Ciências Jurídicas, Fortaleza, v. 26, n. 1, 2021. Disponível em: https://periodicos.unifor.br/rpen/article/view/11737. Acesso em: 31/10/2021.
6. CELLA, José Renato Gaziero; FERREIRA, Natasha Alves; SANTOS JÚNIOR, Paulo Guterres dos. (Des)necessidade de regulação dos contratos inteligentes e sua validade jurídica no Brasil. In: DONEDA, Danilo; MACHADO, Diego. *A Criptografia no Direito brasileiro*. São Paulo: Thomson Reuters Brasil, 2020. e-book.
7. MIRAGEM, Bruno. Novo paradigma tecnológico, mercado de consumo digital e o Direito do Consumidor. *Revista de Direito do Consumidor*, São Paulo, v. 125, p. 17-62, set./out. 2019.

fornecedor, tendo em vista que se trata de um campo de aplicação relacional, tal qual o próprio conceito de consumidor, que foi pensado constitucionalmente para uma relação entre diferentes, visando justamente à proteção desses diferentes.[8] Outrossim, a configuração da relação jurídica de consumo em smart contracts dá-se da mesma forma que a relação de consumo tradicional, posto que a tecnologia empregada e a eventual distância física entre consumidor e fornecedor não possuem o condão de desnaturar as definições basilares trazidas pelo Código de Defesa do Consumidor.

Considerando o smart contract dentro da concepção de um mecanismo de efetivação das prestações materiais de um contrato inscrito em um código computacional estruturado para execução automática, é possível sustentar, inclusive, a existência de smart contracts de consumo nos modelos de negócios dos dias atuais. Para Bruno Miragem, esse tipo contratual pode ser visto tanto na celebração e execução de contratos exclusivamente no meio digital, a exemplo de contratações de seguros que tem o pagamento do prêmio, a regulação e o recebimento de indenizações pela internet, como em casos de celebração e execução parcial no meio digital, a exemplo de reserva de hotéis em que o hóspede receba um código para acessar o local pelo período contratado, sem a necessidade de check-in presencial.[9]

Todavia, preocupa o fato de os consumidores serem leigos em relação ao uso da linguagem de programação, havendo, portanto, uma disparidade técnico-informacional, que poderá agravar a vulnerabilidade desses sujeitos em contratações inteligentes, conforme já alertado por Guilherme Magalhães Martins e José Faleiros Junior.[10] Entre os novos riscos oriundos da referida assimetria, pode-se citar termos contratuais fraudulentos e injustos, que tradicionalmente seriam policiados pelos tribunais, mas que nas circunstâncias dos smart contracts se proliferariam à medida em que as partes que entendem de códigos se aproveitariam do ingênuo em relação ao código, o que igualmente poderia levar a uma dependência dos técnicos que detêm conhecimento à utilização desses sistemas.[11] Em qualquer desses casos, o funcionamento dos smart contracts e a própria automação da execução por eles promovida poderão, ao invés de produzir a objetividade e a previsibilidade comumente associadas a esse mecanismo, gerar consideráveis efeitos negativos.[12]

---

8. BENJAMIN, Antonio Herman; MARQUES, Claudia Lima; BESSA, Leonardo Roscoe. *Manual de Direito do Consumidor*. 9. ed. São Paulo: Revista dos Tribunais, 2021. e-book.
9. MIRAGEM, Bruno. Novo paradigma tecnológico, mercado de consumo digital e o Direito do Consumidor. *Revista de Direito do Consumidor*, São Paulo, v. 125, p. 17-62, set./out. 2019.
10. MARTINS, Guilherme Magalhães; FALEIROS JUNIOR, José Luiz de Moura. Reflexões sobre contratos inteligentes (Smart contracts) e seus principais reflexos jurídicos. In: EHRDARDT JUNIOR, Marcos; CATALAN, Marcos; MALHEIROS, Pablo (Coord.). *Direito civil e tecnologia*. Belo Horizonte: Forum, 2020. p. 189-208.
11. SKLAROFF, Jeremy M. Smart Contracts and the Cost of Inflexibility. University of Pennsylvania Law Review, Pennsylvania, v. 166, p. 263-303, 2017. Disponível em: https://scholarship.law.upenn.edu/cgi/viewcontent.cgi?article=1009&context=prize_papers. Acesso em: 30/10/2021.
12. TEPEDINO, Gustavo; SILVA, Rodrigo da Guia. Smart contracts e as novas perspectivas de gestão do risco contratual. *Pensar Revista de Ciências Jurídicas*, Fortaleza, v. 26, n. 1, 2021. Disponível em: https://periodicos.unifor.br/rpen/article/view/11737. Acesso em: 31/10/ 2021.

Por isso é importante reforçar que o caráter autoexecutável dos contratos inteligentes não elimina a necessidade de haver também um controle judicial de legalidade sobre seu conteúdo, especialmente nos casos de contratos de adesão, condições gerais ou termos de uso, decorrentes da prática contratual determinada pela programação de execução realizada pelo fornecedor, sendo garantida a proteção contratual ao consumidor à luz do CDC.[13]

Dentro desse contexto, o primeiro instrumento para a proteção da confiança do consumidor no vínculo contratual dos smart contracts será a interpretação judicial a seu favor, nos termos do artigo 47 do CDC. O segundo instrumento será a possibilidade de revisão do contrato em razão de fatos supervenientes que as tornem excessivamente onerosas para o consumidor, nos termos do artigo 6, V, positivando, assim, pelo menos para o consumidor, a teoria da imprevisão. O terceiro instrumento será a proteção contra cláusulas abusivas, em observância à lista exemplificativa e não exaustiva de cláusulas abusivas, prevista no artigo 51, bem como aquelas que estabeleçam obrigações consideradas iníquas, que coloquem o consumidor em desvantagem exagerada, ou sejam, incompatíveis com a boa-fé ou a equidade.[14]

Note-se que o artigo 51, § 2º, do CDC permitirá a resolução do contrato, quando, da nulidade de uma cláusula, apesar dos esforços de integração do contrato, decorrer ônus excessivo para qualquer das partes.[15] Assim, não sendo possível a composição da lide e nem o caso de nulidade incontornável, poderá o juiz, por força do poder revisionista que lhe é conferido, em defesa do direito do consumidor, artigo 6º, V, do CDC prolatar sentença constitutiva para rever o eixo obrigacional do contrato alterando a base normativa da avença, para equalizar a situação de desequilíbrio ou desproporção entre as prestações e de promover a justiça social no caso concreto.[16]

Ademais, no âmbito dos smart contracts, a boa-fé objetiva deverá exsurgir renovada. Assim, independentemente de o contrato ser ou não inteligente, autoexecutável e estar inserido em uma base de dados criptografada e descentralizada, fato é que a sua natureza contratual se mantém hígida, pelo que, antes da criação dos códigos de programação, o fornecedor que dispõe sobre as cláusulas em linguagem humana, ainda que verbalmente, deverá se pautar pela lealdade e cooperação, considerando todos os deveres de informação e cuidado ao consumidor impostos pela boa-fé objetiva.[17]

---

13. MIRAGEM, Bruno. Novo paradigma tecnológico, mercado de consumo digital e o Direito do Consumidor. *Revista de Direito do Consumidor*, São Paulo, v. 125, p. 17-62, set./out. 2019.
14. MARQUES, Claudia Lima. Novas regras sobre a proteção do consumidor nas relações contratuais. *Revista de Direito do Consumidor*, v. 1, p. 27-54, jan./mar. 1992.
15. RANGEL, Maurício Crespo. A Revisão Contratual no Código de Defesa do Consumidor. *Revista de Direito do Consumidor*, v. 71, p. 168-194, jul./set. 2009.
16. RANGEL, Maurício Crespo. A Revisão Contratual no Código de Defesa do Consumidor. *Revista de Direito do Consumidor*, v. 71, p. 168-194, jul./set. 2009.
17. TERRA, Aline de Miranda Valverde; SANTOS, Deborah Pereira Pinto dos. Do pacta sunt servanda ao code is law: breves notas sobre a codificação de comportamentos e os controles de legalidade nos smart contracts. In: TEPEDINO, Gustavo; SILVA, Rodrigo da Guia (Coord.). *O direito civil na era da inteligência artificial*. São Paulo: Thomson Reuters Brasil, 2020. p. 397-409.

Nesse sentido, a proteção legal poderá se dar ex ante, quando identificada eventual ilegalidade ou abusividade no conteúdo do contrato, ou no modo de exercício dos direitos e deveres, cumprindo ao fornecedor alterar a programação predeterminada à execução do contrato, para a sua adequação às exigências legais, à luz do CDC.[18] Todavia, se em razão das adversidades próprias dos smart contracts não for possível obstar a execução contratual por meio de remédios que seriam ordinariamente reconhecidos pela ordem jurídica, devido às questões tecnológicas envolvidas, deverão ser assegurados ao consumidor remédios ex post facto,[19] em seara indenizatória, incluindo e não se limitando às perdas e danos envolvidos.

Acredita-se, portanto, que o CDC, por meio de sua principiologia, oriunda de diretrizes constitucionais de solidariedade social e atenção ao vulnerável, e de seus mecanismos como o da proteção contratual, poderá acompanhar as transformações da sociedade pós-moderna para superar os desafios impostos pela revolução tecnológica à tradicional dogmática do Direito Privado, especialmente quanto aos smart contracts nas relações de consumo.

---

18. MIRAGEM, Bruno. Novo paradigma tecnológico, mercado de consumo digital e o Direito do Consumidor. *Revista de Direito do Consumidor*, São Paulo, v. 125, p. 17-62, set./out. 2019.
19. TEPEDINO, Gustavo; SILVA, Rodrigo da Guia. Smart contracts e as novas perspectivas de gestão do risco contratual. *Pensar Revista de Ciências Jurídicas*, Fortaleza, v. 26, n. 1, 2021. Disponível em: https://periodicos.unifor.br/rpen/article/view/11737. Acesso em: 31/10/2021.

UM NOVO OLHAR PARA O PROBLEMA DO SUPERENDIVIDAMENTO ATRAVÉS DA PREVENÇÃO E DA *VULNERABILIDADE ACENTUADA EM RAZÃO DA NECESSIDADE DO CRÉDITO*

Leonardo Garcia

Mestre em Direitos Difusos e Coletivos pela PUC/SP. Diretor do Brasilcon. Membro do Condecon/ES. Procurador do Estado do Espírito Santo. Foi assessor do Relator no Senado Federal envolvendo a Lei do Superendividamento. Professor de Direito do Consumidor e autor de vários livros jurídicos, entre eles o Código de Defesa do Consumidor Comentado, atualmente na 16. ed. Ed. JusPodivm.

Após mais de 9 anos de trâmite no Congresso Nacional, finalmente foi aprovada a Lei 14.181/2021 (de 1º de julho de 2021) que altera o CDC e o Estatuto do Idoso para tratar de um dos temas mais sensíveis da sociedade nas últimas décadas – o superendividamento.

A Lei 14181/2021 (Lei do Superendividamento) teve basicamente dois objetivos: como objetivo central, prevenir o superendividamento para que consigamos conter este problema social gravíssimo e, para aqueles que já se encontram superendividados, oportunizar um tratamento de modo a que este consumidor possa voltar a ter crédito novamente, resgatando sua dignidade e voltando a ser reinserido na sociedade novamente.

O consumidor superendividado, na sociedade atual que vivemos – sociedade de consumo, está excluído/marginalizado da sociedade. Encontra-se à margem, não participando ativamente da sociedade, seja consumindo, seja arcando com os compromissos assumidos, ficando estigmatizado por todos como mal pagador.

Consumidores inadimplentes são incluídos em bancos de dados negativos, possuem dificuldade de serem incluídos no mercado de trabalho (porque alguns empregadores consideram o fato da negativação como fator para a não contratação), agravando ainda mais a situação financeira do devedor e de sua família. Este contexto força o consumidor ao corte das despesas com necessidades básicas para uma existência digna, como plano de saúde, alimentação, vestuário, transporte e lazer, impedindo-o de empreender ou manter um projeto pessoal de vida.

Todo este panorama gera tensões familiares, podendo acarretar situações de divórcio, problemas de saúde (depressão, sentimento de culpa, vícios em drogas e álcool, entre outros), negligência na educação dos filhos, baixa autoestima, baixa produtividade no trabalho, formando-se um verdadeiro ciclo vicioso de exclusão social.

Assim, reconhecer a prevenção do consumidor superendividado como forma de evitar a exclusão social do consumidor e caso esteja excluído, o direito ao adequado tratamento, de forma a incluí-lo novamente no círculo social é corolário do princípio maior da dignidade da pessoa humana.

Afinal de contas, se se reconhece que o superendividado está excluído socialmente, pelo princípio da dignidade da pessoa humana é preciso reinseri-lo, dando condições para que ele consiga, através de um plano de pagamento e sob certas condições, voltar a ter dignidade, fato que irá impactar toda sua família.

Nas belíssimas palavras da Profa. Claudia Lima Marques, trata-se de "princípio do combate à exclusão social", uma vez que *consumo é inclusão*; inclusão ao acesso de produtos e serviços sem discriminação, sem contratos de escravidão, sendo o consumo a realização dos direitos fundamentais, trazendo pertencimento à sociedade globalizada e de consumo que vivemos.[1]

No tocante à prevenção, embora a lei trouxe algumas balizas e regras para se evitar o superendividamento, não se pode ficar preso a elas. O que se deve ter em mente sempre é a concretização do princípio da dignidade da pessoa humana, evitando-se a exclusão social. Assim, toda e qualquer forma e ação para se evitar o superendividamento, seja impondo mais restrições à publicidade ao crédito, seja impondo mais obrigações por parte da concedente do crédito, através de uma informação qualificada ao consumidor por exemplo, deve ser verificada.

O art. 54-A do CDC delimita, já no seu *caput,* os objetivos a serem alcançados com os dispositivos contidos no Capítulo VI-A: *prevenção do superendividamento, crédito responsável e educação financeira do consumidor.*

O fim maior (e um dos pilares/objetivos da legislação do superendividamento) é a prevenção. Diante do considerável aumento de pessoas que estão ficando superendividadas com o passar dos anos, causando um grave problema social, foi necessário a existência de dispositivos que regulamentem a concessão do crédito (na busca pelo crédito responsável) e incentivem e promovam a educação financeira dos consumidores.

Somente assim (crédito responsável atrelado a educação financeira) é que conseguiremos, de maneira mais eficaz, frear os casos de superendividamento que tem acometido nosso país. A ideia central é *prevenir em vez de remediar.*

Um dos principais meios capazes de alcançar a efetiva prevenção ao superendividamento é a melhora da conscientização e conhecimentos sobre como manejar de maneira responsável o dinheiro ganho e/ou ofertado, ensinando sobre os perigos

---

1. MARQUES, Claudia Lima Marques. *Comentários à Lei 14.181/2021: A atualização do CDC em matéria de superendividamento.* RT, 2021, p. 190.

do crédito "fácil". Um dos principais problemas, principalmente nos países em desenvolvimento, é justamente a falta de educação para lidar com as finanças, o que acarreta um nível de endividamento que acarreta graves problemas sociais.

Além de outras técnicas de prevenção (como restrições e proibições de práticas abusivas na oferta do crédito, garantias ao consumidor com relação à contratação do crédito como a garantia do direito de arrependimento, entre outras) a educação financeira é, talvez, a forma mais eficaz de prevenção. Isso porque ele promove a conscientização do cidadão/consumidor sobre a responsabilidade de usar o dinheiro ganho com equilíbrio e de utilizar do crédito ofertado no mercado com responsabilidade e quando realmente necessário. Além disso, a educação e conscientização financeira promove um consumidor mais atento às pegadinhas e artimanhas relacionadas ao assédio ao crédito.

Muitas vezes o consumidor nem mesmo sabe que contratou um crédito.[2] Sem dúvida isso se deve, em boa medida, a falta de educação financeira dos consumidores. Assim, o poder público deve promover campanhas e cursos sobre educação financeira, principalmente em escolas infantis, sobre conceitos de finanças e de uso responsável do crédito.

Ademais, o consumidor que requer o crédito apresenta uma *vulnerabilidade acentuada em razão da necessidade do crédito*. Esta vulnerabilidade se constata não somente pela necessidade, mas também pela falta de conhecimentos de educação financeira que a maioria dos consumidores apresentam. Quando o consumidor procura o fornecedor ou este o convence a adquirir o crédito, há ou surge uma necessidade para a aquisição do mesmo, ficando o consumidor à mercê do fornecedor em relação às imposições e condições para a liberação da quantia pretendida.

Imagine a situação do consumidor que vá até uma agência bancária para verificar a possibilidade de conseguir a liberação de crédito imobiliário para a compra da tão sonhada casa própria. Como necessita do crédito, fica ainda mais vulnerável para discutir as condições contratuais e imposições, muitas vezes abusivas, para a liberação do crédito.

---

2. São vários os casos de reclamações de consumidores que são cobrados por empréstimos que eles alegam que não contrataram. A falta de informação e transparência por parte das instituições financeiras e operadoras de crédito aliada à falta de conhecimento do consumidor sobre finanças acarreta este grave problema. Como exemplo, temos os casos de cartão de crédito consignado. "Apelação cível. Relação de consumo. Cartão de crédito consignado. Intenção do consumidor de contratar empréstimo consignado. Contrato de cartão de crédito consignado para obtenção de mútuo através de saque no referido cartão. Metodologia que não foi informada de maneira clara e adequada ao consumidor. Ausência de prova da efetiva explanação acerca dos termos pactuados. Vício de vontade. Incompatibilidade dos termos contratados com aqueles pretendidos pela consumidora. Violação dos deveres de informação e transparência. Devolução em dobro das quantias pagas a maior. Responsabilidade objetiva. Ausência de excludentes que rompam o nexo de causalidade. Dano moral não configurado. Recurso provido em parte. (TJ-RJ – APL: 00308196120188190008, Relator: Des(a). Carlos Eduardo da Rosa da Fonseca Passos, Data de Julgamento: 05/05/2021, Décima Oitava Câmara Cível, Data de Publicação: 06/05/2021).

Assim, é preciso, na análise dos artigos que tratam da prevenção e do tratamento ao superendividamento, considerar esta importante constatação: o consumidor (que já é o vulnerável na relação), apresenta, em se tratando de crédito, uma *vulnerabilidade acentuada em razão da necessidade do crédito*, ficando ainda mais sujeito as pressões e imposições dos fornecedores.

Neste sentido, é necessário superar uma visão individual dos problemas causados pelo acesso ao crédito deliberado que acaba, por fim, ocasionando o superendividamento, para um olhar contextual, considerando a sociedade atual que vivemos (de consumo), o marketing existente atualmente nas diversas plataformas que facilitam o assédio de consumo, e o consumidor inserido neste meio, com a sua vulnerabilidade agravada, para, aí sim, termos melhores condições de conseguirmos prevenir e tratar efetivamente este problema social.[3]

---

3. A profa. Claudia Lima Marques faz interessante analogia sobre a visão limitada sobre o problema como se estivéssemos vendo as *"árvores"* (contratos de crédito, compras a prazo e os seus problemas individuais), devendo buscar uma visão contextual (mais ampla envolvendo o destino do consumidor e o conjunto das suas dívidas para que seja preservado o mínimo existencial e sua reinclusão na sociedade de consumo), enxergando assim o *"bosque"*. MARQUES, Claudia Lima. *O Tratamento do superendividamento e o direito de recomeçar dos consumidores*. Ed. Revista dos Tribunais, 2014, p. 239.

A BOA-FÉ E O DEVER DE INFORMAR COMO LIMITE DO SUPERENDIVIDAMENTO

Guilherme Magalhães Martins

Pós-doutor em Direito Comercial pela USP. Doutor e Mestre em Direito Civil pela UERJ. Procurador de Justiça do Ministério Público do Estado do Rio de Janeiro. Professor associado de Direito Civil da UFRJ. Professor permanente do doutorado em Direito, Instituições e Negócios da UFF. Vice-presidente do Instituto Brasilcon.

Cíntia Muniz de Souza Konder

Doutora em Direito Civil pela UERJ. Mestre em Direito e Sociologia pela UFF. Professora do Departamento de Direito Civil da Faculdade Nacional de Direito da Universidade Federal do Rio de Janeiro (FND/UFRJ). Professora dos cursos de Pós-graduação lato sensu da UERJ e da PUC-Rio. Advogada.

Andréia Fernandes de Almeida Rangel

Pós-doutoranda no PPGD/UFRGS. Doutora e Mestre em Direito pela UFF. Pós-graduada em Direito Privado pela UFF. Professora Adjunta do Departamento de Direito Civil da Faculdade Nacional de Direito (FND/UFRJ). Líder do Grupo de Pesquisa A Simbiose Entre O Público E O Privado: os limites da ingerência estatal no âmbito das relações privadas (FND/UFRJ). Avaliadora de Curso Superior (INEP – MEC). Associada Titular do Instituto Brasileiro de Estudos de Responsabilidade Civil – IBERC. Associada do Instituto Brasileiro de Política e Direito do Consumidor – Brasilcon.

A boa-fé se apresenta em uma diversidade de situações e significados, ora como princípio, ou ainda como *standard jurídico* e regra de comportamento[1], embora traduza, no nosso idioma, assim como no espanhol, no francês, no italiano e no inglês, uma única expressão linguística para designar duas realidades diferentes[2]: a boa-fé objetiva e a boa-fé subjetiva, unidas apenas pelo mesmo sintagma. Nisso tais sistemas diferem do idioma alemão, no qual tais realidades normativas se expressam na terminologia *Treu und Glauben* (boa-fé objetiva) e *Gutten Glauben* (boa-fé subjetiva)[3], evitando-se assim confusões.

O termo boa-fé, em sua acepção subjetiva, era utilizado pelos tribunais brasileiros exclusivamente como desconhecimento de determinado vício jurídico; a indicar o estado psicológico do sujeito, que, a despeito de atuar contrariamente à lei, mereça

---

1. MARTINS-COSTA, Judith. **A boa-fé no direito privado**: critérios para a sua aplicação. 2. ed. São Paulo: Saraiva, 2018. p. 41.
2. Idem. p. 42.
3. Idem. p. 86.

tratamento benéfico por conta da ausência de malícia caracterizada por sua crença ou suposição de estar agindo em conformidade com o ordenamento.

Na doutrina e na jurisprudência, até o final dos anos 80, o panorama era o mesmo, vislumbrando-se uma boa-fé subjetiva sob a forma de crença legítima ou de ignorância escusável, sendo Clóvis do Couto e Silva o grande precursor na distinção entre a concepção subjetiva da concepção objetiva da boa-fé. Aqui também cabe destacar os estudos realizados por António Menezes Cordeiro[4] e Judith Martins-Costa[5] sobre o tema.

A boa-fé obrigacional, também dita boa-fé objetiva, chegou tarde ao ordenamento jurídico pátrio, visto que somente a partir de 1990 é que os textos passaram a contemplá-la no domínio próprio das relações de consumo.[6] Com o advento do CC/02 observamos expressivas referências ao princípio da boa-fé.

É possível vislumbrar menção à boa-fé em uma gama de dispositivos legais, como no Código Civil (Lei 10.406/02), nos artigos 113, 187[7] ou no Código de Defesa do Consumidor (Lei 8.078/90), nos artigos 4º, inciso III, artigo 51, inciso IV e o recente artigo 54-A, parágrafo 1º.

Mas uma definição estática e fechada continua sendo tarefa árdua, palavras de Judith Martins-Costa, em se tratando de "uma expressão semanticamente vaga ou aberta e, por isso, carecedora de concretização, sendo a tarefa de concretizar sempre, e necessariamente, contextual".[8]

Mas deve haver um conteúdo mínimo, podendo-se aqui trazer o *honeste vivere* ciceroniano[9], qual seja, "então nada mais significa viver bem e feliz, a não ser viver de forma correta e honesta."[10]

Citando mais uma vez a obra de Judith Martins-Costa:

---

4. CORDEIRO, António Menezes. **Da boa-fé no direito civil**. Coimbra: Almedina, 2020.
5. MARTINS-COSTA, Judith. **A boa-fé no direito privado**: critérios para a sua aplicação. 2. ed. São Paulo: Saraiva, 2018.
6. Em 11 de setembro de 1990 surge a Lei 8.078, denominada Código de Defesa do Consumidor – CDC, como decorrência de mandamento da CF/88 que reconhece a proteção do consumidor como direito fundamental (art. 5º XXXII) e como princípio da ordem econômica (art. 170 V), tendo campo de incidência extenso e situando a boa-fé como um dos princípios da Política Nacional das Relações de Consumo (art. 4º III) e como critério de aferição de abusividade de cláusula contratual (art. 51, IV).
7. A boa-fé aparece no Código Civil em toda sua extensão, na parte geral, como nos artigos 113, 128, 164, 167, parágrafo 2º, 187; no direito das obrigações, nos artigos 242, 286, 307, 309; nas regrais contratuais, artigos 422, 523, 606, 637, 686; no direito das coisas, nos artigos 1.201, 1.202, 1.214, 1.219, 1.228; no direito de família, nos artigos 1.561, 1.563, 1.741 e também no direito das sucessões, nos artigos 1.817, 1.827, 1.828. Cabe destacar que aqui é um rol exemplificativo dos artigos, no Código Civil há outros artigos onde é possível vislumbrar a boa-fé.
8. MARTINS-COSTA, Judith. **A boa-fé no direito privado**: critérios para a sua aplicação. 2. ed. São Paulo: Saraiva, 2018. p. 43.
9. *Idem*.
10. FORTES, Fábio da Silva. Tradução e notas de Paradoxa Stoicorum, I, de Cícero. **Prometheus – Journal of Philosophy**, v. 7, n. 15, 13 Feb. 2014.

O agir segundo a boa-fé objetiva concretiza as exigências de probidade, correção e comportamento leal hábeis a viabilizar um adequado tráfico negocial, consideradas a finalidade e a utilidade do negócio em vista do qual se vinculam, vincularam e cogitam vincular-se, bem como o específico campo de atuação em que situada a relação obrigacional.[11]

A Professora Claudia Lima Marques, em palestra proferida no 6º Congresso Brasileiro de Direito do Consumidor, sacramenta: "Boa-fé é um pensar reflexivo, é o pensar no outro, no mais fraco, no parceiro contratual, nas suas expectativas legítimas, é lealdade, é transparência, é informação, é cooperação, é cuidado, é visualização e respeito pelo outro".[12]

Como já mencionado acima, a boa-fé objetiva floresce no Código de Defesa do Consumidor, como princípio fundante da Política Nacional das Relações de Consumo (art. 4º, III), como critério de aferição da validade das cláusulas contratuais (art. 51, IV) e como elemento subjetivo do consumidor superendividado[13] (art. 54-A, parágrafo 1º).

Como desdobramento da boa-fé objetiva o CDC encampou no art. 4º *caput* o princípio básico da transparência.[14]

Transparência significa informação clara e correta sobre o produto a ser vendido, sobre o contrato a ser firmado, significa lealdade e respeito nas relações entre fornecedor e consumidor, mesmo na fase pré-contratual, isto é, na fase negocial dos contratos de consumo.[15]

O princípio da transparência é concretizado através dos deveres informativos decorrentes da boa-fé, é o direcionamento de condutas[16], é a pedra angular no exer-

---

11. MARTINS-COSTA, Judith. **A boa-fé no direito privado**: critérios para a sua aplicação. 2. ed. São Paulo: Saraiva, 2018. p. 43.
12. MARQUES, Claudia Lima. **Boa-fé nos serviços bancários, financeiros de crédito e securitários e o Código de Defesa do Consumidor: informação, cooperação e renegociação?** Versão atualizada da Conferência apresentada no 6o Congresso Brasileiro de Direito do Consumidor e 2o Encontro Nacional do Ministério Público do Consumidor: Serviços Bancários, Financeiros, de Crédito e Securitários- Função Social, Boa-fé e Responsabilidade, organizado pelo Brasilcon e Associação Nacional do Ministério Público do Consumidor, em Maceió, de 29 a 31 de maio de 2002. Texto original e formado por extratos da 4ª edição do livro Contratos no Código de Defesa do Consumidor, RT, São Paulo, 2002.
13. BENJAMIN, Antônio Herman; MARQUES, Claudia Lima; LIMA, Clarissa Costa; VIAL, Sophia Martini. **Comentários à lei 14.181/2021**: a atualização do CDC em matéria de superendividamento. São Paulo: RT, 2021. p. 37.
14. A Assembleia Geral da Organização das Nações Unidas (ONU) adotou, por consenso, a Resolução n. 39/248, em 16 de abril de 1985, após dois anos de negociação com o Conselho Econômico e Social da própria ONU. A Resolução n. 39/248 é reconhecida como o documento mais importante da proteção internacional do consumidor. A origem do referido texto normativo foi a Resolução n. 1979/74 do Conselho Econômico e Social da ONU, que solicitou ao Secretário Geral da ONU a elaboração de relatório a fim de propor padrões adequados de consumo a serem seguidos pelas nações integrantes da ONU, considerando especialmente os problemas e as necessidades dos países em desenvolvimento.
15. MARQUES, Claudia Lima. **Contratos no código de defesa do consumidor**: o novo regime das relações contratuais. 9. ed. São Paulo: RT, 2019. p. 815.
16. MARTINS-COSTA, Judith. **A boa-fé no direito privado**: critérios para a sua aplicação. 2. ed. São Paulo: Saraiva, 2018. p. 328.

cício da autonomia[17] contratual, apresentando com a devida clareza os pormenores que cercam aquela relação contratual.

Assim, é possível compreender o quão profundo e imprescindível é o dever de informar, uma conduta ativa imposta ao fornecedor; o consumidor é o detentor do direito subjetivo de informação[18] (art. 6º. III CDC). Característico de tal direito é o fato de a pessoa já ter alguma noção prévia sobre a existência de uma informação requerida, mas não conhece os detalhes ou sua abrangência. Pode a informação consistir em dever principal como em dever acessório, instrumental ou anexo na relação de consumo.[19]

Ainda no que tange ao dever de informar, cabe destacar o art. 46 do CDC, que traz a obrigatoriedade de informação sobre o conteúdo do contrato, com destaque para os contratos de massa, em que a manifestação de vontade do consumidor, na maioria das vezes, se dá sem que este tenha conhecimento exato das obrigações contratuais que está assumindo[20]. Boa-fé significa também cooperação, facilitando a vida da parte contrária, de maneira leal, sem que haja prejuízo ao próprio interesse.[21]

A informação[22] é um direito fundamental, prevista no art. 5º, incisos XIV, XXXIII e LXXII da Constituição Cidadã de 1988, sendo certo que, de um lado da moeda temos o direito fundamental à informação, do outro o dever de informar. Nesse sentido, afirma Paulo Lôbo:

---

17. "A ideia de autonomia privada já não funda na perspectiva voluntarista do direito civil clássico, mas é tida como expressão das liberdades fundamentais, asseguradas pela ordem constitucional, no âmbito das relações privadas." TEPEDINO, Gustavo; KONDER, Carlos Nelson; BANDEIRA. Paula Greco. **Fundamentos do direito civil**. Contratos. 2. ed. Rio de Janeiro: Forense, 2021. p. 17.
    A autonomia privada reflete o modelo pós-positivista do Direito Contratual, reconhecendo que a liberdade das partes deve ser exercida em atenção aos preceitos da ordem pública, que contém interesses metaindividuais que, muitas vezes, não estão expressos em regras legais ou em cláusulas contratuais, mas em princípios normativos abertos.
18. MARQUES, Claudia Lima. **Contratos no código de defesa do consumidor**: o novo regime das relações contratuais. 9. ed. São Paulo: RT, 2019. p FABIAN, Christoph. **O dever de informar no Código Civil**. São Paulo: Revista dos Tribunais, 2002. p. 52. 817.
19. BARBOSA, Fernanda Nunes. **Informação: direito e dever nas relações de consumo**. São Paulo: Revista dos Tribunais, 2008. p.106.
20. MARQUES, Claudia Lima. **Contratos no código de defesa do consumidor**: o novo regime das relações contratuais. 9. ed. São Paulo: RT, 2019. p. 895.
21. TOMASEVICIUS, Eduardo. **O princípio da boa-fé no direito civil**. São Paulo: Almedina, 2020. p. 310.
22. Bom, vivemos na sociedade da informação, então nosso primeiro pensamento seria, não preciso me preocupar com o dever de informação! Mas qual a informação estamos tendo acesso? É uma informação clara, adequada, de qualidade, confiável? Destaco aqui a obra "O Culto do Amador", do autor Andrew Keen, em sua crítica à toda informação veiculada na Web 2.0, com as embaçadas fronteiras entre o público e o autor, criador e consumidor, especialista e amador (KEEN, Andrew. **O culto do amador: como blogs, MySpace, Youtube e a pirataria digital estão destruindo nossa economia, cultura e valores**. Rio de Janeiro: Zahar, 2009). Um fato interessante que corrobora com a crítica do autor, foi a escolha da pessoa do ano na revista *Time* de 2006, que deu o prêmio para VOCÊ, isto mesmo, para quem controla a era da informação, ou seja, os milhões de anônimos por sua influência na era global da informação como usuários da internet (Sem autor. **Você é a pessoa do ano de 2006 para revista a "TIME"**. Disponível em <http://g1.globo.com/Noticias/Mundo/0,,AA1390480-5602,00-VOCE+E+A+PESSOA+DO+ANO+DE+PARA+REVISTA+A+TIME.html>. Acesso em 23 de nov. de 2021.

O direito à informação, no âmbito exclusivo do direito do consumidor, é direito à prestação positiva oponível a todo aquele que fornece produtos e serviços no mercado de consumo. Assim, não se dirige negativamente ao poder político, mas positivamente ao agente de atividade econômica. Esse segundo sentido, próprio do direito do consumidor, cobra explicação de seu enquadramento como espécie do gênero direitos fundamentais.[23]

E a informação decisiva para a celebração e a execução adequadas do contrato? Vislumbra-se pelas partes contraentes uma incidência do princípio da boa-fé, no que tange à informação adequada?

Cabe destacar a Resolução 39/248, de 16 de abril de 1985, da ONU; uma resolução fruto de discussão estabelecida na ONU, que fixou as linhas gerais da proteção internacional do consumidor. O capítulo II da mencionada resolução firma os princípios gerais da proteção do consumidor no plano internacional, os quais têm, dentre outros, a função de fornecer aos consumidores informações adequadas para capacitá-los a fazer escolhas acertadas de acordo com as necessidades e desejos individuais.[24]

Sobre este tema, imperioso se faz destacar o julgado extremamente didático do Ministro Herman Benjamin sobre o tema, o REsp 586.316 – MG, 17/04/2007[25]:

> O direito à informação, abrigado expressamente pelo art. 5°, XIV, da Constituição Federal, é uma das formas de expressão concreta do Princípio da Transparência, sendo também corolário do Princípio da Boa-fé Objetiva e do Princípio da Confiança, todos abraçados pelo CDC.
>
> [...]
>
> Entre os direitos básicos do consumidor, previstos no CDC, inclui-se exatamente a "informação adequada e clara sobre os diferentes produtos e serviços, com especificação correta de quantidade, características, composição, qualidade e preço, bem como sobre os riscos que apresentem" (art. 6°, III).
>
> 8. Informação adequada, nos termos do art. 6°, III, do CDC, é aquela que se apresenta simultaneamente completa, gratuita e útil, vedada, neste último caso, a diluição da comunicação efetivamente relevante pelo uso de informações soltas, redundantes ou destituídas de qualquer serventia para o consumidor.
>
> [...]
>
> A informação deve ser correta (= verdadeira), clara (= de fácil entendimento), precisa (= não prolixa ou escassa), ostensiva (= de fácil constatação ou percepção) e, por obvio, em língua portuguesa.
>
> 11. A obrigação de informação é desdobrada pelo art. 31 do CDC, em quatro categorias principais, imbricadas entre si: a) informação-conteúdo (= características intrínsecas do produto e serviço), b) informação-utilização (= como se usa o produto ou serviço), c) informação-preço (= custo, formas e condições de pagamento), e d) informação-advertência (= riscos do produto ou serviço).

---

23. LÔBO, Paulo. **A informação como direito fundamental do consumidor**. Jus.com.br, 2001, p. 1, disponível em <https://goo.gl/mLKmC1>. Acesso em 11 jan 2022.
24. SANTANA, Héctor Valverde. Proteção internacional do consumidor: necessidade de harmonização da legislação. **Revista de Direito Internacional**: Brasília. V. 11, n. 1, 2014, p. 53-64.
25. Disponível em <https://www.stj.jus.br/websecstj/cgi/revista/REJ.cgi/ITA?seq=683195&tipo=0&nreg=200301612085&SeqCgrmaSessao=&CodOrgaoJgdr=&dt=20090319&formato=PDF&salvar=false>. Acesso em 23 de nov. de 2021.

Compreender a boa-fé e o dever de informar é imperioso para seu desdobramento como limite ao superendividamento do consumidor, visto que a informação de qualidade, esclarecedora, confiável e qualificada, deve ser apresentada de forma prévia e adequada no momento da oferta ao consumidor no fornecimento de crédito[26], na forma do art. 54-B c/c art. 52 da Lei 8.078/90. Os deveres de informação adstringem as partes, segundo António Manuel da Rocha e Menezes Cordeiro, "à prestação de todos os esclarecimentos necessários à conclusão honesta do contrato."[27]

É preciso destacar a relevância desta discussão no cenário atual brasileiro; a pandemia de Covid-19, que trouxe um impacto social e econômico sem precedentes, perda de emprego, falecimento do provedor da entidade familiar e desaguou em famílias endividadas buscando nos contratos de empréstimos consignados[28] a tábua de salvação para minimizar as urgências financeiras.

A Pesquisa de Endividamento e Inadimplência do Consumidor (Peic) – Outubro de 2021 da Confederação Nacional do Comércio de Bens, Serviços e Turismo (CNC), constatou que o endividamento das famílias aumentou 0,6 ponto percentual entre setembro e outubro, alcançando 74,6% dos lares no País.

Assim, são princípios, valores, regras que se completam na condução da *ratio legis* do Código de Defesa do Consumidor, permitindo uma valorização do momento de formação do contrato de consumo permitindo-se a elaboração de uma vontade racional, livre/autônoma, legítima e devidamente informada[29] por parte do contratante vulnerável.

Nas palavras do Min. Herman Benjamin: *"O consumidor bem-informado é um ser apto a ocupar seu espaço na sociedade de consumo."*

---

26. KONDER, Cíntia. Muniz de Souza. Concessão de crédito e superendividamento: responsabilidade civil por informação inadequada. **Migalhas**, 31 ago. 2021. Disponível em <https://www.migalhas.com.br/coluna/migalhas-de-responsabilidade-civil/350872/concessao-de-credito-e-superendividamento>. Acesso em 21 de nov. de 2021.
27. CORDEIRO, António Manuel da Rocha e Menezes. **Da boa fé no Direito Civil**. Coimbra: Almedina, 2001, p. 583.
28. VELOSO, Ana Clara. Queixas sobre empréstimo consignado dobram na pandemia: veja 15 dicas para não se dar mal. Disponível em <https://extra.globo.com/economia/queixas-sobre-emprestimo-consignado-dobram-na-pandemia-veja-15-dicas-para-nao-se-dar-mal-24701395.html>. Acesso em 13 nov. 2021. "No Consumidor.Gov, a plataforma oficial do governo federal para a resolução de conflitos sobre consumo, o tema lidera o ranking de problemas, e, entre janeiro e julho deste ano, foram registradas 40.663 reclamações, contra os 17.891 registros feitos no ano passado. Entre as pessoas com mais de 60 anos, faixa composta principalmente por aposentados, a alta é ainda mais relevante: de 9.261 queixas computadas em 2019 para 23.850 em 2020, o que indica que os idosos são os mais afetados."
29. MARQUES, Claudia Lima. **Contratos no código de defesa do consumidor**: o novo regime das relações contratuais. 9. ed. São Paulo: RT, 2019. p. 812 e 813.

A LEI DO SUPERENDIVIDAMENTO E O NOVO PARADIGMA DO MERCADO DE CRÉDITO BRASILEIRO

Júlio Moraes Oliveira

Mestre em Instituições Sociais, Direito e Democracia pela Universidade Fumec. Especialista em Advocacia Civil pela Escola de Pós-Graduação em Economia e Escola Brasileira de Administração Pública e de Empresas da Fundação Getulio Vargas. Professor da Faculdade de Pará de Minas e Professor da Faculdade Asa de Brumadinho. Advogado.

Depois de muitos anos de discussão foi aprovada, em 1º de julho de 2021, uma das atualizações do Código de Defesa do Consumidor, a Lei 14.181, para aperfeiçoar a disciplina do crédito ao consumidor e dispor sobre a prevenção e o tratamento do superendividamento. Essa lei denominada por muitos como Lei Claudia Lima Marques, em virtude da atuação da brilhante professora nas discussões e aperfeiçoamento do projeto, veio para estabelecer um novo paradigma no direito do consumidor brasileiro e promover o acesso ao crédito responsável e à educação financeira, evitando-se a sua exclusão social com o comprometimento do mínimo existencial. "O prefixo super denota algo superior, acima do comum ou próprio da normalidade das relações jurídicas e econômicas."[1]

Claudia Lima Marques define superendividamento como a impossibilidade global de o devedor pessoa-física, consumidor, leigo e de boa-fé, pagar todas as suas dívidas atuais e futuras de consumo (excluídas as dívidas com o Fisco, oriundas de delitos e de alimentos).[2]

O superendividamento é um fenômeno das sociedades de consumo na qual o crédito passou a ser extremamente facilitado e acessível a quase todos, na maioria das vezes até incentivado para se obter os bens de consumo disponíveis no mercado.

O ato de consumo está ligado à realização pessoal, sucesso profissional, ascensão social, dentre outras coisas.[3] O consumo passou a ser um dos aspectos de autoafir-

---

1. MIRAGEM, Bruno. *A lei do crédito responsável altera o Código de Defesa do Consumidor: novas disposições para a prevenção e o tratamento do superendividamento.* Colunas Migalhas. Disponível em: https://www.migalhas.com.br/coluna/migalhas-contratuais/348157/a-lei-do-credito-responsavel-altera-o-codigo-de-defesa-do-consumidor acesso em 06.12.2021.
2. BENJAMIN, Antonio Herman. [Et al]. Comentários à Lei n 14.181/2021: a atualização do CDC em matéria de superendividamento. Thomson Reuters, São Paulo, 2021. p. 27.
3. SOUZA, Adriano Stanley Rocha de; THEBALDI, Isabela Maria Marques. Consumo consciente: a responsabilidade do consumidor da aquisição ao descarte. In SOUZA, Adriano Stanley Rocha de; ARAÚJO, Marinella Machado (Coord.). Temas de Direito Civil. Belo Horizonte: D'Plácido Editora, 2013. p. 9.

mação social. As pessoas adquirem produtos incompatíveis com seu padrão social, carros, celulares, bolsas, roupas, aparelhos de alta tecnologia, tudo para parecer o que não são. O "ter" passou a ser mais importante que o "ser".

O superendividamento é um fenômeno atrelado à economia de mercado. "Consumo e crédito são duas faces de uma mesma moeda, vinculados que estão no sistema econômico e jurídico de países desenvolvidos e de países emergentes, como o Brasil."[4]

O superendividamento afeta aspectos importantes da dignidade humana, pois atinge não só diretamente o consumidor, mas também sua família e a sociedade, ou seja, é um problema macroeconômico também.

Segundo dados da Pesquisa de Endividamento e Inadimplência do Consumidor (Peic), realizada pela Confederação Nacional do Comércio de Bens, Serviços e Turismo (CNC), o mês de junho de 2021, teve o maior percentual de famílias endividadas no Brasil desde 2010. O 1º semestre do ano acabou com **69,7% das famílias brasileiras endividadas**, uma de alta de 1,7% em relação a maio e de 2,5% em comparação a junho de 2020. Pela segunda vez seguida houve também alta na inadimplência.[5]

José Reinaldo de Limas Lopes, em 1996 já alertava para o problema social que envolve o fenômeno do superendividamento,[6] assim também Márcio Mello Casado.[7]

Nitidamente baseada no modelo francês, a experiência brasileira sobre o superendividamento teve seu laboratório no projeto piloto de renegociação em bloco coordenado pelas magistradas Clarissa Costa de Lima e Karen Bertoncello,[8] em duas comarcas do Rio Grande do Sul (Charqueadas e Sapucaia do Sul) originadas das pesquisas coordenadas pela Professora Claudia Lima Marques na Universidade Federal do Rio Grande do Sul e ganhador do prêmio INNOVARE da magistratura, em 2009.

A DEFINIÇÃO DE SUPERENDIVIDAMENTO E SEUS ELEMENTOS

O § 1º, do art. 54-A, do Código de Defesa do Consumidor dispõe que "entende-se por superendividamento a impossibilidade manifesta de o consumidor pessoa natural, de boa-fé, pagar a totalidade de suas dívidas de consumo, exigíveis e vincendas, sem comprometer seu mínimo existencial, nos termos da regulamentação." A Lei n. 14.181/21 definiu o conceito de superendividamento, assim como o *Code de la Consommation* da França em seu art. L 711-1, modificado pela Ordonnance 2016-301. O Código Francês não menciona o mínimo existencial e inclui outros elementos.

---

4. BENJAMIN, Antonio Herman. [Et al]. *Comentários à Lei n 14.181/2021*. p. 28.
5. **Percentual de famílias com dívidas chega a 70% e Brasil atinge o maior nível em 11 anos, aponta CNC**. Disponível em: https://g1.globo.com/economia/noticia/2021/07/01/percentual-de-familias-com-dividas--chega-a-70percent-e-brasil-atinge-o-maior-nivel-em-11-anos-aponta-cnc.ghtml acesso em 01.12.2021.
6. LOPES, José Reinaldo de Lima. *Crédito ao consumidor e superendividamento* – Uma problemática geral. Revista de Direito do Consumidor, vol. 17/1996. P57-64, jan.-mar./1996, p. 58.
7. CASADO, Márcio Mello. *Os princípios fundamentais como ponto de partida para uma primeira análise do sobre endividamento no Brasil*. Revista de Direito do Consumidor, São Paulo, n. 33, jan.-mar./2000. p. 130.
8. Ver LIMA, Clarissa Costa; BERTONCELLO, Karen Rick Danilevicz. *Superendividamento aplicado*: aspectos doutrinários e experiência no Poder Judiciário. Rio de Janeiro: GZ, 2010.

Os elementos da definição de superendividamento são subjetivos, materiais e finalísticos.

Os elementos subjetivos ou em razão da pessoa (*ratione personae*). Segundo a definição de superendividado, o conceito só se aplica às pessoas naturais, pois as pessoas jurídicas já se beneficiam do procedimento da Recuperação Judicial da Lei n. 11.101/2005. Esse seria o primeiro elemento subjetivo. "Aqui a Lei 14.181/21 inova profundamente, pois cria um privilégio (a exemplo do art. 51, I *in fine* do CDC) para as pessoas naturais."[9] Cria uma espécie de recuperação de empresas para o consumidor pessoa natural. Segundo Claudia Lima Marques, tal fato é reforçado pelo fenômeno da exclusão social, que seria um aspecto atrelado somente às pessoas naturais e também o mínimo existencial.[10]

"A opção brasileira foi subdividir as regras da falência dos empresários e pessoas jurídicas e de pessoas naturais, consumidoras, estas incluídas nos novos capítulos do CDC, que não prevê nenhum perdão de dívidas."[11]

Entretanto, sabe-se que há muito tempo os tribunais brasileiros vêm adotando com relação ao conceito de consumidor, a denominada teoria finalista mitigada ou aprofundada.[12]

O segundo elemento subjetivo é a boa-fé do consumidor. Essa boa-fé é a boa-fé objetiva e presume-se para todos os consumidores, principalmente depois das alterações do art. 113, § 1º do CC, que a presume para todos os aderentes, inclusive para os empresários. Caberá aos credores do consumidor demonstrar, no caso concreto a má-fé dos mesmos na obtenção dos créditos com uma possível fraude ou dolo. "Trata-se, pois de elemento geral, presumido e objetivo de boa-fé, que encontra limite na comprovação de má-fé, fraude ou dolo."[13]

Os elementos objetivos ou materiais são a impossibilidade manifesta de pagar a totalidade das dívidas. "Por impossibilidade "manifesta" entende-se aquela que é evidente, notória, ou facilmente percebida de que o consumidor não dispõe de recursos suficientes para realizar o pagamento de todas as dívidas de consumo no vencimento."[14]

---

9. BENJAMIN, Antonio Herman. [Et al]. *Comentários à Lei n 14.181/2021*. p. 33.
10. BENJAMIN, Antonio Herman. [Et al]. *Comentários à Lei n 14.181/2021*. p. 33/34.
11. BENJAMIN, Antonio Herman. [Et al]. *Comentários à Lei n 14.181/2021*. p. 35.
12. Sobre essa discussão, já tivemos a oportunidade de debater em texto publicado. OLIVEIRA, Júlio Moraes. *Breves considerações sobre a aplicação da Lei do Superendividamento ao empresário e à sociedade empresária através da teoria finalista mitigada*. Disponível em: https://magis.agej.com.br/breves-consideracoes-sobre--a-aplicacao-da-lei-do-superendividamento-ao-empresario-e-a-sociedade-empresaria-atraves-teoria-finalista-mitigada/ acesso em: 26.01.2022.
13. MARQUES, Claudia Lima; BENJAMIN, Antonio Herman V.; MIRAGEM, Bruno. *Comentários ao Código de Defesa do Consumidor*. 7. edição revista, atualizada e ampliada. Thomson Reuters, São Paulo. 2021. p. 1257.
14. MARQUES, Claudia Lima; BENJAMIN, Antonio Herman V.; MIRAGEM, Bruno. *Comentários ao Código de Defesa do Consumidor*. 7. edição revista, atualizada e ampliada. Thomson Reuters, São Paulo. 2021. p. 1257.

Essa impossibilidade só pode ser aferida no caso concreto, levando-se em consideração aspectos patrimoniais do consumidor como sua renda, seus gastos, sua situação financeira, ativo e passivo, situações circunstanciais como desemprego, diminuição de renda, doenças, dentre outras.

Também é elemento objetivo as dívidas exigíveis e vincendas de consumo. Dívidas exigíveis são aquelas que o consumidor já pode ser cobrado imediatamente pelo credor e as vincendas são aquelas que ainda estão por vencer. Já as dívidas de consumo são aquelas que estão relacionadas aos bens de consumo adquiridos pelo consumidor, portanto, estão excluídas as dívidas tributárias fiscais e parafiscais, as de alimentos e a relacionadas às atividades profissionais. Isso implica dizer que assuntos que o STJ já considerou não serem relação de consumo, a princípio estariam excluídas da aplicação do benefício do superendividamento. Por exemplo, as dívidas oriundas do FIES, do Programa Minha Casa, Minha vida e crédito rural. É importante ressaltar, que apesar de não poderem ser pactuadas, elas deverão ser levadas em consideração no plano de pagamento, pois essas obrigações afetam a renda global do consumidor.

Elemento teleológico ou finalístico é o denominado mínimo existencial. O mínimo existencial é a garantia de um patrimônio intocável que preserva a dignidade do devedor. O mínimo existencial tem origem constitucional baseado no art. 1º, III, da CF e concretiza o objetivo fundamental da República a erradicação da pobreza e a marginalização e a redução das desigualdades sociais e regionais (art. 3º, III, da CF). A ideia é que as dívidas do consumidor não comprometam de forma extrema a sua sobrevivência. O consumidor deve continuar conseguindo quitar seus débitos mínimos como água, luz, telefone, transporte, educação, dentre outras. O mínimo existencial tem sua origem no direito público e no direito privado, está ligado à ideia de impenhorabilidade do patrimônio mínimo. Já no direito do consumidor o mínimo existencial está presente nas discussões do corte de luz, por exemplo.

No direito civil é importante destacar a obra de Luiz Edson Fachin ao afirmar que o patrimônio mínimo vai ao encontro das tendências de despatromonialização das relações civis e privadas, posto que coloca em primeiro plano a pessoa e suas necessidades fundamentais.[15]

Nelson Rosenvald e Cristiano Chaves de Farias afirmam que justifica-se esse posicionamento já que a pessoa humana é o fim almejado devendo-se sempre assegurar a dignidade da pessoa humana, nesse sentido é necessário ultrapassar as fronteiras dos direitos da personalidade para buscar também nos direitos patrimoniais, a afirmação da proteção da pessoa humana.[16]

Nesse sentido é o **Enunciado 4** da Primeira Jornada de Pesquisa CDEA sobre superendividamento UFRGS-UFRJ: "A menção ao mínimo existencial, constante da

---
15. FACHIN, Luiz Edson. *Estatuto Jurídico do patrimônio mínimo*. Rio de Janeiro: Renovar, 2001. p. 11-12.
16. FARIAS, Cristiano Chaves de; ROSENVALD, Nelson. *Curso de Direito Civil*. Parte Geral e LINDB. 14. Edição. Revista, Atualizada e ampliada. Editora JusPodivm: Salvador, 2016. p. 505.

Lei 14.181/2021, deve abranger a teoria do patrimônio mínimo, com todas as suas aplicações doutrinárias e jurisprudenciais."

O mínimo existencial é conceito fluido e aberto de difícil definição pois, em cada caso pode-se apresentar sob um aspecto diferente, em quantidades diferentes a depender das necessidades e possibilidades de cada pessoa. Muito se discute sobre um percentual para se garantir um mínimo existencial, como 30% da renda, por exemplo. Karen Rick Danilevicz Bertoncello, em sua obra, opta por não atribuir um valor específico para o mínimo existencial. A autora afirma que o mínimo existencial deve ser construído caso a caso. "O mínimo existencial substancial (ou mínimo existencial propriamente dito) pode ser identificado ao momento, quanto à forma e quanto ao conteúdo, a saber: a) quanto ao momento, é identificado na fase conciliatória, quando alcançado o entendimento entre devedor e credor (es), com a formatação de acordo com homologado pelo juiz; ou, na fase judicial, através da prolação da sentença; b) quanto à forma (moldura), o mínimo existencial substancial deve ser assegurado *ex officio*, é irrenunciável, não podendo ser ficado aprioristicamente; c) quanto ao conteúdo (pintura), deve ser apurado quando da apreciação do caso concreto com a preservação de parte do orçamento pessoal do devedor para garantir que viva em condições dignas e viabilizando o pagamento das despesas básicas."[17]

Deve-se ou não fixar um percentual fixo, ele é invariável a depender da faixa de renda? Essas são algumas questões deverão ser enfrentadas. O certo é que a Lei 14.181/21 optou por uma regulamentação do assunto que virá posteriormente.[18]

O § 3º do art. 54-A exclui as dívidas decorrentes da aquisição ou contratação de produtos e serviços de luxo de alto valor. Esse elemento é um conceito jurídico indeterminado que deve ser analisado nos casos concretos não se atendo somente ao valor. Isso é o que dispõe o enunciado 16 da Primeira Jornada de Pesquisa CDEA sobre superendividamento UFRGS-UFRJ: "Para a exclusão da prevenção e tratamento do superendividamento, segundo art. 54-A, par. 3º in fine do CDC, como regra de exceção, deve-se interpretar restritivamente e atentar à combinação do alto valor e da superfluidade dos produtos e serviços, não bastando um ou outro, isoladamente; devendo ser determinada caso a caso."

É claro que esses elementos ainda vão ser extremamente debatidos na doutrina e sua aplicação prática trarão novos contornos, mas é cediço que essa nova legislação impõe um novo paradigma de crédito no mercado brasileiro impondo aos fornecedores cuidados antes não previstos.

---

17. BERTONCELLO, Karen. *Superendividamento do consumidor* – Mínimo existencial – Casos concretos, Editora Revista dos Tribunais, São Paulo, 2015. p. 123.
18. **Enunciado 5** da Primeira Jornada de Pesquisa CDEA sobre superendividamento UFRGS-UFRJ: A falta de regulamentação do mínimo existencial, que tem origem constitucional, não impede o reconhecimento do superendividamento da pessoa natural e a sua determinação no caso concreto.

2022 É O ANO DO CONSUMO SUSTENTÁVEL

Ana Paula Atz
Pós-doutoranda em Direito pela Universidade Federal do Rio Grande do Sul (UFRGS) e Doutora em Direito pela Universidade do Vale do Rio dos Sinos (Unisinos). *Visiting Scholar* pela *Fordham University School of Law*, NY/USA. Advogada e Professora de Direito.

O ano de 2021 foi marcado pelo alerta da crise climática global, conforme demonstrado, cientificamente, pelo último relatório do Painel Intergovernamental sobre Mudança do Clima (IPCC, na sigla em inglês).[1] O documento foi claro: o planeta já sofre consequências adversas extremas em razão do aumento da temperatura global em 1,1°C acima dos níveis pré-industriais, devido a inércia e falta de medidas concretas por parte dos Estados em conter a emissão de gases de efeito estufa (GEE), de causas eminentemente antrópicas, sobretudo vinculadas aos processos de produção e consumo.

Esta preocupação comum da humanidade foi o tema da Conferência sobre Mudança Climática das Nações Unidas (COP26) que ocorreu em Glasgow, em novembro, e resultou em uma série de agendas e a regularizações de medidas adotadas no Acordo de Paris.[2] Para restringir o aumento da temperatura e garantir um planeta habitável por seres humanos, o secretário-geral da ONU, António Guterres, pontuou que ações concretas são necessárias para reduzir as emissões globais em 45% até 2030. Investir em uma economia resiliente e de zero emissões de carbono é a melhor maneira de reverter esta situação.[3]

A neutralidade climática e o almejado consumo e produção sustentáveis são objetivos perseguidos pelas Nações Unidas, elencados na *Agenda 2030*[4], diretamente relacionados aos objetivos do desenvolvimento sustentável (ODS) 12 e 13.[5] O ODS 12 vai ao encontro das Diretrizes das Nações Unidas para a Proteção do Consumidor

---

1. IPCC, 2021: *Climate Change 2021:* The Physical Science Basis. Contribution of Working Group I to the Sixth Assessment Report of the Intergovernmental Panel on Climate Change. Masson-Delmotte, V. et al. Cambridge University Press.
2. UNITED NATIONS. *Paris Agreement.* New York: UM, 2015. Disponível em: [https://unfccc.int/process-and-meetings/the-paris-agreement/the-paris-agreement]. Acesso em: 15.02.2021.
3. ORGANIZAÇÃO DAS NAÇÕES UNIDAS BRASIL. Guterres faz desabafo na COP 26: "Chega de tratar a natureza como toalete". *ONU News*. 1º nov. 2021.
4. UNITED NATIONS. *Transforming our world:* the 2030 agenda for sustainable development. 2015. Disponível em: <https://www.un.org/ga/search/view_doc.asp?symbol=A/RES/70/1&Lang=E> Acesso em: 05 jan. 2022.
5. ODS 12: "Assegurar padrões de consumo e produção sustentáveis"; ODS 13: "Tomar medidas urgentes para combater a mudança do clima".

de 1985, revisadas em 1999 para incluir uma seção sobre o consumo sustentável[6]. Segundo a Comissão de Desenvolvimento Sustentável da Organização das Nações Unidas, consumo sustentável é o uso de serviços e produtos que respondam às necessidades básicas de toda população e tragam "a melhoria na qualidade de vida, ao mesmo tempo em que reduzem o uso dos recursos naturais e de materiais tóxicos, a produção de lixo e as emissões de poluição em todo ciclo de vida, sem comprometer as necessidades das gerações futuras".[7]

Por certo, é preciso desenvolver uma cultura de consumo sustentável no Brasil no século XXI, inclusive para dialogar e cumprir com os ODS e as Diretrizes para Proteção do Consumidor, por meio de "fontes legislativas constitucionais e infraconstitucionais nacionais, regionais e locais, além das políticas públicas a serem implementadas pela União, pelos Estados e pelos Municípios brasileiros".[8] Vários atores são responsáveis pelo cumprimento desta Agenda: os Estados, no âmbito dos Três Poderes, o Ministério Público, as ONGS, o setor privado e o consumidor.

O comportamento do consumidor está diretamente ligado a formas de ameaça ambiental e de emissões de GEE. Estima-se que grande parte da utilização da terra seja destinada a agricultura e moradia, o que resulta em perda de biodiversidade. O consumo da água sofre importante impacto pelo cultivo de alimentos, pelo uso doméstico e pela indústria que fornece bens, energia ou serviços aos consumidores. Os poluentes do ar e da água estão relacionados a mobilidade urbana e geradores de energia.[9]

É necessário oferecer subsídios para que o consumidor possa ter escolhas sustentáveis e mudar seu estilo de vida, o que se justifica por ter efeitos benéficos na saúde humana e no ambiente, gerando um bem-estar social. Estudos demonstram a importância da atuação dos atores envolvidos em três grandes frentes: i) infraestrutura sustentável; ii) informação e educação ao consumidor e uma política de rotulagem de produtos e serviços; iii) promoção de incentivos econômicos.[10]

No direito comparado, percebe-se algumas linhas de promoção do consumo sustentável. A União Europeia endereçou ao Parlamento Europeu e Conselho diretrizes de proteção aos Estados-membros no documento "Nova Agenda do Consumidor" de

---

6. Incluiu-se nas Diretrizes a letra 'G' sobre "Promoção de modalidades sustentáveis de consumo" que assim o caracteriza "Consumo sustentável compreende satisfazer as necessidades de bens e serviços das gerações presentes e futuras para que sejam satisfeitas de modo tal que possam sustentar-se desde o ponto de vista econômico, social e ambiental". UNITED NATIONS. Departament of Economic and Social Affairs. *United Nations Guidelines for Consumer Protection*. New York, 2003. Disponível em: <https://unctad.org/system/files/official-document/UN-DESA_GCP1999_en.pdf> Acesso em: 04 fev. 2021.
7. COMISSÃO MUNDIAL SOBRE MEIO AMBIENTE E DESENVOLVIMENTO. *Nosso futuro comum*. 2. ed. Rio de Janeiro: FGV, 1991.
8. WEDY, Gabriel. *Desenvolvimento Sustentável na era das mudanças climáticas*: um direito fundamental. São Paulo: Saraiva Educação, 2018. E-book.
9. FARBER, Daniel A. Sustainable Consumption, Energy Policy and Individual Well-Being. *Vanderbilt Law Review*, v. 65, p. 1488, 2012.
10. FARBER, Daniel A. Sustainable Consumption, Energy Policy and Individual Well-Being. *Vanderbilt Law Review*, cit., p. 1482.

2020, que tem como objetivo principal reforçar o quadro de defesa do consumidor e uma transição ecológica do consumo. O documento propõe: 1) reduzir a pegada ambiental e climática dos sistemas alimentares da UE e capacitar os consumidores para fazerem escolhas informadas e sustentáveis em matéria alimentícia; 2) Plano de Ação para Poluição Zero; 3) informar melhor o consumidor quanto aos produtos nocivos a sua saúde e incentivar a fabricação de produtos químicos mais sustentáveis.[11]

No Brasil, segundo Marques[12], a atualização do CDC pela Lei 14.181, de julho de 2021, inaugura a positivação do tema do consumo sustentável na legislação consumerista, ao acrescentar um novo princípio de 'fomento de ações direcionadas à educação financeira e ambiental dos consumidores' à Política Nacional de Defesa do Consumidor (PNDC), previsto no art. 4º, inciso IX.[13] Em 2021, a Organização das Nações Unidas para Educação, Ciência e Cultura (UNESCO) declarou que a educação ambiental deve ser um componente curricular básico até 2025.[14]

É importante mencionar o Projeto de Lei 3.514/2015 de atualização do CDC, que tramita na Câmara dos Deputados, e inclui sustentabilidade no art. 6º, inciso XIII do CDC como direito básico.[15] O PL 3514 procura fornecer aportes para o diálogo entre o direito do consumidor e o direito ambiental ao estabelecer a "proteção do meio ambiente" entre os objetivos da Política Nacional das Relações de Consumo, alterando a redação do caput do art. 4º e prevê de forma expressa o consumo sustentável como princípio[16] da PNRC.[17]

---

11. COMISSÃO EUROPEIA. COMUNICAÇÃO DA COMISSÃO AO PARLAMENTO EUROPEU E AO CONSELHO. *Nova Agenda do Consumidor*: Reforçar a resiliência dos consumidores para uma recuperação sustentável. Bruxelas, 13 nov. 2020, p. 02-03. Disponível em: <https://eur-lex.europa.eu/legal-content/PT/TXT/PDF/?uri=CELEX:52020DC0696&from=EN> Acesso em: 20 jan. 2022.
12. MARQUES, Claudia Lima; MIRAGEM, Bruno. "Serviços Simbióticos" do Consumo Digital e o PL 3.514/2015 de Atualização do CDC. *Revista de Direito do Consumidor*, vol. 132, p. 91-118, nov./dez 2020.
13. Se percebe a preocupação com o meio ambiente em outras passagens do CDC, como o tema da publicidade (art. 37, § 2º) que considera abusiva aquela que desrespeita os valores ambientais. Da mesma forma, no plano contratual, o art. 51, inciso XIV, declara como nula as cláusulas que permitam a violação de normas ambientais.
14. Em Conferência realizada, acompanhada por mais de 2,8 mil atores envolvidos, foi adotada a Declaração de Berlim sobre Educação para o Desenvolvimento Sustentável (EDS). (ORGANIZAÇÃO DAS NAÇÕES UNIDAS PARA EDUCAÇÃO, CIÊNCIA E CULTURA – UNESCO. *UNESCO declara que a educação ambiental deve ser um componente curricular básico até 2025*. 25 maio 2021. Disponível em: <https://pt.unesco.org/news/unesco-declara-que-educacao-ambiental-deve-ser-um-componente-curricular-basico-ate-2025 > Acesso em: 03 nov. 2021).
15. Art. 6º, inciso XIII – "a informação ambiental veraz e útil, observados os requisitos da Política Nacional de Resíduos Sólidos, instituída pela Lei 12.305, de 2 de agosto de 2010".
16. "Art. 4º, II, e) pelo incentivo a padrões de produção e consumo sustentáveis; IX – promoção de padrões de produção e consumo sustentáveis, de forma a atender às necessidades das atuais gerações, permitindo melhores condições de vida e promovendo o desenvolvimento econômico e a inclusão social, sem comprometer a qualidade ambiental e o atendimento das necessidades das gerações futuras." (NR)
17. No texto atual do Projeto também consta o acréscimo do art. 10-A ao CDC que tem como objetivo melhorar o sistema de qualidade e segurança de produtos e serviços ao ampliar o cuidado dos fornecedores no que tange aos riscos ambientais, conforme: "Art. 10-A. As regras preventivas e precautórias dos arts. 8º, 9º e 10 deste Código aplicam-se aos riscos provenientes de impactos ambientais decorrentes de produtos e serviços colocados no mercado de consumo." O texto também contempla no rol exemplificativo de práticas abusivas previstas no art. 39 do CDC "oferecer produto ou serviço com potencial de impacto ambiental negativo, sem

Conforme se depreende da leitura do Projeto, existe a imposição normativa ao Estado do dever de promover "padrões de produção e consumo sustentáveis". Aqui há evidente espaço para criação de mecanismos de comando e controle em várias frentes para assegurar e viabilizar o consumo sustentável no Brasil. Tais ações variam desde regulamentar o Plano Nacional de Eficiência Energética até coibir a prática da obsolescência programada[18] e *greenwashing*[19], bem como promover uma maior transparência das informações dos produtos por meio da rotulagem e investimentos em infraestrutura verde.[20] Não se desconhece, no arcabouço legislativo brasileiro, outras leis importantes que podem e devem ser instrumentalizadas para este fim.[21]

O ano de 2021 foi marcado pelo reconhecimento da ONU que o acesso ao meio ambiente limpo, saudável e sustentável é um direito humano[22] e, dado os esforços de toda a comunidade internacional para a transição de uma sociedade mais sustentável, 2022 se coloca como um marco para a promoção do consumo sustentável. Diante do contexto apresentado da necessidade de construção do consumo sustentável no Brasil, cabe discutir o papel do Direito e daqueles que atuam no direito do consumidor e no direito ambiental neste cenário desafiador. Temos um longo caminho a percorrer, mas a hora de começar é agora.

---

tomar as devidas medidas preventivas e precautórias", acarretando impacto em circunstância agravante dos crimes contra as relações de consumo gerar "graves danos ao meio ambiente". MARQUES, Claudia Lima; MIRAGEM, Bruno. "Serviços Simbióticos" do Consumo Digital e o PL 3.514/2015 de Atualização do CDC. *Revista de Direito do Consumidor,* cit.

18. Preferências por novos produtos e a obsolescência prematura de eletrodomésticos deve afetar adversamente o consumo e a produção sustentáveis (ODS 12) com ramificações para a eficiência do uso de recursos. (ECHEGARAY, F. Consumer's reactions to product obsolescence in emerging markets: the case of Brazil. *Journal of Cleaner Production,* v. 134, p. 191-203, 2016.)
19. *Greenwashing* (lavagem verde) significa a inapropriada publicidade e marketing de produtos que apresentam uma falsa aparência de sustentabilidade, seja por meio de rótulos, certificados ou publicidade. Sobre o tema: MÉO, Letícia Caroline. *Greenwashing e Direito do Consumidor:* como prevenir (ou reprimir) o marketing ambiental ilícito. São Paulo: Revista dos Tribunais, 2019.
20. COMISSÃO EUROPEIA. Comunicação da Comissão ao Parlamento Europeu e ao Conselho. *Nova Agenda do Consumidor,* cit., p. 06-07.)
21. Veja-se a Política Nacional sobre a Mudança do Clima (PNMC), instituída pela Lei 12.187 de 2009, como resposta do Estado para reduzir as vulnerabilidades dos sistemas naturais e humanos frente a mudança do clima; A Lei 12.305 de 2010 que instituiu a Política Nacional de Resíduos Sólidos (PNRS) e dentre outros benefícios, introduz a logística reversa e o princípio da responsabilidade compartilhada pelo ciclo de vida dos produtos, materializando a política pós-consumo e os deveres das partes, incluindo o consumidor, neste ciclo de descarte de resíduos sólidos.
22. NAÇÕES UNIDAS BRASIL. *Meio Ambiente saudável é declarado direito humano por Conselho da ONU.* [S. l.], 08 out. 2021. Disponível em: https://brasil.un.org/pt-br/150667-meio-ambiente-saudavel-e-declarado-direito-humano-por-conselho-da-onu. Acesso em: 20 jan. 2022.

SOCIEDADE DIGITAL DE CRÉDITO E RESPONSABILIDADE CIVIL: NOVOS DIREITOS BÁSICOS

Claudia Lima Marques

Doutora pela Universidade de Heidelberg. Mestre em Direito pela Universidade de Tübingen (Alemanha). Professora e diretora da Faculdade de Direito da UFRGS. Relatora-geral da comissão de juristas e ex-presidente do Brasilcon. Advogada.

Fernando Rodrigues Martins

Mestre e Doutor em Direito pela PUC-SP. Professor da graduação e da pós-graduação da Universidade Federal de Uberlândia. Membro do Ministério Público do Estado de Minas Gerais e presidente do Brasilcon (2021-2023).

A entrada em vigor da Lei 14.181/21 teve por escopo não apenas inserir no mundo jurídico o instituto do crédito responsável, bem como a prevenção e tratamento ao superendividamento, mas essencialmente atualizar o Código de Defesa do Consumidor. Como há muito alerta a doutrina europeia,[1] a mudança das modalidades de comercialização ao consumidor do crédito (agora à distância pela internet) e de pagamento (PIX, moedas eletrônicas, cartões de crédito digitais etc.), além da popularização do investimento (em bolsa, moedas digitais e *crownfunding*) exige atuação legislativa.[2]

Cabe reiterar que o CDC, a despeito do marco trintenário de vigência e da imprescindível contribuição aos vulneráveis e ao sistema jurídico (em especial ao direito privado), necessitava de adequação temática, justamente no tema do crédito ao consumidor e prevenção do superendividamento (agora atualizado pela Lei 14.181/21) e no que se refere à sociedade digital (o PL 3514/15, aprovado por unanimidade no Senado Federal ainda está na Câmara para exame).

O processo de atualização do CDC, mesmo que tenha até agora mantido a metodologia do CDC e resguardados os dispositivos outrora consagrados na jurisprudência e dogmática nacional, não estará completo se não incluir regras sobre a boa-fé qualificada (princípios conhecidos como "lealdade-equidade-competência-diligência"[3];

---

1. CAMPENS, Fabrice. Services financiers de détail et protection des consommateurs: l'approche Communautaire, in *Revue Européenne de Droit de la Consommation*, v. 3/2003, pp. 169-195.
2. Assim CAMPENS, ibi idem, p. 190 e seg.
3. PATOUL, Frédéric de. Le consommateur et les services financiers en Belgique, *Revue Européenne de Droit de la Consommation*, v. 3/2003, pp. 196-213, p. 207 esclarece que o intermediário dos serviços financeiros

"informação-esclarecimento"[4]; "transparência-confirmação-conservação"[5]; "*know your customer*"[6] e "*best execution rule*"[7]) nos serviços financeiros à distância e digitais, principalmente os intermediários e os agentes (bancários ou não) que prestam serviços aos consumidores.

Evidente que as causas subjacentes da readequação normativa do CDC derivam em grande parte das transformações constantes, imediatas e profundas provocadas pela sociedade de mercado, por sua vez, caracterizada em tempos contemporâneos por modelo em permanente construção: ininterrupto, disruptivo e amalgamado entre economia, tecnologia e inovação.

A economia voltada precipuamente ao crédito (nas funções de investimento, estímulo à produção e, mais recentemente, à subsistência de núcleos familiares). A tecnologia pelas ferramentas eletrônicas colocadas à disposição geral (bens digitais, internet das coisas, inteligência artificial etc.). E a inovação pela aceleração dos padrões globais (criação de novos mercados, redução do tamanho do mundo e expansão do tamanho do "eu").[8] Daí dizê-la "sociedade digital de mercado" ou, especificamente para este texto, "*sociedade digital de crédito*".

Não sem sentido, portanto, a aguda percepção de que a gestão do sistema econômico é realizada isoladamente pelo mercado, desencadeando inúmeras consequências para a organização comunitária e para o Estado, cada vez mais fraco em seu poder regulador e normativo. Em outras palavras: "*Em vez de a economia estar*

---

deve agir de forma leal e com equidade, com competência e diligência para atender os melhores interesses do cliente e manter a integridade do mercado financeiro.

4. Não basta apenas informação, em especial cumprir com as informações obrigatórias por lei, como as dos Art. 54-B e 54-D, mas também esclarecer e não ocultar ou induzir em erro o consumidor, o 'esclarecendo' dos riscos e consequências do crédito e de seu inadimplemento, como está no Art. 54-C e 54-G do CDC. Veja MARQUES, Claudia Lima; MIRAGEM, Bruno. Art. 54-B a Art. 54-G, in MARQUES, Claudia Lima; BENJAMIN, Antonio Herman V.; MIRAGEM, Bruno. *Comentários ao Código de Defesa do Consumidor*. 7 ed., São Paulo: Ed. RT, 2021, p. 1265-1299.
5. No mundo digital e principalmente no crédito e serviços financeiros, além da transparência dos serviços (Art. 4º do CDC) e proteção de dados, necessitamos que haja constituição das ordens dadas pelo consumidor pelos intermediários, confirmação destas e sua conservação no tempo, veja MARQUES, Claudia Lima; MIRAGEM, Bruno. 'Serviços simbióticos' do consumo digital e o PL 3514,2015, in MARQUES, Claudia Lima; LORENZETI, Ricardo L.; CARVALHO, Diógenes; MIRAGEM, Bruno. *Contratos de serviços em tempos digitais*. São Paulo. Ed. RT/Thomson Reuters, 2021, p.411 e seg.
6. O dever de conhecer seu cliente/consumidor para identificar suas necessidades, especificidades (idade, analfabetismo, deficiência visual, auditiva etc.) é hoje uma realidade não só da concorrência, mas da defesa do consumidor, assim PATOUL, Frédéric de. Le consommateur et les services financiers en Belgique, *Revue Européenne de Droit de la Consommation*, v. 3/2003, pp. 196-213, p. 207-208.
7. Especialmente no mundo digital ou à distância a atuação do intermediário deve incluir uma boa-fé na execução das ordens do mandante/consumidor, o dever é de tratar e executar as ordens conforme os melhores interesse do consumidor e conforme as instruções específicas de forma a conseguir o melhor resultado possível e com a conduta ética de forma a evitar conflito de interesses, assim PATOUL, Frédéric de. Le consommateur et les services financiers en Belgique, *Revue Européenne de Droit de la Consommation*, v. 3/2003, pp. 196-213, p. 211-212.
8. DUNKER, Christian. In: Prefácio. *O sujeito na era digital: ensaios sobre psicanálise, pandemia e história*. GOLBERG, Leonardo; AKIMOTO, Claudio (Org.). São Paulo: Edições 70, 2021, p. 10.

embutida nas relações sociais, são as relações sociais que estão embutidas no sistema econômico".[9]

À vista disso, pode-se dizer que a *sociedade digital de crédito* atua em diversos planos: i – *comunicacional*, conectando digitalmente pessoas e promovendo a expansão do ambiente de negócios, através do princípio da autonomia privada (negocial e contratual); ii – *institucional*, na medida em que correlaciona interessados fragmentários funcionais com formação de vastas redes de fornecedores; iii – *procedimental*, mediante a utilização de institutos e recursos sobre os quais tem controle exclusivo (contratos, dados, crédito, técnica, ciência etc.); iv – *gerencial*, com incisivas verticalizações sobre espaços públicos e privados influenciando, monitorando ou coordenando as tomadas de decisões. O Estado, a todos os olhos, é refém dessa sociedade.

Sob tais circunstâncias, a Lei 14.181/21, atualizando a promoção do consumidor, introduz princípios e regras jurídicas *de observação vinculada por parte dos fornecedores*, perfazendo três tipos de tutelas. A primeira, *ex ante*, preventiva e acautelatória, cujo escopo principal é evitar[10] o superendividamento do consumidor e indiretamente colaborar na direção da economia nacional. A segunda, *ex post*, restauradora e reconstituinte, voltada à repactuação dos débitos do consumidor, tratando globalmente as dívidas para permitir o "direito ao recomeço"[11]. A terceira, *ex supra*, potencializando a garantia e defesa do mínimo existencial, bem como os núcleos de diversos núcleos de direitos fundamentais, na órbita da concretude infraconstitucional.[12]

Ainda, teleologicamente, estabeleceu políticas de consumo que visam a manutenção e a reinclusão do consumidor no mercado financeiro (CDC, art. 6°, inciso X esclarece o objetivo de: "prevenção e tratamento do superendividamento como forma de evitar a exclusão social do consumidor.) E, preambularmente, considerou o crédito responsável, a educação financeira, a prevenção e tratamento ao superendividamento, assim como a preservação do mínimo existencial como novos *"direitos básicos"* (CDC, art. 6°, incisos XI e XII), ampliando os espaços da responsabilidade civil.

Direitos assim qualificados não são meros direitos subjetivos afinados com a faculdade ou permissibilidade. Representam direitos prevalentes com nítido caráter de indisponibilidade, tendo em vista algumas razões[13]: a origem supranacional para a respectiva internalização (no caso do crédito responsável e do superendividamento é a Resolução ONU 70/186 de 2015 que se ocupa da proteção financeira do consumi-

---

9. POLANYI, Karl. *A grande transformação*: as origens de nossa época. Tradução de Fanny Wrabel. 2. ed.- Rio de Janeiro: Campus, 2000, p. 77.
10. MARTINS, Fernando Rodrigues. *Comentários ao Código Civil*: Direito privado contemporâneo. São Paulo: Saraiva, 2019, p. 92.
11. Lima, Clarissa Costa de. *O tratamento do superendividamento e o direito de recomeçar dos consumidores*. São Paulo: Revista dos Tribunais, 2014.
12. BERTONCELLO, Káren Rick Danilevicz. *Superendividamento do consumidor*: mínimo existencial; casos concretos. São Paulo: Revista dos Tribunais, 2015, p. 73.
13. MIRAGEM, Bruno. *Curso de direito do consumidor*. São Paulo: Revista dos Tribunais, 2019, p. 283.

dor); a perfilhação como direito da personalidade; a ordem pública que fundamenta a lei protetiva; e a imprescindível ligação com o fundamento da dignidade humana.

Na atualização do CDC futura, o PL 3514,2015 ainda aprofunda estes direitos básicos do Art. 6º do CDC e inclui na lista: *"XI - a privacidade e a segurança das informações e dados pessoais prestados ou coletados, por qualquer meio, inclusive o eletrônico, assim como o acesso gratuito do consumidor a estes e a suas fontes; XII - a liberdade de escolha, em especial frente a novas tecnologias e redes de dados, vedada qualquer forma de discriminação e assédio de consumo"*.[14] Mister reintroduzir, como está na LGPD, o direito de autodeterminação (que constava do PL 281/12 oriundo da Comissão de Juristas) e um direito especial frente aos serviços financeiros digitais: *"XI- a proteção contra erros e fraudes na contratação à distância, contra atuação desleal dos intermediários e contra as instruções dadas pelo consumidor, em especial nos serviços à distância e digitais de natureza bancária, financeira, de crédito e securitária."*

Os direitos básicos também se aplicados como "direitos objetivos", modal "dever-ser", importam em "deveres". São deveres que repercutem a todos no respeito à dignidade alheia.[15] Por isso, o fornecedor de crédito no exercício da atividade, independentemente da faculdade do consumidor, quando não observa os novos direitos básicos acima declinados pela recente legislação em vigor, imediatamente, já comete ilícito. E, neste ponto, a despeito do ilícito já guardar ampla possibilidade de cessação ou remoção pelo sistema jurídico (CPC, art. 497, parágrafo único), a simples repercussão da conduta sobre o interesse jurídico do consumidor (dano) guardará a necessária responsabilização nos termos do art. 14 do CDC.

Assim as violações dos deveres correspectivos aos mencionados direitos básicos são passíveis de indenização.[16] Imagine o fornecedor de crédito que não atua preventivamente para evitar o superendividamento de vulnerável em situação concreta. Ou mesmo aquele outro que se nega ao tratamento de situação de superendividamento sem justificativas perante o Poder Judiciário ou Núcleos de Atendimento ao Superendividado (NAS).

Também seria de fácil percepção a violação pelo fornecedor na hipótese em que despreza as boas práticas quanto aos empréstimos fragilizando a "educação financeira" ou colocando o consumidor desprotegido ou em séria situação de abalo quanto ao mínimo existencial.

Por sua vez, o "crédito responsável" tem conceituação sistêmica e não dispositiva como o superendividamento (CDC, art. 54-A). O crédito é considerado responsável quando atende às seguintes exigências: i – contém as informações específicas que o identificam, quantificam e caracterizam (art. 54-B); ii – não ofende as vedações legais

---

14. Texto acessível in COMISSÃO DIRETORA (camara.leg.br) (12.02.2022).
15. VASCONCELOS, Pedro Pais de. *Direito da personalidade*. Coimbra: Almedina, 2006, p. 51.
16. Confira as II Jornadas de Pesquisa CDEA. *Enunciado 3*: os novos direitos básicos inseridos no art. 6º pela Lei 14.181/21 no Código de Defesa do Consumidor são direitos prevalentes fixando deveres correspondentes aos fornecedores.

respeitantes à oferta (art. 54-C); iii – embute no fornecedor os riscos de avaliação prévia quanto ao empréstimo (art. 54-D).

Não passa despercebido que o parágrafo único do art. 54-D do CDC atribui expressamente "indenização por perdas e danos, patrimoniais e morais, ao consumidor" quando não observados, pelos fornecedores, deveres relacionados à informação específica do crédito, riscos e vedações, sem prejuízo de outras sanções, inclusive levando-se em consideração a gravidade da conduta. Nesta última hipótese, reforça a possibilidade de eventual redução equitativa em esfera própria de atuação da responsabilidade objetivo pelo risco da atividade, que é usual nesse nicho.

Percebe-se, por isso e também para efetividade e concretude da Lei 14.181/21, que a responsabilidade civil nas hipóteses citadas opera não apenas nas funções compensatória e reparatória. Há verdadeiro *"estímulo pedagógico"* aos fornecedores, estabelecendo a exigência de deveres que são essenciais à eticidade e solidariedade quanto ao instituto do crédito e suas (potenciais e vitais) externalidades, assim encerradas como *"função social do crédito"*. O PL 3514/15 também traz importantes regras neste sentido e deveria ser aprovado em breve pelo Parlamento.

Com a atualização do CDC, a responsabilidade civil[17] se adequa, repagina e evolui para servir aos vulneráveis e hipervulneráveis atendendo os objetivos elencados na legalidade constitucional, mesmo porque permeada de cláusulas gerais e conceitos jurídicos indeterminados que permitem o (re)ingresso de direitos e valores fundamentais (*v.b.*, como o mínimo existencial e o combate à exclusão social) para proteger os consumidores brasileiros frente à evolução tecnológica da "sociedade digital de crédito", em que vivemos.

---

17. MARQUES, Claudia Lima. Contratos no Código de defesa do Consumidor: o novo regime das relações contratuais. 8. ed. São Paulo: Revista dos Tribunais, 2016, p. 1.089. Mesmo que além da dicotomia entre responsabilidade contratual e extracontratual vale rememorar a frase: *"Se excluo a responsabilidade contratual de um parceiro, retiro de sua obrigação contratual uma força, uma parte intrínseca, sua sombra, como diria Larenz. Crio uma obrigação pela metade, um leão sem dentes, um objeto sem sombras possível"*.

VÍCIOS CONSTRUTIVOS E RELAÇÃO DE CONSUMO:
LIABILITY, ACCOUNTABILITY E RESPONSIBILITY

Carlos Edison do Rêgo Monteiro Filho

Doutor em Direito Civil e Mestre em Direito da Cidade pela UERJ. Professor titular em Direito da Faculdade de Direito da UERJ. Procurador do estado do Rio de Janeiro. Vice-presidente do Instituto Brasileiro de Estudos de Responsabilidade Civil (Iberc). Advogado e parecerista em temas de Direito Privado.

Nelson Rosenvald

Doutor e Mestre em Direito Civil pela PUC-SP e presidente do Instituto Brasileiro de Estudos de Responsabilidade Civil (Iberc). Professor permanente do PPGD (doutorado e mestrado) do IDP-DF. Procurador de Justiça do Ministério Público de Minas Gerais. Pós-doutor em Direito Civil na *Università Roma Tre*.

A responsabilidade civil decorrente do fato jurídico da construção é fracionada em dois grandes setores: a responsabilidade contratual na incorporação e a responsabilidade pelos vícios construtivos. Enquanto a responsabilidade na incorporação – Lei 4.591/64, atualizada pela Lei 13.786/18 – prioriza a conservação do negócio jurídico de incorporação e a sua função social perante a comunidade de adquirentes, a responsabilidade civil pelo fato jurídico da construção é materializada pela disciplina dos vícios construtivos, normatizada em preceitos difusamente localizados no CC e no CDC. Os vícios construtivos se afeiçoam à rescisão contratual, como forma de desconstituição do negócio jurídico por vícios objetivos na edificação, anteriores à entrega da obra. Vícios construtivos são anomalias que afetam o desempenho da obra, tornando-a inadequada aos seus fins.

O construtor é fornecedor quando edifica unidades imobiliárias, assumindo obrigação de fazer (serviço), seja por empreitada ou administração, bem como obrigação de dar coisa certa (produto) quando vende as ditas unidades para alguém que se coloca como consumidor, destinatário final do imóvel para si e/ou sua família, fechando a cadeia produtiva. É no momento da entrega da obra que principia a parte mais relevante de sua responsabilidade: a responsabilidade pela qualidade e segurança da obra diante de eventual quebra de comutatividade obrigacional decorrente de desconformidade qualitativa do bem à oferta/publicidade, que objetivamente afeta a utilidade do imóvel e o seu valor.

O incorporador não pode se alforriar perante o condômino (no caso de vício na unidade) ou o próprio condomínio (vício nas áreas comuns) sob alegação de que empreitou as obras a um construtor, que seria o responsável pelo defeito, que por sua vez aduziria não ter contratado com aqueles, mas apenas com o incorporador. O artigo 32 da Lei 4.591/64 enuncia a obrigação do incorporador que, embora não tenha efetuado a construção, concretizou a venda de frações ideais de terrenos e a entrega do prédio de acordo com o projeto e memorial descritivo. Na qualidade de contratante inadimplente, impulsionador e principal garantidor do empreendimento, responde o incorporador pela vulneração da garantia de solidez e segurança perante adquirentes de unidades e o condomínio, em solidariedade passiva com o construtor que lhe substitui na execução da obra (artigo 942, CC), uma espécie de terceiro cúmplice na execução do contrato.

Em matéria de vícios de qualidade ou de quantidade do produto ou serviço, o CDC discrepa do CC. Primeiramente, não há na Lei 8.078/90 prazo fixo específico de garantia em relação à solidez e segurança de edifícios. Assim, possui o consumidor proteção mais abrangente quanto à baixa qualidade dos materiais empregados ou a má técnica aplicada na edificação. No que tange aos vícios aparentes, o sistema do CDC se afasta do CC no qual a responsabilidade do empreiteiro cessa no momento do recebimento (artigo 616, CC). O consumidor deve exigir a reparação no prazo de 90 dias, em se tratando de produtos duráveis, iniciando a contagem a partir da entrega efetiva da obra, não fluindo o citado prazo durante a garantia contratual (artigo 50, CDC).

Lado outro, relativamente aos vícios ocultos na obra, estará o adquirente resguardado ainda que estes surjam após o lustro do recebimento, mesmo que o vício só se manifeste após o término do prazo de garantia contratual. A garantia certificada é meramente uma liberalidade do incorporador, materializada em prazos mínimos em que a experiência demonstra que não haverá deterioração dos produtos utilizados na construção. O desiderato é o de "cativar" o adquirente para um contrato de longa duração, acautelando-o em face de ocorrências que discrepem do desgaste natural da construção.

Todavia, se em sua dupla acessão, o vocábulo "cativo" remete ao verbo cativar, seduzir, também pode ser compreendido o "cativo" como aquele ser aprisionado, seja um consumidor a um contrato "cativo" de longa duração, seja o fornecedor a uma garantia *ad eternum*. Em ambos os casos as amarras devem ser soltas, ensejando-se ao consumidor a liberdade de se desvincular de um negócio jurídico cuja finalidade se frustrou por um vício construtivo que frustrou sua legítima expectativa, como também para o fornecedor que, ao contrário do dito de Saint-Exupéry, *"não se torna eternamente responsável por aquele consumidor que cativa"*.

Em princípio, a literalidade do § 3º do artigo 26 do CDC situa o limiar do prazo decadencial de 90 dias, no momento *"em que ficar evidenciado o defeito"*. Em princípio, a abertura da norma aponta para uma indiscriminada margem de liberdade do adquirente para a qualquer tempo, sendo suficiente que interpele extrajudicialmente o fornecedor, preferencialmente com um laudo que indique o vício construtivo, de forma a interromper a fluência do prazo legal até que o construtor/incorporador informe a sua posição sobre a reclamação. Nada obstante, a liberdade do consumidor deve se adequar à sua responsabilidade, ou seja, a uma conduta diligente que se amolde a um *standard* normativo de um "bom consumidor".

Vale dizer, os prazos de garantia, sejam eles legais ou contratuais acautelam o adquirente de produtos contra defeitos relacionados ao desgaste natural da coisa, consistindo em um intervalo mínimo de tempo no qual não se espera que haja deterioração do objeto. Coisa diversa é o vício intrínseco do produto, existente desde sempre, mas que somente vem a se manifestar depois de expirada a garantia. Ou seja, a venda de um bem tido por durável com vida útil inferior àquela que legitimamente se esperava, além de configurar um vício de inadequação (artigo 18 do CDC), evidencia a frustração do fim do contrato, que era a compra de um bem cujo ciclo vital se esperava, de forma legítima e razoável, fosse mais longo, expectativa violada com o perecimento ou a danificação de bem durável, de forma prematura, causada por vício de fabricação. Nessa categoria de vício intrínseco, certamente se inserem os vícios de fabricação relativos a projeto, cálculo estrutural, resistência de materiais, entre outros, os quais, em não raras vezes, somente se tornam conhecidos depois de algum tempo de uso, todavia não decorrem diretamente da fruição do bem, e, sim, de uma característica oculta que esteve latente até então.

Assim, deve ser observado como limite temporal para o surgimento do vício construtivo o critério de vida útil do bem, ou seja, o seu prazo normal de durabilidade, no caso a "razoável durabilidade do prédio". Em um primeiro nível de tutela, em qualquer momento em que ficar evidenciado o vício — não o desgaste natural gerado pela fruição ordinária —, poderá o consumidor enjeitá-lo, desde que o faça dentro do prazo decadencial de 90 dias a contar de seu aparecimento, o qual será suspenso pela reclamação do vício junto ao fornecedor ou pela instauração de inquérito civil (artigo 26, § 2º, CDC).

Ademais, frustrada a tentativa de sanação do vício, e já em um segundo nível de tutela, para além da possibilidade de redibir o contrato ou de pleitear o abatimento do preço – alternativas que vigoram no Código Civil para vícios ocultos –, o CDC coloca à disposição do consumidor uma terceira opção, consistente na substituição do produto ou na reexecução do serviço (artigos 18, § 1º, I, e 20, I, CDC). A nosso viso, sob o prisma do inarredável dever de cooperação e de informação quanto à mitigação de prejuízos, as três faculdades postas à escolha do consumidor se condicionam ao exercício anterior da interpelação ao fornecedor objetivamente documentada quanto à obrigação de fazer de efetivação dos reparos necessários na edificação sob pena de resolução do processo sem análise de mérito.

A questão relativa à decadência do direito de reclamar por vícios no imóvel não se confunde com o prazo prescricional a que se sujeita o consumidor para pleitear indenização decorrente da má execução do contrato. E, à falta de prazo específico no CDC que regule a hipótese de inadimplemento contratual – o prazo quinquenal disposto no artigo 27 é exclusivo para as hipóteses de fato do produto ou do serviço –, entende-se que deve ser aplicado o prazo decenal do artigo 205 do CC/02.

Com efeito, o fornecedor também se responsabiliza perante o consumidor por danos derivados da insegurança da obra. Enquanto o vício do produto ou serviço representa uma desconformidade em termos de frustração de legitima expectativa de qualidade, o defeito concerne a um acidente de consumo derivado de um produto ou serviço com periculosidade adquirida, que causa um dano ao consumidor, seja ele de natureza patrimonial ou extrapatrimonial (artigos 12 e 14, CDC). Frustrado o dever de incolumidade, tratando-se de obrigação objetiva de indenizar, bastará à procedência da pretensão a demonstração do nexo causal entre o defeito e o dano, aplicando-se o prazo prescricional de cinco anos para a ação reparatória do artigo 27 do CDC.

A normativa da responsabilidade civil tem como destinatário um magistrado, capaz de pacificar um conflito e através do princípio da reparação integral restaurar as partes, na medida do possível, ao estágio pré-dano. Em uma demanda versando sobre vícios construtivos surgem diversos cenários ressarcitórios. Entretanto, como se interpretará em cada litígio o critério da "razoável durabilidade do bem"? Deixaremos a cada magistrado e a cada perito judicial a tarefa de determinar a medida da responsabilidade de construtores e incorporadores nos mais variados contextos? A discricionariedade das decisões enseja desequilíbrio no mercado da construção, seja por abusos por parte de consumidores no exercício de suas faculdades, como pela reação natural de fornecedores através do encarecimento de preços e adição de entraves contratuais, contribuindo para um quadro de insegurança jurídica.

Talvez o caminho seja avançar para a *accountability*, a fim de ampliar o espectro da responsabilidade, mediante a inclusão de parâmetros regulatórios preventivos, que promovem uma interação entre a *liability* do Código Civil e do Código de Defesa do Consumidor com uma regulamentação voltada à governança, seja em caráter *ex ante* ou *ex post*. Especificamente, no plano *ex ante* a *accountability* é compreendida como um guia para construtores e incorporadores, protagonistas da atividade, mediante a inserção de regras de boas práticas que estabeleçam procedimentos, normas de segurança e padrões técnicos capazes de planificar e mitigar riscos e solidificar uma cultura de gestão corporativa.

Nesse ponto se insere a NBR 15.575 da ABNT-2013, como uma normalização técnica, norma de desempenho capaz de atribuir critérios mínimos de mensuração de habitabilidade do imóvel, seja quanto à segurança, conforto e resistência de materiais para fins de determinação de vida útil. A norma técnica acrescenta parâmetros objetivos de *accountability*, proporcionando uma função preventiva à responsabilidade civil. A referida NBR não é prescritiva, mas pavimenta procedimentos e indica resultados na medida em que uma construção documentada pelas melhores práticas atua como padronização que impede interferências sobre a vida útil do projeto. O atendimento às normas técnicas é um dever do profissional de investimento em *stan-*

dards de integridade, constante do Código de Ética, e o seu cumprimento gera uma presunção de conformidade.

Em complemento, na vertente *ex post*, a *accountability* atua como um guia para o magistrado, tanto para identificar e quantificar responsabilidades, como para estabelecer os remédios mais adequados. Se o caso concreto evidencia uma omissão às recomendações da NBR 15.575, pode-se alcançar uma presunção da configuração do vício construtivo. O investimento em *compliance* à regulação por parte do fornecedor, com efetividade, poderá mesmo servir como fator de redução da indenização, espécie de sanção premial, a teor do parágrafo único do artigo 944 do Código Civil.

A seu turno, o vocábulo *responsibility* diz respeito ao sentido moral de responsabilidade, voluntariamente aceito e jamais legalmente imposto. É um conceito prospectivo de responsabilidade, no qual ela se converte em instrumento para autogoverno e modelação da vida que envolve um sentido de solidariedade. Para o incorporador e o construtor isso requer que a atividade exercitada seja proativa, diligenciando-se no sentido de efetuar pormenorizados laudos de conclusão de obra e laudo de impacto da obra sobre a vizinhança, além de um laudo de auditoria de manutenção, que servirá como ponto de partida para a fase de responsabilidade pós-contratual da obrigação de resultado da entrega da construção. Nesse ponto, o fornecedor de produtos e serviços exerce a chamada "função promocional" da responsabilidade civil, tendo em vista que a sua credibilidade institucional é um fator imaterial determinante em uma economia de mercado.

A *responsibility* transcende o fornecedor e alcança o adquirente da obra. No contexto da incorporação, o consumidor se coloca como coprotagonista do processo, em vez de eventual vítima de um vício construtivo. Com a emissão do laudo conclusivo da obra, a auditoria de manutenção inclui um *check list* para cada condômino, a fim de que a construção mantenha o desempenho previsto. Ou seja, o usuário também se incumbe de contribuir com a manutenção periódica do prédio, assumindo a obrigação de não degradar a vida útil planejada para o projeto. A desídia na manutenção do uso conforme os padrões da norma técnica implica em exclusão do nexo causal em razão da ausência do vício construtivo ou do próprio fato exclusivo do consumidor.

A adição das camadas de *responsibility e accountability* à *liability* é capaz de ensejar uma ruptura paradigmática com a cultura da litigiosidade, propiciando uma compartilhada gestão de riscos quanto aos vícios construtivos. A credibilidade institucional é um fator imaterial fundamental para a sobrevivência de incorporadores e construtores. A construção de um prédio caminha ao lado da construção de um bom nome e reputação. A seu turno, consumidores incorporam a ideia de mitigação dos próprios riscos, bilateralizando o processo obrigacional com base em comportamentos conforme a boa-fé objetiva.

GENI, A PEDRA E A SÚMULA 385 DO STJ

Fabio Schwartz

Doutor em Direitos, Instituições e Negócios pela Universidade Federal Fluminense. Mestre em Direito Econômico e Desenvolvimento pela Universidade Cândido Mendes. Autor do "Manual de Direito do Consumidor – Tópicos & Controvérsias" (Editora Processo) e Defensor Público do estado do Rio de Janeiro.

Composta por Chico Buarque em 1978 como parte do espetáculo "Ópera do Malandro", a música "Geni e o Zepelim" conta a história de uma meretriz hostilizada na sua cidade pelo seu modo de vida.[1] A canção se transformou em uma espécie de senha para se referir às pessoas que em determinadas circunstâncias, tornam-se alvo de discriminação e execração pública.[2]

Pois bem, passados alguns séculos desde as ordenações do rei, (ordenações afonsinas, seguidas pelas ordenações manuelinas e estas pelas ordenações filipinas), as quais estabeleciam a tão temida pena de degredo para os que não pagassem suas dívidas,[3] observa-se ainda no século 21 imenso desprezo e ressentimentos pela figura do devedor.[4]

Não foi por outro motivo que o projeto de lei que tratava do fenômeno do superendividamento, mesmo precedido de amplo debate na sociedade, através de inúmeras audiências públicas realizadas por todo país, com a presença de uma enorme gama de entidades representativas dos consumidores, gestou por mais de uma década no Congresso Nacional, até sua devida aprovação.

Assim é que até este advento, tínhamos no Brasil a esdrúxula situação em que às pessoas jurídicas era disponibilizada imprescindível ferramenta para recuperação de suas dívidas, antes da decretação da falência, ao passo que à pessoa física só restava um caminho: a insolvência civil. Situação em total afronta ao princípio da isonomia, ante o discrimen injustificado e, ainda, ao princípio da dignidade da pessoa humana.

Tais fatos apenas demonstram os resquícios de uma arraigada ojeriza pela figura do devedor pessoa física, que na atual sociedade do consumo, onde o ato de consumir se tornou um requisito de pertencimento e aceitação social, não pode continuar a ser

---

1. A letra da música, na íntegra, pode ser consultada em: https://www.letras.mus.br/chico-buarque/77259/.
2. OLIVEIRA, Mário Oscar Chaves. Joga Pedra na Geni. Artigo publicado no site Migalhas, em 30 de março de 2011. Consultado em 14 de fevereiro de 2022.
3. TORRES, Simei Maria de Souza. *O degredo como punição*: a pena de degredo para o Brasil no Livro V das Ordenações Filipinas. Revista do Corpo Discente do PPG-História da UFRGS. Disponível em: file:///C:/Users/00284941727/Downloads/73080-314777-1-PB.pdf. Consultada em 18 de fevereiro de 2022.
4. A pena de degredo no Direito Português consistia em uma espécie de exílio, em que a pessoa era enviada a um outro país por determinado período de tempo como represália pelo não pagamento de suas dívidas.

visto como uma verdadeira encarnação diabólica e nem, tampouco, como um objeto a ser disposto pelo credor, tal qual no Direito Romano.[5]

Todo esse introito é para falar de uma pedra atirada sobre os consumidores devedores nos dias atuais, que é a Súmula 385 do STJ. A referida súmula dispõe que: "Da anotação irregular em cadastro de proteção ao crédito, não cabe indenização por dano moral, quando preexistente legítima inscrição, ressalvado o direito ao cancelamento".

A aplicação rigorosa da súmula implica que, havendo qualquer inscrição anterior, mesmo que apenas uma (não importando as circunstâncias que a tenham gerado), ao consumidor será negado o direito de compensação por eventuais danos morais, lhe restando apenas a pretensão do cancelamento do registro.

É bem verdade que a referida súmula foi flexibilizada em acórdão relativamente recente da 3ª Turma do STJ, da lavra da ministra Nancy Andrighi, onde restou reconhecido o direito a compensação por danos morais decorrente da inscrição indevida do nome do consumidor em cadastro restritivo, ainda que não tenha havido o trânsito em julgado das outras demandas em que se apontava a irregularidade das anotações preexistentes, desde que o consumidor apresente elementos aptos a demonstrar a verossimilhança de suas alegações.[6]

Assim, o consumidor pode comprovar, por exemplo, que a anotação foi fruto de fraude em razão de furto de seus documentos, mediante a juntada do registro de ocorrência nos autos. Entretanto, a despeito do pequeno alívio na situação do consumidor decorrente do citado precedente, a questão ainda não se encontra tratada, data máxima vênia, com a devida acuidade.

Ora, a recente Lei 14.181/21 (lei que introduziu a prevenção e tratamento do superendividamento do consumidor) vedou expressamente situações infelizmente corriqueiras no mercado de consumo, tal como a prática de assediar ou pressionar o consumidor para contratar o fornecimento de produto, serviço ou crédito, principalmente direcionada ao consumidor idoso, analfabeto, doente ou em estado de vulnerabilidade agravada. São situações que, aliadas ao fornecimento irresponsável de crédito, e com origem em prática abusiva, não raras vezes redundam no superendividamento e na consequente negativação do nome do consumidor em banco de dados.

Importante pontuar que, tendo a referida lei instituído a figura já conhecida na doutrina do superendividamento passivo, ou mesmo o ativo inconsciente, a quem se direciona um tratamento diferenciado com vistas a repactuação das dívidas do consumidor de boa-fé, vítima de acidentes corriqueiros da vida, a Súmula 385 precisa ser atualizada, de forma que tais situações não sejam impeditivas para que o consumidor se veja compensado em razão de superveniente anotação irregular em banco de dados.

---

5. CASTRO NEVES, José Roberto de. As garantias do cumprimento da obrigação. *Revista da Emerj*, n. 44. Disponível em: Revista44.pdf (tjrj.jus.br). Consultado em 17 fev. 2022.
6. STJ. REsp 1.704.002-SP, rel. min. Nancy Andrighi, 3ª Turma, j. 11/2/2020.

É preciso deixar marcado que a compensação por danos morais, em tais casos, não se daria por eventual abalo ao crédito do consumidor, que de fato já se encontraria comprometido. Em verdade, a razão primordial é a situação periclitante daquele que, estando de boa-fé, luta para pagar suas dívidas e mesmo assim passa a ter anotações supervenientes indevidas, capaz de lhe retirar a paz de espírito e provocar abalo emocional, que repercutem negativamente em vários aspectos de sua vida, tal como a produtividade, desempenho social e relação familiar.[7]

Não se pode olvidar de outros impactos observáveis em indivíduos superendividados, os quais são marcados por estados depressivos, tendências suicidas, abuso de substâncias químicas, revolta e etc.[8]

Ora, a sociedade mudou, e o ato de consumo se travestiu em hiperconsumo, fenômeno caracterizado pelo comportamento generalizado dos indivíduos, os quais são orientadas por um novo modo de vida marcada por uma crescente propensão ao consumo secundário, que inclui, em grande maioria, bens ou serviços supérfluos, em razão de seu significado simbólico atribuído pelos meios de comunicação de massa e as redes sociais, tal como prazer, sucesso e felicidade. Desse modo, o agir das pessoas se encontra substancialmente alterado, diante do poder das forças econômicas que agem fortemente na sociedade contemporânea.[9]

Não é, portanto, apenas uma questão de reputação. Os danos morais também atingem aspectos íntimos da personalidade humana, não se restringindo a consideração social, mas repercutindo, em muitos casos, na própria consideração pessoal do consumidor, que além da exclusão social advinda da sua saída compulsória do mercado de consumo, ainda se vê excluído da possibilidade de compensação por violações de direitos atinentes a sua personalidade.[10]

Além disso, na sociedade de consumo moderna é preciso buscar uma mudança de paradigma da responsabilidade civil, de forma que não se deve focar preocupação unicamente no dano (já consumado), mas deter-se na sua efetiva prevenção,[11] de forma que condutas de igual teor depreciativo não se repitam, principalmente no caso de anotações comprovadamente dolosas ou decorrentes de culpa grave do fornecedor, sendo este, inclusive, um direito básico do consumidor, instituído no artigo 6º, inciso VI do CDC.

---

7. BERTONCELLO, Káren Rick Danilevicz. Núcleos de Conciliação e Mediação de Conflitos nas situações de Superendividamento: Conformação de Valores na Atualização do Código de Defesa do Consumidor com a Agenda 2030. *Revista de Direito do Consumidor*, v. 138, p. 50/68. São Paulo: RT, nov.-dez., 2021.
8. Ibidem.
9. SCHWARTZ, Fabio. *Hiperconsumo & Hiperinovação*: Combinação que desafia a qualidade da produção. Curitiba: Editora Juruá, 2016, p. 34.
10. ANDRADE, André Gustavo Corrêa de. *Dano Moral e Indenização Punitiva*: Os Punitive Damages na Experiência do Common Law e na Perspectiva do Direito Brasileiro. Rio de Janeiro: Editora Lumen Juris, p. 39, 2009.
11. Ibidem, p. 314.

Da forma como está, observa-se odienta presunção de que todo aquele que possui anotação por dívida em banco de dados estaria de má-fé, não sendo sujeito de compensação pelas agruras decorrentes de anotações supervenientes indevidas, além da amarga pecha de mal pagador, obviamente recrudescida em casos tais.

Também não pode ser deixado de lado outro motivo importante para a atualização da referida súmula, que é o desenvolvimento da tese do Desvio Produtivo do Consumidor, amplamente aceita nos tribunais brasileiros, e que prescinde de aspectos anímicos, estando atrelada às atividades existenciais da pessoa que perde seu tempo vital para desconstituir eventual anotação irregular em seu desfavor.[12]

Em tais hipóteses, relegar ao consumidor apenas a possibilidade de cancelamento da anotação, impedindo não só a compensação por danos morais stricto sensu, mas bem como a compensação pelo dano moral decorrente do desvio produtivo, se afigura absolutamente inadequado e em descompasso com a realidade social.

Portanto, a título de conclusão, é preciso dizer que o indivíduo de boa-fé que busca ativamente a equalização de suas dívidas e se vê surpreendido com outras anotações injustificadas tem sim violado um direito personalíssimo, sendo, portanto, benemérito de compensação financeira por tal acontecimento. Não é preciso esperar o zepelim, afinal, o consumidor devedor não foi feito para apanhar e nem tampouco para cuspir.

---

12. DESSAUNE, Marcos. *Teoria Aprofundada do Desvio Produtivo do Consumidor*: O prejuízo do tempo desperdiçado e da vida alterada. 2. ed., revista e ampliada. Edição Especial do Autor, Vitória, ES, 2017.

DIA DO CONSUMIDOR: PLANOS DE SAÚDE, ROL DA ANS E VETO AO RETROCESSO CONSUMERISTA

André de Carvalho Ramos

Professor da Faculdade de Direito da Universidade de São Paulo. Professor de mestrado e doutorado da Faculdade Autônoma de Direito (Fadisp). Procurador regional da República e membro e antigo diretor do Instituto Brasileiro de Política e Direito do Consumidor (Brasilcon).

No dia 15 de março foi comemorado como o "Dia Internacional do Consumidor" pelo movimento global organizado de associações de consumidores, fazendo referência ao mesmo dia no qual, em 1962, o presidente John Kennedy encaminhou mensagem ao Congresso dos Estados Unidos em promoção aos direitos dos consumidores.

Como já apontei anteriormente,[1] a existência de "dia internacional" é ativista e militante: visa chamar a atenção a uma situação de fato ou de direito que merece esforço protetivo por parte do Poder Público e de toda a sociedade. Como é uma data internacional, também serve para destacar a pluralidade de ordens jurídicas[2] que incide sobre a nossa vida cotidiana, na qual a normatividade internacional é vetor de conformação e auxilia na interpretação das normas nacionais.

Busca-se também mostrar o caminho rumo à efetiva concretização do ideal vinculado ao "dia internacional" e, em certos momentos, alertar sobre a possibilidade de retrocesso na proteção já atingida.

Nessa linha, a Organização das Nações Unidas, por meio de sua Assembleia Geral, adotou as Diretrizes das Nações Unidas de Proteção do Consumidor em 1985 (resolução 39/248), posteriormente ampliadas pelo Conselho Econômico e Social (em 1999), e revistas pela Assembleia Geral na resolução 70/186 de 2015, como forma de criar um marco internacional de orientação aos Estados.[3] Entre as legítimas necessidades dos consumidores discutidas no plano internacional na revisão

---

1. CARVALHO RAMOS, André de. O Dia Internacional do Consumidor: diálogo entre o internacional e o nacional. In: *Revista Conjur,* março de 2021. Disponível em: https://www.conjur.com.br/2021-mar-10/garantias-consumo-dia-internacional-consumidor-dialogo-entre-internacional-nacional.
2. Sobre a pluralidade das ordens jurídicas, ver CARVALHO RAMOS, André de. *Pluralidade das ordens jurídicas.* Curitiba: Juruá, 2012.
3. Ver os artigos anteriores nesta coluna, de Ana Cândida Muniz Cipriano e de Claudia Lima Marques, Amanda Flávio de Oliveira e Ana Cândida Muniz Cipriano.

das Diretrizes da ONU feita em 2015, destaco, pelo impacto que possui na desigual realidade brasileira, a proteção à saúde dos consumidores.[4]

Aproveitando, então, essa data "internacional", o objetivo central deste artigo é gerar reflexão sobre a proibição do retrocesso consumerista, em um campo indispensável à vida, que vem a ser o das relações consumeristas envolvendo planos de saúde.

A questão que se coloca atualmente é a possibilidade da 2ª Seção do Superior Tribunal de Justiça decidir a favor da chamada "tese do rol taxativo" de cunho contratualista, pelo qual os planos privados de assistência à saúde só responderão, em regra, pelos procedimentos e eventos em saúde estabelecidos como sendo de cobertura assistencial obrigatória por resolução da ANS (Agência Nacional de Saúde Suplementar), à luz da Lei n. 9.656/98 combinada com a Lei 14.307/2022. Aceita-se o abrandamento dessa tese em casos excepcionais (tese do rol taxativo mitigado"), como, por exemplo, terapias com comprovada eficiência para tratamentos específicos e que contam com recomendação do Conselho Federal de Medicina (CFM).

Por outro lado, a "tese do rol exemplificativo" sustenta que a ANS, ao regulamentar as exigências mínimas a serem observadas pelos operadores privados, não pode restringir ainda mais a cobertura determinada por lei, em prejuízo do consumidor aderente. Assim, o rol serve para orientar o consumidor, apto a exigir tal cobertura mínima, mas não para prejudicá-lo, excluindo terapias e procedimentos adotados pelo seu médico. A "tese do rol taxativo" tem impacto negativo sobre os direitos dos consumidores em aspecto essencial da existência, que é o direito à saúde e à vida.

Em anos anteriores, houve diversos precedentes do Superior Tribunal de Justiça e de tribunais estaduais reconhecendo a determinação, com base em indicação médica, de cobertura pelos operadores privados de saúde de tratamentos e procedimentos ainda que não previstos expressamente no rol da Agência Nacional de Saúde Suplementar, sempre que houvesse indicação médica.[5] A partir de nova posição da 4ª Turma do STJ, a disputa agora está em aberto em julgamento perante a 2ª Seção do STJ (3ª e 4ª Turmas), no exame de dois embargos de divergência (EREsp 1.886.929 e EREsp 1.889.704, julgamento em curso em 15.03.2022).

No plano internacional, há característica dos direitos humanos (nos quais se incluem os direitos dos consumidores, bem como os direitos à vida e à saúde) que deve ser levada em consideração: a proibição do retrocesso, também chamada de também "efeito cliquet", princípio do não retorno da concretização ou princípio da proibição da evolução reacionária, que consiste na vedação da eliminação da

---

4. Resolução 70/186 da Assembleia Geral da ONU, adotada em 22 de dezembro de 2015. Disponível em: https://unctad.org/system/files/official-document/ares70d186_en.pdf.
5. BRANDÃO, Luciano Correia Bueno. Tribunais desafiam 4ª Turma do STJ e asseguram tratamentos fora do rol da ANS, *revista Conjur*, agosto de 2020. Disponível em https://www.conjur.com.br/2020-ago-23/tribunais-desafiam-turma-stj-asseguram-tratamentos-fora-rol-ans.

concretização já alcançada na proteção de algum direito, admitindo-se somente aprimoramentos e acréscimos.[6]

Em relação aos direitos sociais, a proibição do retrocesso é fruto de dispositivos convencionais que pregam o desenvolvimento progressivo de tais direitos (artigo 2º do Pacto Internacional sobre os Direitos Sociais, Econômicos e Culturais e artigo 26 da Convenção Americana sobre Direitos Humanos), o que implica na proibição da erosão da proteção já alcançada. No Caso *Acevedo Buendía*, a Corte Interamericana de Direitos Humanos destacou a existência de um "dever de não regressividade" dos direitos sociais.[7] Por sua vez, o Comitê dos Direitos Econômicos, Sociais e Culturais, em seu Comentário Geral nº 3, entendeu que "todas as medidas deliberadamente retroativas a este respeito exigirão uma análise mais cuidadosa e deverão ser plenamente justificadas por referência a todos os direitos estabelecidos no Pacto e no contexto de fazer pleno uso do máximo de recursos disponíveis" (parágrafo 9).[8]

No caso da defesa do consumidor dos planos de saúde, existe a proibição do retrocesso consumerista, que, no caso do "rol da ANS" é representada pelo risco de viragem jurisprudencial em face da modificação dos precedentes anteriores (a favor do "rol exemplificativo").

A proibição de retrocesso consumerista não representa, como se vê nos precedentes internacionais citados, uma vedação absoluta a qualquer medida de alteração da proteção de um direito específico do consumidor. Como já defendi em obra anterior, há três condições para que eventual diminuição na proteção normativa ou fática de um direito consumerista seja permitida: 1) que haja justificativa também de estatura jusfundamental; 2) que tal diminuição supere o crivo da proporcionalidade e 3) que seja preservado o núcleo essencial do direito envolvido.[9]

Com base nessa parametrização, a adoção do "rol taxativo absoluto" erode por completo a autonomia do direito à saúde consumerista e o faz depender da atuação da Agência Nacional de Saúde Suplementar (ANS). Já a discussão entre as teses do "rol taxativo mitigado" e o "rol exemplificativo" é mais nuançada, mas a primeira tese gera a insegurança de submeter o consumidor a uma avaliação casuística do que seria uma "situação excepcional". Quanto ao efeito negativo referente à saúde financeira dos operadores de plano de saúde (que devem arcar com novos procedimentos e terapias), há que se ponderar que é possível a discussão sobre custos e reajustes, o que, aliás, já é feito.

---

6. CARVALHO RAMOS, André de. *Curso de Direitos Humanos*. 9. ed., São Paulo: Saraiva, 2022, p. 110-111.
7. Corte Interamericana de Direitos Humanos, Caso Acevedo Buendía e outros vs. Peru, sentença de 1º de julho de 2009, parágrafo 103 disponível em https://www.cnj.jus.br/wp-content/uploads/2016/04/d48d60862a92e17629044146a3442656.pdf.
8. Tradução disponível em https://www.defensoria.sp.def.br/dpesp/repositorio/0/Coment%c3%a1rios%20Gerais%20da%20ONU.pdf.
9. CARVALHO RAMOS, André de. *Curso de Direitos Humanos*. 9. ed., São Paulo: Saraiva, 2022, p. 112.

Assim, tais facetas da promoção dos direitos do consumidor consagrados internacionalmente e apoiadas pelo movimento transnacional de associações de consumidores mostram-se também tópicos essenciais da defesa nacional da matéria, comprovando a existência de uma proteção multinível e um diálogo entre as fontes, bem como forjando um "consumerismo global". Com a pandemia da Covid-19, ficou evidente a importância de se assegurar o direito à vida, que, no campo consumerista, passa pelo reconhecimento da vulnerabilidade dos consumidores e pela necessidade de se não excluir procedimentos e eventos determinados pela ciência médica para melhor salvaguardar a saúde dos consumidores.

5G E TV ABERTA NO BRASIL: IMPACTOS AOS USUÁRIOS QUE UTILIZAM ANTENA PARABÓLICA

Suzana de Toledo Barros

Mestre em Direito e Estado pela UnB e professora de Direito Constitucional do Iesb. Procuradora de Justiça do MPDFT aposentada. Membro atual do Conselho Nacional dos Direitos Difusos do MJ e conselheira Independente do Sart (Sistema de Autorregulação das Telecomunicações), diretora do Brasilcon (Instituto de Política e Direito do Consumidor), autora de diversos artigos e da obra "O Princípio da Proporcionalidade e o Controle de Constitucionalidade das Leis Restritivas de Direitos Fundamentais" (Brasília: Brasília Jurídica, 1995). Advogada e consultora jurídica.

O 5G é a quinta geração de tecnologia de internet móvel, mas terá repercussão sobre serviços prestados atualmente que nada têm a ver com a internet, como é o caso do serviço de radiodifusão de sons e imagens, conhecido como TV aberta, gratuita e universal, especialmente quando recepcionado por antena parabólica. Aqui não nos interessa discutir a existência de relação consumerista, em razão da gratuidade do serviço, porque, bem se sabe, este é remunerado indiretamente, por meio da publicidade. Somos todos, portanto, usuários e consumidores desse importante serviço.

Segundo a Anatel, são 17 milhões de lares (o que se pode multiplicar por 3,5 para a quantificação de pessoas atingidas) que utilizam antena parabólica para captar o sinal da TV aberta, em razão da distância das torres de TV – especialmente a área rural – circunstância que justifica a utilização de satélite para que as emissoras possam levar o sinal até à população.

Destaca-se o fato de que estas antenas parabólicas recebem atualmente os sinais de TV aberta e gratuita transmitidos por um satélite da Star One (Embratel/Claro), que opera nas faixas de frequências de 3.625 MHz a 4200 MHz (Banda C "estendida") e de 3.700 MHz a 4.200 MHz (Banda C "padrão").

Conforme estabelecido no Edital do 5G, a subfaixa de 3.625 MHz a 3.700 MHz necessita ser liberada para dar lugar à implementação das novas redes de serviços móveis 5G, com ativação prevista já para julho deste ano nas capitais.

Como consequência, e de forma a evitar que os receptores de TV aberta e gratuita por satélite sofram interferências prejudiciais das redes de terminais 5G que irão operar na faixa abaixo dos 3.700 MHz, os sinais de TV aberta por satélite passarão a ser transmitidos em outra faixa de frequências, conhecida como Banda KU (tipicamente de 11 a 14 GHz).[1] Isto irá requerer uma adaptação não somente das antenas receptoras, para

---

1. 1 Gigahertz (GHz) corresponde a 1.000 Megahertz (MHz).

a adequada recepção das frequências da Banda KU, como também a instalação de um novo set-top box de recepção (conhecido como "kit") para cada antena.

Felizmente, o Edital do 5G previu em seu Anexo IV-A que as empresas vencedoras dos lotes correspondentes a essa faixa de frequência da Banda C deverão custear não só a migração do sinal para a Banda KU (o que tem a ver propriamente com o(s) satélite(s) que irá disponibilizar o novo sinal), mas também a instalação da antena e do kit para os beneficiários de baixa renda, quando, na residência que já tenha antena parabólica, conste pessoa integrante do Cadastro Único para Programas Sociais do Governo Federal.

Assim, dos 17 milhões de domicílios que contam com parabólicas de recepção gratuita de sinais abertos de TV por satélite, 8,3 milhões deverão ter a migração custeada a partir dos recursos arrecadados com o leilão. Outros 9,2 milhões de lares terão de trocar os equipamentos com seus próprios recursos. A previsão da Anatel é a de que a nova antena (bem menor que a atual) com o kit instalado custe em torno de R$ 250.

Ainda segundo o Edital do 5G, os radiodifusores possuem discricionariedade para escolher os satélites que operam na Banda KU atualmente capazes de receber a migração. Tal escolha, realizada recentemente, indicou dois satélites para a transmissão simultânea do sinal da TV aberta: um pertencente à mesma empresa Star One e outro da Sky. No caso da Sky, não se deve confundir o serviço de TV por assinatura ou por internet com o serviço de TV aberta, pois apenas este último é gratuito para o usuário.

A limpeza da Banda C e a correspondente migração do sinal da TV Aberta para a Banda KU para permitir a recepção de sinal por satélite e, por consequência, o uso de parabólica nas extensas zonas rurais brasileiras, obedece ao mesmo cronograma previsto no Edital 5G para a instalação da nova tecnologia, portanto será gradativa conforme a linha do tempo abaixo.

CRONOGRAMA DE LIMPEZA DAS FAIXAS POR MUNICÍPIOS

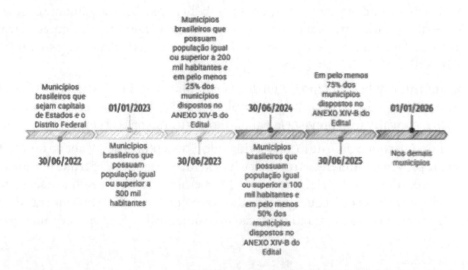

Segundo Clóvis José Baptista Neto, um dos maiores especialistas da área e atual Presidente do Conselho de Administração da Hispamar, empresa brasileira que compõe o Grupo espanhol Hispasat e que opera satélites brasileiros que cobrem todas as Américas, *"indubitavelmente o processo de migração das parabólicas de recepção da TV aberta e gratuita via satélite da Banda C para a Banda KU por si só já se configura como um projeto estruturante, de grande impacto econômico e social no Brasil, em vista da enorme relevância do consumo dos conteúdos da TV aberta em todo o país, principalmente pela população de baixa renda cujo acesso a outros dispositivos de recepção de conteúdos audiovisuais com alta qualidade em seus lares, como por exemplo a recepção de conteúdos via 'streaming' usando a internet como rede de transporte, é ainda muito limitado"*.

Considerando, assim, o alcance da TV aberta no Brasil, faz-se necessário proteger os direitos de quem usufrui o serviço, garantindo-lhe qualidade comparável aos serviços de TV por assinatura via satélite e ininterrupção (salvo em condições especiais, que poderão ser ressalvadas, como por exemplo as interrupções do enlace satelital devido a problemas atmosféricos).

É importante que os usuários também possam ser orientados em caso de falhas no seu equipamento de recepção que será fornecido e a quem recorrer para a restauração do serviço, sobretudo no caso dos beneficiários de baixa renda. A defesa do consumidor deve estar em alerta.

O CONSUMIDOR, O MERCADO E A GUERRA

Cristiano Heineck Schmitt

Doutor e Mestre em Direito pela UFRGS. Professor de Direito da PUC-RS. Pós-graduado pela Escola da Magistratura do RS, Secretário-Geral da Comissão Especial de Defesa do Consumidor da OAB/RS, Diretor do Instituto Brasilcon, autor de livros, palestrante e Professor de Curso de Pós-graduação *Lato sensu*. Advogado.

Há pouquíssimo tempo, o mundo foi assolado com milhares de perdas de vidas diante de um inimigo repaginado, um desafiante antigo do ser humano que passou por um *upgrade*, e ressurgiu com potência máxima. Foi no segundo semestre de 2019 que a Covid19 – Coronavírus, tendo como epicentro a República Popular da China, invadiu o mundo, provocando mortes, fechando mercados, gerando fortes abalos econômicos etc.

Como dito, não era um inimigo desconhecido, mas uma nova cepa, descoberta em 2019, e por isso, designado de Covid19. Os efeitos do vírus iam desde pequenos resfriados, até a síndrome respiratória aguda grave (SARS-CoV), essa última responsável por milhares de internações hospitalares pelo globo, com muitos óbitos, ou pacientes com sequelas graves e ainda não superadas. Até o presente, os números de óbitos pelo mundo superaram a barreira dos seis milhões de indivíduos, tendo o Brasil atingido dez por cento deste número, ficando logo atrás dos EUA, país com maior número de óbitos por coronavírus.[1]

Com o avanço tecnológico na Medicina apresentado pelo final do século XX e início do século XXI, foi possível, num curto espaço de tempo, desenvolver imunizantes, vacinas contra a Covid, que passaram a ser aplicadas pelo mundo no segundo semestre de 2020, tendo o Brasil iniciado esse processo em 17 de janeiro de 2021. Tal instrumento foi o que mostrou ser o mais eficaz no combate ao vírus (não obstante as iniciativas de uso de máscaras obrigatório, proibição de aglomerações etc.), acelerando uma forte blindagem contra o patógeno. Embora não fosse plenamente eficaz, tornou-se fundamental ao controle da doença, permitindo às pessoas retomarem suas vidas gradativamente.

Contudo, nem bem superada ainda a epidemia de Covid19, mas já bem controlada, o mundo sofre um novo revés com a recente invasão da Rússia sobre a Ucrânia. Além do fator de violações a direitos humanos em sequência, com bombardeios sobre a população civil ucraniana, diante de uma guerra absurda e desnecessária (não que haja motivos para guerras), o cenário reacende o estopim da antiga guerra fria

---

1. https://especiais.gazetadopovo.com.br/coronavirus/casos-no-mundo/. Acesso em 21.03.2022.

entre os EUA e a Rússia, as duas maiores superpotências nucleares do planeta. Nesse sentido, entre outros temas, retoma-se o debate em torno de uma terceira e devastadora terceira guerra mundial. Mas, independentemente dela, Estados, Mercados e grandes grupos econômicos apresentam suas armas para um combate diferente, mas bastante devastador.

De um lado, tem-se o território da Ucrânia, que sempre foi reprimido pelo falecido Estado Soviético, sendo a mesma uma nação muito rica em terra arável e minérios, um dos principais países produtores mundiais de ferro, manganês, titânio, entre outros. Além disso, por ser vizinha da Rússia, a Ucrânia está a poucos quilômetros da capital Moscou, o que a torna importante do ponto estratégico russo.

Contudo, a Ucrânia procurou novas oportunidades, e tentava seu embarque junto ao bloco da Otan – Organização do Tratado do Atlântico Norte, assim como junto à União Europeia, abandonando a sua antiga controladora, por assim dizer. É sabido que a Otan, na verdade, é um pacto militar liderado basicamente pelos EUA, com o qual logrou colocar bases militares em países europeus amigos, com fulcro a resistir à cortina de ferro soviética, que implementou o Pacto de Varsóvia. Este último cessou, mas a Otan ainda perdura.

Tal fator desencadeou uma violenta reação do então Presidente russo Vladimir Putin, que declarou guerra ao país vizinho, iniciando uma invasão por terra e ar sobre o mesmo. Os problemas entre ambos são mais antigos, mas esta nova iniciativa bélica é iniciada em 24 de fevereiro de 2022, e ainda perdura. O principal fator da guerra, ou os verdadeiros motivos, somente a história vai ensinar. O fato é que esse novo problema mundial grave desencadeou diversas consequências econômicas sobre o mercado, como havia sido feito pela epidemia Covid19, afetando largamente os consumidores em escala global.

Em termos de Ucrânia, a mesma está com ao menos trinta por cento de sua economia estagnada. A Rússia, que tal como o Brasil, é uma grande produtora de *commodities*, com poucos produtos industrializados, mas muita matéria-prima. É o terceiro maior produtor de petróleo no mundo, e o terceiro em produção de gás natural. [2]Assim, vários países dependem da produção russa. Ocorre que a guerra na Ucrânia provocou uma cisão em termos de mundo, com aqueles que são totalmente contrários à ação russa, e aqueles que não apoiam, mas também não a condenam, como China, Índia e outros. A Europa se mostra amplamente contrária aos deleites do Presidente Vladimir Putin, o que tem gerado uma contenção das exportações russas, o que vai conduzindo a uma quebra dos mercados mundiais de *commodities*, com aumento progressivo de preços.

Por outro lado, EUA e seus aliados, tem aplicado uma sequência de sanções econômicas à Rússia, que por sua vez retalia com restrição de exportações. Mas do

---

2. https://www.cnnbrasil.com.br/internacional/guerra-na-ucrania-entenda-os-impactos-na-economia/> Acesso em 21.03.2022.

que uma guerra armamentista, o maior conflito parece ser o econômico, em que se assiste à resistência do povo russo aos embargos que se somam, até que isso não seja mais sustentável.

Em termos de Brasil, a guerra está conduzindo a um aumento da inflação, com a elevação no preço internacional do petróleo e de alimentos, com queda de investimentos no Brasil, sendo que a redução na atividade econômica europeia vai prejudicar a exportação de produtos brasileiros, afetando a balança comercial. Por outro lado, poderia ser positiva a valorização das *commodities* brasileiras, eventual desvalorização do dólar etc.[3] O mundo deixa de vender a Rússia, mas também não pode comprar dela.

A ministra da Agricultura brasileira, Tereza Cristina Corrêa da Costa Dias, chegou a solicitar ao comitê de segurança alimentar da Organização das Nações Unidas (ONU), para que fertilizantes não fossem incluídos na lista de sanções, permitindo a compra e venda destes junto à nação russa[4]. O comércio de fertilizantes é indispensável para garantir a segurança alimentar do mundo, salientou a Ministra, sendo que o Brasil, uma espécie de celeiro do mundial, tem 85% de seus fertilizantes advindos da importação, sendo que a Rússia responde por um quarto dessas remessas. O efeito é devastador em termos de aumento de produtos.

Com a crise na Ucrânia, o preço do barril de petróleo do tipo Brent (referência usada pela Petrobras) chegou a subir mais de 40% em um mês e superar o patamar de US$ 130/barril no mercado internacional,[5] o que acabou replicando no aumento da gasolina (18%), do diesel (25%) e do gás de cozinha no Brasil (16%),[6] sendo que estes produtos já vinham sofrendo forte elevação, e puxavam a inflação desde o início da pandemia Covid19.

E todo esse cenário repercute fortemente na mesa do consumidor, que pagará mais caro pelo alimento, considerando-se a produção e a logística, especialmente porque a grande parte da produção brasileira é escoada por caminhões em estradas.

Entre as sanções aplicadas pela ONU e pela União Europeia, visando dissuadir a invasão russa, tem-se o bloqueio de transações financeiras com o Banco Central da Rússia, e o fechamento do espaço aéreo continental para aeronaves russas.[7] Por outro lado, com o mundo totalmente interligado, uma quebra da Ucrânia, e pior

---

3. https://www.istoedinheiro.com.br/guerra-na-ucrania-entenda-os-impactos-na-economia-e-nos-investimentos/> Acesso em 21.03.2022.
4. https://www.cnnbrasil.com.br/internacional/guerra-na-ucrania-entenda-os-impactos-na-economia/> Acesso em 21.03.2022.
5. https://exame.com/economia/por-que-a-gasolina-aumentou-e-para-quanto-vai-o-preco-do-combustivel/> Acesso em 21.03.2022.
6. https://economia.uol.com.br/noticias/redacao/2022/03/10/petrobras-anuncia-aumento-nos-precos-de-gasolina-diesel-e-gas-de-cozinha.htm> Acesso em 21.03.2022.
7. https://www.correiobraziliense.com.br/mundo/2022/02/4989025-onu-e-uniao-europeia-anunciam-sancoes-e-apertam-o-cerco-contra-a-russia.html> Acesso em 21.03.2022.

ainda, da Rússia, geraria uma devastação em mercados digna de recordar a quebra da Bolsa de Nova Iorque em 1929.

Há uma intenção internacional de gerar um cabedal de dificuldades financeiras a Rússia, mas não é possível projetar a falência da mesma, o que seria um estado de quebra global, logo após a Covid19, quando o mundo mostrava estar tentando superar o arrocho decorrente dos isolamentos.

Na mesma linha, setores privados, grandes grupos econômicos, entraram também na guerra e passaram a atirar com suas armas contra a Rússia. Dezenas de empresas de diferentes setores anunciaram deixar de fazer negócios com a Rússia em represália à invasão da Ucrânia, com destaque para Dell Technologies e Apple, Volkswagen, Ford e BMW.[8] O Booking suspendeu serviços de reservas na Rússia e na Bielorrússia, a Shell informou que não mais compraria petróleo russo enquanto vigente a crise.

No entanto, o destaque simbólico maior surge do McDonald's, uma quase "embaixada" norte americana, presente mais de 119 países do mundo, com mais de trinta e cinco mil restaurantes, fechou 850 lanchonetes presentes na Rússia. Com isso, perdem os consumidores opções de escolha e compras, mas também surge um problema grave de desempregos com as saídas e restrições advindas destas empresas, e que acabam gerando também aumento elevado de preços e escassez de produtos.

Por outro lado, da outra ponta, um tribunal russo decidiu em 21.03.2022 que a Meta, empresa proprietária do Facebook, Instagram seria uma organização extremista, que estaria permitindo postagens de violência contra soldados russos. Assim, as duas plataformas foram proibidas de operar em território russo. O descumprimento da decisão pode resultar em prisão daqueles que expõem o logo de uma das duas redes sociais da Meta em público, como o site de uma loja, por exemplo. Comprar anúncios do Facebook ou do Instagram, ou negociar ações da Meta restará capitulado como "financiamento de organização extremista", resultando em um processo criminal.[9]

Ou seja, além da guerra armamentista, existe uma forte batalha econômica, entre gigantes, visando acuar o povo russo e seu Presidente, à espera de recuo na invasão à Ucrânia. É claro que, apesar dos efeitos econômicos sobre a nação russa, que está sob o julgo de um Presidente com fortes inclinações ditatoriais, tais medidas são largamente melhores do que o perigo de uma guerra com uso de armas nucleares.

E, como não poderia deixar de ser, esse cenário de fortes restrições a exportações e importações afeta o mercado global, e acaba escasseando o alimento na mesa do consumidor, que para conseguir o mesmo, tem que pagar mais caro. A guerra econômica sempre via implicar mais mazelas à população de menor renda, já que essa não tem condições de suportar as oscilações do mercado, reproduzindo-se maior

---

8. https://valor.globo.com/empresas/noticia/2022/03/08/dezenas-de-empresas-ja-deixaram-de-fazer-negocios-com-a-russia-veja-quais-sao.ghtml> Acesso em 21.03.2022.
9. > Acesso em 21.03.2022.

miséria, não bastasse a queda de empregos decorrente dos fechamentos de empresas durante a Covid19.

Novamente, o consumidor, vulnerável por natureza, como diz o artigo 4º, inciso I do CDC, torna-se um hipervulnerável, que mesmo não entendendo os verdadeiros motivos de uma guerra distante, paga o preço dela. Esperemos que o bom senso possa influenciar os líderes mundiais com vistas a colocar um fim imediato no conflito, sejam pelas vidas dos ucranianos, seja pela saúde do mercado global.

PROTEÇÃO DE DADOS ENTRE O FUNDAMENTAL E O CONVENCIONAL: CONSIDERAÇÕES SOBRE RELAÇÕES DE CONSUMO APÓS EC 115/22 E A CRIMINALIDADE CIBERNÉTICA APÓS 2º PROTOCOLO ADICIONAL À CONVENÇÃO DE BUDAPEST

Cássius Guimarães Chai

Promotor de Justiça Corregedor – MPMA. 1º Promotor de Justiça Regional dos Crimes contra a Ordem Tributária e Econômica, Capital – MA. Professor Associado, Departamento de Direito, CCSO/UFMA. Professor Permanente, PPGD/FDV ESMP-MPMA/ ENAMP-CDEMP Pesquisador *Visitante College for Criminal Law Science, Beijing Normal University – Research Center on International Cooperation Regarding Persons Sought for Corruption and Asset Recovery in G20 Member States*

cassiuschai@gmail.com.

Com a recente elevação do direito de proteção de dados ao *status* de norma fundamental, Emenda Constitucional (EC) 115/22, as expectativas institucionais de proteção das relações de consumo ganham novos contornos e essência normativa para antigas preocupações, dentre as quais a preservação e a salvaguarda das informações pessoais, *per si*, e na contração de obrigações e serviços pelos meios digitais, por quem os oferta e, gere os dados pessoais.

Fazem parte, da 4ª Revolução Industrial, os ganhos sociais com os avanços tecnológicos, mas, também, o arrasto das adaptações que perpassam todas as atividades humanas, as ilícitas inclusive.

Ao tempo em que serviços e produtos podem ter abreviadas sua busca, sua escolha e sua aquisição pelos recursos da rede mundial de informações, tem igualmente exponencializada as formas de interceptação e desvio de dados, valores, e sequestro de informações, facilitando novas maneiras de fraude e extorsões contra usuários-consumidores.

As estatísticas apontam que os crimes cibernéticos avultam valores elevados trazendo prejuízos materiais e morais; não apenas para a indústria e cadeia de serviços, mas, sobremaneira, aos usuários-consumidores. Tanto nos procedimentos de oferta de produtos e de serviços fraudulentos, quanto nas demais condutas delituosas contra as relações de consumo.[1]

---

1. Tanto das condutas dispostas na Lei federal 8137/90, quanto na Lei federal 8078/90, e dos tipos constantes no Código Penal e demais leis especiais.

Segundo dados coletados pelo portal de serviços **Statista**[2], empresa que atua em mais de 170 seguimentos da indústria e serviços, abrangendo mais de 150 países, as cinco maiores formas de crimes *online* praticados contra usuários consumidores são: *phishing/vishing/pharming*; não pagamento/não entrega; extorsões; subtração de dados pessoais (identificação de cartões crédito, por exemplo); e, furto de identidades.

Cabe dizer aos leitores e às leitoras, sem prejuízo de seu conhecimento prévio que, dentre esses crimes, os menos conhecidos do grande público, embora vítima muitas vezes, são o *vishing* e o *pharming*. Segundo definição pelo centro de serviços Kaspersky[3], *pharming* "é um tipo de crime virtual muito parecido com o *phishing*, em que o tráfego de um site é manipulado e informações confidenciais são roubadas." E, *vishing* é uma forma de obtenção voluntaria de dados do usuário-consumidor para o fraudador online. Ainda,

segundo centro de informações Kaspersky, o

> "*phishing* envolve e-mails ou mensagens de texto que induzem as pessoas a clicar em links de arquivos ou sites que abrigam malware". Os links também podem aparecer em anúncios on-line direcionados aos consumidores.
>
> O *vishing* usa golpes verbais para induzir as pessoas a fazer coisas que elas acreditam ser de seu interesse. Em geral, o *vishing* começa no ponto em que o phishing termina.
>
> O *vishing* pode ocorrer sempre que os criminosos têm acesso às informações pessoais das vítimas.
>
> Os criminosos virtuais criam condições para que as vítimas inocentes entreguem de forma voluntária seus detalhes pessoais valiosos, como nomes completos, endereços, números de telefone e números de cartões de crédito.
>
> Com essas informações, os criminosos virtuais podem efetuar inúmeras cobranças fraudulentas, começando com tarifas falsas referentes a reparos no computador ou de software antivírus, dependendo do golpe.
>
> O *vishing* prospera quando os criminosos virtuais têm um mínimo de informações sobre os interesses de um usuário. Eles aproveitam esse conhecimento para gerar uma sensação de urgência envolvendo um problema na vida da vítima e aparecem com uma salvação, oferecendo uma solução simples para o problema."[4]

Não é novidade que os crimes cibernéticos são praticados em estratégias transfronteiriças e em camadas de tráfego de informações, entre a chamada *internet* e a *deepweb*, o que impõe severas dificuldades aos procedimentos de investigação e de obtenção de provas criminais aptas a serem judicialmente examinadas. E, é importante sublinhar que a prova digital é volátil e fugidia, devendo as Políticas de Defesa Social, nestas incluída a segurança pública, pensarem e disporem estratégias e táticas, com recursos, humanos e materiais, capazes de um enfrentamento à Cibercriminalidade mais efetivo e ágil. Nesse contexto, é possível tratar a higidez das relações de consumo, e dos demais serviços públicos, como da proteção de dados

---

2. https://www.statista.com/aboutus/trust último acesso 1 de março 2022.
3. https://www.kaspersky.com.br/resource-center/definitions/pharming último acesso 1 março 2022.
4. https://www.kaspersky.com.br/resource-center/definitions/vishing último acesso 1 de março 2022.

da Justiça nacional, da previdência, da receita e dos sistemas eleitoral e de saúde e todos os demais sistemas de dados.

No mês de agosto de 2020, seis meses após o início da pandemia Covid-19, foram anotados no DF, de março a junho daquele ano, um aumento de 310% de registros de furtos mediante fraude online, além do aumento em 198,95% de estelionatos online, em relação ao ano anterior, 2019.[5]

Ainda em 2020, no Brasil foram mais de 3 milhões de golpes praticados via WhatsApp, sendo o meio criminoso mais usual, segundo o Laboratório de Segurança Digital Dfndr Lab, o disseminado por meio de *push* nos navegadores de internet, ou seja, de links maliciosos compartilhados através de redes sociais ou WhatsApp, que prometem acesso a um conteúdo específico, mas acabam direcionando para uma página falsa.[6]

Há, ainda, a oferta de falsos anúncios de produtos, de promoções e ou sorteios, todos com o fim de subtrair dados pessoais, ou realizar o crime de estelionato, art. 171, § 2º-A, § 2º B, e do § 4º (estelionato praticado contra pessoa idosa ou vulnerável), e os crimes dos art. 154-A, art. 155, § 4º-B, § 4º-C, inc., I e II, todos do Código Penal Brasileiro, segundo alterações introduzidas pela lei federal 14155/2021.

Ações educacionais sobre métodos de proteção e controle e segurança das atividades online são importantíssimos, no entanto, programas como o "Se Liga Consumidor" embora sejam necessários, como adoção de medidas de contenção e prevenção ao risco em comprar e interações online, não são suficientes ao combate do crescente índice de crimes contra as relações de consumo e aos setores de indústria, comércio e finanças do país, além das criminalidades que lhes são, quando não diretamente ligadas, transversalizadas, como o crime organizado, a lavagem de dinheiro (branqueio de capitais), os tráficos de armas e de entorpecentes.

Segundo relatório da Surfshark[7], no ano de 2021, houve no Brasil 24.186.874 violações de dados, sendo esse quantitativo inferior em 31% com relação às violações de dados ocorridas no ano de 2020, no Brasil, colocando-nos na 6ª posição no ranking de países cujos dados de internet foram violados.

Não é possível esquecer que logo em janeiro de 2021, houve vazamento dos dados de 223 milhões de brasileiros, mais que a população brasileira (212 milhões) porque incluía falecidos; e, dentre as informações, comercializadas na dark web, estavam CPF, RG, nome, data de nascimento, veículos e CNPJs, endereços, fotos, escolaridade e renda.[8]

---

5. https://www.correiobraziliense.com.br/cidades-df/2020/08/4868977-mais-golpes-na-pandemia.html último acesso 1 março 2022.
6. https://www.consumidormoderno.com.br/2020/09/02/brasil-e-um-dos-paises-com-mais-vitimas-de-ataques-ciberneticos-no-mundo-segundo-pesquisas/ último acesso 1 março 2022.
7. https://surfshark.com/blog/data-breach-statistics-by-country-in-2021, acesso 1 março 2022.
8. https://www.istoedinheiro.com.br/brasil-foi-5o-pais-com-mais-ataques-ciberneticos-no-ano-relembre-os--principais/ último acesso 1 março 2022.

– Ainda, segundo relatório específico publicado pelo Surfshark *Cost of Data Breachs*, desde janeiro de 2021, mais de 220 milhões de registros do **Serasa Experian** foram furtados, resultando em possíveis prejuízos financeiros da ordem de U$1.533.400,00 (bilhão de dólares americanos).[9] Este fato coloca o episódio como um dos mais valiosos no ano de 2021, de violação de dados no mundo.

E, por fim, em uma série de ataques, ocorridos, no Brasil, a partir de dezembro de 2021, segue em investigação. Criminosos invadiram sites do Sistema Único de Saúde (SUS)[10], Conecte SUS (responsável pelos dados de vacinação da população brasileira), Polícia Rodoviária Federal, Ministério da Economia, Controladoria Geral da União (CGU) e Instituto Federal do Paraná.

Inobstante aquelas alterações mencionadas, acima, no Código Penal brasileiro, a não implementação normativa doméstica da Convenção de Budapest dificulta a atuação cooperativa uniforme e institucional, dos atores do sistema de justiça brasileiro com autoridades estrangeiras, contra a criminalidade cibernética.

Agora com a recente promulgação pelo Senado Federal, espera-se que o governo brasileiro, **adote todas as medidas necessárias a sua implementação prática**, face o Decreto Legislativo 37, de 16 de dezembro de 2021.[11]

Não podemos ignorar que neste estágio da quarta revolução industrial em que estamos às portas de uma sociedade 5.0, *quanto mais dados* uma empresa coleta sobre seus consumidores e quanto mais sensíveis *forem os dados*, maior a atratividade *dos dados* para os criminosos cibernéticos. Isso torna o risco de crimes cibernéticos não apenas um problema de TI, mas também um problema de negócios. Não apenas de negócios, mas de governança democrática de dados e de informações, dos governos, da indústria e das empresas.

O Estado brasileiro precisa assumir a liderança no combate à criminalidade no ciberespaço, especialmente ao considerar consumidores, usuários e cidadãos, e suas experiências e atitudes em relação ao crime cibernético, incorporando as ferramentas e os desenhos cooperativos disponibilizados pela Convenção de Budapest, notadamente do 2º Protocolo Adicional.

Não há como e porque ignorar as responsabilidades interseccionais entre a LGDP, o direito fundamental da proteção de dados, art. 5º, inc. LXXIX, e o respeito ao direito fundamental das relações de consumo, na fórmula do art. 170, inc. V, CF 88.

Aliás, a Convenção de Budapest é instrumento internacional que empresta agilidade e ferramentas a uma atuação transnacional, multilateral e com constantes trocas de experiências e metodologias nas estratégias e ações de combate aos crimes

---

9. https://surfshark.com/cost-of-data-breaches, último acesso março 2022.
10. https://www.gov.br/saude/pt-br/assuntos/noticias/2021-1/dezembro/nota-oficial e https://www.cartacapital.com.br/cartaexpressa/gsi-investiga-se-ataque-hacker-partiu-do-acesso-de-um-funcionario-do-governo/, último acesso 1 março 2022.
11. https://pesquisa.in.gov.br/imprensa/jsp/visualiza/index.jsp?jornal=515&pagina=7&data=17/12/2021, último acesso 1 março 2022.

cibernéticos **nas intersecções do crime organizado transnacional e doméstico, terrorismo e lavagem de capitais, lavagem de capitais e tráfico de armas e de substâncias entorpecentes.**

O recente 2º Protocolo Adicional à Convenção de Budapest, aprovado em 17 de dezembro de 2021, e com prazo para depósito de ratificações a partir de maio de 2022, abre nova oportunidade para a República Federativa do Brasil, para concretizar seu objeto de cooperação reforçada e obtenção de provas eletrônicas.[12] Pois, cabe lembrar, como o fazem o Conselho Europeu e demais partes signatárias da Convenção de Budapest, que os governos têm a responsabilidade de proteger a sociedade e os indivíduos contra o crime não apenas *off-line*, mas também *on-line*, inclusive por meio de investigações e processos criminais eficazes.

A criminalidade cibernética é por sua ontologia assimétrica, e, considerando que as provas de qualquer infração penal são cada vez mais armazenadas em formato eletrônico em sistemas informáticos em jurisdições estrangeiras, múltiplas ou desconhecidas, tornam-se necessárias medidas adicionais e assimétricas para obtenção legal dessas provas, a fim de permitir uma resposta eficaz da justiça penal e manter a higidez do estado de direito.

O 2º Protocolo Adicional à Convenção de Budapest coloca a perspectiva da necessidade de assegurar que medidas efetivas de justiça criminal sobre crimes cibernéticos e a coleta de provas em formato eletrônico estejam sujeitas às condições e garantias, às quais deverão proporcionar a proteção adequada dos direitos humanos e liberdades fundamentais, incluindo os direitos decorrentes de obrigações que os Estados se comprometeram de acordo com os instrumentos internacionais de direitos humanos aplicáveis, como a Convenção de 1950 para a Proteção dos Direitos Humanos e Liberdades Fundamentais (ETS n. 5) do Conselho da Europa, para os países da União Europeia, o Pacto Internacional das Nações Unidas de 1966 sobre Direitos Civis e Políticos, para todos os países signatários, dentre estes o Brasil, a Convenção Africana de 1981 – Carta dos Direitos Humanos e dos Povos, a Convenção Americana sobre Direitos Humanos de 1969 e outros tratados internacionais de direitos humanos.

Logo, examinados o âmbito de aplicação deste Protocolo Adicional, conclui-se pela necessária importância estratégica dos seus instrumentos para as investigações das infrações penais relacionadas com sistemas e dados informáticos e à recolha de provas em formato eletrônico, a favor do consumidor e da credibilidade das instituições.

---

12. https://search.coe.int/cm/pages/result_details.aspx?objectid=0900001680a48e4d, último acesso 1 março 2022.

SAC E O DEVER DE ATENDER COM EFICIÊNCIA: PRIMEIRAS IMPRESSÕES SOBRE O DECRETO 11.034/22

Renata Pozzi Kretzmann

Mestre em Direito do Consumidor e Concorrencial pela UFRGS. Especialista em Direito dos Contratos e Responsabilidade Civil pela Universidade do Vale do Rio dos Sinos (Unisinos). Pós-graduada pela Escola Superior da Magistratura da Associação dos Juízes do Rio Grande do Sul (Ajuris). Advogada.

No dia 05 de abril de 2022 foi promulgado o Decreto 11.034 pelo Presidente da República. O ato normativo foi publicado em 6 de abril do mesmo ano e entrará em vigor 180 dias após sua publicação. Objetiva regulamentar o Código de Defesa do Consumidor por meio do estabelecimento de diretrizes sobre o Serviço de Atendimento ao Consumidor, o conhecido SAC. No primeiro artigo da norma observa-se o destaque ao direito à informação e ao direito de ter suas demandas atendidas, dois grandes pilares da proteção do consumidor.

O correto fornecimento da informação por meio do perfeito cumprimento do dever de informar em todas as fases da relação – inclusive no momento pós-contratual e no atendimento integral – tem o propósito de auxiliar o alcance da equidade informacional e reduzir a vulnerabilidade do consumidor diante do desconhecimento sobre o funcionamento e as características dos produtos e dos serviços.

Além de se configurar como um dever, a informação é direito básico do consumidor, atua como garantidora de seu direito de escolha e o protege contra danos eventualmente suportados em virtude da ausência ou deficiência da informação. O fornecedor tem a obrigação de dar forma àquilo que em função de sua posição no mercado sabe que o consumidor deve conhecer.[1] O serviço de atendimento ao consumidor serve justamente à concretização desse dever, ao esclarecimento e ao aconselhamento para a solução de controvérsias contratuais, adequação dos serviços à legítima expectativa dos consumidores e parâmetros legais e solução de problemas relatados pelos usuários.

O artigo 2ª do recém-publicado Decreto qualifica o SAC como serviço de atendimento realizado por diversos canais integrados dos fornecedores de serviços regulados, diferente da disposição, agora revogada, do Decreto anterior – o 6.523/08 – que

---

1. KRETZMANN, Renata Pozzi. *Informação nas relações de consumo:* o dever de informar do fornecedor e suas repercussões jurídicas. Belo Horizonte: Casa do Direito, 2019.

considerava apenas o atendimento telefônico. Trata-se de atualização relevante, tendo em vista a notória ampliação de possibilidades de atendimento ao consumidor pelos mais variados meios digitais, como telefone, aplicativos de *chat*, envio de mensagens de voz, utilização de redes sociais, aplicativos e sites de comunicação, o antigo SMS e a utilização da inteligência artificial como aliada. Não raras vezes conversamos com máquinas para tirar dúvidas, reclamar, pedir contestação, suspensão ou cancelamento de contratos e de serviços. Essas demandas deverão ser atendidas sem ônus para o consumidor – disposição já prevista no decreto anterior. O atendimento via telefone, entretanto, segue obrigatório, sendo possível que o fornecedor coloque à disposição pelo menos um dos canais de atendimento de forma ininterrupta, durante vinte e quatro horas por dia, sete dias por semana.

A veiculação de mensagens publicitárias durante a espera para o atendimento segue proibida, mas poderão ser divulgadas mensagens informativas, desde que tratem dos direitos e deveres dos consumidores ou dos outros canais de atendimento disponíveis. Não poderá haver condicionamento do acesso inicial ao atendente ao fornecimento prévio de dados pelo consumidor e continua obrigatória a acessibilidade em canais do SAC para as pessoas com deficiência. Ressalta-se que esse atendimento específico não necessariamente precisa ocorrer por chamada telefônica, sendo suficiente a preservação do acesso pleno para solução das demandas dos consumidores com necessidades específicas.

O artigo 5º do Decreto 11.034/22 dispõe sobre as condições mínimas para o atendimento telefônico do consumidor a serem consideradas pelos órgãos ou entidades reguladoras competentes. Essas disposições ficaram conhecidas como "humanização do SAC" em razão da previsão de horário de atendimento não inferior a oito horas diárias, como disponibilização de atendimento por humano e necessidade de contato direto com o atendente, se essa opção for selecionada pelo consumidor. As opções de reclamação e cancelamentos são consideradas essenciais e devem constar no primeiro menu e há necessidade de transferência ao setor competente para atendimento definitivo da demanda quando o atendente inicial não tiver essa atribuição.

Para o contato direto com um ser humano e para a resolução por alguém que efetivamente possa solucionar a questão, o estado deve estipular um tempo máximo de espera. Além disso, há previsão de que o horário de atendimento telefônico por humano seja superior ao mínimo de oito horas, cabendo a decisão aos órgãos reguladores.

A utilização da inteligência artificial no serviço de atendimento aos consumidores permite a redução de custos e a maior eficiência na padronização de procedimentos, mas há circunstâncias que exigem conduta humana ou solução não passível de resposta padronizada.[2] A cultura da virtualidade real associada a um sistema multimídia eletronicamente integrado contribui para a transformação do tempo e a comunicação

---

2. MIRAGEM, Bruno. *Curso de Direito do Consumidor*. 8. ed. São Paulo: Thomson Reuters Brasil, 2019. p. 141.

mediada por computadores possibilita o diálogo em tempo real em nossa sociedade.[3] De forma geral, pode-se dizer que a tecnologia contribui para o funcionamento de muitos sistemas e possibilita contratações entre consumidor e fornecedor. Esse contato, todavia, deve ser mantido e não afastado pelas ferramentas digitais. É importante que o fornecedor verifique em quais casos e de que forma a atenção ao consumidor deve ser feita por um ser humano ou em que situações a máquina deve ser mais calibrada e o sistema alimentado ou projetado para que o atendimento seja útil, direto e gentil. Também se salienta a dificuldade de alguns grupos de consumidores, considerados hipervulneráveis por várias razões e que podem ter dificuldades com o atendimento digital, exigindo maior orientação e difusão das possibilidades de atendimento pelas empresas.

Além da divulgação das opções de acesso ao SAC em todos os documentos e materiais impressos entregues ao consumidor, as formas de contato devem ser divulgadas de maneira clara também em todos os canais eletrônicos. No capítulo do decreto que versa sobre a qualidade do tratamento das demandas, os princípios da dignidade, boa-fé, transparência, eficiência[4], eficácia, celeridade e cordialidade permanecem como na norma anterior. A novidade é a necessidade de garantia de tempestividade, segurança, privacidade e resolutividade da demanda.

São disposições que se alinham aos princípios do sistema protetivo do consumidor e ao cumprimento de normas de proteção de dados pessoais e valorização do tempo do consumidor, temas corriqueiros e importantes na conhecida sociedade de consumo, cada vez mais digital, rápida em alguns aspectos, lentas em outros.

A imposição de agilidade ao atendimento do consumidor já existia no decreto anterior e é observada em leis municipais que restringem cronologicamente o tempo de espera em filas de bancos, por exemplo. A noção de tempo pode ser analisada em razão do fenômeno temporal, cultural ou em razão da pessoa, mas seja como for, o tempo não pode ser ignorado pelo Direito. Muitas vezes os consumidores desistem de reivindicar direitos resultantes de problemas de contratação em face dos obstáculos existentes para contatar os fornecedores. Práticas que menosprezam o tempo do consumidor não devem ser toleradas.[5]

O dever de atuação com agilidade e eficiência torna o tempo uma prestação indireta. O atendimento ao consumidor deve ser atividade pautada no cumprimento aos seus deveres básicos, de conhecida origem constitucional, e às expectativas de celeridade, qualidade e gentileza no atendimento. Quem tem um problema a resol-

---

3. CASTELLS, Manuel. *A sociedade em rede*. 17. ed. Tradução Roneide Venancio Majer. São Paulo: Paz e Terra, 2016.
4. O Decreto 10.271/20 que dispõe sobre o comércio eletrônico traz a ideia de serviço eficiente em seu artigo 7º: "O fornecedor deve proporcionar um serviço eficiente de atendimento de consultas e reclamações dos consumidores."
5. BERGSTEIN, Laís. *O tempo do consumidor e o menosprezo planejado*: o tratamento jurídico do tempo perdido e a superação de suas causas. São Paulo: Thomson Reuters Brasil, 2019.

ver espera boa vontade, cortesia, educação e agilidade, atributos que compõem a qualidade do atendimento.

Em consonância com a Lei Geral de Proteção de Dados, o Decreto dispõe sobre a necessidade de sua observância, preocupação existente na norma anterior, no entanto, sem menção à Lei 13.709/18.[6] A vedação à solicitação da repetição da demanda do consumidor após o registro no primeiro atendimento é ratificada no novo Decreto. A intenção é poupar o consumidor de perder tempo e ter de repetir inúmeras vezes os mesmos fatos.

Caso a chamada seja finalizada pelo fornecedor antes da conclusão do atendimento, deve haver o retorno ao consumidor com a comunicação do número de registro[7] do atendimento e a conclusão da solicitação.

O direito do consumidor ao acompanhamento das demandas segue mantido e deve ser garantido nos diversos canais de atendimento, por meio de registro numérico ou outro tipo de procedimento eletrônico. O histórico de atendimento ao consumidor será enviado por correspondência ou por meio eletrônico (e-mail ou qualquer outra forma útil) e conterá todas as informações relacionadas à demanda. No caso de chamada telefônica, permanece o dever de manutenção da gravação pelo prazo mínimo de noventa dias. O consumidor poderá requerer acesso ao conteúdo da chamada, mas não há mais previsão do prazo máximo de 72 horas para atendimento a essa solicitação específica.

As demandas do consumidor deverão ser respondidas no prazo de sete dias corridos e a resposta do fornecedor deverá ser clara, objetiva e conclusiva, abordando todos os pontos solicitados. Se o requerimento versar sobre serviço não solicitado ou cobrança indevida, permanece o dever de adoção de medidas imediatas pelo fornecedor.

A novidade quanto ao processamento de pedido de cancelamento é o afastamento dos efeitos imediatos do pedido do consumidor caso seja necessário processamento técnico da demanda, situação em que o prazo para conclusão será fixado pelos órgãos reguladores. O cancelamento programado é uma nova opção a ser oferecida

---

6. A LGPD estabelece a livre-iniciativa, a livre concorrência e a defesa do consumidor como alguns dos fundamentos da proteção de dados.
7. APELAÇÃO – Ação ordinária. Procon. SAC. Anulação de auto de infração e imposição de multa. Descabimento. Infrações bem delineadas. Decreto Federal 6.523/08. Serviço de assistência telefônica que não forneceu número de protocolo de atendimento (art. 4º, § 3º, c.c. art. 15, § 2º). Transferência de ligação para efetuar cancelamento (art. 10, § 2º). Tempo de espera regulamentar excedido (art. 4º, § 2º, c.c. art. 1º da Portaria MJ 2.014/08). Transgressões flagradas em diligências efetuadas pelo próprio instituto de defesa do consumidor, hábeis a coligir robusto acervo probatório. Presunção de legitimidade que lastreia o ato administrativo que deve ser convalidada, à míngua de elementos em sentido contrário. Anulação da multa. Impossibilidade. Dosimetria realizada pelo Procon de acordo com os parâmetros legais, inexistindo ofensa aos preceitos de proporcionalidade ou razoabilidade, à vista das dimensões do faturamento diário da autuada. Recurso desprovido. (TJSP; Apelação Cível 1039964-34.2020.8.26.0114; Relator (a): Bandeira Lins; Órgão Julgador: 8ª Câmara de Direito Público; Foro de Campinas – 1ª Vara da Fazenda Pública; Data do Julgamento: 09/02/2022; Data de Registro: 09/02/2022).

para o consumidor, mas é sujeito à sua anuência. Assevera-se que a anuência deve ser efetiva, após o esclarecimento de todas as condições. O direito a ser informado por ocasião de cancelamento de serviço é valorizado pela Decreto, com a disposição do dever de informar sobre eventuais condições aplicáveis à rescisão e as multas incidentes por descumprimento de cláusulas contratuais de permanência mínima – a conhecida fidelidade.

A efetividade do serviço de atendimento ao consumidor será acompanhada pela Secretaria Nacional do Consumidor do Ministério da Justiça e Segurança Pública[8], que ouvirá órgãos e entidades reguladoras, integrantes do Sistema Nacional do Consumidor e representantes de prestadores de serviços de relacionamento com consumidores. Parâmetros como quantidade de reclamações, taxa de resolução de demandas (sob a ótica do consumidor!), índice de reclamações e grau de satisfação do consumidor devem ser considerados.

Para que o requisito da transparência seja cumprido, os resultados da implementação da ferramenta de acompanhamento da efetividade do SAC devem ser divulgados no mínimo uma vez ao ano. Caso haja conclusão de pouca efetividade no atendimento, após análise dos dados com a utilização das ferramentas específicas, pode ser utilizado o recurso de aumento de oito horas diárias de atendimento por humanos.

O atendimento humanizado não é somente aquele feito *por* humanos, mas *para* humanos. A efetiva comunicação e o atendimento às solicitações do consumidor devem ser realizados em um contexto de gentileza e respeito, proporcionando-se um tratamento empático, educado e que considere as peculiaridades do indivíduo que precisa resolver um problema. Os consumidores e os atendentes devem ser tratados como sujeitos de obrigações e de direitos. O que todos esperamos é que a busca por soluções via SAC deixe de ser um incômodo como muitas vezes é.

---

8. Para ler sobre as atribuições e competências da Senacon. <https://www.defesadoconsumidor.gov.br/portal/a-senacon> Acesso em: abril de 2022.

O CONSUMIDOR PÓS-PANDÊMICO E A ASSIMETRIA DA SOCIEDADE DE CONSUMO

Thiago Schlottfeldt Nascimento Da Cas
Especialista em Direito Público pela Escola Superior da Magistratura Federal (Esmafe) e Mestre em Direito pela Fundação Escola Superior do Ministério Público (FMP). Advogado.

Para além da crise sanitária provocada pela pandemia, culminando com milhões de mortes em todo o mundo, a mesma trouxe consigo a crise econômica, alterando as relações interpessoais, trabalhistas e de consumo, expondo, ainda mais, as agruras das vulnerabilidades do consumidor, potencializando algumas delas, de modo que, rapidamente, tiveram que lidar com o analfabetismo digital, preços abusivos de produtos de primeira necessidade, publicidade enganosa, cancelamento de viagens e estadias em hotéis, bem como a intensificação da oferta de crédito.

Inegável que o consumidor vivenciou, em um período de inúmeras incertezas, diversas modificações nas relações consumeristas, impactando, diretamente, nas suas escolhas, realocando preferências e prioridades, se adaptando a uma nova realidade que exteriorizou uma ruptura paradigmática na vida cotidiana e consumerista até então experimentada. De igual modo, as empresas também tiveram que se adaptar à nova realidade vivenciada, implicando em alterações estruturais, se atentando nos cuidados com a saúde e segurança do consumidor, fornecimento de produtos e serviços no formato delivery, migrando a totalidade ou quase totalidade de suas atividades para o e-commerce, ante a necessidade de não encerramento de seus negócios.[1]

Estudo realizado pelo Sebrae[2] mostra que as prioridades do consumidor se alteraram drasticamente com a chegada da sociedade pandêmica, crescendo o interesse por produtos para a manutenção geral da saúde e bem-estar, priorização de produtos essenciais para a contenção do vírus, saúde e segurança pública, aumento do consumo de alimentos e compras de viagens restritas, impulsionados pela angústia e necessidade de adaptação ao incerto. Ao mesmo tempo, o aumento do acesso ao e-commerce, motivado pela procura de produtos e serviços on-line, também envolveu o consumidor, demonstrando as disparidades do analfabetismo digital, bem como

---

1. VIEIRA, Luciane Klein; CIPRIANO, Ana Cândida Muniz. Covid-19 e Direito do Consumidor: desafios atuais e perspectivas para o futuro. *Revista de Direito do Consumidor*. v. 135. p. 103-124. São Paulo: Ed. RT, maio/jun. 2021. p. 105.
2. SEBRAE. Estudo mostra novo comportamento do consumidor diante da pandemia. Disponível em: https://www.sebrae.com.br/sites/PortalSebrae/artigos/estudo-mostra-novo-comportamento-do-consumidor-diante-da-pandemia. Acesso em: 29 de janeiro de 2022.

o próprio fornecimento e acesso aos serviços de telecomunicações, colocando em evidência diversas preocupações, dentre elas, a proteção de dados do consumidor e a privacidade, acesso à solução de conflitos e ressarcimento, fraudes, publicidade enganosa e a própria existência de canais de comunicação e reclamação idôneos.[3] De acordo com a Global Webex Index[4], mundialmente, um terço dos consumidores relatou ter efetuado mais compras on-line durante o período pandêmico, ou seja, o consumidor que estava habitualmente acostumado a realizar compras de forma presencial, não teve alternativa que não migrar para o comércio eletrônico. No mesmo sentido, a Organização Mundial do Comércio[5] relatou o aumento na procura de produtos eletrônicos, alimentos, suprimentos médicos e utensílios domésticos.

Assim, o que restou nítido no período pandêmico, foi a sensação de ansiedade e incerteza vivenciada pelo consumidor, fazendo com que emergisse uma necessidade de resgate de autocontrole sobre os aspectos que circundam a vida, devido a hipervulnerabilidade experimentada, trazendo à tona algumas preocupações que se refletiram na sociedade de consumo. De acordo com o site Mercado e Consumo,[6] entre tantas certezas e preocupações genuínas, nasceu uma necessidade de busca de positividade e esperança quanto ao futuro melhor, traduzindo-se em um consumo ativista, a partir da autoconscientização do consumidor de influenciar o ambiente e poder fazer parte da solução, com engajamento mais forte em causas sociais e de cobrança de mais ação por parte das empresas, já que desejam ter mais do que um produto ou serviço, mas sim um motivo para consumi-lo. De igual modo, buscou, na sociedade de consumo, conforto no que é estável, previsível e seguro, como reflexo de um desejo latente de estabilidade e segurança, traduzindo-se em uma motivação cautelosa quanto ao consumismo, assumindo uma mentalidade recessiva, impactando até mesmo na taxa de abandono de "carrinhos de compra" no e-commerce.

Lipovetski[7] já alertava que em se tratando da busca do prazer, o mais importante não é o preço da coisa, mas a mudança que ela pode provocar na rotina do consumidor, sendo o consumo uma ocasião propícia para a renovação da existência da vida cotidiana, capaz de arejar e rejuvenescer a atmosfera daquilo que se experimenta habitualmente. No mesmo sentido, Baudrillard[8] leciona que as promessas de felicidade, contidas no mesmo invólucro que embala o objeto, podem amenizar,

---

3. VIEIRA, Luciane Klein; CIPRIANO, Ana Cândida Muniz. Covid-19 e Direito do Consumidor: desafios atuais e perspectivas para o futuro. *Revista de Direito do Consumidor*. v. 135. p. 103-124. São Paulo: Ed. RT, maio/jun. 2021. p. 105.
4. GLOBAL WEB INDEX. Access the world's most insightful consumer data. Disponível em: www.globalwebindex.com/data. Acesso em: 29 de janeiro de 2022.
5. WORLD TRADE ORGANIZATION (WTO). WTO report looks at role of e-commerce during the Covid-19 pandemic. Disponível em: www.wto.org/english/news_e/news20_e/rese_04may20_e.htm. Acesso em 29 de janeiro de 2022.
6. MERCADO E CONSUMO. O que esperar do consumidor pós-pandemia. Disponível em: https://mercadoeconsumo.com.br/2021/03/26/o-que-esperar-do-consumidor-pos-pandemia. Acesso em: 29 de janeiro de 2022.
7. LIPOVETSKI, Gilles. *A sociedade da decepção*. Barueri: Editora Manole, 2007.
8. BAUDRILLARD, Jean. *A sociedade de consumo*. Trad. Artur Morão. Lisboa: Ed. 70, 2011. p. 23.

ainda que, momentaneamente, a ansiedade, que parece corroer a alma, disparando a narcose dos sentidos, tornando menos insuportáveis existências vãs disseminadas na sociedade de consumo. É assim que o discurso do canto da sereia possui por premissa a instauração, induzimento e legitimação de novas práticas e comportamentos sociais, criando desejos nunca antes sentidos, exteriorizados na prática de assédio para o consumo, que pressiona o consumidor, influenciando, paralisando ou impondo suas decisões de consumo, explorando emoções, medos, confiança em relação a terceiros, abusando o fornecedor da sua condição de expert, bem como de circunstâncias especiais do consumidor. O assédio para o consumo calca-se na necessidade de incutir necessidades e criar desejos, estimulando as compras, de modo que não possuir o objeto de desejo promove reações furtivas e, consequentemente, pensamentos e sentimentos doentios e incontroláveis.[9]

Se na sociedade dita standard, o assédio de consumo envolve o consumidor com seus tentáculos nos mais diferentes espectros de consumo, na sociedade pandêmica, concentrou-se na propagação da necessidade da contratação de empréstimos pessoais – ainda que efetivamente muitos consumidores necessitassem – abusando do apelo emocional e da situação de hipervulnerabilidade vivenciada, sem olvidar da incidência mais contundente dos chamados "acidentes da vida cotidiana", ante as infindáveis incertezas que se apresentaram, por meio do uso recorrente de imperativos verbais e de palavras que instigam o consumidor a contratar, mensagens estas dirigidas ao consumidor que olha e não enxerga, lê e não compreende, expondo-o a injustificadas situações de riscos. A consequência, pode-se constatar no aumento de 113% na procura por crédito consignado, de 2020 em relação a 2019,[10] bem como o fato de que 79% dos brasileiros buscaram crédito na pandemia.[11]

Nesse sentido, o consumidor pós-pandêmico, mergulhado em uma sociedade assimétrica de consumo, mantém-se refém das publicidades e do assédio para o consumo, ferindo o recente artigo 54-C, do microssistema consumerista, publicidades estas cada vez mais apelativas, agressivas e emocionais, deixando o consumidor mais distante da (falsa) sensação de estar escolhendo conforme sua vontade, sendo controlado por parte de quem detém uma forma de poder, como bem pontua Schmidt Neto,[12] permanecendo, dia após dia, tarefa árdua, principalmente junto ao meio eletrônico, não ser importunado por publicidades não solicitadas que alastram o assédio para o consumo e induzem à contratação do crédito como forma de solução dos problemas apresentados. Assim, como já vivenciado no período pandêmico, espera-se que o

---

9. BASAN, Arthur Pinheiro; JACOB, Muriel Amaral. Habeas Mente: a responsabilidade civil como garantia fundamental contra o assédio de consumo em tempos de pandemia. *Revista IBERC*. v. 3, n. 2. p. 161-189, maio/ago., 2021. p. 171.
10. IDEC, Instituto Brasileiro de Defesa do Consumidor. Saldo de um ano de pandemia: reclamações contra instituições financeiras disparam. Disponível em: https://idec.org.br/release/saldo-de-um-ano-de-pandemia-reclamacoes-contra-instituicoes-financeiras-disparam. Acesso em: 29 de janeiro de 2022.
11. SERASA. *O papel do crédito em um momento de retomada*. Disponível em: https://www.serasa.com.br/ecred/blog/pesquisa-credito. Acesso em: 29 de janeiro de 2022.
12. SCHMIDT NETO, André Perin. *O livre arbítrio na era do big data*. Tirant lo Blanch. 2021. p. 294.

consumidor pós-pandêmico mantenha reordenada a sua ordem de prioridades nas decisões de consumo (ou seria consumismo?), de modo a possuir uma relação cada vez mais amigável com o tempo, pois quem compra a crédito antecipa o futuro, estimulado que é para adquirir o que não se precisa com o dinheiro que não se tem.

Para isso, o consumidor pós-pandêmico traz consigo o enorme legado da necessidade de letramento financeiro, urgindo a necessidade de um Estado mais atuante, promovendo a conscientização do consumidor como forma de tentar dirimir a assimetria existente entre quem oferta o crédito e quem contrata, para além das espécies de vulnerabilidades existentes, tornando os consumidores sabedores dos riscos e das consequências advindas da contratação de crédito, envolvendo-os como sujeitos ativos do controle financeiro de suas próprias vidas, tudo isso aliado à punição daqueles fornecedores que obnubilam as práticas de crédito responsável. De outro modo, ressalta-se que não se quer de maneira alguma demonizar o crédito, por meio da sua concessão, pois necessário em uma sociedade de consumo, especialmente para as classes menos favorecidas economicamente, pois crédito e endividamento são facetas de uma mesma moeda, mas sim que haja o conhecimento de que o crédito possui uma patologia inerente e estrutural que é o superendividamento.

Dessa forma, ainda que não se possa, em um exercício de futurologia, prever o comportamento do consumidor pós-pandêmico, ante as armadilhas imprevisíveis da sociedade de consumo, é possível descrever as diretrizes a serem seguidas, perpassando, necessariamente pelo binômio educação e concessão de crédito responsável, pois conhecer o passado é fundamental para enfrentar as agruras que se avizinham.

FALSO EMPODERAMENTO DO CONSUMIDOR NO SISTEMA DE AVALIAÇÃO DE PLATAFORMA DIGITAL

Dennis Verbicaro

Doutor em Direito do Consumidor pela Universidade de Salamanca (Espanha). Mestre em Direito do Consumidor pela Universidade Federal do Pará. Professor da Graduação e dos programas de Pós-graduação *stricto sensu* da Universidade Federal do Pará e do Centro Universitário do Pará (Cesupa). Líder dos grupos de pesquisa (CNPq) "Consumo e Cidadania" e "Consumo Responsável e Globalização Econômica", procurador do estado do Pará. Advogado e diretor do Brasilcon.

Natasha Siqueira Mendes de Nóvoa

Graduanda em Direito pela Universidade Federal do Pará (UFPA). Bolsista de iniciação científica (CNPq) em Direito do Consumidor. Membro do grupo Consumo e Cidadania (CNPq) e intercambista no 41º Programa de Intercâmbio do Conselho Administrativo de Defesa Econômica (Cade).

O avanço tecnológico mundial, especialmente a partir da década de 1970, com a potencialização do modelo produtivo do *just in time* e dos efeitos da terceirização, foi um fator fundamental na transformação das relações de consumo, que migraram do analógico para o digital.

Esse cenário incentivou novas formas de concorrência no neoliberalismo, como a *cronoconcorrência*, definida como a permanente disputa do setor empresarial no desenvolvimento da tecnologia, bem como o surgimento da economia de compartilhamento por meio das plataformas digitais, que se alimentam de algoritmos para seduzir os consumidores de forma cada vez mais programada, gerando uma falsa noção de empoderamento no consumidor, a partir dos artifícios de predileção e extração de dados pessoais, como pela noção equivocada de que a avaliação por determinado indivíduo realmente importa no aprimoramento do serviço.

Nesse sentido, torna-se extremamente necessário refletir acerca do papel do consumidor no contexto da economia digital, especialmente no que se refere aos aplicativos de transportes móveis, como é o caso da empresa Uber, tendo em vista que, pela falta de transparência da tecnologia dessa plataforma, entende-se que tais mecanismos servem mais como instrumentos de coleta de dados pessoais, do que como ferramenta de aprimoramento de serviço ao consumidor, supostamente para "aprimorar a experiência" do usuário.

No que se refere ao conceito de plataforma digital, Snicerk[1] a define como um espaço que possibilita a troca de informações, bens ou serviços, entre fornecedores e consumidores, assim como a participação de uma rede de indivíduos conectados por meio das conexões virtuais. Aliado a esse entendimento, Renan Bernard Kalil[2] define que a principal característica desse capitalismo de plataforma consiste em seu alto impacto.

O "alto impacto" nada mais é que uma abertura de espaço para que os fornecedores explorem suas habilidades em seus níveis máximos, devido às inúmeras alternativas que o e-commerce apresenta. Como consequência, observou-se um investimento constante das grandes empresas em recursos cada vez mais sofisticados de inteligência artificial, capazes de captar mais usuários e utilizá-los para aperfeiçoar o processo produtivo, bem como moldar as preferências dos consumidores, investindo na marca por meio de técnicas de *branding*,[3] fenômeno conhecido por *cronoconcorrência*.[4] Assim, cria-se um ciclo lucrativo, alimentado pela inteligência artificial.

Esses artifícios, no entanto, somente se tornaram possíveis com o grande investimento das empresas, que lideram o setor econômico, no *machine learning*[5] e, consequentemente, com o desenvolvimento das técnicas abusivas de extração de dados pessoais de usuários para fins lucrativos, sem preocupação com qualquer garantia de seus direitos de privacidade.

Para a filósofa Carissa Véliz,[6] essa dinâmica socioeconômica atual demonstra um contraste evidente no que se refere à privacidade entre a década de 1990 e os anos que sucederam a criação da empresa Google, bem como os ataques de 11 de setembro de 2001, os quais exigiram um investimento considerável em segurança e privacidade pelos Estados Unidos, um dos motivos por eles serem o país que deu origem ao sistema de plataformas. Esses marcos podem ser entendidos como fundamentos do desenvolvimento das fronteiras inteligentes da tecnologia, que foram, gradativamente, se tornando ameaças às liberdades civis, tendo em vista que ultrapassaram limites éticos e jurídicos em razão de um ciclo meramente mercadológico, exercendo poder e controle sobre os mais variados ambientes dos cidadãos: profissional, familiar e social.

Assim, no que concerne à Uber, tem-se uma empresa de tecnologia que oferece serviços de transporte privado, através de um aplicativo, entre usuários que se cadastram como passageiros e os que se cadastram como motoristas, de modo que

---

1. SRNICEK, Nick. *Capitalismo de Plataforma*. Cambridge: Polity Press, 2017, p. 7.
2. KALIL, Renan Bernard. A *Regulação do Capitalismo Via Plataformas Digitais*. São Paulo. Blucher, 2020, p. 67-88.
3. Gestão da marca de uma empresa.
4. Velocidade com que as empresas se aperfeiçoam no ramo tecnológico tendo em vista a competição no mercado de investimento às técnicas de inteligência artificial. ALEXANDRE, Paulo. *Publicidades e Tecnologias Móveis, Produção de Sentidos e Práticas de Consumo*. Universidade de Coimbra, Portugal. 2016.
5. Ramo da engenharia e ciência da computação que evoluiu do estudo de reconhecimento de padrões e da teoria do aprendizado computacional em inteligência artificial.
6. VÉLIZ, Carissa. *Privacidade é Poder*. Editora Contracorrente. Inglaterra, 2021. p. 47-49.

a tecnologia conta com indicadores de preço, demanda e número de motoristas disponíveis. Por meio do Sistema de Posicionamento Global, o aplicativo deveria mostrar aos usuários onde os motoristas se encontram, conforme a localização do passageiro. No entanto, de acordo com Snircek[7] (2016), isso não ocorre, uma vez que esse indicativo de demanda não corresponde à realidade, visto que o aplicativo, primeiro, realiza a coleta de dados dos usuários, para assim prever onde estará a demanda por motoristas e, somente conforme essa extração, o sistema aumenta os preços em alta antes da demanda real, da mesma forma em que também cria "motoristas fantasmas" para dar uma falsa ilusão ao consumidor de que existe uma maior oferta diante da procura.

Já no que se refere à avaliação dos usuários, a empresa possui um sistema próprio, a partir da experiência do cliente/passageiro, que obedece às seguintes etapas: depois de terminada a viagem, o aplicativo pede ao passageiro que o avalie (em uma escala de 1-5), desde o desempenho do motorista quanto a possíveis comentários adicionais acerca da qualidade do serviço prestado. Assim, juntamente com seus comentários, a avaliação passa a ser analisada pelos administradores do sistema, de modo que, teoricamente, os motoristas que alcançarem a nota média mínima que o aplicativo estabelece (4,6), deveriam ser desconectados da plataforma.[8]

Observa-se, entretanto, que o usuário não possui acesso ao *feedback* dado ao motorista nem a avaliação feita por este, bem como não tem como obter uma garantia de que os critérios supostamente utilizados pela empresa serão aplicados, visto que a plataforma carece de transparência sobre como as informações coletadas dos passageiros serão analisadas e se, de fato, elas possuem alguma finalidade que não seja somente a extração de seus dados pessoais como forma de fomentar o sistema de predileção algorítmica. Os passageiros, diferente dos motoristas que recebem orientações e dicas do aplicativo para manter a nota elevada, não obtém qualquer tipo de retorno construtivo ou informativo acerca dos critérios utilizados pela plataforma e pelos motoristas para avaliá-lo, assim, tem-se que a referida *startup* vende, ao consumidor, uma falsa noção de reciprocidade de avaliação.

Nota-se, também, que ao abrir o aplicativo, o usuário já e apresentado a uma série de lugares fixos conforme o histórico de suas corridas, de modo que a plataforma consegue, previamente, simular os custos e a demanda para apresentar ao passageiro de acordo com o seu fluxo de viagens, induzindo este a utilizar o aplicativo, por meio das técnicas que promovem a "praticidade", bem como exercem, conforme explica Zuboff,[9] a predição comportamental sobre esse indivíduo. A plataforma, então, deixa de ser somente uma intermediária no serviço de transporte privado e passa a ser um

---

7. SRNICEK, Nick. *Platform capitalism*. Cambridge, UK; Malden, MA: Polity Press, 2016.
8. FARIAS Fernando, RODRIGUES Evaldo, DA SILVA Paulo. *Avaliação da Percepção de Qualidade da Prestação do Serviço de Transporte Individual de Passageiros do Distrito Federal*: Táxi e Uber. Universidade de Brasília--UNB, Brasília, 2016.
9. ZUBOFF, Shoshana. *A Era do Capitalismo de Vigilância*. São Paulo: Intrínseca, 2021.

mecanismo que também determina como esse usuário irá desfrutar de tal serviço, técnica conhecida como previsão de *mercados de comportamentos futuros*.[10]

Não resta claro ao consumidor, portanto, se durante a etapa de avaliação de plataformas, que é onde, juntamente com o cadastro nos aplicativos, ocorre à coleta de informações pessoais desse indivíduo, a opinião deste é realmente levada em consideração para aprimorar o serviço fornecido, conforme suas necessidades reais, ou somente para servir como matéria prima de fomentação das técnicas de predileção e extração algorítmica. Ou seja, há uma falsa noção de empoderamento do indivíduo, na medida em que este não tem acesso às informações que estão sendo coletadas e nem a nenhuma garantia de aplicabilidade de critérios por determinada plataforma, tornando-se um alvo fácil a ser manipulado.

Esse exemplo serve para demonstrar que o assédio de consumo pode estar presente, inclusive, nas etapas que prometem atender ao consumidor, ressaltando um desequilíbrio ainda mais escancarado no quadro de vulnerabilidade informacional no âmbito da relação consumerista. Em razão disso, deve-se pensar em técnicas alternativas complementares à legislação, como o ativismo digital e o compartilhamento de experiências, que se tornam consideravelmente mais eficazes do que a avaliação em uma plataforma digital, posto que são capazes de expressar o exercício de poder decisório, bem como as satisfações e insatisfações individuais.

É preciso entender e contornar os mecanismos de inteligência artificial e as técnicas abusivas de mercado, para que, gradativamente, se construa um caminho de empoderamento e autonomia plena do consumidor.

REFERÊNCIAS

ALEXANDRE, Paulo. *Publicidades e Tecnologias Móveis, Produção de Sentidos e Práticas de Consumo*. Universidade de Coimbra, Portugal. 2016.

FARIAS Fernando, RODRIGUES Evaldo, DA SILVA Paulo. *Avaliação da Percepção de Qualidade da Prestação do Serviço de Transporte Individual de Passageiros do Distrito Federal: Táxi e Uber*. Universidade de Brasília-UNB, Brasília, 2016.

SNIRCEK, Nick. *Capitalismo de Plataforma. Cambridge*: Polity Press, 2017, p. 7. Oxford, Inglaterra.

ZUBOFF, Shoshana. *A Era do Capitalismo de Vigilância*. São Paulo: Intrínseca, 2021.

VÉLIZ, Carissa. *Privacidade é Poder*. Editora Contracorrente. Inglaterra, 2021. P 47-49.

VERBICARO, Dennis; VERBICARO, Loiane da Ponte Souza Prado; VIEIRA, Janaina do Nascimento. *Direito do consumidor digital*. Rio de Janeiro: Lumen Juris, 2020

---

10. Ibid., p. 19.

INFLUENCIADOR DIGITAL: PODER DE PERSUASÃO *VERSUS* DEVER DE RESPONSABILIZAÇÃO

Vanessa Brodt Martins

Mestre em Direito e Sociedade pela Universidade *La Salle* e pesquisadora vinculada ao Grupo de Pesquisas Teorias Sociais do Direito e ao Agendas de Direito Civil Constitucional. Tabeliã na cidade de Rio Grande (RS).

Não há dúvidas de que o caos provocado pela pandemia forçou a sociedade a se reinventar e a conviver com uma nova realidade. O último respiro de milhões de vidas foi acompanhado em tempo real e o mundo parece ainda estar sobrevivendo por aparelhos. O coronavírus, maior vilão dos últimos tempos, ocupou a agenda pública mundial e protagonizou um dos períodos mais difíceis da humanidade. No mesmo sentido e resiliente na missão de escandalizar a raça humana, a mídia retratou, dia após dia, todos os reflexos devastadores da pandemia, dissipando o medo e a insegurança por cada fragmento da sociedade.

Como esperado, em ambientes hostis, muitos organismos se proliferam e é responsabilidade da comunidade jurídica discutir questões relevantes e redirecionar os holofotes para pautas que merecem ser enfrentadas. A pandemia pariu novos modelos de entretenimento e um, particularmente, merece atenção especial: as famosas *lives*. O distanciamento social e isolamento domiciliar criaram um ambiente propício para o bombardeio de conteúdos produzidos em tempo real pelos mais variados profissionais da mídia e os impactos sociais dessa compulsão desordenada de material virtual não devem ser ignorados.

Como todo o bom instrumento, para atingir níveis de excelência, é necessário que seja bem conduzido e, nesse intento, surge um ator social cujo poder de sedução fadaria Don Juan a um inocente paquerador: o influenciador digital. Esse profissional da mídia possui como ferramenta de trabalho o poder de persuasão, atributo que o permite orientar comportamentos e participar diária e diretamente da decisão de compra de milhões de pessoas, acendendo a discussão acerca do regime jurídico ao qual deve estar submetido.

Em linhas gerais, o influenciador digital é um profissional que se julga expert em uma determinada área e se auto-habilita a doutrinar milhões de outras pessoas sobre o assunto. É um "amiguinho virtual" que ganha a confiança e admiração de um público específico e orienta suas compras no sentido de realizar aquisições de produtos ou serviços pelos quais é remunerado para divulgar. O *modus operandi* é simples e se resume na parceria firmada entre o influenciador e o fornecedor no sentido de explorarem economicamente a persuasão e a confiança que os seguidores depositam no influenciador.

Os ganhos são visíveis. O influenciador produz o material a ser divulgado e normalmente participa do produto da venda por meio de percentuais previamente pactuados, o que traduz um estímulo extra para intensificar as estratégias de persuasão utilizadas. Cupons de desconto e *links* de facilitação na compra também são comuns e são ofertados aos seguidores diretamente pelas redes sociais dos influenciadores. Ainda, a simples associação a marcas renomadas já garante a adesão de outros milhares de seguidores já fiéis à essa marca, o que reflete no aumento do número de seguidores e na construção de um portfólio mais atrativo visando futuras parcerias.

Os benefícios trazidos ao fornecedor também são inquestionáveis. Primeiramente, por se tratar de um investimento "barato", considerando que não gera custo com produções vultuosas. Basta que o fornecedor identifique o perfil de profissional que dialogue com o produto ou serviço a ser divulgado e que tenha o potencial de influenciar milhões de pessoas que compartilham dos mesmos interesses. Ainda, o público-alvo do fornecedor já está previamente selecionado pelo influenciador e ambos já sabem de antemão que os seguidores irão de fato consumir, desconhecendo apenas o *quantum* do consumo, a ser definido a partir de indicadores como a autoridade e a confiabilidade do influenciador e a estratégia de persuasão utilizada, diminuindo sobremaneira a capacidade de escolhas racionais pelo consumidor.

É uma verdadeira parceria ganha-ganha, o que deveria ser suficiente para desqualificar qualquer entendimento no sentido de serem os influenciadores estranhos ao regime jurídico consumerista, afinal, o influenciador faz publicidade e é um contrassenso colocá-lo à margem do cumprimento de preceitos legais relacionados a ela. Além disso, esse profissional é uma personalidade ativa na cadeia produtiva, já que cria o próprio conteúdo, divulga o material patrocinado, facilita na venda, dá descontos, enfim, transfere a credibilidade que tem com seus seguidores ao produto ou serviço divulgado e o impacto de suas recomendações não pode ser desprezado.

Felizmente, a doutrina defende ser o influenciador digital um fornecedor equiparado, já que a venda é realizada "por meio" e "em função" da credibilidade desse profissional com seus seguidores e do poder de influência que ele exerce no meio em que atua. A preponderância da atividade desenvolvida por esse profissional de persuasão e o caráter lucrativo da publicidade realizada deve ser suficiente para atrair o arcabouço normativo consumerista, afinal, o influenciador digital não é obrigado a contratar qualquer publicidade, mas quando a faz, deve assumir o risco decorrente de suas escolhas, sobretudo considerando todos os ganhos advindos da relação influenciador-fornecedor.

Infelizmente, a normativa consumerista e a teoria do fornecedor equiparado não são aplicados aos influenciadores digitais na prática, retardando em muito a adequada proteção do consumidor e sentenciando a comunidade jurídica a trabalhar apenas no campo da reparação. Enquanto não adotados os entendimentos pelo Poder Judiciário, não estarão disponíveis ferramentas capazes de afetar o mercado no momento anterior ao dano, de forma profilática e com possibilidade real de educar o comportamento dos influenciadores, afinal, a partir do momento em que souberem que serão corresponsáveis pelo dano ao lado do fornecedor, passarão a avaliar melhor os projetos dos quais devam participar.

Apesar da simplicidade do argumento, a correta responsabilização dos influenciadores tende a desencadear um efeito social extremamente positivo, na medida em que passarão a melhor filtrar o conteúdo compartilhado e criarão o hábito de avaliar não apenas os ganhos decorrentes da publicidade, como também as perdas e a forma como ela pode afetar seus seguidores. Mais do que tutelar o consumidor, classificar o influenciador como fornecedor equiparado representa "educar" o mercado a priorizar uma publicidade lícita, ética e responsável.

O Conar já atua nesse sentido, tentando desestimular condutas ilícitas e punir, dentro de suas forças, o comportamento reprovável dos influenciadores. No ano passado, inclusive, criou um guia dedicado a eles, na intenção de afastar por completo a incoerência de realizarem publicidade sem precisar respeitar os princípios desse instituto. A ideia não é categorizar os influenciadores como "vilões" e sim afastar a ideia de que pessoas que orientam a compra de milhares de outras pessoas tenham passe-livre para cometer abusividades.

Tratando de abusividades, importante que se paute alguns casos envolvendo influenciadores digitais que acabaram desaguando em representações emblemáticas submetidas ao Conar. O ano de 2020 ficou conhecido como a "era das lives" e foi por meio desse novo modelo de entretenimento que alguns influenciadores ocuparam a agenda jurídica da época. Cantores de músicas sertanejas realizaram transmissões em que apareciam consumindo a bebida alcoólica patrocinada de forma exagerada, sem qualquer barreira de acesso a menores ou cláusula de advertência.

Os influenciadores, visivelmente embriagados, além de ingerirem de forma imoderada a cerveja patrocinada, incitaram o seu consumo, trazendo à baila o questionamento acerca da licitude e responsabilidade pela conduta pouco admirável dos profissionais da mídia. A relevância da discussão foi reforçada por alguns reflexos pandêmicos, como o aumento do consumo de álcool, que se deu no patamar de 93% no início da pandemia, e o fato das transmissões promovidas pelos sertanejos embriagados ocupar a lista das 10 *lives* mais assistidas na plataforma YouTube. A totalidade dos casos analisados pelo Conar estavam ranqueados nessa lista campeã de visualizações.

O desfecho das reclamações se deu no sentido de arquivar as demandas em relação aos patrocinadores de bebidas alcoólicas — que alegaram que disponibilizaram aos influenciadores o Código de Conduta do Conar e que não possuem controle sobre a conduta do influenciador —, e também advertir os influenciadores acerca de sua responsabilidade social diante do público infantojuvenil. Em resumo, o patrocinador foi excluído da demanda e o influenciador foi advertido. Quem poderia ser responsabilizado – pois fornecedor típico –, não foi, e quem foi, não encarou a punição com seriedade, já que reincidiu na conduta reprovável em *lives* posteriores.

Dentro do cenário esculpido, resta injustificável responsabilizar apenas o fornecedor típico, até porque é muito atrativa a realização de publicidade por meio do influenciador, se este permanecer imune ao CDC. O investimento não é vultuoso, a visibilidade é grande, o retorno é seguro – considerando que atingem diretamente seu público-alvo –, e qualquer perda decorrentes de publicidade ilícita, já está computada na margem de lucro do produto ou serviço divulgado. Ainda, argumentos como a simples disponibilização de regras de conduta ao influenciador são suficientes para eximi-lo da responsabilidade diante do órgão ético.

Os influenciadores, no mesmo sentido, sem sentir o peso da responsabilidade, permanecem descomprometidos com a licitude da publicidade que realizam e continuam utilizando do seu poder de persuasão para auferir lucro e orientar a compra dos consumidores. Nessa toada, entender que o influenciador digital não se submete à legislação consumerista é lhes dar um "passe-livre" ao descomprometimento com suas condutas e chancelar sua irresponsabilidade social.

É chegada a hora de permitir que importantes doutrinas transcendam os belos livros de capa dura, que boas normas sejam interpretadas de forma a não descurar da essência pela qual foram criadas, que Poder Judiciário enfrente questões jurídicas despido de orientações políticas e pressões de mercado, enfim, que o vulnerável seja de fato tratado como vulnerável, cessando os aplausos para instrumentos capazes de endossar ilicitudes e reforçar irresponsabilidades.

Leia mais em: MARTINS, Vanessa Brodt. *Fragmentação do Direito e a necessária proteção dos consumidores frente a práticas de influenciadores digitais*: o caso das *lives* de cantores de música sertaneja alcoolicamente embaladas ao longo de 2020. Dissertação (mestrado em Direito) – Universidade La Salle, Canoas, 2022.

O ATENDIMENTO À POPULAÇÃO IDOSA NAS AGÊNCIAS BANCÁRIAS

Gisele Zaquini Lopes Faria
Supervisora de estudos e pesquisas no DEPP/Procon-JF.

Gustavo Henrico da Silva Souza
Estagiário de Geografia.

Mariana Vilela Curbani
Estagiária de economia.

Vinícius Di Paula Santos Costa
Estagiário de economia.

Fabíola Mendes de Oliveira Meirelles
Gerente do Departamento de Estudos e Pesquisas do Procon-JF.

Eduardo de Souza Floriano
Superintendente do Procon/JF.

Reportagem publicada no *The New York Times* em 25 de março de 2022, intitulada "Eu sou velho, não um idiota. Protesto de um homem chama a atenção dos bancos espanhóis", faz o relato da vivência de Carlos San Juan de Laorden, um médico espanhol aposentado pela doença de Parkinson. A condição física adquirida pela doença o impediu de acessar caixas eletrônicos, colocando-o face a face com as dificuldades ao utilizar serviços online, cada vez mais inseridos nos atendimentos bancários. Esse fenômeno alavancou uma campanha iniciada pelo médico que tem como foco justamente a dificuldade de uso, pelos idosos, das tecnologias de informação para as relações com os bancos, além da falta de suporte fornecida. Esse movimento levou alguns bancos na Espanha a compensar o apagão de agências e de atendimentos presenciais, como efetuado pelo Santander, que possibilitou seus clientes a usar estações de correio para movimentações financeiras.

Além-mar, os problemas decorrentes da desumanização do atendimento bancário estão presentes também no Brasil. Mesmo não apresentando uma população tão envelhecida quanto a espanhola, somente no biênio 2020-2021 os dados do Instituto Nacional do Seguro Social (INSS) apontaram que cerca de 28,7 milhões de beneficiários fizeram a prova de vida. No ano de 2022, de acordo com previsões feitas pelo Instituto de Pesquisa Econômica Aplicada (Ipea), a parte da população constituída por idosos, que em 2010 era de 7,3%, pode alcançar 40,3% em 2100. Dentre as cidades brasileiras com mais de 500 mil habitantes, Juiz de Fora consta em terceiro lugar em número de cidadãos com idade igual ou superior aos 60 anos. A atenção dada por algumas instituições a esse grupo da população, no entanto, caminha em sentido oposto, sendo até mesmo mitigada em alguns setores, como o bancário.

O Estatuto do Idoso, instituído em outubro de 2003, caracteriza como crime em seu Artigo 96 a discriminação da pessoa idosa impedindo ou dificultando seu acesso a operações financeiras. Pensando nos dados acima apresentados, o Procon de Juiz de Fora, através do Departamento de Estudos, Pesquisas e Projetos (DEPP), almejando entender como as agências bancárias da cidade estão acolhendo as necessidades da terceira idade, acessou as plataformas digitais das instituições bancárias que possuem a concessão para fazer o pagamento dos benefícios do INSS, de modo a identificar como estão sendo expostos seus serviços para a terceira idade, se há facilidade de acesso às informações e se apresentavam algum direcionamento específico para as pessoas que recebem benefícios do INSS nesses bancos.

A análise dos sites das agências bancárias revelou serem maioria as homepages sem qualquer opção para o beneficiário do INSS acessar seus serviços e dados. Opções como empréstimos e financiamentos tem muito mais evidência e estão em posições de fácil acesso por meios digitais, sem sequer a necessidade de fazer busca pelo site. Há ainda, pouca ou nula informação e orientação a respeito de como as pessoas idosas podem ter acesso a atendimento presencial ou por telefone.

Cabe esclarecer que, a prestação de serviços de pagamento dos benefícios administrados pelo INSS se dá pelos bancos definidos por participação em leilão; nele, os bancos que oferecem maiores lances e cumprem todas as exigências do processo de leilão passam a fazer o pagamento dos benefícios. No ano de 2019 venceram o leilão promovido pelo INSS seis bancos privados (Santander, Crefisa, Agibank, Itaú-Unibanco, BMG e Mercantil do Brasil) que dessa forma estão responsáveis pelo pagamento dos beneficiários da autarquia que adentrem o programa de 2020 até 2024, pelos próximos 15 anos. O INSS tem o direito de revogar as licitações concedidas ou até mesmo anulá-las por ilegalidade mediante razões de interesse público, desde que essas sejam decorrentes de fato devidamente comprovado e pertinentes o suficiente para justificar tal ato.

Contratualmente, estão estabelecidas exigências para garantir a minimização de possíveis transtornos aos beneficiários, além de impostas responsabilidades, tais quais: a disponibilização de autoatendimento em terminal gratuitamente e em qualquer tempo, assim como a possibilidade de saque do valor do benefício e a desobrigação de abertura de conta-corrente para recebimento e de manter vínculo com a instituição, podendo ser escolhido pelo beneficiário qualquer banco em contrato vigente com o INSS. Há, ainda, nas exigências estabelecidas legalmente no termo de referência, anexo 1 do Edital do Pregão Presencial nº 16/2019, a obrigação comum entre as partes de buscar eficiência, segurança e transparência na prestação dos serviços contratados, além da manutenção do Padrão de Qualidade de Atendimento ao beneficiário, sob fiscalização de representante do INSS ou equipe especialmente designada para tal.

Além da observação dos sites das agências bancárias, a equipe do Procon efetuou uma pesquisa de satisfação de serviços bancários com idosos que frequentam o Centro de Convivência do Idoso sendo notadas reclamações que rompem frontalmente contra o dever legal dessas instituições, entre elas destacamos: idosos enfrentando dificuldades em acessar o aplicativo do banco, relatos de filas longas, atendimentos ineficazes e demorados, inexistência de prioridade para atendimento presencial e serviços físicos e até mesmo a contratação de seguros e empréstimos sem o consentimento do beneficiário. A ausência de atendimento físico, por si só, gera empecilho para parte considerável dos idosos, que, ao serem forçados a realizar virtualmente o próprio atendimento está mais suscetíveis ao erro (seja por questões supracitadas ou por alguma dificuldade intrínseca ao usuário). O fato de, apesar disso, o cerne das queixas estar situado exatamente no atendimento presencial é motivo para alarde.

A pesquisa de satisfação revelou que boa parte dos beneficiários estão satisfeitos com o atendimento que recebem de seu banco e/ou buscaram se adaptar aos serviços de maneira exclusivamente digital, adaptação esta que, geralmente faz com que os idosos passem a ser dependentes de familiares, que dominam as tecnologias impostas pelos bancos. Não há, no entanto, relativização a ser feita sobre as denúncias apresentadas. A vulnerabilidade imposta ao consumidor pela ocasional assimetria de informação, acrescida da condição natural de hipervulnerabilidade que os idosos previamente apresentam, tornam a situação um prato cheio para serem rompidas as garantias legais que os protegem, seja por conveniência ou descaso.

A denúncia é instrumento fundamental para assegurar a legalidade, de tal sorte que, sem a conscientização por parte de todo e qualquer consumidor de seus direitos e deveres, cenários preocupantes como este não podem ser combatidos. Desta forma, o Procon de Juiz de Fora reforça a importância de que os consumidores idosos, sempre que se sentirem lesados ou insatisfeitos em suas relações com as agências bancárias, efetuem denúncias. Não podem ser banalizadas longas filas para atendimento; atendimentos ineficazes e demorados; lançamento de empréstimos, seguros residenciais ou pessoais sem serem solicitados pelos beneficiários, ou ainda o direcionamento para os canais virtuais de atendimento, expondo a população idosa e até mesmo restringindo sua autonomia financeira.

REFERÊNCIAS:

ESTATUTO do Idoso, Casa Civil, Subchefia de Assuntos Jurídicos. *Lei 10.741 de 1 de outubro de 2003*. http://www.planalto.gov.br/ccivil_03/leis/2003/l10.741.htm. Acesso em 11/4/2022.

ENVELHECENDO em Juiz de Fora, *ID – Núcleo de Estudos sobre o Indivíduo Idoso, 2020*. Disponível em: https://www.ufjf.br/nucleoid/files/2020/07/Cartilha-_Envelhecendo-em-Juiz-de-Fora_.pdf. Acesso em 11/4/2022.

MINDER, Raphael. *'I'm Old Not An Idiot'. One Man's Protest Gets Attention os Spanish Banks*. The New York Times. 24 de março de 2022. https://www.nytimes.com/2022/03/25/world/europe/spanish-banks--protest-carlos-san-juan-de-laorden.html. Acesso em 11/4/2022.

INSTITUTO Nacional do Seguro Social, Diretoria de Gestão de Pessoas e Administração. *Edital do Pregão Presencial 16/2019*. Acesso em 11/4/2022.

BONIFÁCIO, Rafaela. GUIMARÃES, Raquel. *Projeções Populacionais por Idade e Sexo Para o Brasil Até 2100*. Ipea – Instituto de Pesquisa Econômica Aplicada, 13 de outubro de 2021. Disponível em: https://www.ipea.gov.br/portal/index.php?option=com_content&view=article&id=38575&Itemid=457. Acesso em 11/4/2022.

https://tribunademinas.com.br/noticias/cidade/09-08-2015/como-e-envelhecer-em-juiz-de-fora.html

https://www.diariodolitoral.com.br/sindical-e-previdencia/bancos-que-vao-pagar-beneficios-do-inss--serao-conhecidos-ate-amanha/42108/

https://g1.globo.com/economia/noticia/2019/11/09/seis-bancos-vencem-leilao-da-folha-de-beneficios--do-inss-orgao-preve-arrecadar-r-24-bilhoes-em-5-anos.ghtml

https://mercantildobrasil.com.br/Paginas/Home.aspx – Consulta feita em 28/3/2022.

https://www.itau.com.br/ – Consulta feita em 28/3/2022.

https://agibank.com.br/beneficio-inss – Consulta feita em 28/3/2022.

https://www.bancobmg.com.br/ – Consulta feita em 28/3/2022.

https://www.bancobmg.com.br/ – Consulta feita em 28/3/2022.

https://www.santander.com.br/ – Consulta feita em 29/3/2022.

MCPICANHA E WHOPPER COSTELA: "VERDADE OU CONSEQUÊNCIA"

Cristiano Heineck Schmitt

Doutor e Mestre em Direito pela UFRGS. Professor de Direito da PUC-RS. Pós-graduado pela Escola da Magistratura do RS. Secretário-Geral da Comissão Especial de Defesa do Consumidor da OAB/RS. Diretor do Instituto Brasilcon, autor de livros, palestrante e Professor de Curso de Pós-graduação *Lato sensu*. Advogado.

McDonald's Corporation é a maior cadeia de restaurantes fast food do mundo, sendo um conhecido símbolo do capitalismo norte-americano, mais proeminente, ao nosso ver, do que a bandeira do país que lhe deu origem. Entre seus produtos, o destaque maior é dos hamburguers, seguidos por batatas fritas e sorvetes, entre outros não tão destacados. Muito além de lanches e refeições, a empresa traduz um modelo de operação de franquia empresarial que se torna um ícone, não somente para outros fornecedores ligados ao mesmo objeto, como também a várias outras e distintas áreas. Sua presença global é tão marcante, que fica mais fácil reportar quais países não tem uma franquia do McDonald's, ou em quais países o restaurante ainda não aportou.

A ONU – Organização das Nações Unidas reconhece a existência de 193 países e 17 territórios. Pois bem, existem 35 mil restaurantes da marca espalhados por 119 países e territórios, o que bem revela a influência do grande "M dourado".[1] Criado nos EUA, nos primórdios de 1940, o McDonald's, que leva o nome de seus patriarcas, tem um início através de uma churrascaria, passando em 1948 a uma hamburgueria com princípios próprios de uma linha de produção. Sob nova direção, em 1955 dá-se início a um sistema de franquia que até hoje é modelo mundial.[2]

Por sua vez,[3] e não menos importante, embora menor, tem-se a rede de restaurantes Burger King, cujo início dá-se em 1953, na Florida. Uma curiosidade é que em 02 de setembro de 2010, a totalidade das ações da empresa foi adquirida pelo fundo de investimentos brasileiro chamado 3G Capital,[4] com sede no Rio de Janeiro, podendo-se dizer que, por alguns anos, a cadeia de *fast food* tenha sido exclusivamente brasileira. Em face do seu tamanho e expansão, pode-se dizer que o Burger King é

---

1. Vide <https://economia.uol.com.br/noticias/redacao/2022/03/16/conheca-os-10-paises-que-nao-tem-mcdonalds.htm>. Acesso em 10.05.2022.
2. Vide <https://pt.wikipedia.org/wiki/McDonald%27s#cite_note-daily-3>Acesso em 10.05.2022.
3. Vide <https://www.suafranquia.com/historias/franquia-burger-king/>Acesso em 10.05.2022.
4. Vide https://pt.wikipedia.org/wiki/Burger_King#:~:text=A%20empresa%20come%C3%A7ou%20em%201953,e%20rebatizam%2Dna%20Burger%20King. Acesso em 10.05.2022.

maior concorrente do McDonald's, sendo a segunda maior franquia desse setor no mundo, possuindo mais de quinze mil lojas, estando presente em mais de cem países.[5]

Feitas as apresentações resumidas dos atores principais do problema observado, passamos ao objeto da discórdia.

Em campanha publicitária recente e contida nas embalagens de produtos, o McDonald's passou a anunciar um "novo" hambúrguer, cujo nome era "McPicanha", fazendo referência a um corte nobre de carne. Nesse sentido, segue imagem do sanduíche:

Contudo, dúvidas começaram a surgir, e, indagada, a rede fast food disse que usava o nome "Picanha", mas o seu hambúrguer, a carne utilizada no mesmo, não continha picanha.[6] Diante de forte pressão de consumidores, e de órgãos de proteção do consumidor, o McDonald's admitiu que errou na escolha do nome, e que o sanduíche seria apresentado então como sendo "a maior carne do Méqui com delicioso molho sabor picanha". Em verdade, os hambúrgueres do McDonald's são compostos cem por cento de carne bovina, segundo garante a rede, carne esta que vem do ombro, peito, pescoço, costas e pernas do boi. Ou seja, nada de Picanha.

O que ocorria de fato, e isso é o que defendera a rede de lanchonetes, é que o hambúrguer, ou ao menos a carne, teria aroma de picanha. Em nossa opinião pessoal, entendemos ser um pouco difícil tal meta. Quando se compra uma picanha, carne esta que nos tempos atuais tem seu quilo superando os cem reais, busca-se um produto de grande maciez, e não somente algo que exale um aroma diferenciado quando assado.

Por outro lado, após toda uma celeuma gerada pelo caso da Picanha, era a vez de se analisar se o maior concorrente, o Burger King, também adotava comportamento similar na oferta de produtos. E, nesse sentido, vem à tona, o caso do "Whopper

---

5. Vide <http://burgerking.riweb.com.br/show.aspx?idMateria=riQvmYPoIv/duCJYRwGp0g==#:~:text=Fundado%20em%201954%2C%20o%20BURGER,pa%C3%ADses%20ao%20redor%20do%20mundo>. Acesso em 10.05.2022.
6. Vide <https://economia.ig.com.br/2022-04-30/mcdonalds-admite-erro-anuncia-volta-mcpicanha-novo-nome.html>. Acesso em 10.05.2022.

Costela". Como faz crer o anúncio do sanduíche, o mesmo conteria carne de costela suína, como se pode verificar:

Questionado sobre a presença de costela no hambúrguer, o Burger King confirmou que o mesmo é feito com paleta suína e tem "aroma natural de costela".[7] Em sua defesa, o Burger King afirma que em seus comerciais deixa claro que a carne do hambúrguer seria proveniente de paleta suína.

Diante desse cenário, estava constituída a celeuma. Nas campanhas dos sanduíches indicados, houve publicidade enganosa? Os anúncios fazem crer que o hambúrguer é composto de determinado tipo de carne, e de fato não o é? Estaria faltando transparência às empresas em esclarecer adequadamente que os hamburguers apresentam apenas aroma de picanha ou de costela suína?

Em sites como reclameaqui, redes sociais, entre outros, várias foram as manifestações de consumidores insatisfeitos com o comportamento de ambas as empresas, que, em resumo, é classificado como desleal, por anunciar algo que não correspondia à verdade. Há quem sustente que a denúncia, por assim dizer, partiu de funcionários da rede McDonald's afirmando no facebook que o hambúrguer de picanha era a mesma carne utilizada em outros sanduíches da rede, não tendo, portanto, picanha.[8]

Entrou na discussão o Sistema Nacional de Defesa do Consumidor através de alguns Procons. O Procon-SP, por exemplo, notificou o Mcdonald's para se explicar sobre o caso, registrando-se quem em determinados anúncios chegava a ter-se a expressão "picanhamente delícia". Destaca-se que o produto não foi criado em 2022, já tendo aparecido no mercado em 2019. Na linha de exigências do Procon-SP, foi requisitado ao McDonald's para apresentar a tabela nutricional dos sanduíches, atestando a composição de cada um dos ingredientes, merecendo destaque, os ma-

---

7. Vide <https://economia.uol.com.br/noticias/redacao/2022/05/02/burger-king-e-acusado-de-vender-whooper-de-costela-sem-costela.htm?cmpid=copiaecola>. Acesso em 10.05.2022.
8. Vide <https://economia.ig.com.br/2022-04-28/procon-mcdonalds-mcpicanha.html>. Acesso em 10.05.2022.

teriais publicitários e das mídias de divulgação da linha de 2022, bem como dados da campanha imediatamente anterior.[9]

No caso do Burger King, o Procon do Distrito Federal foi a venda do Whopper Costela, tendo que vista que até então, somente foi constatada a presença de aromatizante no hambúrguer, mas sem a presença da carne de costela suína. O órgão enfatizou também que "a informação sobre a composição do lanche não é clara na publicidade e pode induzir o consumidor ao erro, podendo se caracterizar como publicidade enganosa".[10]

Inclusive o Conar, Conselho Nacional de Autorregulamentação Publicitária, embora sem poder de polícia, mas com aptidão para denunciar a deficiência e inaptidão de determinada campanha publicitária, também está investigando o caso, abrindo um processo ético para verificar a veracidade da mensagem publicitária do McPicanha.

Como bem ensina Erik Jayme, "a sobrevivência de toda a ordem jurídica necessita da figura da pessoa média ("Durchschnittsperson"), cujas visões e expectativas serão o auxílio para a interpretação e concretização dos conceitos de direito, dos conceitos indeterminados e das cláusulas gerais, enfatizando a importância das projeções dessas valorações no âmbito do direito comparado".[11] E, de acordo com referido jurista, o consumidor é um "observador menos atento" (ibidem, p. 34), sendo que crianças, por exemplo, podem se tornar vítimas potenciais de publicidade abusiva.

No caso, os sanduíches do McDonald's têm um alvo muito intenso sobre crianças e adolescentes, sendo inclusive vendidos, em conjunto ou separado, com brinquedos representando super heróis, personagens de filmes de animação, televisão, etc. Ao se analisar o conteúdo das imagens publicitárias de ambos os sanduíches, ao menos na visão deste articulista, é bastante perceptível a intenção e indicar a presença de picanha ou de costela suína em hamburguers. E dúvida que paira no ar é, haveria o mesmo número de vendas caso as mensagens deixassem claro que os sanduíches não contêm nem picanha, nem costela, mas somente o suposto odor? Observando-se o tamanho e extensão das operações de ambas as empresas citadas, o número de pessoas potencialmente afetadas é incalculável, considerando-se apenas o Brasil.

O consumidor é um sujeito vulnerável por natureza (artigo 4º, inciso I do CDC), e compra por impulsos, com pouca ou nenhuma reflexão, muitas vezes apenas atendendo a desejos básicos, como a fome. Uma promessa de presença de picanha em um hambúrguer, em épocas em que a grande parte da população não consegue mais comprar carne bovina, face à alta da inflação e desempregos, é um tentador convite para a compra do sanduíche, que tem um preço bem mais reduzido do que um quilo

---

9. Vide https://economia.ig.com.br/2022-04-28/procon-mcdonalds-mcpicanha.html>. Acesso em 10.05.2022.
10. Vide <https://www.correiobraziliense.com.br/cidades-df/2022/05/5004823-procon-df-suspende-venda-do-whopper-costela-pelo-burger-king.html>. Acesso em 10.05.2022.
11. JAYME, Erik. Visões para uma teoria pós-moderna do Direito Comparado. Tradução de Claudia Lima Marques. **Revista dos Tribunais**, São Paulo, n. 759, p.33, jan. 1999.

do corte referido. Contudo, não parece ser uma conduta leal com o cliente, se resta provado que inexiste a tão sonhada picanha.

O artigo 37, parágrafo primeiro, do Código de Defesa do Consumidor, Lei 8.078/90, dispõe que é proibida toda publicidade enganosa, a qual conceitua como sendo qualquer "modalidade de informação ou comunicação de caráter publicitário, inteira ou parcialmente falsa, ou, por qualquer outro modo, mesmo por omissão, capaz de induzir em erro o consumidor a respeito da natureza, características, qualidade, quantidade, propriedades, origem, preço e quaisquer outros dados sobre produtos e serviços".

Se um dos deveres anexo da boa-fé objetiva, a informação, representa dividir com o outro contratante o que se sabe, permitindo-se a este uma correta expectativa da relação que será firmada, o contrário disto é a publicidade enganosa. Nesta, é prometida uma eficácia do produto ou serviço que um dos contratantes, no caso, o fornecedor, já sabe que jamais atingirá o nível de verdade e de satisfação garantido pelo anúncio. Tal prática, inclusive, é, em face do artigo 67 do CDC, figura criminal: "fazer ou promover publicidade que sabe ou deveria saber ser enganosa ou abusiva: pena Detenção de três meses a um ano e multa".

Sem pretender ainda prejulgar os ímpetos de ambas as campanhas versadas por McDonald's e Burger King, é exigível dessas empresas, no mínimo, um padrão acentuado de lealdade com seus consumidores, deixando claro que seus novos hamburguers apenas contêm aroma, mas não a carne que dá o nome ao sanduíche, o que é, aliás, bastante paradoxal. Sugere-se, inclusive, para uma boa e sadia relação com a vasta clientela, alterando-se os nomes dos produtos, evitando-se confusões e desgastes das marcas. Além disso, um pedido de desculpas com doações de sanduíches (mesmo os aqui relatados), a organizações sociais, por exemplo, seria muito bem recebido e mostraria que, afinal, se errar é humano, assumir o erro e tentar consertá-lo é auspicioso. Por outro lado, persistir na meta equivocada, pode gerar uma série ampla de interpretações, que podem desgastar ainda mais a imagem das duas redes envolvidas.

PONDERAÇÕES SOBRE A FRANQUIA DE BAGAGENS NO TRANSPORTE AÉREO

Maria Luiza Baillo Targa

Doutoranda e Mestre em Direito do Consumidor pela Universidade Federal do Rio Grande do Sul (UFRGS), Especialista em Direito Francês e Europeu dos Contratos pela *Université Savoie Mont Blanc*, Especialista em Direito do Consumidor e Direitos Fundamentais pela UFRGS, Especialista em Direito Público pelo Centro Universitário de Brasília (UniCEUB), Membro do Grupo de Pesquisa Mercosul, Direito do Consumidor e Globalização. Advogada no RMMG Advogados. Contato: mlbtarga@gmail.com

Tatiana Cardoso Squeff

Mestre em Direito Público pela UNISINOS, com período de estudos junto à *University of Toronto*, e membro da ILA-Brasil e da ASADIP. Professora de Direito Internacional e professora permanente do Programa de Pós-Graduação em Direito da Universidade Federal de Uberlândia. Doutora em Direito Internacional pela UFRGS, com período-sanduíche junto à *University of Ottawa*. Contato: tatiana.squeff@ufu.br

No dia 26 de abril, a Câmara dos Deputados aprovou emenda à Medida Provisória n. 1.089/2021 (a MP do Voo Simples) que retoma a franquia pelas companhias aéreas no despacho de bagagens. O texto insere o inciso XV no artigo 39 do Código de Defesa do Consumidor (CDC), reputando ser prática abusiva a cobrança de taxas pelo despacho de um volume de bagagem de até 23 quilos em voos nacionais e de até 30 quilos em voos internacionais.[1] A redação da MP aprovada pela Câmara, que resultou no Projeto de Lei de Conversão (PLV) 5/2022, é, também, aprovada pelo plenário do Senado Federal em 17 de maio, e os debates acerca das vantagens e desvantagens do retorno da franquia de bagagens dividem opiniões.

Em março de 2017, a partir da vigência da Resolução n. 400/2016, a Agência Nacional da Aviação Civil (ANAC) autorizou a cobrança pelo despacho de bagagens, independentemente do seu peso, ponderando que o serviço configura contrato acessório ao de transporte de passageiros (artigo 13, *caput*). Em contrapartida, determinou que as companhias aéreas assegurassem franquia mínima de 10 quilos de bagagem de mão por passageiro (artigo 14, *caput*).[2] O argumento utilizado como justificativa para tal foi o de que as novas regras impactariam na redução do preço das passagens aéreas e permitiriam a entrada das companhias aéreas *low cost* (baixo custo) no país.[3]

---

1. CONGRESSO NACIONAL. Medida Provisória 1089, de 2021.
2. AGÊNCIA NACIONAL DA AVIAÇÃO CIVIL. Resolução 400, de 13 de dezembro de 2016.
3. LIS, Laís. Anac aprova regra que autoriza aéreas cobrarem por bagagem despachada. *G1*, 13 dez. 2016.

Tais questões, contudo, não se concretizaram. Os consumidores brasileiros passaram a pagar mais caro pelas passagens aéreas[4], arcando ainda com eventuais taxas para despacho de bagagens e valores de alimentação a bordo.[5] Também não se observou o ingresso no mercado interno de empresas estrangeiras *low cost*, continuando-se com o protagonismo das companhias aéreas nacionais Azul, Gol e Latam[6] – nem mesmo a Itapemirim, que adveio com a proposta de se tornar uma *low cost*[7], teve êxito.

Na audiência pública realizada no Senado em 05 de maio, parlamentares ponderaram que o setor já prestou, em tempos pretéritos, melhores serviços com preços menores e melhor atendimento a bordo. E o advogado do Instituto Brasileiro de Defesa do Consumidor (IDEC), Walter Faiad, referiu não ser mais possível aceitar-se promessas como essas, asseverando que, em razão das dimensões continentais do país, os brasileiros necessitam muitas vezes despachar bagagem, diferentemente, por exemplo, dos cidadãos suíços em suas viagens nacionais.[8]

Em sentido diverso, o presidente da Associação Brasileira de Empresas Aéreas (ABEAR), Eduardo Sanowicz, afirmou que a bagagem gratuita seria um falso mito, porquanto, quando vigente a franquia, dividiam-se os custos entre todos os passageiros, de modo que "quem fazia viagem curta e de bate-volta pagava para os demais". Já o secretário nacional de Aviação Civil, Ronei Saggioro Glanzmann, apontou que o retorno da franquia vai contra o objetivo da MP de incentivar a concorrência no setor, e o diretor-presidente da ANAC, Juliano Alcântara Noman, complementou que a cobrança de bagagens alinhara o país ao mercado internacional.[9]

A Associação Internacional de Transportes Aéreos (IATA) se manifestou, dias antes, no sentido de que a retomada da franquia desencoraja investimentos de empresas internacionais, reduz a competitividade e viola acordos internacionais (em especial o Tratado de Céus Abertos).[10] Outras entidades que representam companhias aéreas, tais como a ABEAR, a A4A (*Airlines for America*), a Alta (*Latin America and*

---

4. Comparando-se tarifa aérea média de voos domésticos entre 2017 e 2019, encontram-se os seguintes dados: R$ 415,67 em 2017; R$ 444,83 em 2018; e R$ 463,50 em 2019. Exclui-se dessa análise os anos de 2020 em diante em razão da pandemia e da redução da oferta de voos no país (AGÊNCIA NACIONAL DA AVIAÇÃO CIVIL. Tarifas da aviação civil doméstica. Disponível em: https://app.powerbi.com/view?r=eyJrIjoiMjJjZjA3YTQtNjYwMi00NjZhLTg5NTUtMzRhODZlN2U0ZTc5IiwidCI6ImI1NzQ4ZjZlLWI0YTQtNGIyYi1hYjJhLWVmOTUyMjM2ODM2NiIsImMiOjR9&pageName=ReportSection7a8d3f66e2d8c1e70619. Acesso em: 09 maio 2022).
5. NAKAGAWA, Fernando. *Nas alturas*: veja quanto aumentou o preço das passagens aéreas no Brasil. *CNN Brasil*, 27 abr. 2022.
6. AGÊNCIA NACIONAL DA AVIAÇÃO CIVIL. Em março, mercado doméstico registrou o dobro de passageiros transportados no mesmo mês de 2021.
7. IRAJÁ, Victor. Por que as aéreas "low cost" ainda não estão voando dentro do Brasil. *Veja*, 13 fev. 2020. Disponível em:
8. AGÊNCIA SENADO. Senadores cobram solução de aéreas para franquia de bagagem em voo. *Senado Federal*, 5 de maio de 2022.
9. *Ibidem*.
10. BASSETO, Murilo. Aprovação da MP do Voo Simples no Brasil viola acordos internacionais, alerta IATA. *Aeroin*, 28 abr. 2022.

Caribbean Air Transport Association) e a Jurcaib (Junta dos Representantes das Companhias Aéreas Internacionais do Brasil), igualmente argumentam que o retorno da franquia contraria o Acordo de Céus Abertos entre Estados Unidos e Brasil e o Acordo de Céus Abertos da Comissão Latino-Americana de Aviação Civil (CLAC) ante a interferência governamental nos preços de serviços das transportadoras aéreas.[11]

Entende-se que a medida não viola os mencionados acordos internacionais. Isso, porque os tratados sobre 'céus abertos' são nada mais do que uma política avançada pelos Estados Unidos ao final da década de 1970 que visa impedir a criação de obstáculos para a aviação civil, a qual contempla, hoje, uma serie de tratados internacionais bi, pluri e multilaterais firmados entre nações. Assim, destinam-se a flexibilizar a soberania estatal no que tange a decisões adotadas para a aviação civil comercial, seja em relação à criação de rotas, acesso igualitário às instalações aeroportuárias, capacidade de atendimento, frequência, seja em relação à fixação de preços, fomentando um serviço acessível, contínuo e equilibrado.[12]

Entre os seus objetivos estão o estímulo à concorrência e o aumento da eficiência empresarial e da segurança no setor, além da elevação do bem-estar coletivo em função do tipo de serviço prestado[13], o que toca, portanto, na abertura do setor ao acesso de novas empresas e na liberdade de preços dos bilhetes, mas com limites. A aplicação destes documentos preza, assim, pela liberdade comercial para o desenvolvimento do setor "sem ônus significativos ao consumidor[14]" e, consoante refere o Departamento de Estado dos EUA, tais acordos "são pró-consumidor, pró-concorrência e pró-desenvolvimento[15]".

A determinação por lei de franquia de bagagem para um volume de 23 ou 30 quilos não só se alinha aos mencionados objetivos, como também respeita a prevalência do CDC, haja vista que, mesmo que esses tratados prevejam a liberdade de estipulação de tarifas sobre bagagens despachadas, no Brasil, seriam internalizados com peso de Lei Ordinária por não versarem sobre direitos humanos, e ainda que supervenientes ao CDC, em caso de choque normativo, eles não prevaleceriam em virtude de a lei consumerista ser norma de Ordem Pública (art. 1), o que lhe garante aplicação preferencial no ordenamento interno brasileiro.

Reitere-se, no mais, que, enquanto vigente a cobrança pelo despacho de bagagens, *em primeiro lugar*, não houve ingresso massivo de companhias *low cost*. Além da situação da Itapemirim já referida, no transporte internacional de passageiros podem-se citar quatro empresas apenas: *FlyBondi*, argentina, que já não opera mais

---

11. CUNHA, Joana; MOTTER, Andressa; MARTINS, Paullo Ricardo. Companhias aéreas dizem que mudança em cobrança de bagagem fere acordo internacional. *Folha*, 8 maio 2022.
12. MOREIRA, Kym C. *Acordos de céus abertos: uma análise da realidade brasileira*. Monografia (Bacharelado em Relações Internacionais). 102p. Faculdade de Ciências Jurídicas e Ciências Sociais - Centro Universitário de Brasília. Brasília: UniCEUB, 2016, p. 34.
13. *Idem*, p. 35-65.
14. *Idem*, p. 83.
15. *Idem*, p. 33.

no país em razão de problemas em seu país de origem; *JetSmart*, chilena, que ainda não voltou a operar no Brasil após a decretação do Estado Pandêmico; *Norwegian*, europeia, que deixou de operar no país em função de reestruturação interna; e *Sky Airline*, chilena, que depende da desaceleração da pandemia de Covid-19 para voltar a operar no Brasil.[16] Ou seja, não será a franquia um divisor de águas, tal como no passado pré-pandêmico não o fora.

Tampouco houve, *em segundo lugar*, a esperada redução do preço das passagens, um dos aspectos cruciais considerados pelo Senado quando da confirmação do texto da Câmara em relação à franquia de bagagens.[17] O próprio Governo Federal[18] chegou a afirmar que, antes da pandemia de Covid-19 estourar, o motivo pelo qual alguns trechos internacionais partindo do Brasil estarem diminuindo de preço foi a redução da faixa de *lucro* das empresas, haja vista o oferecimento de um maior número de opções ao consumidor. Ou seja, foi a *concorrência* que ensejou a diminuição dos preços antes praticados, e não a possibilidade de cobrança por bagagem despachada.

Ao que tudo indica, não é a franquia de bagagens que obsta tais questões, mas sim o elevado custo do querosene, de tarifas aeroportuárias, de tributos e de despesas operacionais.[19] Não é por outra razão que a alteração realizada pela Câmara, agora confirmada pelo Senado, combate alguns destes pontos, a exemplo da extinção de tarifas aeroportuárias devidas pelas companhias aéreas e passageiros pelo uso da infraestrutura, modificando a Lei Federal n. 6.009/73, que aponta a cobrança de tarifas de embarque, conexão, pouso e armazenagem.[20] Ocorre que este valor não é repassado às companhias aéreas que operam no país, o que faz com que este não seja um ponto combatido por elas.

No que toca às empresas, o PLV apenas assegura o direito dos passageiros de despachar volume único de bagagem (de até 23 ou 30 quilos, a depender do destino) sem desembolsar taxa extra, assegurando maior transparência na relação entre consumidor e transportador e evitando que o valor final se torne demasiadamente elevado, o que poderia inclusive levar à contínua retração na demanda pelo serviço em meio a um cenário ainda muito atingido pelos impactos da pandemia, fato certamente indesejado pelo setor.

De se recordar, no mais, que, em abril, as empresas aéreas que operam no mercado interno aumentaram o valor do despacho de bagagens sob a justificativa da Guerra da Ucrânia e do aumento do valor do querosene para a aviação, na tentativa

---

16. SACONI, Alexandre. Empresas aéreas estrangeiras de baixo custo vão voltar aqui após pandemia? *Uol*, 19 jun. 2021.
17. AGÊNCIA SENADO. Com previsão de bagagem gratuita, MP do Voo Simples volta à Câmara dos Deputados. *Senado Federal*, 17 de maio de 2022.
18. BRASIL. *Entrada de low costs no Brasil faz preços de passagens aéreas caírem até 33%*. Brasília, 14 fev. 2020.
19. Vide panoramas do setor aéreo da ABEAR de 2020 (https://www.abear.com.br/wp-content/uploads/2021/08/Panorama2020-vf.pdf) e de 2019 (https://www.abear.com.br/wp-content/uploads/2020/10/Panorama2019.pdf).
20. BRASIL. Câmara dos Deputados. *Câmara aprova MP que reforma legislação sobre o setor aéreo* Fonte: Agência Câmara de Notícias. Brasília, 26 abr. 2022.

de readequar os preços praticados no setor[21], os quais – registre-se – já se encontravam entre 40% e 50% mais caros quando em comparação com o mês anterior.[22] Essa medida foi largamente questionada por PROCONs de diversos estados[23] justamente porque, sem o devido esclarecimento quanto aos valores discriminados dos itens que compõem o serviço, estar-se-ia potencialmente diante de conduta abusiva e não transparente. Afinal, o serviço em si seria o mesmo. As empresas não responderam.

Considerando, pois, que o retorno da franquia de bagagem despachada não implica interferência do governo no preço das passagens, não reduz a concorrência, não viola acordos e tratados internacionais e tampouco tem o condão de, por si só, afastar o interesse de transportadoras *low cost* no mercado interno, e que o Congresso tem o dever constitucional (art. 5º, XXII) de assegurar os interesses do consumidor, parte vulnerável da relação, tem-se que correta e adequada a manutenção pelo Senado da modificação aprovada na Câmara.

Agora, em que pese o PLV voltar à Câmara em virtude de outras modificações realizadas pelos Senadores, no ponto da gratuidade, o texto não poderá mais ser alterado. Por outro lado, posteriormente, ele seguirá à sanção presidencial, de modo que a medida poderá ser vetada pelo Presidente, tal como já o fez em junho de 2019. Apesar disso, esperamos que isso não ocorra. Até mesmo porque, entendemos que as alterações advindas deste projeto vão ao encontro dos interesses dos passageiros e também das transportadoras, pois são assegurados distintos avanços ao setor aéreo, além de, é claro, resgatar-se direito importante dos consumidores no ambiente pós-pandêmico.

---

21. "Preços vão de R$ 75 até R$ 650, nesse caso para voos internacionais" (COMPANHIAS aéreas aumentam valores para despacho de bagagens. *O Dia*, 07 abr. 2022).
22. PASSAGENS aéreas ficam até 40% mais caras em março. *Poder 360*, 05 abr. 2022; GADELHA, Alcinete. Preço da passagem aérea no AC dobra e consumidores buscam alternativas; Procon notificou empresas. *G1*, 18 abr. 2022.
23. CRUZ, Elaine P. Procon notifica aéreas para explicar aumento nos preços das bagagens. *Agencia Brasil*, 07 abr. 2022.

CRIPTOATIVOS, METAVERSO E DIREITO DO CONSUMIDOR

Marlus Riani
Membro da Comissão de Professores do Brasilcon.

O Senado Federal aprovou, no dia 26 de abril, o Projeto de Lei 4.401/2021[1], que dispõe sobre diretrizes na prestação de serviços de ativos virtuais[2] (criptoativos) e na regulamentação dos empreendedores deste novo mercado que ainda não possui legislação especial.

Na União Europeia, foi apresentada em Bruxelas proposta de Regulamento do Parlamento Europeu e do Conselho relativo aos mercados de criptoativos, contudo, o texto final ainda não foi aprovado.[3]

As duas propostas legislativas convergem no sentido de exigir da prestadora de serviço de criptoativos que obtenha autorização da autoridade pública competente para atuar mercado interno, com a imposição de cumprir alguns requisitos procedimentais e organizacionais. Sensata e prudente essa exigência, eis que se consegue atender ao princípio da transparência, possibilitando identificar com assertividade o responsável pela prestação de serviços e supervisionar suas atividades para maior proteção dos consumidores. Inclusive, esse é outro ponto de convergência, ambas[4] destacam a importância da proteção dos consumidores.[5]

Com efeito, estamos diante de uma nova relação jurídica de consumo, a qual está submetida às disposições do Código de Defesa do Consumidor (CDC). A título

---

1. O Projeto de Lei retornou à Câmara dos Deputados para votação.
2. Artigo 3º do PL diz: "considera-se ativo virtual a representação digital de valor que pode ser negociada ou transferida por meios eletrônicos e utilizada para realização de pagamentos ou com propósito de investimento.". Na proposta da Comissão Europeia: "«Criptoativo», uma representação digital de valor ou de direitos que pode ser transferida e armazenada eletronicamente, recorrendo à tecnologia de registo distribuído ou a outra tecnologia semelhante."
3. Bruxelas, 24.9.2020 COM (2020) 593. Como destaca António Garcia Rolo: "Há que sublinhar que muito do que está aqui descrito pode sofrer alterações substanciais à medida que o processo legislativo for avançando." (Disponível em: RDS 2021-02 (285-300) – Breves comentários – António Garcia Rolo – A proposta de Regulamento europeu sobre mercados de criptoativos_ breve sumário e análise.pdf.)
4. No PL 4.401/2021, art. 4º, inciso V e na COM (2020) 593, artigo 1º, alínea "d".
5. Consta da proposta da Comissão Europeia, ao se tratar de uma relação jurídica de consumo, a denominação específica de "«Criptoficha de consumo», um tipo de criptoativo destinado a fornecer acesso digital a um bem ou serviço, disponível através da DLT, e aceite apenas pelo emitente dessa criptoficha;" (art. 3º, (5) da COM (2020) 593).

histórico, com o surgimento do comércio eletrônico[6], ano de 2000, havia discussão sobre aplicação ou não do CDC, notadamente, sobre a regra contida no artigo 49, por constar "especialmente por telefone ou a domicílio", todavia, rapidamente superada haja vista que a regra geral do dispositivo diz "sempre que a contratação de fornecimento de produtos e serviços ocorrer fora do estabelecimento comercial" abarcando toda relação jurídica de consumo em ambiente eletrônico.

Certo é que com a entrada em vigor da legislação especial da prestação de serviços[7] de criptoativos haverá, necessariamente, um diálogo[8] com o Código de Defesa do Consumidor.[9]

Vivencia-se, em um curto espaço de tempo, transformações nas relações jurídicas, alavancadas pela evolução tecnológica e a determinação de grandes empreendedores econômicos. Destaca-se, o midiático tema em torno do *metaverso*[10], capitaneado, mais recentemente, por Mark Zuckerberg, CEO do Facebook, que modificou em 2021 o nome de sua empresa para Meta Platforms Inc., popularmente Meta, diante da sua obsessão em construir tudo neste denominado ambiente digital.

Em simples pesquisa realizada na internet depara-se com alguns títulos:

(i) Maior venda de NFTs da história rende R$ 1,5 bi por terrenos no metaverso;

(ii) **Bitcoin segue em US$ 38.000, mas criptomoeda de metaverso volta a subir.**

As relações jurídicas neste ambiente digital já são realidades e crescem de forma exponencial, inclusive efetivadas por jovens que não possuem capacidade civil legal para realizá-las. O Direito do Consumidor é um, dentre outros ramos do direito, que deve ser respeitado, principalmente em virtude do dever de informação sobre suas particularidades, possibilitando uma decisão consciente da parte mais fraca, bem como da proteção dos dados pessoais. Esse último, sem dúvida, ganhou um grande reforço com a vigência da Lei 13.709/18 (LGPD).

---

6. De acordo com a Confederação Nacional do Comércio (CNC) o comércio eletrônico, em 2021, faturou mais de R$300 bilhões de reais.
7. "Considera-se prestadora de serviços de ativos virtuais a pessoa jurídica que executa, em nome de terceiros, pelo menos um dos serviços de ativos virtuais, entendidos como: I – troca entre ativos virtuais e moeda nacional ou moeda estrangeira; II – troca entre um ou mais ativos virtuais; III – transferência de ativos virtuais; IV – custódia ou administração de ativos virtuais ou de instrumentos que possibilitem controle sobre ativos virtuais; ou V – participação em serviços financeiros e prestação de serviços relacionados à oferta por um emissor ou venda de ativos virtuais." (art. 5º, PL nº 4.401/2021). Na proposta da Comissão Europeia: "«Prestador de serviços de criptoativos», qualquer pessoa cuja ocupação ou atividade econômica seja a prestação de um ou mais serviços de criptoativos a terceiros de forma profissional;".
8. Veja, entre vários outros textos jurídicos da Professora Claudia Lima Marques, Diálogo entre o Código de Defesa do Consumidor e o novo Código Civil: do "diálogo das fontes" no combate às cláusulas abusivas. Revista de Direito do Consumidor. vol. 45. ano. 11. São Paulo: Ed., RT, jan./mar, 2003.
9. "Art. 13. Aplicam-se às operações conduzidas no mercado de ativos virtuais, no que couber, as disposições da Lei nº 8.078, de 11 de setembro de 1990, e suas alterações" (PL nº 4.401/2021)
10. "A palavra "**Metaverso**" é uma junção do prefixo "meta" (que significa além) e "universo"; o termo é normalmente usado para descrever o **conceito** de uma interação futura da internet, composta de espaços virtuais 3D persistentes, compartilhados, vinculados a um universo virtual e real percebido." Fonte: www.google/metaverso.

Iniciativa pioneira de aulas de direito no ambiente do metaverso foi divulgada pelo Professor Renato Porto[11], que criou a plataforma digital e concedeu aos alunos que pagaram para o seu curso de Direito do Consumidor a possibilidade de assistirem às aulas com essa nova tecnologia.

É tempo de apoiar e acompanhar as propostas legislativas sobre essa nova e presente relação jurídica, tanto no parlamento brasileiro quanto no europeu, com apresentação de sugestões de aperfeiçoamento do texto legislativo e solicitação de celeridade na tramitação, no intuito de garantir, o mais breve possível, a regulamentação deste novo mercado digital.

---

11. Diretor do Brasilcon.

LEGÍTIMO INTERESSE NA PROTEÇÃO DE DADOS E VULNERABILIDADE ALGORÍTMICA

Dennis Verbicaro

Doutor em Direito do Consumidor pela Universidade de Salamanca (Espanha). Mestre em Direito do Consumidor pela Universidade Federal do Pará. Professor da graduação e dos programas de pós-graduação *stricto sensu* da Universidade Federal do Pará e do Centro Universitário do Pará (Cesupa). Líder dos grupos de pesquisa (CNPq) "Consumo e Cidadania" e "Consumo Responsável e Globalização Econômica", procurador do estado do Pará. Advogado e diretor do Brasilcon.

Janaina Vieira Homci

Doutoranda e Mestra em Direito Humanos, com ênfase em Direito do Consumidor, pelo programa de pós-graduação da Universidade Federal do Pará (UFPA). Especialista em Direito aplicado aos serviços de saúde pela Estácio. MBA em Direito Civil e Processo Civil pela FGV Rio. Pesquisadora no grupo de pesquisa (CNPq) "Consumo e Cidadania". Professora universitária e advogada.

Jorge Calandrini

Mestrando em Direito pelo programa de Pós-graduação da Universidade Federal do Pará (UFPA), na linha de pesquisa: Consumo e Cidadania e membro do grupo de pesquisa (CNPq) Consumo e Cidadania.

A pós-modernidade é marcada pelo reconhecimento da diferença e da desigualdade. Nessa perspectiva, o direito à igualdade desvinculou-se do caráter meramente formal para fundar-se em critérios materiais. Como reflexo dessa mudança e em razão das assimetrias nas relações, os indivíduos passaram a ser tratados de maneira diversa em busca do ideal de igualdade. Desse modo, entende-se que os vulneráveis necessitam de um tratamento diferenciado diante da busca do equilíbrio e da equiparação nas relações (MARQUES; MIRAGEM, 2012, p. 125).

A condição de vulnerabilidade atinge todos os consumidores. No entanto, em razão da circunstância negocial em que o consumidor digital está inserido, diversos tipos de vulnerabilidade são possíveis. Não é o objetivo deste trabalho determinar as subespécies do princípio da vulnerabilidade – trata-se apenas de identificar o melhor arcabouço normativo para a proteção do consumidor, não se excluindo o que há em comum entre as (agravantes) vulnerabilidades apresentadas.

Assim, o consumidor é, ao mesmo tempo, um vulnerável situacional (pelo contexto em que se insere), um vulnerável psicocomportamental (pelas estratégias de *marketing*), um vulnerável técnico – por exemplo, não entende na completude os processos de coleta e tratamento de dados – e um vulnerável informacional (por não ter informações qualificadas tanto sobre a relação pré-contratual da coleta de seus dados, quanto sobre o direcionamento publicitário, e menos ainda sobre o negócio a ser contratado e/ou comprado).

Com base nos ensinamentos de Deleuze (1992), Foucault (1999, 2008, 2015), Han (2018) e Zuboff (2018, 2020), acredita-se que o desequilíbrio entre as partes na economia de dados pessoais é resultado de uma assimetria de poder, de controle e de informação, o que, para a doutrina consumerista, configura a vulnerabilidade algorítmica:

"A vulnerabilidade algorítmica ou tecnorregulatória possui como núcleo distintivo a massiva coleta de dados pessoais de que o consumidor é alvo no ambiente digital e o seu ulterior tratamento através de códigos de programação conhecidos como algoritmos executados pelas máquinas dos fornecedores em geral, notadamente das plataformas de mídia social (social media). Os dados dos consumidores são utilizados para se fazer uma edição invisível voltada à customização da navegação no ciberespaço. Através do tratamento de dados com algoritmos, as plataformas virtuais procedem a uma espécie de personificação dos conteúdos da rede, a partir das características de navegação e interesses daquele usuário-consumidor, coletados através de cookies ou pegadas digitais, criando para ele um microcosmo particular no ambiente virtual que condiciona os rumos de sua navegação no ciberespaço. Este procedimento restringe as possibilidades de livre navegação no ciberespaço em decorrência de filtros-bolha (filter bubble) que limitam as informações a partir daquilo que as máquinas determinam ser de interesse do usuário, tecnorregulando as suas experiências" (MILHOMENS, 2021, p. 202).

Verifica-se, assim, que há ausência de transparência no processo de coleta, no tratamento e no uso dos dados pessoais dos consumidores, além de um abismo informativo em todo o ciclo mercadológico que envolve suas informações pessoais. Dessa forma, os consumidores-usuários não sabem que são, por exemplo, matéria-prima dos capitalistas da vigilância ao se "datificar" toda as experiências humanas, o que resulta em uma fragilidade no conceito de consumidor disposto no artigo 2º do CDC, pois além de destinatário final dos serviços e produtos, é também matéria-prima.

Para Verbicaro e Vieira (2021, p. 205), a vulnerabilidade algorítmica é decorrente da *"captação, tratamento e difusão indevidos dos dados pessoais do consumidor, às vezes por intermédio de dispositivos dotados de inteligência artificial, em franca violação aos direitos da personalidade, como a privacidade e intimidade"*. Constata-se, portanto, que os direitos fundamentais da privacidade, da igualdade e da liberdade ficam fragilizados em razão: a) das constantes práticas de coleta e tratamento dos dados pessoais, pois em que pese as hipóteses autorizativas admitidas em lei, ainda há pouca transparência sobre esses processos, afetando a autodeterminação informativa dos usuários; b) da falta de equidade entre os atores da relação, porque o mercado direciona as escolhas e os comportamentos dos consumidores em benefício de fornecedores, bem como do protagonismo de grandes plataformas virtuais; c) da falta de autonomia de vontade para controlar o fluxo das informações pessoais por causa da modulação algorítmica de dados pessoais e da utilização de *dark patterns*.

Portanto, a partir da identificação das problemáticas no ciberespaço para a concretização da autodeterminação informativa é necessário adotar as concepções de privacidade que vão além do consentimento. Neste sentido, Helen Nissenbaum (2004) formula o princípio da integridade contextual da privacidade, tendo por base a proteção contra a vigilância pública. Assim, a proteção da privacidade não está relacionada ao direito subjetivo do segredo ou do sigilo, mas à adequação da informação ao meio e à sua forma de distribuição ou fluxo, exigindo uma série de parâmetros, como a natureza das informações, sua relação com o contexto e suas mudanças. Dessa maneira, as regras de fluxo servem como parâmetro para a realização de uma análise contextual de privacidade (NISSENBAUM, 2004).

Helen Nissenbaum (2004, p. 120), ao definir a noção de integridade contextual, ressalta como o trânsito de informações pessoais tem um valor social, guiado por circunstâncias políticas e morais, o que determina a (im)propriedade do tráfego de dados.

As normas informativas buscam identificar e proteger valores sociais que podem ser afetados pelo seu fluxo irregular. Segundo o pensamento de vários estudiosos da privacidade, a lista desses valores inclui: a) prevenção de danos informativos,[1] b) desigualdade de informação,[2] c) autonomia, d) liberdade,[3] e) preservação de relacionamentos humanos[4] e e) democracia[5] (NISSENBAUM, 2004, p. 128).

Nesse sentido, observa-se que a análise do contexto tem por base o reconhecimento das limitações do controle do fluxo informacional, da interferência na autodeterminação informativa e da ampliação das desigualdades relacionais. Pode-se, nesses termos, afirmar que a concepção de integridade contextual reconhece a vulnerabilidade do titular no mercado informacional, retirando a centralização do consentimento do consumidor no tratamento de dados pessoais como a única maneira de controle das informações individuais. Assim, a proteção da privacidade foca o contexto e a integridade do caso para formar a arquitetura normativa da *"proteção dos dados pessoais que não se baseia única e exclusivamente nos designíos do titular"* (BIONI, 2020,

---

1. Acesso e utilização de dados pessoais sensíveis, causando prejuízo ao titular.
2. Desigualdade no acesso a informações e controle público-privado de dados. Nissenbaum (2004, p. 130) afirma que, na maioria das vezes, os indivíduos têm pouco conhecimento e compreensão do potencial valor de troca econômica de sua informação, não sabem o que será feito dela, não compreendem as implicações de consentir na liberação da informação e não têm o poder de reestruturar o arranjo informacional em caso de tratamento irritante, oneroso ou diferente do que inicialmente acordado.
3. Poder de restringir o acesso às informações pessoais.
4. Poder de controlar as informações às quais o outro terá acesso. Está relacionado com as restrições adequadas e apropriadas dos fluxos de informações individuais.
5. Para Nissenbaum (2004, p. 132), *"Privacy is a necessary condition for construction of what Erving Goffman calls 'social personae', which serves not only to alleviate complex role demands on individuals, but to facilitate a smoother transactional space for the many routine interactions that contribute to social welfare".*

p. 198). A análise do contexto é, dessa forma, o reconhecimento da relativização da liberdade do consumidor.

A proteção de dados pessoais deverá, então, adotar parâmetros de legitimidade mais amplos do que a existência do consentimento individual prévio, considerando o contexto e as características do tratamento (MENDES; FONSECA, 2020, p. 519). A teoria, portanto, reconhece a desigualdade na relação, considera a limitação no exercício da liberdade e da autodeterminação informativa. A privacidade como integridade contextual tem como fundamento a governabilidade da privacidade por meio de fatores contextuais na construção dos fluxos informacionais. Segundo Bioni (2020, p. 201), ela consiste *"na consideração de que em cada contexto o titular dos dados pessoais tem legítimas expectativas (de privacidade) de como eles irão fluir de forma apropriada"* diante de um conjunto de circunstâncias que estabelecem a integridade.

O legítimo interesse é uma base de tratamento que está ganhando protagonismo, especialmente, pelo seu caráter dinâmico para uso intensivo das informações sensíveis do consumidor. No entanto, é necessário estabelecer o "equilíbrio provisório" entre as partes por meio de mecanismos que garantam a exclusão de seus dados ou *opt out* (COTS; OLIVEIRA, 2020, p. 153), a transparência em todo o processo de tratamento de dados, bem como o teste de proporcionalidade entre os interesses recíprocos à luz da boa-fé. Nesse sentido, as tecnologias que privilegiam o *privacy by design*[6] devem ser adotadas na busca da autodeterminação informativa.

Bioni (2020) destaca o legítimo interesse como a conciliação entre a proteção de direitos e liberdades fundamentais e o livre desenvolvimento econômico. A sua sistematização deve observar: a) a finalidade legítima e a situação em concreto; b) a minimização e a inaplicabilidade de outras bases legais; c) o balanceamento entre impactos sobre o titular de dados e legítimas expectativas; d) a transparência e a minimização dos riscos.

Com efeito, para a utilização dessa hipótese autorizativa entende-se que a utilização deve observar a análise da privacidade como integridade contextual, sendo um importante referencial teórico na análise de eventuais danos e no teste de proporcionalidade para aferir o respeito às legítimas expectativas (VERBICARO; CALANDRINI, 2022, p. 87).

Sobre o legítimo interesse (artigo 7, IX, da LGPD), importa destacar duas problemáticas ligadas a esse base de tratamento: a necessidade de proteção da confiança do consumidor nessa hipótese autorizativa e a utilização do legítimo interesse na inteligência artificial.

---

6. A metodologia do *privacy by design* foi criada por Ann Cavoukian, especialista em privacidade de dados. Apresentada na 32.ª Conferência Internacional de Comissários para a Proteção de Dados e Privacidade, realizada em Jerusalém no período de 27 a 29 de outubro de 2010, ensejou a formulação da *Resolution on Privacy by Design*. Utilizando princípios do *design* na formulação de uma arquitetura de rede centrada no usuário, a metodologia impõe princípios-diretrizes com fundamento na proteção de dados pessoais.

Entende-se que essa base de tratamento possui uma marcante confiança entre usuário-consumidor e o *player* nas práticas de coleta e tratamento dos dados e, é justamente por esse fator marcante, que a utilização do legítimo interesse deve ser conforme as legítimas expectativas do consumidor, como tipifica a LGPD no seu artigo 10, inciso II (VERBICARO; CALANDRINI, 2022, p. 80 ss.).

Sobre a utilização na inteligência artificial, a LGPD admite o tratamento de dados pessoais por inteligência artificial nos termos do seu artigo 20 ao possibilitar a revisão de decisões tomadas unicamente com base em tratamento automatizado de dados pessoais.

Assim, deve-se ressaltar o caráter protetivo quando vincula a aplicação do legítimo interesse na legitimidade, necessidade, balanceamento e implementação de salvaguardas que reduzem os efeitos negativos do referido tratamento. Isso porque, na LGPD, há a caracterização da responsabilização por dano causado tratamento indevido de dados, seja em razão do descumprimento de normas e de segurança. No entanto, sua estrutura está além da punição aos danos em si pelo estabelecimento da tutela preventiva com base na segurança da informação e no compartilhamento da autoridade política, seja na governança de dados pelos fornecedores, seja na ação fiscalizatória-punitiva-educativa da Autoridade Nacional de Proteção de Dados Pessoais.

Logo, o tratamento de dados pessoais por meio do legítimo interesse deverá estar em conformidade com o princípio da boa-fé/confiança, ampla e efetiva reparação de danos, em atenção da responsabilização, e aos princípios da segurança, da precaução e prevenção do consumidor-usuário com fins de evitar o estado de danosidade.[7]

Todavia, percebe-se que em razão da vulnerabilidade algorítmica dos usuários-consumidores as violações nessa base de tratamento só serão possíveis de serem atestadas através de uma fiscalização efetiva da ANPD, o que faz ser necessário uma atuação qualificada da autoridade máxima sobre os assuntos de dados no Brasil.

Como leciona Rodotá, (2008, p. 50) a proteção de dados pessoais deve ultrapassar a proteção individual para meios coletivos pois "*A própria defesa da privacidade requer, portanto, um alargamento da perspectiva institucional, superando a lógica puramente proprietária e integrando os controles individuais com aqueles coletivos*".

Portanto, é extremamente importante uma ANPD que satisfaça sua competência administrativa e educativa. Sobre a competência educativa é fundamental a criação e fomento de uma Política Nacional de Dados Pessoais, atuando em um diálogo permanente com os órgãos de defesa do consumidor, sociedade civil e empresas para estimular práticas de compliance e *accountability* no processo de coleta e tratamento de dados, para assim, garantir um maior controle dos dados pessoais no ciberespaço.

---

7. Para Fonseca (2019, p. 142), o dano está relacionado à necessária diminuição ou à destruição de um bem jurídico, patrimonial ou moral. O estado de danosidade abarca o conceito de dano. Trata-se de evitar ou de prevenir o dano concreto, tendo como fundamento a prevenção ou a precaução.

REFERÊNCIAS

BIONI, Bruno Ricardo. **Proteção de dados pessoais: a função e os limites do consentimento**. 2. ed. Rio de Janeiro: Forense, 2020.

BIONI, Bruno; KITAYAMA, Marina; RIELLI, Mariana. **O legítimo interesse na LGPD: quadro geral e exemplos de aplicação**. São Paulo: Associação Data Privacy Brasil de Pesquisa, 2021. Disponível em: [https://conteudo.dataprivacy.com.br/ebook-legitimo-interesse]. Acesso em: 30/7/2021.

DELEUZE, Gilles. Post-scriptum sobre as sociedades de controle. *In*: DELEUZE, Gilles. **Conversações**. Rio de Janeiro: Editora 34, 1992. p. 219-226.

HAN, Byung-Chul. **Psicopolítica**: o neoliberalismo e as novas técnicas de poder. Belo Horizonte: Âyiné, 2018.

MARQUES, Claudia Lima; MIRAGEM, Bruno. **O novo direito privado e a proteção dos vulneráveis**. São Paulo: Revista dos Tribunais, 2012.

MENDES, Laura Schertel; FONSECA, Gabriel C. Soares da. Proteção de dados para além do consentimento: tendências contemporâneas de materialização. **Revista Estudos Institucionais**, Rio de Janeiro, v. 6, nº 2, p. 507-533, maio/ago. 2020.

MILHOMENS, Heitor Antunes. **Tutela da confiança e da vulnerabilidade na economia do compartilhamento**: empoderamento do consumidor digital e mitigação da vulnerabilidade estrutural na era do hiperconsumo. 2021. 228 f. Dissertação (Mestrado em Direito) – Universidade Federal do Pará, Belém, 2021.

NISSENBAUM, Helen. Privacy as contextual integrity. *Washington Law Review*, v. 79, p. 119-158, 2004. Disponível em: [https://digitalcommons.law.uw.edu/wlr/vol79/iss1/10/]. Acesso em: 30/7/2021.

COTS, Márcio; OLIVEIRA, Ricardo de (coord.). **O legítimo interesse e a LGPDP**. São Paulo: Revista dos Tribunais, 2020.

FONSECA, Aline Klayse dos Santos. **Responsabilidade civil**: do dano à danosidade. Rio de Janeiro: Lumen Juris, 2019.

FOUCAULT, Michel. **Microfísica do poder**. Tradução de Roberto Machado. 2ª ed. Rio de Janeiro: Paz e Terra, 2015.

FOUCAULT, Michel. **Nascimento da biopolítica**. Tradução de Eduardo Brandão. São Paulo: Martins Fontes, 2008.

FOUCAULT, Michel. **Vigiar e punir**: o nascimento da prisão. Tradução de Raquel Ramalhete. 20ª ed. Petrópolis: Vozes, 1999.

RODOTÁ, Stefano. **A vida na sociedade da vigilância: a privacidade hoje**. Organização de Maria Celina Bodin de Moraes. Tradução: Danilo Doneada e Luciana Cabral Doneada. Rio de Janeiro: Renovar, 2008.

VERBICARO, Dennis; VIEIRA, Janaína. A nova dimensão da proteção do consumidor digital diante do acesso a dados pessoais no ciberespaço. **Revista de Direito do Consumidor**, São Paulo, v. 134, ano 30, p. 195-226, mar.-abr. 2021. Disponível em: [(99+) (PDF) A Nova Dimensão Da Proteção Do Consumidor Digital Diante Do Acesso A Dados Pessoais No Ciberespaço | Janaína Vieira – Academia.edu]. Acesso em: 29/6/2021.

VERBICARO, Dennis; CALANDRINI, Jorge. A proteção da confiança do consumidor e a base do legítimo interesse na lei nº 13.709/2018(Lei Geral de Proteção de Dados Pessoais). **Revista de Direito do Consumidor**, v. 139/2022, p. 73-99, jan.-fev., 2022.

ZUBOFF, Shoshana. Big Other: Capitalismo de vigilância e perspectivas para uma civilização de informação. *In*: BRUNO, Fernanda; CARDOSO, Bruno; KANASHIRO, Marta; GUILHON, Luciana; MELGAÇO, Lucas (Org.). **Tecnopolíticas de vigilância**: perspectivas da margem. São Paulo: Boitempo, 2018. p. 17-68.

ZUBOFF, Shoshana. **A era do capitalismo de vigilância**: a luta por um futuro humano na nova estrutura do poder. Intrínseca. 2020.

DIREITO À INFORMAÇÃO NA PRESTAÇÃO JURISDICIONAL EM DEMANDAS CONSUMERISTAS

Hugo Assis Passos

Mestre e Doutorando em Direito Constitucional pelo Instituto Brasileiro de Ensino, Desenvolvimento e Pesquisa (IDP) e professor da Universidade Estadual do Maranhão. Advogado.

O Brasil possui, aproximadamente, 75 milhões de processos em tramitação; tal realidade torna o aprimoramento da gestão numérica tema central no âmbito do Poder Judiciário.

Nesta perspectiva, segundo o relatório Justiça em Números 2021, no critério quantidade de processos cadastrados em determinada classe e assunto, os procedimentos de conhecimento da matéria processo cível e do trabalho obtiveram o maior quantitativo de processos nas Justiças Estadual, Federal e do Trabalho.[1]

No mesmo sentido, o Direito Civil aparece entre os cinco assuntos com os maiores quantitativos de processos em todas as instâncias da Justiça Estadual, destacando-se, também, o tema de Direito do Consumidor.[2]

Na busca da concretização do princípio constitucional da razoável duração do processo, diversas alterações legislativas e estratégias administrativas forma idealizadas e implementadas nas últimas décadas, com exemplo, cita-se o prestígio à conciliação e a mediação, a criação do incidente de resolução de demandas repetitivas, a sistemática de julgamento do RE e do Resp prevista no CPC, o processo judicial eletrônico, o plenário virtual do STF, apenas para exemplificar algumas medidas que corroboram a afirmação.

Contudo, o esforço de melhoramento da prestação jurisdicional permanece em curso, a partir da criação e a adoção de novas tecnologias que podem ser analisadas a partir de teorias informacionais,[3] com o intuito de se buscar fundamentos teóricos para

---

1. https://www.cnj.jus.br/wp-content/uploads/2021/09/relatorio-justica-em-numeros2021-12.pdf.
2. https://www.cnj.jus.br/wp-content/uploads/2021/09/relatorio-justica-em-numeros2021-12.pdf.
3. A informação demonstrou-se ser a base de teorias como a Sociedade pós-industrial, pós-moderna, Sociedade em Rede, Sociedade do Risco, Sociedade da Vigilância e Sociedade do Conhecimento, a partir de diferentes concepções dos fenômenos. Igualmente, estudo daquilo que Klaus Schwab chamou de quarta revolução industrial e da Black Box Society anunciada por Frank Pasquale possuem substrato na informação e no conhecimento.

a compreensão do estado da arte das soluções inovadoras idealizadas e seus efeitos na prestação jurisdicional, nesta análise, com ênfase à tutela do consumidor em juízo.

Apresenta-se como solução para os dilemas numéricos que impactam na tutela jurisdicional, o desenvolvimento e aplicação de Inteligência Artificial como mecanismo de apoio para elaboração de decisões judiciais e, para os mais otimistas ou, até mesmo, eufóricos, julgamentos por IA em casos com jurisprudências consolidadas, casos repetitivos e repercussão geral já reconhecida.

Nos termos do relatório[4] da pesquisa Tecnologia Aplicada à Gestão dos Conflitos no âmbito do Poder Judiciário Brasileiro, desenvolvido pelo Centro de Inovação, Administração e Pesquisa do Judiciário da Fundação Getulio Vargas (CIAPJ/FGV), coordenado pelo ministro do Superior Tribunal de Justiça (STJ), Luís Felipe Salomão, existem em curso 64 projetos de inteligência artificial no Brasil, em 47 tribunais.

Desse estado de coisas, problematiza-se se existem limites constitucionais para adoção de IA na prestação jurisdicional aptos concretizar o rol de direitos fundamentais previstos na Constituição de 1988 e, em específico, a tutela do consumidor.

Compreende-se os direitos fundamentais como categorias jurídicas descritas e sistematizadas na constituição brasileira destinadas a proteção da dignidade humana, dispondo-se a tutela dos direitos e garantias de diversas abrangências, dentre estas a tutela do consumidor. Trata-se de pré-compromisso que entrincheira na norma máxima e vinculante do ordenamento jurídico nacional, disposições que servem requisito de validade e limitação para toda e qualquer atuação estatal, inclusive o Estado-Juiz.

Realça-se, nesta primeira abordagem do tema, que a adoção de IA no Poder Judiciário dever observar o direito à informação, prerrogativa com status constitucional, manifestada, igualmente, no CDC.

Pode-se entender o direito informação sob três perspectivas, quais sejam, a prerrogativa de transmitir informações; o direito buscar e obter informações sem embaraços e restrições desprovidas de embasamento constitucional e infraconstitucional, ainda que sejam barreiras tecnológicas; e o direito de ser informado, faculdade de receber dos órgãos públicos e privados informações de interesses particular ou coletivo.

Levando-se em consideração tal a exigência do Estado Constitucional brasileiro, como hipótese, propõe-se como limite objetivo para a utilização de IA na prestação jurisdicional o dever observância em qualquer projeto da transparência algorítmica como mecanismo de materialização do direito à informação. Logo, o direito à informação do artigo 5º, XXXIII, limita os projetos de emprego de IA à necessidade de permissibilidade de alcance dos métodos utilizados pela máquina para concretização das tarefas atribuídas e garantia de acesso a estas informações.

---

4. https://ciapj.fgv.br/sites/ciapj.fgv.br/files/relatorio_ia_2fase.pdf.

Admitindo-se que o Código de Defesa do Consumidor concretiza direitos constitucionais, extrai-se que a efetiva reparação de danos materiais e morais, o real acesso aos órgãos judiciários com vistas a tais reparações e a facilitação da defesa, direitos previstos no artigo 6º, VI, VII e VIII, respectivamente, devem ser considerados em quaisquer projetos de adoção de IA para a tutela jurisdicional que alcancem julgamento de lides consumeristas.

Na construção de decisões judiciais, o juiz deve demonstrar de modo coerente os caminhos lógicos do raciocínio, a forma de apreciação das alegações das partes e as teses ventiladas, o recorte do direito posto que se aplica ao caso concreto, assim como esclarecer como as jurisprudências se adequam perfeitamente ao caso em análise e, como arremate, apresentar conclusão consonante à argumentação jurídica exarada na fundamentação.

No entanto, há significativa opacidade na compreensão de decisões algorítmicas o que se expressa no insuficiente acesso e entendimento sobre o uso de dados e sobre os caminhos lógicos adotados para construção da decisão artificial.

Portanto, há necessidade de robusto desenvolvimento da aptidão de explanar os caminhos lógicos da construção de decisões, tais como informações sobre a autenticidade e integridade de dados, acesso ao código-fonte, modo de aprendizado de máquina e, explanação dos caminhos para estruturação da decisão e a possibilidade de revisão humana.

Por conseguinte, demanda-se o desenvolvimento de soluções aos dilemas numéricos do Poder Judiciário que forneçam níveis de acertos elevados, mas dotados de métodos que tragam informações necessárias à interpretatividade dos algoritmos ao observador e destinatário humano das decisões.[5]

Há distintos níveis de interpretatividade, categorizando-se em alta, incluindo-se algoritmos de regressão, árvores de decisão, classificadores baseados em regras; média, contemplando-se algoritmos mais avançados como modelos gráficos; e, por fim, baixa, abrangendo técnicas avançadas SVM (*Support Vector Machine*), *Ensemble Methods* e redes neurais profundas.[6]

Mostra-se claro que o direito constitucional à informação, fortalecido, no âmbito do direito do consumidor pelo artigo 6º do CDC, impõe limites de uso de IA na tutela do consumidor, ainda como mecanismo de apoio. Não há real acesso aos órgãos judiciários, efetiva reparação de danos, nem facilitação de defesa, caso o consumidor ou seus patronos, não entendam o modo de construção de decisões; logo, o direito à informação, sob a acepção de clareza ou transparência algorítmica, é condição sem qual não há compatibilização de projetos de IA com a necessária e constitucional da tutela do consumidor.

---

5. DA SILVA, Nilton Correia. Inteligência artificial. In: FRAZÃO, Ana; Mulholland, Caitlin. *Inteligência artificial e direito*: ética, regulação e responsabilidade. São Paulo: Thomson Reuters Brasil, 2019, 47.
6. DA SILVA, Op. cit.

REFERÊNCIAS BIBLIOGRÁFICAS

BELL, Daniel. *O advento da sociedade Pós-Industrial: uma tentativa de previsão social.* São Paulo. Editora Cultrix. 1973.

BRASIL. CONSELHO NACIONAL DE JUSTIÇA. *Relatório justiça em números 2021.* Disponível em: https://www.cnj.jus.br/wp-content/uploads/2021/09/relatorio-justica-em-numeros2021-12.pdf. Acesso: 27 de setembro de 2021.

CASTELLS, Manuel. *A sociedade em rede. A era da informação: economia, sociedade e cultura*; v. 1. São Paulo: Paz e Terra, 2018.

DA SILVA, Nilton Correia. Inteligência artificial. In: FRAZÃO, Ana; Mulholland, Caitlin. *Inteligência artificial e direito*: ética, regulação e responsabilidade. São Paulo: Thomson Reuters Brasil, 2019, 47.

DONEDA, Danilo; ALMEIDA Virgílio A.F. *O que é a governança de algoritmos?* Politics. Uma publicação do Instituto Nupef. 2016. Disponível em:<https://www.politics.org.br/edicoes/o-que-é-governança-de-algoritmos>. Acesso em 24 janeiro 2019.

GRECO. Luís. *Poder de julgar sem responsabilidade de julgador: a impossibilidade jurídica do juiz-robô.* São Paulo. Marcial Pons. 2020.

HIMANEN, Pekka. *Desafios Globais da Sociedade de Informação.* A sociedade em rede: do conhecimento à acção política. Debates. Org. CASTELL, Manuel; CARDOSO, Gustavo. Impressa Nacional. Casa da Moeda. Portugal. 2005.

KUMAR, Krishan. *Da sociedade pós-industrial à pós-moderna: novas teorias sobre o mundo contemporâneo.* Tradução, Ruy Jungmann e Carlos Aberto Medeiros. 2. ed. Ampl. Rio de Janeiro. Jorge Zahar Ed. 2006.

LAGE, Fernanda de Carvalho. *Manual de inteligência artificial no direito brasileiro.* Salvador. Editora JusPodivm. 2021.

MAGRINI, Eduardo. *Entre dados e robôs: ética e privacidade na era da hiper conectividade.* 2. ed. Porto Alegre. Arquipélago Editorial. 2019.

MENDES, Laura Schertel; RODRIGUES JÚNIOR; Otávio Luiz; DA FONSECA, Gabriel Campos Soares. O Supremo Tribunal Federal e a proteção constitucional dos dados pessoais: rumo a um direito fundamental autômato. In: DONEDA, Danilo; SARLET, Ingo Wolfgang Sarlet; MENDES, Laura Schertel; RODRIGUES JUNIOR, Otávio Luiz; BIONI, Bruno Ricardo. (Coord.). *Tratado de proteção de dados pessoais.* Rio de Janeiro: Forense, 2021.

PASQUALE. Frank The Black Box Society: *The Secret Algorithms That Control Money and Information.* Harvard University Press. 2016.

PEIXOTO, Fabiano Hartmann; SILVA, Roberta Zumblick Martins da. *Inteligência Artificial e Direito.* 1ª ed. Curitiba. Alteridade Editora, 2019.

RIELLI, Mariana Marques. Críticas ao ideal de transparência como solução para a opacidade de sistemas algorítmicos. In: BARBOSA, Mafalda Miranda; NETTO, Felipe Braga; SILVA, Michael César; FALEIROS JÚNIOR, José Luiz de Moura. *Direito Digital e inteligência artificial*: diálogos entre Brasil e Europa. (Coord.). Indaiatuba, São Paulo: Editora Foco. 2021.

SOUZA, Carlos Affonso Pereira de; DE OLIVEIRA, Jordan Vinícius. *Sobre os ombros de Robôs? A inteligência artificial entre fascínios e desilusões.* In: FRAZÃO, Ana; MULHOLLAND, Caitlin (Coord.). *Inteligência artificial e direito*: ética e responsabilidade. São Paulo: Thomson Reuters Brasil, 2019.

DEMORA EXCESSIVA EM ATENDIMENTO BANCÁRIO GERA DANO MORAL *IN RE IPSA*

Marcos Dessaune

Autor da *Teoria do Desvio Produtivo do Consumidor*. Membro do Instituto Brasilcon. Advogado.

Em 24/05/2022, a Segunda Seção do Superior Tribunal de Justiça (STJ), sob a relatoria do Min. Villas Bôas Cueva, afetou o Recurso Especial (REsp) 1.962.275/GO ao rito dos recursos repetitivos (RR), bem como determinou a suspensão da tramitação dos REsps e AREsps cujos objetos coincidam com o da matéria afetada. A questão jurídica que a Corte vai definir é "se a demora na prestação de serviços bancários superior ao tempo previsto em legislação específica gera dano moral individual *in re ipsa* apto a ensejar indenização ao consumidor".

O REsp em questão, indicado pelo tribunal de origem como representativo da controvérsia, foi interposto pelo Banco do Brasil contra o julgamento do Incidente de Resolução de Demandas Repetitivas (IRDR) 5273333.26.2019.8.09.0000 pelo Tribunal de Justiça de Goiás (TJGO) que, em 12/08/2020 fixou, por unanimidade de votos do Órgão Especial, esta tese: "A demora excessiva na prestação dos serviços bancários presenciais em prazo superior aos definidos em legislação específica gera dano moral passível de reparação; Em casos que tais, o dano moral é presumido (*in re ipsa*) e, portanto, prescinde de prova de sua ocorrência por parte do consumidor, não obstante, admite a produção de prova em contrário (*juris tantum*)".

Tal IRDR fora suscitado em 04/04/2019 pelo Des. Marcus da Costa Ferreira, nos autos da Apelação Cível 0336291.61.2015.8.09.0134 do TJGO, diante da "existência de várias ações ajuizadas versando sobre o mesmo tema, com entendimentos opostos e conflitantes, [...] com risco de ofensa à isonomia e à segurança jurídica".

A questão jurídica agora submetida à Segunda Seção do STJ permitirá a construção de um precedente qualificado pelo rito dos RR, cujo objetivo, nas palavras do ministro presidente da Comissão Gestora de Precedentes, é "evitar decisões divergentes nas instâncias de origem e o envio desnecessário de [REsps e/ou AREsps] a esta Corte Superior, cumprindo com uma das finalidades dos precedentes qualificados [...] que é o de servir como instrumento processual à disposição do [STJ] capaz de pacificar, em âmbito nacional, questões de direito relevantes ou que se repetem em múltiplos processos".[1] Ou seja, a tese a ser definida nesse RR será

---

1. STJ, REsp 1.962.275/GO, despacho de 20-10-2021, rel. Min. Paulo de Tarso Sanseverino. Disponível em: [www.stj.jus.br]. Acesso em: 16-06-2022.

aplicada a todos os feitos em tramitação no território nacional com fundamento em idêntica questão de direito.

Com efeito, a controvérsia sobre a reparabilidade do tempo de espera excessivo para atendimento bancário precisa ser dirimida pela Corte Superior, tendo em vista a existência de entendimentos divergentes nas duas turmas especializadas em Direito Privado. Exemplificando, de um lado a Terceira Turma assentou, no REsp 1.737.412/SE relatado pela Min. Nancy Andrighi e julgado em 05/02/2019, que "O desrespeito voluntário das garantias legais, com o nítido intuito de otimizar o lucro em prejuízo da qualidade do serviço, revela ofensa aos deveres anexos ao princípio boa-fé objetiva e configura lesão injusta e intolerável à função social da atividade produtiva e à proteção do tempo útil[2] do consumidor. Na hipótese concreta, a instituição financeira recorrida optou por não adequar seu serviço aos padrões de qualidade previstos em lei municipal e federal, impondo à sociedade o desperdício de tempo útil[3] e acarretando violação injusta e intolerável ao interesse social de máximo aproveitamento dos recursos produtivos, o que é suficiente para a configuração do dano moral coletivo".

Em 22/02/2022 a Terceira Turma reforçou, no REsp 1.929.288/TO também relatado pela Min. Andrighi, que "a responsabilização por dano moral coletivo se verifica pelo simples fato da violação, isto é, *in re ipsa*, não havendo que se falar, portanto, em ausência de prova do dano na hipótese em apreço. A inadequada prestação de serviços bancários, caracterizada pela reiterada existência de caixas eletrônicos inoperantes, sobretudo por falta de numerário, e pelo consequente excesso de espera em filas por tempo superior ao estabelecido em legislação municipal, é apta a caracterizar danos morais coletivos".

De outro lado, a Quarta Turma sustentou, no REsp 1.647.452/RO relatado pelo Min. Luis Felipe Salomão e julgado em 26/02/2019, que "o direito à reparação de dano moral exsurge de condutas que ofendam direitos da personalidade, bens tutelados que não têm, *per se*, conteúdo patrimonial, mas extrema relevância conferida pelo ordenamento jurídico. A espera em fila de banco, supermercado, farmácia, e em repartições públicas, dentre outros setores, em regra, é mero desconforto que não tem o condão de afetar direito da personalidade, isto é, interferir intensamente no equilíbrio psicológico do consumidor do serviço (saúde mental)".

Em 24/11/2020, noutra causa em que "a instituição financeira [não se empenhou] em dar ao caso resolução satisfatória, na esfera extrajudicial, obrigando o consumidor a lavrar boletim de ocorrência em repartição policial e em seguida contratar advogado para trazer o caso para ser resolvido pelo Poder Judiciário", a Quarta Turma reiterou, no REsp 1.406.245/SP também relatado pelo Min. Salomão,

---

2. Sempre registro que, no contexto da teoria pioneira que desenvolvi, é inadequada a utilização da nomenclatura "tempo útil" e "tempo livre". Denominá-lo "útil" implicaria reconhecer que existe algum tempo "inútil" na vida humana, e chamá-lo de "livre" desconsidera que todo tempo é "ocupado", do ócio ao negócio. Prefiro designar esse valioso bem jurídico de "tempo vital ou existencial" (DESSAUNE, Marcos. *Teoria aprofundada do desvio produtivo do consumidor...* 2. ed. Vitória: Ed. do Autor, 2017. p. 162-164).
3. Idem.

que "O direito à compensação de dano moral, conforme a expressa disposição do art. 12 do CC, exsurge de condutas que ofendam direitos da personalidade [...], bens tutelados que não têm, *per se*, conteúdo patrimonial, mas extrema relevância conferida pelo ordenamento jurídico [...]. Nessa linha de intelecção, como pondera a abalizada doutrina especializada, mero dissabor, aborrecimento, mágoa, irritação ou sensibilidade exacerbada estão fora da órbita do dano moral, porquanto, além de fazerem parte da normalidade do nosso dia a dia, [...] tais situações não são tão intensas e duradouras, a ponto de romper o equilíbrio psicológico do indivíduo".

Para que se possa solucionar adequadamente tal divergência jurisprudencial, entendo que seja preciso revisitar os institutos do "dano" e do "dano moral", uma vez que eles são abordados pela doutrina brasileira sob diferentes perspectivas e com nomenclaturas variadas, o que não raro gera problemas na sua compreensão e aplicação.

Quanto ao dano, Junqueira de Azevedo, Silvano Flumignan, Caitlin Mulholland, Francisco Amaral e Fernando Noronha convergem no entendimento de que a lesão a um bem jurídico, enquanto objeto de um direito, atingirá interesse alheio, que é pressuposto do direito violado, podendo desse fato resultar um prejuízo. Nesse sentido, a lesão a direito alheio ou a interesse juridicamente tutelado caracteriza o *dano-evento*, que é um fato antijurídico, enquanto a consequência prejudicial dessa lesão configura o *dano-resultado*, que é o dano em sentido estrito ou propriamente dito.[4] Logo é possível conceituar *dano-evento* como a lesão a direito alheio ou a interesse juridicamente tutelado, e *dano-resultado* como o prejuízo decorrente da lesão a um bem, material ou imaterial, juridicamente tutelado.

No tocante ao dano moral, Noronha alerta que, no Brasil, existe uma "tradicional confusão entre danos extrapatrimoniais e morais [...] presente em praticamente todos os autores justamente reputados como clássicos nesta matéria, desde Aguiar Dias até Carlos Alberto Bittar e Yussef S. Cahali" e, em atenção àquela "designação tradicional", o autor sustenta que os danos extrapatrimoniais podem ser chamados de "danos morais em sentido amplo" e que os danos morais anímicos podem ser denominados "danos morais em sentido estrito".[5]

Em face dessa realidade, é possível inferir que o dano extrapatrimonial é o *gênero*, e que o dano moral anímico é uma *espécie* dele. Contudo, considerando-se que no Brasil os danos extrapatrimoniais são costumeiramente designados de "danos morais", há a necessidade de se reconhecer a existência – e assim se fazer a distinção – do dano moral *lato sensu*, como gênero, do dano moral *stricto sensu*, como espécie dele.

Nesse diapasão, pode-se afirmar que o *dano moral lato sensu*, enquanto gênero que corresponde ao dano extrapatrimonial, é o prejuízo não econômico que decorre da lesão a bem extrapatrimonial juridicamente tutelado, abrangendo os bens objeto

---

4. AZEVEDO, 2004; FLUMIGNAN, 2015; MULHOLLAND, 2009; AMARAL, 2018; NORONHA, 2013.
5. NORONHA, Fernando. *Direito das obrigações*. 4. ed. rev. e atual. São Paulo: Saraiva, 2013. p. 591.

dos direitos da personalidade, ao passo que o *dano moral stricto sensu*, enquanto espécie do dano extrapatrimonial (ou moral *lato sensu*), é o prejuízo não econômico que decorre da lesão à integridade psicofísica da pessoa – cujo resultado geralmente são sentimentos negativos como a dor e o sofrimento.[6]

Ao estudar a problemática na *Teoria do Desvio Produtivo do Consumidor*[7] – que identificou e valorizou o "tempo do consumidor" como um bem jurídico –, percebi que não se sustentava a compreensão de que a *via crucis* enfrentada pelo consumidor, diante de um problema de consumo criado pelo próprio fornecedor, representaria "mero aborrecimento", e não algum dano ressarcível.

O substantivo "aborrecimento" traduz um sentimento negativo qualificado pelo adjetivo "mero", que significa simples, comum, trivial. Em outras palavras, a jurisprudência baseada na tese do "mero aborrecimento" está implicitamente afirmando que, em determinada situação, houve lesão à integridade psicofísica de alguém apta a gerar um sentimento negativo ("aborrecimento"). Porém, segundo se infere dessa jurisprudência, tal sentimento é trivial ou sem importância ("mero"), portanto incapaz de romper o equilíbrio psicológico da pessoa e, consequentemente, de configurar o dano moral reparável.

De fato, essa jurisprudência tradicional revela um raciocínio erigido sobre bases equivocadas que, naturalmente, conduzem a essa conclusão errônea. O primeiro equívoco é que o conceito de dano moral enfatizaria as consequências emocionais da lesão, enquanto ele já evoluiu para centrar-se no bem jurídico atingido; ou seja, o objeto do dano moral era essencialmente a dor, o sofrimento, o abalo psíquico, e se tornou a lesão a qualquer bem extrapatrimonial juridicamente tutelado, abrangendo os bens objeto dos direitos da personalidade. O segundo equívoco é que, nos eventos de desvio produtivo, o principal bem jurídico atingido seria a integridade psicofísica da pessoa consumidora, enquanto, na realidade, são o seu tempo vital e as atividades existenciais que cada pessoa escolhe nele realizar – como trabalho, estudo, descanso, lazer, convívio social e familiar. O terceiro equívoco é que esse tempo existencial não seria juridicamente tutelado, enquanto, na verdade, ele se encontra protegido tanto no rol aberto dos direitos da personalidade quanto no âmbito do direito fundamental à vida. Por conseguinte o lógico é concluir que os eventos de desvio produtivo do consumidor acarretam, no mínimo, dano moral *lato sensu* compensável.

Ocorre que o tempo é o suporte implícito da vida, que dura certo tempo e nele se desenvolve, e a vida, enquanto direito fundamental, constitui-se das próprias atividades existenciais que cada um escolhe nela realizar. Logo um evento de desvio produtivo traz como resultado um dano que, mais do que moral, é existencial pela alteração prejudicial do cotidiano e/ou do projeto de vida do consumidor.[8]

---

6. AMARAL, 2018; NORONHA, 2013.
7. DESSAUNE, 2017, *passim*.
8. ALMEIDA NETO, Amaro de. Dano existencial... *RT*, São Paulo, v. 6, n. 24, out.-dez. 2005. *passim*.

Ademais, considerando-se que todo dano pressupõe algum prejuízo para o titular do direito violado, o dano extrapatrimonial (ou moral *lato sensu*) que decorre do desvio produtivo do consumidor é presumido (*in re ipsa*), porque o prejuízo existencial é deduzido de dois postulados assim enunciados: o tempo é um recurso produtivo limitado, que não pode ser acumulado nem recuperado ao longo da vida das pessoas; e ninguém pode realizar, ao mesmo tempo, duas ou mais atividades de natureza incompatível ou fisicamente excludentes, do que resulta que uma atividade preterida no presente, em regra, só poderá ser realizada no futuro deslocando-se no tempo outra atividade.

Em resumo, o conceito de dano moral ampliou-se ao longo dos anos, partindo da noção de dor e sofrimento anímico para alcançar, atualmente, o prejuízo não econômico decorrente da lesão a bem extrapatrimonial juridicamente tutelado, compreendendo os bens objeto dos direitos da personalidade – como o "tempo" da pessoa humana. Essa ampliação conceitual vem permitindo o reconhecimento de novas categorias de danos extrapatrimoniais para além da esfera anímica da pessoa – como o dano temporal, o dano existencial –, bem como a reparação autônoma de mais de uma espécie deles originária do mesmo evento danoso.[9]

A *Teoria do Desvio Produtivo* promoveu a ressignificação e a valorização do tempo vital do consumidor – elevando-o à categoria de um bem jurídico –, vem possibilitando a crescente superação da jurisprudência baseada na tese do "mero aborrecimento" – que fora construída sobre bases equivocadas –, contribuiu para a ampliação do conceito de dano moral – apontando esse tempo do consumidor como um bem extrapatrimonial juridicamente tutelado – e ensejou o surgimento de uma nova jurisprudência brasileira – a do "desvio produtivo do consumidor".[10]

Diante desses fundamentos jurídicos, é forçoso concluir que a demora excessiva na prestação de serviços bancários, em tempo superior ao previsto na legislação de regência, gera dano moral *lato sensu* presumido (*in re ipsa*) pela lesão ao tempo existencial do consumidor, ensejando sua reparação quer em ação individual quer em tutela coletiva. Por outro prisma, a necessária redução do volume de processos com fundamento no desvio produtivo do consumidor, que sobrecarregam o Poder Judiciário tendo geralmente no polo passivo grandes fornecedores litigantes habituais, deve ser buscada pela concretização das funções preventiva e punitiva da responsabilidade civil, assim estimulando o desenvolvimento de uma nova cultura empresarial da qualidade de atendimento ao vulnerável. Afinal, o consumidor que é bem atendido não precisa ser defendido.

---

9. BARROSO, Lucas A.; DIAS, Eini R. O dano psíquico nas relações civis e de consumo. *RDC*, São Paulo, v. 94, 2014. p. 93-94.
10. Disponível em: [www.conjur.com.br/2021-nov-10/garantias-consumo-ampliacao-conceito-dano-moral--superacao-tese-mero-aborrecimento]. Acesso em: 17-06-2022.

RACISMO E INCLUSÃO: MUTAÇÕES DO MERCADO DE CONSUMO

Cristiano Heineck Schmitt

Doutor e Mestre em Direito pela UFRGS. Professor de Direito da PUC-RS. Pós-graduado pela Escola da Magistratura do RS. Secretário-Geral da Comissão Especial de Defesa do Consumidor da OAB/RS. Diretor do Instituto Brasilcon, autor de livros, palestrante e Professor de Curso de Pós-graduação *Lato sensu*. Advogado.

Racismo é um dos temas mais debatidos em uma série incontável de espaços, como sociologia, filosofia, economia, política, direito e etc. Pergunto-me se seria correto pretender dizer que o século XX e o século XXI são aqueles que promovem o maior controle de prática tão incoerente e sorrateira. Entre tantas coisas, racismo representa um desejo de exploração do outro, uma tentativa de vulnerar determinados indivíduos em face de características étnicas. E o mercado, como sabido, é um ambiente propício as fomentar fraquezas, sendo o consumidor, por isso mesmo, considerado com um ser vulnerável (artigo 4º, incido I do Código de Defesa do Consumidor brasileiro).

Em termos resumidos, se poderia dizer que racismo é uma forma de diminuir indivíduos em face de sua origem biológica, dividindo a raça humana em raças, estabelecendo que umas sejam superiores face a outras. Por lógico, técnica e biologicamente, é uma pretensão absurda e jamais comprovada, por maior que seja a resistência de alguns em aceitar uma igualdade natural entre os sujeitos. No fim, sua prática serve para garantir exploração social, econômica etc.

Por outro lado, contribui a essa visões ditas racistas o fato de valorizar-se uma cultura, um povo, uma nação, pela capacidade de produção, de geração de riquezas de cunho patrimonial. A grande massa de países, que formam o terceiro mundo, ou "países em desenvolvimento", como é o caso do Brasil, não participa da festa das "nações que deram certo". Nesses locais de primeiro mundo, haveria uma autorização implícita para as pessoas poderem ser "felizes" (ou mais felizes), segundo métricas patrimoniais de felicidade, pois a violência é controlada, a saúde pública é eficaz, a democracia encontra repouso tranquilo, e a sociedade é capaz de produzir diálogos.

Contudo, em uma nação onde não se alcança grandes metas de dividendos, que carrega uma contínua dívida externa e interna, com problemas sociais diversos, esta não consegue se destacar por mais nada? Não seria possível ser feliz nela de outras maneiras, apegando-se a valores muito maiores como solidariedade, partilha, afeto, convivência em comunidade, e uma boa simbiose com o meio ambiente? Se a resposta for negativa, a massa de sujeitos advinda de países empobrecidos estará condenada a um caminho de sofrimento, de discriminação racial?

O presente texto detém um tamanho reduzido, incompatível com a análise mais pormenorizada de um histórico do racismo, da escravidão, de tantas discriminações promovidas ao longo de séculos. A temática em foco aborda como o mercado de consumo se projeta diante de cenários de racismo, seja promovendo tais atitudes, ou condenando-as, ou simplesmente incentivando um comportamento oposto, de cunho inclusivo.

O mercado de consumo não é estático, ele é dinâmico. Fornecedores que não se adaptam às mudanças, fecham as portas. E isso ocorreu durante a recente pandemia de Covid19, que gerou uma quarentena global, afastando-se o convívio social presencial. Prosperaram ou conseguiram se manter em funcionamento os comerciantes e as empresas que transformaram seus negócios em operações digitais.

Esse ambiente, mercado de consumo, é onde ocorrerem às trocas entre produção e comércio (fornecedores), e a aquisição de serviços e produtos (consumidores) mediante o pagamento em dinheiro. Os empreendedores obtêm seu lucro na medida em que conseguem suprir demandas de seus clientes, ou também criar necessidades para aumentar as vendas. Não há como vender no mercado sem investimento em marketing, estrutura que cuidará para que determinada marca venha a superar concorrentes, explorando desejos, anseios, e todo um aparato de caminhos da mente que conduzam o seu titular à aquisição de certos bens e serviços.

Num passado não tão longínquo, certas atitudes mercadológicas de cunho racista eram aplicadas de forma livre, sem censura. E isso ocorria não necessariamente porque algum fornecedor fosse racista, mas sim porque havia um retorno econômico satisfatório junto a consumidores que praticavam práticas sectárias, ou ao menos, que aceitavam elas sem questionar, fomentados pelo próprio Estado ao qual pertenciam.

Os Estados Unidos da América, por exemplo, é um país que vivenciou uma das piores guerras civis, sendo talvez o único exemplo de nação que travou um conflito bélico interno tendo a extinção da escravatura como seu cerne. E mesmo com a derrota dos defensores da escravidão, o mesmo possui um histórico de acentuado racismo perpetrado contra populações afrodescendentes, latinos, entre outros. Um detalhe importante é que se trata do país que mais recebe imigrantes no mundo, o que é um paradoxo.

Como ensina Toni Willians,[1] há um histórico nos EUA acerca da prática do "Redlining", que retratava um processo pelo qual os bens ou serviços eram disponibilizados em termos menos favoráveis para as pessoas conforme o local onde viviam.[2] Assim, o "Redlining", quando aplicado, importava na negativa de acesso ao merca-

---

1. WILLIANS, Toni. Racial and gender equality in markets for consumer services. **Revista da Ajuris**, ed. especial, volume I, Porto Alegre, p.118, mar. 1998.
2. WILLIANS, Toni. Racial and gender equality in markets for consumer services. **Revista da Ajuris**, ed. especial, volume I, Porto Alegre, p.118, mar. 1998.

do prejudicando minorias, em especial, afrodescendentes, que não conseguiriam empréstimos habitacionais para moradias em zonas de maioria branca. Isto é, não havia um desejo de compartilhar convivência com quem fosse diferente, ainda que isso se resumisse à cor da pele. A mencionada prática chegava a ser promovida por instituições governamentais, tendo como exemplo o caso do "Manual da Administração Federal de Habitação", de 1930, que indicava claramente que minorias raciais eram percebidas como uma ameaça aos programas de subvenção federal à habitação.[3] Nesse sentido, era investigado pelo órgão governamental responsável pelo subsídio se determinadas áreas habitacionais eram ocupadas por minorias raciais incompatíveis com o benefício de fomento almejado. Entendia-se que a alteração na ocupação de bairros e de localidades, com a saída de antigos proprietários, para a vinda de novos donos de imóveis, que pudessem pertencer a grupos raciais "não brancos", poderia contribuir com a instabilidade social e com o declínio de valores. Diante do caráter draconiano dessa política institucional de segregação, em 1968, trinta e oito anos depois, foi introduzida uma legislação denominada "Federal Fair Housing Act", que baniu a discriminação nos mercados de habitação, por motivos ligados à cor, raça ou origem nacional dos consumidores, o que foi reforçado por outras leis.[4]

Tais normas, evidentemente, não foram suficientes para conter os abusos alocados no mercado. Por certo, não se contém o racismo, o crime, a corrupção, entre outros, com um excesso de normas, mas sim com mudanças de comportamento, a partir do incentivo da sociedade, que passa a cobrar de seus membros um agir diferente. E é nesse ponto que entra o mercado.

Seria o mercado uma estrutura capaz de alterar comportamentos sociais sob o foco de redução do racismo? A resposta é sim. Esse mesmo mercado pode destronar quaisquer inciativas discriminatórias que lhe sejam economicamente prejudiciais. E isso pode ocorrer num formato explícito, ou implícito.

Para se combater o racismo, é necessário mais do que um posicionamento passivo contra qualquer prática racista. É essencial tornar-se um antirracista, promovendo uma cultura de repressão moral a atitudes sectárias. Ou ao menos, passar-se a desenvolver práticas de inclusão de minorias, ou até mesmo maiorias oprimidas. O ideal seria perguntar a si mesmo, o que estou fazendo para combater o racismo?

Não é possível vasculhar os desejos internos daqueles que comandam o mundo corporativo, questionando-se se um CEO, ou um Diretor-Presidente de algum grupo econômico é um antirracista, ou que os investidores de dada empresa condenam tal prática etc. Mas é possível aferir que o mercado, a partir de um dado momento, entende que a recepção de uma certa marca, em certo local ou época, depende em demonstrar como a empresa se alinha na condenação de práticas racistas, ou como certo fornecedor contorna esse estado errado das coisas ao promover um agir inclu-

---

3. Ibidem, p. 118.
4. Ibidem, p. 119 a 120.

sivo. É essencial ao mercado democratizar o acesso a bens e serviços, porque ele é algo vivo, é a mola propulsora da econômica.

E se isso ocorre realmente, ainda que se entenda que assim age a empresa visando a promoção de vendas, o fato é que desse cenário se sobressai um resultado socialmente satisfatório. Muitas coisas que interessam ao mercado, aos empreendedores, em termos de comportamentos que geram lucro, são muito bem vindas para melhorar o convívio social. Afinal, o comércio aproxima os homens.

Soma-se a isso o fato de que tudo, no Brasil, que depende de ação estatal, é um processo muito lento, e quando chega, apresenta-se com bastante atraso. Enquanto a gestão da coisa pública não melhora, talvez seja interessante se aproveitar os bons ventos inclusivos que inspiram o mercado com atitudes combativas do racismo.

Em novembro de 2020, foi registrado um caso paradigmático junto à cadeia de supermercados Carrefour, em que, em uma das lojas da cidade de Porto Alegre/RS, um homem afrodescendente foi retirado por seguranças. Este sujeito foi paralisado no chão, após ter recebidos vários socos e pontapés, vindo a óbito por sufocamento, mesmo já estando controlado, sem capacidade de reação. Tal prática foi amplamente condenada nas redes sociais. Acerca da viúva da vítima, foi celebrado acordo com a mesma, bem no início do processo, tendo o Carrefour pago mais de um milhão de reais. Ainda, como consequência do caso, a mesma empresa anuiu com a imposição judicial de indenização de 115 milhões de reais por danos morais coletivos, destinados a ONGS e entidades governamentais que combatem o racismo. Por certo, a rede Carrefour, que tem um apelo de marketing focando classes mais populares, não pretendia ver a continuidade de seu nome na lama, virando uma exposição sobre racismo, e ainda com o acréscimo da covardia e da violência física. Seja por motivos humanitários, seja por reconhecimento do seu erro, o fato é que este fornecedor logrou em criticar a si mesmo, tentando ressarcir as vítimas num contexto patrimonial muito maior do aquele que seria obtido através de um pleito judicial. Quanto mais se estendesse esse conflito, mais restaria desgastada a imagem do fornecedor. E, isso, sabemos que repercute intensamente na parte do lucro.

A rede de vestuário Zara tem enfrentado uma série de críticas por comportamentos racistas e discriminatórios no interior de suas lojas em termos mundiais. Em 2015, a ONG Centro de Democracia Popular entrevistou 251 funcionários da Zara em Nova Iorque e produziu um relatório que detalha uma prática de 'prevenção de perda' que seria utilizado em lojas da rede. Caso um cliente fosse considerado "suspeito", com supostas inclinações a furtos, após a entrada na loja, ele ou ela iria ser rotulado como "comprador especial", sendo designado um funcionário ou administrador para acompanhar esse cliente. Entre os entrevistados, 46% afirmaram que os consumidores afrodescendentes eram os mais rotulados por esse código.[5] Mais

---

5. Vide https://www.geledes.org.br/clientes-negros-sao-taxados-como-potenciais-ladroes-para-loja-zara/?gclid=CjwKCAjws8yUBhA1EiwAi_tpEeZaFoz0gRrgmVo8hT8LQFI7T23CfaJYo7_lB69ujGffc-1ClF2-01BoCdm8QAvD_BwE>. Acesso em 22.05.22.

recentemente, a Zara volta a ocupar as manchetes pelo mesmo problema, desta vez no Brasil. Em outubro de 2021, em um shopping de Fortaleza, foi identificado em um loja da rede que, a todo momento que ingressava um cliente afrodescendente, ou com vestimentas simples, era entoado pelos autofalantes da loja a expressão "Zara Zerou", o que representava um chamado a funcionários para que passassem a observar e acompanhar o cliente suspeito enquanto transitava no interior do estabelecimento. Tal situação fora descoberta pela Polícia Civil, cuja investigação fora iniciada para apurar crime de racismo cometido contra a Delegada Ana Paula Barroso, diretora-adjunta do Departamento de Proteção aos Grupos Vulneráveis, que foi barrada ao tentar entrar na loja Zara do Shopping Iguatemi de Fortaleza em 14 de setembro de 2021. Em outra situação recente, a mesma empresa celebrou um acordo extrajudicial pagando uma indenização para o consumidor Luís Fernandes Junior, homem negro que foi retirado do banheiro do Shopping da Bahia (Salvador/BA) após ser acusado de ter furtado uma mochila que recém havia comprado na Zara.[6]

Realmente, são episódios lamentáveis, e espera-se sinceramente que o referido fornecedor empregue todos os esforços possíveis para alterar a cultura racista que parece ter impregnado alguns de seus colaboradores.

Talvez o olhar que pende sobre o arrependimento, com a indenização imediata da vítima do racismo, sem remeter a mesma à peregrinação judicial, seja uma forma de o fornecedor optar pela inclusão, de tomar partido pela causa antirracista. Muito ainda subsiste a fazer. Como dito, ainda que as intenções internas da empresa não sejam realmente as mais humanitárias, quando um fornecedor se coloca contra o racismo, isto redunda em resultados muito satisfatórios à sociedade, e não somente aos consumidores. Inclusive, a realidade demonstra que ser antirracista é uma ferramenta que deve completar inciativas de compliance a serem adotadas pelos fornecedores em geral. Afinal, incluir e garantir isonomia de tratamento a todos é uma questão social de alta relevância, e ajuda em muito na preservação da vida da empresa. Assim, essas mutações do mercado fornecedor, que reproduzem um amadurecimento em prol de direitos humanos, são sempre muito bem-vindas.

---

6. Vide https://g1.globo.com/ba/bahia/noticia/2022/04/25/zara-entra-em-acordo-e-vai-pagar-indenizacao-a--acusado-de-furtar-mochila-em-shopping-na-ba-onus-superior-a-media-do-judiciario.ghtml>. Acesso em 22.05.22.

O *FAST-FOOD* E A PUBLICIDADE – CASOS MCDONALD'S E BURGUER KING

Alan Sampaio Campos
Mestrando em "Direito Civil Contemporâneo e Prática Jurídica" na PUC-Rio. Advogado.

Marcelo Junqueira Calixto
Doutor e Mestre em Direito Civil (UERJ). Professor Adjunto da PUC-Rio. Advogado.
Contato: mcalixto@centroin.com.br.

Nos últimos dias, veio à tona o caso dos sanduíches do McDonald's e do Burguer King, em que a composição dos produtos anunciados estava em desconformidade com a informação prestada aos consumidores.

No caso do McDonald's, o hambúrguer denominado de "McPicanha" seria apenas saborizado, inexistindo a carne do corte no produto, enquanto no Burguer King, o hambúrguer chamado de "Whopper Costela", não teria a carne de costela em sua composição, apenas o seu aroma.

Sobre o tema, cabe salientar, inicialmente, que o Código de Defesa do Consumidor, ao tratar da publicidade, é pautado no princípio da transparência[1] de modo que a mensagem publicitária deve ser fundamentada com base em elementos fáticos e científicos.

No caso em tela, o comportamento das empresas de *fast-food*, ao deixar de prestar a informação adequada ao consumidor acerca da correta composição do produto anunciado, revelou fortes indícios da ocorrência de publicidade enganosa. O legislador estabeleceu uma verdadeira cláusula geral proibitiva de publicidade enganosa ou abusiva no CDC, ao dispor, no art. 37, que "é proibida toda publicidade enganosa ou abusiva."

Importa anotar que a publicidade enganosa pode ocorrer através de um ato comissivo, quando o fornecedor sustenta algo que pode induzir o consumidor em erro, ou, por omissão, quando o fornecedor deixa de prestar informação sobre algo relevante. Considerando a hipótese ventilada, no mínimo, parece configurada a pu-

---

1. Art. 36. A publicidade deve ser veiculada de tal forma que o consumidor, fácil e imediatamente, a identifique como tal. Parágrafo único. O fornecedor, na publicidade de seus produtos ou serviços, manterá, em seu poder, para informação dos legítimos interessados, os dados fáticos, técnicos e científicos que dão sustentação à mensagem.

blicidade enganosa por omissão, haja vista a capacidade da notícia veiculada levar o consumidor ao erro diante da simples leitura da denominação dos produtos. Por oportuno, cabe assinalar que o elemento subjetivo da publicidade veiculada não importa na análise da conduta para configuração da enganosidade, bastando a sua existência e a potencial tendência de indução ao erro.[2]

Ademais, a situação narrada também denota vício de qualidade por inadequação (art. 18 do CDC), tendo em vista a desconformidade das caraterísticas dos produtos ofertados pelas redes de *fast-food*, o que qualifica, por sua vez, um vício de disparidade informativa. A falha na informação evidencia o vício de qualidade do produto porque o fornecedor tem o dever legal de satisfazer a confiança que o consumidor nele colocou, devendo, portanto, ser respeitada a legítima expectativa constituída.

Ressalta-se, ainda, que a mensagem publicitária dos produtos mencionados atinge toda a população, não apenas aqueles que consomem efetivamente o produto, mas a todos os consumidores, dado o caráter ofensivo que uma publicidade pode propulsionar no mercado. Portanto, não há necessidade de que a maioria dos consumidores seja alcançada pela publicidade enganosa, que o consumidor seja de fato enganado, basta, apenas, que o conteúdo da mensagem publicitária tenha potencial capacidade de induzir qualquer consumidor em erro, sendo inexigível, inclusive, a ocorrência de dano. A simples utilização da propaganda enganosa já representa uma violação ao direito de todos os consumidores.

Outrossim, deve ser enfatizado que um dos princípios norteadores do CDC é o reconhecimento da vulnerabilidade do consumidor (art. 4º, I), o qual visa assegurar o reequilíbrio da igualdade entre fornecedor e consumidor com o condão de buscar uma justiça equitativa. Deste modo, nada mais justo que reprimir a conduta daquele que contraria o objetivo perseguido pela norma consumerista ao conduzir o consumidor a entendimento equivocado acerca da qualidade de determinado produto, valendo-se da sua posição contratual para desequilibrar a relação.[3]

A propósito, considerando que grande parte dos consumidores de fast-food é do público infantil, a disparidade informativa causada nesta hipótese pode também configurar uma publicidade abusiva, ante a deficiência de julgamento e experiência da criança (art. 37, § 2º, CDC[4]). Nessa senda, o CDC instituiu a proteção especial

---

2. BENJAMIN. Antonio Herman. MARQUES, Claudia Lima. BESSA, Leonardo Roscoe. *Manual de Direito do Consumidor*. 9. Edição, RT, São Paulo, p. 32.
3. "Trata-se de verdadeira "norma-objetivo", informativa dos fins perseguidos pelo sistema jurídico, de modo que todas as demais normas do CDC, consideradas normas de conduta ou normas de organização, devem instrumentalizar a realização dos fins previstos no art. 4º, ou seja, devem ser interpretadas teleologicamente, finalisticamente, não por opção do intérprete, mas porque essa é uma imposição do próprio Código." (CALIXTO, Marcelo Junqueira. *A responsabilidade civil do fornecedor de produtos pelos riscos do desenvolvimento*. Ed. Renovar: Rio de Janeiro, 2004, p. 12/13.)
4. Art. 37. – § 2º É abusiva, dentre outras a publicidade discriminatória de qualquer natureza, a que incite à violência, explore o medo ou a superstição, se aproveite da deficiência de julgamento e experiência da criança, desrespeita valores ambientais, ou que seja capaz de induzir o consumidor a se comportar de forma prejudicial ou perigosa à sua saúde ou segurança.

da criança na seara da publicidade comercial, impondo um limite na lei a respeito do abuso publicitário.

Nesse contexto, o CDC também rechaça as práticas abusivas, sendo certo que nem toda prática abusiva é enganosa, mas a conduta enganosa sempre será uma prática abusiva. Seguindo essa linha de raciocínio, a publicidade enganosa enquadra-se perfeitamente na prática abusiva elencada no código quando da referência à hipótese do fornecedor de produtos ou serviços se prevalecer da fraqueza ou ignorância do consumidor para cometer um ato abusivo.[5]

Noutro giro, impende mencionar que a Constituição Federal protege a liberdade de expressão (art. 5º, IX), assim como a liberdade de pensamento, expressão e informação (art. 220, *caput*). Não obstante a publicidade tratar-se de um exercício de liberdade de comunicação, é certo que haverá restrições nos casos em que o exercício desse direito ultrapassar os limites constitucionais, sobretudo quando infringir o direito constitucional de proteção ao consumidor (art. 5º, XXXII).

Assim, é possível perceber que as mensagens publicitárias das empresas de *fast-food*, direcionadas para todos os consumidores, tendem a configurar um ato ilícito do fornecedor, seja pela publicidade enganosa (por comissão ou omissão), pelo vício na qualidade do produto ou pela prática abusiva pertinente.

Aliás, cumpre registar que, após a denúncia dos consumidores e a notificação das autoridades públicas, parecendo concordar com a enganosidade da mensagem publicitária, o McDonald's informou que voltará com o hambúrguer "McPicanha", porém, com outra denominação. Já o Burguer King renomeou seu hambúrguer para "Whopper Paleta Suína".

Os casos apontados remontam a um episódio de uma famosa comédia mexicana, em que o protagonista possuía uma barraca de frutas e vendia determinados tipos de suco, mas o sabor do suco não correspondia à fruta anunciada. A história narrada também poderia ser cômica, se não fosse trágica.

---

5. Art. 39. É vedado ao fornecedor de produtos ou serviços, dentre outras práticas abusivas: IV – prevalecer-se da fraqueza ou ignorância do consumidor, tendo em vista sua idade, saúde, conhecimento ou condição social, para impingir-lhe seus produtos ou serviços; (...).

STJ ESTABELECE UMA NOVA FÓRMULA PARA O ROL DE PROCEDIMENTOS DA ANS

Cristiano Heineck Schmitt

Doutor e Mestre em Direito pela UFRGS. Professor de Direito da PUC-RS. Pós-graduado pela Escola da Magistratura do RS. Secretário-Geral da Comissão Especial de Defesa do Consumidor da OAB/RS. Diretor do Instituto Brasilcon, autor de livros, palestrante e Professor de Curso de Pós-graduação *Lato sensu*. Advogado.

Em 08.06.22, a 2ª Seção do Superior Tribunal de Justiça, num julgamento congregado entre a Terceira e da Quarta Turma da referida corte, houve uma decisão sobre o polêmico tema do rol taxativo, ou não, da ANS – Agência Nacional de Saúde Suplementar.

Num score final de 6 votos a favor de um rol taxativo, contra 3 votos de um rol exemplificativo, venceu a tese do "Rol Taxativo Mitigado". Antes de comentarmos o que significaria essa figura na prática, vamos observar o um pouco o que representa a atuação da ANS sobre o mercado de saúde suplementar.

Em meio ao um furor de privatizações ocorridas no governo do Presidente Fernando Henrique Cardoso (FHC), no final da década de 1990, foram leiloadas empresas estatais à iniciativa privada, dando margem ao surgimento de empresas de telefonia, de energia elétrica, novas companhias aéreas, entre outras concessionárias e sociedades comerciais autorizadas a preencher espaços ocupados pelo Estado.

Era um momento de marcante vitória da doutrina neoliberal, impulsionada com a globalização, advinda da ascensão internet. Os defensores da doutrina socioeconômica neoliberal defendem a presença mínima do Estado na economia, acreditando piamente que o mercado se autorregularia, gerando trocas mais justas e equilíbrio negociais. Os seguidores dessa linha combatem a ideia do Estado de Bem-Estar social, e por consequência, a social democracia. Acreditam também que um Estado forte acaba sendo custoso demais, limitando ações comerciais em prejuízo da "liberdade econômica". Assim, por exemplo, regras de proteção de consumidores contra práticas abusivas, cláusulas abusivas, desequilíbrios negociais, publicidade e ofertas ditas ilícitas, entre outros, podem ser vistas como entraves à máxima performance do mercado (entenda-se, maior margem de lucro), que deveria ser regida pelo antigo adágio da "mão invisível" do mercado, que promoveria autocorreção de distorções, apoiada pela livre concorrência.

No Brasil, não se tem um campo aberto, do ponto de vista normativo, a uma iniciativa privada sem limites, especificamente no âmbito da saúde suplementar, embora o tivesse sido basicamente assim nas décadas anteriores ao advento do marco regulatório do setor, a Lei 9.656/98.

Nesse período sem lei específica, quando prevalecia a autonomia da vontade na composição do conteúdo negocial, diversos eram os problemas vivenciados pelos consumidores. Esse campo contratual amplo, inclusive, gerou pressão de consumidores e da classe médica por uma norma com regras mínimas que garantissem igualdade no setor, o que acabou gerando a construção da referida Lei 9.656/98. Então, o que se pôde observar é que a ausência do Estado na fiscalização e regulação do setor de saúde foi muito prejudicial aos consumidores, e falhou a doutrina liberal nesse ponto, ao advogar a que autorregulação do mercado, promovida pela livre concorrência, seria um mecanismo de fomento de trocas justas.

E, seguindo-se um padrão norte-americano de não intervenção na economia, ao invés da presença estatal direta na produção e oferta de serviços, adota o sistema de agências reguladoras, que teria a incumbência de, entre outros temas, de fiscalizar os agentes privados que estariam a oferecer serviços públicos concedidos ou estratégicos. No âmbito dos contratos de planos e de seguros de saúde, foi gerada a ANS – Agência Nacional de Saúde Suplementar através da Lei 9.961/00.

Contudo, com vinte e dois anos de existência, a ANS, assim como as demais "agências irmãs", surgidas quase que do mesmo parto, ou melhor, do mesmo momento histórico, em que pese uma importante contribuição, padece de um rol de críticas, seja por parte dos usuários, dos fornecedores e do Poder Judiciário. Assim, não raro a ANS tem suas resoluções afastadas por se entender que contrariam o marco legal da saúde suplementar ou o Código de Defesa do Consumidor, entre outras leis às quais ela deve prestar subordinação.

Na medida em que esse cenário se perpetua, o que se observa é que a ANS não conseguiu construir para si um padrão de legitimidade externa, de confiabilidade nas suas tomadas de decisões. Não se está dizer que a regulação deva ser um ambiente simpático, até porque ela é produzida num cenário de intenso conflito de interesses, representado de um lado pelas operadoras de seguradoras de saúde e de outro, os consumidores e usuários.

Um lado almeja alta performance de lucro, e outro, a entrega de serviços de saúde eficientes e com qualidade com cobrança de valores possíveis. Isso faz da harmonia nas relações de consumo, que advém do artigo 4º do CDC, uma grande utopia. Não se tem uma harmonia, mas uma disputa declarada, com alguns momentos de conflitos intensos, e outros de "cessar-fogo".

Pois bem, a ANS não consegue prover uma harmonia ao mercado que regula. Não considero que isso deva ser atingido pela ANS, pois seria uma missão solitária e hercúlea. Mas posso pensar que a ANS poderia tentar assumir um papel de mediadora, ao invés de impor resoluções e outras normas que produzem ônus demasiados sobre os players, especialmente sobre a parte mais fraca, os consumidores. No afã de proteger o mercado, a ANS acaba infringindo pesado ônus à parte contratual que Henry Ford dizia ser o elo mais importante da produção, o cliente.

Ao fomentar o diálogo, a ANS poderia tentar aproximar melhor os setores afetados no mercado de saúde suplementar, quais sejam, seguradoras e operadoras, usuários e representantes da classe médica, hospitais e clínicas. Mediação não é algo que garanta necessariamente a produção de resultados almejados. Mas, por outro lado, soluções eficazes podem ser construídas com concessões mútuas.

Essa não atuação aproximativa acaba levando a uma série contínua de pleitos judiciais, e aí estamos falando de milhares, onde é debatido o rol de procedimentos, que a ANS defende ser taxativo. O primeiro rol de procedimentos estabelecido pela ANS foi estabelecido por Resolução do Conselho de Saúde Suplementar – Consu (Conselho de Saúde Suplementar) 10/98, sendo atualizado em 2001 e dali em diante, recebendo atualizações a cada dois anos.

No processo de revisão do rol, o setor responsável reúne-se para construir uma proposta e submete a mesma à avaliação da sociedade por meio de consulta pública, através da internet. Por lógico, a participação do leigo que pouco ou nada entende de Medicina é muito limitada, afora o fato de que nem todos os cidadãos têm acesso à internet, ou conseguem navegar por ela, por motivo de idade, de doenças e desconhecimento. Por outro lado, a atuação dos fornecedores é muito visível, até porque as incorporações de novas tecnologias na área médica mexem nos valores do setor. Em resumo, o método utilizado, na prática, não é igualitário, no que se pode então questionar a sua eficiência.

Seja por isto, ou por outros motivos, como a limitação da atuação do médico, em violação ao Código de Ética Médica, por exemplo, seja por gerar desequilíbrio proibido ao consumidor, ou por representar também um afastamento da Lei 9.656/98, a ANS, que pretendia obter um pronunciamento judicial unânime no STJ, sobre a taxatividade de seu rol de procedimentos, acabou com uma resposta bem diferente.

No julgamento dos Embargos de Divergência no âmbito dos Recursos Especiais 1886929 e 1889704, o STJ entendeu que o referido rol tem cunho taxativo "mitigado", ou "modulado". Inicialmente, registro que, salvo melhor juízo, não há como algo ser taxativo e ao mesmo tempo apresentar exceções, muito embora a expressão "rol mitigado" tenha uma sonoridade interessante, melhor do que "rol exemplificativo com requisitos", que é o que acabou ocorrendo.

De qualquer forma, o STJ não aderiu à proposta da ANS de que a mesma teria a última palavra em limites de coberturas, passando a definir que, comprovadas certas circunstâncias em torno do paciente e do tratamento adequado, o mesmo passa ter o direito de receber a cobertura do que realmente necessita. E, assim sendo demonstrado, resta afastado o rol da ANS no caso concreto.

Esse tipo de postura já é conhecido, aliás, no STJ e no STF, acerca do fornecimento de tratamentos na via do SUS. Não é equivocado exigir-se comprovação técnica para o deferimento do tratamento pleiteado pelo paciente, quando o rol não atende essa demanda. Mas também viola o sistema jurídico empoderar a ANS do conhecimento técnico último, ao ponto de a mesma poder se sobrepor ao profissional Médico, desprezando as peculiaridades do paciente. Afinal, a Medicina não é uma ciência exata. Por fim, mesmo diante dessa decisão do STJ, posterior pleito foi julgado pela mesma corte atribuindo caráter exemplificativo ao rol, e agora o tema chama a atenção também do STF. Cabe-me registrar, portanto, que serão muito empolgantes os próximos capítulos da saga "Rol da ANS".

PERTURBAÇÃO AUTOMATIZADA

Fabiana Prietos Peres

Doutoranda em Direito do Consumidor na Universidade Federal de Pernambuco. Doutoranda em Análise Crítica do Discurso Jurídico na Universidade Católica de Pernambuco, na qual é bolsista CAPES/PROSUC/taxa. Mestre em Direito do Consumidor e Concorrencial pela Universidade Federal do Rio Grande do Sul. Especialista em Direito do Consumidor e Direitos Fundamentais pela UFRGS e em *Droit comparé et européen des contrats et de la consommation* pela Université de Savoie. Pesquisadora na UFRGS, na PUCRS e na UFF. Membro da Comissão de Defesa do Consumidor da OAB Pernambuco. Associada do Brasilcon. Professora de Metodologia da Pesquisa no Direito. Advogada.

@fabianaprietosprof

Anna Patrícia Barreto Novais

Pós-graduanda em Direito Processual Civil Contemporâneo na Universidade Federal de Pernambuco. Membro da Comissão de Defesa do Consumidor da OAB Pernambuco. Advogada.

A recente inclusão do código 0303, pela ANATEL[1], às ligações oriundas de telemarketing ativo aos consumidores se apresenta como uma solução da agência para as insistentes ligações das empresas que oferecem produtos e serviços aos consumidores.

Além das ligações recebidas no celular, os famosos SPAM nos e-mails, agora o assédio ao consumidor também ocorre pelos aplicativos de mensagem instantânea, seja por SMS ou WhatsApp.

Pontua-se que a frequência excessiva das ligações configura abuso de direito na medida em que considerado esse consumidor como *bystander*[2], do art. 29 do Código de Defesa do Consumidor, razão pela qual não necessariamente o sujeito precisa já ter uma relação de consumo prévia com quem efetua as chamadas. Já que, conforme lecionam Claudia Lima Marques, Antonio Herman V. Benjamin e Bruno Miragem "mesmo serviços gratuitos ligados ao marketing são regulados pelo CDC".[3]

Os pontos de contato dos consumidores com os meios de comunicação já são habitualmente contaminados por publicidades e pop-ups que aparecem quando o próprio consumidor utiliza uma ferramenta de busca ou ativamente abre algum

---

1. GOV.COM. 0303 entra em vigor para chamadas de telemarketing. Agência Nacional das Telecomunicações. Disponível em: https://www.gov.br/anatel/ptbr/assuntos/noticias/0303-entra-em-vigor-para-chamadas-de--telemarketing. Acesso em: 20 maio 2022.
2. DIAS, Lucia Ancona Lopez de Magalhães. *Publicidade e Direito*. 2. ed. São Paulo: Revista dos Tribunais, 2013. p. 51.
3. p. 182

aplicativo em seu horário de lazer e se depara, durante sua navegação, com algum anúncio publicitário.

Esse é o risco do tráfego na internet – ter diante de si a oferta de produtos não requisitados naquele momento (embora a rede já tenha condições de nos oferecer o que temos interesse com base em inteligência artificial e internet das coisas[4]).

Mas as ligações de telemarketing são chamadas de "ativas" apenas por parte das empresas. O consumidor, ao receber tais ofertas, não está ativo – ou seja, não está disposto ou disponível para essa intervenção em seu cotidiano, não estava sequer trafegando em locais nos quais tinha consciência de suas possíveis interrupções.

As ligações e mensagens são recebidas em momentos variados: enquanto o consumidor está dormindo, dirigindo, trabalhando, estudando – tirando-lhe a atenção e o interrompendo mais uma dezena de vezes por dia. E essa não é uma mera estimativa.

A Comissão de Defesa do Consumidor da OAB Pernambuco realizou, em agosto de 2021, pesquisa de monitoramento de serviço de telemarketing ativo, que entrevistou 733 consumidores naquele mês, por formulário eletrônico.[5]

A partir dos resultados desse estudo, verificou-se a existência de um descompasso entre os dados obtidos – e muitos confirmados pela similaridade com aqueles observados no consumidor.gov pela semelhança dos índices de reclamação com relação às empresas de telefonia e instituições financeiras, por exemplo - e o compromisso público assumido por essas empresas.

Esse compromisso é o Código de Conduta Não Me Perturbe criado em 2019 pelas empresas de telefonia e que teve a adesão das principais instituições financeiras do país[6], também denominado pela doutrina como uma saída para "impedir a prática de telemarketing importunador pelas prestadoras de serviços de telecomunicações, posteriormente alargando essa proibição aos bancos consignados, através do mesmo sistema".[7]

Em uma análise entre os dados obtidos da pesquisa realizada pela OAB e o Código de Conduta, observa-se o descumprimento de diversos desses compromissos.

---

4. RIEMENSCHNEIDER, Patrícia Strauss; MUCELIN, Guilherme Antônio Balczarek. Internet das Coisas, Decisões Automatizadas e o Direito à Explicação. *Revista Da Faculdade De Direito Da Universidade Federal De Uberlândia*, v. 49, n.1, jan./jun. 2021, p. 689–708. Disponível em: https://doi.org/10.14393/RFADIR-v-49n1a2021-56135. Acesso em: 20 maio 2022.
5. PERES, Fabiana Prietos; GUERRA FILHO, Joaquim Pessoa. ESTIMA, Felipe de Alcântara Silva. Telemarketing e o bem-estar do consumidor: pesquisa de monitoramento de serviço a partir de análise de ligações de números desconhecidos a consumidores. *Revista da Faculdade de Direito da Universidade Federal de Uberlândia*, v. 49, n. 2, p. 734-735, jul./dez. 2021. Disponível em: . Acesso em: 20 maio 2022.
6. BRASIL. *Ato Normativo 01/ 2019*. Código de conduta para Ofertas de Serviços de Telecomunicações por meio de Telemarketing. Disponível em: https://www.naomeperturbe.com.br/. Acesso em: 20 maio 2022.
7. LIMBERGER, Têmis; BASAN, Arthur Pinheiro. Análise do "caso Cyrela": o direito ao sossego do consumidor e a proteção de dados pessoais, *Revista de Direito do Consumidor*, São Paulo, v. 30, n. 136, p. 233-253, jul./ago. 2021.

O documento de autorregulação possibilitou a inscrição espontânea do consumidor em um cadastro para não receber as ligações de telemarketing ativo. A pesquisa de monitoramento de serviço constatou que 49% dos consumidores possuíam o referido cadastro.

No entanto, 99,3% dos consumidores consultados ainda assim recebiam ligações de telemarketing ativo. Isso indica uma violação do § 7º do art. 7º do Código de Conduta[8], quando o consumidor expressa sua vontade de não mais receber qualquer ligação e que isso deve ser feito num prazo máximo de 30 dias.

Outro ponto a ser analisado, é o fato de 48% dos consumidores receberem ligações que, ao serem atendidas, ficam mudas, e outros 69,5% recebem ligações que "caem". Essa conduta desobedece ao artigo 4º, inciso IV e XI[9], que além de exigir a devida apresentação da Prestadora, também veda a realização de ligações com o intuito de verificar a disponibilidade do consumidor, bem como ligações aleatórias ou para números sequenciais.

Segundo a pesquisa, 38,3% dos consumidores recebem chamadas que dizem "alô" e desligam, enquanto 42,1% recebem ligações que dizem "alô, tá me ouvindo?", o que contraria o artigo 4º, inciso XII[10], que reitera a necessidade de identificação clara por parte da Prestador ainda que em mensagens gravadas.

Outro dispositivo claramente violado do Código de Conduta é o inciso VIII, do artigo 4º[11], que limita as ligações diárias a duas por dia. Contudo, considerando

---

8. Art. 7º As prestadoras devem dar tratamento adequado às suas Listas de Consumidores em cada ação de telemarketing ativo, respeitando os pedidos de exclusão dos Consumidores que manifestarem explicitamente o seu desejo de não receber Ligações com Ofertas.
[...]
§ 7º As exclusões solicitadas pelos Consumidores devem ser efetivadas no máximo em 30 (trinta) dias nas Listas de Consumidores das Prestadoras, sendo que após esse prazo não poderão ser realizadas mais ligações para estes Consumidores.
9. Art. 4º Nas Ligações para os Consumidores, os Agentes devem apresentar-se, identificar claramente a Prestadora que representam e informar o seu objetivo, além de:
[...]
IV – Não realizar Ligações apenas para verificar disponibilidade do Consumidor em atender as Ligações por meio de discador preditivo;
[...]
XI – Não realizar Ligações aleatórias ou para números sequenciais de Consumidores;
10. Art. 4º Nas Ligações para os Consumidores, os Agentes devem apresentar-se, identificar claramente a Prestadora que representam e informar o seu objetivo, além de:
[...]
XII – Assegurar que mensagens gravadas inseridas no início das Ligações, obedeçam ao disposto no caput deste;
11. Art. 4º Nas Ligações para os Consumidores, os Agentes devem apresentar-se, identificar claramente a Prestadora que representam e informar o seu objetivo, além de:
[...]
VIII – Não realizar Ligações de forma insistente, limitadas a no máximo 2 (duas) chamadas efetuadas pela Prestadora e recebidas pelo mesmo terminal de acesso do consumidor no mesmo dia, salvo aquelas por solicitação ou com autorização dos consumidores, resguardadas as legislações específicas;

que 15% dos consumidores recebem entre 10 e 20 ligações diárias, e outros 30% dos consumidores recebem entre 5 e 10 por dia, configura-se abuso de direito, já que a prática viola, como leciona Bruno Miragem, "valores sociais ou juridicamente apreciados e protegidos"[12], como a privacidade.

Além disso, 56% dos consumidores recebem ligações todos os dias contrariando, dessa forma, o inciso VII do artigo 4º do Código de Conduta[13], no qual as ligações aos domingos e feriados nacionais são expressamente vedadas.

Essa breve análise sinaliza a ineficiência da gestão do setor para com o bem-estar do consumidor.

Por outro lado, ainda que haja um termo de autorregulação do mercado para as ligações de telemarketing, tem-se que ele não resolve a questão da perturbação aos consumidores e isso se observa com uma conta matemática simples.

Vejamos:

Se, por um lado, o Código de Conduta diz ter por objetivo limitar as ligações, a leitura que fazemos é que, na verdade, eles estabelecem uma autorização.

Se 40 empresas aderiram a essa normativa e cada uma delas possui autorização para realizar 15 chamadas por mês, o consumidor terá, em tese, de rejeitar 600 chamadas em um único mês.

Se para rejeitar cada chamada o consumidor perde um minuto de seu tempo produtivo – entre ser interrompido, rejeitar a ligação e voltar sua atenção à atividade que estava desempenhando -, em um mês ele perderá 10 horas, caso receba ligações de todas as operadoras e instituições financeiras, o que significa a perda de 5 dias inteiros em um ano apenas rejeitando chamadas de números desconhecidos.

Em se considerando a média das respostas obtidas na pesquisa da OAB Pernambuco, em que os consumidores recebem 5 chamadas por dia, já são 150 chamadas em um mês. 1800 chamadas rejeitadas em um ano. Nesse cálculo, o consumidor perde, efetivamente, por mês, duas horas e meia rejeitando chamadas. No acumulado do ano, são 30 horas que o consumidor gastou (mais que um dia inteiro) do seu tempo produtivo em razão do abuso praticado por estas empresas.

Nesse contexto, a inserção do código 0303 não resolve a problemática das ligações de telemarketing, mas apenas transfere ao consumidor o ônus de rejeitar a ligação, já que igualmente será interrompido e perturbado em suas atividades cotidianas.

---

12. MIRAGEM, Bruno. *Curso de Direito do Consumidor.* 6ª ed. rev. atual. e ampl. São Paulo: Revista dos Tribunais, 2016. p. 284.
13. Art. 4º Nas Ligações para os Consumidores, os Agentes devem apresentar-se, identificar claramente a Prestadora que representam e informar o seu objetivo, além de:
    [...]
    VII – Não realizar ligações nos domingos e feriados nacionais;

Desse modo, essa prática publicitária, que conforme Claudia Lima Marques ocorre "quando da aproximação (mesmo que extra ou pré-contratual) entre fornecedor e consumidor"[14], segue violando o dever de boa-fé.

---

14. MARQUES, Claudia Lima. *Contratos no Código de Defesa do Consumidor.* 6ª ed. São Paulo: Revista dos Tribunais, 2011. p. 828.

TOLERÂNCIA E DIÁLOGO NO TRATAMENTO JURÍDICO DAS FAMÍLIAS SUPERENDIVIDADAS

Fernando Costa de Azevedo

Doutor em Direito pela UFRGS. Professor Associado na Faculdade de Direito da Universidade Federal de Pelotas – UFPEL. Professor Permanente no Programa de Pós-Graduação (Mestrado) em Direito da UFPEL. Coordenador Geral (Líder) do Grupo de Estudos e Pesquisa em Direito do Consumidor (GECON UFPEL – Perfil no Instagram: gecon.ufpel). É Diretor Adjunto do Instituto Brasileiro de Política e Direito do Consumidor – BRASILCON. E-mail: fernando.azevedo@ufpel.edu.br

Em meados dos anos noventa Norberto Bobbio escreveu em um de seus textos que *"não há democracia sem costume democrático"*.[1] Em outros termos, pode-se dizer que a Democracia, enquanto regime político e fundamento jurídico de um Estado (o *Democrático* de Direito), necessita, para sua plena efetividade, de uma *vivência democrática* construída a partir de determinados valores e traduzida em virtudes como as da tolerância e do diálogo respeitoso com pessoas e grupos dotados de ideias e identidades diferentes.

Pois esses valores, no mundo da vivência democrática, deveriam ser indisponíveis e inegociáveis, como expressa a famosa frase supostamente atribuída a Voltaire: *"Posso não concordar com o que você diz, mas defenderei até a morte o seu direito de dizê-lo"*.[2] E caberia ainda mencionar que são valores necessários à convivência das pessoas em espaços (e pelos interesses) públicos e privados, pois *"[...] costume democrático significa ser honesto no exercício dos próprios negócios, leal nas trocas (e isto é válido também nas relações de mercado), respeitar a si e aos outros, estar consciente das obrigações, não somente jurídicas, mas também morais, que cada um de nós tem para com o próximo, da mesma forma como não se deve nunca cansar de repetir em um país, no qual é fraco o sentido da moral e ainda mais fraco o jurídico; enfim, saber distinguir e não confundir interesses privados e públicos"*.[3]

Do plano das ideias para a atual realidade brasileira encontramos um cenário desafiador à realização do costume democrático de Bobbio. Passados mais de trinta anos do retorno à democracia a sociedade brasileira reproduz, no campo político,

---

1. BOBBIO, Norberto. Da democracia. Para uma certa idéia da Itália. Trad. Anna Bracchiolla Cabreira. In: OLIVEIRA JÚNIOR, José Alcebíades de. **O novo em Direito e Política**. Porto Alegre: Livraria do Advogado Editora. 1997. p. 116.
2. A frase pode ser atribuída à biógrafa de Voltaire, Evelyn Beatrice Hall, como uma tentativa de resumir as ideias do filósofo iluminista, sobretudo sua defesa pela liberdade de expressão. Em 1906 a escritora britânica finalizou a obra *The Friends of Voltaire*, na qual se encontra a célebre frase atribuída erroneamente ao pensador francês.
3. BOBBIO, Norberto. *Op. cit.* p. 116.

a intolerância e a incapacidade do diálogo respeitoso entre grupos politicamente opostos, como demonstrou recente pesquisa realizada pelo *Instituto Locomotiva,* que constatou o seguinte dado: sete (07) entre dez (10) brasileiros com opiniões políticas divergentes não conseguem dialogar sobre suas escolhas e intenções de voto nas eleições de 2022[4]. É o retrato de uma sociedade ideologicamente polarizada e esquizofrênica, incapaz de conviver pacificamente com o diferente e que enxerga no adversário político um inimigo. Assim, as redes sociais transformam-se em "arenas de batalha" onde proliferam os discursos de ódio e se mata (virtual e até fisicamente) uma pessoa por expressar posição política diversa. Por fim, as questões de interesse público são cada vez mais capturadas por interesses privados de grupos políticos, seja para a satisfação de suas pretensões políticas e econômicas ou ainda de terceiros, como demonstra a existência (por si só absurda!) de um "orçamento secreto" por meio de emendas parlamentares pagas com o dinheiro público e sem a devida transparência quanto ao destino dos recursos.[5]

Mas em todo esse cenário desolador parece haver um fio de esperança ao costume democrático e ele passa pelo campo privado, pelas relações sociais de natureza privada. É que na percepção de um "realista esperançoso", como diria Ariano Suassuna, devemos lembrar que o costume democrático *"é válido também nas relações de mercado"*[6] e, neste sentido, a recente atualização do Código de Defesa do Consumidor em matéria de prevenção e tratamento dos consumidores (ou podemos dizer, das famílias!) superendividados abre uma possibilidade enorme à prática da tolerância e do diálogo no contexto das relações de consumo.

No campo jurídico sabemos que a proteção dos consumidores enquanto direito/garantia fundamental (CF, art. 5º, XXXII) – e tendo o CDC como uma condição de plena eficácia deste direito/garantia fundamental – vincula-se de modo permanente ao princípio fundamental da dignidade da pessoa humana (CF, art. 1º, III)[7], de modo que podemos compreendê-los, ao menos do ponto de vista axiológico, como enunciados de uma única norma jurídica. Assim, violar o CDC é violar o direito/garantia e, por conseguinte, o próprio princípio fundamental da dignidade humana. E neste mesmo campo jurídico é consenso que não há nada mais atentatório à Democracia, além do desrespeito à harmonia dos Poderes, do que a violação dos direitos fundamentais e do princípio fundamental da dignidade humana.

---

4. CASADO, José. Intolerância política dificulta a conversa entre os eleitores sobre o país. **Revista Veja.** Disponível em: https://veja.abril.com.br/coluna/jose-casado/intolerancia-politica-dificulta-a-conversa-entre-os-eleitores-sobre-o-pais/ Acesso em 12.07.2022.
5. CONTI, José Maurício. As emendas parlamentares, o 'orçamento secreto', a cooptação e corrupção na política (Coluna Opinião). **Revista de Faculdade de Direito da USP.** Disponível em: https://direito.usp.br/noticia/fa5e70e83422-as-emendas-parlamentares-o-orcamento-secreto-a-cooptacao-e-corrupcao-na-politica- Acesso em 10.07.2022.
6. BOBBIO, Norberto, *Op. cit.* p. 116.
7. MARQUES, Claudia Lima. **Contratos no Código de Defesa do Consumidor.** 8. ed. São Paulo: Revista dos Tribunais. 2016, p. 683-687.

Portanto, a percepção é a de que se abre, pelo Direito do Consumidor, uma possibilidade de colocar a pessoa humana superendividada diante de seus credores para que assumam uma primeira postura de diálogo e tolerância visando a conciliação e o acordo a partir de um compromisso (plano) de pagamento apresentado pelo consumidor superendividado (CDC, art. 104-A). Em síntese: uma harmonização de interesses (CDC, art. 4º, III) que são legítimos e aparentemente antagônicos, pois o fornecedor credor, especialmente o pequeno e o médio, não receberá o crédito a que tem direito, mas poderá receber aquilo que o consumidor se comprometer, em seu plano de pagamento, a adimplir. Neste sentido, o diálogo e a tolerância permitirão a conciliação e o fornecedor perceberá que a decisão de conciliar será vantajosa também para ele, na medida em que trará de volta ao mercado o consumidor e sua família agora em processo de recuperação da ruína econômica.

Contudo, sejamos realistas, ainda que esperançosos: será muito difícil empregar o mesmo raciocínio nas relações com os grandes fornecedores, sobretudo certos fornecedores do sistema financeiro, cuja lógica econômica, já apontada em estudos realizados no Brasil, é a de conceder crédito a quem não pode pagar, buscando manter cativo o consumidor devedor, em verdadeira escravidão econômica[8]. A esses fornecedores, em princípio, não será fecunda a tentativa de repactuação de dívidas por conciliação, cabendo ao consumidor, para satisfação do seu direito ao tratamento jurídico enquanto superendividado e preservação do seu mínimo existencial (CDC, art. 6º, XI e XII), o ajuizamento da ação compulsória para renegociação (CDC, art. 104-B), fundada na boa-fé e no dever de renegociar em correlação com os novos direitos básicos para os consumidores superendividados.[9]

Como irá funcionar esse novo regime jurídico de prevenção e tratamento dos consumidores (e das famílias) superendividados só o tempo irá dizer, inclusive pelas ameaças a sua plena efetividade no campo legislativo[10]. Contudo, é certo que ele possibilitará realizar, no campo jurídico, algo que as pessoas não têm conseguido

---

8. A propósito, v. o excelente documentário "Juros sobre Juros", produzido pela Faculdade de Direito da USP – Ribeirão Preto em parceria com o IDEC. Disponível no Canal do YouTube: https://youtu.be/Ke0tvxc5TRw Acesso em 05.07.2022.
9. Neste sentido, os Enunciados n. 1 e 3, da II Jornada de Pesquisa UFRGS PUCRS, de autoria dos Profs. Drs. Claudia Lima Marques, Fernando Rodrigues Martins e Ricardo Sayeg (Enunciado 1) e Fernando Rodrigues Martins (Enunciado 2): " Enunciado 1. A Lei 14.181/21 é de ordem pública e de interesse social, e reconhece que o fenômeno do superendividamento do consumidor pessoa natural é estrutural da sociedade de crédito e consumo, constituindo grave risco sistêmico e de exclusão social, que deve ser prevenido e tratado através do princípio da boa-fé e práticas de crédito responsável"; "Enunciado 3. Os novos direitos básicos inseridos no art. 6º pela Lei 14.181/21 no Código de Defesa do Consumidor são direitos prevalentes fixando deveres correspondentes aos fornecedores" (MARQUES, Claudia Lima; RANGEL, Andréia Fernandes de Almeida (Org.). **Superendividamento e Proteção do Consumidor: estudos da I e II Jornadas de Pesquisa CDEA**. (E-book). Porto Alegre: Editora Fundação Fênix. 2022, p. 389. Disponível em: https://www.fundarfenix.com.br/ebook/171superendividamento Acesso em 12.07.2022.
10. A exemplo da recente Medida Provisória n. 1.106/2022 que autoriza aumento de margem de empréstimos consignados a aposentados e pensionistas do INSS, dos já previstos 35% para 40%, comprometendo o critério geral relativo ao mínimo existencial (30%), que estava expressamente previsto no art. 54-E da Lei 14.181/2021, cujo texto recebeu veto presidencial. Sobre o tema v. LIMA, Clarissa Costa de; CAVALLAZZI, Rosângela Lunardelli. O retrocesso desmedido da Medida Provisória 1.106, de 17 de março de 2022 e a

realizar em grande parte de suas relações sociais, marcadas pela polarização política e pelo extremo individualismo. Enfim, trata-se de uma aposta no Direito do Consumidor como elemento propulsor do costume democrático tão ausente em nossa atual sociedade brasileira, marcada pela falta de tolerância e de diálogo. Nas relações de consumo envolvendo famílias superendividadas, o novo regime jurídico trazido pela Lei 14.181/2021 permitirá o resgate econômico dessas famílias, situação que trará benefícios ao mercado de consumo como um todo, inclusive para os grandes fornecedores.[11]

---

precarização da proteção do consumidor idoso. **Revista de Direito do Consumidor**. São Paulo, n. 141, p. 437-442, maio-junho 2022.

Outro exemplo de ameaça à efetividade do regime estabelecido pela Lei 14.181 é o PL 4188/2021, denominado "PL das Garantias Imobiliárias", que, se aprovado, permitirá ao consumidor dar em garantia imóvel de sua propriedade na qualidade de "bem de família" a fim de conseguir crédito em condições mais "favoráveis". O problema mais grave neste caso é que o consumidor superendividado em razão de uma dívida contraída nessas condições (com garantia real ofertada com o bem de família) em tese não poderia solicitar a repactuação/revisão de sua dívida em razão das dívidas com garantia real estarem no rol daquelas em que o consumidor não pode se valer da renegociação, nos termos do § 1º do art. 104-A do CDC. Em sentido contrário, v. Enunciado n. 1 da I Jornada de Pesquisa CDEA UFRGS PUCRS, de autoria dos Profs. Fernando Rodrigues Martins e Keila Pacheco Ferreira: "Os dispostos nos Artigos 54-A usque 54-D da Lei 14.181/21 sobre a prevenção do superendividamento do consumidor se aplicam ao crédito imobiliário e dívidas com garantias reais" (MARQUES, Claudia Lima; RANGEL, Andréia Fernandes de Almeida (Org.). **Superendividamento e Proteção do Consumidor: estudos da I e II Jornadas de Pesquisa CDEA**. (E-book). Porto Alegre: Editora Fundação Fênix. 2022, p. 385. Disponível em: https://www.fundarfenix.com.br/ebook/171superendividamento Acesso em 12.07.2022.

11. Tese sustentada no já citado documentário "Juros sobre Juros", produzido pela Faculdade de Direito da USP – Ribeirão Preto em parceria com o IDEC. Disponível no Canal do YouTube: https://youtu.be/Ke0tvxc5TRw Acesso em 05.07.2022.

DECRETO 11.150/22 DEFINE MÍNIMO EXISTENCIAL VALOR ABSURDAMENTE IRRISÓRIO PARA OS SUPERENDIVIDADOS

Joseane Suzart Lopes da Silva
Promotora de Justiça do Consumidor do MPBA. Professora da FDUFBA.

O superendividamento é fenômeno estigmatizante que, atualmente, no Brasil, atinge uma média de 44 milhões de pessoas que não conseguem efetivar o pagamento de suas dívidas de consumo, exigíveis e/ou vincendas, sem comprometer o mínimo existencial. Em face deste consternador cenário, em 1º de julho de 2021, iniciou-se a vigência da Lei Federal 14.181, recentemente regulamentada pelo Decreto 11.150, de 26 de julho de 2022, com efeitos preliminares a partir de sessenta dias. O teor do novel édito tem causado grande preocupação em decorrência de fixar irrisório valor para a manutenção do estado vital das pessoas físicas que, de boa-fé, encontram-se impossibilitadas de efetivar a quitação dos débitos que lhes acometem.[1] Estabeleceu-se, no bojo do seu art. 3º, como parâmetro, "a renda mensal do consumidor pessoa natural equivalente a vinte e cinco por cento do salário mínimo vigente".

Considerou-se, assim, que o montante de R$ 303,00 seria suficiente para a sobrevivência do ser humano e a satisfação das suas necessidades basilares, causando ampla e justificada irresignação por parte das entidades que atuam na defesa dos consumidores. Em manifestação sobre o tema, o Instituto Brasileiro de Direito do Consumidor apontou que "Valor do mínimo existencial é afronta ao povo brasileiro. Decreto do Governo Federal coloca a população abaixo da linha da pobreza". Alerta Ione Amorim, coordenadora do Programa de Serviços Financeiros da entidade, que as novas regras permitirão que as instituições financeiras "possam utilizar quase toda a renda do consumidor para o pagamento de dívidas e juros, **sobrando apenas cerca de R$ 300,00 para que as pessoas possam comer, comprar remédios e pagar o aluguel**".[2]

---

1. Conferir a obras: BENJAMIN, Antônio Herman; MARQUES, Claudia Lima; LIMA, Clarissa Costa de; VIAL, Sophia Martini. *Comentários à Lei 14.181/2021*: A Atualização do CDC em Matéria de Superendividamento. São Paulo: Revista dos Tribunais, 2021. MARQUES, Claudia Lima.; CAVALLAZZI, Rosângela Lunardelli.; LIMA, Clarissa Costa de. *Direitos do Consumidor Endividado II*. Vulnerabilidade e Inclusão. São Paulo: Revista dos Tribunais, 2016. BERTONCELLO, Káren Rick Danilevicz. *Superendividamento do consumidor*: mínimo existencial, casos concretos. São Paulo: Revista dos Tribunais, 2015.
2. https://idec.org.br/noticia/valor-do-minimo-existencial-e-afronta-ao-povo-brasileiro. Acesso em: 30 jul. 2022.

O exame detido do Decreto conduziu o Instituto Brasileiro de Política e Direito do Consumidor a emitir Nota Técnica, em que identifica dois principais problemas que se circunscrevem à "ausência de constitucionalidade" e à "clara ilegalidade" da regulamentação. Denuncia que restou violado o "princípio da proporcionalidade" e imposta a "fragmentação dos deveres fundamentais de proteção aos consumidores", na medida em que o mínimo existencial regulamentado "inviabilizará planos de pagamento e repactuações já ajustadas e em ajustamento". O "flagrante ferimento à legalidade constitucional", segundo o Brasilcon, assenta-se no conteúdo restritivo do édito em desarmonia com a Lei 11.141/2021.[3]

O Conselho Nacional das Defensoras e Defensores Públicos Gerais enunciou três principais questões no conteúdo do multicitado Decreto, quais sejam: i) a sua "inconsistência" e o "esvaziamento inconstitucional da Lei 14.181/2021"; ii) excessos quanto aos limites e às possibilidades do poder regulamentar; iii) "o mínimo existencial não se limita ao mínimo vital" em face da "transversalidade do crédito". Concluiu-se que a sobredita regulamentação deverá necessariamente, "sob pena de ilegalidade e consequente nulidade", respeitar o diploma legal vigente, "mormente no que concerne ao princípio de prevenção e tratamento do superendividamento como forma de evitar a exclusão social do consumidor".[4]

A incompatibilidade do Decreto 11.150/2022 com a efetiva salvaguarda dos sujeitos afetados pelo superendividamento desvela-se incontestável. Não se amolda aos ditames internacionais, que vigoram desde o século XX, ignora normas integrantes da Constituição Federal de 1988, além de se debater, explicitamente, com o microssistema consumerista atualizado pela Lei 14.181/2021. A regulamentação, imposta pelo poder público federal, ressoa em absoluto descompasso com o quanto previsto no art. 25, item 1, da Declaração Universal dos Direitos Humanos de 1948, visto que desconsidera o direito do ser humano a um "nível de vida suficiente", que lhe assegure alimentação, vestuário, alojamento, assistência médica e o acesso aos serviços sociais necessários.[5] Viola adrede os arts. 11 e 12 do Pacto Internacional sobre Direitos Econômicos, Sociais e Culturais, pois a despeito de o Brasil tê-lo recepcionado por meio dos Decretos n.ºs 591/92 e 678/92[6], o édito não se coaduna com o "direito fundamental de todas as pessoas de estarem ao abrigo da fome" e terem "condições de existência" aceitáveis.

---

3. Conferir a Nota Técnica no sítio eletrônico do Brasilcon.
4. Examinar: CALAIS-AULOY, Jean. Le crédit à la consommation: suggestion en vue d'une intervention législative assurant la protection efficace du consommateur contre le dangers du prêt lié à la vente. *La semaine juridique*: ed. G. Jurisprudence, Paris, Jurisclasseur, n. 18.109, 1975. CALAIS-AULOY, Jean. Les cinq réformes qui rendraient le crédit moins dangereux pour les consommateurs. *Recueil Dalloz*, Chron., 1975.
5. Cf.: HOWELLS, Geraint; RAMSAY, Iain; WILHELMSSON, Thomas. Consumer law and its international dimension. In: HOWELLS, Geraint; RAMSAY, Iain; WILHELMSSON, Thomas. *Handbook of Research on International Consumer Law*. Elgar, 2010. BOURGOIGNIE, Thierry (Ed.). *L'intégration économique et la protection du consommateur*. Québec: Blais, 2009, p. 9 e seguintes.
6. Conferir o art. 11 do citado Decreto.

O malfadado Decreto qualifica como portadores do mínimo existencial os que disponham mensalmente de valor que se equipara ao que a Organização das Nações Unidas intitula como "linha da miséria", ou seja, aqueles que sobrevivem com até U$ 1,90 por dia; o que corresponde a uma média de R$ 304,95 mensais.[7] A proteção constitucional do consumidor, assegurada como direito fundamental, pela Carta Maior, no art. 5º, inciso XXXII, foi sobrepujada e inadmissivelmente inserida no mesmo patamar que a liberdade mercadológica.[8] Os direitos sociais basilares, para uma vida minimamente digna, terminaram relegados a um segundo plano, ultrajando-se o art. 6º da Constituição Federal de 1988, assim como os fundamentos do respeito à cidadania e à dignidade da pessoa humana. Olvidaram-se os objetivos constitucionais de construção de uma sociedade justa e solidária, garantindo-se a erradicação da pobreza e da marginalização.

A inconstitucionalidade do conjunto normativo, *sub oculis*, como apontado pelas aludidas entidades, é inquebrantável e o Brasil, assustadoramente, criou norma regulamentar em completa dissonância com o plano internacional, demonstrando postura incoerente e ausente de fundamentação. No que concerne à ilegalidade do Decreto 11.150/2022, constatam-se os seguintes aspectos conflitantes com o Código de Defesa do Consumidor: i) o estabelecimento de percentual aviltante, como visto alhures, para a definição do mínimo existencial e, *ipso facto*, o vilipêndio ao princípio da intervenção estatal; ii) a exclusão de dívidas que, em conformidade com a legislação vigente, deveriam ser contabilizadas para a configuração do superendividamento; ii) a não atualização do montante com a progressão do salário mínimo; iii) a concentração de poderes no âmbito exclusivo do Conselho Monetário Nacional; iv) o incentivo à oferta irresponsável do crédito veementemente vedada; e v) o desrespeito ao tratamento assegurado pela Lei 14.181, prevendo-se que "a repactuação preservará as garantias e as formas de pagamento originariamente pactuadas".

A delimitação do mínimo existencial é fator primordial para a aplicação das normas acopladas pela Lei do Superendividamento. Importantíssimo notar que a *modus operandi* para a sua apuração revela-se dissonante com o quanto previsto na legislação, uma vez determina que se considere a "contraposição entre a renda total mensal do consumidor e as parcelas das suas dívidas vencidas e a vencer no mesmo mês".[9] A configuração do superendividamento não está atrelada apenas a uma "base mensal" do indivíduo, mas, sim, como leciona Gilles Paisant consiste em um fenômeno estrutural[10] e que não pode ser visto de forma fragmentada. O percentual estipulado denota-se totalmente incoerente com a realidade econômica dos inseridos

---

7. Conferir a Nota Técnica no sítio eletrônico do Brasilcon.
8. Cf.: SAHIÁN, J. *Dimensión Constitucional de la Tutela a los Consumidores. Diálogo con los Derechos Humanos*. Buenos Aires: Thomson Reuters La Ley, 2017, p. 34-45.
9. Conferir o art. 3º, parágrafo 1º, do Decreto.
10. PAISANT, Gilles. La protección jurídica a los consumidores europeus: balance y perspectivas com motivo del sexagésimo aniversario de la unión europea. *Revista de Direito do Consumidor*, ano 26, n. 111, maio/jun., 2017, p. 377-393. GJIDARA, Sophie. *L'endettement et le droit privé*. Paris: LGDJ, 1999.

no contexto estrutural de desequilíbrio financeiro. O verdadeiro propósito foi atender às pressões dos agentes econômicos, reduzindo-se, drasticamente, a incidência da Lei 14.181/2021 em atenção aos apelos das instituições financeiras. Agiu o poder público em detrimento do princípio da intervenção estatal, eis que não cumpriu o seu dever de "ação governamental no sentido de proteger o consumidor"[11], de acordo com o art. 4º, inciso I, alínea "c" e "d", do CDC.[12] A presença do poder público tornou-se crucial perante a autonomia privada que campeava às soltas e vindicava uma maior fiscalização e acompanhamento.[13]

Existem valores que a própria Lei 14.181/2021 já havia determinado que não seriam computados para a identificação do estado de superendividamento dos sujeitos. Trata-se daquelas provenientes de contratos celebrados de forma dolosa e as decorrentes de vínculos jurídicos com garantia real, de financiamentos imobiliários e de crédito rural. O Decreto ampliou o rol de exclusão considerando as dívidas de consumo tão somente aquelas atinentes à destinação final.[14] O art. 4º, parágrafo único, incisos I a III, impôs, arbitrariamente a não contabilização de despesas que podem causar forte desequilíbrio para as pessoas e que podem ser alocadas em cinco conjuntos: i) tributos; ii) despesas condominiais; iii) operações de crédito; iv) financiamentos de atividade empreendedora ou produtiva; e v) renegociação de dívidas mesmo que sejam de consumo.

No primeiro e segundo grupos, estão os débitos gerados pelos tributos e despesas condominiais vinculados a imóveis e móveis de propriedade do consumidor. O terceiro encontra-se composto por contratos de crédito garantidos por meio de fiança ou com aval, bem como os saldos financeiros, de créditos e de direitos constituídos ou a constituir, englobando antecipação, desconto e cessão, inclusive fiduciária, por meio de endosso ou empenho de títulos ou outros instrumentos representativos. Ainda contempla os limites de crédito não utilizados associados a conta de pagamento pós-paga, os decorrentes de operação de crédito consignado regido por lei específica, os limites disponíveis não utilizados de cheque especial e de linhas de crédito pré-aprovadas. Inaceitável que tais despesas não sejam consideradas, pois estão associadas ao consumo e jamais poderiam ser desprezadas pelo governo federal. No quarto conjunto, foram expurgados os montantes gerados por atividades econômicas, mesmo que subsidiadas pelo Banco Nacional de Desenvolvimento Econômico e Social (BNDES); o que destoa com o finalismo aprofundado ou mitigado.[15]

---

11. Tratam do tema: LORENZETTI, Ricardo Luis. *Consumidores*. Buenos Aires: Rubinzal-Culzoni Editores, 2005, p. 151-152. MOSSET ITURRASPE, Jorge. *Como contratar en una economia de mercado*. Santa Fe: Rubinzal-Culzoni, 1998.
12. Assim dispõe o parágrafo 2º do art. 17 do Decreto n. 6.523/08.
13. BARCELLONA, Pietro. *Intervento statale e autonomia privata nella disciplina dei rapporti economici*. Milão: Dott. A. Giuffrè Editore, 1969, p. 23-25.
14. Note-se que, de acordo com o art. 7º, o disposto no Decreto não se aplica para fins de concessão de benefícios da assistência social.
15. MARQUES, Claudia Lima; BENJAMIN, Antônio Herman V.; BESSA, Leonardo Roscoe. *Manual de Direito do Consumidor*. 8. ed. rev. atual. e ampl. São Paulo: Revista dos Tribunais, 2017, p. 65.

A nítida intenção do Decreto de se atender aos apelos do setor financeiro é indubitavelmente perceptível quando se visualiza o teor da alínea "f" do inciso I do art. 4º. Foram excluídas também as dívidas de consumo renegociadas, demonstrando-se que se almejou amputar, o mais intensamente possível, os efeitos das normas que versam sobre o superendividamento. Nesse mesmo sentido convergem os parágrafos 2º e 3º do art. 3º, porquanto impedem que o percentual do mínimo existencial acompanhe a atualização do menor piso salarial e coloca esta tarefa exclusivamente em mãos do CMN. Não respeita a existência do Sistema Nacional de Defesa do Consumidor e a fundamental participação democrática[16] dos órgãos e entidades que o integram quanto à fixação do montante que atinge milhões de brasileiros. As autarquias federais não são instrumentos da Política Nacional de Consumo e a denominada "captura das agências reguladoras" poderá comprometer ainda mais o grave estado destes vulneráveis.[17]

A responsável e ética oferta de crédito, preconizada pela Lei 14.181, foi completamente menosprezada pela regra constante no art. 5º, caput, e parágrafo 1º, incisos I e II, do Decreto. Possibilitou-se a substituição de operações de crédito anteriormente contratadas, desde que se prestem a "melhorar as condições do consumidor" e o mínimo existencial "não será considerado impedimento". Ora, como é cediço, em regra, as instituições financeiras não estão voltadas para a extremamente debilitada situação econômica dos indivíduos e tal regra viola o quanto disposto pelos art. 54-D, II, do CDC. Estatui o art. 6º do indigitado Decreto, "a repactuação preservará as garantias e as formas de pagamento originariamente pactuadas". Contempla norma que não se compatibiliza com as medidas asseguradas no art. 104-A, parágrafo 4º, inciso I, do CDC, quais sejam: dilação dos prazos de pagamento e redução dos encargos e de remuneração da dívida. Urge, pois, que as entidades componentes do SNDC ingressem com urgente providência para a desconstituição de conjunto normativo atentatório à sobrevivência e à dignidade dos superendividados.

---

16. Cf.: DAHL, Robert A. *A democracia e seus críticos*. Trad. de Patrícia de Freitas Ribeiro. São Paulo: WMF Martins Fontes, 2012, p. 306.
17. STIGLER, George J. The theory of economic regulation. *Bell Journal of Economics and Management Science*, 1971, p. 3.

"DIREITO À REPARAÇÃO": UNIVERSAL PANACEIA OU TORPE MISTIFICAÇÃO?

Mário Frota

Antigo professor da Universidade de Paris d'Est, director do CEDC (Centro de Estudos de Direito do Consumo de Coimbra) e fundador e primeiro presidente da AIDC (Associação Internacional de Direito do Consumo).

O **direito à reparação de bens de consumo** permanece na ordem do dia.

A propósito do **Fair Repair Act** de Nova Iorque, recentemente adoptado, os *media* encheram-se de referências que nem sempre primaram pelo rigor, na forma ligeira como certos articulistas tratam determinados temas de interesse manifesto.

Ao invés do que se vem asseverando em círculos menos bem documentados e, consequentemente, menos esclarecidos, não se trata de uma realidade palpável, entre nós, na Europa, antes de um projecto em *progressão* [?].

O **Parlamento Europeu** estima, em proposta de **Resolução de 30 de Março do ano em curso, aprovada a 07 de Abril pretérito**, conquanto ainda não publicada, que:

- **79 % dos cidadãos da UE** consideram que haveria que impor os fabricantes propiciassem a reparação dos dispositivos digitais ou a substituição das suas peças individuais;
- **77 % dos europeus preferem reparar** os seus dispositivos em vez de os substituir [há patente contradição nos desenvolvimentos subsequentes...];
- as **empresas do mercado da reparação** poderiam garantir de forma considerável emprego a nível local e, como se sustenta, competências específicas a nível europeu.

Daí que considere fundamental se outorgue aos consumidores um "**direito à reparação**" de molde a incrementar a *transição industrial* da Europa, reforçando *resiliência* e *autonomia estratégica*.

Reconhece que o estímulo a uma **cultura de reparação** [que não de descarte e consequentemente de acumulação de resíduos imprestáveis] oferece inegavelmente oportunidades económicas e sociais em termos de empreendedorismo e criação de distintos programas de actuação.

Sem eventual referência a antecedentes, que o espaço escasseia, situemo-nos na **Resolução do Parlamento Europeu de 04 de Julho de 2017**

Eis parte das recomendações endereçadas à Comissão Europeia:

- Promoção da possibilidade de *reparação* e *projecção da durabilidade* dos bens de consumo
- Garantia de uma *melhor informação dos consumidores*
- Adopção de **medidas** atinentes à *obsolescência programada*
- Reforço do *direito à garantia legal de conformidade*

Em 2019, adoptou-se um sem-número de medidas de execução ao abrigo da **Directiva Concepção Ecológica** [com o tónus na *eficiência energética*], a saber,

- período obrigatório para o fornecimento de peças sobresselentes e
- prazos máximos de entrega,
- requisitos de concepção em matéria de desmontagem/montagem de componentes.

O novo **Plano de Acção para a Economia Circular de 11 de Março de 2020**, promove um sem-número de iniciativas específicas tendentes a

- combater a **obsolescência precoce** e
- promover a **durabilidade**,
- propiciar a **reparação e a acessibilidade dos produtos**, bem como

A "**Capacitação dos Consumidores para a Transição Ecológica** ter-se-á como essencial para conferir deveras aos consumidores um **direito efectivo à reparação**.

A revisão da **Directiva Venda de Bens** (de novo na calha quando os diplomas de transposição entraram em vigor, nos Estados-membros, a 1 de Janeiro pretérito) proporcionaria uma oportunidade para analisar o que mais pode ser feito ainda de modo relevante para **promover a reparação** e **incentivar produtos circulares** e **mais sustentáveis**.

A análise incidirá sobre *pontos essenciais*, a saber:

- a **preferência pela reparação em detrimento da substituição**,
- o **alargamento do período mínimo de garantia para os bens novos ou em segunda mão**, ou
- um **novo período de garantia pós-reparação** (que já existe em vários ordenamentos dos Estados-Membros da União, aliás, em dados termos, como ocorre no ordenamento jurídico pátrio, entre outros).

O **Parlamento Europeu**, por Resolução de 25 de Novembro de 2020, conferiu particular relevo ao "**Direito à Reparação dos Produtos**" (intentando, ao que parece, uma estratégia fulcral em matéria de **reparação de bens de consumo**).

Amplo leque de medidas permitiu-se propor:

- A outorga de um «**direito à reparação**» aos consumidores;
- A promoção da **reparação** em vez da *substituição;*

- A **normalização das peças sobresselentes** susceptível de promover a interoperabilidade e a inovação;
- O **acesso gratuito às informações** necessárias para a reparação e a manutenção
- Um cacharolete de **informações que aos produtores incumbe** em matéria de disponibilidade de peças sobresselentes, actualizações de «software» e a faculdade de reparação de um produto, nomeadamente acerca de:
  - o período estimado de disponibilidade a partir da data da compra,
  - o preço médio das peças sobresselentes no momento da compra,
  - o prazos aproximados recomendados de entrega e reparação e
  - informações sobre os serviços de reparação e manutenção
- O *período mínimo obrigatório* para o fornecimento de peças sobresselentes e consonância com a duração de vida estimada do produto após a colocação no mercado da última unidade;
- A *garantia de preço razoável* para as peças sobresselentes;
- A *garantia legal para as peças substituídas* por um reparador profissional quando os produtos já não estiverem cobertos pela garantia legal ou comercial;
- A criação de incentivos, como o «**bónus do artesão**», susceptíveis de *promover as reparações*, em particular após o fim da garantia legal.]

A **30 de Março de 2022**, na proposta de Resolução sobre o **Direito à Reparação**, o Parlamento Europeu ensaia propor à Comissão [Texto aprovado de forma expressiva a 07 de Abril de 2022, à data ainda não publicado no Jornal Oficial]:

a. Se confira à massa anónima de consumidores um **direito efectivo à reparação** susceptível de abarcar distintos aspectos do ciclo de vida dos produtos: abordagem que decorreria de diferentes domínios políticos interligados, vidando designadamente a *concepção dos produtos*, os *princípios éticos fundamentais* da produção, a *normalização*, a *informação dos consumidores* [a rotulagem sobre a possibilidade de reparação] no que tange à vida útil dos produtos e, sempre que possível e adequado, os direitos e garantias que aos consumidores se reconhecem;

b. Que o "**direito à reparação**" seja proporcionado, baseado em dados concretos e eficientes no tocante aos encargos emergentes e se revele susceptível de proporcionar o equilíbrio entre os princípios da sustentabilidade, da protecção dos consumidores e de uma economia social de mercado altamente competitiva;

c. Que o "**direito**" efectivo "**à reparação**" crie vantagens competitivas significativas para as empresas europeias, abstendo-se de lhes impor encargos financeiros desproporcionados, inspirando a inovação e incentivando o investimento em tecnologias sustentáveis;

d. Conquanto, no quadro actual, os consumidores tenham o *direito de escolher entre a reparação e a substituição de bens não conformes,* ao abrigo da Directiva Venda de Bens de 20 de Maio de 2019, a reparação pode, em muitos casos, ser uma escolha mais eficiente em termos de recursos e com impacto neutro no clima;

e. Observa, porém, que, na prática, *os consumidores optam geralmente pela substituição em detrimento da reparação,* o que pode dever-se ao elevado custo da reparação;

f. Frisa que a **substituição do produto** deve continuar a ser uma alternativa se o consumidor e o fornecedor nisso acordarem, atendendo a que a reparação pode ser, a um tempo, demasiado morosa quão onerosa;

g. A **Comissão Europeia** que proponha, na iniciativa alusiva ao direito à reparação, uma série de medidas destinadas a promover e incentivar os consumidores, os produtores e os fornecedores a optarem pela reparação em detrimento da substituição

h. Que a próxima revisão da **Directiva Venda de Bens** inclua, entre outras, medidas destinadas a incentivar os consumidores a optar pela **reparação em detrimento da substituição**, tais como a obrigação de *fornecer um produto de substituição enquanto determinados produtos estão a ser reparados*;

i. O **Parlamento Europeu** entende que, para incentivar a reparação dos produtos, devem ser oferecidos incentivos aos consumidores que optem por reparar em vez de substituir;

j. E considera que uma *garantia alargada poderia constituir um incentivo para optar pela reparação em detrimento da substituição*; acrescenta que os fornecedores devem informar sempre os consumidores de todas as opções à sua disposição, de forma equitativa, designadamente sobre os **direitos de reparação e de garantia conexos**;

k. Sublinha, enfim, que a garantia renovada – os dois (2) anos -, em 2019, constitui uma regra de *harmonização mínima* e que apenas escasso número de Estados-membros vai para além desse período [Portugal e Espanha alargaram a 3 anos...];

l. O Parlamento entende ainda, por conseguinte, que a revisão da **Directiva Venda de Bens**, ora na forja, como se anunciou, deve também propor a prorrogação da garantia legal para além de dois anos para algumas categorias de produtos; observa, ainda, a importância da **plena harmonização do período de garantia legal** [algo de que se tem fugido como o diabo da cruz...];

De um **comunicado** emanado do **Gabinete de Imprensa da Comissão Europeia** a 31 de Março de 2022, **realce** para:

"A Comissão Europeia apresentou hoje, 31 de Março de 2022, um pacote de propostas centradas no **Pacto Ecológico Europeu** para que os produtos sustentáveis se tornem a norma, para impulsionar os modelos empresariais circulares e para capacitar os consumidores para a transição ecológica. Como anunciado no **Plano de Acção para a Economia Circular,** a Comissão propõe novas regras para que quase todos os **bens físicos no mercado da UE** se tornem *mais amigos do ambiente*, *mais circulares* e *mais energeticamente eficientes* ao longo de todo o ciclo de vida, desde a fase de concepção até à utilização diária, reafectação e fim de vida.

A Comissão Europeia apresenta hoje também uma **nova estratégia para tornar os têxteis mais duradouros,** *reparáveis, reutilizáveis e recicláveis*, lutar contra a moda rápida, os resíduos têxteis e a destruição de têxteis não vendidos e garantir que a sua produção seja consentânea com o pleno respeito dos direitos laborais.

Uma **terceira proposta** visa promover o mercado interno dos **produtos de construção** e assegurar que o quadro regulamentar em vigor é adequado para permitir que o ambiente construído cumpra os nossos objectivos em matéria de sustentabilidade e clima.

Por último, o pacote inclui uma *proposta sobre novas regras destinadas a capacitar os consumidores para a transição ecológica,* de modo a que os consumidores estejam mais bem informados sobre a sustentabilidade ambiental dos produtos e mais bem protegidos contra o branqueamento ecológico."

Daí que se estime ainda um largo percurso, por entre "trancos e barrancos", como sói dizer-se, até que o "**direito à reparação**" "*qua tale*" se inscreva de modo fundante na **Carta de Direitos do Consumidor Europeu.**

Não vale "dourar a pílula" e aparecer em escritos de distintas latitudes como se havendo instituído, na Europa, um autêntico, autónomo e genuíno "**direito à reparação**", quando tal é ainda uma *miragem*... e não passa deveras do papel!

A aguardar para ver...

O RETROCESSO DESMEDIDO DA MEDIDA PROVISÓRIA 1.106, DE 17 DE MARÇO DE 2022

Clarissa Costa de Lima

Juíza de Direito do TJRS. Doutora pela Universidade Federal do Rio Grande do Sul. Especialista em direito europeu dos contratos pela Universidade de Savoie. Ex-Presidente do Brasilcon (2012-2014). Diretora Adjunta da Revista de Direito do Consumidor. Vice-Presidente do Brasilcon (2020-2022).

Rosângela Lunardelli Cavallazzi

Pós-Doutora pela *École Doctorale Villes et Environnement – Université* Paris 8. Doutora e Mestre em Direito (UFRJ e UFSC). Professora e Pesquisadora da Universidade Federal do Rio de Janeiro – UFRJ e da PUC-Rio. Bolsista Produtividade do CNPq. Cientista do Estado – FAPERJ. Membro do Conselho Consultivo do IDEC. Diretora do Brasilcon.

Em conjuntura adversa de famílias endividadas e pandemia imanente, do outro lado do rio da Boa-Fé Objetiva, temos a Medida Provisória 1.106, de 17 de março de 2022,[1] na esteira do veto presidencial à Lei 14.181, de 2021[2], em relação ao dispositivo que estabelecia o teto de 30% da remuneração mensal do consumidor para o pagamento das dívidas, nos contratos de crédito consignado.

No plano da defesa do consumidor, adotando, portanto, como paradigma o princípio da Boa-Fé Objetiva, o Poder Judiciário se mobiliza para efetivar diretrizes da lei do superendividamento[3]; a Defensoria Pública do Estado do Ceará[4], com pesquisa inédita, aponta que em torno de 50% das ações do Nudecon dizem respeito a mulheres

---

1. Disponível em: <https://www.congressonacional.leg.br/materias/medidas-provisorias/-/mpv/152261>. Acesso em: 27 mar. 2022.
2. A Lei garante o mínimo existencial na concessão e no tratamento com a pactuação do superendividado, portanto, o veto do art. 54-E da Lei 14.181/21 constitui, de fato, o veto da escassez. O veto exclui também o direito ao arrependimento, o direito à reflexão no caso do crédito consignado. O mínimo existencial compreende o mínimo vital, que, contudo, não está limitado. A subsistência compreende a pessoa e seu núcleo familiar.
3. Disponível em: <https://www.cnj.jus.br/judiciario-se-mobiliza-para-efetivar-diretrizes-da-lei-do-superendividamento/>. Acesso em: 29 set. 2022.
4. Disponível em: <https://www.defensoria.ce.def.br/noticia/pesquisa-inedita-aponta-que-quase-metade-das-acoes-do-nudecon-e-de-mulheres-e-sobre-questoes-financeiras/>. Acesso em: 27 mar. 2022.
   "Para ser inserido em várias atividades do cotidiano hoje em dia, você precisa do crédito. Imagina ficar sem acesso ao crédito, como você faz uma simples recarga de celular? Então, o crédito é transversal! Tudo se articula com ele. Desde a alimentação até a moradia. Isso mostra uma atualidade na Lei 14.181, que alterou o Código de Defesa do Consumidor para inserir um capítulo sobre superendividamento. E mostra o quanto é desafiador lidar com isso, porque ainda há um preconceito muito grande com a pessoa endividada. E esse preconceito precisa ser quebrado. Ver tanta gente endividada prova o quanto essa não é uma questão individual e sim reflexo de uma situação coletiva." (Defensora Pública Dra. Amélia Rocha).

e a questões financeiras; e, simultaneamente, o Brasilcon[5] e o Idec[6] abraçam o diálogo com a sociedade civil e instituições públicas na mesma direção, tudo à luz da luta da comunidade científica, que ganha mais densidade com literatura especializada[7] e práticas jurídicas compatíveis com a eficácia social da Lei 14.181, que alterou o Código de Defesa do Consumidor com regras para a prevenção e o tratamento dos consumidores superendividados.

A Lei 14.181, de 2021, garante o mínimo existencial na concessão e no tratamento com a pactuação do superendividado apesar dos lamentáveis vetos, pois o mínimo existencial compreende o mínimo vital, que não está limitado *a priori*. A subsistência compreende a pessoa e seu núcleo familiar, segundo o caso concreto.

O veto do art. 54-E da Lei 14.181/21 constitui, de fato, o veto da escassez. O veto exclui também o direito ao arrependimento, o direito à reflexão no caso do crédito consignado.

A Medida Provisória 1.106[8] visa ampliar a margem de crédito consignado aos segurados do Regime Geral de Previdência Social e autorizar a realização de empréstimos e financiamentos mediante crédito consignado para beneficiários do Benefício de Prestação Continuada e de programas federais de transferência de renda.[9]

A referida Medida Provisória altera a Lei 10.820, de 2003, que dispõe sobre a autorização para desconto de prestações em folha de pagamento, para aumentar a margem de crédito consignado de aposentados e pensionistas do Regime Geral de Previdência Social de 35% para 40%, dos quais 5% serão destinados exclusivamente

---

5. Magistrados do Poder Judiciário e professores debaterão a Lei de Superendividamento. Termo de acordo entre a EMERJ e o Brasilcon será assinado no encontro. Disponível em: <https://www.brasilcon.org/>. Disponível em: <https://www.emerj.tjrj.jus.br/paginas/noticias_todas/2021/magistrados-do-poder-judiciario-e-professores-debaterao-a-lei.html>. Acesso em: 27 mar. 2022.
6. Disponível em: <https://idec.org.br/noticia/o-que-muda-para-os-consumidores-com-lei-do-superendividamento>. Acesso em: 27 mar. 2022.
7. Disponível em: <https://www.conjur.com.br/dl/nota-brasilcon-pl-superendividamento.pdf>. Acesso em: 27 mar. 2022.
    Disponível em: <https://www.conjur.com.br/2021-out-21/garantias-consumo-proposta-regulamentacao-cdc-decreto-presidencial-minimo-existencial>. Acesso em: 27 mar. 2022. Disponível em: <https://www.conjur.com.br/2021-out-27/garantias-consumo-disrupcao-trazida-lei-superendividamento-lei-1418121-necessidade-novos-paradigmas>. Acesso em: 27 mar. 2022. Ver numerosos artigos no CONJUR Consultor Jurídico ISSN 1809-2829. Disponível em: <www.conjur.com.br>.
8. Ver importante Enunciado da lavra de Enunciados da "I Jornada CDEA sobre Superendividamento e Proteção do Consumidor UFRGS-UFRJ", realizada no dia 17 de agosto de 2021. "Enunciado 7. A noção do mínimo existencial tem origem constitucional no princípio da dignidade da pessoa humana e é autoaplicável na concessão de crédito e na repactuação das dívidas, visando a prevenção e o tratamento do superendividamento do consumidor pessoa natural, por força da Lei 14.181, 2021, cabendo a regulamentação prevista na Lei, sob o limite da proibição de retrocesso, esclarecer o mínimo existencial de consumo deve ter relação com 'o menor valor mensal não tributável a título de imposto de renda' ou ser feito por faixas de renda, como na França, com um valor fixo 'vital' de um salário mínimo ou de 2/3 do salário mínimo, em todos os casos." (Profa. Dra. Dr. h.c. Claudia Lima Marques, Prof. Dr. Fernando Rodrigues Martins, Profa. Dr. Sophia Martini Vial e Profa. Dra. Clarissa Costa de Lima).
9. Disponível em: <https://www.congressonacional.leg.br/materias/medidas-provisorias/-/mpv/152261>. Sumário Executivo de Medida Provisória 1.106, de 17 de março de 2022. Acesso em: 27 mar. 2021. Publicação: DOU de 18 de março de 2022.

para: i) amortização de despesas contraídas por meio do cartão de crédito ou do cartão consignado de benefício; ou ii) utilização com finalidade de saque por meio do cartão de crédito ou do cartão consignado de benefício.[10]

Alcançando práticas inimagináveis no sentido da desconstrução da Lei 14.181, de 2021, a Medida também impõe aos consumidores de crédito, hipervulneráveis, de forma irrevogável e irretratável autorizar a União a proceder aos descontos, até o limite de 40% (quarenta por cento) do valor do benefício, em favor de instituições financeiras autorizadas a funcionar pelo Banco Central do Brasil.

Tudo visando reduzir a pó o risco, inerente a operações de crédito, dos fornecedores de crédito, quando se tratar de amortização de valores referentes ao pagamento mensal de empréstimos e financiamentos.

Segundo os termos da Exposição de Motivos Interministerial (EMI) 04, de 2022,

> os requisitos constitucionais de relevância e urgência estão contemplados, tendo em vista que há uma iminente necessidade de facilitar o acesso ao crédito às famílias brasileiras, especialmente àquelas que dependem das rendas oriundas dos benefícios previdenciários ou assistenciais que, atualmente, representam 25% (vinte e cinco por cento) das casas brasileiras. Quanto ao mérito, defende que um aumento moderado da margem de consignação para obter recursos na linha de crédito consignado é vantajoso por ser a que representa menores riscos para as instituições financeiras e a que menos onera os beneficiários do Regime Geral de Previdência Social e dos programas federais de transferência de renda.[11]

Sobre os termos da Exposição de Motivos, em total oposição aos direitos do consumidor, é urgente afirmar.

Os requisitos constitucionais não estão absolutamente contemplados; ao contrário, é plena de inconstitucionalidade a Medida Provisória 1.106, de 17 de março de 2022.

O além de constituírem condição de crédito irresponsável.[12]

Quanto ao mencionado "aumento moderado da margem de consignação", não se trata em absoluto de inocente e insignificante margem a de 35% para 40% do valor do benefício.

Atingem diretamente o mínimo existencial, cujo conteúdo mínimo depende do caso concreto, de cada família, inviabilizando, portanto, a preservação do mínimo

---

10. Disponível em: https://www.congressonacional.leg.br/materias/medidas-provisorias/-/mpv/152261>. Sumário Executivo de Medida Provisória 1.106, de 17 de março de 2022. Acesso em: 27 mar. 2021. Publicação: DOU de 18 de março de 2022.
11. Disponível em: <https://www.congressonacional.leg.br/materias/medidas-provisorias/-/mpv/152261>. Sumário Executivo de Medida Provisória 1.106, de 17 de março de 2022. Acesso: 27/03/2021. Publicação: DOU de 18 de março de 2022.
12. Ver: LIMA, Clarissa Costa de. *O Tratamento do superendividamento e o direito de recomeçar dos consumidores*. São Paulo: Revista os Tribunais, 2014.

existencial e tornando sem efeito a efetividade e a interpretação[13] fundada na Boa-Fé Objetiva da Lei 14.181.

O crédito consignado é uma tradição inventada na sociedade de consumo: um crédito que flexibiliza a proteção ao salário e elimina a proteção do mínimo existencial.

Total e irrevogável transferência de riscos, do contrato, exclusivamente para o consumidor, isto é, o que acontece no crédito em que as instituições financeiras se eximem de todos os riscos inerentes ao contrato de mútuo, ou seja, o consumidor perde o seu direito de escolha de tomar a decisão com liberdade e independência, de quando e como efetuar o pagamento do compromisso assumido.

A modalidade cartão de crédito consignado resulta em uma prisão para o consumidor.

Toda a relação e seus efeitos são invisibilizados. Trata-se de uma ficção, as condições de pagamento, os termos do contrato não são conhecidos. A principal obrigação do fornecedor, a oferta do crédito responsável, também não acontece.

Todas essas condições agravadas em relação ao público-alvo preferido: os hipervulneráveis, aposentados idosos.

O desconto mensal é, invariavelmente, da parcela mínima, o consumidor vai sucessivamente ampliando sua dívida, à medida que o aparente crédito com baixos juros torna-se impagável. Não tem o direito de escolha do pagamento integral e, portanto, o desconto deságua no pagamento do valor mínimo da fatura do cartão, sendo o saldo adicionado à fatura do próximo mês e, nesse caso, com o acréscimo dos juros do crédito rotativo.

Uma dívida que nunca se paga.

A mercantilização da vida pela via do crédito consignado, embora se relacione com aspectos específicos da estruturação dos mercados de consumo e de trabalho nacionais, deve ser compreendida sob aspectos estruturais, expressão da hegemonia do capitalismo financeiro.[14]

---

13. Enunciado da "I Jornada CDEA sobre Superendividamento e Proteção do Consumidor UFRGS-UFRJ", realizada no dia 17 de agosto de 2021. "Enunciado 9. Apesar do veto ao Art. 54-E, que se refere à capacidade de consignação, para evitar o superendividamento do consumidor e garantir a preservação do mínimo existencial na concessão de crédito, é necessário manter a limitação do crédito consignado em 30%." (Autora: Prof. Dra. Rosângela Lunardelli Cavallazzi).
14. "A financeirização representa o protagonismo crescente do papel das finanças nas operações do capitalismo. Trata-se do padrão de acumulação em que a produção dos lucros se realiza, de modo privilegiado e gradativo, através dos canais financeiros, em contraposição ao protagonismo da produção industrial e comercial. Ou seja, se altera o conjunto de agentes e elementos beneficiados pela economia, trazendo ênfase exclusiva aos investidores e mercados financeiros, ao invés da economia real." (Bernardo M. Marques).

Para além do grave processo de endividamento da população brasileira, ampliado na última década, a família endividada[15] na conjuntura da pandemia[16] ganha um contorno específico diretamente relacionado à renda dos idosos e aposentados. Sobre o fenômeno, a pesquisadora Ana Amélia Camarano afirma:

> O que se sabe que está acontecendo neste momento é uma diminuição da renda do trabalho pelo desemprego em todas as idades e pelo corte de salários e, também, o aumento da mortalidade da população, em especial da idosa. São duas faces da pandemia, que afetam a renda das famílias e deixam em destaque o papel dos idosos brasileiros e a contribuição da Seguridade Social para a sua sobrevivência. Chama-se a atenção para o fato de que o idoso é vítima duas vezes nessa pandemia: é quem morre mais e quem é mais afetado pelo desemprego. No entanto, o seu papel nas famílias é pouco reconhecido. Acho que se pode falar que, se morre um idoso, uma família entra na pobreza.[17]

O retrocesso é evidente. A inigualável luta dos consumidores[18] e sua vitória para a exclusão do indecente crédito irresponsável sobre o Auxílio Brasil previsto na Medida Provisória 1061, de 2021[19], perde em escala parte do seu efeito, pois de forma reversa os idosos e aposentados são atingidos pela Medida Provisória 1.106, de 17 de março de 2022.

As construções normativas no campo da Lei 14.181, de 2021, de prevenção e tratamento do superendividamento estão situadas no território das famílias endividadas no Brasil.

---

15. Segundo Ana Cordeiro Santos, na obra *Família Endividadas*: uma abordagem de economia política e comportamental, "a crescente hegemonia de políticas neoliberais de privatização e liberalização dos mercados financeiros está contextualizada nas medidas de austeridade implementadas nos últimos anos, que geraram desempregos, impuseram cortes salariais no setor público, aumentaram a carga fiscal sobre o trabalho e as pensões, e dificultaram o acesso a bens e serviços públicos".
16. Disponível em: <https://cultura.uol.com.br/cenarium/2021/12/06/1638837000_com-pandemia-e-desemprego-75-das-familias-brasileiras-estao-endividadas.html>. Acesso em: 27 mar. 2022.
17. Nota Técnica – 2020 – Julho – Número 81 – Disoc. *Os Dependentes da Renda dos Idosos e o Coronavírus*: Órfãos ou Novos Pobres? Autora: Ana Amélia Camarano. Disponível em: <https://www.ipea.gov.br/portal/images/stories/PDFs/nota_tecnica/200724_nt_disoc_n_81_web.pdf> Acesso em: 27 mar. 2022.
18. Disponível em: <https://idec.org.br/noticia/retirada-do-credito-consignado-do-auxilio-brasil-e-vitoria-dos-consumidores>. Acesso em: 27 mar. 2022.
19. Enunciado da "I Jornada CDEA sobre Superendividamento e Proteção do Consumidor UFRGS-UFRJ", realizada no dia 17 de agosto de 2021. "Enunciado 11. Conceitualmente e por definição o crédito consignado previsto na MP 1.061/21 constitui crédito irresponsável." Autora: Prof. Dra. Rosângela Lunardelli Cavallazzi.

LAWTECHS E DEMANDAS CONSUMERISTAS

Keila Pacheco Ferreira
Professora dos cursos de Graduação e Mestrado em Direito da Universidade Federal de Uberlândia. Doutora em Direito Civil pela Universidade de São Paulo. Mestre em Direito Civil pela Pontifícia Universidade Católica de São Paulo. Associada ao Brasilcon.

Túlio Rezende Teixeira
Graduado em Direito pela Universidade Federal de Uberlândia. Advogado em Minas Gerais.

O conceito de *startup* se popularizou no Brasil a partir do início dos anos 2000, consagrando um modelo de estruturação de empresas voltado à aplicação de tecnologia e inovação sobre serviços repetíveis e escaláveis, a baixos custos de manutenção. No mercado jurídico, desenvolveram-se duas categorias, que guardam singelas diferenças – as *legaltechs*, cujos serviços se destinam ao aprimoramento da lucratividade de escritórios e empresas que atuam no mercado jurídico, e as *lawtechs*, que têm como destinatário final os consumidores, atuando diretamente na desburocratização de serviços jurídicos.[1] O presente ensaio tem como enfoque a atuação das *lawtechs*, avaliando exclusivamente as repercussões de seus serviços na sociedade consumerista.

Conforme dados da Associação Brasileira de *Lawtechs* e *Legaltechs* (AB2L)[2], de 2017 a 2019, houve um acréscimo de 300% no número de *startups* jurídicas brasileiras, e grande parte dessas empresas se desenvolveram a partir da resolução de demandas de consumo, sustentando as teses de facilitação do acesso à justiça, redução da litigiosidade e celeridade.

As *lawtechs* são *startups* que têm como escopo o aprimoramento de serviços jurídicos, por meio da tecnologia. Para além do desempenho de serviços repetíveis e escaláveis, a baixos custos de manutenção, o que de fato consagra a expressividade das *lawtechs* é a revolução sobre métodos e procedimentos tradicionais, consubstanciando a chamada "inovação disruptiva"[3]. O conceito se popularizou a partir das obras do professor norte-americano Clayton Christensen, caracterizando produtos

---

1. Diferença entre lawtech e legaltech. Disponível em: https://fintech.com.br/blog/startup/diferenca-entre-lawtech-legaltech/. Acesso em 13 de julho de 2022.
2. **Em dois anos, número de startups jurídicas cresce 300% no Brasil.** Disponível em: https://ab2l.org.br/noticias/em-dois-anos-numero-de-startups-juridicas-cresce-300-no-brasil/. Acesso em 13 de junho de 2022.
3. CHRISTENSEN, Clayton. **The innovator's dilemma: when new technologies cause great firms to fail.** New York: Harvard Business Review Press, 1997.

e serviços inovadores que surgem como aplicações simples sobre determinados mercados, mas que, rapidamente, se demonstram promissores e aptos a substituir os concorrentes que compunham o mercado tradicional.

No Brasil, o impacto gerado pelo surgimento de *startups* jurídicas consumeristas trouxe evidência à atuação dessas empresas, como prestadoras de serviços alternativos à advocacia e às assessorias tradicionais. Por meio de *softwares* capazes de analisar documentos e promover sua utilização digital, efetuar previsões, mensurar estatísticas sobre decisões judiciais e até mesmo efetuar a plena resolução de conflitos através de plataforma *on-line*, as *lawtechs* foram capazes de se posicionar no mercado jurídico com notável êxito, promovendo, inclusive, uma integração cooperativa entre profissionais do direito e do âmbito da tecnologia de informação[4].

Outra característica das *lawtechs* que contribuiu para sua aclamação e prestígio é a adoção de uma postura "*client-friendly*", com o desenvolvimento de procedimentos destinados a garantir a melhor experiência possível ao consumidor. Empresas e organizações mais tradicionais, sobretudo aquelas já consolidadas no mercado, nem sempre privilegiam a experiência dos clientes como um aspecto primordial da prestação de serviços. As *startups* jurídicas, diferentemente, contornam as dificuldades de aceitação do público em relação às novas tecnologias[5], cativando-o pelo bom atendimento, pelo uso de linguagem acessível e pelo oferecimento de soluções rápidas e precisas.

Nesta perspectiva, têm se destacado as empresas que atuam sobre o setor aéreo, seja por meio da compra de direitos expectativos, como as *startups* jurídicas Liberfly e QuickBrasil, seja por meio da intermediação de demandas consumeristas, como as lawtechs Indenizar e NãoVoei.

As *startups* jurídicas Liberfly[6] e QuickBrasil[7] oferecem, em suas plataformas *online*, a verificação gratuita de um eventual direito de indenização por parte dos consumidores visitantes, por meio do preenchimento de dados cadastrais e do relato dos problemas por eles experimentados, como atrasos excessivos, cancelamento de voos, ocorrência de overbooking e extravio de bagagem. Nessas plataformas, a proposta é que o consumidor adira a um contrato de cessão de direitos, cedendo integralmente à *lawtech* contratante o direito de recebimento de créditos e direitos futuros, relacionados à demanda consumerista. Como contraprestação, recebe o consumidor cedente um valor previamente estabelecido, que varia entre R$ 1.000,00 (mil reais) e R$ 1.200,00 (mil e duzentos reais), renunciando a qualquer montante, posteriormente adquirido, a título de indenização.

---

4. HOFFMAN-RIEM, Wolfgang. **Teoria geral do direito digital: transformação digital: desafios para o direito**. Rio de Janeiro: Forense, 2021, p. 13.
5. REED, Jeff. **FinTech financial technology and modern finance in the 21st century**. Kindle Edition, 2016.
6. Disponível em: https://liberfly.com.br. Acesso em 15 de julho de 2022.
7. Disponível em: https://indenizacao.quickbrasil.org. Acesso em 15 de julho de 2022.

Por óbvio, a lucratividade dessas *lawtechs* reside na possibilidade de aquisição de valores indenizatórios superiores àqueles fornecidos aos consumidores em cessão de crédito onerosa. Nota-se, porém, que os montantes adquiridos podem superar consideravelmente a contraprestação fixa oferecida. Há julgados cujo arbitramento de valores varia entre R$ 5.000,00 (cinco mil reais)[8] a R$ 10.000,00 (dez mil reais)[9], para casos de cancelamento de voo internacional, atraso de voo ou overbooking, com a configuração do chamado dano moral presumido ou "in re ipsa".

Igualmente interessante evidenciar a existência de lawtechs que também solucionam demandas consumeristas, porém, com um modelo de atuação diverso da aquisição de ativos judiciais, sob a forma de direitos indenizatórios expectativos. Trata-se, aqui, das *startups* jurídicas que postulam em favor dos consumidores, conectando-os a uma rede de advogados. Objetivando angariar uma porcentagem determinada sobre o valor final das indenizações concedidas, *lawtechs* como a Indenizar[10] e a NãoVoei[11] facilitam a realização de acordos extrajudiciais entre as empresas aéreas e os consumidores lesados, ou promovem o ajuizamento de ações judiciais para a resolução das demandas.

De forma idêntica ao serviço inicial prestado pelas plataformas Liberfly e QuickBrasil, as plataformas Indenizar e NãoVoei efetuam uma análise gratuita sobre o transtorno sofrido pelo consumidor visitante e coletam seus dados cadastrais. Todavia, o objetivo posterior é que o consumidor lesado contrate a *lawtech* para auxiliá-lo com a demanda, intermediando o conflito, facilitando a ocorrência de um acordo extrajudicial com a companhia aérea, ou acionando advogados parceiros para pleitear a indenização em juízo. Trata-se, portanto, de um sistema de remuneração vinculado ao êxito, recebendo a *startup* de 20% a 30% do valor total da indenização adquirida[12], similarmente aos honorários de êxito advocatícios.

Independentemente do modelo de atuação das *lawtechs* consumeristas, identifica-se em suas plataformas o enfoque sobre a *eficiência* na resolução de problemas experimentados pelos consumidores, como alternativa à morosidade e excessiva burocracia dos procedimentos judiciais tradicionais. Como recursos de persuasão, as *startups* jurídicas mantêm registrado em seus sites textos como "evite burocracia e

---

8. Ilustrativamente: TJ-SP – AC: 10120183220208260003 SP 1012018-32.2020.8.26.0003, Relator: JAIRO BRAZIL FONTES OLIVEIRA, Data de Julgamento: 15/02/2021, 15ª Câmara de Direito Privado, Data de Publicação: 15/02/2021.
9. Nesse sentido: TJ-SP - AC: 10238743020198260002 SP 1023874-30.2019.8.26.0002, Relator: Afonso Bráz, Data de Julgamento: 07/11/2019, 17ª Câmara de Direito Privado, Data de Publicação: 07/11/2019.
10. Disponível em: https://www.indenizar.com. Acesso em 16 de julho de 2022.
11. Disponível em: https://naovoei.com. Acesso em 16 de julho de 2022.
12. SIMÕES GOMES, Helton. **Perdeu o voo? Startups ajudam a conseguir indenizações de até R$12 mil.** UOL Notícias, julho de 2018. Disponível em: https://www.uol.com.br/tilt/noticias/redacao/2018/07/30/voo-cancelado-startups-ajudam-a-conseguir-indenizacoes-de-ate-r-12-mil.htm. Acesso em 16 de julho de 2022.

papelada"[13], "não espere para ser indenizado"[14] e "é fácil rápido e sem burocracia"[15], enaltecendo a acessibilidade de seus serviços e o impacto de sua atuação sobre a apreciação de demandas reprimidas.

Há que se ressaltar, no entanto, que a acepção de acesso à justiça, consagrada pelo ordenamento jurídico brasileiro, não corresponde à simples recepção de demandas pelo Poder Judiciário, ou a qualquer pagamento de valores compensatórios em acordos extrajudiciais. Enfim: "[...] não se trata [...] de apenas assegurar o acesso, o ingresso, ao controle jurisdicional. Os mecanismos processuais (i.e., os procedimentos, os meios instrutórios, as eficácias das decisões, os meios executivos) devem ser aptos a propiciar decisões justas, tempestivas e úteis aos jurisdicionados – assegurando-se concretamente os bens jurídicos devidos àquele que tem razão."[16]

A garantia fundamental prevista no art. 5º, inciso XXXV da Constituição Federal, não se consubstancia por qualquer alternativa ágil que gere compensações ao consumidor lesado. No que tange à intermediação de demandas consumeristas, com a atuação das *lawtechs* como verdadeiros procuradores, a controvérsia cinge-se à qualidade do serviço prestado pela *startup*, em comparação aos serviços prestados por qualquer escritório de advocacia. Diferentemente, no que diz respeito à compra de direitos expectativos, mediante a cessão de direitos indenizatórios por uma contraprestação fixa, não é prudente assegurar que se promove, de fato, o acesso à justiça. Afinal, acesso à justiça em âmbito consumerista corresponde à efetivação de direito fundamental, que varia conforme as circunstâncias fáticas e não suporta a substituição por valores previamente definidos e diminutos.

O desenvolvimento e a consagração das *startups* jurídicas brasileiras têm exercido impactos relevantes sobre o mercado tradicional. Por meio de procedimentos que caracterizam a chamada tecnologia disruptiva, as *lawtechs* têm revolucionado seu nicho de atuação, consagrando-se como alternativas à resolução de conflitos consumeristas através do Poder Judiciário.

Em que pese a argumentação de eficiência defendida pelas *startups* jurídicas e por seus apoiadores, práticas como a cessão de ativos judiciais consumeristas, por uma contraprestação monetária antecipada e fixa, nem sempre se prestará como a melhor alternativa à jurisdição estatal, considerada a vulnerabilidade do consumidor. A proposta de inafastabilidade da jurisdição, consagrada pela Constituição Federal, não diz respeito somente à recepção das demandas individuais pelo Poder Judiciário, mas, sim, à efetiva apreciação e resolução justa dos litígios, em observância às circunstâncias fáticas.

---

13. Disponível em: https://liberfly.com.br. Acesso em 17 de julho de 2022.
14. Disponível em: https://indenizacao.quickbrasil.org. Acesso em 17 de julho de 2022.
15. Disponível em: https://www.indenizar.com. Acesso em 17 de julho de 2022.
16. WAMBIER, Luiz Rodrigues; ALMEIDA, Flávio Renato Correia de, e TALAMINI, Eduardo. **Curso Avançado de Processo civil: teoria geral do processo e processo do conhecimento**. v. 1, 8 ed. rev. atual. e ampl. São Paulo: Revista dos Tribunais, 2006.

Em prol de uma atuação não exploratória por parte das *lawtechs*, faz-se necessário observar os princípios da vulnerabilidade, como um critério objetivo e de presunção absoluta, previsto no art. 4º, inciso I, do CDC, e da hipossuficiência, como um critério subjetivo, verificado conforme as particularidades de cada caso. Aqui, a proposta é que as *startups* jurídicas reconheçam sua posição dominante em relação aos consumidores e utilizem desta perspectiva como orientação a uma atuação mais transparente. Em prol do cumprimento do dever de informação, o ideal é que os consumidores clientes estejam cientes das repercussões da cessão de direitos indenizatórios, bem como da possibilidade de o valor indenizatório final ultrapassar em muito a contraprestação oferecida. Ainda, que as *startups* jurídicas que intermedeiam litígios evitem o estímulo à judicialização excessiva.

Há que se verificar, ainda, que os benefícios assegurados pelo desenvolvimento da tecnologia e a promoção da livre concorrência devem ser conciliados com a primazia da função social dos contratos. Sobretudo em seu aspecto público, que diz respeito à distribuição de riquezas e à garantia de observância aos direitos metaindividuais, o princípio da função social dos contratos deve sempre orientar a atuação das *lawtechs* consumeristas, estabelecendo a proporcionalidade nas condições negociadas como um elemento indispensável. Assim, sugere-se, quanto à compra de direitos indenizatórios expectativos, que a contraprestação varie conforme a média da indenização que se pretende obter, em prol da mais justa antecipação de valores e o cumprimento da função da indenização a título de danos morais.

No que tange às empresas que atuam por meio da intermediação de litígios, a atuação não exploratória se consuma pelo desestímulo à litigância excessiva, bem como se vincula diretamente à caracterização ou não de serviços advocatícios, que não poderia ser mercantilizada para fins de captação de clientela. Havendo o preenchimento dessa hipótese (que, via de regra, tem se assentado por meio de ações civis públicas[17]), deve-se buscar a adequação frente ao Estatuto da Advocacia, Lei 8.906/94, primando-se pela prestação de serviços pelos escritórios de advocacia tradicionais.

A revolução digital vivenciada pode exacerbar a vulnerabilidade informacional e assimetrias em ambientes negociais de resolução de controvérsias promovidos pelos diversos modelos de *lawtechs*. Fachin e Silva observam que "ainda que se celebrem acordos e o consumidor se dê por satisfeito, se a normativa consumerista não estiver sendo cumprida em plenitude, haverá uma negativa do Estado de Direito Constitucional".

Vale reafirmar que a efetividade da tutela e promoção do direito fundamental de defesa do consumidor se projeta a partir dos valores da justiça e equidade, restando à eficiência um papel ainda residual na matriz constitucional brasileira.

---

17. A título de exemplo, as ações civis públicas de números 5018420-66.2018.4.02.5101, 5013015-15.2019.4.02.5101 e 5018409-37.2018.4.02.5101, todos sob jurisdição do Tribunal Regional Federal da 2ª Região

ANOTAÇÕES